KB041851

刑事判例研究

〔31〕

韓國刑事判例研究會 編

博英社

Korean Journal of Criminal Case Studies

[31]

Edited by
Korean Association of Criminal Case Studies

Parkyoung Publishing & Company
Seoul, Korea

머 리 말

　형사판례연구 제31권이 발간되었습니다. 예년과 마찬가지로 본서는 지난 1년 동안 형사판례연구회가 주최한 학술 활동의 결과물입니다. 특히 2022년은 우리 연구회가 창립되고 30주년을 맞이한 해로 특히 의미 있는 한 해였습니다. 창립 당시 30대의 젊은 학자나 실무가로서 이재상 교수님과 권광중 고문님을 도와 간사 등을 맡아 정열적으로 활동하였던 분들이, 어느덧 60대가 되어 고문과 회장·부회장단으로 지도적 역할을 하고 있습니다. 세월의 흐름을 절감하면서 형사판례연구회의 지난 30년을 되돌아보는 창립 30주년 기념 학술대회를 2022년 6월 대법원에서 개최한 바 있습니다. 30주년 행사를 위해 행정적·재정적으로 많은 도움을 주신 분들께 다시 한번 깊이 감사드립니다.

　2022년의 월례연구회 발표는 비대면으로 시작하였는데 코로나가 진정되면서 6월 30주년 기념 학술대회와 8월 대법원 형사법연구회와의 공동학술대회는 대면으로 진행하였습니다. 9월 연구회는 다시 줌을 이용한 비대면 발표를 하였는데, 다행스럽게도 10월부터는 계속하여 대면으로 진행할 수 있었습니다.

　2022년의 월례연구회에서는 명확성 원칙, 헌법불합치 결정을 받은 형벌규정의 효력과 같은 헌법과 형사법에 걸친 매우 어려운 주제를 포함하여 불법의 의미, 중지미수, 정범 없는 공범, 지난 10년간(2011~2021) 대법원 형법 총칙 분야 판례의 변화, 명예에 관한 죄에 대한 최신 판례, 사기와 책략절도의 구별, 배임죄에서 '경영판단원칙'의 체계적 지위와 역할, 직권남용권리행사방해죄에서 '직권남용' 요건 등 형법총론과 형법각론의 주요 쟁점이 논의되었습니다. 또한 '실질적 피압수자' 개념, 제3자 보관정보의 압수·수색 참여권, 원격지 서버 압수·수색의 적법성 등 디지털증거의 압수·수색을 둘러싼 쟁점들과 함께 참고인 진술청취 수사보고서의 증거능력도 심도 있게 다루어졌습니다. 형벌권의 존부와 범위 및 그것을 실현하는 절차에 관한 이러한 주제들은 어느 하나 중요하지 않은 것이 없어 매번 치열한 발표와 토론이 전개되어 시간의 부족을 아쉬워할 정도였습니다.

작년에도 말씀드린 바 있습니다만, 향후 대법원이나 헌법재판소의 재판은 물론 하급심판례도 연구대상으로 할 필요가 있습니다. 근래 하급심재판들이 상세한 논증을 시도하거나 기존 대법원 판례와는 다른 해석론을 전개하는 등 학술적으로 검토할 만한 가치가 있는 하급심판결들이 증가하고 있기 때문입니다. 아직은 법관 이외의 연구자들이 하급심판결에 접근하기가 쉽지 않지만, 대법관들의 사건 부담을 줄이고 하급심을 강화 내지 충실화한다는 사법제도 개선 방향을 고려할 때 우리 연구회 회원들이 선도적으로 관심 있는 하급심판결을 대상으로 연구하여 발표하는 것은 매우 의미 있는 작업이 될 것입니다.

이번에도 여러분들의 도움 덕분에 본서가 빛을 볼 수 있었습니다. 먼저 형사판례연구회에 변함없는 애정을 갖고 재정적·행정적 지원을 해 주시는 한국형사·법무정책연구원의 하태훈 원장님께 깊이 감사드립니다. 그리고 월례발표회와 저녁식사의 장소를 제공해 주시는 이원석 검찰총장님과 김종현 대검 형사정책담당관님 등 관계자 여러분께도 감사의 말씀을 드립니다. 또한 지난 1년의 월례연구회에서 발표와 사회를 맡아주신 분들과 열심히 참여하신 회원님들, 논문의 심사와 편집을 위해 시간을 할애해 주신 분들께도 고마움을 전합니다. 이런 분들의 열정과 정성이 쌓여 오늘의 형사판례연구회를 만들었고, 내일의 연구회를 발전시킬 것입니다. 앞으로도 변함없는 관심과 참여를 부탁드립니다. 아울러 월례연구회는 물론 타 기관과의 공동학술행사 등을 도맡아 처리하시는 총무간사 류부곤 교수님과 편집간사 허황 교수님에게 고마움과 함께 미안함을 전합니다. 두 분의 헌신이 없었다면 월례연구회와 본서의 출간은 불가능하였을 것입니다. 끝으로 형사판례연구의 창간호부터 지금까지 출판해 주신 박영사의 안종만 회장님, 조성호 이사님 그리고 관계자 여러분들께도 감사의 말씀을 드립니다.

2023년 7월
한국형사판례연구회 회장
강 동 범

목 차

헌법재판에서 형벌규범의 위헌성 심사 기준이 되는

　　명확성 원칙 ……………………………………………… <이근우>　　*1*

헌법불합치 결정을 받은 형벌규정의 효력 ……………… <이강민>　　43

형사판례에서 불법의 의미와 역할 ……………………… <류전철>　　69

정범 없는 공범과 규범적·사회적 의사지배 …………… <김성룡>　　97

중지미수의 자의성 개념의 비결정성 및 그와 결부된

　　동기(준법의지)와 장애 요소의 역할과 의미 ………… <강우예>　　127

지난 10년간(2011~2021) 대법원 형법판례의 변화:

　　총칙 분야 ……………………………………………… <최준혁>　　157

'명예에 관한 죄'에 대한 최신 판례 및 쟁점 연구 ……… <윤지영>　　199

사기와 책략절도의 구별기준 …………………………… <김태명>　　227

배임죄에서 '경영판단원칙'의 체계적 지위와 역할 …… <이석배>　　261

직권남용권리행사방해죄에서 '직권남용'요건의 판단

　　(대법원 2022. 4. 28. 선고 2021도11012 판결) ……… <오병두>　　289

'실질적 피압수자' 개념에 대한 비판적 검토

　　(대법원 2021. 11. 18. 선고 2016도348 전원합의체

　　판결을 중심으로) ……………………………………… <조은별>　　325

제3자 보관정보 압수·수색 참여권에 대한 비판적 고찰

　　(대법원 2022. 5. 31.자 2016모587 결정 등 참여권 관련

　　최근 국내외 판례) …………………………………… <김면기>　　363

원격지 서버 압수·수색의 적법성 ……………………… <조성훈>　　395

참고인 진술청취 수사보고서의 증거능력 ……………… <박정난>　　437

2022년도 형법판례 회고 ………………………………… <김혜정>　　469

2022년도 형사소송법 판례 회고 ……………………… <이창온>　　537

형사판례연구 총목차(1권~31권) ···································· 629

한국형사판례연구회 2022년도 발표회 ···························· 662

한국형사판례연구회 회칙 ··· 664

한국형사판례연구회 편집위원회 규정 ···························· 670

한국형사판례연구회 심사지침 ····································· 673

한국형사판례연구회 투고지침 ····································· 677

한국형사판례연구회 연구윤리위원회 규정 ························ 685

한국형사판례연구회 임원명단 ····································· 691

한국형사판례연구회 회원명부 ····································· 692

Table of Contents

The principle of clarity as a criterion for reviewing the constitutionality of
penal norms in constitutional adjudication ········ <Lee, Keun-woo> *1*

The Effect of Penal Provisions by a Decision of
Constitutional Nonconformity ···························· <Lee, Kang-Min> *43*

Die Bedeutung und Rolle des Unrechts in der
strafrechtlichen Rechtssprechungen ················· <Ryu, Chen-chel> *69*

Beteiligung ohne Täter und Normtive oder
Soziale Willensherrschaft ···························· <Kim, Sung-Ryong> *97*

Indeterminacy of voluntariness requirement of a attempt crime
and the role and meaning of motive
and obstacle factors ··· <Kang, Wu-ye> *127*

Changes in criminal cases of the Supreme Court of Korea
over the past 10 years (2011-2021):
General Part ··· <Choi, Jun-Hyouk> *157*

A Study on the Latest Judicial Precedents and the Issues about
the 'Crimes against Reputation' ···················· <Yun, Jee-Young> *199*

Distinction between Fraud and Deceptive Theft ··· <Kim, Taemyeong> *227*

Die systemimmanente Rolle der „unternehmerischen
(Fehl-)Entscheidung" beim Untreue ················· <Lee, Seok-Bae> *261*

The Requirement of 'By Abusing Own Authority'
in the Article 123, Korean Criminal Act
—A Case Study on the Supreme Court 2022. 4. 28.

Decision 2021Do11012 — ···························· \<OH, Byung Doo\> *289*

A critical review of the concept of 'actual confiscated person'

  — Focusing on the 2016 Do348 en banc decision of the

  Supreme Court sentenced on

  November 18, 2021 — ································· \<Cho, Eun-Byul\> *325*

A Critical Look at the Right to Participate in the Seizure and

  Search of Third-Party Stored Information ········ \<Myeonki Kim\> *363*

The Scope and Limitations of Remote Searches and

  Seizure ·· \<Cho, Sunghun\> *395*

A study on Admissibility of Evidence of the Investigaion Report

  about the Testifier Recording Statement ········· \<Pank, Jungnan\> *437*

The Reviews of the Criminal Law Cases of the Korean Supreme Court

  in 2022 ··· \<Kim, Hye-Jeong\> *469*

Review on the Supreme Court decisions on Criminal Procedure Law

  in 2022 ··· \<Lee, Chang-On\> *537*

헌법재판에서 형벌규범의 위헌성 심사 기준이 되는 명확성 원칙

이 근 우*

Ⅰ. 들어가며

개인적으로는 요즘 스스로가 무협지에서 말하는 走火入魔에 빠진 느낌이다. 뭔가 내가 잘 알지도 못하면서 떠들고 있는 것은 아닌가? 법학, 그 가운데 형법을 전공한 것도 꽤 오랜 시간이 되었고 글도, 말도 많이 했지만, 무슨 소용이 있을까, 혹시 2023년에 조선 성리학을 말하는 영남 士林의 갓 쓴 선비 같은 소리이지는 않을까 싶다. 어떤 사람들에게 이상하게 들려도 몇몇은 이런 소리하는 사람도 있어야 하지 않을까 하는 마음으로 다시 글을 쓰고자 한다. 이 글에서는 헌법재판소 결정 중 형법상 일반교통방해죄에 대한 합헌 결정(2013. 6. 27, 2012헌바194 형법 제185조 위헌소원, 합헌(전원일치))과 최근에 내려진 집단급식소 영양사 직무미수행 처벌 규정에 대한 결정(2019헌바141 식품위생법 제96조 등 위헌소원, 위헌)을 소재로 형벌규정의 위헌성 심사 기준이 되는 명확성 원칙에 대하여 검토하고자 한다.

---

* 가천대학교 법학과 교수, 법학박사.

Ⅱ. 형법상 일반교통방해죄의 합헌성에 대한 결정

1. 헌법재판소의 입장

---

1. 사건의 개요와 심판의 대상

가. 사건의 개요

청구인은 2011. 8. 28. 한진중공업 정리해고 철회 등을 주장하는 '제4차 희망버스' 시위 참가자들과 함께, 같은 날 10:35경부터 13:10경까지 서울 서대문역, 경찰청, 서울역 등의 차로 일부를 점거·행진하여 일반 차량이 통행하는 육로의 통행을 방해하였다는 이유로 약식 기소되어 벌금 50만 원의 약식명령(서울동부지방법원 2012고약2375)을 고지받고 정식재판을 청구한 다음(서울동부지방법원 2012고정863) 그 재판계속 중 자신에게 적용된 형법 제185조에 대하여 위헌법률심판제청신청을 하였으나, 법원은 2012. 5. 31. 이를 기각하였고(2012초기479), 이에 청구인은 2012. 6. 11. 이 사건 헌법소원심판을 청구하였다.

나. 심판의 대상

이 사건 심판의 대상은 형법(1995. 12. 29. 법률 제5057호로 개정된 것) 제185조중 '육로를 불통하게 하거나 기타 방법으로 교통을 방해한 자' 부분(이하 '이 사건 법률조항'이라 한다)의 위헌 여부이고, 그 내용은 다음과 같다.

[심판대상조항]

형법 제185조(일반교통방해) 육로, 수로 또는 교량을 손괴 또는 불통하게 하거나 기타 방법으로 교통을 방해한 자는 10년 이하의 징역 또는 1천 500만 원 이하의 벌금에 처한다.

이 전원일치 합헌 결정의 결정문에서 "헌법재판소는 2010. 3. 25. 2009헌가2 결정(판례집 22-1상, 407)에서 이 사건 법률조항은 헌법에 위반되지 않는다고 선고한 바 있는데, 그 요지는 다음과 같다. (후략)"하면서 종전 *결정문*을 그대로 인용한 후, "이 사건에 있어서도 위 선례와 달리 판단하여야 할 사정의 변경이 있다고 보이지 아니하므로 위 결정이유를 그대로 유지, 원용하기로 한다."고 판단하였다. 이로서 헌

법재판소는 앞선 결정의 잘못을 바로잡을 기회를 다시 놓쳤다.

종전결정의 내용은 다음과 같다.

『(1) 이 사건 법률조항은 육로 등의 손괴에 의한 교통방해, 육로 등을 불통하게 하는 방법에 의한 교통방해 이외에 '기타 방법'에 의한 교통의 방해를 금지한다. 교통방해의 유형 및 기준 등을 입법자가 일일이 세분하여 구체적으로 한정한다는 것은 입법기술상 불가능하거나 현저히 곤란하므로 위와 같은 예시적 입법형식은 그 필요성이 인정될 수 있으며, '기타의 방법'에 의한 교통방해는 육로 등을 손괴하거나 불통하게 하는 행위에 준하여 의도적으로, 또한 직접적으로 교통장해를 발생시키거나 교통의 안전을 위협하는 행위를 하여 교통을 방해하는 경우를 의미하는 것으로서 그 의미가 불명확하다고 볼 수 없다. 나아가 '교통방해'는 교통을 불가능하게 하는 경우뿐 아니라 교통을 현저하게 곤란하게 하는 경우도 포함하고, 여기서 교통을 현저하게 곤란하게 하는 경우에 해당하는지 여부는 교통방해 행위가 이루어진 장소의 특수성과 본래적 용도, 일반적인 교통의 흐름과 왕래인의 수인가능성 등 제반 상황을 종합하여 합리적으로 판단될 수 있다. 따라서 이 사건 법률조항은 죄형법정주의 명확성원칙에 위배되지 않는다.

(2) 현대사회에서의 교통의 중요성 및 교통의 안전 침해가 초래할 수 있는 생명·신체 또는 재산의 위험을 고려한다면 교통방해 행위에 엄정한 책임을 묻기 위하여 과태료 등 보다 경미한 제재가 아닌 형사처벌을 그 제재 수단으로 선택한 것이 현저히 자의적인 것으로서 국가형벌권 행사에 관한 입법재량의 범위를 벗어난 것이라 보기 어렵다.

(3) 이 사건 법률조항이 금지하는 것은 교통방해행위이지, 헌법에 의해 보장되는 평화적인 집회 및 시위가 아니므로 이 사건 법률조항이 집회의 자유를 직접 제한한다고는 볼 수 없다. 다만 개별·구체적인 사례에서 일정한 교통방해를 수반하는 집회 또는 시위 행위가 이 사건 법률조항의 구성요건에 해당되는 경우에 집회의 자유가 제한되는 것은 아닌지에 관한 의문이 제기될 수 있으나, 그러한 교통방해가 헌법

상 보장되는 집회의 자유를 행사함으로 인하여 필연적으로 발생하는 것으로서 국가와 제3자가 수인하여야 하는 범위 내에 있다면, 이는 사회상규에 반하지 아니하는 행위로서 위법성이 조각되어 결국 형사처벌의 대상이 될 수 없을 것인바, 이는 구체적 사안을 전제로 법원이 판단하여야 할 개별사건에서의 법률의 해석·적용에 관한 문제일 뿐, 이 사건 법률조항의 위헌성에 대한 문제가 아니다.

(4) 이 사건 법률조항은 사람이 차도를 걸어서 통행하는 것을 직접 금지하고 있지 아니하고, 또한 도보에 의한 신체이동으로 차량에 의한 신체이동을 저해하는 경우를 처벌하기 위한 목적으로 만들어진 조항도 아니다. 또한 이 사건 법률조항은 차량의 통행을 불가능하게 하거나 현저히 곤란하게 할 위험이 있는 때에 한하여 적용되는 것이 아니라, 도보에 의한 통행을 불가능하게 하는 경우에도 적용될 수 있는 중립적인 규정이다. 따라서 이 사건 법률조항이 차량에 의한 신체이동을 도보에 의한 신체이동보다 우위에 두어 도보에 의한 신체이동의 자유를 침해하는 것이라 볼 수 없다.

(5) *이 사건 법률조항은 법정형으로 10년 이하의 징역 또는 1천 500만 원 이하의 벌금을 규정하고 있는바, 그 폭이 매우 넓은 점은 인정된다.* 그러나 이는 교통방해의 행위 태양 및 법익 침해의 결과가 매우 다양한 형태와 정도로 나타날 수 있음을 고려한 것이고, *형의 하한이 없어서 비교적 경미한 불법성을 가진 행위에 대하여는 법관의 양형으로 행위의 개별성에 맞추어 책임에 알맞은 형벌이 선고될 수 있으므로 이 사건 법률조항이 책임과 형벌간 비례원칙에 반하는 과잉 형벌을 규정하고 있다고 볼 수 없다.*

한편 집시법 및 도로교통법에도 일반의 교통을 방해하는 행위에 대한 처벌조항이 있으나 이들 조항과 이 사건 법률조항은 그 보호법익이나 구성요건 등을 달리하여 비교의 대상이 된다고 할 수 없는바, 양자에 있어 법정형의 장기가 다소 차이가 난다고 하여 이것이 곧바로 비례원칙 위반이라 할 수 없다.』

※ 별지에 제시된 관련 조문

○ 도로교통법(2010. 7. 23. 법률 제10382호로 개정된 것)

제157조(벌칙) 다음 각 호의 어느 하나에 해당하는 사람은 20만 원 이하의 벌금이나 구류 또는 과료에 처한다.

○ 집회 및 시위에 관한 법률(2007. 12. 21. 법률 제8733호로 개정된 것)

제23조(벌칙) 제10조 본문 또는 제11조를 위반한 자, 제12조에 따른 금지를 위반한 자는 다음 각 호의 구분에 따라 처벌한다.

  1. 주최자는 1년 이하의 징역 또는 100만 원 이하의 벌금

  2. 질서유지인은 6개월 이하의 징역 또는 50만 원 이하의 벌금·구류 또는 과료

  3. 그 사실을 알면서 참가한 자는 50만 원 이하의 벌금·구류 또는 과료

제24조(벌칙) 다음 각 호의 어느 하나에 해당하는 자는 6개월 이하의 징역 또는 50만 원 이하의 벌금·구류 또는 과료에 처한다.

  3. 제13조에 따라 설정한 질서유지선을 경찰관의 경고에도 불구하고 정당한 사유 없이 상당 시간 침범하거나 손괴·은닉·이동 또는 제거하거나 그 밖의 방법으로 그 효용을 해친 자

2. 비 판

이 사안에 대해서는 이미 다른 글[1]이 다룬 바 있다. 이 논문에서 하교수님은 죄형법정주의와 그 세부원칙으로서 명확성 원칙의 의의를 재음미하면서, "죄형법정주의는 개인의 자유와 권리의 침해 내지 제한에는 법률적 근거를 가져야 한다는 법치국가적 보장의 표현이다. 죄형법정주의는 형벌법규의 자의적 해석을 통하여 국가형벌권이 남용되었던 역사적 경험을 교훈으로 삼아서 국가형벌권의 자의적 행사와 남용으로부터 국민의 자유와 권리를 보장하고자 하는 법치주의 사상의 구체화 원칙이다. (중략)", "죄형법정주의에서 파생되는 명확성의 원칙은

---

1) 하태훈, "명확성의 원칙과 일반교통방해죄(형법 제185조)의 예시적 입법형식", 「형사법연구」 제26권 제2호, 2014. 2009헌가2 결정은 제1심의 벌금 100만 원 유죄 판결에 대한 항소심 재판부가 피고인의 위헌법률심판청구를 인용하여 헌법재판소에 위헌법률심판을 제청한 것을 헌법재판소가 합헌결정한 것이다.

법률이 처벌하고자 하는 행위가 무엇이며 그에 대한 형벌이 어떠한 것인지를 누구나 예견할 수 있고, 그에 따라 자신의 행위를 결정할 수 있도록 구성요건을 명확하게 규정할 것을 요구하고 있다. 명확성의 원칙은 일반 국민에게 행위의 가벌성에 관하여 예측가능하게 해줌으로써 그의 행동의 자유와 인권을 보장함과 아울러 그 법규를 운용하는 국가기관의 恣意와 전횡을 방지하는 기능을 한다."는 대법원과 헌법재판소 결정을 강조한다(앞의 글, 268면). 물론 현대국가의 입법에 있어서 입법기술상의 현실적 한계 때문에 일정 부분 불명확한 형식이 사용될 수밖에 없음도 인정한다. 그러면서 형법 제185조의 '기타 방법'이라는 입법형식이 명확성의 원칙에 위반되는가의 여부를 '1. 구체적인 불법 행위유형을 충분하게 예시했는가?, 2. 입법자가 행위유형을 구체적이고 충분히 예시하는 것이 불가능했는가?, 3. 제한적 해석으로 불명확성이 치유될 수 있는가?'를 기준으로 삼아 비판한다. 그래서 비록 헌법재판소는 이 규정을 합헌으로 판단했지만, 독일과 일본의 유사 규정들은 다양한 보완장치를 통해서 우리 형법보다 더 법적용자의 자의적 해석의 여지를 축소하고 있음을 들어 이 규정의 위헌성을 강조하면서 이를 극복하기 위해서 '기타 방법'이라는 개방적 구성요건을 삭제하고, 행위유형을 보다 더 명확하게 구체화하여 입법하여야만 그 위헌성이 치유될 수 있을 것임을 강하게 비판한다. 이 글의 취지에 전적으로 동의하면서 약간 보충하고자 한다.

먼저 헌법재판소 결정문은 "(2) 현대사회에서의 교통의 중요성 및 교통의 안전 침해가 초래할 수 있는 생명·신체 또는 재산의 위험을 고려한다면 교통방해 행위에 엄정한 책임을 묻기 위하여 과태료 등 보다 경미한 제재가 아닌 형사처벌을 그 제재 수단으로 선택한 것이 현저히 자의적인 것으로서 국가형벌권 행사에 관한 입법재량의 범위를 벗어난 것이라 보기 어렵다."고 설시한다. 최근까지도 음주운전에 의한 사상의 결과를 강하게 처벌하여야 한다는 움직임이 있지만, 이는 교통에서 업무상 중과실에 의한 사상의 결과 발생에 대한 여론인 것이고, 심판대상 조항은 순수하게 '교통방해' 자체를 처벌대상으로 하는 것이다. 물론 형법 제15장 교통방해의 죄는 지금의 관점에서만 보면, 표면적으로 단순히 '교통'을 보호법익으로 하는 범죄 유형으로 보인다. 그런데 뭔가 이상한 점은 없는가?

제185조(일반교통방해) 육로, 수로 또는 교량을 손괴 또는 불통하게 하거나 기타 방법으로 교통을 방해한 자는 10년 이하의 징역 또는 1천500만 원 이하의 벌금에 처한다.

제186조(기차, 선박 등의 교통방해) 궤도, 등대 또는 표지를 손괴하거나 기타 방법으로 기차, 전차, 자동차, 선박 또는 항공기의 교통을 방해한 자는 1년 이상의 유기징역에 처한다.

제187조(기차 등의 전복 등) 사람의 현존하는 기차, 전차, 자동차, 선박 또는 항공기를 전복, 매몰, 추락 또는 파괴한 자는 무기 또는 3년 이상의 징역에 처한다.

제188조(교통방해치사상) 제185조 내지 제187조의 죄를 범하여 사람을 상해에 이르게 한 때에는 무기 또는 3년 이상의 징역에 처한다. 사망에 이르게 한 때에는 무기 또는 5년 이상의 징역에 처한다.

제189조(과실, 업무상과실, 중과실) ① 과실로 인하여 제185조 내지 제187조의 죄를 범한 자는 1천만 원 이하의 벌금에 처한다.

② 업무상과실 또는 중대한 과실로 인하여 제185조 내지 제187조의 죄를 범한 자는 3년 이하의 금고 또는 2천만 원 이하의 벌금에 처한다.

제190조(미수범) 제185조 내지 제187조의 미수범은 처벌한다.

제191조(예비, 음모) 제186조 또는 제187조의 죄를 범할 목적으로 예비 또는 음모한 자는 3년 이하의 징역에 처한다.

먼저 본장의 죄들은 전반적으로 다른 사회적 법익침해 범죄에 비하여 법정형이 매우 높게 설정되어 있다. 더구나 제185조는 '방해'를 초래하면 처벌하는 구성요건이므로 위험범으로 해석되는 것임에도 법정형이 상당히 높고, 모두 과실범과 미수범을 처벌하며, 제186조 또는

제187조는 예비, 음모까지도 처벌하고 있다. 그래서 나는 이 章의 구성요건이 단순한 평시의 교통만을 보호하는 구성요건으로 입법된 것이 아니라, 우리 법의 모태가 된 일본형법가안(혹은 만주국 형법) 성안시의 정치사회적 상황을 반영하고 있던 것이 아닌가 하는 의심이 있다. 즉 이 규정은 일상적으로 발생하는 교통방해만을 처벌하려는 것이 아니라, 중일전쟁, 대동아전쟁 혹은 제2차세계대전이라는 戰時 체제하에서의 사보타지 행위까지도 강하게 처벌하기 위해서, 의도적으로 과도하게 입법된 것을 우리 형법 제정시에 그대로 베껴온 것은 아닌가 하는 것이다. 그 밖에도 제99조(일반이적, 무기 또는 3년 이상의 징역), 제166조(일반건조물 등 방화, 제1항 2년 이상의 유기징역, 제2항 7년 이하의 징역 또는 1천만 원 이하의 벌금), 제167조(일반물건 방화, 제1항 1년 이상 10년 이하의 징역, 제2항 3년 이하의 징역 또는 700만 원 이하의 벌금), 제179조(일반건조물 등에의 일수, 제1항 1년 이상 10년 이하의 징역, 제2항 3년 이하의 징역 또는 700만 원 이하의 벌금) 등 우리가 사회적 법익을 보호하는 죄로 분류하는 몇몇 범죄에 대해서는 마찬가지의 의심이 있다.

또한 상식적 수준에서 보면 높은 법정형이 가해지는 범죄구성요건은 법정형이 경미한 범죄에 비하여 보다 더 엄밀한 구성요건 표지로 규정되고, 엄격하게 해석되어야 하지만, 우리 형법은 그렇지 않다. 그리고 헌법재판소도 이를 모두 입법자의 재량 내에 있는 것으로 보았다. 한국전쟁 직후인 1953년 당시의 입법자(혹은 일본 일본형법 가안의 입안자)의 결정이 오늘날도 여전히 유지되고 존중되어야 할 것으로 본 것이다. 헌법재판소의 종전 결정과 당해 결정 사이에는 '사정 변경' 없었을지도 모르지만, 입법 당시와 판단 시점에서의 사정변경은 존재했던 것은 아닐까? 급하게 만들어진 우리 형법(전)이 아직도 전면개정되지 못하고, 그나마의 개정이 법무부의 필요에 따라 지나치게 기이하게 수행된 점을 감안하면, 충분히 달리 볼 수 있지 않았을까 하는 것이다.

다음으로는 매우 높은 법정형으로 규정된 구성요건에서 사용되는 용어, 특히 '기타의 방법'과 같은 표지가 사실상 개방적 구성요건으로 기능할 정도로 엄밀성을 결여하고 있다는 점이다. 제185조는 '육로, 수로 또는 교량을 손괴 또는 불통하게 하거나 기타 방법으로 교통을 방해'를 구성요건으로 하고 있는데, '손괴'는 그나마 그 지시내용을 알 수 있는 것이지만, '불통'은 행태를 지시한다기 보다는 '상태'를 지시하고 있을 뿐이고, '기타 방법으로 교통을 방해'는 구체적 행태에 대한 지시 없이 여하한 방법이라도 '불통'에까지 이르지 않는 위험발생에 해당하는 '방해'도 기수범으로 처벌하고 있기 때문이다. 여기서 상술할 필요는 없겠지만, 형법이론과 해석에서 '명확성 요구'는 다른 법률 분야에 비할 수 없는 지위를 가진다. 그래서 헌법재판소가 형벌법규에 대해서 내린 위헌결정 대부분은 명확성 원칙과 책임원칙 위반이라는 점에서 형벌법규에 대한 명확성 요구는 헌법적 원칙의 일부라고까지 할 수 있다.

다음 문제는 오늘날의 법감각으로도 제185조를 구성하는 구성요건적 행위와 그렇지 않은 행위를 식별할 수 있는가 하는 것이다. 헌법재판소는 두 번의 결정 모두에서 위헌 제청된 제185조만을 검토한다. 그러면서 *"'기타의 방법'에 의한 교통방해는 육로 등을 손괴하거나 불통하게 하는 행위에 준하여 의도적으로, 또한 직접적으로 교통장해를 발생시키거나 교통의 안전을 위협하는 행위를 하여 교통을 방해하는 경우를 의미하는 것으로서 그 의미가 불명확하다고 볼 수 없다. 나아가 '교통방해'는 교통을 불가능하게 하는 경우뿐 아니라 교통을 현저하게 곤란하게 하는 경우도 포함하고, 여기서 교통을 현저하게 곤란하게 하는 경우에 해당하는지 여부는 교통방해 행위가 이루어진 장소의 특수성과 본래적 용도 및 일반적인 교통의 흐름과 왕래인의 수인가능성, 행위자의 의도 및 행위가 지속된 시간, 다른 대안적 행위의 가능성 등 제반 상황을 종합하여 합리적으로 판단될 수 있다. 결국 이 사건 법률조항이 지닌 약간의 불명확성은 법관의 통상적인 해석 작용에 의하여 보완될 수 있고, 건전한 상식과 통상적인 법감정을 가진 일반인이라면*

금지되는 행위가 무엇인지를 예측하는 것이 현저히 곤란하다고 보기
는 어려우므로 이 사건 법률조항은 죄형법정주의 명확성 원칙에 위
배되지 않는다."고 판시한다. 본죄의 '고의범'적 성격을 강조하여, 건전
한 일반인 기준의 이해와 법관에 의해 적절한 축소해석이 가능하다는
점을 강조하고 있는 것으로 보인다. 그러나 제185조는 동시에 제189조
(과실, 업무상과실, 중과실), 제190조(미수범)의 범죄구성요건이 되는 것
임을 간과하고 있다.2) 특히 제189조의 경우 과실범의 특성상 '교통방
해'라는 결과를 초래할 수 있는 모든 행태가 과실로 파악될 수 있으므
로, 헌법재판소사 설시한 '의도적으로 또한 직접적'이라는 제한적용의
요소는 여기에 적용될 수 없다. 즉 위의 설시를 보아서는 제185조가
제189조에서 적용되는 경우, 과실에 의한 어떤 행태라도 결과적으로
교통을 방해하는 결과를 초래하기만 하면, 1천만 원 이하의 벌금으로
처벌하는 구성요건으로 해석된다. 제190조(미수범)에 있어서도 '불통'이
라는 보다 명확한 결과표지와 '방해'라는 불통 이전 단계를 함께 규정
하고 있어서 방해 정도의 결과 발생만으로도 기수범에 해당하므로, 제
190조(미수범)가 적용되는 경우는 방해 이전의 단계에서의 어떠한 거
동이 실행의 착수에 해당한다고 보아야 하는 문제가 발생하는 것이다.
이처럼 제185와 연결된 제189조, 제190조를 고려하였다면 당연히 헌법
재판소는 명확성 원칙 위반을 선언하였어야 한다. 헌법재판소의 취지
에 따르더라도 입법론적으로는 현행과 같은 높은 법정형으로 처벌하
기 위해서는 차라리 제185조를 일종의 목적범으로 규정하는 편이 나
았을 것이다. 그것이 아니라면, 제185조의 법정형도 낮추고, 제189조,
제190조도 재규정하여야 한다.

　　참고로 아래는 현행 일본국 형법의 규정과 번역 내용이다. 우리

---

2) 제189조(과실, 업무상과실, 중과실) ① 과실로 인하여 제185조 내지 제187조의 죄를
　범한 자는 1천만 원 이하의 벌금에 처한다. ② 업무상과실 또는 중대한 과실로 인
　하여 제185조 내지 제187조의 죄를 범한 자는 3년 이하의 금고 또는 2천만 원 이
　하의 벌금에 처한다. <개정 1995. 12. 29.>
　제190조(미수범) 제185조 내지 제187조의 미수범은 처벌한다.

규정의 모태라고 할 수 있는 일본국 형법의 일반 교통방해에는 '기타의 방법'이라는 표지도 사용하지 않고, '손괴', '차단'이라는 표지만으로 규정되는 등, 해당 장의 규정내용도 법정형도 달라져 있다. 우리 제185조의 해석처럼 '위험 발생'으로만 처벌되는 경우는 별도로 제25조에서 규정하고 법정형도 낮게 규정되어 있으며, 제129조(과실교통위험)의 경우 벌금으로만 벌한다. 결국 이제는 우리 형법, 헌법재판소만 대동아전쟁, 한국전쟁 그 시대의 사고에 머물러 있는 것은 아닐까?

「刑法」	• 법률번호: 명치40<1907>년 법률 제45호 • 공 포 일: 1907년 4월 24일 • 개 정 일: 2022년 6월 17일
第十一章 往来を妨害する罪 第百二十四条(往来妨害及び同致死傷) 陸路、水路又は橋を損壊し、又は閉塞そくして往来の妨害を生じさせた者は、二年以下の懲役又は二十万円以下の罰金に処する。 2 前項の罪を犯し、よって人を死傷させた者は、傷害の罪と比較して、重い刑により処断する。	제11장 교통방해죄 제124조(교통방해 및 그 치사상) ① 육로, 수로 또는 교량을 손괴하거나 차단하여 교통을 방해한 자는 2년 이하의 징역 또는 20만엔 이하의 벌금에 처한다. ② 제1항의 죄를 범하여 사람을 죽거나 다치게 한 자는 상해죄와 비교하여 무거운 형으로 처벌한다.
第百二十五条(往来危険) 鉄道若しくはその標識を損壊し、又はその他の方法により、汽車又は電車の往来の危険を生じさせた者は、二年以上の有期懲役に処する。 2 灯台若しくは浮標を損壊し、又はその他の方法により、艦船の往来の危険を生じさせた者も、前項と同様とする。	제125조(교통위험) ① 철도나 그 표지를 손괴하거나 그 밖의 방법으로 기차 또는 전차의 교통에 위험을 발생시킨 자는 2년 이상의 유기징역에 처한다. ② 등대나 부표를 손괴하거나 그 밖의 방법으로 함선의 교통에 위험을 발생시킨 자도 제1항과 같다.
第百二十六条(汽車転覆等及び同致死) 現に人がいる汽車又は電車を転覆させ、又は破壊した者は、無期又は三年以上の懲役に処する。	제126조(기차 전복 등 및 그 치사) ① 사람이 현존하는 기차 또는 전차를 전복시키거나 파괴한 자는 무기 또는 3년 이상의 징역에 처한다.

2 現に人がいる艦船を転覆させ、沈没させ、又は破壊した者も、前項と同様とする。 3 前二項の罪を犯し、よって人を死亡させた者は、死刑又は無期懲役に処する。	② 사람이 현존하는 함선을 전복, 침몰시키거나 파괴한 자도 제1항과 같다. ③ 제1항 및 제2항의 죄를 범하여 사람을 사망에 이르게 한 자도 사형 또는 무기징역에 처한다.
第百二十七条(往来危険による汽車転覆等) 第百二十五条の罪を犯し、よって汽車若しくは電車を転覆させ、若しくは破壊し、又は艦船を転覆させ、沈没させ、若しくは破壊した者も、前条の例による。	제127조(교통위험에 의한 기차 전복 등) 제125조의 죄를 범하여 기차나 전차를 전복시키거나 파괴한 자 또는 함선을 전복, 침몰시키거나 파괴한 자도 제126조의 예에 따른다.
第百二十八条(未遂罪) 第百二十四条第一項、第百二十五条並びに第百二十六条第一項及び第二項の罪の未遂は、罰する。	제128조(미수죄) 제124조 제1항, 제125조, 제126조 제1항 및 제2항의 죄의 미수는 벌한다.
第百二十九条(過失往来危険) 過失により、汽車、電車若しくは艦船の往来の危険を生じさせ、又は汽車若しくは電車を転覆させ、若しくは破壊し、若しくは艦船を転覆させ、沈没させ、若しくは破壊した者は、三十万円以下の罰金に処する。 2 その業務に従事する者が前項の罪を犯したときは、三年以下の禁錮又は五十万円以下の罰金に処する。	제129조(과실교통위험) ① 과실로 기차, 전차나 함선의 교통에 위험을 발생시키거나 기차나 전차를 전복시키거나 파괴하거나 함선을 전복, 침몰시키거나 파괴한 자는 30만엔 이하의 벌금에 처한다. ② 그 업무에 종사하는 자가 제1항의 죄를 범한 때에는 3년 이하의 금고 또는 50만엔 이하의 벌금에 처한다.

출처: 법제처, 세계법령정보센터 번역.

https://world.moleg.go.kr/web/wli/lgslInfoReadPage.do;jsessionid=FB7rJlvEHXfCSLjkUTNo7GahxVaai4lVVoP69v9yS8nDmFvq0cdcUesxTJeAi1Ar.eduweb_servlet_engine6?1=1&searchPageRowCnt=10&A=A&AST_SEQ=2601&CTS_SEQ=42484&searchType=all&ETC=3&searchNtnl=JP&searchNtnlCls=1&searchTy=4

Ⅲ. 집단급식소 영양사 직무미수행 처벌 규정에 대한 결정(2023. 3.27., 2019헌바141)

1. 집단급식소 영양사 직무미수행 처벌 규정에 대한 결정과 참고 사실

(1) 배경적 사실

대상 결정에서 청구인의 주장은

가. 직무수행조항은 영양사와 조리사 등 학교 급식 종사자들 간에 업무영역을 두고 대립·분쟁이 발생하자 영양사와 조리사의 직무만족도 제고를 위하여 각 업무영역의 분담을 위해 신설된 것일 뿐이다. 그런데 직무수행조항 신설 시 처벌조항이 미처 개정되지 아니한 <u>입법과오의 결과</u> 직무수행조항 위반이 처벌의 대상이 된 것이다.

나. 처벌조항에 따르면 직무수행조항은 구성요건조항이 되는 것임에도 불구하고 영양사가 수행해야 할 직무의 종류만 규정하고 있을 뿐이어서 처벌조항이 어떤 경우에 이를 위반한 것으로 보아 처벌한다는 것인지를 알 수 없는바, 처벌조항은 죄형법정주의의 명확성원칙에 위반된다.

다. 처벌조항의 문언상 영양사가 직무를 어느 정도로 게을리 한 경우 처벌되는지 알 수 없음에도 불구하고 출근횟수 등을 기준으로 하여 위반여부를 판단하는 것은 죄형법정주의의 유추해석금지원칙에 위반된다.

라. 처벌조항은 집단급식소에 근무하는 영양사의 직무위반 행위 일체를 형사처벌로 규율하여 일상적인 직무를 위반한 것 자체를 형사처벌의 대상으로 삼고 있고, 운영일지 작성과 같은 사소한 업무를 일회적으로 위반한 경우도 형사처벌의 대상이 되도록 한바, 처벌조항은 과잉금지원칙에 위반된다.

이 가운데, '가'의 취지는 식품위생법 제96조는 현행법과 동일하게

제51조와 제52조를 위반한 자를 처벌하는 규정으로 되어 있었지만, 당시의 제51조, 제52조는 '제51조(조리사) 대통령령으로 정하는 식품접객영업자와 집단급식소 운영자는 조리사(調理士)를 두어야 한다. 다만, 식품접객영업자 또는 집단급식소 운영자 자신이 조리사로서 직접 음식물을 조리하는 경우에는 조리사를 두지 아니하여도 된다. 제52조(영양사) 대통령령으로 정하는 집단급식소 운영자는 영양사(營養士)를 두어야 한다. 다만, 집단급식소 운영자 자신이 영양사로서 직접 영양 지도를 하는 경우에는 영양사를 두지 아니하여도 된다.'(지금의 각 조의 제1항 규정임)는 것이었으므로, 식품접객영업자와 집단급식소 운영자에 대한 처벌 규정이었다는 것이다. 그런데 조리사와 영양사의 직무 다툼 때문에 직무영역을 나누는 규정을 각조의 제2항으로 둔 결과, "입법과오"로서 본래 처벌대상이 될 수 없었던 각조 제2항 위반이 식품위생법 제96조 위반으로 처벌되게 되었다는 것이다.

□ 사건개요
○ 청구인은 서울 영등포구에 있는 '○○유치원'의 원장으로, 집단급식소의 운영자이다.
○ 청구외 □□□은 2015. 3.경 <u>위 '○○유치원' 등에 각 영양사로 채용되어 2016. 10.경까지 위 각 유치원에서 매년 50만 원을 지급받고</u> 영양사로 근무하였다. 그는 위 각 유치원에 영양사 면허증을 교부하고 매월 식단표를 작성하여 이메일로 송부하여 주었으며, 매월 1회 정도만 방문하여 급식 관련 장부 등을 점검하였을 뿐, 검식 및 배식관리, 구매식품의 검수 및 관리 등 식품위생법 제52조 제2항에 규정된 영양사의 직무를 수행하지 않았다.
○ 청구인은, 양벌규정이 적용됨에 따라, 청구인의 사용인인 청구외 □□□이 청구인의 업무에 관하여 위와 같이 집단급식소에 근무하는 영양사로서의 직무를 이행하지 아니하여 식품위생법을 위반하였다는 이유로 기소되었다. 청구인은 2017. 7. 6. 벌금 100만 원을 선고받았고(서울남부지방법원

2016고정3029), 항소하였으나 2018. 10. 11. 기각되었다(서울남부지방법원 2017노1506). 이에 청구인은 상고하여 상고심 계속 중 식품위생법 제52조 제2항 및 제96조에 대하여 위헌법률심판제청신청을 하였으나 2019. 3. 29. 기각되고(대법원 2018초기1168), 같은 날 상고 또한 기각되었다(대법원 2018도17266).청구인은 2019. 5. 1. 식품위생법 제52조 제2항 및 제96조에 대하여 이 사건 헌법소원심판을 청구하였다.

□ 심판대상

이 사건 심판대상은 식품위생법(2011. 6. 7. 법률 제10787호로 개정된 것, 이하 구체적 연혁에 관계없이 현행법을 '식품위생법'이라 한다) 제96조 중 '제52조 제2항을 위반한 자'에 관한 부분(이하 '처벌조항'이라 한다)이 헌법에 위반되는지 여부이다.

[심판대상조항]

식품위생법(2011. 6. 7. 법률 제10787호로 개정된 것) 제96조(벌칙) 제51조 또는 제52조를 위반한 자는 3년 이하의 징역 또는 3천만 원 이하의 벌금에 처하거나 이를 병과할 수 있다.

[관련조항] (생략) 아래에 별도 제시함

□ 결정주문

식품위생법(2011. 6. 7. 법률 제10787호로 개정된 것) 제96조 중 '제52조 제2항을 위반한 자'에 관한 부분은 헌법에 위반된다.

□ 이유의 요지

1. 재판관 이석태, 이종석, 이영진, 김기영, 문형배의 위헌의견-죄형법정주의의 명확성원칙 위반 여부: O

○ 처벌조항은 식품위생법 제52조 제2항(이하 '직무수행조항'이라 한다)을 위반한 자를 처벌하고 있는데, 직무수행조항은 집단급식소에 근무하는 영양사의 직무를 포괄적으로 규정하고 있다. 이로 인해 처벌조항에 규정된 처벌범위가 지나치게 광범위해질 수 있다는 문제가 발생한다.

○ 처벌조항의 입법취지나 입법연혁의 참조를 통해서는 처벌조항의 처벌범

위에 관한 지침을 얻기 어렵다. 식품위생법의 여러 규정을 살펴보아도 영양사의 직무범위의 구체적인 내용에 관한 추단은 어느 정도 가능하지만, 처벌대상에 관한 구체적이고 유용한 기준은 도출해낼 수 없고, 이에 관한 법원의 확립된 판례도 존재한다고 보기 어려운 상황이다.

○ 집단급식소에 근무하는 영양사가 집단급식소에 전혀 출근을 하지 않고 아무런 업무를 수행하지 아니하는 경우에는 직무수행조항에 정한 직무를 수행하지 않았음이 분명하다고 볼 수 있다. 그러나 사안에 따라서는 직무수행조항에 정한 각 호의 업무를 어떤 경우에 수행하지 않았다고 볼 것인지 불분명할 수 있다. 예를 들어 '급식시설의 위생적 관리'(식품위생법 제52조 제2항 제3호)의 경우 급식시설이 건강에 유익하도록 조건을 갖춰 안전한 급식을 제공할 수 있도록 하는 제반 업무 일체를 말한다고 할 것이다. 그런데 처벌조항이 예정하고 있는 위생기준이 구체적으로 규정되거나 하위법령에 위임되어 있지도 않은 관계로, 위생적 관리를 위한 광범위한 업무 중 일부를 누락하거나 다소 소홀히 한 경우 급식시설의 위생적 관리 업무를 수행하지 않았다고 판단할 수 있을지 명확하지 않다.

○ 처벌조항에 관해 위와 같은 광범성 및 불명확성 문제가 발생한 근본적인 이유는, 입법자가 질적 차이가 현저한 두 가지 입법기능을 하나의 조항으로 규율하고자 하였기 때문이다. 직무수행조항은 집단급식소에 근무하는 영양사와 조리사의 직무범위를 구분하는 기능을 함과 동시에, 처벌조항을 통해 구성요건이 된다. 전자는 집단급식소의 업무 전체 내에서 경계를 획정하는 것이므로 포괄적 규정의 필요성이 인정될 수 있다. 반면 후자는 직무의 적정한 수행을 담보하기 위해 처벌대상을 정하는 것이므로, 죄형법정주의 등을 고려하여 제한된 범위 내에서 구체적으로 범죄행위를 규정할 것이 요청된다. 그런데 처벌조항에 규정된 '위반'이라는 문언은 집단급식소에 근무하는 영양사가 직무를 수행하지 아니한 경우 처벌한다는 의미만을 전달할 뿐, 그 판단기준에 관해서는 구체적이고 유용한 지침을 제공하지 않는다.

○ 이상과 같은 점을 고려하면 처벌조항은 죄형법정주의의 명확성원칙에 위반된다.

2. 재판관 유남석, 이선애의 위헌의견

가. 죄형법정주의의 명확성원칙 위반 여부: ×

○ 직무수행조항 및 처벌조항의 문언 및 법규범의 체계적 구조를 고려할
때, 처벌조항은 집단급식소에 근무하는 영양사가 직무수행조항에 정한
직무를 수행하지 아니한 행위 일체를 처벌대상으로 삼고 있음이 분명하
다. 이는 입법자가, 위와 같은 행위 일체가 집단급식소 이용자의 영양, 위
생 및 안전에 위험을 끼친다고 판단하여 처벌대상으로 삼은 것으로 볼
수 있으며, 처벌조항의 입법연혁 또는 관련 입법자료 등을 참조하더라도
이와 달리 해석할 근거를 찾기 어렵다.

○ 결국 처벌조항은 그 내용이 포괄적이고 광범위하기는 하지만, 그로 인하
여 법규범의 의미내용에 대한 예측가능성이 없다거나, 자의적인 법해석
이나 법집행이 배제되지 않는다고 보기는 어렵다.

○ 따라서 처벌조항은 죄형법정주의의 명확성원칙에 위반되지는 않는다.

나. 과잉금지원칙 위반 여부: O

○ 처벌조항은 집단급식소에 근무하는 영양사가 어떠한 직무를 수행할지에
관하여 이를 영양사의 전적인 자율에 맡겨두지 않고 법률에 정한 일정한
직무에 관해 그 수행을 확보함으로써 집단급식소 이용자의 영양, 위생 및
안전을 보호하기 위한 조항이다. 집단급식소에 근무하는 영양사가 직무를
수행하지 아니하는 행위를 처벌하는 것은 그와 같은 목적에 기여할 수 있
다. 따라서 처벌조항은 목적의 정당성 및 수단의 적합성이 인정된다.

○ 처벌조항은 집단급식소에 근무하는 영양사의 직무를 극히 포괄적으로 규
정하여, 영양사가 '특별히' 이행하여야 할 직무가 아니라 집단급식소에
근무하는 영양사가 이행할 수 있는 사실상 '모든' 직무를 규정하고 있다.
그러나 처벌조항은 직무수행조항의 위와 같은 성격에도 불구하고 아무런
제한 없이 직무수행조항을 위반하면 형사처벌을 하도록 함으로써 형사제
재의 필요성이 인정된다고 보기 어려운 행위에 대해서까지 처벌의 대상
으로 삼을 수 있도록 하고 있다.

○ 집단급식소에 근무하는 영양사의 직무 미수행에 대하여 형사처벌의 필요
성이 있다고 하더라도, 집단급식소에서 근무하는 영양사의 직무와 관련
한 구체적 금지규정 내지 의무규정을 두고 이를 위반한 경우에 한해 처

벌하는 것이 가능하며, 행정청이 먼저 직무이행명령을 부과한 후 이를 위반한 경우에 처벌하는 방안도 고려할 수 있다.

○ 처벌조항으로 인해 달성되는 집단급식소 이용자의 영양, 위생 및 안전이라는 공익이 작다고 볼 수는 없으나, 그로 인하여 집단급식소에 근무하는 영양사는 그 경중 또는 실질적인 사회적 해악의 유무에 상관없이 직무수행조항에서 규정하고 있는 직무를 단 하나라도 불이행한 경우 상시적인 형사처벌의 위험에 노출된다. 이와 같이 직무수행조항에서 규정한 직업상의 직무를 수행하지 아니한 행위 일체에 대해 형사처벌을 규정하고 있는 것은 입법재량의 한계를 현저히 일탈하여 과도하다고 하지 않을 수 없다. 따라서 처벌조항은 침해의 최소성 및 법익의 균형성을 충족하지 않는다.

○ 그러므로 직무수행조항에서 정하고 있는 직무내용을 이행하지 아니한 경우 이를 모두 형사처벌하도록 하는 처벌조항은 과잉금지원칙에 위반된다.

□ 반대의견(재판관 이은애, 이미선)

가. 죄형법정주의의 명확성원칙 위반 여부: ×

○ 식품위생법은 집단급식소의 운영자에게 영양사를 두도록 의무를 부과하는 한편 영양사의 직무범위를 규정하고 있고, 운영자가 영양사를 두지 않거나 영양사가 법에서 정한 직무를 수행하지 아니할 경우 형사처벌을 과하고 있는데(식품위생법 제52조, 제96조), 이러한 규제의 목적은 영양사를 통해 집단급식소를 위생적으로 관리함으로써 집단급식소 이용자의 생명과 신체, 건강 등에 대한 위험을 예방하려는 데에 있다. 따라서 처벌조항의 핵심적인 입법목적 역시 집단급식소 이용자의 생명과 신체, 건강 등에 대한 위험의 예방이고, 이를 위하여 집단급식소의 위생과 안전을 그 보호법익으로 하고 있다.

○ 이와 같은 식품위생법의 규정내용과 입법목적 및 처벌조항의 보호법익을 고려하면, 처벌조항은 직무를 수행하지 아니한 행위 일체를 처벌대상으로 하는 것이 아니라 그 중 집단급식소의 위생과 안전을 침해할 위험이 있는 행위로 처벌대상을 한정하는 것으로 해석할 수 있다.

○ 이처럼 처벌조항은 합리적 해석을 통해 그 내용을 확정할 수 있고, 개별

사건에서 직무수행조항 위반행위가 처벌조항의 구성요건에 해당하는지 여부는 위반행위의 내용과 태양, 위험 발생의 가능성 정도 등 여러 사정을 종합하여, 법관의 보충적 해석, 적용을 통해 가려질 수 있다.

○ 따라서 처벌조항은 죄형법정주의의 명확성원칙에 위반되지 않는다.

나. 과잉금지원칙 위반 여부: ×

○ 처벌조항은 직무를 수행하지 아니한 영양사를 처벌함으로써 집단급식소에 근무하는 영양사로 하여금 그 직무수행에 충실하도록 하여 집단급식소 위생과 안전을 확보하고, 이로써 집단급식소 이용자의 생명과 신체, 건강 등에 대한 위험을 예방하고자 하는바, 목적의 정당성과 수단의 적합성을 인정할 수 있다.

○ 처벌조항이 집단급식소에 근무하는 영양사에 한정하여 특별히 형사책임을 묻는 것은, 집단급식소의 경우 다수의 식사 제공에 관여하게 되고 식재료도 대량을 구매하여 보관하게 되어 영양사가 그 직무를 제대로 수행하지 아니할 경우 발생하는 위해의 정도가 높기 때문이라고 볼 수 있다. 이처럼 보호법익이 침해될 때 나타날 수 있는 피해의 중대성과 광범위성에 비추어 볼 때, 입법자로서는 단순한 행정적 제재만으로는 형사처벌과 동일한 정도로 공익에 대한 위해의 발생을 억제하여 입법목적을 달성할 수 없다고 판단하여 형사처벌을 택할 수 있으며, 그러한 입법자의 판단이 명백히 불합리하다고 볼 수 없다.

○ 처벌조항은 직무를 수행하지 아니한 행위 일체를 처벌대상으로 하는 것이 아니라 그 중 집단급식소의 위생과 안전을 침해할 위험이 있는 행위로 한정하여 처벌대상으로 하고 있으므로, 이에 해당하지 않는 경우에는 처벌대상에서 제외된다.

○ 또한 처벌조항은 그 하한에는 제한을 두지 않고 그 상한만 3년 이하의 징역형 또는 3천만 원 이하의 벌금형으로 제한하여 법관의 양형재량을 폭넓게 인정하고 있으며, 죄질에 따라 벌금형의 선고나 선고유예까지 할 수 있다. 처벌조항은 입법형성 재량의 범위 내에 있는 것으로서 책임과 형벌 간의 비례원칙에 반한다고 할 수도 없다.

○ 따라서 처벌조항은 침해의 최소성을 충족한다. 나아가 처벌조항으로 인하여 집단급식소에 근무하는 영양사가 집단급식소의 위생과 안전을 침해

할 위험이 있는 직무 미수행으로 입는 불이익의 정도는 처벌조항으로 보호하고자 하는 공익에 비하여 결코 과중하다고 볼 수 없으므로, 처벌조항은 법익의 균형성도 충족한다.

○ 이상과 같은 이유로 처벌조항은 과잉금지원칙에 위반되지 않는다.

다. 소결

○ 따라서 처벌조항은 죄형법정주의의 명확성원칙과 과잉금지원칙에 반한다고 볼 수 없어 헌법에 위반되지 않는다.

□ 결정의 의의

○ 헌법재판소는 집단급식소에 근무하는 영양사의 직무에 관한 규정인 직무수행조항을 위반한 자를 처벌하는 식품위생법 조항이 헌법에 위반된다고 판단하였다. 다만, 위헌에 대한 이유에 있어서는 재판관들의 의견이 상이하였다.

○ 재판관 5인의 위헌의견은, 처벌조항은 그 구성요건이 불명확하거나 그 적용범위가 지나치게 광범위한 관계로 어떠한 것이 범죄인가를 법제정기관인 입법자가 법률로 확정하는 것이 아니라 사실상 법 운영 당국이 재량으로 정하는 결과가 되어 죄형법정주의의 명확성원칙에 위반된다고 판단하였다. 재판관 2인의 위헌의견은, 처벌조항이 집단급식소에 근무하는 영양사가 직무수행조항에 정한 직무를 수행하지 아니한 행위 일체를 처벌대상으로 삼고 있음이 분명하므로 죄형법정주의의 명확성원칙에 위반되지는 않지만, 처벌대상의 광범성이 과잉금지원칙 위반 문제를 야기한다고 보았다.

○ 재판관 2인의 반대의견은, 처벌조항은 직무를 수행하지 아니한 행위 일체를 처벌대상으로 하는 것이 아니라 그 중 집단급식소의 위생과 안전을 침해할 위험이 있는 행위로 처벌대상을 한정하는 것으로 해석할 수 있으므로 죄형법정주의의 명확성원칙에 위반되지 않는다고 판단하였다. 또한 그러한 해석을 비롯해 다른 여러 사정을 고려하여 처벌조항이 과잉금지원칙에 위반되지 않는다고 판단하였다.

(2) 식품위생법 기타 관련법률의 규율실태

대상 결정은 식품영양법 제96조의 벌칙규정에서 영양사의 직무수행에 대한 동법 제52조 제2항 전부를 지시하고 있는 것에 대하여 명확성 원칙 위반(다수의견)으로 위헌결정한 것이다. 본래 영양사의 면허에 관한 사항도 식품의약품안전처 소관 법률인 식품위생법에 조리사 면허와 함께 규정되었으나, 2010년 보건복지부 소관법률로 "국민영양관리법"이 제정되면서 이관되었다.3) 동법의 형벌규정은 제38조 밖

---

3) 식품위생법[법률 제18445호, 2021. 8. 17., 타법개정]

제2조(정의) 이 법에서 사용하는 용어의 뜻은 다음과 같다.

12. "집단급식소"란 영리를 목적으로 하지 아니하면서 특정 다수인에게 계속하여 음식물을 공급하는 다음 각 목의 어느 하나에 해당하는 곳의 급식시설로서 대통령령으로 정하는 시설을 말한다.

　가. 기숙사

　나. 학교, 유치원, 어린이집

　다. 병원

　라. 「사회복지사업법」 제2조 제4호의 사회복지시설

　마. 산업체

　바. 국가, 지방자치단체 및 「공공기관의 운영에 관한 법률」 제4조 제1항에 따른 공공기관

　사. 그 밖의 후생기관 등

제51조(조리사) ① 집단급식소 운영자와 대통령령으로 정하는 식품접객업자는 조리사(調理士)를 두어야 한다. 다만, 다음 각 호의 어느 하나에 해당하는 경우에는 조리사를 두지 아니하여도 된다. <개정 2011. 6. 7., 2013. 5. 22.>

1. 집단급식소 운영자 또는 식품접객영업자 자신이 조리사로서 직접 음식물을 조리하는 경우

2. 1회 급식인원 100명 미만의 산업체인 경우

3. 제52조 제1항에 따른 영양사가 조리사의 면허를 받은 경우

② 집단급식소에 근무하는 조리사는 다음 각 호의 직무를 수행한다.

1. 집단급식소에서의 식단에 따른 조리업무[식재료의 전(前)처리에서부터 조리, 배식 등의 전 과정을 말한다]

2. 구매식품의 검수 지원

3. 급식설비 및 기구의 위생·안전 실무

4. 그 밖에 조리실무에 관한 사항

제52조(영양사) ① 집단급식소 운영자는 영양사(營養士)를 두어야 한다. 다만, 다음 각 호의 어느 하나에 해당하는 경우에는 영양사를 두지 아니하여도 된다.

1. 집단급식소 운영자 자신이 영양사로서 직접 영양 지도를 하는 경우

에 없는데, 영양사의 업무 규정 위반에 대한 벌칙은 따로 규정하지 않는다.4)

2. 1회 급식인원 100명 미만의 산업체인 경우
3. 제51조 제1항에 따른 조리사가 영양사의 면허를 받은 경우
② 집단급식소에 근무하는 영양사는 다음 각 호의 직무를 수행한다.
1. 집단급식소에서의 식단 작성, 검식(檢食) 및 배식관리
2. 구매식품의 검수(檢受) 및 관리
3. 급식시설의 위생적 관리
4. 집단급식소의 운영일지 작성
5. 종업원에 대한 영양 지도 및 식품위생교육
제96조(벌칙) 제51조 또는 제52조를 위반한 자는 3년 이하의 징역 또는 3천만 원 이하의 벌금에 처하거나 이를 병과할 수 있다.
제100조(양벌규정) 법인의 대표자나 법인 또는 개인의 대리인, 사용인, 그 밖의 종업원이 그 법인 또는 개인의 업무에 관하여 제93조 제3항 또는 제94조부터 제97조까지의 어느 하나에 해당하는 위반행위를 하면 그 행위자를 벌하는 외에 그 법인 또는 개인에게도 해당 조문의 벌금형을 과(科)하고, 제93조 제1항의 위반행위를 하면 그 법인 또는 개인에 대하여도 1억5천만 원 이하의 벌금에 처하며, 제93조 제2항의 위반행위를 하면 그 법인 또는 개인에 대하여도 5천만 원 이하의 벌금에 처한다. 다만, 법인 또는 개인이 그 위반행위를 방지하기 위하여 해당 업무에 관하여 상당한 주의와 감독을 게을리하지 아니한 경우에는 그러하지 아니하다.

국민영양관리법 제1조(목적) 이 법은 국민의 식생활에 대한 과학적인 조사·연구를 바탕으로 체계적인 국가영양정책을 수립·시행함으로써 국민의 영양 및 건강증진을 도모하고 삶의 질 향상에 이바지하는 것을 목적으로 한다.
제4조(영양사 등의 책임) ① 영양사는 지속적으로 영양지식과 기술의 습득으로 전문능력을 향상시켜 국민영양개선 및 건강증진을 위하여 노력하여야 한다. ② 식품·영양 및 식생활 관련 단체와 그 종사자, 영양관리사업 참여자는 자발적 참여와 연대를 통하여 국민의 건강증진을 위하여 노력하여야 한다고 규정하고 있다.
제17조(영양사의 업무) 영양사는 다음 각 호의 업무를 수행한다.
1. 건강증진 및 환자를 위한 영양·식생활 교육 및 상담
2. 식품영양정보의 제공
3. 식단작성, 검식(檢食) 및 배식관리
4. 구매식품의 검수 및 관리
5. 급식시설의 위생적 관리
6. 집단급식소의 운영일지 작성
7. 종업원에 대한 영양지도 및 위생교육
4) 제28조(벌칙) ① 다음 각 호의 어느 하나에 해당하는 자는 1년 이하의 징역 또는 1천만 원 이하의 벌금에 처한다. <개정 2020. 4. 7.>
1. 제18조 제2항 또는 제23조 제3항을 위반하여 다른 사람에게 영양사의 면허증

2. 헌법재판소 결정에 대한 비판적 검토

(1) 다수 의견에 대한 비판적 검토

다수의견이 명확성 원칙의 의의를 강조하면서 특히 '(1) 형벌의 구성요건을 정한 법률의 내용이 불명확하거나 그 적용범위가 지나치게 광범위하면, 어떠한 것이 범죄인가를 법제정기관인 입법자가 법률로 확정하는 것이 아니라 사실상 법 운영 당국이 재량으로 정하는 결과가 되어, 법치주의에 위배되고 죄형법정주의에 위반된다(헌재 1990. 4. 2. 89헌가113; 헌재 1992. 2. 25. 89헌가104 참조).'는 점과 판단(2)에서 입법이유를 살펴본 점, (3)에서 추상적 규정 위반에 해당하는 '구체적인 구성요건적 행위'를 식별해낼 수 있는지 살펴보려고 하였고, 특히 (4)에서 하위규범에 의한 구체화 여부 등을 검토한 점은 매우 큰 의의를 인정할 수 있다. 그런데 이러한 기준을 다른 형벌규범의 위헌성 판단에도 적극적으로 적용하였어야 한다는 아쉬움이 있다. 이러한 엄격한 기준을 보다 더 적극적으로 일관되게 적용하였더라면, 우리 법제에 산재한 위헌적 형벌규정을 제거하는 데에 훨씬 더 기여하였을 것이다.

다만 판단의 근거로 제시된 입법이유와 경위에 대한 설시는 참고할만한 것이기는 하지만, 우리 형벌규정 상당수에 제대로 된 입법이유, 검토보고서 등 당시 입법자의 의사를 추단할 수 있는 자료가 있는 경우가 오히려 드물고, 이것이 없다고 해서 곧바로 위헌성의 논거로 삼기는 어렵고, 오히려 <u>입법자가 처벌을 당연시 하였기 때문에 별도로 검토하지 않았다고 해석할 수도 있다</u>는 문제가 있다. 이는 조금 시니컬하게 말하자면, 조리사와 영양사라는 전문자격과 이를 둘러싼 이권 대립을 충분히 반영한 태도라고 볼 수 있다. 다수 의견처럼 식품위생법 제52조 제2항 부분만 위헌 된다면, 구체적 의무주체는 처벌규정이

또는 임상영양사의 자격증을 빌려주거나 빌린 자

2. 제18조 제3항 또는 제23조 제4항을 위반하여 영양사의 면허증 또는 임상영양사의 자격증을 빌려주거나 빌리는 것을 알선한 자

② 제19조를 위반하여 영양사라는 명칭을 사용한 사람은 300만 원 이하의 벌금에 처한다.

모두 사라지게 되고, 고용의무자들이 이들을 고용하지 않은 경우에는 여전히 현행법 제96조의 비교적 높은 법정형으로 처벌받아야 하는 것이다. 물론 대상 사건 사실관계에서는 "청구외 ㅁㅁㅁ은 2015. 3.경 <u>위 '○○유치원' 등에 각 영양사로 채용되어 2016. 10.경까지 위 각 유치원에서 매년 50만 원을 지급받고</u> 영양사로 근무하였다. 그는 위 각 유치원에 영양사 면허증을 교부하고 매월 식단표를 작성하여 이메일로 송부하여 주었으며, 매월 1회 정도만 방문하여 급식 관련 장부 등을 점검하였을 뿐, 검식 및 배식관리, 구매식품의 검수 및 관리 등 식품위생법 제52조 제2항에 규정된 영양사의 직무를 수행하지 않았다."고 되어 있다. 이는 영양사인 '청구외 ㅁㅁㅁ'이 전일제 직원이 아니라, '매년 50만 원을 받고' 영양사로 근무하였다는 것인데, 그간 코로나19라는 특수한 상황이 있긴 했지만, 이 사실 자체가 '제52조(영양사) ①집단급식소 운영자는 영양사(營養士)를 두어야 한다.'를 위반한 것은 아닌가? 동조 제2항의 영양사의 의무가 이러한 형태로도 수행가능한 업무인가? 오히려 불법적인 '면허대여'의 의심은 없는가?[5] 헌가 사건의 특성상 사실관계 설시가 매우 부족하여 의문만 남을 뿐이다. 사실상 식품위생법이나, '국민영양관리법'의 취지를 위배하는 것은 아닌가?

또한 이렇게 보면 종전 법률에 해당하는 식품위생법[법률 제9692호, 2009. 5. 21., 일부개정] 제100조(양벌규정)에 대해서는 약간의 의문이 있다. 동 규정의 문언은 '<u>제94조부터 제97조까지의 어느 하나에 해당하는 위반행위를 하면 그 행위자를 벌하는 외에 그 법인 또는 개인에게도 해당 조문의 벌금형을 과(科)하고</u>'라고 규정되어 있었는데, 그

---

5) 이투데이 박일경 기자, "면허증만 빌려준 영양사, 곧바로 벌금형 처벌 … 헌재 "위헌"", 입력 2023-03-27 12:00이라고 기사제목을 뽑고 있다. 본문에서도 '이 유치원에서 2016년 10월까지 근무한 영양사는 영양사 면허증을 교부하고 매월 식단표를 작성해 이메일로 송부하고, 매달 1회 정도만 방문해 급식 장부 등을 점검했다. 검식 및 배식관리, 구매식품의 검수·관리 등 식품위생법 52조 2항에 규정된 영양사의 직무를 수행하지 않았다.'고 한다(https://www.etoday.co.kr/news/view/2234437).

중 '제96조' 부분은 당시로서는 무의미한 규정이었다고 할 수 있다. 왜냐하면 종전 규정에서 제51조의 수범자는 '대통령령으로 정하는 식품접객영업자와 집단급식소 운영자', 제52조의 수범자는 '대통령령으로 정하는 집단급식소 운영자'였으므로 양벌규정에 의하여 처벌되는 법인 또는 개인 자신이었기 때문이다. 오히려 개정 후 제96조가 조리사와 영양사의 직무수행에 대한 벌칙까지 규율하는 것으로 해석된 후에는 동 규정이 양벌규정으로서의 존재의의를 가지게 된 것이다.

(2) 재판관 유남석, 재판관 이선애의 위헌의견에 대한 비판적 검토

재판관 유남석, 재판관 이선애의 위헌의견은 '이상과 같은 직무수행조항 및 처벌조항의 문언 및 법규범의 체계적 구조를 고려할 때, 처벌조항은 집단급식소에 근무하는 영양사가 직무수행조항에 정한 직무를 수행하지 아니한 행위 일체를 처벌대상으로 삼고 있음이 분명하다. 이는 입법자가, 위와 같은 행위 일체가 집단급식소 이용자의 영양, 위생 및 안전에 위험을 끼친다고 판단하여 처벌대상으로 삼은 것으로 볼 수 있으며, 처벌조항의 입법연혁 또는 관련 입법자료 등을 참조하더라도 이와 달리 해석할 근거를 찾기 어렵다. 결국 처벌조항은 그 내용이 포괄적이고 광범위하기는 하지만, 그로 인하여 법규범의 의미내용에 대한 예측가능성이 없다거나, 자의적인 법해석이나 법집행이 배제되지 않는다고 보기는 어렵다. (다) 따라서 처벌조항은 죄형법정주의의 명확성원칙에 위반되지는 않는다.'는 것이다. 다만 과잉금지 원칙 위반 여부를 판단하면서 특히 '(나) 침해의 최소성 및 법익의 균형성'에서 '직무수행조항에 정한 직무범위에는 그 미수행에 곧바로 형사처벌을 부과함이 타당하다고 볼 만한 사회적 해악이 존재한다고 보기 어려운 경우도 포함될 수 있다. (중략) 즉 직무수행조항은 집단급식소에 근무하는 영양사가 '특별히' 이행하여야 할 직무가 아니라 집단급식소에 근무하는 영양사가 이행할 수 있는 사실상 '모든' 직무를 규정하고 있는 것이다. 그러나 처벌조항은 직무수행조항의 위와 같은 성격

에도 불구하고 아무런 제한 없이 직무수행조항을 위반하면 형사처벌을 하도록 함으로써 형사제재의 필요성이 인정된다고 보기 어려운 행위에 대해서까지 처벌의 대상으로 삼을 수 있도록 하고 있다. <u>집단급식소에 근무하는 영양사의 직무 미수행에 대하여 형사처벌의 필요성이 있다고 하더라도, 집단급식소에서 근무하는 영양사의 직무와 관련한 구체적 금지규정 내지 의무규정을 두고 이를 위반한 경우에 한해 처벌하는 것이 가능하며, 행정청이 먼저 직무이행명령을 부과한 후 이를 위반한 경우에 처벌하는 방안도 고려할 수 있다.</u> 처벌조항으로 인해 달성되는 집단급식소 이용자의 영양, 위생 및 안전이라는 공익이 작다고 볼 수는 없으나, <u>그로 인하여 집단급식소에 근무하는 영양사는 그 경중 또는 실질적인 사회적 해악의 유무에 상관없이 직무수행조항에서 규정하고 있는 직무를 단 하나라도 불이행한 경우 상시적인 형사처벌의 위험에 노출된다.</u> 어떤 행위를 범죄로 규정할 것인가의 문제, 즉 범죄의 설정은 행위의 사회적 악성과 범죄의 죄질 및 보호법익에 대한 고려뿐만 아니라 우리의 역사와 문화, 입법 당시의 시대적 상황, 국민 일반의 가치관과 법감정 그리고 범죄예방을 위한 형사정책적 측면 등 여러 가지 요소를 종합적으로 고려하여 입법자가 결정할 사항이라는 점을 고려한다고 하더라도, 위와 같이 직무수행조항에서 규정한 직업상의 직무를 수행하지 아니한 행위 일체에 대해 형사처벌을 규정하고 있는 것은 입법재량의 한계를 현저히 일탈하여 과도하다고 하지 않을 수 없다. 따라서 처벌조항은 침해의 최소성 및 법익의 균형성을 충족하지 않는다.'고 판단한 것이다.

그런데 심판대상조항처럼 추상적 의무규정 위반이 곧바로 형벌구성요건이 되는 경우에 형식적, 외형적으로는 명확해 보이지만, 이것이 단순히 과잉금지 원칙 위반만 되는 것이 아니다. '추상적 의무설정 규범의 성격에 따라서 이를 통해서는 구체적으로 어떤 행위가 금지/허용되는 것인지를 식별할 수 없는 경우에는 명확성 원칙 위반과도 연결될 수 있음에도 이 의견에서는 명확성 원칙 위반을 부정하고 있다.

오히려 하위규범에 대한 위임을 통하여 금지행위를 보다 더 분명히 하지 않았다는 점을 지적하였어야 하는 것은 아니었던가 한다.

(3) 재판관 이은애, 재판관 이미선의 반대의견에 대한 비판적 검토

심판대상조항에 대한 단순합헌의 의견에 해당하는 반대의견은 기존 헌법재판소 결정례에서 나타나는 논리와 유사하다고 할 수 있다. 즉 '여기서 구성요건이 명확하여야 한다는 것은 그 법률을 적용하는 단계에서 가치판단을 전혀 배제한 무색투명한 서술적 개념으로 규정되어야 한다는 것을 의미하는 것이 아니라, 입법자의 입법의도, 즉 구체적으로 어떠한 행위가 금지되고 있는지에 관하여 건전한 일반상식과 통상적인 법감정을 가진 자에 의하여 일의적으로 파악될 수 있는 정도로 규정되어야 함을 의미한다. 따라서 다소 광범위하고 어느 정도의 범위에서는 법관의 보충적인 해석을 필요로 하는 개념을 사용하여 규정하였다고 하더라도 그 적용단계에서 다의적으로 해석될 우려가 없는 이상 그 점만으로 헌법이 요구하는 명확성의 요구에 배치된다고는 보기 어렵다 할 것이다(헌재 2001. 12. 20. 2001헌가6등; 헌재 2007. 4. 26. 2003헌바71; 헌재 2019. 11. 28. 2017헌바504등 참조). 그렇지 않으면 처벌법규의 구성요건이 지나치게 구체적이고 정형적이 되어 부단히 변화하는 다양한 생활관계를 제대로 규율할 수 없게 될 것이기 때문이다(헌재 2011. 9. 29. 2010헌바66 참조). 그리고 처벌규정에 대한 예측가능성 유무를 판단할 때는 당해 특정조항만 가지고 판단할 것이 아니고, 입법목적·입법연혁·당해 법률의 체계적 구조 등을 종합적으로 고려하여 관련 법조항 전체를 종합 판단하여야 하며, 대상법률의 성질에 따라 구체적·개별적으로 검토하여야 한다(헌재 2019. 5. 30. 2017헌바458 참조).'라고 하면서, 직무수행조항의 체계와 의의를 강조하여 '이와 같은 식품위생법의 규정내용과 입법목적 및 처벌조항의 보호법익을 고려하면, 처벌조항은 직무를 수행하지 아니한 행위 일체를 처벌대상으로 하는 것이 아니라 그 중 집단급식소의 위생과 안전을 침해할 위험

이 있는 행위로 처벌대상을 한정하는 것으로 해석할 수 있다. 이처럼 처벌조항은 합리적 해석을 통해 그 내용을 확정할 수 있고, 개별사건에서 직무수행조항 위반행위가 처벌조항의 구성요건에 해당하는지 여부는 위반행위의 내용과 태양, 위험 발생의 가능성 정도 등 여러 사정을 종합하여, 법관의 보충적 해석, 적용을 통해 가려질 수 있다. (3) 따라서 처벌조항은 죄형법정주의의 명확성원칙에 위반되지 않는다.' 그리고 과잉금지 원칙 위반 여부에 대해서도 '어떤 행정법규 위반행위가 간접적으로 행정상의 질서에 장해를 줄 위험성이 있어서 행정질서벌을 과하여야 하는지, 아니면 직접적으로 행정목적과 공익을 침해하여서 행정형벌을 과하여야 하는지는 당해 위반행위가 행정법규의 보호법익을 침해하는 정도와 가능성에 따라 정하여야 한다. 나아가 어떤 행정법규 위반행위에 대해 행정형벌을 과하여야 하는 경우, 법정형의 종류와 형량을 정하는 것은 형벌 본래의 기능과 목적 달성에 필요한 정도를 현저히 일탈하는 것과 같은 특별한 사정이 없는 한 헌법상 허용되는 입법자의 재량이다(헌재 2017. 10. 26. 2017헌바166; 헌재 2021. 2. 25. 2017헌바222 등 참조).

처벌조항이 집단급식소에 근무하는 영양사에 한정하여 특별히 형사책임을 묻는 것은, 집단급식소의 경우 다수의 식사 제공에 관여하게 되고 식재료도 대량을 구매하여 보관하게 되어 영양사가 그 직무를 제대로 수행하지 아니할 경우 발생하는 위해의 정도가 높기 때문이라고 볼 수 있다. (중략) 앞서 살핀 바와 같이 처벌조항은 직무를 수행하지 아니한 행위 일체를 처벌대상으로 하는 것이 아니라 그 중 집단급식소의 위생과 안전을 침해할 위험이 있는 행위로 한정하여 처벌대상으로 하고 있으므로, 이에 해당하지 않는 경우에는 처벌대상에서 제외된다.'는 등의 이유로 이를 부정하였고, 형벌 규정도 하한을 두고 있지 않으므로 법관에 의한 적절한 양형이 가능함을 강조하고 있다. 합헌의견에서는 식품위생법의 목적과 영양사 제도를 둔 입법목적을 부각하면서 형벌부과의 필요성을 강조하고 법정형도 하한이 정하여 있지 않으므로 양형을 통하여 예상되는 문제점을 해소할 수 있다고 보는 것이다. 같은 규정을 보면서도 매우 다르게 판단할 수 있구나 하고 느끼는 것이 식품위생법 제96조, 제52조 제2항 어디에서 '집단급식소의 위생과 안전을 침해할 위험이 있는 행위로 한정하여 처벌대상으로 하고 있으므로, 이에 해당하지 않는 경우에는 처벌대상에서 제외된다.'고 할 수 있을 것인가? 일단 걸면 걸리고, 재판에 가서 현명한 법관을 만나지 않는다면, 기계적으로 제52조 제2항 의무 위반의 점만 있으면 약식기소, 약식명령으로 이어질 것이 통상적 수순은 아니었을까?

참고로 의료법에서 의사 등이 '사람의 생명 또는 신체에 중대한 위해를 발생하게 할 우려가 있는 수술, 수혈, 전신마취를 하는 경우' 환자 등에게 설명하고 서면(전자문서를 포함한다. 이하 이 조에서 같다)으로 그 동의를 받아야 한다는 의무 규정에 대한 벌칙은 다음과 같다.

의료법[법률 제17787호, 2020. 12. 29., 일부개정]

제24조의2(의료행위에 관한 설명) ① 의사·치과의사 또는 한의사는 사람의 생명 또는 신체에 중대한 위해를 발생하게 할 우려가 있는 수술, 수혈, 전신마취(이하 이 조에서 "수술등"이라 한다)를 하는 경우 제2항에 따른 사항을 환자(환자가 의사결정능력이 없는 경우 환자의 법정대리인을 말한다. 이하 이 조에서 같다)에게 설명하고 서면(전자문서를 포함한다. 이하 이 조에서 같다)으로 그 동의를 받아야 한다. 다만, 설명 및 동의 절차로 인하여 수술등이 지체되면 환자의 생명이 위험하여지거나 심신상의 중대한 장애를 가져오는 경우에는 그러하지 아니하다.

② 제1항에 따라 환자에게 설명하고 동의를 받아야 하는 사항은 다음 각 호와 같다.

1. 환자에게 발생하거나 발생 가능한 증상의 진단명

2. 수술등의 필요성, 방법 및 내용

3. 환자에게 설명을 하는 의사, 치과의사 또는 한의사 및 수술등에 참여하는 주된 의사, 치과의사 또는 한의사의 성명

4. 수술등에 따라 전형적으로 발생이 예상되는 후유증 또는 부작용

> 5. 수술등 전후 환자가 준수하여야 할 사항
> **제92조(과태료)** ①다음 각 호의 어느 하나에 해당하는 자에게는 300만 원 이하의 과태료를 부과한다.
> 1의3. 제24조의2 제1항을 위반하여 환자에게 설명을 하지 아니하거나 서면 동의를 받지 아니한 자
> 1의4. 제24조의2 제4항을 위반하여 환자에게 변경 사유와 내용을 서면으로 알리지 아니한 자

수범자가 준수해야할 의무이행의 내용이 상세하게 규정되어 있다. 이것과 심판대상 법률체계를 비교해보면 이 과연 단지 '입법재량'의 문제라고 볼 수 있을 것인가?

Ⅳ. 형벌규정에 대한 위헌성 판단 기준의 모색

1. 법률, 형법의 의미에 대한 고민

현대 국가에서 법률의 의미는 과거의 유산과 함께 새로운 의미를 부여받게 된 것으로 보인다. 神이나 王의 말씀으로서가 아니라, 법률이라는 객관화된 규정으로서, 절대권력이 아니라 의회가 제정하거나 그 동의를 얻는 규범형식으로서 형식적 합헌성에서 실질적 합헌성을 요구받는다는 점에서 그 의미를 새롭게 하고 있다. 전통적 법학 특히 실증주의 법학에서 법의 해석, 적용자는 입법자의 의지에 종속되는 것을 미덕으로 여겼다. 그래서 여하한 법률이라도 잘 꿰어서 그럴듯하게 해석, 적용하는 것, 소위 'dogmatic'[6]이 훌륭한 법률가의 소양으로 여겨졌다. 이런 맥락에서 보면 우리 법원의 위헌법률심판 제청이 극히 드문 것도 이해할만하다. 다른 한편 신학에서 神의 지위에 유사하였던,

---

6) 김성돈, "형법이론학의 기능과 과제 찾기", 형사법연구 제23권 제3호, 한국형사법학회, 2011, 5-6면은 과거 dogma라는 지칭이 의미했던 바와 지금의 법도그마틱의 역할을 비교하여 지적하고 있다.

법학에서의 '입법자'의 의미도 변화할 수밖에 없다. 특히 헌법재판제도를 두고 있는 경우에는 국민주권의 직접적 발현 형태라고 할 수 있는 의회가 제정한 법률이라도 무효화될 수 있음을 헌법이 직접 승인하였다는 점에서 새로운 형태의 권력분립의 (견제)주체로서 헌법재판소가 자리매김 되었다. 물론 또 다른 배경에서 헌법재판소 구성에 있어서의 민주적 정당성 문제나 최근 세계 여러 나라에서 강조되는 직접민주주의적 경향으로 보면, 입법자에 대한 존중 혹은 법률의 합헌성 추정과 같은 요청도 여전히 강력한 의미를 가진다. 그러나 명백히 잘못된 법률에 대해 입법자를 존중하면 본래적 주권자인 국민의 권리가 침해된다는 점을 생각해야 한다.[7]

그런데 의회의 입법형성권은 적어도 조세(헌법 제59조)와 형벌에 대해서는 분명한 한계를 가진다. 형법이론학에서 논의되는 내용이 모두 우리 헌법에 명시된 것은 아니지만, 그 주요한 내용의 대부분은 헌법원칙으로 승인되어 있다. 그 중 가장 중요한 것이 죄형법정원칙 특히 명확성 원칙과 비례원칙(책임원칙)이라고 할 수 있다. 그러나 구체적 판단에 있어서는 통일된 견해가 존재하지 않는다. 이 발표의 소재가 된 집단급식소 영양사에 대한 결정만 보아도 오랜 세월 실무에 종사하였고, 이미 상당 기간 헌법재판에 종사한 재판관들의 의견조차 5:2:2로 대립하는 것은 이 점을 잘 보여준다. 이처럼 미묘한 법률의 위헌성을 일반인이 판단할 수 있을까?

더구나 헌법재판소의 위헌결정의 예로 보면 비교적 덜 복잡하고, 사소한 사안이라고 할 수 있는 이 사건 심판대상조문에 대하여 명확성 원칙 위반을 이유로 하는 이례적인 위헌결정에 찬성하고 그 의의를 높이 평가하고 싶지만, 여전히 헌법재판소의 결정과정은 마술사가 무대 위로 들고 나온 검은 상자처럼 토끼가 들어갔지만, 비둘기가 나올지, 미녀가 나타날지, 무엇이라도 튀어나오기 전까지 누구도 모르는

---

7) 김성돈, 같은 글, 21면은 형법도그마틱의 존재이유와 과제의 중요한 내용으로서 '정당한 형사입법 근거지우기'를 들고 있다.

상황이어서 조심스러울 뿐이다.[8]

2. 명확성 원칙의 명확화 요구

(1) 변 명

이 글을 쓰면서 뒤늦게 발견한 훌륭한 글[9]이 이미 존재했다. 이 글은 "명확성원칙은 헌법재판에서 그 적용영역에 따라 형사처벌조항과 관련하여서는 죄형법정주의의 명확성원칙, 기본권을 제한하는 법률의 명확성원칙 또는 법치국가의 명확성원칙(이하 법치국가의 명확성원칙으로만 표시한다), 특히 표현의 자유와 관련한 명확성원칙, 세법 조항과 관련하여서는 조세법률주의의 명확성원칙, 위임입법에 있어서의 명확성원칙으로 구분되어지며, 각각 요구되는 명확성의 정도나 판단방법을 달리 한다. 이 글에서는 논의의 범위를 죄형법정주의의 명확성원칙, 법치국가의 명확성원칙, 표현의 자유의 명확성원칙으로 한정한다. 이 글에서 다룰 내용은 명확성원칙의 판단주체, 판단기준, 규율영역에 따른 명확성의 정도와 관련하여 헌법재판소의 결정에 대하여 어떠한 비판과 문제점이 있는지에 대해 살펴보고, 명확성 여부의 판단과 관련하여 헌법재판소 결정의 일관성 문제에 대해 짚어보고자 한다."고 하면서 논의를 전개하고 있다. 그 주제와 논리전개에서 상당 부분 공감하고 있다.

(2) 명확성 원칙의 판단기준

가. 잡 설

우리 법학자는 명확성 원칙을 법률의 기본적 속성으로 학습하였

---

8) 정극원, "헌법재판과 명확성의 원칙", 공법학연구 제15권 제1호, 한국비교공법학회, 2014의 '합헌결정과 위헌결정의 논거의 차이의 불명확성'(23-24면)이라는 항목에서 이와 유사한 문제를 지적하고 있다.

9) 김경목(헌법재판소 부장연구관), "명확성원칙에 대한 재검토", 제151회(2016. 5. 25.) 발표문, 헌법재판실무연구 제17권(72~132면), 2016. 특히 '헌법재판실무'에는 토론문 자체뿐만 아니라 토론과정의 녹취가 있어 훌륭한 분들의 고민을 엿볼 수 있다. 이하에서는 "재검토", "토론문", "녹취록"으로 약칭함.

지만, 이는 사실 모든 대화 특히 상대방에게 불이익을 초래할 수 있는 의사소통 과정에서 요구되는 상식에 속하는 것이다. 직장상사의 불명확한 지시를 생각해 보면 간단하다. 물론 현실에서는 불명확한 지시가 빈번하고 그에 복종할 수밖에 없지만, 이는 본래 그러한 것이 아니라, 사실적인 권력의 차이에 따른 것이어서 '더럽지만 어쩔 수 없기 때문에' 복종할 뿐이다. 과거에는 신학, 법학에서 이것은 당연한 일이었을지도 모른다.

한편 거의 모든 형법 교과서 앞 부분에는 '형법의 규범적 성격'이라는 항목으로 '행위규범과 제재규범', '평가규범과 결정규범'이라는 항목이 있다.10) 구체적인 설명내용은 다르지만, 이 구분 자체가 명확성 원칙의 판단주체에 대한 관점 혹은 접근방식의 차이를 보여준다. 행위규범, 결정규범을 강조하는 관점은 형법 규범의 1차적 수신인을 해당 규범의 수범자, 행위자, 일반인 등으로 보는 반면, 제재규범, 평가규범을 강조하는 관점은 입법자나 해당 규범을 적용하는 자(직접적으로는 법관)를 강조하는 것으로 보인다. 법을 만든 힘 있는 자의 입장에서 불명확한 법이 있을까? 법적용자는 그를 거역할 수 있는가? 적어도 형벌을 규정한 법률의 위헌성 판단은 그 처벌의 대상이 된 직접수범자를 기준으로 판단되어야 한다.

나. 죄형법정원칙에서 명확성 원칙

명확성 원칙(김일수 교수는 '법률명확성의 요구')는 성문법주의를 기초로 무엇이 범죄이고, 거기에 대한 형벌이 어떤 것인가를 법률에 명확하게 규정하여야 한다는 것이다.11) 범죄구성요건의 개개의 표지는

---

10) 김일수/서보학, 새로 쓴 형법총론 제13판, 박영사의 경우 17-18면.

11) 김웅규, "위헌심사기준으로서의 명확성과 광범성무효의 원칙", 공법연구 제35권 제3호, 한국공법학회, 2007, 4면에서는 "미국에서는 명확성의 원칙(Void for Vagueness)과 광범성 무효의 원칙(Doctrine of Overbreadth)이 구별된다. 대체로, 광범성 무효의 원칙은 수정헌법 제1조의 영역에서 우선적으로 적용되며 명백성(clarity) 또는 구체성(precision)이 결여된 경우 법률이 무효화될 수 있지만, 명확성의 원칙은 수정헌법 제5조와 제14조의 적법절차에 근거하여 도출되었으며 명백성과 구체성이

구체적이고도 명확하게 기술되어서 수범자가 그 의미를 이해할 수 있어야 함이 원칙이라고 할 수 있다. 이러한 의미의 명확성은 일반예방을 위해서도 중요하며, 수범자가 적절한 노력을 하여도 자신의 행위의 금지/허용 여부를 알 수 없음에도, 그에 대해 형벌을 부과한다면 이는

없는 법률에만 적용된다. 다시 말하면, 명확성의 원칙은 법률의 용어가 모호하여 평범한 지능을 가진 일반인이 의미를 짐작함에 있어 의견이 달라지는 경우 법률을 무효화하는 것이고 광범성무효의 원칙은 법률이 불명확하지 않은 경우라도 합헌적 목적을 위하여 불필요하게 광범한 수단이 부여되어 수정헌법 제1조의 보호영역을 침해하면 그 법률을 무효화한다는 것이다. 물론 몇몇 사례에서는 두 원칙 모두를 고려한 경우도 있으며 대법원이 항상 분명히 두 원칙을 구별하지는 않는다"라고 설명하고 있다. 그러면서도 "명확성의 원칙 즉 "막연(Vagueness)"한 법률이라 함은 법률의 내용에 대한 개념 및 정의가 명확하지 아니하여 보통의 상식을 가진 자가 당해 법률의 의미를 파악하기 위하여는 반드시 추측(guess)해야 하거나, 이들 간에 당해 법률의 적용범위에 관하여 일치하지 아니하는 경우를 말한다. 법원은 ① 문제되는 법률이 수범자들에게 적절한 고지(adequate notice)를 하고 있는가? ② 문제되는 법률은 자의적이고 차별적인 집행을 배제하고 있는가? ③ 문제되는 법률은 수정헌법 제1조의 권리들에 대하여 충분한 "활동공간(breathing room)"을 허용하고 있는지 여부를 판단하고 있다. "광범(Overbreadth)"한 법률이라 함은 법률의 규제범위가 지나치게 넓어서 헌법에 보호되고 있는 언론. 출판. 집회. 결사의 자유를 제한하고 금지하는 경우를 말한다. 광범성원칙은 보호되는 표현의 자유에 대한 위축효과를 방지하기 위하여 사법상으로 만들어 진 것이었다. Gooding v. Wilson 사건은 광범성원칙을 인용한 대표적 사건이다."고 구별하여 설명하고 있다. 필자의 짧은 판단으로는 ③의 경우 특별한 헌법적 보호 영역인 언론의 자유 등에 대하여 '숨 쉴 여지(breathing room)' 없이 촘촘한 규제가 이루어지는 경우에 해당하는 것이라면, 우리 이론적으로는 비례성 원칙, 최소침해 원칙에 위반되는 것으로 보아야 할 것이다. 물론 그 촘촘한 규제가 규제에 사용된 언어의 광범위함으로 촉발된 것이라면 명확성 원칙에도 위반될 여지가 있으어서 양자가 중첩적용되는 분야도 있을 것이다.; 성기용, "명확성원칙에 관한 소고: 헌법재판소 99헌마480 결정을 중심으로", 법학논집 제16권 제2호, 이화여자대학교 법학연구소, 2011은 표현의 자유를 중심으로 위임입법에서의 명확성 원칙을 특별하게 검토하고 있다. 여기서 흥미로운 점은 특히 19면에서 "가사 불명확한 조항에 대해서도 법익형량이 가능하고 따라서 과잉금지원칙에 위배되는지 여부를 판단할 수 있는 것으로 본다 하더라도, 불명확한 조항은 기본권제한 내지 침해의 요건과 관련하여 그 자체로 과대포섭(過大包攝)의 문제를 안고 있어 항상 과잉금지원칙에 위반되는 것으로 귀결될 것이므로 굳이 별도로 과잉금지원칙 위반여부를 판단할 필요가 없을 것이기 때문이다. (중략) 이와 같이 헌법재판소는 어떤 법률조항이 명확성원칙에 위배된다는 판단을 하는 경우에는 별도로 과잉금지원칙 위배 여부를 판단하지 않는 것이 일반적이다."라고 지적하고 있다.

전근대적 국가폭력과 다를 바 없는 것은 아닐까? 다른 한편 우리 형법 제16조의 의미에 대해서도 다양한 견해 대립이 있지만, 예전의 대법원처럼 '법률의 무지는 용서받지 못한다.'고 무턱대고 억박지를 일만은 아니다.[12] 고대 로마나 진시황 시대에도 수범자에 대한 '법의 선포' 절차는 있었다. 그래서 명확성 원칙은 책임 원칙의 관철의 전제가 된다.[13] 그러나 현실적으로는 '모든' 수범자에게 같은 의미로 이해될 수 있는 방법은 존재하지 않는다. 순수한 기술적 언어의 예로는 수학 언어, 프로그래밍 언어와 같은 예가 있기는 하지만, 그마저도 해당 언어의 사용규칙(프로토콜)을 이해해야만 해득할 수 있을 뿐이다.[14] 그리고 모든 수범자가 동일한 수준의 (법)문해력을 가지지는 않는다. 그래서 아마도 '건전한 상식과 통상적 법감정을 가진 일반인', '사려 깊은 일

---

12) 허일태, "죄형법정주의의 연혁과 그 사상적 배경에 관한 연구", 법학논고 제35집, 경북대학교 법학연구소, 2011. 2, 118-125면은 동서양을 막론하고 역사적 단계, 장면에서 형법의 의미가 변화하고 있음을 보여준다.

13) 김일수/서보학, 앞의 책 47면.

14) 이해윤, "법의 명확성 원칙과 언어의 모호성", 언어와 언어학 제97호, 한국외국어대학교 언어연구소, 2022는 언어학의 관점에서 '법 언어'를 분석하고 있는 흥미로운 논문인데, 모호성을 양적 모호성, 질적 모호성, 다차원의 모호성, 구나 문장의 모호성으로 구분(81면)하는 입장에서 설명한다. '질적 모호성'은 '추행', '성적 욕망'처럼 '그 외연을 필요충분조건으로 제시할 수 없을 정도로 열려 있는 경우', '양적 모호성'은 '현저히 악화시키는 때'처럼 정도성의 판단이 들어간 경우를, '다차원의 모호성'은 형사소송법 제487조(소송비용의 집행면제의 신청)에서 '빈곤으로 인하여'처럼 여러 자질에 의하여 다차원적으로 평가되는 경우를 예시한다. 더 흥미로운 것은 각 예시에 해당하는 판결서의 설명에 대하여 "그 결과, 법원의 설명은 각 유형의 언어적 속성을 반영한, 나름 최선의 해석으로 판단된다."(90면)고 평가한 점이다. 이를 89면에서는 "그 결과, 판결서에 제시된 설명은 의도했든 하지 않았든 간에 각 유형의 속성을 반영하여 적절하게 제시된 것으로 평가된다. 즉, 일반적 표현의 질적 모호성 유형과 다차원의 자질들에 의해 규정되는 다차원의 모호성 유형에 대해서는 일반인의 상식과 감정에 따른 해석에 의존한 설명을 제시하고 있다. 그리고 전형적인 모호성을 보이는 양적 모호성 유형에 대해서는 다양한 문맥정보를 고려하여 자의적 해석 가능성의 존재여부로 설명하고 있다. 끝으로 외축의 모호성 유형에 대해서는 필요한 문맥정보의 보충 여부로 설명한다." 물론 법원도 최소한의 모호성 축소를 위한 노력을 하고 있다는 점은 부인하기 힘들지만, 이로서 '모호성이 해소'되었는가, 특히 일반인의 관점에서도 그렇게 평가할 수 있을 것인가는 다른 문제로 보인다.

반인' 관점은 수범자 측에도 일정 수준을 설정하는 것은 아닌가 한다.

이처럼 현실적으로는 소위 '입법기술상의 한계'도 존재하기 때문에 일정한 정도로 가치충전이 필요한 추상적 언어가 사용되는 것은 불가피한 측면을 인정할 수밖에 없다. 그러나 이는 어디까지나 불가피한 것이지 이것이 곧바로 입법자에게 무책임한, 불명확한 입법의 면죄부를 주는 것은 아니다. 입법자는 자신이 금지하고자 하는 바를 '가능한 한' 명확하게 입법할 책무가 있다. 예시, 열거 등 다양한 형태로 구체화하거나 위임입법하고, 필요하면 다른 나라의 입법례를 참조하여 무엇이 금지되는 것인지를 구체화할 의무가 있다. 이를 무책임하게 행정부의 하위입법에 전적으로 내맡기거나, 심지어 아무리 현명한 법관이 존재하더라도 그의 恣意에 의지해서는 안 된다. 명확성 원칙은 본래 법관을 견재하기 위해서도 중요한 의미가 있기 때문이다. 입법자는 금지의 실질에 대한 최소한의 윤곽이라도 설정하기 위한 최대한의 노력을 해야 하는 것이다.15)

그러나 입법기술상의 불가피성에 기대어 부실한 형벌규정을 '너무 쉽게' 인정하면서 이러저러한 요소를 종합적으로 고려하여 법관이 해석, 적용할 수 있으면, 이러한 명확성의 요구가 충족되는 것으로 판단해서는 안 된다. 앞서 영양사 결정에서 합헌론의 논리 전개가 이러하다. 그러나 적어도 '14세 이상의 모든 일반인' 혹은 '누구든지'를 수범자로 하는 형벌규정에서 법관의 종합적 고려에 따라 판단하는 것은 사실상 '일반인 기준'을 폐기하는 것이나 다름없다. 오히려 헌법재판소가 명확성 여부를 판단함에 있어서는 국회가 입법자로서 형벌입법에서 요구되는 명확화 요청에 대한 자신의 의무를 다하였는가가 비중 있게 고려될 필요가 있다.

---

15) 허일태, 같은 글, 144면은 "그러므로 죄형법정주의의 원칙은 일반국민들의 권익을 위해 적용되어야 할 원칙을 넘어서 법률적용자인 법관이나 수사기관 등처럼 법률적용자(法律適用者)뿐만 아니라, 입법형성권자인 입법부에도 정의의 이념에 지향된 적정하고 정당한 법률의 제정을 요청하는 원리로 작동해야 한다."고 명확하게 지적하고 있다.

앞에서 2가지 헌법재판소 결정례를 분석하면서 느낀 인상은 헌법재판소의 합헌, 위헌 결정이 법적, 논리적 귀결이 아니라, 法外적 사정까지 모두 종합적으로 고려하면서 내려지는 것은 아닌가, 조금 과장되게 이야기하자면, 마술사의 검은 상자 속에는 파란 깃발, 흰 깃발이 모두 들어 있고, 마술사가 적절하게 꺼내는 것은 아닌가 하는 의심마저 든다. 일반교통방해 합헌 결정이 내려지던 시기는 어떤 정부였고, 당시의 정치적 분위기는 어떠했을지를 상상해 보게 되는 것이다. 어떤 법논리적 귀결로서의 '헌법재판소 결정'에 대한 소박한 신뢰가 흔들리고 있다.

우리 입법, 특히 형사입법의 품질이 현저히 저하되고 있다는 인상이 나의 착각이었으면 한다. 지금의 헌법 체계에서 무책임한 입법에 적절한 제지를 가함으로써 조금이라도 입법과정을 개선시킬 권한은 헌법재판소에 있고, 이것은 의무이기도 하다. 의회가 절대적 입법권력기관이라면 헌법재판소에 위헌법률심판권한을 부여하는 것 자체가 모순이다. 현행 헌법이 헌법재판소에 위헌법률심판권한을 부여한 것은 고전적으로 말하면 '헌법개정권력'의 '결단'은 아니었던가?

다만 조심스럽게 제시하고자 하는 것은 명확성 원칙의 판단에서 각 형벌규정 혹은 의무 규정의 성격에 따라 '수범자 기준'을 세분화하는 것이다. 예를 들어보자면,

1. 형법전의 대다수 규정이나 다수 법률에서처럼 '~한 자' 혹은 '누구든지 ~한 자'의 형식으로 규정된 법률은 적어도 '건전한 상식과 법감정을 가진 일반인'의 관점이 관철될 필요가 있다. 모든 국민 나아가 대한민국에 있는 외국인까지도 수범자로 하는 이러한 규정이 지켜야만 하는 명확화 수준은 가장 높은 수준이라야 하기 때문이다.

2. 특정 법률에서 신고, 등록 등의 형식으로 사업을 영위(일반적 허용)하는 등 '사업주', '영업자' 등 입법목적에 따라 수범자 범위를 한정하여 일정한 의무를 부과하고 그 위반 시에 형벌을 가하는 경우 당해 법률에는 이 수범자들이 준수해야 하는 의무를 고지, 통지, 교부하

는 절차, 계기가 있어야 하고, 이러한 절차를 두지 않은 경우, 일반인 기준으로 평가하여야 하고, 법률의 착오 적용 여부도 고려되어야 한다. 다만 이 유형의 수범자에게는 일반인 기준이 아니라 유사, 동종 업종 종사자가 가질 것으로 기대되는 수준으로 판단기준이 완화될 수 있을 것이다.

3. 강학상 면허, 특허(일반적 금지/예외적 허용)에 해당하는 사업 등에 대해서는 해당 면허, 특허 획득과정에서 수범자는 자신에게 부과될 의무를 알고 있음을 전제할 수 있다. 이들에게는 관련 법률의 이해, 제·개정에 유의하여 이를 준수할 것이 기대되기 때문이다. 물론 이들도 빈번한 개정이 있는 경우에는 법률의 착오를 주장할 수는 있을 것이다.

4. 수범자가 국가, 지자체, 공무원 등인 경우에도 해당 법률상 의무의 존재를 해득하였음을 전제할 수 있을 것이다. 다만 문제가 되는 것은 소위 '공무원 의제' 규정 혹은 이와 유사한 규정을 통하여 본래의 신분적 지위라면 부과되지 않을 의무와 그 위반시 형벌이 규정된 경우, 해당인에 대한 위촉, 임명 과정에서 구체적 의무와 그 위반시 형벌이 부과된다는 점이 구체적으로 고지되어야 한다. 해당 법률 및 구체적 절차에서 이러한 과정이 없다면, 일반인 기준 혹은 유사 동종 업자 기준으로 판단하여야 할 것이다.

[주 제 어]
명확성 원칙, 헌법재판, 위헌법률심판, 모호성 금지 원칙, 수범자 기준

[Key Words]
Principle of clarity, constitutional adjudication, unconstitutional statute adjudication, Void for Vagueness, perpetrator criterion

접수일자: 2023. 5. 19. 심사일자: 2023. 6. 12. 게재확정일자: 2023. 6. 30.

[참고문헌]

김경목, "명확성원칙에 대한 재검토", 제151회(2016. 5. 25.) 발표문, 헌법재판
　　　실무연구 제17권(72~132면), 2016.

김성돈, "형법이론학의 기능과 과제 찾기", 형사법연구 제23권 제3호, 한국
　　　형사법학회, 2011.

김웅규, "위헌심사기준으로서의 명확성과 광범성무효의 원칙", 공법연구 제
　　　35권 제3호, 한국공법학회, 2007.

김일수/서보학, 새로 쓴 형법총론 제13판, 박영사.

성기용, "명확성원칙에 관한 소고: 헌법재판소 99헌마480 결정을 중심으로",
　　　법학논집 제16권 제2호, 이화여자대학교 법학연구소, 2011.

이해윤, "법의 명확성 원칙과 언어의 모호성", 언어와 언어학 제97호, 한국
　　　외국어대학교 언어연구소, 2022.

정극원, "헌법재판과 명확성의 원칙", 공법학연구 제15권 제1호, 한국비교공
　　　법학회, 2014.

하태훈, "명확성의 원칙과 일반교통방해죄(형법 제185조)의 예시적 입법형
　　　식", 「형사법연구, 제26권 제2호.

허일태, "죄형법정주의의 연혁과 그 사상적 배경에 관한 연구", 법학논고 제
　　　35집, 경북대학교 법학연구소, 2011. 2.

[Abstract]

The principle of clarity as a criterion for reviewing the constitutionality of penal norms in constitutional adjudication

Lee, Keun-woo*

The impression I got from analyzing the decisions of the Constitutional Court was that the Constitutional Court's decision on constitutionality and unconstitutionality was not a legal or logical conclusion, but was made while comprehensively considering all external circumstances. The flag and the white flag are all in, and I even doubt whether the magician is pulling them out properly. It makes us imagine what kind of government it was when the constitutional decision on general traffic obstruction was made, and what the political atmosphere would be like. Simple trust in the "Constitutional Court's decision" as a result of a certain legal logic is shaking.

I hope I am mistaken in the impression that the quality of our legislation, especially criminal legislation, is deteriorating markedly. In the current constitutional system, the Constitutional Court has the authority to improve the legislative process even a little by imposing appropriate restraints on irresponsible legislation, and this is also a duty. If the National Assembly is an institution with absolute legislative power, it is in itself contradictory to grant the Constitutional Court the authority to adjudicate unconstitutional laws. Classically speaking, wasn't it the 'decision' of the 'constitutional amendment power' that the current Constitution gave the Constitutional Court the authority to adjudicate unconstitutional statutes?

* Professor, Gachon university, Ph.D in Law.

However, what I want to suggest carefully is to subdivide the 'perpetrator standard' according to the nature of each penalty rule or mandatory rule in the judgment of the principle of clarity. For example,

1. As in the majority of the provisions of the Criminal Code or many laws, the law stipulated in the form of 'someone ~' or 'anyone ~ one' requires at least the perspective of 'an ordinary person with sound common sense and legal feelings' to be implemented. This is because the level of clarity that all citizens and even foreigners in the Republic of Korea must follow must be the highest.

2. In certain laws, certain duties are imposed by limiting the scope of perpetrators according to the legislative purpose such as 'business owner', 'business operator', etc., such as conducting business in the form of reporting and registration (general permission), and punishment in case of violation If it is, there must be procedures and triggers for notifying, notifying, and issuing the obligations to be observed by the offenders, and in the case where such procedures are not provided, the evaluation should be based on the standard of the general public, and whether the law is applied by mistake should be considered. However, for this type of offender, the standard of judgment can be relaxed to the level that is expected to be held by workers in the same or similar industry, not the standard of the general public.

3. For business that falls under a lecture license or patent (general prohibition/exceptionally permitted), it can be premised that the offender is aware of the obligations imposed on him or her in the process of obtaining the license or patent. This is because they are expected to pay attention to the understanding, enactment, and revision of relevant laws and comply with them. Of course, if there are frequent revisions, they can claim mistakes in the law.

4. Even if the perpetrator is a state, local government, public official, etc., it can be premised that he or she has understood the existence of the legal obligation. However, what is at issue is the so-called 'public official agenda' regulation or similar regulations, where obligations that would not be imposed in the case of the original status and penalties in

case of violation are stipulated, the specific duties and their It should be specifically notified that penalties will be imposed in case of violation. If there is no such process in the applicable laws and specific procedures, it will have to be judged based on the standard of the general public or similar industry.

헌법불합치 결정을 받은 형벌규정의 효력

이 강 민*

◇ 대상판결: 대법원 2020. 5. 28. 선고 2017도8610 판결

1. 공소사실 중 2014. 6. 10.자 집회및시위에관한법률위반의 점

피고인은 노동당 부대표 공소외1, 횃불연대 공소외2 등과 함께 종로 일대와 청와대 주변 등에서 '세월호 추모'를 명목으로 6.10 청와대 만인대회 시위를 하기로 기획하였다. 피고인은 2014. 6. 10. 21:20경 옥외집회·시위 금지장소인 국무총리공관 경계지점에서 약 60미터 지점인 서울 종로구 삼청동 63-35에 있는 달카페 앞 인도 및 차도에서 만민공동회, 횃불연대 등 회원 약 100명과 함께 "87년 6. 10. 다시 오늘! 문제는 청와대다"라고 쓴 대형 플래카드 1개와 "책임자 처벌하라", "박근혜물러나라", "이윤보다 인간이다", "잊지 않겠습니다", "청와대로 가겠습니다"라고 적힌 손피켓 등을 소지하고, 같은 내용의 구호를 외치며, 휴대용 스피커를 이용해 시위대를 선동하여 이끄는 등으로 6.10. 청와대 만인대회 시위를 진행하였다. 이로써 피고인은 공소외인 등과 공모하여 옥외집회·시위 금지장소인 국무총리공관 경계지점으로부터 100미터 이내에서 시위를 주최하였다.

피고인은 위와 같은 일시, 장소에서 그와 같이 금지장소에서 시위를 함으로써 서울종로경찰서장의 위임을 받은 제14기동대장으로부터 위와 같은 사유로 같은 날 21:40경 자진해산 요청, 21:45경 1차 해산명

---

* 법학박사, 김포대학교 경찰행정과 교수.

령, 22:02경 2차 해산명령, 22:05경 3차 해산명령을 받았음에도 지체 없이 해산하지 아니하였다.

2. 제1심과 원심의 판단

제1심법원은 공소사실 중 피고인이 2014. 6. 10. 옥외집회 및 시위 금지장소인 국무총리 공관의 경계지점으로부터 100m 이내의 장소에서 집회를 주최하였다는 부분에 관하여 집회 및 시위에 관한 법률 (2007. 5. 11. 법률 제8424호로 전부 개정된 것, 이하 '집시법'이라 한다) 제23조 제1호, 제11조를 적용하고, 금지장소에서 시위를 하였다는 사유로 해산명령을 받았음에도 지체 없이 해산하지 아니하였다는 부분에 관하여 집시법 제24조 제5호, 제20조 제2항, 제1항 제1호를 적용하여 이를 각 유죄로 판단하였다.[1] 원심도 1심법원과 동일하게 유죄를 선고하였다.[2]

3. 헌법재판소 2018. 6. 28. 2015헌가28, 2016헌가5 전원재판부 결정(국무총리 공관 인근 옥외집회 금지 사건)

가. 국무총리는 대통령의 권한대행자, 대통령의 보좌기관 및 행정부 제2인자로서의 지위를 가지는바, 이러한 국무총리의 헌법상 지위를 고려하면 이 사건 금지장소 조항은 국무총리의 생활공간이자 직무수행 장소인 공관의 기능과 안녕을 보호하기 위한 것으로서 그 입법목적이 정당하다. 그리고 국무총리 공관 인근에서 행진을 제외한 옥외집회·시위를 금지하는 것은 입법목적 달성을 위한 적합한 수단이다.

이 사건 금지장소 조항은 국무총리 공관의 기능과 안녕을 직접 저해할 가능성이 거의 없는 '소규모 옥외집회·시위의 경우', '국무총리를 대상으로 하는 옥외집회·시위가 아닌 경우'까지도 예외 없이 옥외

---

1) 서울중앙지방법원 2017. 1. 11. 선고 2014고단8036, 2015고단2926(병합), 2015고단6211(병합), 2016고단4749(병합) 판결.
2) 서울중앙지방법원 2017. 5. 25.선고 2017노272 판결.

집회·시위를 금지하고 있는바, 이는 입법목적 달성에 필요한 범위를 넘는 과도한 제한이다. 또한 이 사건 금지장소 조항은 국무총리 공관 인근에서의 '행진'을 허용하고 있으나, 집시법상 '행진'의 개념이 모호하여 기본권 제한을 완화하는 효과는 기대하기 어렵다. 또한 집시법은 이 사건 금지장소 조항 외에도 집회의 성격과 양상에 따른 다양한 규제수단들을 규정하고 있으므로, 국무총리 공관 인근에서의 옥외집회·시위를 예외적으로 허용한다 하더라도 국무총리 공관의 기능과 안녕을 충분히 보장할 수 있다.

이러한 사정들을 종합하여 볼 때, 이 사건 금지장소 조항은 그 입법목적을 달성하는 데 필요한 최소한도의 범위를 넘어, 규제가 불필요하거나 또는 예외적으로 허용하는 것이 가능한 집회까지도 이를 일률적·전면적으로 금지하고 있다고 할 것이므로 침해의 최소성 원칙에 위배된다.

이 사건 금지장소 조항을 통한 국무총리 공관의 기능과 안녕 보장이라는 목적과 집회의 자유에 대한 제약 정도를 비교할 때, 이 사건 금지장소 조항으로 달성하려는 공익이 제한되는 집회의 자유 정도보다 크다고 단정할 수는 없으므로 이 사건 금지장소 조항은 법익의 균형성 원칙에도 위배된다.

따라서 이 사건 금지장소 조항은 과잉금지원칙을 위반하여 집회의 자유를 침해한다.

나. 이 사건 해산명령불응죄 조항은 이 사건 금지장소 조항을 위반하여 국무총리 공관 인근에서 옥외집회·시위를 한 경우를 해산명령의 대상으로 삼아, 그 해산명령에 불응할 경우를 처벌하도록 규정하고 있다. 앞서 본 바와 같이 이 사건 금지장소 조항이 과잉금지원칙을 위반하여 집회의 자유를 침해하므로, 이 사건 금지장소 조항을 구성요건으로 하는 이 사건 해산명령불응죄 조항 역시 집회의 자유를 침해하여 헌법에 위반된다.

다. 심판대상조항이 가지는 위헌성은 국무총리 공관의 기능과 안녕을 보호하는 데 필요한 범위를 넘어 국무총리 공관 인근에서의 집회를 일률적·전면적으로 금지하는 데 있다. 즉, 국무총리 공관 인근에서의 옥외집회·시위를 금지하는 것에는 위헌적인 부분과 합헌적인 부분이 공존하고 있는 것이다. 그런데 국무총리 공관 인근에서의 옥외집회·시위 중 어떠한 형태의 옥외집회·시위를 예외적으로 허용할 것인지에 관하여서는 입법자의 판단에 맡기는 것이 바람직하다.

따라서 심판대상조항에 대하여 헌법불합치결정을 선고하되, 입법자가 2019. 12. 31. 이전에 개선입법을 할 때까지 계속 적용되어 그 효력을 유지하도록 하고, 만일 위 일자까지 개선입법이 이루어지지 않는 경우 심판대상조항은 2020. 1. 1.부터 그 효력을 상실하도록 한다.

4. 대상판결 요지

헌법재판소는 2018. 6. 28. "집회 및 시위에 관한 법률(2007. 5. 11. 법률 제8424호로 전부 개정된 것, 이하 '집시법'이라 한다) 제11조 제3호, 제23조 제1호 중 제11조 제3호에 관한 부분, 제24조 제5호 중 제20조 제2항 가운데 '제11조 제3호를 위반한 집회 또는 시위'에 관한 부분은 헌법에 합치되지 아니한다.", "위 법률조항들은 2019.12.31.을 시한으로 개정될 때까지 계속 적용한다."라는 헌법불합치결정을 선고하였고 (2015헌가28, 2016헌가5 전원재판부 결정), 국회는 2019. 12. 31.까지 위 법률조항을 개정하지 않았다. <u>헌법재판소의 헌법불합치결정은 헌법과 헌법재판소법이 규정하고 있지 않은 변형된 형태이지만 법률조항에 대한 위헌결정에 해당한다.</u> 집시법 제23조 제1호는 집시법 제11조를 위반할 것을 구성요건으로 규정하고 있고, 집시법 제24조 제5호는 집시법 제20조 제2항, 제1항과 결합하여 집시법 제11조를 구성요건으로 삼고 있다. 결국 집시법 제11조 제3호는 집시법 제23조 제1호 또는 집시법 제24조 제5호와 결합하여 형벌에 관한 법률조항을 이루게 되므로, 위 헌법불합치결정은 형벌에 관한 법률조항에 대한 위헌결정이라 할 것이다. 그리고 헌법재판소법 제47조 제3항 본문에 따라 <u>형벌에 관한 법률조항에 대하여 위헌결정이 선고된 경우 그 조항은 소급하여 효력을 상실하므로</u>, 법원은 해당 조항이 적용되어 공소가 제기된 피고사건에 대하여 <u>형사소송법 제325조 전단에 따라 무죄를 선고</u>하여야 한다.

[연　　구]

Ⅰ. 들어가며

헌법재판소는 2019. 4. 11. 2017헌바127 결정에서 의사의 낙태시술과 관련하여, 형법 제269조 제1항 및 제270조 제1항 중 '의사'낙태죄에 대하여 [헌법불합치]결정을 하였다. 즉 헌법재판소는 형법 제270조 제1항 중 '조산사'낙태 부분에 대한 기존의 합헌결정을 변경하여 임신한 여성의 자기낙태를 처벌하는 형법 제269조 제1항, 의사가 임신한 여성의 촉탁 또는 승낙을 받아 낙태하게 한 경우를 처벌하는 형법 제270조 제1항 중 '의사'에 관한 부분은 모두 헌법에 합치되지 아니하며, 위 조항들은 2020. 12. 31.을 시한으로 입법자가 개선입법을 할 때까지 잠정적용을 명하였다.

2019. 4. 11.의 헌법재판소 결정에 의해 66년 만에 낙태처벌규정은 헌법에 합치되지 아니한다는 평가를 받았으며, 헌법재판소가 정한 입법시한까지 국회가 개선입법을 하지 않음으로써 2021년부터 일부 낙태행위는 합법화된 상태이다.

헌법재판소는 태아의 생명권과 여성의 자기결정권이라는 2가지 권리를 조화시킬 수 있도록 법 개정을 통해 제도를 마련하라고 요구했으나, 3년이 지난 지금 아직도 제자리걸음이다. 2023년 1월 현재, 자기낙태죄와 의사낙태죄 규정은 사실상 그 효력을 완전히 상실하였다. 따라서 임신주수와 관계없이 임신중지가 허용되는 것이다. 그러나 정작 현실적인 결정에 놓인 일반 국민들은 혼란스럽기만 하다. 입법 논의가 계속 미뤄지면서 법률 공백이 장기화되자, 법 개정 등 제도 마련 촉구에 대한 목소리가 커지고 있다.

대상 판결과 동일한 취지의 판결에는, "집회 및 시위에 관한 법률 (2007. 5. 11. 법률 제8424호로 전부개정된 것) 제11조 제1호 중'국회의사당'에 관한 부분 및 제23조 중 제11조 제1호 가운데 '국회의사당'에 관한 부분에 관한 대법원 2020. 5. 28. 2019도8453 판결, 대법원 2020. 6. 4. 2018도17454 판결, 대법원 2020. 7. 9. 2019도2757 판결, 대법원 2020. 11. 26. 2019도9694 판결이 있다. 한편 최근 집회 및 시위에 관한 법률에 대하여 헌법재판소 전원재판부는 2022년 12월 22일 누구든지 대통령 관저의 경계지점으로부터 100미터 이내의 장소에서 옥외집회·시위를 할 경우 형사처벌하도록 규정한 집시법 제11조 제3호와 제23조 제1호와 구법 관련 조항 중 '대통령 관저' 부분에 대한 위헌법률심판제청 사건(2018헌바48, 2019헌가1 전원재판부 결정)에서 재판관 전원일치 의견으로 헌법불합치 결정을 한 바 있다.

[대상판결]은, 헌법재판소의 헌법불합치결정은 변형결정이지만 위헌결정이며, 해당 법률조항은 소급하여 효력을 상실하므로, 법원은 해당 조항이 적용되어 공소가 제기된 피고사건에 대하여 형사소송법 제325조 전단에 따라 무죄를 선고하여야 한다는 입장을 취하고 있다.

헌법재판소의 헌법불합치결정은 변형결정이지만 위헌결정이라는 점에는 다툼이 없다. 다만 형벌조항에 대하여 이러한 변형된 형태의 위헌결정을 하면서 입법시한을 제시하고 그 때까지 계속 적용을 명하는 경우 형법적용과 관련하여 어려운 문제가 제기된다. 예컨대 형벌조항에 대하여 이러한 변형된 형태의 위헌결정을 하면서 입법시한을 제시하고 그때까지 계속 적용을 명하는 경우, 당해 형사재판을 심리하는 담당 법원이 그 형벌 규정의 효력을 어떻게 파악할 것인가가 문제된다. 즉 불합치 결정시부터 개정입법시한 사이에 재판하는 경우 유죄판결을 선고할 수 있는지 그리고 그 사이에 행하여진 행위에 대하여 재판하는 경우에 유죄판결이 가능한지 나아가 보다 본질적으로는 위헌결정된 형벌조항의 소급적 효력상실(헌법재판소법 제47조 제3항)과의 관계를 어떻게 처리할 것인지 등이 해결되어야 한다. 또한 위 사례와 같이 개정입법시한을 도과하였으나 입법이 되지 않은 경우 형벌규정의 효력 상실에 따라 무죄를 선고할 것인가 아니면 면소판결을 할 것인가가 쟁점이 된다.

이하에서는 헌법재판소의 헌법불합치 결정의 효력에 관한 선행연구를 한 후(Ⅱ), 대상판례를 둘러싼 문제점으로 잠정적용을 명한 헌법불합치 결정에 따른 형벌규정의 효력 및 법원의 조치(Ⅲ)를 논하고, 마지막으로 필자의 소견을 제시하고자 한다(Ⅳ).

Ⅱ. 헌법불합치 결정의 효력

1. 헌법불합치 결정의 법적 근거 및 효력

우리나라 헌법 제107조는 "법률이 헌법에 위반되는지 여부가 재판의 전제가 된 경우에는 법원은 헌법재판소에 제청하여 그 심판에 의하여 재판한다."라고 규정하고 있으며, 헌법재판소법 제47조 제1항은 "법률의 위헌결정은 법원 기타 국가기관 및 지방자치단체를 기속한다."라고 규정함으로써, 위헌결정의 기속력을 인정하고 있다.[3] 위헌결정을 받은 법률조항의 효력과 관련하여, 동법 제47조는 비형벌규정과 형벌규정을 구분하여 규정하고 있는바, 비형벌규정은 소급효를 제한하는 장래효를 원칙으로 하는 반면(제2항), 형벌규정에 대하여는 소급효를 인정(제3항)하고 재심까지 인정(제4항)하고 있다. 다만, 형벌규정에 대한 소급효 조항과 관련하여서는 2014. 5. 20. 개정을 통해 그 소급효를 제한하는 규정을 두게 되었다.[4]

---

3) 위헌결정의 기속력에 대하여, 헌법 제107조 제1항은 헌법재판소가 위헌법률심판절차에서 선고하는 모든 유형의 결정(위헌결정뿐만 아니라 합헌결정도 포함됨)은 헌법재판소뿐 아니라 담당법원까지도 기속한다는 견해로, 김시철, "형벌조항에 대한 헌법불합치결정", 사법 제8호, 2009. 6, 190면.
4) 헌법재판소법 제47조 제3항 단서: 다만, 해당 법률 또는 법률의 조항에 대하여 종

　　그러나 헌법재판소는 위와 같은 헌법과 법률에 의하여 명문으로
인정되고 있는 합헌, 위헌 결정유형이 아닌 한정합헌결정, 한정위헌결
정 등과 함께 헌법불합치 결정과 같은 다양한 변형결정을 한다. 헌법
재판소의 최초의 헌법불합치결정 결정5)에 따르면 "현대의 복잡 다양
한 사회현상, 헌법상황에 비추어 볼 때 헌법재판은 심사대상 법률의
위헌 또는 합헌이라는 양자택일 판단만을 능사로 할 수 없다. 양자택
일 판단만이 가능하다고 본다면 다양한 정치·경제·사회현상을 규율
하는 법률에 대한 합헌성을 확보하기 위한 헌법재판소의 유연 신축성
있는 적절한 판단을 가로막아 오히려 법적 공백, 법적 혼란 등 법적
안정성을 해치고, 입법자의 건전한 형성자유를 제약하는 등 하여, 나
아가 국가사회의 질서와 국민의 기본권마저 침해할 사태를 초래할 수
도 있다. 이리하여 헌법재판소가 행하는 위헌여부 판단이란 위헌 아니
면 합헌이라는 양자택일에만 그치는 것이 아니라 그 성질상 사안에
따라 위 양자의 사이에 개재하는 중간영역으로서의 여러 가지 변형재
판이 필수적으로 요청된다. 그 예로는 법률의 한정적 적용을 뜻하는
한정무효, <u>위헌법률의 효력을 당분간 지속시킬 수 있는 헌법불합치</u>, 조
건부 위헌, 위헌성의 소지 있는 법률에 대한 경고 혹은 개정촉구 등을
들 수 있다."는 것이다.

　　이처럼 헌법재판소의 헌법불합치결정은 변형결정이지만, 헌법불합
치 결정 주문의 "법률 제○조는 … 헌법에 합치되지 아니한다."라는 문
구 그 자체로 해당 법률이 헌법에 위반됨을 의미하는 것으로 볼 수밖
에 없으며, 위헌결정이라는 점에는 다툼이 없다.6) 따라서 헌법불합치
결정은 위헌결정으로 해석되는 한 기속력도 인정된다고 할 수 있다.

　　　전에 합헌으로 결정한 사건이 있는 경우에는 그 결정이 있는 날의 다음 날로 소
　　급하여 효력을 상실한다.
　5) 헌법재판소 1989. 9. 8. 선고 88헌가6 결정.
　6) 김시철, 앞의 글, 196면; 손동권, "형벌 조항에 대한 헌법불합치결정의 문제점 — 특
　　히 제3의 한시법? —", 형사법연구 제23권 제4호(2011 겨울·통권 제49호), 2011, 93면.

2. 헌법불합치 결정의 특수성

(1) 정지기한부 위헌결정

헌법불합치 결정은 심판대상이 된 법률조항이 실질적으로 위헌이라 할지라도 단순위헌결정을 할 때 발생할 수 있는 법적 공백상태 또는 법률생활의 혼란을 방지하고, 입법자에게 입법개선을 촉구하기 위해 헌법에 합치하지 아니한다는 선언에 그치는 결정유형이다.[7]

그러나 헌법불합치 결정의 본질을 위헌결정으로 해석한다 하더라도 잠정적용 헌법불합치 결정의 경우 심판대상인 법률이나 법률조항의 효력을 일정한 시점까지 유지시키는 부분에 기속력이 인정된다는 점에서 소급적으로 형벌규정의 효력을 상실케하는 단순위헌과는 그 성질이 다르다.[8]

[대상판결]은 입법개정 없이 효력 상실 시기(입법촉구시한)가 도래하면 단순위헌과 마찬가지로 위헌으로서의 기속력이 발생하고 법률의 효력은 상실되며, 그 형벌규정은 소급효까지 인정된다고 한다. 그러나 이는 잠정적용 헌법불합치 결정이 단순위헌결정과는 그 성격을 달리한다는 점을 도외시하는 것이다. 형벌규정에 대한 위헌결정을 과잉금지원칙의 위배 등과 같이 본래 그 법이 갖고 있던 불명확한 문제 혹은 형벌대상이 아닌 행위를 처벌하는 등의 법률 자체에 내재적 한계 문제로 위헌결정을 받는 경우와 간통죄나 낙태죄처럼 과거 합헌으로 판단되었던 형벌규정을 가치관이나 시대변화 등 외부적, 사회환경적 요인으로 위헌결정이 내려지는 경우로 나누어 본다면,[9] 형벌규정에

---

7) 헌법재판소 2002. 5. 30. 선고 2000헌마81 결정.

8) 손동권, 앞의 글, 93면.

9) 대법원 2020. 2. 21.자 2015모2204 결정: "동일한 내용의 형벌법규라 하더라도 그 법률조항이 규율하는 시간적 범위가 상당한 기간에 걸쳐 있는 경우에는 시대적·사회적 상황의 변화와 사회 일반의 법의식의 변천에 따라 그 위헌성에 대한 평가가 달라질 수 있다. 따라서 헌법재판소가 특정 시점에 위헌으로 선언한 형벌조항이라 하더라도 그것이 원래부터 위헌적이었다고 단언할 수 없으며, 헌법재판소가 과거 어느 시점에 당대의 법감정과 시대상황을 고려하여 합헌결정을 한 사실이 있는 법률조항이라면 더욱 그러하다."

대한 위헌결정은 일률적으로 소급효를 인정할 것이 아니라 위 구분에 따라 소급효 제한을 고려해볼 수 있다.[10] 이와 더불어 헌법재판소의 잠정적용 헌법불합치 결정을 내리는 취지 등을 고려해보면, 헌법불합치 결정은 후자의 위헌결정에 해당한다고 볼 수 있을 것이다. 결국 잠정적용 헌법불합치 결정은 단순위헌과는 구분되는 위헌결정의 일종이며,[11] 기한을 정하여 그 기한이 경과한 이후에 효력을 상실케한다는 점에 비추어 정지기한부 위헌결정의 성격을 갖는다고 할 수 있다.

따라서 잠정적용 헌법불합치 결정을 단순위헌결정으로 본다면 이는 [대상판결]과 동일한 결론에 이르게 될 것이나, 이를 정지기한부 위헌결정으로 해석한다면 형벌규정의 효력은 소급효와 관련하여 각 단계별로, 즉 결정 선고 후 입법개정시한 도래 전 시기와 입법개정 없이 효력을 상실한 시기 및 입법개정이 된 경우로 나누어 검토되어야 할 것이다.

(2) 헌법불합치 결정 유형에 따른 효력

헌법불합치결정은 일반적으로 적용을 중지하는 경우[12]와 개선입법이 이루어질 때까지 잠정적용을 하는 경우[13]의 두 가지 형태가 존

---

10) 대법원 2020. 2. 21.자 2015모2204 결정: "형벌에 관한 법률조항에 대한 위헌결정의 소급효를 일률적으로 부정하여 과거에 형성된 위헌적 법률관계를 구제의 범위 밖에 두게 되면 구체적 정의와 형평에 반할 수 있는 반면, 위헌결정의 소급효를 제한 없이 인정하면 과거에 형성된 법률관계가 전복되는 결과를 가져와 법적 안정성에 중대한 영향을 미치게 된다.

11) 위헌결정에는 법률의 전부 또는 일부의 단순위헌결정은 물론 헌법재판소법 제47조 제1항이 정한 위헌결정의 일종인 헌법불합치결정도 포함된다는 견해로는 황우여, "위헌결정의 효력", 헌법재판의 이론과 실제, 금랑 김철수교수 화갑기념 논문집, 박영사, 1993, 329면.

12) 법원 기타 국가기관 및 지방자치단체는 입법자가 개정할 때까지 이 사건 법률조항 중 헌법불합치 결정이 내려진 부분의 적용을 중지함이 상당하다(헌법재판소 2004. 5. 27. 2003헌가1,2004헌가4(병합) 전원재판부).

13) 해당 법률조항에 대하여 헌법불합치 결정을 선고하되, 2016. 12. 31.을 시한으로 입법자의 개선입법이 있을 때까지 잠정적용을 명하기로 한다(헌법재판소 2015. 5. 28. 2013헌바129 전원재판부). 자기낙태죄 조항과 의사낙태죄 조항에 대하여 헌법에 합치되지 아니한다고 선언하되, 2020. 12. 31.을 시한으로 입법자가 개선입법을

재한다. 다만, 적용 여부가 부가되지 아니한 헌법불합치결정의 경우, 헌법재판소 1999. 10. 21. 선고 97헌마301 결정에 의하면, '헌법불합치결정을 하면 당해 법률은 형식적으로 존속하지만 입법자가 입법개선의무에 따른 개선입법을 할 때까지 <u>원칙적으로 적용이 중지</u>되는데, 다만 위헌결정을 통하여 위헌법률을 법질서에서 제거하는 것이 심각한 법적 공백이나 혼란을 초래할 우려가 있을 때에는 다시 <u>예외적으로 헌법불합치결정 주문에 잠정적용명령을 부가할 수 있다</u>'는 취지라고 판시함으로써 적용중지 헌법불합치결정이 원칙적인 형식으로 해석되며, 결국 이 경우는 '위헌법률의 적용금지'라는 측면에서 단순위헌결정과 실질적으로 동일한 효력을 발생하게 된다.[14]

이에 대하여 적용중지 헌법불합치 결정을 위헌결정과 실질적으로 동일하게 보면, 적용중지 헌법불합치 결정을 받은 형벌규정은 그 규범적 효력이 소급적으로 상실되어 입법공백상태가 발생하게 되며, 피고인의 과거 행위에 대한 처벌근거법률의 부존재는 이미 확정된 것이 된다. 그리고 위헌으로 선언된 형벌조항에 근거한 기존의 모든 유죄확정판결에 대해서까지 전면적인 재심이 허용된다는 헌법재판소법 제47조 제3항, 제4항의 규정에 비추어 볼 때, 법원이 아직 확정되지 않은 형사소송사건에서 이미 헌법에 합치되지 않는 것으로 선언된 형벌규정을 피고인에 대한 처벌법규로 적용할 수는 없다. 또한 헌법불합치 결정이 선고된 이후에 입법된 개정법을 그 시행일 이전에 종료된 피고인의 행위에 대하여는 소급적용하여 피고인을 처벌할 수도 없다. 피고인에게 개정된 신법을 적용하여 처벌하는 것은 형벌조항에 관한 소급입법을 절대적으로 금지한 헌법 제12조 제1항, 제13조 제1항에 정면으로 위배되는 결과를 초래하기 때문이다. 따라서 헌법불합치 결정이 선고된 이후에 기소된 모든 미확정 형사사건에 대하여는 형사소송법 제325조 전단에 따라 무죄를 선고하여야 한다는 견

할 때까지 잠정적용을 명한다(헌법재판소 2019. 4. 11. 2017헌바127 전원재판부).
14) 김시철, 앞의 글, 200면.

해도 있다.15)

　헌법불합치 결정과 위헌결정은 위헌이라는 점에는 동일하나 소급
효에 있어 차이가 있을 뿐이다. 헌법재판소법 제47조 제2항 내지 제4
항은 비형벌규정과 형벌규정을 구분하여 비형벌규정과는 달리 위헌인
형벌규정의 소급효를 인정하고 있다. 그렇다면 수범자에게 헌법에 합
치되지 않는다고 선언된 형벌규정을 적용할 수는 없는 것이다.16) 따라
서 기본적으로 형벌규정에 대하여는 위헌결정 여부로 판단하는 것이
타당하다.17) 헌법불합치결정은 위헌인 법률의 효력을 형식적으로 존
속하게 하고 입법자의 개선입법을 통해 합헌적인 질서를 회복하는 결
정의 형식이므로 엄격히 헌법불합치결정이 정당화되는 사유에 한하여
활용되어야 하는 헌법적 한계를 가지므로,18) 형벌규정에 대한 헌법불
합치 결정을 내리는 경우라면 적용중지 헌법불합치 결정이 원칙이 되
어야 할 것이며,19) 위헌인 형벌규정 위반행위에 대하여 법원은 무죄판

---

15) 손동권, 앞의 글, 103면.
16) 이경렬, "낙태와 중절: 입법부작위가 남긴 문제", 형사정책 제33권 제1호(통권 제65
　　호), 2021. 4, 257면; 단순히 형벌조항에 대한 소급효를 제한하려는 취지에서 헌법
　　불합치결정의 주문형식을 활용하는 것은 바람직하지 않다고 한다(손인혁, "형벌조
　　항에 대한 위헌결정의 소급효 제한 - 헌재 2016. 4. 28. 2015헌바216 결정 -", 법조
　　제66권 제1호, 2017, 479면; 박경철, "형벌조항에 대한 헌법불합치결정에 관한 헌법
　　적 검토", 헌법학연구 제20권 제2호, 2014, 307면); 김현철/박경철/박진영/홍영기,
　　형벌규정에 대한 위헌결정의 시적효력에 관한 연구, 헌법재판연구(제24권), 헌법재
　　판소, 2013, 283면; 박진영, "형벌조항에 대한 위헌결정의 소급효 제한 - 형벌조항
　　에 대하여 합헌결정 후 위헌결정 또는 헌법불합치결정이 이루어진 판례를 중심으
　　로 -", 경희법학 제50권 제3호, 2015, 135면 이하.
17) 국가가 형벌권을 발동할 수 있게 하고 국민의 형사처벌과 관련이 있는 법률조항
　　이 위헌이면 헌법불합치결정을 자제하고 원칙적으로 단순위헌결정을 선고하여야
　　한다는 견해로 박진우, "헌법불합치결정에 대한 비판적 검토", 법학연구 제35집,
　　한국법학회, 2009, 10-11면; 한편 형벌규정에 대한 헌법불합치 결정을 부인하는 견
　　해(김시철, 앞의 글, 180면 이하)와 긍정하는 견해(남복현, "야간옥외집회금지에 대
　　한 헌법불합치결정의 실체와 그에 따른 법원·검찰의 조치", 연세공공거버넌스와
　　법 제1권 제1호, 2010. 2, 17면 이하; 장진숙, 헌법불합치결정의 소급효와 그 적용
　　범위 - 형벌조항을 중심으로 -, 한국연구재단, 2015, 9면)가 있다.
18) 손인혁, 앞의 글, 479면.
19) 이에 대하여 우리 헌법재판소의 헌법불합치 결정은 독일판례에서 유래된 것으로

결을 내려야 할 것이다. 다만 적용중지 헌법불합치 결정으로 법의 공백, 피고인의 불이익, 법적혼란 상태를 야기하는 극히 제한적인 경우에 한하여 잠적적용 헌법불합치 결정이 허용된다 할 것이다.[20] 다만, 잠정적용 헌법불합치 결정을 받은 형벌규정에 위반된 행위에 대해서는, 헌법불합치 결정은 헌법재판소법이 예정하지 아니한 변형된 형태의 예외적인 결정형식이라는 점, 헌법재판소법 제47조의 위헌결정은 전형적·본래적 형식의 위헌결정을 상정한 규정으로 그 적용을 제한할 필요가 있는 점, 위헌결정은 원칙적으로 장래효를 갖는다는 점(헌법재판소법 제47조 제2항), 형벌규정에 대한 위헌결정의 소급효 자체도 제한된다는 점(헌법재판소법 제47조 제3항 단서), 비록 헌법에 합치되지 아니하지만 잠정적으로 적용하도록 헌재가 결정한 법률이 소급하여 무효가 된다는 것은 논리적 모순인 점 등에 비추어 장래적으로 효력을 상실한다고 보아야 하며, 입법개선시한이 도과하기 전까지는 여전히 유효한 법률로서 적용된다고 보아야 한다. 입법개정시한을 기점으로 각 단계별로 잠정적용 헌법불합치 결정에 따른 형벌규정의 효력 및 법원의 조치는 아래에서 검토한다.

서, 독일 연방헌법재판소의 판례를 살펴보면, 형벌조항에 대하여 헌법불합치 결정을 선고한 사례는 발견할 수 없으며, 우리 헌법 제12조 제1항, 제13조 제1항과 독일 연방기본법 제103조 제2항을 비교·검토하여 보면, 형벌조항을 소급적용하는 것이 헌법적 차원에서 절대적으로 금지된다는 점은 양국의 공통점임을 확인할 수 있다고 한다(김시철, 앞의 글, 195면); 손동권, 앞의 글, 95면.

20) 이에 관하여 허완중, "형벌에 관한 법률(조항)에 대한 헌법재판소의 헌법불합치결정 – 필요성과 허용 가능성을 중심으로 –", 공법연구 제38집 제4호, 2010, 149면 이하는 헌법재판소는 위헌성이 확인된 형벌에 관한 법률을 계속 적용하도록 하는 헌법불합치 결정을 내릴 수 없으며, 헌법재판소가 헌법불합치결정을 내리기 위해서는 먼저 ① 단순위헌결정에 따른 위헌법률(조항)의 효력 상실을 통해서 합헌상태가 바로 회복되지 못하고, ② 단순위헌결정에 따라 입법자가 소급하여 자기 의사에 맞출 수 없는, 돌이킬 수 없는 법적 상황이 있어야 한다. 그리고 헌법재판소의 헌법불합치결정을 정당화하는 사유는 ① 수혜적 법률이 평등원칙에 위반될 때와 ② 단순위헌결정이 법적 공백이나 혼란을 일으킬 우려가 있을 때라고 한다.

Ⅲ. 잠정적용 헌법불합치 결정에 따른 형벌규정의 효력 및 법원의 조치

잠정적용 헌법불합치 결정의 경우 헌법불합치 결정이 선고되었다고 하여 형벌조항을 계속 적용하는 것이 정당한지, 즉 해당 형벌규정에 위반한 자에 대한 기존법률의 적용 여부가 문제된다. 결국 이는 입법개정 여부에 따른 형벌규정 효력 상실 및 신법 소급적용의 문제라 할 수 있다. 이와 함께 헌법불합치 결정시와 개선입법시한 사이에는 어떤 재판을 선고하여야 하는지가 문제된다.

이하에서는 입법시한 전 잠정적용 기간인 경우(입법시한 전), 입법시한 도과 후 새로운 개정법이 제정되지 않은 경우, 개정신법이 제정된 경우로 나누어 각 시기별로 검토하고자 한다.

1. 잠정적용 기간인 경우(입법시한 전)

헌법재판소가 헌법불합치와 함께 불합치법률의 잠정적용을 결정하였고 개정신법이 제정되지 않으면서 입법촉구기간 이내에 재판을 하고자 할 경우 법원은 구체적으로 어떻게 대응하여야 할 것인지가 문제된다. 실제로 하급심에서 헌법불합치결정을 받은 옥외집회금지규정의 위반자에 대해 유죄판결을 한 법관, 무죄판결을 한 법관, 입법촉구기간이 경과될 때까지 재판을 하지 않은 법관이 각각 있었다.[21] 이 문제에 대하여는 행정청인 검찰과 경찰은 헌법재판소의 잠정적용의 결정을 존중하여 그대로 적용함이 타당하고 법원은 궁극적으로는 개선입법시점까지 절차를 중지하였다가 개선입법에 따라 처리함이 합리적이다'라는 견해,[22] 헌법불합치결정은 계속 적용의 여부와 관계없이 당해 형벌법률은 전면적 소급무효이고, 유죄판결이 확정된 경우 재심사유에 해당하므로 법원은 유죄판결을 하여서는 안 된다는 견해[23]가

---

21) 남복현, 앞의 글, 37면 이하.
22) 남복현, 앞의 글, 44면.
23) 임지봉, "헌법불합치결정과 함께 내려진 계속적용결정의 효력: 집시법 제10조에 대한 헌법재판소 결정 평석을 중심으로", 세계헌법연구 제16권 제1호. 국제헌법학

제시되고 있다. 특히 후자의 경우 절차정지를 하는 것이 바람직하겠지만, 잠정적용보다는 헌법불합치 부분이 주문의 핵심부분이라는 점에서 무죄판결을 하여도 무방하다고 한다.[24]

헌법재판소가 기존법률을 계속 적용하라는 것과 무죄판결을 하는 것은 모순관계에 있으므로, 아무런 조건 없이 무죄판결을 하여도 무방하다는 견해는 타당하다고 할 수 없다.[25] 결국 입법시한 전까지는 그 결정에 따라 해당 형벌규정의 적용이 허용되므로[26] 유죄판결은 가능하다는 결론에 이른다. 사후적으로 재판의 대상되는 행위가 개정신법의 구성요건에 포함되는 경우에는 유죄판결도 가능하므로 재심대상이 될 수 없지만, 재판의 대상되는 행위가 개정신법에서 삭제되었을 때에는 재심사유가 될 수 있으므로 사후적이지만 재심을 통해 무죄판결(그리고 형사보상)을 받을 수 있다. 따라서 입법시한 전까지 해당 형벌규정을 적용하여 유죄판결을 한다고 하더라도 피고인의 기본권 침해는 크게 문제되지 않는다. 이러한 관점에서 본다면 — 형사절차법이 규정하고 있는 심판기간의 제한 때문에 불가피하게 당장 재판을 하여야 한다면 — 법원은 오히려 일단 유죄판결을 하여도 무방한 것으로 판단될 수 있다.[27]

앞서 본 바와 같이 잠정적용 헌법불합치 결정을 정지기한부 위헌결정으로 본다면, 비록 이미 헌법에 합치되지 않는 것으로 선언된 형벌규정의 적용 가능성은 여전히 존재한다. 다만 형사절차법상 심판기간 제한규정에 의하더라도 아직 여유가 있는 경우라면 법원은 심판절차를 일단 정지하고, 사후 개정입법에 의하여 당해 행위가 그 개정입법의 구성요건으로 포섭되는지에 따라 유죄 또는 무죄 혹은 면소판결을 내릴 수 있을 것이다. 개정신법이 제정된 경우에 대하여는 후술

회, 2010, 265면 이하.
24) 임지봉, 앞의 글, 268면.
25) 손동권, 앞의 글, 105면 이하.
26) 단순히 입법개선시한이 도과하였다고 하여 즉시 당해 법률(조항)의 효력이 소멸되어 소급효가 발생한다고 할 수는 없고, 개선입법이 제정되는 시점까지 당해 법률(조항)의 효력이 유지된다고 한다(장진숙, 앞의 글, 14면).
27) 손동권, 앞의 글, 106면 이하.

하도록 한다.

2. 새로운 개정법이 제정되지 않은 경우

상기한 [대상판례]에서 제1심법원과 원심법원의 재판은 잠정적용 기간에 이루어진 것이며, [대상판례]는 잠정적용 헌법불합치 결정이 있은 후 개정신법의 제정 없이 그 기간이 도과된 이후 대법원이 판단한 경우에 해당한다.

이에 따르면 헌법재판소의 헌법불합치 결정은 헌법과 헌법재판소법이 규정하고 있지 않은 변형된 형태이지만 법률조항에 대한 위헌결정에 해당하고, 그리고 헌법재판소법 제47조 제3항은 본문에 따라 형벌에 관한 법률조항에 대하여 위헌결정이 선고된 경우 그 조항이 소급하여 효력을 상실한다고 규정하고 있으므로, 형벌에 관한 법률조항이 소급하여 효력을 상실한 경우에 당해 조항을 적용하여 공소가 제기된 피고사건은 범죄로 되지 아니한 때에 해당한다 할 것이고, 법원은 그 피고사건에 대하여 형사소송법 제325조 전단에 따라 무죄를 선고하여야 한다는 것이다. 헌법불합치 결정에서 입법기간 도과의 경우 원칙적으로 불합치법률의 효력을 (소급) 상실시키는 효과를 부여하는 [대상판례]와 같은 태도('헌법불합치결정 → 위헌결정 → 형벌법규의 소급적 무효')는 동시에 헌법재판소의 태도이기도 하다.[28]

그러나 위 헌법불합치 결정은 개정입법이 이루어지지 않은 경우 처음부터 단순위헌결정이 있었던 것과 동일한 상태로 돌아가는 것이 아니라 개정입법의 시한이 만료된 다음날인 2020. 1. 1.부터 이 사건 법률조항의 효력이 상실되도록 한 취지임을 알 수 있다.

형벌법규는 사회의 도의관념이나 가치체계에 기초를 두고 있어서 그 처벌의 정당성이나 범위는 국가의 정치·사회·경제·문화 각 영역의 동태적 변화 또는 발전에 불가피하게 영향을 받을 수밖에 없고, 국회가 이러한 변화에 적절히 대응하지 못하여 종래에는 합헌으로 평가

---

28) 헌법재판소 2007. 3. 29. 선고 2005헌바33 결정.

되었던 형벌법규가 변화된 헌법적 현실에 부합하지 않게 된 경우에도 헌법재판소에 의한 위헌 선언의 가능성과 필요가 생기게 된다. 헌법재판소는 과거 헌법재판소 1994. 4. 28. 선고 91헌바14 전원재판부 결정에서 야간옥외집회금지 규정을 합헌으로 선언한 바 있고, 법원에서도 과거 수십 년 동안 그 합헌성을 전제로 다수의 재판을 해 온 현실을 염두에 두고 단순위헌결정이 가져올 법적 안정성의 교란과 국민의 법질서에 대한 신뢰 훼손, 사법절차의 부담까지도 감안하여 위와 같은 잠정적용 헌법불합치 결정이 이루어진 것이라고 할 것이다. 그리고 단순위헌결정을 하지 않더라도 장차 국회의 합리적 기준 설정을 통해 사회적 정당성이 인정되는 야간옥외집회에 대하여는 그 처벌이 배제될 것이고, 국회가 개선입법을 하지 않는 경우에도 법률의 효력 상실과 이에 따른 면소판결을 통하여 형사처벌의 가능성이 전면적으로 소멸한다.29) 즉 헌법재판소가 헌법불합치 결정을 통하여 해당 형벌규정이 헌법에 위반된다고 판단하면서도 헌법재판소법 제47조 제3항에 따른 소급효의 적용을 배제하고 개선입법의 시한 만료일 다음날인 2020. 1. 1.부터 그 효력이 상실되도록 한 이상, 피고인에 대한 국무총리 공관 인근 옥외집회 주최의 공소사실은 그 형벌의 근거가 되는 법률조항이 2020. 1. 1.부터 효력을 상실함으로써 '범죄 후 법령 개폐로 형이 폐지되었을 때'에 해당한다고 볼 수 있으므로30) 형사소송법 제326조 제4호에 의하여 실체적 재판을 하기에 앞서 면소판결을 하여야 한다. 범죄의 성립과 처벌에 관하여 규정한 형벌법규 자체 또는 그로부터 수권 내지 위임을 받은 법령의 변경에 따라 범죄를 구성하지 아니하

---

29) 대법원 2011. 6. 23. 선고 2008도7562 전원합의체 판결의 별개의견은 이 경우 실질적으로 구법의 처벌규정이 부당하다는 반성적 고려에서 해당 법률을 폐지한 것이라고 한다.

30) 이에 대하여 헌법재판소의 계속적용 헌법불합치결정은 입법개정 시한까지만 기존 법률의 효력을 인정하는 '일종의 한시법'이며, 이 경우 무죄판결을 하여야 한다는 견해로는 손동권, 앞의 글, 101면. 이처럼 한시법으로 해석하는 경우 대법원 2022. 12. 22. 선고 2020도16420 전원합의체 판결에 따르면 형법 제1조 제2항과 형사소송법 제326조 제4호에서 말하는 법령의 변경에 해당한다고 볼 수 없다.

게 되거나 형이 가벼워진 경우에는, 종전 법령이 범죄로 정하여 처벌한 것이 부당하였다거나 과형이 과중하였다는 반성적 고려에 따라 변경된 것인지 여부를 따지지 않고 원칙적으로 형법 제1조 제2항과 형사소송법 제326조 제4호가 적용되어야 하기 때문이다.[31] 또한 헌법불합치결정은 정지기한부 위헌결정으로 헌법재판소가 명시적으로 개정입법의 시한 만료일 다음날부터 비로소 그 효력이 상실되도록 결정하였으므로 소급무효의 예외를 인정하는 것이 타당하다.

3. 개정신법이 제정된 경우

입법시한 전 개정신법이 제정된 경우는 신법의 소급적용의 문제가 발생한다. 즉'적용중지' 헌법불합치 결정과 달리 '잠정적용' 헌법불합치 결정인 경우에도 개정신법이 적용될 수 있는가의 문제이다. 대법원은 잠정적용의 헌법불합치 결정의 경우라도 헌법재판소의 헌법불합치결정의 취지나 위헌심판에서의 구체적 규범통제의 실효성 보장이라는 측면을 고려할 때, 적어도 위 헌법불합치 결정을 하게 된 당해 사건 및 위 헌법불합치 결정 당시에 위 법률조항의 위헌 여부가 쟁점이 되어 법원에 계속중인 사건에 대하여는 위 헌법불합치 결정의 소급효가 미치며, 개정입법의 경과조치의 적용 범위에 해당 사건이 포함되어 있지 않더라도 위헌성이 제거된 개정입법이 적용되는 것으로 보아야 한다는 태도를 취하고 있다.[32] 이에 대하여 잠정적용 헌법불합치 결정의 경우 개정입법의 소급적용을 통해 피고인에게 유죄판결을 선고하는 것이 허용될 수 없다는 견해,[33] 개정입법 시점까지는 불합치법률을

---

31) 대법원 2022. 12. 22. 선고 2020도16420 전원합의체 판결.

32) 대법원 2006. 3. 9. 선고 2003다52647 판결; 대법원 2008. 2. 1. 선고 2007다9009 판결; 대법원 2010. 4. 8. 선고 2007다80497 판결; 대법원 2011. 9. 29. 선고 2008두18885 판결; 대법원 2021. 6. 10. 선고 2016두54114 판결, 다만 상기한 판례들은 비형벌조항에 대한 잠적적용 헌법불합치 결정에 따른 판결에 해당한다.

33) 박진우, 앞의 글, 21면; 잠정적용의 헌법불합치결정에 따른 개선입법에서 소급효를 인정하는 경과규정을 두지 아니한 경우 개선입법의 소급효가 인정되지 않는다는 견해로는 박경철, 앞의 글, 286면; 임지봉, 앞의 글, 267면. 그러나 헌법불합치결정

적용하고, 그 이후에는 입법자가 명시한 특별한 경과규정이 없더라도
개정입법이 적용되어야 한다는 견해34) 그리고 개정신법의 소급적용
여부를 기존법률 위반행위가 개선신법의 구성요건에도 해당하는 경우
와 개선신법의 구성요건에 해당되지 않는 경우로 나누어, 전자의 경우
유죄판결을 하되, 형이 경하게 변경된 경우에는 피고인에게 유리하게
개선신법의 소급적용이 이루어져야 하며, 후자의 경우는 기존법률의
위헌확정에 의해 무죄로 보는 견해35) 등이 있다.

생각건대, 해당행위가 개정신법의 구성요건에 해당하고 형벌에도
차이가 없다면 행위시법의 적용 또는 개선신법의 소급적용 여부는 피
고인에게 큰 의미가 없게 된다. 이 경우에는 어떠한 법률을 적용하든
지 동일한 법정형에 근거하여 법원은 유죄판결을 하여야 할 것이나,
형이 경하게 변경된 경우에는 형법 제1조 제2항에 따라 이유를 불문
하고 피고인에게 유리하게 개선신법의 소급적용이 이루어져야 한다.
다만, 해당행위가 개선신법의 구성요건에 해당되지 않는 경우는 법률
의 폐지로서 형법 제1조 제2항의 범죄를 구성하지 않는 경우에 해당
하며, 따라서 형사소송법 제326조에 따라 면소판결을 하는 것이 타당
하다고 사료된다.

Ⅳ. 결 론

형벌조항에 대한 헌법불합치 결정이 가능하고, 헌법불합치결정도
위헌결정으로 보는 것이 통설, 판례의 입장이고, 이에 따르면 해당 형
벌규정의 위반행위에 대하여는 본 [대상판결]의 결론과 같이 소급 무

의 경우 모든 절차를 정지하고 당사자가 자신에게 유리한 개정신법의 소급적용을
통해 혜택을 받을 수 있도록 함이 타당하다는 논리를 지지한다(268면).
34) 남복현, 앞의 글, 32면; 다만 개선입법이 발효되기 전에 불합치형벌조항을 적용하
여 유죄판결이 이미 확정된 경우라도 개선입법에서 위헌으로 확정된 부분에 대해
서는 재심이 허용되어야 한다는 주장으로는 황우여, 앞의 글, 333면.
35) 손동권, 앞의 글, 104면 이하.

효에 해당하여 무죄를 선고하게 된다. 비형벌규정에 대한 헌법불합치 결정과 달리 형벌규정에 대한 헌법불합치 결정에 대하여는 단순위헌 결정을 해야 한다는 견해, 단순위헌결정으로 중대한 법적 혼란이 야기 될 경우 법적 안정성을 고려한 헌법불합치결정이 가능하다는 견해, 적 용중지 헌법불합치 결정은 불가능하지만 법적 혼란을 막기 위한 잠정 적용 헌법불합치결정은 허용된다는 견해 그리고 적용중지 헌법불합치 결정은 허용되지만 잠정적용 헌법불합치 결정은 법치국가 또는 죄형 법정주의의 이념상 허용되지 않는다는 견해 등이 있다.

형벌규정의 특성에 비추어 형벌조항에 대하여는 단순합헌, 단순 위헌을 선고하는 것이 법적 공백을 채우며, 일반인들에 대한 예방적 기능을 수행할 수 있을 것이므로 형벌규정에 대한 헌법불합치 결정은 허용되지 않는 것이 타당할 것이다. 다만, 형벌규정에 대한 위헌결정 의 효력, 즉 소급효와 관련하여 제47조 제3항 단서를 둔 취지를 고려 한다면 형벌규정에 대한 위헌결정으로 인한 소급효는 절대적인 것이 아니며, 달리 이를 제한할 수 있다고 할 것이다. 즉 형벌규정에 대한 위헌결정을 하게 된 원인이 형벌대상이 아닌 행위를 처벌하는 등 법 률 자체에 내재적 한계가 있는 경우라면 소급효를 인정하나, 단순히 형벌의 종류·범위나 가치관 등 법률의 외부적, 사회환경적 요인으로 인한 변화로 위헌을 선고하는 경우는 소급효를 제한할 것을 기대한다.

잠정적용 헌법불합치 결정을 받은 형벌규정에 위반된 행위에 대 하여, 입법개선시한이 도과하기 전까지는 이미 헌법에 합치되지 않는 것으로 선언된 형벌규정의 적용 가능성은 여전히 존재하며, 유효한 법 률로서 적용될 수 있다. 이때 가능한 한 법원은 심판절차를 일단 정지 하고, 사후 개정입법에 따라 당해 행위에 대한 판단을 하는 것이 타당 하다. 따라서 개정신법이 제정되지 않거나 제정된 경우는 형이 경하게 변경된 경우 또는 법률의 폐지로서 형법 제1조 제2항의 범죄를 구성 하지 않는 경우에 해당하여 형법 제1조 제2항이 적용되어야 하며, 법 률의 폐지로 해석하는 한 형사소송법 제326조에 따라 면소판결을 하는 것이 타당하다.

[주 제 어]
헌법불합치결정, 위헌결정, 형벌조항, 소급효, 잠정적용

[Key Words]
decision of constitutional nonconformity, unconstitutionality decisions, Penal
Provisions, the retroactive effect, provisional application

접수일자: 2023. 5. 19. 심사일자: 2023. 6. 12. 게재확정일자: 2023. 6. 30.

[참고문헌]

강동범, "2020년도 형사소송법 판례 회고", 형사판례연구[30], 2021.

김시철, "형벌조항에 대한 헌법불합치결정", 사법 제8호, 2009. 6.

김현철, "형벌조항에 대한 위헌결정의 소급효 제한", 헌법재판연구(제3권 제2호), 헌법재판소 헌법재판연구원, 2016. 12.

김현철/박경철/박진영/홍영기, 형벌규정에 대한 위헌결정의 시적효력에 관한 연구, 헌법재판연구(제24권), 헌법재판소, 2013.

남복현, "야간옥외집회금지에 대한 헌법불합치결정의 실체와 그에 따른 법원·검찰의 조치", 연세공공거버넌스와 법 제1권 제1호, 2010. 2.

남복현, "자구만 바뀐 개정조항에 위헌결정의 효력이 미치는지 여부", 헌법재판연구 제2권 제1호, 2016. 6.

남복현, "형벌법규에 대한 위헌결정의 효력을 둘러싼 쟁점 — 위헌결정의 소급효제한과 그 제한시점을 중심으로 —", 공법연구(제43집 제1호), 2014. 10.

남복현, 헌법재판소 결정의 소송법적 효력, 한국학술정보, 2013.

박경철, "형벌조항에 대한 헌법불합치결정에 관한 헌법적 검토", 헌법학연구 제20권 제2호, 2014.

박진영, "형벌조항에 대한 위헌결정의 소급효 제한-형벌조항에 대하여 합헌결정 후 위헌결정 또는 헌법불합치결정이 이루어진 판례를 중심으로-", 경희법학 제50권 제3호, 2015.

박진우, "헌법불합치결정에 대한 비판적 검토", 법학연구 제35집, 한국법학회, 2009.

손동권, "형벌 조항에 대한 헌법불합치결정의 문제점 — 특히 제3의 한시법? —", 형사법연구 제23권 제4호(2011 겨울·통권 제49호), 2011.

손용근, "위헌결정의 소급효가 미치는 범위에 관한 비판적 고찰", 사법논집 제24집, 1993.

손인혁, "형벌조항에 대한 위헌결정의 소급효 제한 — 헌재 2016. 4. 28. 2015헌바216 결정 —", 법조 제66권 제1호, 2017.

윤진수, "헌법재판소 위헌결정의 소급효", 헌법문제와 재판(상), 법원도서관, 1996.

이경렬, "낙태와 중절: 입법부작위가 남긴 문제", 형사정책 제33권 제1호(통권 제65호), 2021. 4.

이정념, "위헌결정 형벌규정의 소급효", 형사판례연구 [20], 2012.

임지봉, "헌법불합치결정과 함께 내려진 계속적용결정의 효력: 집시법 제10조에 대한 헌법재판소 결정 평석을 중심으로", 세계헌법연구 제16권 제1호. 국제헌법학회, 2010.

장영수, "헌법불합치결정의 성격 및 유형과 법적 효력에 관한 연구", 고려법학 제60호, 2011. 3.

장진숙, 헌법불합치결정의 소급효와 그 적용범위 - 형벌조항을 중심으로-, 한국연구재단, 2015.

정태호, " 법률에 대한 위헌결정의 소급효문제에 대한 비판적 고찰", 법률행정논총 제19집, 전남대학교, 1999.

최대권, "헌법불합치결정유형에 관한 몇 가지 생각 — 집시법 헌법불합치결정을 중심으로 —", 서울대학교 법학 제50권 제4호, 2009. 12.

허완중, "형벌에 관한 법률(조항)에 대한 헌법재판소의 헌법불합치결정 — 필요성과 허용 가능성을 중심으로 —", 공법연구 제38집 제4호, 2010.

황우여, "위헌결정의 효력", 헌법재판의 이론과 실제, 금랑 김철수교수 화갑기념 논문집, 박영사, 1993.

황치연, "위헌결정의 시간적 효력", 헌법재판의 새로운 지평 — 이강국 헌법재판소장 퇴임기념논문집 —, 박영사, 2013.

[Abstract]

The Effect of Penal Provisions by a Decision of Constitutional Nonconformity

Lee, Kang-Min*

The Supreme Court has taken it that regarding the provisions of the Act on Penalty, the Constitutional Court's decision of unconstitutionality is a modified decision, but an unconstitutional decision and so the courts should sentence innocence by applying Article 325 of the Criminal Procedure Act because that statutory provision is retroactively invalid, However, when a modified form of unconstitutional decision is made on the penalty clause and the application is ordered by the legislative deadline, the question is how the court should make a judgment. In addition, if the legislative deadline for amendment has passed but the legislation has not been passed, the issue becomes whether to acquit or acquit.

Considering the legal vacuum and preventive function of the penal provisions, it is desirable to declare the penal provisions constitutional or unconstitutional. However, the retroactive effect resulting from the decision of unconstitutionality of the penal provisions is not absolute. Therefore, the limitation of retroactive effect can be considered. Considering the cause of the unconstitutionality of the penal provisions, the retroactive effect is recognized if there are inherent limitations of the law itself. However, it is possible to restrict retroactive effects in the case of external and socio-environmental factors, such as simply prohibiting excessive legislation. However, penal provisions that have been determined

* Professor, Department of Police Adminstration, Kimpo University.

to be inconsistent with the constitution, which are provisionally applied, are still in effect until the legislative deadline. Therefore, in that case, a conviction must be made, and thereafter a judgment of acquittal must be pronounced.

형사판례에서 불법의 의미와 역할

류 전 철*

◇ 대상판결: 대법원 2020. 11. 19. 선고 2020도5813 전원합의체 판결

[사건의 개요와 경과]

피고인(여, 67세) 甲은 2018년 3월 7일 16:00경부터 같은 날 17:00경까지 피해자 A(47세)의 집 뒷길에서 피고인의 남편인 乙 및 피해자 A의 친척인 丙이 듣는 가운데 피해자 A에게 "저것이 징역 살다온 전과자다. 전과자가 늙은 부모 피를 빨아먹고 내려온 놈이다."라고 큰소리로 말하여 공연히 사실을 적시해 피해자의 명예를 훼손하였다는 취지로 기소되었다. 피고인 甲은 "저것이 전과자"라는 말은 하였으나, 큰소리로 말한 사실은 없고, 乙은 피해자 A가 전과자인 사실을 이미 알고 있었으며, 丙은 피해자 A의 친척이므로 피고인의 발언에 전파가능성이 없어 공연성이 없다고 주장하였다. 1심과 2심 그리고 대상판결에서 다수의견은 피고인 甲의 발언은 공연성이 인정된다고 하였다.

[다수의견 중 일부 논거]

<u>명예훼손죄 규정이 '명예를 훼손한'이라고 규정되어 있음에도 이를 침해범이 아니라 추상적 위험범으로 보는 것은 명예훼손이 갖는 행위반가치와 결과반가치의 특수성에 있다.[1]</u> 즉, 명예훼손죄의 보호법익인

---

* 전남대학교 법학전문대학원 교수
1) 평석의 주제를 강조하기 위해 저자가 임의로 판시사항 중 일부 문장에 밑줄을 그은 것임.

명예에 대한 침해가 객관적으로 확인될 수 없고 이를 증명할 수도 없기 때문이다. 따라서 불특정 또는 다수인이 적시된 사실을 실제 인식하지 못하였다고 하더라도 그러한 상태에 놓인 것만으로도 명예가 훼손된 것으로 보아야 하고 이를 불능범이나 미수로 평가할 수 없다. 공연성에 관한 위와 같은 해석은 불특정 또는 다수인이 인식할 수 있는 가능성의 측면을 말하는 것이고, 죄형법정주의에서 허용되는 해석이며, 그와 같은 행위에 대한 형사처벌의 필요성이 있다.

[반대의견 중 일부 논거]

형사법에서 불법성의 본질은 행위반가치와 결과반가치에 있고, 그러한 불법성에 대한 평가방식은 객관적으로 나타난 행위 속성을 먼저 검토한 다음 그로부터 비롯된 결과를 확인하기 위해 둘 사이의 귀속관계를 파악하는 방식으로 진행된다. 즉, 형사법의 불법판단에서 우선 파악해야 하는 것은 행위의 불법성이다. 공연하게 사실을 적시하여 다른 사람의 명예를 훼손했는지는 그러한 행위를 한 사람을 기준으로 행위의 불법성을 판단해야 한다.

형법은 모든 법익에 대한 침해와 위험을 처벌하는 일반적 구성요건을 두고 있지 않고, 범죄의 구성요건에 해당하는 특정 행위만을 처벌 대상으로 삼고 있다. 그런데 전파가능성 법리는 명예침해 또는 그 위험 발생이라는 결과를 중시하여 명예훼손의 구성요건에 규정된 특정 행위, 즉 공연히 사실을 적시한 행위에 대한 불법성 평가는 도외시한다. 이러한 측면에서 전파가능성 법리는 명예훼손죄에 대한 불법성 평가를 결과반가치에 두고 있다고 볼 수 있다.

◇ 참조판례: 대법원 2021. 9. 9. 선고 2020도12630 전원합의체 판결

[사건의 개요와 경과]

피고인 甲은 피해자 A의 처 乙과 내연관계에 있는 남성으로 피해자 A와 乙이 공동으로 거주하는 집에 (불륜을 목적으로) 乙이 열어준 현관 출입문을 통하여 피해자 A의 주거에 3회에 걸쳐 들어갔다가 주거침입죄로 기소되었다. 1심은 종래 판례를 원용하여 유죄를 선고하였으나, 2심은 공동거주자인 乙이 출입문을 열어주어 甲이 들어 간 것으로 '사실상 평온하게' 출입한 것이므로 주거침입죄가 성립하지 않는다고 하여 무죄를 선고하였다. 대법원의 다수의견은 원심과 마찬가지의 관점에서 주거침입죄 성립을 부정하였다.

[대법관 안철상의 별개의견 중 일부 논거]

주거침입죄의 구성요건적 행위인 침입은 주거침입죄를 구성하는 불법유형에 상응하는 행위태양으로서 법익관련성을 지닌 결과반가치를 구성하는 것이 아니라 행위자의 태도와 관련된 행위반가치를 구성한다. 이러한 점에서 침입의 의미를 직접적으로 보호법익과 관련시켜 파악하거나 보호법익의 내용이 곧바로 구성요건적 행위를 구성하는 내용이 되어야 하는 것은 아니다.

[다수의견에 대한 대법관 박정화, 대법관 노태악의 보충의견 중 일부 논거]

범죄의 구성요건적 행위는 불법의 실질을 이루는 법익을 침해하거나 법익 침해의 위험성을 야기하는 행위를 말하고, 범죄의 보호법익은 이러한 불법한 행위에 대한 가벌성의 범위를 한정하는 기능을 한다. 따라서 범죄의 구성요건적 행위는 범죄의 보호법익과의 관계에서 살펴보아야 한다. 또한 범죄의 구성요건적 행위는 범죄의 불법성을 이

루는 구성요건으로서 불법유형에 상응하는 행위태양이고, 행위는 행위자의 주관적 의사와 밀접한 관련을 맺고 있지만 구성요건적 행위 그 자체는 행위자의 주관적인 인식 또는 의사가 객관화된 객관적 구성요건으로 객관적·외부적 평가의 대상이다. 따라서 범죄의 구성요건적 행위에 해당하는지 여부는 행위 당시에 객관적·외형적으로 드러난 행위태양을 기준으로 판단함이 원칙이다.

Ⅰ. 문제제기

명예훼손죄의 공연성의 해석과 관련하여 판례의 입장인 '전파가능성'의 당부를 다루고 있는 대상판결에 대한 판례평석들은 이미 적지 않게 발표되었다.[2] 그럼에도 불구하고 대상판결로 삼은 것은 해당 판결의 당부를 재론하기 위한 것이 아니라, 판결문에 등장하는 '불법'에 관한 일련의 논의들을 끌어내기 위해서이다.

형사법의 이론적 논의에서 '불법'은 중요한 의미로 일반적으로 받아들여지고 있지만, 불법의 실질적 의미와 해석론상 역할 그리고 범죄체계론상 지위에 대한 논의는 오래 전의 불법론에 대한 논의를 넘어서지 못하고 있는 것이 현실이다. 불법론을 대하는 학계의 소극적인 상황과는 달리 대법원의 판결과 헌법재판소의 결정들에서는 '불법'에

---

2) 김재중/이훈, "명예훼손죄에 있어 공연성의 개념 — 대법원 2020. 11. 19. 선고 2020 도5813 전원합의체 판결을 중심으로 —", 법과 정책연구 제21권 제1호, 2021, 3면 이하; 박영욱, "명예훼손죄의 공연성 판단과 전파가능성 법리", 사법 제1권 제55호, 2021, 1187면 이하; 송시섭, "명예훼손죄의 '공연성' 개념에 대한 재고 — 대법원 2020. 11. 19. 선고 2020도5813 전원합의체 판결 —", 서울법학 제29권 제5호, 2022, 103면 이하; 윤지영, "명예훼손죄의 '공연성' 의미와 판단 기준", 형사판례연구 제29권, 2021, 231면 이하; 이승민, "명예훼손죄의 '전파가능성 이론' 유지 여부 — 대상판결: 대법원 2020. 11. 19. 선고 2020도5813 전원합의체 판결 —", 범죄수사학연구 제7권 제1호, 2021, 45면 이하; 이창섭, "이른바 전파가능성 이론에 대한 비판적 고찰", 형사정책 제33권 제4호, 2022, 327면 이하; 한성훈, "판례를 통해서 본 명예훼손죄의 공연성의 의미와 판단기준에 관한 소고", 법학논총 제41권 제2호, 전남대학교 법학연구소, 2021, 209면 이하.

관한 단순한 관용적인 용어사용을 넘어서서, 논증의 도구로서 활용되고 있는 추세를 감지할 수 있다. 물론 대법원의 전원합의체판결에서 주로 소수의견이 다수의견에 대해 반대하는 논거를 제시하는 경우에 활용되고 있다는 점을 고려한다면 아직은 판례에서 '불법'을 활용하여 논증하고 있다고 일반화하기는 어렵다.

'불법(Unrecht)'은 형사법학자들마다 다양한 관점에서 바라보고 있는 개념이다.3) 행위론의 관점에서는 불법에 관한 논의를 인과적 행위론, 목적적 행위론 그리고 사회적 행위론과 연결지어 행위론의 논리적 귀결이라고 파악한다.4) 다른 관점에서는 불법의 구성요소인 결과불법과 행위불법을 그 실질적 속성으로 표현한 결과반가치와 행위반가치5)를 위법성의 실체의 관점에서 접근하기도 한다.6) 그리고 불법론이 평가규범과 의사결정규범이라는 규범논리에 그 이론적인 기초를 두고 있다는 관점7)과 불법은 구성요건해당성의 실질적 구조를 형성하는 요소로서 형법해석학의 개념으로 이해하는 관점도 있다.8) 일반적인 형법교재에서 불법에 관한 내용은 행위론, 범죄체계론 그리고 위법성에서 다루고 있다.9) 그리고 행위론에 기반을 둔 범죄체계론과 관련하여 불법을 부분적으로 설명하고 있지만, 주로 위법성에서 상세하게 불법의 개념을 설명하고 있다.

---

3) 류전철, "형법해석론에서 불법의 의미와 역할", 형사법연구 제32권 제3호, 2020, 6면 참고.
4) 심재우, "형법에 있어서 결과불법과 행위불법", 고려법학 제20권, 1982, 127면. 마찬가지로 행위론의 관점에서 고전적 불법론, 인적 불법론 및 사회적 불법론으로 분류하는 견해도 있다. 장영민, "형법상의 불법개념", 사회과학논문집 1, 인하대학교사회과학연구소, 1982, 217면.
5) 홍영기, "불법평가에서 주관적 정당화요소의 의의", 형사법연구 제27권 제4호, 2015, 28면.
6) 정성근·박광민, 형법총론(전정6판), 155면.
7) 이경렬, "미수범에 있어서의 위험개념에 관한 연구", 성균관대학교 대학원 박사학위논문, 1994, 135면.
8) 이재상·장영민·강동범, 형법총론(제11판), 123면.
9) 불법을 형법해석학적 개념으로 이해하는 관점에서는 구성요건과 관련시켜 다루고 있다. 이재상·장영민·강동범, 형법총론(제11판), 121면 이하.

다른 한편으로 '불법'에 대한 실무의 이해 중에도 그 의미가 분명하지 않거나, 학계의 논의와 다른 의미로 활용하는 경우도 적지 않다. 예를 들어 "형벌은 범죄에 대한 제재로서 그 본질은 법질서에 의해 부정적으로 평가된 행위에 대한 비난이다. 일반적으로 범죄는 법질서에 의해 부정적으로 평가되는 행위, 즉 행위반가치와 그로 인한 부정적인 결과의 발생, 즉 결과반가치라고 말할 수 있으나, 여기서 범죄를 구성하는 핵심적 징표이자 형벌을 통해 비난의 대상으로 삼는 것은 '법질서가 부정적으로 평가한 행위에 나아간 것', 즉 행위반가치에 있다."는 헌법재판소의 결정에 나오는 서술은 형벌에 대한 책임주의를 판단할 때 자주 원용되는 일반적 표현이다.10) 결과반가치를 '부정적인 결과의 발생'으로 표현하는 것은 '구성요건적 결과'가 아니라 결과반가치에서의 결과를 의미하는 법익침해결과 내지 위태화결과라는 학계의 이해와 다른 이해로 보여진다. 이러한 일련의 이해의 지점이 달라지는 문제들은 불법에 대한 논의의 장을 통해서 이해의 접점을 찾아야 할 필요가 있다는 것을 제시하고 있다.

이하에서는 대법원 판결과 헌법재판소 결정에서 불법에 관한 내용을 추출하여 실무에서 불법의 의미를 어떻게 이해하고 활용하고 있는지를 분석하고 불법에 대한 실무와 학계의 논의가 공유될 수 있는 지점과 해결과제가 무엇인지를 함께 고민해 보고자 한다.

Ⅱ. 판례에서 '불법'의 의미에 따른 활용

1. 수사(修辭)로서 활용하는 경우

형사책임이 불법과 책임으로 구성되어 있다는 전통적인 이해를 변형하여 형사책임을 '불법성과 비난가능성'이라는 수사적 표현으로

---

10) 헌법재판소 2009. 7. 30. 선고 2008헌가10 전원재판부; 헌법재판소 2009. 7. 30. 선고 2008헌가16 전원재판부; 헌법재판소 2009. 7. 30. 선고 2008헌가17 전원재판부; 헌법재판소 2009. 7. 30. 선고 2008헌가18 전원재판부; 헌법재판소 2009. 7. 30. 선고 2008헌가24 전원재판부; 헌법재판소 2007. 11. 29. 선고 2005헌가10 전원재판부.

활용하고 있는 것을 판례에서 자주 찾아볼 수 있다. 부동산 이중저당 사건과 관련해서 채무자가 채권자로부터 돈을 차용하여 저당권을 설정해 주기로 약정한 후 제3자에게 대상 부동산을 처분하는 행위는 그 불법성이나 비난가능성이 부동산 이중매매의 경우보다 결코 가볍다고 단정할 수 없다는 표현이나,11) 동산이중양도 사건에서 물권변동에 관한 민법상의 입법주의 전환에 지나친 의미를 부여하고 그에 따른 법 구성적인 측면의 차이에 불필요하게 구애되어 행위의 실질적 불법성 내지 비난가능성의 측면에 충분히 주목하지 아니함으로써 종전 판례의 진정한 의미를 적절하게 이해하지 못하고 있다고 지적하는 표현이 있고,12) 채권 담보 목적으로 부동산에 관한 대물변제예약을 체결한 채무자가 대물로 변제하기로 한 부동산을 제3자에게 처분한 경우, 배임죄가 성립하는지 여부와 관련해서 반대의견은 등기절차에 협력하여야 한다는 신임관계에 기초한 임무위반행위라는 면에서 그 행위의 불법성이나 비난가능성의 정도가 매매와 담보 사이에 결정적으로 질적인 차이가 있는 것이 아니라는 표현도 마찬가지이다.13) 그리고 통상적으로 대표이사가 대표권을 남용하여 의무부담행위를 한 경우 상대방이 대표권남용 사실을 알았거나 알 수 있었다면 반사회질서의 법률행위에 해당할 여지가 있는 등 그 행위의 불법성이나 비난가능성이 클 가능성이 많다는 표현도 있다.14)

특정범죄 가중처벌 등에 관한 법률 제5조의4 제5항 제1호는 '형법 제329조부터 제331조까지의 죄 또는 그 미수죄로 세 번 이상 징역형을 받은 사람이 다시 이들 죄를 범하여 누범으로 처벌하는 경우에는 2년 이상 20년 이하의 징역에 처한다.'라고 규정하고 있으며, 그 구성

---

11) 대법원 2020. 6. 18. 선고 2019도14340 전원합의체 판결.
12) 대법원 2011. 1. 20. 선고 2008도10479 전원합의체 판결 반대의견에 대한 대법관 안대희, 대법관 양창수, 대법관 민일영의 보충의견.
13) 대법원 2014. 8. 21. 선고 2014도3363 전원합의체 판결 중 대법관 양창수, 대법관 신영철, 대법관 민일영, 대법관 김용덕의 반대의견.
14) 대법원 2017. 7. 20. 선고 2014도1104 전원합의체 판결 중 별개의견에 대한 대법관 김창석, 대법관 김신의 보충의견.

요건을 충족하는 행위가 3차례에 걸친 전범에 대한 형벌의 경고기능
을 무시하고 다시 누범기간 내에 동종의 절도 범행을 저지른 것이라
는 점에서 그 불법성과 비난가능성을 무겁게 평가하여 징벌의 강도를
높임으로써 결국 이와 같은 범죄를 예방하려는 데 처벌조항의 목적이
있다는 표현도 동일한 활용의 예라고 할 수 있다.15) 이러한 '불법성과
비난가능성'이라는 표현은 2000년 초반 이후 헌법재판소의 결정에서
등장한 이후 헌법재판소 결정뿐만 아니라 대법원 판례에서도 관용적
문구로 활용하고 있다.16)

2. 범죄의 경중 또는 행위태양을 비교할 때 활용하는 경우

형사법학에서는 불법17)과 위법성을 같은 의미로 사용하기도 하지
만, 범죄체계론과 관련하여서는 양자를 구별하고 있다. 위법성은 법질
서 전체의 통일성이라는 관점에서 법질서 전체와의 모순·저촉 여부를
판단할 때 사용되는 개념인 반면, 불법은 전적으로 개별 법영역의 테
두리 내에서 문제되는 개념으로 이해한다. 이렇게 이해하면 불법은 개
별 법영역의 불법으로 민법상의 불법, 형법상의 불법 등으로 표현되
고, 이러한 개별 법영역을 전체로서 표현할 때 위법성이라고 한다. 이
렇게 개별 영역의 불법을 전체로서 위법성이라고 표현한다면, 불법과
위법성은 개별과 전체로 동질적인 것으로 이해될 수 있다는 점을 고
려해서 형법상의 불법은 실체개념이고, 위법성은 관계개념이라고 설
명한다. 즉 불법은 법익침해의 태양 및 강도에 따라 그 경중의 등급을
매길 수 있는 측정가능한 것이지만, 위법성은 실체내용을 가지지 않고
위법여부에 대한 존부이므로 등급을 매길 수 없다고 한다.18)

---

15) 대법원 2020. 3. 12. 선고 2019도17381 판결.
16) 헌법재판소 2003. 11. 27. 선고 2002헌바24 전원재판부; 헌법재판소 2019. 7. 25. 선
　　고 2018헌바209, 401(병합) 전원재판부.
17) 구성요건에 해당하는 행위가 법질서 전체에 반한다는 의미로 불법이 아니라, 위
　　법이라는 개념을 사용하는 견해로 신동운, 형법총론(11판), 276면.
18) 김성돈, 형법총론(8판), 271면.

이와 같이 불법은 양적·질적으로 증감이 가능한 실체개념이기 때문에 차등화가 가능하다는 일반적인 이해를 바탕으로 불법을 법익침해의 태양 및 강도에 따라 그 경중의 등급을 매길 수 있는 측정가능한 것으로 이해하는 관점에서 판례는 "해외 베팅사이트에의 연결, 게임머니 충전 및 환전이 가능한 별도의 사이트(중계사이트)를 운영한 행위는 불법성의 정도에서 '정보통신망을 이용하여 체육진흥투표권 등을 발행하는 시스템을 설계·제작·유통하는 행위'와 차이가 없거나 오히려 더 크고"라고 하거나,19) "결과적 가중범인 폭행치상죄와 특수폭행치상죄를 고의범인 상해죄, 중상해죄의 예에 준하여 처벌하고, 폭행치상죄와 특수폭행치상죄 사이의 행위불법의 차이를 고려하지 않고 동일한 법정형에 의하여 처벌하는 것으로 해석하여 왔다"고 한다.20)21) 마찬가지로 "내란을 목표로 선동하는 행위는 그 자체로 내란예비·음모에 준하는 불법성이 있다고 보아 내란예비·음모와 동일한 법정형으로 처벌된다"거나,22) "부모의 일방이 유아를 임의로 데리고 가면서 행사한 사실상의 힘은 특별한 사정이 없는 한 불법적이라고 할 것이며, 특히 장기간 또는 영구히 유아를 데리고 간 경우에는 그 불법성이 훨씬 더 크다"고 하고,23) "공직후보자 등에게 기부를 지시·권유·알선 또는 요구하거나 그로부터 기부를 받은 자는 제257조 제2항으로 처벌하겠다는 것이 입법자의 의도임이 분명하다고 보이는바, 공직선거법 제113조 제2항을 위반한 행위 중 불법성의 정도가 가장 미약하다고

---

19) 대법원 2018. 10. 30. 선고 2018도7172 전원합의체 판결.

20) 대법원 2018. 7. 24. 선고 2018도3443 판결.

21) 헌법재판소는 특수폭행치상죄는 위험한 물건을 휴대하고 범행을 하였다는 점에서 그렇지 않은 단순폭행치상죄보다 행위불법성이 크다고 보고, 형법 제258조의2 제1항 특수상해죄의 신설과 함께 특수폭행치상죄를 단순폭행치상죄보다 무겁게 처벌하도록 한 것은 오히려 행위에 상응하는 처벌을 할 수 있도록 하였다는 점에서 합리적인 입법개선으로 보고 있다(헌법재판소 2018. 7. 26. 선고 2018헌바5 전원재판부).

22) 대법원 2015. 1. 22. 선고 2014도10978 전원합의체 판결.

23) 대법원 2013. 6. 20. 선고 2010도14328 전원합의체 판결 대법관 신영철, 대법관 김용덕, 대법관 고영한, 대법관 김창석, 대법관 김신의 반대의견.

보이는 '기부행위 약속'의 경우에만 유독 공직선거법 제257조 제1항을 적용하여 무겁게 처벌하는 것은 위와 같은 입법자의 의도에 반한다"는 '불법'의 활용이 이러한 유형에 해당한다.[24]

  이러한 판례의 관점은 모든 범죄의 정확한 불법의 크기를 측정하여 그 서열에 따라 법정형을 정하는 것은 거의 불가능에 가까우므로 입법자는 법정형을 정할 때 행위 유형들을 일정하게 범주화할 수밖에 없고, 이때의 법정형이 각 행위 유형의 불법성 정도에 적절히 대응되는 것이면 합리성이 인정되고, 구체적으로 불법성의 정도가 다른 행위들을 하나로 묶어 같은 법정형을 정함으로써 생기는 문제점은 개개의 사건에서 그 정상에 따라 여러 가지 요소를 종합적으로 고려한 법관의 양형을 통해 조정하면 된다는 입장을 통해서 명확하게 보여주고 있다.[25]

  헌법재판소의 결정에서도 한편으로 비례원칙의 위반여부에 대한 범죄의 경중의 비교기준으로 '불법'을 사용하고 있다. 예를 들어 범죄행위의 불법성 내지 죄질을 평가할 때에는 범죄행위로 인하여 발생한 피해, 결과의 중대함 뿐 아니라 행위자의 고의 유무와 행위태양의 위험성 등 사회윤리적 행위반가치도 종합적으로 고려되어야 한다는 점에서 상해치사죄가 야간에 흉기 기타 위험한 물건을 휴대하여 범한 상해죄보다 언제나 중하다고 단언하기는 어렵다고 하면서, 야간에 흉기 기타 위험한 물건을 휴대하여 상해죄를 범한 자를 5년 이상의 징역에 처하도록 한 구 폭력행위등처벌에관한법률(1990. 12. 31. 법률 제4294호로 개정되고, 2006. 3. 24. 법률 제7891호로 개정되기 전의 것) 제3조 제2항 중 "야간에 흉기 기타 위험한 물건을 휴대하여 형법 제257조 제1항(상해)의 죄를 범한 자" 부분의 위헌여부와 관련해서 사망의 결과가 상해의 결과보다 무거운 것은 사실이나, 상해치사나 이 사건 법률조항의 상해 모두 살인의 고의가 없다는 점은 동일하고, 주간에 흉

---

24) 부산고법 2015. 2. 10. 선고 2014노808 판결.
25) 대법원 2008. 8. 11. 선고 2007도8882 판결.

기 기타 위험한 물건을 휴대하지 아니하고 범한 상해행위에 비하여
야간에 흉기 기타 위험한 물건을 휴대하여 범한 상해행위가 행위태양
의 위험성은 더 크므로 상해치사죄와 이 사건 법률조항의 상해죄의
불법성의 경중은 일반적으로 우열을 가리기 곤란하므로 법률조항이
행위의 불법을 결과의 불법에 비하여 높게 평가하여 상해치사죄보다
법정형의 하한을 높게 정하고 있다고 하더라도 그것이 위헌으로 선언
될 만큼 형벌체계상의 균형을 잃은 자의적인 입법이라거나 평등의 원
칙에 반하는 것이라고 볼 수 없으며, 구체적 사안에서 발생할 수 있는
문제점은 개개의 사건에서 그 정상에 따라 여러 가지 요소를 종합적
으로 고려한 법관의 양형을 통해 조정이 가능하다고 한다.[26]

　　다른 한편으로 헌법재판소는 불법을 평등의 관점에서 동일한 불
법에 동일한 처벌정도가 요구된다는 논거로 사용하고 있다.[27] 헌법재
판소는 형벌규정을 입법화함에 있어 행위불법의 내용이 서로 다른 경
우에 그에 대한 책임내용을 어떻게 고려할 것인가, 또 어떠한 행위가
서로 다른 것이기 때문에 이에 법적인 차별을 둘 것인가 하는 것은
원칙적으로 입법자가 결정할 사항이라고 하면서, 행위불법의 내용과
정도가 본질적으로 서로 다른 것을 형벌에 있어 같이 취급하고 있기
때문에 평등의 원칙에 위배된다고 한다.[28] 동일한 관점에서 "야간에
위험한 물건을 휴대하여 상해를 가한 자 또는 체포·감금, 갈취한 자
를 5년 이상의 유기징역에 처하는 것이 폭력행위의 근절이라는 입법
목적을 달성하기 위하여 불가피한 입법자의 선택이었다 하더라도, 이
사건 법률조항은 이러한 폭력행위자를 행위내용 및 결과불법이 전혀
다른, "협박"을 가한 자를 야간에 위험한 물건의 휴대라는 범죄의 시
간과 수단을 매개로, 상해를 가한 자 또는 체포·감금, 갈취한 자와 동
일하다고 평가하고 있다. 이것은 달리 취급하여야 할 것을 명백히 자

26) 헌법재판소 2006. 4. 27. 선고 2005헌바38 전원재판부.
27) 헌법재판소 1995. 4. 20. 선고 91헌바11 전원재판부.
28) 헌법재판소 1995. 4. 20. 선고 91헌바11 전원재판부.

의적으로 동일하게 취급한 결과로서, 형벌체계상의 균형성을 현저히 상실하여 평등원칙에도 위배된다"고 한다.[29]

준강도상해가 강도상해와 동일한 법정형으로 정하고 있는 것이 평등의 원칙에 위배되는가에 대해서 헌법재판소는 "범죄행위의 불법성 내지 죄질을 평가할 때에는 범죄행위로 인하여 발생한 피해, 결과의 중대함 뿐 아니라 행위자의 고의 유무와 행위태양의 위험성 등 사회 윤리적 행위반가치도 종합적으로 고려되어야"한다고 하면서 우리 형법에서 체포면탈목적의 준강도를 인정한 취지는 자연적인 인간본성의 발현 자체에 강도와 같은 정도의 불법성을 부여하는 것이 아니라, 준강도죄의 성격에 관하여 절도범인 중 형법 제335조 소정의 행위를 한 자의 그 죄질이나 위험성을 강도와 같게 보아서 강도와 동일한 법정형으로 처벌하도록 하고 있다고 한다.[30] 이 외에도 "밀수입 예비행위와 기수가 행위불법과 결과불법이라는 측면에서 동일하게 평가될 수 있는 범죄인지"여부에 대해서 밀수입 예비죄도 미수, 기수와 행위태양이 다르며 법익침해가능성과 위험성도 다르다고 할 것이므로, 이에 따른 불법성과 책임의 정도 역시 다르게 평가되어야 한다고 하고 있다.[31] 그리고 '차량사용 산림산물 절도죄'의 가중처벌에 관하여 산림방화죄의 가중처벌과 동일한 법정형을 정하고 있는 것이 평등의 원칙에 위배되는 것인가에 대해서 "산림방화행위의 결과불법은 이 사건 법률조항의 '차량사용 산림산물 절도'의 경우와 비교할 때 현저히 중하다고 볼 수 없고", "차량사용 산림산물 절도'는 앞서 본 바와 같이 주로 경제적 이득을 목적으로 산림산물의 절취와 운반 및 판매에 이르는 과정이 계획적이고 조직적으로 이루어지는 범죄인바, 그 행위불법은 충동 등 심리적·정신병적 요인에 의하여 산림방화에 이른 경우보다 현저히 가볍다고 할 수도 없다"고 한다. 또한 향정신성의약품의

29) 헌법재판소 2004. 12. 16. 선고 2003헌가12 전원재판부.
30) 헌법재판소 2008. 12. 26. 선고 2006헌바101 전원재판부.
31) 헌법재판소 2019. 2. 28. 선고 2016헌가13 전원재판부.

사용매수는 향정신성의약품의 확산에의 기여도, 행위의 구조, 위험성 및 비난가능성 등 불법의 내용과 정도에 있어서 향정신성의약품의 사용행위와 본질적인 차이가 없다고 한다.32)

3. 범죄의 특성을 특정하기 위해 활용하는 경우

도로교통법 제148조의2 제1항 제2호(술에 취한 상태에 있다고 인정할 만한 상당한 이유가 있는 사람으로서 제44조 제2항에 따른 경찰공무원의 측정에 응하지 아니한 사람)의 주된 목적은 음주측정을 간접적으로 강제함으로써 교통의 안전을 도모함과 동시에 음주운전에 대한 입증과 처벌을 용이하게 하려는 데 있는 것이지, 측정불응행위 자체의 불법성을 처벌하려는 데 있는 것은 아니라고 한다.33) 또한 타소(他所)장치의 허가를 받고 물품반입신고를 하였으나 수입신고 없이 물품을 반출한 경우 당해 물품을 필요적으로 몰수·추징하는 것이 과잉금지원칙에 반하는지 여부에 대한 헌법재판소의 결정의 반대의견에서 "다수의견은 무신고수입한 물품을 몰수·추징할 일반적 필요성은 인정하지만, 보세구역 등을 전혀 거치지 않은 해상밀수 등이 무신고수입죄의 전형적인 행위불법의 내용이므로, 타소장치허가를 받고 반입된 물품을 무신고수입한 행위책임은 그에 비하여 가볍다는 전제에 있는 것으로 여겨진다"고 평가함으로써 다수의견이 해당범죄의 불법성을 잘못 파악하고 있다고 비판하는 논거로 활용하고 있다.34)

전기통신금융사기로 피해자의 자금이 사기이용계좌로 송금·이체된 후 계좌에서 현금을 인출하기 위하여 정보처리장치에 사기이용계좌 명의인의 정보 등을 입력하는 행위가 전기통신금융사기 피해 방지 및 피해금 환급에 관한 특별법 제15조의2 제1항에서 정한 구성요건에 해당하는지 여부와 관련해서, 전기통신금융사기로 인하여 피해자의

---

32) 헌법재판소 2019. 2. 28. 선고 2016헌바382 전원재판부.
33) 대법원 2015. 12. 24. 선고 2013도8481 판결.
34) 헌법재판소 2004. 3. 25. 선고 2001헌바89 전원재판부.

자금이 사기이용계좌로 송금·이체된 후 계좌에서 현금을 인출하기 위하여 정보처리장치에 사기이용계좌 명의인의 정보 등을 입력하는 행위는 '전기통신금융사기를 목적으로 하는 행위'가 아닐 뿐만 아니라 '전기통신금융사기의 대상이 된 사람의 정보를 이용한 행위'가 아니라서, 처벌조항이 정한 '목적으로'라는 구성요건요소에 해당하지 않는다는 다수의견에 대한 반대의견은 "이 사건 처벌조항 위반죄는 '전기통신금융사기의 목적'이라는 초과 주관적 구성요건요소를 가지고 있는 목적범에 해당한다. 목적범은 '고의' 외에 '목적'을 더 요구하는 범죄로서, 객관적 구성요건에 대한 인식으로서의 고의 외에 목적이라는 주관적 심리상태가 추가됨으로써 비로소 그 행위의 불법성이 인정되거나 기존의 위험성이 증대되는 유형의 범죄이다"고 하면서, 제3자 명의 사기이용계좌에서 자금을 인출하는 행위도 전기통신금융사기를 목적으로 하는 행위라고 보아야 한다는 논거로 제시하고 있다. 더 나아가서 반대의견은 "예컨대, 형법 제231조가 규정하는 사문서위조죄가 성립하기 위해서는 행위자가 '행사할 목적'으로 사문서를 위조할 것이 요구되는데, 객관적 구성요건인 '위조'는 '행사할 목적'이라는 초과 주관적 구성요건이 더하여짐으로써 비로소 불법성이 인정되게 되고, 여기서 '행사'는 '목적'의 대상일 뿐 객관적 구성요건과는 무관하다"는 구성요건 상호관계에 의한 불법성 성립여부를 추가적으로 제시하고 있다.[35]

국가보안법상 표현범죄에 대한 대법원 전원합의체판결[36]의 반대의견은 "범죄의 구성요건은 규범적 가치판단이 배제된 순 객관적이고 기술적인 행위유형이 아니라 규범적 가치판단을 포함하는 불법유형이라고 볼 것이므로, 위와 같은 반국가활동성은 국가보안법의 각 범죄구성요건에 화체된 불법요소라고 할 수 있다. 그러므로 어떠한 행위가 국가보안법 제7조 제1항 또는 제5항 소정의 형식적·기술적 유형에 해

---

35) 대법원 2016. 2. 19. 선고 2015도15101 전원합의체 판결.
36) 대법원 1992. 3. 31. 선고 90도2033 전원합의체 판결. 이 판결은 대법원 2010. 7. 23. 선고 2010도1189 전원합의체 판결에 의해서 변경되었다.

당한다고 하더라도 위와 같은 반국가활동성이 결여된 경우에는 구성
요건을 충족하지 못하는 것이고, 또 행위자에게 반국가활동성에 대한
인식이 없는 때에는 불법성의 인식이 결여된 것으로 볼 수밖에 없다.
그런데 위와 같은 국가의 안전 등을 위태롭게 하는 반국가활동이라는
개념은 국가보안법 제1조에 규정되어 있는 정형적인 행위개념에 지나
지 않으므로, 실제로 어떠한 표현행위가 반국가활동에 해당하는가를
판단하기 위해서는 구체적으로 반국가활동성 즉 불법성의 판단기준이
밝혀져야 한다"고 하고 있다.[37]

4. 불법구성요건의 축약의 의미로서 활용

범죄행위의 구성이라는 뜻으로서의 구성요건은 당연히 불법을 정
하고 있다. 구성요건을 객관적으로 충족·실현한 행위는 불법을 구현
한 것이다. '불법구성요건'은 각각의 범죄가 구성요건을 통해서 자신
의 불법을 드러내고 있다는 의미에서 사용되는 용어라고 할 수 있다.
판례에서 '불법의 실현' 또는 '범죄의 실현'이라는 표현은 범죄의 성립
또는 가벌성을 표현하는 의미로서, 불법구성요건의 충족 또는 미충족
을 판단하거나 근거지기 위해서 활용하고 있다. 예를 들어 "불법의 실
현을 위해 범행의 실행에 착수하여 법익침해의 위험을 발생하게 하였
으나 범인 스스로 적법으로 회귀하기 위해 노력한 경우(중지미수)와
범인의 불법 실현을 위한 의사는 변함이 없는데 외부적인 요인으로
법익침해의 결과가 발생하지 않은 경우(장애미수)에 대한 법률적 평가
는 큰 차이가 있을 수밖에 없다"고 하거나,[38] "형법 제27조에서 '결과
발생이 불가능'하다는 것은 범죄기수의 불가능뿐만 아니라 범죄실현
의 불가능을 포함하는 개념"이라는 표현[39] 그리고 "뇌물공여 범행의

---

37) 대법원 1992. 3. 31. 선고 90도2033 전원합의체 판결 중 대법관 이회창, 이재성, 배
    만운의 반대의견.
38) 대법원 2021. 1. 21. 선고 2018도5475 전원합의체 판결.
39) 대법원 2019. 3. 28. 선고 2018도16002 전원합의체 판결 중 대법관 권순일, 대법관
    안철상, 대법관 김상환의 반대의견.

공동정범 사이에 금품이 수수된 경우와는 달리 뇌물공여 범행을 공모
하지는 않았으나 공무원에게 뇌물로 제공되는 금품이라는 사실을 아
는 사람에게 금품이 전달된 경우 그 행위불법성은 더 구체화, 현실화
되었다”는 경우가 여기에 해당한다.40)

5. 기 타

이 밖에도 양형판단과 관련해서 형의 감경과 가중의 기준으로서
활용되기도 한다. 예를 들어 “임의적 감경은 법률상 감경의 일종으로
서 해당 감경사유의 존재가 인정되면 그에 따른 감경을 실시할 것인
지 여부는 심신미약, 미수, 자수 등 해당 감경사유가 행위불법이나 결
과불법의 측면에서 범행에서 차지하는 비중이나 범행에 미친 영향 등
을 고려하여 독자적으로 결정함이 타당하다”고 하거나,41) “형법이 ‘형
을 감경할 수 있다.’고 규정하고 있는 것은 임의적 감경사유가 인정되
더라도 그에 따른 감경이 필요한 경우와 필요하지 않은 경우가 모두
있을 수 있으니 임의적 감경사유로 인한 행위불법이나 결과불법의 축
소효과가 미미하거나 행위자의 책임의 경감 정도가 낮은 경우에는 감
경하지 않은 무거운 처단형으로 처벌할 수 있도록 한 것이”라고 판시
하는 경우가 이에 해당한다.

또한 죄수판단의 기준으로 활용하는 경우도 확인할 수 있다. “특
가법 절도죄와 준강도죄가 서로 구별되는 행위불법 요소를 내포한 결
과 각각 별개의 독자적 법익을 침해한 범죄라고 볼 수 있다면, 원심처
럼 두 죄가 실체적으로 경합된다고 평가할 수 있을 것이다. 그러나 두
죄는 절도행위를 구성요건의 기본으로 삼은 다음 특가법 절도죄는 범
죄전력과 누범이라는 불법요소를 추가하였고, 준강도죄는 체포면탈의
폭행이라는 불법요소를 추가하였다는 점에서, 특가법 절도행위와 준
강도행위를 서로 구별되는 법익을 침해하는 각각 별개의 행위로 보기

---

40) 서울고법 2011. 8. 25. 선고 2010노2943 판결.
41) 대법원 2021. 1. 21. 선고 2018도5475 전원합의체 판결.

는 어렵다”고 하는 경우가 이에 해당한다.[42]

Ⅲ. 최근 판례에서 불법의 활용상 변화

1. 해석기준 또는 논거제시를 위한 불법의 활용

주거침입죄의 구성요건적 행위인 침입의 해석과 관련하여 “주거
침입죄를 구성하는 불법유형에 상응하는 행위태양으로서 법익관련성
을 지닌 결과반가치를 구성하는 것이 아니라 행위자의 태도와 관련된
행위반가치를 구성한다. 이러한 점에서 침입의 의미를 직접적으로 보
호법익과 관련시켜 파악하거나 보호법익의 내용이 곧바로 구성요건적
행위를 구성하는 내용이 되어야 하는 것은 아니다”,[43]라는 반대의견은
‘사실상의 평온’이라는 주거침입죄의 보호법익으로부터 ‘침입’의 해석
이 직접적으로 도출할 수 있거나, 되어서는 안된다는 점을 주장하고
있다. 이러한 관점은 법익과 개별 구성요건요소의 해석의 관계에 대해
서 학계에서도 충분히 논의되지 않고 있다는 점에서 형법 해석론적
관점에서 상당한 의미를 가진다고 할 수 있다. 마찬가지로 “횡령죄는
재물의 소유권 등 본권을 보호법익으로 하는 범죄이고, 위탁받은 타인
의 재물을 불법하게 영득하는 데에 그 본질이 있다. 따라서 행위자가
진정한 소유자를 누구로 인식했느냐에 따라 행위불법이나 결과불법에
영향을 미치는 것이 아니다”는 의견도[44] 법익을 통해 불법구성요건에
대한 해석론을 전개하고 있다.

불법요소의 평가를 통해 해당 범죄의 불법요소의 핵심을 강조하
여 특정행위의 구성요건해당성을 판단하는 경우로 보이스피싱 범죄에
대한 판결에서 “전기통신금융사기 범행으로 인하여 송금·이체가 이루
어졌다는 것이 핵심적인 불법요소이기 때문에 사기피해자에 대한 횡

---

42) 서울고법 2014. 11. 28. 선고 2014노2129 판결.
43) 대법원 2021. 9. 9. 선고 2020도12630 전원합의체 판결 반대의견.
44) 대법원 2018. 7. 19. 선고 2017도17494 전원합의체 판결 대법관 고영한, 대법관 김
    창석의 다수의견에 대한 보충의견.

령죄가 성립하고 접근매체 양수인에 대한 횡령죄는 성립하지 않는다
는 다수의견에 대해서 별개의견은 계좌명의인에게 그러한 핵심적인
불법요소에 대한 인식이 없었음에도 유죄를 인정하게 되므로 형법상
책임주의에도 반한다"고 한다.45) 불법구성요건의 행위불법과 결과불
법의 분석을 통해서 논증하는 경우도 있다. 특수절도미수죄의 상대적
으로 중한 죄질 및 범정, 피해의 중대성 등을 감안하여 입법자가 입법
정책적 차원에서 특수절도미수죄에 대한 법정형을 단순절도죄보다 더
무겁게 정하였다고 하여, 특수절도미수조항이 형벌 본래의 기능과 목
적을 달성함에 있어 필요한 정도를 현저하게 일탈하여 비례원칙과 책
임주의원칙에 위배되었거나 청구인의 신체의 자유나 법관의 양형재량
을 침해한 것인지에 대해서 헌법재판소는 미수범은 해당 불법 구성요
건의 행위반가치를 완전히 구비하고 있고, 실행의 착수에 의하여 법익
에 대한 위험이라는 충분한 결과반가치를 구비하고 있기 때문에, 그
불법의 정도 및 비난가능성에 있어 기수범과 본질적인 차이가 있다고
하였다.46) 또한 공연히 사실을 적시하여 사람의 명예를 훼손한 자를
형사처벌하도록 규정한 형법 제307조 제1항이 표현의 자유를 침해하
는지 여부와 관련한 결정에서 반대의견은 공연히 사실을 적시하는 표
현행위에 대한 형사처벌을 정당화하기 위해서는 행위반가치와 결과반
가치가 있어야 한다고 하면서, 심판대상조항에서는 허위가 아닌 진실
한 사실을 적시하는 것이 일반적으로 법질서에 의해 부정적으로 평가
되는 행위로 보기 어렵다는 점에서, 진실한 사실 적시 표현행위에 대
한 행위반가치를 인정하기 어렵고 또한 진실한 사실의 적시로 손상되
는 것은 잘못되거나 과장되어 있는 허명으로서 진실에 의하여 바뀌어
져야 할 대상일 수 있다는 점에서, 진실한 사실 적시 표현행위에 대한
결과반가치도 인정하기 어렵다는 논거를 통해서 허명을 보호하기 위

---

45) 대법원 2018. 7. 19. 선고 2017도17494 전원합의체 판결 대법관 김소영, 대법관 박
  상옥, 대법관 이기택, 대법관 김재형의 별개의견
46) 헌법재판소 2019. 2. 28. 선고 2018헌바8 전원재판부.

해 진실한 사실을 적시하는 표현행위를 형사처벌하는 것은 헌법적으로 정당화되기 어렵다고 주장하고 있다.47)48)

2. 대상판례에서 불법의 의미

명예훼손죄 규정이 '명예를 훼손한'이라고 규정되어 있음에도 명예훼손이 갖는 행위반가치와 결과반가치의 특수성에 의해서 명예훼손죄가 침해범이 아니라 추상적 위험범이라고 이해하는 대상판결의 다수의견의 논리는 마치 개별범죄의 불법의 특수성이 범죄의 성격을 규정짓는 것처럼 표현하고 있다. 일반적으로 침해범과 위험범의 용어는 법익의 보호정도를 의미하는 것으로 이해되고 있다는 점에서 다수의견의 표현은 혼돈을 주고 있다. 오히려 다수의견이 '명예훼손죄의 보호법익인 명예에 대한 침해가 객관적으로 확인될 수 없고 이를 증명할 수도 없기 때문에 명예훼손죄 규정이 '명예를 훼손한'이라고 규정되어 있음에도 명예훼손죄가 침해범이 아니라 추상적 위험범'이라고 표현하는 것이 타당하다. 이러한 의미에서 '행위반가치와 결과반가치의 특수성'은 '명예'라는 법익을 보호하기 위해 설정된 불법요소인 결과반가치(명예의 침해결과)가 객관적으로 확인될 수 없고 이를 증명할 수도 없는 특수성을 말하고자 한다고 이해될 수 있다.

대상판결의 반대의견은 불법의 평가방법론에서 출발하고 있다. 형사법에서 불법성의 본질은 행위반가치와 결과반가치에 있고, 그러한 불법성에 대한 평가방식은 객관적으로 나타난 행위 속성을 먼저 검토한 다음 그로부터 비롯된 결과를 확인하기 위해 둘 사이의 귀속

---

47) 헌법재판소 2021. 2. 25. 선고 2017헌마1113, 2018헌바330(병합) 전원재판부 중 재판관 유남석, 재판관 이석태, 재판관 김기영, 재판관 문형배의 반대의견.

48) 헌법재판소 결정의 반대의견과 같은 취지에서 진실적시 행위자체의 행위반가치성의 문제를 제기한 견해로 김성돈, "진실적시명예훼손죄 폐지론", 형사정책연구 제27권 제4호, 2016, 101면 이하. 이에 따르면 '진실사실적시'는 결과반가치 요소도 약할 뿐 아니라 결정적으로 행위반가치 요소가 제로에 가깝기 때문에 형법상 불법적 내용을 가지고 있지 않다고 한다.

관계를 파악하는 방식으로 진행된다고 하면서, 행위자를 기준으로 행위의 불법성을 판단하는 것이 형사법의 불법판단에서 우선 파악해야 하는 것이라고 한다.[49] 반대의견은 전파가능성 법리는 명예훼손죄에 대한 불법성 평가를 결과반가치에 두고 있다고 평가하고 있다고 비판한다. 즉 전파가능성 법리는 명예침해 또는 그 위험 발생이라는 결과를 중시하여 명예훼손의 구성요건에 규정된 특정 행위, 즉 공연히 사실을 적시한 행위에 대한 불법성 평가는 도외시한다는 것이다. 그 근거로 형법은 모든 법익에 대한 침해와 위험을 처벌하는 일반적 구성요건을 두고 있지 않고, 범죄의 구성요건에 해당하는 특정 행위만을 처벌 대상으로 삼고 있다는 점을 제시하고 있다.

행위반가치의 내용은 행위에 대해 사회윤리적 관점에서 내리는 부정적 가치판단이므로 그 대상은 행위의 태양이나 행위의 내적, 주관적 요소 및 객관적 행위자적 요소(주체성)를 들 수 있다. 결과반가치의 내용으로는 침해행위가 야기하는 법익에 대한 현실적 침해나 그 위험성을 말한다. '공연히'라는 법문언을 행위반가치의 요소로 이해하는 입장에서는 행위자가 행위 시에 훼손행위에 수반되는 행위반가치적 요소로 이해하는 것이며, 결과반가치의 요소로 이해하는 입장에서는 타인의 명예훼손이라는 법익보호적 측면으로 이해하는 것이다. 공연히 명예를 훼손하는 행위는 명예훼손죄의 불법요소 중 행위반가치에 해당하는 것이다. 물론 공연히 명예를 훼손하는 행위가 행위반가치에 해당하는 것이라 하더라도 행위반가치성은 독립된 상수라기보다는 결과반가치성과 연계하여 판단되어야 할 종속변수일 수밖에 없다는 입장에서는 입법자의 입법동기가 법익침해의 위험성에 있는 경우 그것이 가지는 행위반가치는 법익침해의 위험성의 정도에 비례하는 것일 수 있다.[50] 그러나 법익침해의 위험성의 정도에 비례한다고 하더라도 법

---

49) 대법원 2020. 11. 19. 선고 2020도5813 전원합의체 판결 대법관 김재형, 대법관 안철상, 대법관 김선수의 반대의견
50) 김성돈, 전게논문, 101면.

익침해의 위험성으로부터 행위반가치가 결과반가치와 동일한 의미로 이해될 수는 없는 것이다. 대상판결에서 다수의견은 법익보호의 범위를 확장하는 관점에서 행위반가치의 요소인 '공연히 명예를 훼손한 행위'를 결과반가치의 내용으로 치환하여 법익침해의 위험성의 관점에서 해석하고 있다는 점에서 문제가 있다고 할 수 있다.

3. 참조판례에서 불법의 의미

참조판례에서 별개의견은 주거침입죄의 구성요건적 행위인 침입은 주거침입죄를 구성하는 불법유형에 상응하는 행위태양으로서 법익관련성을 지닌 결과반가치를 구성하는 것이 아니라 행위자의 태도와 관련된 행위반가치를 구성한다고 하고 있다. 대상판결에서도 문제로 지적된 결과반가치와 행위반가치의 불법요소가 가지고 있는 개별적인 특성을 고려하지 않고 있다는 점을 지적하고 있으며, 침입의 의미를 직접적으로 보호법익과 관련시켜 파악하거나 보호법익의 내용이 곧바로 구성요건적 행위를 구성하는 내용이 되어야 하는 것은 아니라는 비판은 타당하다.

그러나 다수의견에 대한 보충의견은 범죄의 구성요건적 행위는 불법의 실질을 이루는 법익을 침해하거나 법익 침해의 위험성을 야기하는 행위를 말하고, 범죄의 보호법익은 이러한 불법한 행위에 대한 가벌성의 범위를 한정하는 기능을 한다고 이해하고, 주거침입죄는 사실상 주거의 평온을 보호법익으로 하므로 사실상의 평온상태를 해치는 행위태양으로 주거에 들어가는 것이라면 특별한 사정이 없는 한 거주자의 의사에 반하는 것이겠지만, 출입방법이나 수단이 통상적인 경우에는 그것이 거주자 등의 의사에 반하더라도 주거침입죄의 구성요건적 행위인 침입에 해당한다고 볼 수는 없다고 한다.

입법자가 보호할 이익을 입법과정을 거쳐 형사규범화 하는 과정을 보면, 일단 어떤 행위의 당벌성과 형벌필요성을 전제로 하고, 죄형

법정주의의 명확성 원칙의 범위 내에서 그 행위의 불법성을 구체화할
할 수 있는 행위불법과 결과불법을 특정하고, 불법요소들로 구성된 규
범을 확정하게 된다. 이러한 형사규범의 생성과정을 보면 법익이 먼저
설정되고 이어서 이를 위한 불법요소들이 구성되는 것이라고 할 수
있다. 규범설정과정에서 법익은 불법요소의 구성에 당연히 큰 영향을
주는 것이지만, 이미 형성된 규범을 해석하는 과정에서 불법요소의 해
석에 영향을 줄 수 있는 것인지는 재고를 할 필요가 있다. 물론 보충의
견과 같이 다수의 판례에서는 법익의 관점에서 구성요건의 불법요소를
해석하고 있으며, 법익보호를 위해 규범에 설정되었던 불법요소를 법익
의 관점에서 불법요소의 의미로 해석하고 있다. 이러한 경우에도 법익
에 대한 이해가 일치된 경우에는 문제가 없지만, 참조판례에서와 같이
다수의견은 주거침입죄의 보호법익을 '사실상의 주거의 평온'으로 이해
하지만, 별개의견은 '주거권'으로 법익에 대한 이해가 서로 다른 경우에
는 불법요소의 의미도 다르게 해석된다는 점에서 문제가 된다.

Ⅳ. 나가는 말

'불법과 책임'이라는 표현은 형사법의 원칙인 책임주의를 상징하
는 것이다. 판례에서는 불법의 의미를 책임주의의 표지로서 수사적으
로 사용하거나, 불법의 차등화를 통해서 범죄의 경중 또는 행위태양의
비교를 위한 평가기준으로서 의미로 그리고 최근에는 개별 형사규범
의 해석기준이나 논거를 제시하기 위한 해석론에서 활용하고 있다. 용
어상으로 판례에서 행위반가치와 행위불법 그리고 결과반가치와 결과
불법을 혼용하여 사용하고 있다. 법익을 침해하는 행위가 형법구성요
건으로 정형화될 때 비로소 그 행위는 불법성을 갖추게 된다. 따라서
정형화 이전 단계에서의 행위반가치 또는 결과반가치적 요소는 행위
의 위법여부를 실질적으로 가리는 기준이 될 것이다.51) 즉 행위반가치

51) 안동준, "형법전 시행 이후의 위법성에 관한 학설과 판례", 형사법연구 제18호,

나 결과반가치가 일단 법의 평가를 거친다면 불법성을 띠게 되고 이
단계에서의 행위반가치와 결과반가치는 행위불법 또는 결과불법으로
불리게 되며, 용어상으로 동일한 내용요소를 가지지만, 법의 평가 이
전과 이후, 즉 법의 평가를 거치는 단계적 의미로 구별하여 사용되는
용어라 할 수 있으므로 그 실질은 동일하다고 할 수 있다.

　행위불법과 결과불법으로 구성된 불법의 의미가 법익과의 관련성
에 대한 이해의 차이에 따라서 해석론에 영향을 주고 있다는 점을 확
인할 수가 있다. 개별범죄는 범죄의 구성요소를 통해서 해당법익을 보
호하고자 하고, 그 구성요건의 개별적 요소들이 범죄의 불법요소라고
할 수 있다. 따라서 형법상 불법에 대한 해석론에 직접적인 영향을 미
칠 수 있는 것은 법익에 대한 이해의 차이가 될 수 있다. 그러나 법익
에 대한 이해의 차이가 불법의 해석에 영향을 미치는 상황은 자의적
인 해석을 용인할 수 있으므로, 그러한 해석론은 제한적으로 허용되어
야 한다. 법익은 보호되어야 사회적 이익과 가치에 있으므로 법익이
침해나 위험으로부터 보호되어야 할 대상으로서 행위객체의 범주에
대한 해석론에 영향을 줄 수 있지만, 불법구성요건은 법익을 침해하거
나 위태롭게 하는 '행위'가 구성요건의 중심이라는 점에서 객관적 행
위자 요소와 행위의 태양 등은 행위불법을 특정하는 것으로서 행위자
의 행위에 향해 있으므로 (결과불법에 치우쳐 있는) 법익관점을 행위불
법의 해석에 직접적으로 투영하여 해석하는 것은 불법의 의미와 역할
이 왜곡될 수 있다는 점은 유의해야 한다. 대법원 판례와 헌법재판소
의 결정들에서 불법의 관점을 고려한다는 점은 매우 고무적인 일이며
판결문에서 불법에 대한 언급을 더 자주 찾아볼 수 있기를 기대한다.
형사법학자들도 불법이라는 개념이 현실적응성이 없는 진부한 이론적
도구로 생각하는 것을 지양하고,[52] 개별구성요건의 불법에 관한 형법

　2002, 100면.

52) 류전철, 전게논문, 12면. 우리 형사법학계에서는 고전적 범죄체계론이 형법도그마
　 틱을 주류를 이루다가 1980년 즈음을 전후로 목적적 범죄체계론이 행위론과 더불어
　 형법학계의 주류판도를 바꾸면서 불법론이 불법의 본질이라는 주제로 위법성 영역

해석론에 더 많은 관심을 기울여야 할 것이다.

[주 제 어]
불법, 구성요건, 형법해석론, 행위반가치, 결과반가치

[Key Words]
Unrecht, Tatbestand, Strafrechtsdogmatik, Rechtswidrigkeit, Handlungsunwert, Erfolgsunwert

접수일자: 2023. 5. 19. 심사일자: 2023. 6. 12. 게재확정일자: 2023. 6. 30.

에서 주관적 정당화 요소와 관련하여 본격적으로 논의되기 시작하였다. 그러나 불법에 관한 개념이 자리를 잡지 못한 상황에서 Erfolgsunwert, Handlungsunwert라는 독일어 용어가 일본을 거쳐 결과무가치와 행위무가치 또는 결과반가치와 행위반가치로 소개가 되면서 우리 형법학에 자연스럽게 정착되지 못하였고, 그와 같은 용어들이 추상적 이론구성을 위한 도구라는 인식을 가지게 되었다. 앞서 살펴 본 불법론의 전개과정은 주로 불법의 본질에 관한 논의로 이루어져 왔다. 우리 형법학에서도 행위론과 범죄체계론 그리고 불법의 본질에 관한 논의가 연이어 소개되었지만, 불법론이 형법도그마틱에서 그 역할을 제대로 하지 못하고, 오히려 추상적이고 매우 어려운 개념이라는 인식하에서 그 동안 방치되었던 것은 아닌가 하는 생각을 하게 된다.

[참고문헌]

김성돈, 형법총론(8판), 성균관대학교 출판부, 2022.

신동운, 형법총론(11판), 법문사, 2022.

이재상·장영민·강동범, 형법총론(제11판), 박영사, 2022.

정성근·박광민, 형법총론(전정6판), 성균관대학교 출판부, 2015.

김성돈, 진실적시명예훼손죄 폐지론, 형사정책연구 제27권 제4호, 2016.

김재중/이훈, 명예훼손죄에 있어 공연성의 개념 — 대법원 2020. 11. 19. 선고 2020도5813 전원합의체 판결을 중심으로 —, 법과 정책연구 제21권 제1호, 2021.

류전철, 형법해석론에서 불법의 의미와 역할, 형사법연구 제32권 제3호, 2020.

박영옥, 명예훼손죄의 공연성 판단과 전파가능성 법리, 사법 제1권 제55호, 2021.

송시섭, 명예훼손죄의 '공연성'개념에 대한 재고 — 대법원 2020. 11. 19. 선고 2020도5813 진원합의체 판결 —, 서울법학 제29권 제5호, 2022.

심재우, 형법에 있어서 결과불법과 행위불법, 고려법학 제20권, 1982.

안동준, 형법전 시행 이후의 위법성에 관한 학설과 판례, 형사법연구 제18호, 2002.

윤지영, 명예훼손죄의 '공연성' 의미와 판단 기준, 형사판례연구 제29권, 2021.

이경렬, 미수범에 있어서의 위험개념에 관한 연구, 성균관대학교 대학원 박사학위논문, 1994.

이승민, 명예훼손죄의 '전파가능성 이론' 유지 여부 — 대상판결: 대법원 2020. 11. 19. 선고 2020도5813 전원합의체 판결 —, 범죄수사학연구 제7권 제1호, 2021.

이창섭, 이른바 전파가능성 이론에 대한 비판적 고찰, 형사정책 제33권 제4호, 2022.

장영민, 형법상의 불법개념, 사회과학논문집 1, 인하대학교사회과학연구소, 1982.

한성훈, 판례를 통해서 본 명예훼손죄의 공연성의 의미와 판단기준에 관한 소고, 법학논총 제41권 제2호, 전남대학교 법학연구소, 2021.

홍영기, 불법평가에서 주관적 정당화요소의 의의, 형사법연구 제27권 제4호, 2015.

[Zusammenfassung]

Die Bedeutung und Rolle des Unrechts in der strafrechtlichen Rechtssprechungen

Ryu, Chen-chel*

In Bezug auf die Auslegung der Öffentlichkeit des Verleumdungsdelikts wurden bereits mehrere Aufsätze zum Thema Urteil veröffentlicht, die sich mit dem Antrag auf "Verbreitungsmöglichkeit" befassen. Nichtsdestotrotz besteht der Zweck dieses Papiers als Gegenstand des Urteils nicht darin, den Antrag des Urteils erneut zu erörtern, sondern eine Reihe von Diskussionen über das Erscheinen von Unrecht im Urteil in die Länge zu ziehen.

In der theoretischen Diskussion der Strafrechtsdogmatik wird "Unrecht" allgemein als wichtige Bedeutung akzeptiert. Die Realität ist jedoch, dass die Diskussionen über die praktische Bedeutung von Unrecht, ihre interpretative Rolle und ihren Stellenwert in der Verbrechenstheorie nicht über die Diskussionen über das Unrechtstheorie von vor langer Zeit hinausgegangen sind. Im Gegensatz zur passiven Situation in der Strafrechtsdogmatk, die sich mit Unrecht befasst, können die Entscheidungen des Obersten Gerichtshofs und die Entscheidungen des Verfassungsgerichtshofs einen Trend erkennen, der über die Verwendung einfacher Redewendungen von Unrecht hinausgeht und als Argumentationsinstrument verwendet wird. Mit anderen Worten, in bestehenden Präzedenzfällen wurde 'Unrecht' als Rhetorik verwendet oder um die Schwere oder das Verhalten von Verbrechen zu vergleichen oder die Merkmale von Verbrechen zu spezifizieren oder als Abkürzung für die Unrechtselemente. In jüngeren Präzedenzfällen gibt

* Professor, Law School of Chonnam National University

es jedoch eine merkliche Änderung in der Verwendung von 'Unrecht' für Auslegungsstandards oder Argumentationsinstrument.

Es kann bestätigt werden, dass die Bedeutung von Unrecht, die aus Handlungsunwert und Erfolgswert besteht, die Strafrechtsdogmatik entsprechend dem unterschiedlichen Verständnis der Relevanz mit Rechtsgut beeinflusst. Einzelne Straftaten zielen darauf ab, die relevanten Rechtsgüter durch die Elemente der Straftat zu schützen, und die einzelnen Elemente der Tatbestände können als Unrechtselemente der Straftat bezeichnet werden. Was sich daher direkt auf die Auslegung des Unrechts im Strafrecht auswirken kann, kann ein unterschiedliches Verständnis von Rechtsgütern sein. Willkürliche Auslegungen können jedoch in Situationen toleriert werden, in denen unterschiedliche Rechtsgütern die Auslegung des Unrechts beeinflussen, weshalb solche Auslegungen in begrenztem Umfang zulässig sein sollten

In diesem Aufsatzit versuche ich zu analysieren, wie die Bedeutung von Unrecht in der Praxis verstanden und verwendet wird, indem ich die Inhalte des Unrecht aus dem Urteil des Obersten Gerichtshofs und der Entscheidung des Verfassungsgerichts extrahiere. Darüber hinaus schlägt es die Punkte und Lösungen vor, die zwischen Praxis und akademischen Diskussionen über Unrecht geteilt werden können.

정범 없는 공범과 규범적·사회적 의사지배*

김 성 룡**

[대상판례]

(제1심)[1]

1. 공소사실

피고인은 서울 서초구 B 지상 5층 C 건물을 다른 사람(G)과 공동으로 건축하여 관리하고 있다. D는 피고인이 관리하고 있는 건물 및 필지를 매입하기 위한 촉탁등기 등의 비용 7억을 대납하는 조건에 임시로 건물 5층에서 약 2개월 동안 아내인 피해자 E를 포함한 가족들과 함께 거주하고 있다.

피고인은 2019. 11. 4. 22:10경 서울 서초구 C 5층에서 피해자(D)를 만나 건물 및 필지 매입에 대한 돈이 입금되지 않았다면서 퇴거를 요구하였으나 받아들여지지 않자 피해자의 가족을 내쫓을 목적으로 아들인 F에게 현관문 '디지털 도어락'의 비밀번호를 변경할 것을 지시하였고, F는 피고인의 지시에 따라 피해자의 거주지 현관문에 설치되어 있는 '디지털 도어락'의 비밀번호를 변경하였다. 피고인은 피해자(D)의 점유의 목적이 된 자기 물건인 '디지털 도어락'에 대한 권리행사방해를 교사하였다.

이 글은 2022년 12월 5일 대검찰청 포렌식센터 대강당에서 개최된 제355회 형사판례연구회 발표원고에 가필한 것임.
** 경북대학교 법학전문대학원 교수, 법학박사
1) 서울중앙지방법원 2021. 7. 22 선고 2020고정1223 판결.

97 -

2. 판 단

형법 제323조의 권리행사방해죄는 타인의 점유 또는 권리의 목적이 된 자기의 물건을 취거, 은닉 또는 손괴하여 타인의 권리행사를 방해함으로써 성립하는 것이므로 취거, 은닉 또는 손괴한 물건이 자기의 물건이 아니라면 권리행사방해죄가 성립할 수 없다(대법원 2017. 5. 30. 선고 2017도4578 판결 참조). 그리고 자기와 타인의 공유에 속하는 물건은 타인의 물건에 해당한다. 여기서 자기의 물건인지 여부는 소유권의 귀속에 관한 문제로 소유권의 귀속은 민법 기타 법률에 의하여 정하여진다.

그런데 이 사건 건물은 미등기 건물로 피고인과 G가 공동으로 신축한 것으로 미등기 건물의 원시취득자인 피고인과 G가 건물에 대한 소유권을 가지고 있다고 볼 여지가 있다(대법원 1997. 11. 28. 선고 95다43594 판결 참조). 이와 달리 도급계약서의 기재만으로는 피고인이 건물 5층 부분을 단독 소유하기로 하는 것에 대하여 G와 합의가 있었다고 보기에 부족하다.

한편 이 사건 디지털 도어락의 기능 등을 감안하면, 디지털 도어락은 거래상 독립된 권리의 객체성을 상실하여 피고인과 G 소유의 이 사건 건물에 부합되었다고 봄이 옳다.

3. 결 론

그렇다면, 디지털 도어락이 피고인이 소유하는 독립된 물건임을 전제로 하는 이 사건 공소사실은 범죄의 증명이 없는 경우에 해당하므로 형사소송법 제325조 후단에 의하여 무죄를 선고한다.

(항소심)²⁾

항소심은 원심판결을 파기하면서 피고인에 대한 권리행사방해죄의 공소사실을 유죄로 인정하고 50만 원의 벌금형을 선고하였다. 판결이유는 다음과 같다.

이유

1. 항소이유의 요지(사실오인 및 법리오해)

이 사건 디지털 도어락은 독립된 권리의 객체로서 권리행사방해죄에서 규정한 '자기의 물건'에 해당하고, 설령 서울 서초구 B(이하 '이 사건 건물'이라 한다) 5층(이하 '이사건 부동산'이라 한다)에 부합되었다고 보더라도 이 사건 부동산은 피고인의 소유에 해당하여 '자기의 물건'에 해당함에도, 이 사건 공소사실을 무죄로 판단한 원심은 사실을 오인하고 법리를 오해하여 판결에 영향을 미친 위법이 있다.

2. 공소사실의 요지

… (생략) …

3. 판단

가. 원심의 판단

… (생략) …

나. 당심의 판단

살피건대, 원심이 적법하게 채택하여 조사한 증거들에 의하여 알 수 있는 다음과 같은 사정, 즉 ① 이 사건 디지털 도어락은 피고인이 설치한 것으로, 아들 F도 피고인의 소유라고 진술하고 있는 점(증거기록 40면), ② 이 사건 건물의 도급계약서에 첨부된 '소유자 지분 구조도'에 의하면 이 사건 건물의 제일 위층(도면에는 '지상 4층'으로 기재되

─────────
2) 서울중앙지방법원 2022. 4. 26. 선고 2021노2068 판결.

어 있으나 실제로는 5층으로 표시된 것으로 보인다)을 피고인이 소유로 명시하고 있고(증거기록 114면), 피고인도 자신이 이 사건 부동산(5층)을 피고인이 소유하기로 하여 1995년경부터 관리해오고 있다고 자인하고 있는 점 등을 종합하여 보면, 이 사건 디지털 도어락은 이 사건 부동산에 부합하였는지 여부를 떠나 피고인 소유의 물건으로서 형법 제323조에서 규정한 '자기의 물건'에 해당한다고 봄이 타당하다. 따라서 이와 관련한 검사의 주장은 이유 있다.

4. 결론

검사의 항소는 이유 있으므로, 형사소송법 제364조 제6항에 따라 원심판결을 파기하고 변론을 거쳐 다시 다음과 같이 판결한다.

[다시 쓰는 판결 이유]
… (생략) …

피고인의 주장에 대한 판단

1. 주 장

D는 피고인에게 짐만 놓고 가겠다고 한 뒤 피해자를 비롯한 가족들이 이사하여 거주한 것이고, 공소사실과 같이 7억 원을 지급할 능력이나 의사가 없음에도 피고인을 속여 이 사건 부동산에 거주한 것이므로, 피해자의 점유는 형법 제323조에 의해 보호되는 '타인의 점유'에 해당하지 않는다.

2. 판 단

권리행사방해죄에서의 보호대상인 타인의 점유는 반드시 점유할 권원에 기한 점유만을 의미하는 것은 아니고, 일단 적법한 권원에 기하여 점유를 개시하였으나 사후에 점유 권원을 상실한 경우의 점유, 점유 권원의 존부가 외관상 명백하지 아니하여 법정절차를 통하여 권원의 존부가 밝혀질 때까지의 점유, 권원에 기하여 점유를 개시한 것은 아니나 동시이행항변권 등으로 대항할 수 있는 점유 등과 같이 법정절차를 통한 분쟁 해결 시까지 잠정적으로 보호할 가치 있는 점유는 모두 포함된다고 볼 것이고, 다만 절도범인의 점유와 같이 점유할 권리 없는 자의 점유임이 외관상 명백한 경우는 포함되지 아니한다(대법원 2006. 3. 23. 선고 2005도4455 판결). 이러한 법리에 기초하여 보건대, 설령 피해자가 이 사건 부동산을 점유하는 과정에서 위와 같은 기망행위가 포함되어 있었다고 하더라도, 피해자 가족이 2019. 8. 24. 이 사건 부동산에 점유하기 시작한 후 피고인이 구두계약 파기 등을 이유로 2019. 10. 4. 퇴거협조를 요청하고 있던 상황이었던 점 등을 감안하면(증거기록 제116면), 이러한 피해자의 점유는 권원의 존부가 외관상 명백하지는 아니하더라도 잠정적으로 보호할 가치가 있는 사실상의 지배에 해당하여 권리행사방해죄의 보호대상인 '타인의 점유'에 해당한다고 봄이 상당하다. 따라서 피고인의 주장은 받아들이기 어렵다.

(대법원)[3]

대법원 무죄취지로 원심판결을 파기하고 환송하였다. 그 이유는 아래와 같다.

이 유

… (생략) …

---

3) 대법원 2022. 9. 15. 선고 2022도5827 판결.

3. 대법원의 판단

그러나 이러한 원심의 판단은 다음과 같은 이유로 수긍할 수 없다.

가. 관련 법리

교사범이 성립하려면 교사자의 교사행위와 정범의 실행행위가 있어야 하므로, 정범의 성립은 교사범 구성요건의 일부이고 교사범이 성립하려면 정범의 범죄행위가 인정되어야 한다(대법원 2000. 2. 25. 선고 99도1252 판결[4] 등 참조). 형법 제323조의 권리행사방해죄는 타인의 점유 또는 권리의 목적이 된 자기의 물건을 취거, 은닉 또는 손괴하여 타인의 권리행사를 방해함으로써 성립하므로 취거, 은닉 또는 손괴한 물건이 자기의 물건이 아니라면 권리행사방해죄가 성립할 수 없다. 물건의 소유자가 아닌 사람은 형법 제33조 본문에 따라 소유자의 권리행사방해 범행에 가담한 경우에 한하여 그의 공범이 될 수 있을 뿐이다(대법원 2017. 5. 30. 선고 2017도4578 판결[5] 등 참조).

나. 원심이 판단한 바에 의하더라도 이 사건 도어락은 피고인 소유의 물건일 뿐 공소외 3 (F) 소유의 물건은 아니라는 것이다. 따라서 앞서 본 법리에 비추어 보면, 공소외 3이 자기의 물건이 아닌 이 사건

---

4) "교사범이 성립하기 위해서는 교사자의 교사행위와 정범의 실행행위가 있어야 하는 것이므로, 정범의 성립은 교사범의 구성요건의 일부를 형성하고 교사범이 성립함에는 정범의 범죄행위가 인정되는 것이 그 전제요건이 된다."

5) (가) 이 사건 권리행사방해의 공소사실에서 문제 된 에쿠스 승용차는 피고인과 사실혼 관계에 있던 공소외인 명의로 등록되어 있다. (나) 공소외인은 피고인과 함께 이 사건 권리행사방해의 공동정범으로 공소 제기되었다가 제1심에서 2015. 12. 14. 분리 선고되면서 유죄가 인정되어 벌금 200만 원을 선고받고 항소하였다. 항소심(대전지방법원 2016노42)에서 이 사건 권리행사방해 범행은 피고인이 공소외인의 동의 없이 임의로 저지른 것이고, 공소외인이 피고인과 공모하였다는 점에 관한 증명이 부족하다는 이유로 무죄판결을 받았고 이후 위 판결이 확정되었다. (3) 원심은, 공동정범으로 기소된 위 에쿠스 승용차의 소유자인 공소외인이 무죄인 이상, 피고인 단독으로는 더 이상 권리행사방해죄의 주체가 될 수 없고, 달리 피고인이 위 에쿠스 승용차의 소유자임을 인정할 증거가 없다고 판단하여 위 공소사실을 유죄로 인정한 제1심판결을 파기하고 무죄를 선고하였다(대법원 2017. 5. 30. 선고 2017도4578 판결).

도어락의 비밀번호를 변경하였다고 하더라도 권리행사방해죄가 성립할 수 없고, 이와 같이 정범인 공소외 3의 권리행사방해죄가 인정되지 않는 이상 교사자인 피고인에 대하여 권리행사방해교사죄도 성립할 수 없다.

다. 그런데도 피고인에 대하여 권리행사방해교사죄를 유죄로 판단한 원심판결에는 권리행사방해죄에서 '자기의 물건', 교사범의 성립에 관한 법리를 오해하여 판결에 영향을 미친 잘못이 있다. 이를 지적하는 상고이유 주장은 이유 있다.

[평 석]

I. 개 요

피고인이 타인(G)과 공동으로 소유하는 건물의 5층에 입주하여 살고 있는 피해자(D, E 등)를 내쫓을 목적으로 자신의 아들(F)에게 자기가 설치한 건물 5층 현관문의 디지털도어락의 비밀번호를 변경할 것을 지시하였고, 아들은 피고인의 지시대로 비밀번호를 변경한 사안에서 검사는 피고인을 권리행사방해 교사로 기소하였다.[6]

제1심 법원은 권리행사방해죄는 자기의 물건이어야 한다는 점에 주목하고, 건물 자체가 타인(G)과 공동소유일 여지가 있고, 디지털도어락도 공동소유의 건물에 부합하여 결국 자기 소유의 물건이라는 요건을 충족하지 못하였으므로 (권리행사방해 교사죄는) 무죄라고 보았다. 이에 검사는 디지털도어락은 독립하여 피고인 소유의 물건에 해당하며, 설령 건물에 부합되었다고 보더라도 건물(5층)이 이미 피고인 소유의 자기 물건이라는 취지로 항소했다.

항소심 법원은, 제1심 법원과 달리, 5층 건물은 독립하여 피고인 개인 소유이고, 디지털도어락도 피고인이 개인적으로 설치한 것으로

---

6) 피고인의 아들은 권리행사방해죄로 기소되었는지 알 수는 없다.

양자 모두 피고인 개인 소유로 볼 수 있으므로 자기 물건이라는 권리 행사방해죄의 요건을 충족시킨 것으로 판단하였고, 피고인을 권리행 사방해죄의 교사죄로 유죄 선고하였다. 한편 피고인은 피해자가 자신을 속여서 건물 5층에 들어와 거주하고 있는 상태이므로 형법이 보호 할 가치가 있는 타인의 점유로 볼 수 없다고 주장했으나, 항소심 법원 은 피고인이 피해자에게 퇴거 협조를 요청하는 등 당시 상황을 감안 하면 피해자의 점유도 잠정적으로 보호할 가치가 있는 점유에 포함된 다고 판시했다.

피고인이 상고한 상고심에서 원심판결을 파기환송한 대법원의 논 지는 이러하다. 교사범이 성립하려면 정범의 성립이 전제되는데, 5층 건물은 물론이고 도어락도 피고인의 아들(F) 자신의 물건이라고 할 수 없으므로 그에게는 권리행사방해죄가 성립할 수 없고, 소유자의 권리 행사방해죄에 가담한 경우에만 제33조 본문을 통해 그 공범이 될 수 있을 뿐이다. 달리 말해 대법원은 직접 (도어락의 번호를 바꾸는) 행위 한 피고인의 아들에게는 신분범인 권리행사방해죄가 성립하지 않으므 로 피고인의 교사범 성립은 정범의 부존재로 인해 애당초 불가능하다 는 것이다.

파기환송심에서 검사는 공소장변경제도를 활용하여 어떤 새로운 주장을 할 것인지, 환송심 법원은 대법원의 판시를 그대로 수용할 것 인지, 과연 대법원이 주목한 교사범 성립여부가 이 사안의 핵심 쟁점 인지 등에 대해 다양한 견해가 있을 것으로 보인다.[7]

아래에서는 본 사안을 어떤 방향에서 접근하여 어떤 결론을 내리 는 것이 우리 형법의 문리적·체계적 해석에 부합하는 것인지, 대상 판결은 정범과 공범의 구별에 관한 판례와 학설의 입장과 논리적으로 부합하는 것인지, 대법원의 기존 입장과 조화되는 것인지 등을 다양한

---

7) 대상판결 사안은 권리행사방해죄의 공모공동정범으로 접근하는 것이 옳다는 평석 으로는 지은석, 권리행사방해죄의 공모공동정범 – 대법원 2022. 9. 15. 선고 2022도 5827 판결 –, 형사법의 신동향 통권 제77호(2022·겨울), 227쪽 이하 참조.

관점에서 검토해 보기로 한다.

Ⅱ. 권리행사방해죄의 본질

1. 신분범 여부

(1) 논의현황

권리행사방해죄는 신분범(Sonderdelikt)인가?

국내 해석론에서는 신분범이라는 입장8)과 일반범이라는 입장이9) 나누어진다.10) 신분범이라는 입장은 '물건의 소유자만이 권리행사방해죄의 주체가 될 수 있다'는 의미에서 주체가 제한된다는 것으로 이해하는 것으로 보이고, 신분범이 아니라는 입장은 '재물 소유자이면 누구나 정범이 될 수 있다'는 의미에서 누구나 주체가 될 수 있는 일반범이라고 한다. 그런데 후자의 논거에 따르면, 예를 들어 수뢰죄는 공

---

8) 예를 들어 지은석, 앞의 논문, 233~234쪽; 김성돈, 형법각론, 제5판(2018), 510쪽은 신분범으로 볼 수 없다는 종래의 입장을 바꾸어 '피해자와 일신전속적 관계'를 가지고 있는 '구성적 신분자'라고 한다. 진정신분범이라는 의미로 보인다; 김일수·서보학, 새로쓴 형법각론, 제9판(2018), 422쪽; 횡령죄와 배임죄와 비슷한 구조의 진정신분범이라는 입장은 최지숙·윤영석, 제3자가 소유자를 위해 차량을 취거한 경우에 있어 절도죄·권리행사방해죄의 성립 논의-대법원 2017도13329 판결분석-, 경북대학교 법학논고 제68호(2020), 373~374쪽; 이진수, 권리행사방해죄에 대한 일고찰, 형사법연구 제28권 제2호(2016), 145쪽; 배종대, 형법각론, 제14판(2023), 513쪽.
9) 정성근/박광민, 앞의 책, 530쪽: "자기물건을 타인에게 제공한 것만으로 일신적 성질을 가진 신분이라고 할 수 없고 재물 소유자는 누구라도 자기물건을 담보물로 제공할 수 있으므로 범죄의 주체를 한정하는 신분범과는 그 취지가 다르다고 해야 한다. 따라서 이 죄는 신분범이 아니라고 해야 한다."; 이재상·장영민·강동범, 형법총론, 제11판(2022), 481~482쪽; 임석원, 권리행사방해죄의 문제점과 개선방안, 형사법연구 제48호(2011), 154~155쪽; 김성돈, 형법각론, 제2판(2009), 468-469쪽("소유자라고 해서 이것이 행위자의 일신전속적 특징이나 상태 또는 관계를 의미하는 것이 아니므로 진정신분범이라고 해석할 수는 없다.").
10) 대상 판결의 표현과 같이 신분범인지 여부에 대해 명시적 언급은 없으나 소유자가 아닌 사람은 형법 제33조 본문의 도움을 받아야만 공범이 될 수 있다는 입장{예를 들어 오영근, 형법각론, 제7판(2022) 449쪽; 신동운, 형법각론, 제2판(2018), 844쪽}도 결국 진정신분범이라고 보는 것이다.

무원이면 누구나 정범이 될 수 있으므로 결국 신분범이 아니라는 해석이 가능하다는 것이냐는 반론이 가능할 것으로 보이는데, 과연 그런 의미인지는 의문이다. 오히려 타인의 점유의 목적이 된 재물의 소유자라는 지위나 상태는 신분이 아니고, 공무원이라는 자격이나 지위는 신분이라고 보는 차별의 근거가 무엇인지를 분명히 하는 것이 선행되어야 할 것이다.

필자의 생각에는 형법에서 신분이라는 것은 특정 지위나 상태·자격 등을 가진 사람의 특정 불법구성요건해당 행위만을 처벌하겠다거나(진정신분범), 신분이 없는 자들과 달리 가중·감경해서 처벌하겠다(부진정신분범)는 입법의 의사가 표현된 것인데, 타인이 점유·사용 또는 권리의 목적으로 하는 물건을 취거, 은닉, 손괴하는 등의 행위는 누구나 할 수 있는 것이고, 단지 행위자가 그 물건에 대한 소유자라는 (민사법상 인정되는 법률적) 지위에 있으면 취거의 경우에는 절도보다 법정형이 1년 낮은 수준으로, 은닉과 손괴 등의 경우에는 손괴죄보다 2년 높은 수준으로 처벌하겠다는 것이 입법자의 의사이므로 오히려 부진정신분범이라고 하는 것이 옳을 것이다.

달리 말해 부진정신분범인지, 아니면 단순히 취거(절도)·은닉 또는 손괴 행위 시에 그 물건이 타인에게 사용(점유)되고 있었다는 특징이 있는 (절도·손괴죄의 한 발현형태인) 일반범일 뿐인 것인지의 구별이 쟁점인 것으로 보인다. 여기서는 일단 진정신분범이라는 분석은 현행 형법 체계내에서도 수용되기 어렵다는 것을 확인할 수 있다. 즉, 타인의 물건을 손괴·은닉한 경우 3년 이하의 징역형을 부과하면서, 타인의 권리행사의 대상이 되어 있는 상태의 자신의 물건을 손괴·은닉한 경우 5년 이하의 징역형을 부과하고 있다는 점에서 구성적 신분이라거나 진정신분범이라는 주장은 설득력이 없다는 말이다.

(2) 일본형법의 시사

한편, 손괴 또는 은닉의 죄(毁棄及び隱匿の罪)에 관한 현행 일본 형법 제14장은 제261조에서 재물손괴등의 죄(器物損壞等)를 규정하고, 동법 제262조에서는 우리 형법의 권리행사방해죄와 유사한 자기의 물건에 대한 손괴등(自己の物の損壞等)을 규정하고 있다. 이 규정에 따르면 "자기의 물건이라도 압류를 받거나, 물권을 부담하거나 임대하거나 배우자의 주거권이 설정된 것을 손괴하거나 상해한 경우에는 전3조의 예에 의한다."[11]라고 하여 재물손괴와 동일하게 처벌한다. 이러한 입법태도에 따르면 타인의 물건은 물론이고 자신의 물건도 압류, 물권, 임대차, 배우자의 주거권 행사에 이용되는 경우에는 손괴죄의 객체가 되는 것이고, 소유자의 신분이 범죄성립을 좌우하는 요소가 되지는 않는 것이다. 달리 말해 동일한 형태의 자기 소유물건에 대한 손괴가 일본 형법에서는 당연히 일반범으로 이해되고 있다는 점도 참고할만 하다.[12]

(3) 행위자적 상황과 행위 상황

대법원은 "형법 제33조 소정의 이른바 신분관계라 함은 남녀의 성별, 내 외국인의 구별, 친족관계, 공무원인 자격과 같은 관계뿐만 아니라 널리 일정한 범죄행위에 관련된 범인의 인적관계인 특수한 지위 또는 상태를 지칭하는 것"[13]이라고 하여 목적(Absicht)도 신분으로 보고 있지만, 핵심은 권리행사방해죄의 '물건의 소유자'라는 지위가 '일정한 정범집단'(Täterkreis)이라고 할 수 있을까 하는 것이다. 독일의 기준에 따라 '행위자적 상황'인지 아니면 '행위상황'인가라고 묻는다면 아버지나 아들, 공무원과 같은 신분이 아니라 행위 시에 자신의 물건이 타인의 점유 하에 있었다거나 타인의 점유 하에 있는 자신의 물건을 손괴했다는 행위상황적 특성이라고 하는 것이 보다 정확해 보이고,

---

11) (自己の物の損壞等)　第二百六十二条　自己の物であっても、差押えを受け、物権を負担し、賃貸し、又は配偶者居住権が設定されたものを損壞し、又は傷害したときは、前三条の例による.

12) 大谷 實, 刑法講義各論, 新版第3版(2009), 347頁; 三原憲三, 新版 刑法各論(2009), 252頁; 大塚 仁, 刑法概說 (各論)(2005), 351頁 참조.

13) 대법원 1994. 12. 23. 선고 93도1002 판결

이렇게 보면 신분이 아니라는 주장이 설득력이 있어 보인다.[14]

　　대법원이 대상판결에서 형법 제33조 본문을 언급한 것을 보면 이를 진정신분범으로 보는 듯한데,[15] 그렇다면 종래 신분범에서 신분없는 도구를 사용한 간접정범의 성립가능성을 인정한 선례와 정합되는지 의문이다. 물론 대법원은 '마치 도구나 손발과 같이 이용하여 간접적으로 죄의 구성요건을 실현한 자', 달리 말해 사실상의 의사지배가 없는 경우에는 간접정범의 성립을 인정하지 않는 입장이라면 권리행사방해죄를 신분범으로 보면서 무죄 선고한 결론은 선례들과 일관된 해석이라고 선해할 수 있을 것이다. 물론 신분범이 아니라고 본다면 신분 없는 고의 있는 도구를 이용한 간접정범의 성립 여부를 다툴 사안은 아니게 된다.

2. 의무범 여부

　권리행사방해죄는 의무범(Pflichtdelikte)인가?

　우리 형법에서는 낯선 개념이지만, 독일에서 통용되는 개념 정의

---

14) 물론 여기서 파생되는 문제, 형법 제33조 본문이 진정신분범에 적용된다면, 진정신분범이 아닌 권리행사방해죄에 가담한 사람은 신분을 가진 자와 함께 정범이 될 수 없다는 의미있는 법효과가 도출된다. 이에 대해서는 다른 기회에 상론하기로 한다.

15) 만약 신분범이라고 본다면 대법원은 간접정범의 성립을 인정할 수도 있었을 것이다. 이미 신분 없는 고의 있는 도구에 대해서도 간접정범 성립을 가능하다고 판시한 바 있기 때문이다. 이에 대해서는 대법원 1983. 6. 14. 선고 83도515 전원합의체판결 참조: "형법 제34조 제1항이 정하는 소위 간접정범은 어느 행위로 인하여 처벌되지 아니하는 자 또는 과실범으로 처벌되는 자를 교사 또는 방조하여 범죄행위의 결과를 발생케 하는 것으로 이 어느 행위로 인하여 처벌되지 아니하는 자는 시비를 판별할 능력이 없거나 강제에 의하여 의사의 자유를 억압당하고 있는 자, 구성요건적 범의가 없는 자와 목적범이거나 신분범일 때 그 목적이나 신분이 없는 자, 형법상 정당방위, 정당행위, 긴급피난 또는 자구행위로 인정되어 위법성이 없는 자 등을 말하는 것으로 이와 같은 책임무능력자, 범죄사실의 인식이 없는 자, 의사의 자유를 억압당하고 있는 자, 목적범, 신분범인 경우 그 목적 또는 신분이 없는 자 위법성이 조각되는 자 등을 마치 도구나 손발과 같이 이용하여 간접으로 죄의 구성요소를 실행한 자를 간접정범으로 처벌하는 것이므로 …"

에 따르면 의무범이란 행위자가 특수한 의무(예를 들어 배임죄의 재산관리의무)를 진 자라는 지위(Pflichtenstellung)를 가지고 있을 것을 전제로 하는 구성요건들과 부진정부작위범과 같이 보증(인)의무를 진 자만이 정범이 될 수 있는 범죄를 말한다. 하지만 권리행사방해죄의 주체는 자기의 물건을 점유·사용하는 자를 위해 어떤 특별한 (관리)의무를 지거나 점유자에 발생하는 어떤 법익침해나 위태화를 방지할 의무를 지는 것은 아니다. 즉, 권리행사방해죄는 그러한 (작위·부작위) 의무위반으로 처벌되는 것이 아니라 작위로 타인이 점유하는 물건 등을 손괴하여 피해자의 권리행사를 방해하는 것이기 때문이다. 그러한 침해금지(부작위)는 모든 사람에게 향해진 의무이다. 결국 권리행사방해죄는 행위 시점에 타인 점유하에 있는 자기 물건을 손괴하는 등의 작위로 처벌되는 일반·작위범이다. 따라서 작위범의 일반이론에 따를 때 피고인은 아들과 공동으로 권리행사방해죄를 범할 수도 있는 것이고, 공모공동정범 형태의 정범성립은 충분히 가능한 것이다.

3. 자수범 여부

권리행사방해죄는 자수범인가?

자수범은 실행행위를 스스로 수행한 자만이 정범이 될 수 있는 범죄로서 예를 들면 위증이나 음주운전죄가 있다. 독일의 근친상간, 완전명정죄, 법 왜곡도 이에 속한다. 이러한 범죄에서는 단지 개별 정범만이 문제될 뿐, 공동정범이나 간접정범은 성립할 수 없다. 물론 교사나 방조로 자수범에 참여하는 것은 당연히 가능하다. 만약 권리행사방해죄가 자수범이라면 배후에서 아들을 시킨 피고인은 권리행사방해죄의 주체가 될 수 없다. 자수범이 아니라면 간접정범의 성립이 가능해진다.

대법원도 권리행사방해죄가 자수범이라고 생각하지는 않는 것 같다. 그렇다면 간접정범성립가능성은 원칙적으로 열려 있는 것이다.

4. 소 결

권리행사방해죄는 자수범도 아니고, 의무범도 아니고, 신분범도 아니다. 학계에서는 진정신분범인지 아니면 일반범인지에 대해 의견이 나누어지고 있으나, 부진정신분범으로 접근하는 견해는 찾기 어렵다.

대상판결에서 대법원은 권리행사방해죄의 성립에 물건의 소유자가 아닌 자는 형법 제33조 본문을 통해 공범(공동정범, 교사 또는 방조) 참여가 가능하다고 하고 있다는 점에서 신분범으로 보고 있음을 추단할 수 있다. 그럼에도 신분 없는 고의있는 도구의 사용에 해당하는지에 대한 판단은 보이지 않는다. 규범적·사회적 범행지배(의사지배)를 인정하지 않는다면 사실상의 의사지배가 없는 아들을 간접정범의 도구로 보기는 어려울 것이고, 결국 정범없는 교사범이라는 결론으로 무죄라는 결론을 내렸을 것으로 보인다.

만약, 권리행사방해죄는 누구나 범할 수 있는 범죄라고 한다면, 작위범에 상응하는 범행 지배가 있어야 정범이 될 수 있는 범죄가 된다. 대법원은 오래 전부터 행위(범행)지배설을 취하고 있다고 하니 범행지배설의 관점에서 일반범의 정범과 공범을 구별하면 될 것이다. 아들과 아버지가 공모하여 권리행사방해죄를 실행했다면 공모공동정범의 성립이 가능할 것이다. 하지만 간접정범의 성립여부나 공동정범의 성립여부는 검사의 기소에서도 법원의 심리와 판결에서도 등장하지 않았다. 대상판결과 하급심들의 해결방법이 현행법의 해석으로 적절한 것인지를 다른 관점에서도 검토해보자.

Ⅲ. 가능한 해법들

1. 신분범으로 보는 입장이 범행(행위)지배설을 취할 경우

(1) 규범적·사회적 의사지배

권리행사방해죄는 재물의 소유자만이 주체가 될 수 있는 진정신분범이라고 본다면 신분 없는 자는 정범이 될 수 없다. 신분 없는 고의 있는 도구는 스스로는 정범이 될 수 없다. 구성요건요소가 결여되어(행위주체, 객관적 구성요건) 범죄불성립, 구성요건해당성이 없는 도구가 된다. 이러한 도구를 이용한 신분자는 사실상 의사지배를 하지는 못했으나, 신분자라는 정범요소로 인해 규범적16)·심리적 범행지배(의사지배), 사회적 행위지배를 인정할 수 있고(법적·규범적 의미에서 우위성17)), 따라서 간접정범으로 권리행사방해죄를 범한 것이 된다. 도구인 아들은 피고인의 권리행사방해죄의 실행행위를 도운 방조범이 될 수 있다. 이른바 '정범 없는 공범'형상이라는 개념이 지적하는 바와 같이 도구가 자신을 교사한 간접정범을 방조하였다는 것이 개념모순처럼 들릴 수 있으나, 규범적·사회적 의사(행위)지배를 수용하는 입장에서는 신분 없는 고의 있는 도구나 목적 없는 고의 있는 도구의 특성이 바로 거기에 있다고 보는 것이다.

이런 입장에 서면 피고인은 권리행사방해죄의 교사범이 아니라 간접정범으로 정범이 되고 아들은 정범의 도구인 것이다.18)

앞서 언급한 바와 같이 대법원이 규범적·사회적 의사지배를 간접정범의 정범표지로 받아들인다면 이러한 접근이 학계의 다수와 함께 행위(범행)지배설을 공유하는 대법원의 논리적 결론이 되었어야 할 것이고, 동일한 생활사실에 대한 법적 평가만 달리하는 경우로 공소장 변경이 필요한 사안임을 밝히는 것이 옳았을 것이다.

(2) 사실적 의사지배가 결여된 것에 초점을 맞추는 입장('정범없는 공범')

아버지가 아들에게 우월한 지위에서 의사지배를 하였다고 볼 수 없으므로 사실상 의사지배를 인정할 수 없는 것이 위 사안의 특징이

---

16) 한상훈/안성조, 형법개론, 제3판(2022), 259쪽.
17) 김성돈, 형법총론 제2판(2009), 617-618쪽.
18) 물론 아들에게는 권리행사방해죄는 무죄라고 하더라도, 타인의 재물에 대한 손괴행위는 신분범이 아니라는 점에서 가벌성 평가가 필요하다.

다. 이 경우 아버지의 행위(손괴하도록 시킨 행위)는 간접정범의 이용행위가 될 수 없고 교사범의 교사행위일 뿐이다. 아들인 비신분자는 정범적격이 없어 권리행사방해죄의 구성요건해당성이 없으나, 피고인의 범행을 돕는다는 방조의 의사는 인정될 수 있다. 흔히 '정범 없는 공범'[19] 형상이라고 불린다. 이렇게 되면 두 사람 모두 공범 성립의 전제인 정범이 없어 처벌할 수 없게 된다.[20]

물론 이런 경우 적어도 교사는 효과 없는 교사로 예비·음모에 준해 처벌할 수는 있을 것이다. 공소장변경이 없더라도 축소사실로 유죄인정이 가능하다고 해야 할 것이다.

(3) 신분범의 공모공동정범

형법 제33조 본문에 의해 신분이 없는 자도 공동정범적 기여로 참가하게 되면 신분자와 같은 신분범의 정범이 될 수 있다. 공동정범은 판례에 따를 때 공모공동정범의 형태로도 가능하다. 따라서 신분범의 공모공동정범도 가능한 것이다.[21] 이렇게 보면 피고인과 그 아들이 모든 사정을 공유하면서 아들은 실행행위를 하고 아버지는 공모단계에서부터 주도적으로 범행계획을 이끌고 나간 점에서 공모공동정범을 인정할 수도 있었을 것이다. 즉 아버지는 권리행사방해죄의 공모공동

---

19) 임 웅, 형법총론, 제8판(2016), 475쪽; 차용석, 간접정범, 신동욱박사정년기념논문집 (1983), 191쪽.

20) 독일 형법 제288조의 강제집행면탈죄(Vereiteln der Zwangsvollstreckung)와 관련해서도 유사한 논의가 있다. 신분·의무·자격 없는 사람을 투입한 경우는 범행지배가 없기 때문에 규범적 범행지배를 인정하지 않고, 동시에 강제집행면탈죄는 의무범이 아니라고 인정하면, 학설의 다수 의견과는 달리 직접 행위한 사람도 배후에서 조작한 의무자도 불가벌이라고 보게 된다는 것이다. 자기 스스로 강제집행을 위태롭게 하지 않은 사람들은 해석론상 원칙적으로 단지 공범으로 참여할 수 있을 뿐이라는 것이다. 지배적 견해에 따르면 방조범은 또한 악의로 강제집행대상재산을 취득하거나 기타 방법으로 범행에 영향을 미친 제3자도 가능하다. 강제집행의 대상이 되는 채무자라는 지위나 신분은 특별한 인적 표지가 아니고 입법자가 실질적으로 중요한 사례형상에만 규범의 적용범위를 제한할 수 있도록 주목한 그 범죄에 전형적이고 따라서 범행관련적 상황이기 때문에 제28조 제1항의 적용은 문제되지 않는다는 것이다.

21) 대법원 2019. 8. 29. 선고 2018도13792 전원합의체 판결 참조.

정범, 아들은 동죄의 실행공동정범의 형태로 공동정범의 성립이 가능했을 것이고, 법적 평가의 차이에 불과한 점에서 공소장 변경이 가능(필요)한 사안이라고 볼 수 있을 것이다.

2. 손괴죄의 관점

(1) 권리행사방해죄와 손괴죄의 관계

여기서 잠시 검토해야할 것은 손괴죄와 권리행사방해죄의 구성요건해당행위와 (위험)결과발생에 관한 기존의 서술들이다. 재물손괴의 구성요건해당행위와 결과를 표현하는 자구, '손괴 또는 은닉 기타 방법으로 그 효용을 해한'다는 것과 권리행사방해죄의 '취거, 은닉 또는 손괴하여 타인의 권리행사를 방해한'다는 것의 차이가 무엇인가 하는 것이다. 즉, 손괴죄의 행위태양과 비교할 때 취거가 추가되어있고, 기타 방법이 빠져 있어 상대적으로 행위태양이 제한된 형태로 볼 수도 있을 것이고, 나아가 권리행사가 방해되는 (위험)결과를 요구함으로써 물건의 효용을 해하는 것과 물건의 효용은 이찌되었건 그 물건에 대한 권리행사(사용, 수익 등)를 방해하는 (위험)결과가 발생하는 것을 처벌하겠다는 것은 서로 동일하게 취급될 수는 없는 것이 아닌가하는 점이다.

그런데 권리행사방해죄에 있어서 손괴는 재물손괴죄의 손괴와 같다는 것이 지배적인 이해인데,[22] 그렇다면 도어락의 비밀번호를 바꾸어 기능하지 못하게 하는 것이 손괴인지 아니면 기타 방법인지가 쟁점이 될 수 있다. 학계에서는[23] 자동문을 자동으로 작동하지 않고 수동으로만 개폐가 가능하게 하여 자동잠금장치로서 역할을 할 수 없도록 한 것을 두고 대법원은 손괴라고 보았다고 소개되기도 하지만 정확하게 보면 대법원은 "손괴 또는 은닉 기타 방법으로 그 효용을 해하는 경우에는 물질적인 파괴행위로 물건 등을 본래의 목적에 사용할

---

22) 오영근, 형법각론, 제7판(2022), 448쪽 참조.
23) 오영근, 형법각론, 제7판(2022), 433쪽 참조.

수 없는 상태로 만드는 경우뿐만 아니라 일시적으로 물건 등의 구체적 역할을 할 수 없는 상태로 만들어 효용을 떨어뜨리는 경우도 포함된다."[24]라고 하여 손괴와 기타 방법을 구별하고 있지 않다는 점에서 적절한 소개라고 하기 어렵다. 여기서는 특히 일본 형법 가안을 참고할 때 권리행사방해죄는 손괴죄와 달리 실행행위를 제한하고 있고, 기타 방법으로 효용을 해하는 행위를 포함시키지 않고 있고, 미수범처벌규정도 두지 않은 것은 자기물건에 대한 절도나 손괴의 법정형을 완화하려는 것이라는 입장[25]을 경청할 필요가 있고, 그렇다면 결국 권리행사방해죄에서는 기타 방법이 실행행위로 인정될 수 없다는 축소해석이 바람직한 것이다. 물론 이와 달리 권리행사방해죄의 손괴에는 기타 방법으로 그 효용을 해하는 것까지 포괄하는 개념이라거나[26] 손괴는 물건 전부 또는 일부에 대해 그 가치를 침해하는 일체 행위라거나[27] 기타 방법으로 그 이용가치를 해하는 것이라고[28] 이해한다면 권리행사방해와 손괴죄의 행위태양은 차이가 없어진다.

요약하자면 도어락의 비밀번호를 변경하는 것이 그 물건을 물리적으로 훼손하거나 변경하는 것은 아니고 단지 그 기능을 (일시) 사용하지 못하게 하는 것이므로 좁은 의미의 손괴에 해당하지 않는다고 본다면 위 대상사안에서 권리행사방해죄에 문의한 것 자체가 오류라고 해야 할 것이다. 우리 입법자의 경우 손괴죄보다 권리행사방해죄의 법정형을 더 높게 설정하면서, 취거의 경우 절도보다 낮게 설정한 것은 전자의 경우 일시사용을 어렵게 하는 것과 달리 물리적 훼손이라는 좀더 강한 불법을 요구하는 것이고, 후자의 경우 불법영득의사가 결여되어 약화된 불법을 포섭하려고 한 것으로 이해할 수도 있을 것이다.

---

24) 대법원 2016. 11. 25. 선고 2016도9219 판결.
25) 신동운, 형법각론, 제2판(2018), 849~850쪽.
26) 김일수·서보학, 형법각론, 제9판(2018), 425쪽.
27) 배종대, 형법각론, 제14판(2023), 517쪽.
28) 김성돈, 형법각론, 제2판(2009), 471쪽.

물론 권리행사방해죄는 단순히 그 물건의 효용을 해하는 것을 넘어 피해자의 권리행사에 대한 위험발생과 같은 결과를 요구하기 때문에 손괴보다 형량이 높은 것인지 행위태양에서 굳이 양자를 구별하려고 한 것이 아니라고 보는 입장(기타 방법을 포함하지 않아도 은닉 · 손괴에서 손괴죄의 태양과 같은 행태를 예정하고 있다고 해석)이 피상적으로 다수가 생각하는 이해일 수도 있을 것이다.

(2) 직접 행위자인 아들의 손괴죄의 죄책

디지털도어락의 비밀번호를 바꾼 아들은 타인소유, 타인재물의 효용을 해한 손괴죄의 구성요건을 충족시켰다. 소유자인 아버지, 즉 피해자의 승낙을 구성요건해당성 배제사유로 보거나, 아니면 정당화사유로 본다고 하더라도, 피고인인 아버지의 사전양해 · 승낙이 있었다고 하더라도, 현재 점유자인 피해자의 양해 · 승낙 · 동의가 없었다는 점에서 손괴죄 성립에 문제가 없어 보인다.[29] 손괴죄의 경우 친족상도례의 적용도 배제되며, 설령 적용된다고 하더라도 점유자인 피해자와도 그러한 신분관계가 인정되지 않는 한[30] 처벌에도 문제가 없어 보인다. 아들은 손괴죄의 정범이다.

(3) 손괴를 교사한 아버지의 죄책

피고인은 아들이 범한 손괴죄와 관련하여 교사범의 성립여부가 검토되어야 한다. 아버지의 소유물이라고 하더라도 피해자인 제3자가

---

29) 타인의 재물은 통상 소유자와 점유자(현실적 사용자)가 일치하는 경우이겠으나, 다양한 형식으로 소유자와 점유자가 일치하지 않는 경우도 있고, 소유자가 점유자가 사용하는 자신의 재물을 손괴하는 경우 손괴죄보다 가중된 법정형으로 처벌하고 있는 점 등을 볼 때, (권리행사방해죄가 성립한다면) 당연히 재물손괴죄는 (적어도) 법조경합의 흡수관계가 될 것이다.

30) 친족간의 범행에 관한 규정은 범인과 피해물건의 소유자 및 점유자 쌍방간에 같은 규정에 정한 친족관계가 있는 경우에만 적용되는 것이며, 단지 절도범인과 피해물건의 소유자간에만 친족관계가 있거나 절도범인과 피해물건의 점유자간에만 친족관계가 있는 경우에는 그 적용이 없다고 보아야 한다(대법원 2014. 9. 25. 선고 2014도8984 판결).

점유하고 있는 물건을 손괴하면 손괴죄가 성립하는 것이고, 피고인은
자신소유의 물건이라고 하더라도 타인이 점유·권리의 목적이 된 물건
에 대한 손괴죄의 정범인 아들의 손괴를 교사한 것이므로 손괴교사에
대한 책임을 면하기 어렵다. 즉, 손괴죄에서 자기소유 타인 점유재물
이 타인 재물에 포함되는지 여부가 문제될 수 있으나[31] 교사범은 정
범에 종속하는 것으로 정범의 손괴죄를 교사한 아버지는 당연히 손괴
죄의 공범이 될 수 있다.

3. 신분없는 자를 교사한 신분자의 책임

대법원은 익히 알려진 모해목적을 가진 교사범이 모해목적이라는
신분이 없는 자를 교사하여 모해목적교사범으로 처벌된 사안에서 결
국 신분없는 자를 이용하여 신분으로 인해 형이 중한 가중적 부진정
신분범을 범할 수 있다고 판시한 바 있다.[32] 이러한 법리를 대상사안
에 적용하면 신분이 없어 권리행사방해죄(손괴죄보다 가중된 부진정신
분범)는 성립하지 않는 아들에게 손괴를 교사함으로써 그 물건의 소유
자인 피고인은 중한 권리행사방해죄로 처벌된다는 논리구성이 충분히
가능할 것이다. 달리 말해 부진정신분범으로서 권리행사방해죄를 이
해하더라도 피고인이 무죄라는 결론은 기존의 판례와 부합되기 어렵
다. 정확히 표현하면 권리행사방해죄의 교사범으로 충분히 처벌 가능
했을 것이다.

4. 독일의 관련 논의

간접정범이 가능한 사례형상 중에서 도그마적으로는 객관적 구성
요건이 없는 행위군에 속하지만 그것을 어떻게 다룰 것인가에 대해서

---

31) 대법원 2007. 3. 15. 선고 2006도7044 판결은 자신의 주거를 인도받아 점유하고 있
는 사람의 주거에 침입하는 것도 주거침입죄가 성립한다는 판결로, 비록 소유자
라도 현실 점유자의 권리를 침해하면 본인의 소유물에 대해서도 범죄가 성립한다
는 취지로 읽을 수 있다.
32) 대법원 1994. 12. 23. 선고 93도1002 판결.

독일 내에서도 의견이 일치하지 사례로 이른바 신분·의무없는 고의있
는 도구(das sog. qualifikationslos dolos handelnde Werkzeug)라는 형상이 논
의되고 있다. 이런 유형은 배후자에 의해 투입된 직접적으로 행위한
사람(도구, 정범)이 그 구성요건실현에 전제되는 정범의 신분·자격
(Täterqualifikation)을 가지지는 못했지만, 배후자가 그런 자격을 갖추고
있는 경우이다. 우리 학계와 다르지 않게 독일의 다수 견해도 이런 사
례들도 배후자의 규범적 범행지배(normative Tatherrschaft)를 인정함으로
써 간접정범이 성립하는 것으로 본다.33) 범행지배설로 문제를 풀어보려
고 하는 입장은 배후자에게는 사회적(Soziale)·규범적-심리적(Normaitve-
psychologische Ttatherrschaft)를 인정할 수 있으므로 간접정범이 성립한다
는 것이다. 그 도구에 의한 범행은 배후자의 도움·작용 없이는 범해
질 수 없었고, 따라서 형법적으로 중요한 사태는 내부자·신분 있는
배후자가 입법자에 의해 요구된 속성을 가지고 있었다는 것을 통해
비로소 발생한다는 사실로부터 그러한 규범적 범행지배가 도출된다는
것이다.34) 하지만 이에 대해서는 독일 내에서는 순환논증이라는 비판
이35) 있다. 규범적으로 평가하니 범행을 지배하고 있다고 보이고, 바
로 그 이유로 범행지배가 있다는 논리이니 당연히 그런 비판이 나올
수밖에 없어 보인다. 사실상 의사지배가 보이지 않는다는 말을 에두른
것이다.

독일 내에서는 만약 내부자(Intraneus)가 행위하는 국외자(Extraneus)
를 막지 않은 경우에는 내부자는 항상 부작위범이라는 입장이 있으
나36), 이에 대해서는 위 사안과 같은 간접정범은 배후자에게 단순한

---

33) 간접정범을 인정하는 경우로는 Lackner/Kühl/Kühl Rn. 4 mwN; RGSt 28, 109; §288
　　와 관련해서는 SSW StGB/Kudlich §288 Rn. 4; 이와 다른 견해는 NK- StGB/Wohlers
　　§288 Rn. 4가 있다. Kudlich의 서술에 따르면 종래 주관설에 기초한 과거 판례는
　　근거제시도 없이 범행을 야기한 내부자의 정범성을 인정했다(RGSt 28, 109)고 한
　　다. 문헌에서의 논거는 다양하다.
34) Jescheck/Weigend StrafR §62 II 7.
35) Roxin StrafR AT/II §25 Rn. 277.
36) Schmidhäuser AT, 1982, §14 Rn. 51.

부작위가 비난의 대상인 것이 아니라 오히려 외부자를 통해 범행에 작용한 것이 비난 대상이라는 점에서 반론이 있다.[37]

한편, 의무범의 관점에서 접근하여 정범을 인정하기도 한다. 달리 말해 범행지배표지가 정범을 근거 지우는 기능을 하지 못하고 의무범의 독특한 정범표지가 작동한다는 것이다. 즉 내부자를 정범으로 인정하는 입장은 그가 의무자의 지위를 가졌으므로 정범이라는 것이다. 이러한 해석은 외부 또는 내부의 사건 진행과 무관하게 정범을 판단하는 것이고 따라서 의무범 영역에서는 범행지배설은 물론이고 주관설도 정범과 공범의 구별을 위해 사용될 필요가 없다는[38] 것이다.[39]

끝으로 규범적인 범행지배설을 다시 한번 더 규범적인 척도로 규범성을 심화시키는 것은 결코 바람직하지 않다고 보는 입장에서는 범행지배설을 떠나서 이른바 '정범적 책임의 평가적 귀속(sog. wertende Zuschreibung täterschaftlicher Verantwortlichkeit)이라는 방법으로 배후자의 특별한 정범자격에 정범책임귀속의 근거를 찾자고 한다.[40] 솔직하게 정범으로 처벌해야 할 것 같으니 정범이라는 의미이다. 이른바 의무론적 정범론의 직접적 수용이기도 하다.

정리하자면 권리행사방해죄를 신분범으로 본다는 전제에서 독일의 이론을 적용해 보면, 규범적·심리적 또는 사회적 의사지배를 근거로 한 간접정범설, 의무진 자이므로 정범이라는 의무범설, 정범의 신분을 가지고 있으니까 정범이라는 정범책임의 평가적 귀속설 등에 따라 피고인은 정범이 될 수 있을 것이다. 하지만 일반범으로 본다면 독일에서도 무죄설이 '정범없는 공범'에 대한 결론으로 주장되고 있다. 달리 말해 교사범과 방조범만이 존재하는 범죄는 없다는 말이다.

---

37) Roxin StrafR AT/II §25 Rn. 278.
38) Schönke/Schröder/Heine/Weißer Vor §§25 ff. Rn. 84; WBS StrafR AT Rn. 522.
39) 이상의 내용은 BeckOK StGB/Kudlich, 55. Ed. 1.11.2022, StGB §25 Rn. 21-27.1.
40) Schönke/Schröder/Heine/Weißer, 30. Aufl. 2019, StGB §25 Rn. 19-21.

5. 정범배후의 정범이론

권리행사방해죄로 처벌되지 않는 자를 이용하여 동죄를 범하는 경우는 간접정범이다. 아들의 죄가 손괴죄라면 이를 이용한 아버지는 권리행사방해죄의 간접정범이 될 수도 있다. 달리 말해 아들은 손괴죄의 직접 실행정범, 아버지는 간접정범으로서 권리행사방해죄의 정범이 될 수도 있다. 엄한 아버지의 말을 어기는 것을 금기시해 온 착한 아들의 심리적 종속성을 이용한 정범배후의 정범론이 적용될 수도 있을 것이다. 자신의 행위가 디지털도어락의 효용을 해하게 하여 피해자들의 주거의 사용에 장애를 초래한다는 것을 잘 알면서도 아버지의 말씀에 충실히 따른 아들은 베를린 장벽의 군인과 다를 바 없기 때문이다. 이러한 접근은 권리행사방해죄를 신분범으로 보는지와 무관하다.

6. 법문외한의 법감정

법학자나 법실무가로서, 그것도 수십 년의 경력을 가진 사람들이, 법 문외한의 법 감정이 어떠하다고 말하는 것은 주제넘고 건방진 행동일 수 있다. 하지만 가능한 그들의 입장에 서서 생각해본다면, 아들과 아버지가 모의하여 피해자인 임차인이 주택을 사용하지 못하거나 불편하게 만들기 위해서 디지털도어락의 비밀번호를 바꾸어 출입을 어렵게 하거나 주거에 들어가지 못하게 하였다고 하면, 부자가 똑같은 죄, 즉 권리행사방해죄의 공동정범이라고 생각할 것으로 보인다. 아버지가 아들에게 디지털도어록의 번호를 바꾸라고 하고, 외국으로 여행을 가버린 경우, 자신의 방에 앉아 모른 척하고 있던 경우, 외출한 피해자 가족들이 돌아오는지 비밀번호를 바꾸는 아들을 위해 망을 보아준 경우, 아들과 함께 문을 잡고 번호를 바꾸는 행위를 공동으로 한 경우, 이러한 사실관계의 차이가 이들의 범죄성립을 달리할 만한 차이가 되는가 하는 점도 고민해 볼 문제이다.

7. 공소장변경요부

동일한 사실, 즉 사실에 변경이 없이 법적 평가만 달리하는 경우에는 원칙적으로 공소장 변경없이 직권으로 다른 사실을 인정할 수 있다. 만약 권리행사방해죄가 손괴죄로 변경될 필요가 있다고 본다면, 축소사실의 인정으로 공소장변경없이도 직권으로 유죄를 인정할 수 있었을 것이다.

물론 권리행사방해죄의 교사점이 공동정범이나 교사범으로 변경되어야할 필요가 있고, 무죄인 아들이 손괴죄의 정범이나 권리행사방해죄의 공동정범으로 평가되는 경우, 즉 법정형이 중하거나 중한 가담형태로 법적 평가가 달라지는 경우에는 공소장 변경요구를 통해 다른 사실을 심리대상으로 할 수 있었던 것이다. 지금까지의 모든 검토는 사실관계에 전혀 변경을 가하지 않은 법적 평가만의 문제를 다룬 것이기 때문이다.

8. 방론의 활용가능성

판결문에 방론(傍論; obiter dictum)을 기재하는 것이 허용되는 것인지에 대해서 다툼이 있지만, 모든 사건을 대법원의 심리를 통해서만 해결하는 것이 바람직한 것이 아니라면 새로운 법이론적 쟁점에 대해, 그러한 문제의 해결을 위해 언급할 필요가 있는 내용들을 방론을 적절히 활용하여 실무를 안내하는 역할을 하는 것이 정책법원인 대법원의 또 하나의 기능이자 권한일 것이다. 입법자의 게으름을 목적적 해석으로 확장하는 것보다는 방론을 통해 입법자의 근면성과 책임성을 일깨워주는 것도 함께하면 금상첨화일 것이다.

본 사안에서도 해석론이 범죄의 본질을 신분범으로 보는지에 대한 견해 차이를 보이고 있고, 신분 있는 고의 있는 도구인지 아니면 일반범의 공범에 불과한 것인지에 대해서도 논의가 정리되지 않은 영역이라는 점에서 법률심의 고유한 기능을 생각하고 그 뜻을 펼칠 수 있었던 좋은 기회였다고 생각된다.

Ⅳ. 여론(餘論)

검사와 모든 심급 법원의 판사들이 손괴죄의 가능성을 묻지 않은 것은 권리행사방해죄에 천착한 나머지 이를 놓친 것은 아닌지 의문이다.

법원이 판단컨대 검사의 교사범으로서의 기소가 잘못이라면 공소장변경을 요구하든지 축소사실에 대한 공소장변경 없는 유죄판결은 불가능했는지도 의문이다.

권리행사방해죄를 진정신분범으로 본다면 진정신분범의 공모공동정범도 인정하는 대법원이라면 전혀 사실관계를 변경하지 않고 인정할 수 있었을 범죄사실에 대하여 공소장변경요구의 가능성과 필요성을 전혀 언급하지 않는 것도 적절한 것인지 의문이다.

권리행사방해죄가 신분범이 아니라고 보더라도 일반범에게 적용되는 공범과 정범 구별에 대한 대법원의 행위지배설에 따라 피고인을 공모공동정범으로서 권리행사방해죄의 정범으로 볼 수 없었던 어떤 사정이 있었는지 궁금하다.

모해목적의 신분을 가진 자는 정범이 모해목적위증죄의 정범이 될 수 없어도 모해목적위증죄의 교사범이 성립한다고 했던 그 대범한 법리를 대상사안에서는 언급조차 하지 않은 이유는 무엇인지도 궁금하다.

아버지의 권위와 사랑과 명령에 절대 복종하는 착한 아들이 디지털도어락의 번호를 변경했다면, 정범배후의 정범, 교사범 또는 간접정범이라는 결론은 불가능했는지도 의문이다. 배후정범이 부담된다면, 국내 해석론의 공동정범설, 교사범설을 따를 수도 있었을 것이다.

파기환송심에서는 조금 더 넓은 시각으로 이 대상 사안이 형법이론과 실무에 던져준 문제들을 논리적으로 따져보고 체계적으로 정합된 해답을 내놓을 수 있는 계기가 주어지길 바란다.

학계에 대해서도 대상판결은 다양한 과제를 던져 주고 있다.

권리행사방해죄가 진정신분범인지, 부진정신분범인지, 아니면 일반범인지 좀 더 깊이 있는 분석이 필요하다.

권리행사방해죄와 손괴죄, 절도죄, 횡령죄 간의 관계에 대한 정치한 논의도 필요하다. 특히 권리행사방해죄와 손괴죄 사이의 행위태양의 실질적 차이가 있는 것인지, 그렇다면 그 이유는 무엇인지 정확한 근거를 제시할 수 있어야 한다.

자신의 재물에 대한 권리행사방해죄가 진정신분범도 부진정신분범도 아니고 일반범이라고 한다면 형법 제33조의 적용과 관련하여 어떤 특징이 나타나게 되는지에 대해서도 조금 더 깊이 있는 연구 결과들이 제시되어야 한다.

[주 제 어]
권리행사방해죄, 손괴죄, 신분범, 간접정범, 공동정범

[Key Words]
Behinderung der Rechtsausubung Sachbeschädigung, Sonerdelikte, Mittelbare Täterschaft, Mittäter

접수일자: 2023. 5. 19. 심사일자: 2023. 6. 12. 게재확정일자: 2023. 6. 30.

[참고문헌]

김성돈, 형법각론, 제2판, 성균관대학교 출판부, 2009; 제5판, 2018

김일수·서보학, 새로쓴 형법각론, 제9판, 박영사, 2018

배종대, 형법각론, 제14판, 홍문사, 2023

신동운, 형법각론, 제2판, 2018

오영근, 형법각론, 제7판, 2022

이재상·장영민·강동범, 형법총론, 제11판(2022), 481~482쪽

이진수, 권리행사방해죄에 대한 일고찰, 형사법연구 제28권 제2호, 2106

임 웅, 형법각론, 제9판, 법문사, 2018

임 웅, 형법총론, 제8판, 법문사, 2016

임석원, 권리행사방해죄의 문제점과 개선방안, 형사법연구 제48호, 2011

정성근/박광민, 형법각론, 제2판, 성균관대학교출판부, 2015

지은석, 권리행사방해죄의 공모공동정범 — 대법원 2022.9.15. 선고 2022도
    5827 판결 —, 형사법의 신동향 통권 제77호, 2022

차용석, 간접정범, 신동욱박사정년기념논문집, 1983

최지숙·윤영석, 제3자가 소유자를 위해 차량을 취거한 경우에 있어 절도죄·
    권리행사방해죄의 성립 논의 — 대법원 2017도13329 판결분석 —, 경북
    대학교 법학논고 제68호, 2020

한상훈/안성조, 형법개론, 제3판, 정독, 2022

大谷 實, 刑法講義各論, 新版 第3版, 成文堂, 2009

大塚 仁, 刑法概說(各論), 有斐閣, 2005

三原憲三, 新版 刑法各論, 成文堂, 2009

Jescheck, Hans-Heinrich/Weigend, Thomas, Lehrbuch des Strafrechts, AT., 5.
    Aufl., 1996

Kindhäuser, Urs/Neumann, Ulfrid/Paeffgen, Hans-Ullrich/Saliger, Frank(Hrsg.),
    Strafgesetzbuch NomosKommentar, 6. Aufl., 2023

Lackner, Karl/Kühl, Kristian/Heger, Martin(Hrsg.), Strafgesetzbuch Kommenatr, 30. Aufl., 2023

Roxin, Claus, Strafrecht, Allgmeiner Teil Bd. 2, C.H.Beck, 2003

Schönke, Adolf/Schröder, Horst(Hrsg.), Strafgesetzbuch Kommentar, 30. Aufl., 2019

von Heintschel-Heinegg, Bernd(Hrsg.), BeckOK StGB, 56. Edition Stand 01. 02.2023

[Zusammenfassung]

Beteiligung ohne Täter und Normtive oder Soziale Willensherrschaft

Kim, Sung-Ryong*

In dieser Arbeit wurde ein Urteil des Koreanischn Obersten Gerichtshofs zum Straftatbestand der sog. "Behinderung der Rechtsausübung" kritisch überprüft. Dieses Gericht sprach schließlich den Angeklagten frei, der die Ausübung der Rechte des Vermieterrs indem verhindert hat, dass er das Passwort des digitalen Türschlusses geändert und ihm nicht möglich gemacht hat, das Zimmer zu betreten.

Der Autor dieser Arbeit findet und analysiert wesentliche Fehler dieser Rechtsprechung, zeigt auch die Problematik der gegenwärtigen wissenschaftlichen Lehren auf und stellt möglicherweise verschiedene Problemlösungsmethode vor.

Vor allem soll es noch konkreter und präziser untersucht werden, was der Unterschied zwischen sog. Behinderung der Rechtsausübung und Sachbeschädigung ist und worin das Wesen und die Besonderheiten jenes Deliktes liegt. Ob diese Delikt, sog. Behinderung des Rechtsausübung ein Sonderdelikt ist, ob es ein unechte Sonderdelikt ist, oder ob es tatsächlich ein allgemiens Delikt ist, ist auch zu beantworten.

---

* Kyungpook National University Law School

중지미수의 자의성 개념의 비결정성 및 그와 결부된 동기(준법의지)와 장애 요소의 역할과 의미

강 우 예*

◇ 대상판결: 대법원 2011. 11. 10. 선고 2011도10539 판결

피고인이 공소외 2에게 위조한 주식인수계약서와 통장사본을 보여주면서 50억 원의 투자를 받았다고 말하며 자금의 대여를 요청하였고, 이에 공소외 2와 함께 50억 원의 입금 여부를 확인하기 위해 은행에 가던 중 은행 입구에서 차용을 포기하고 돌아간 것이라면, 이는 피고인이 범행이 발각될 것이 두려워 범행을 중지한 것으로서, 일반 사회통념상 범죄를 완수함에 장애가 되는 사정에 해당한다고 보아야 할 것이므로, 이를 자의에 의한 중지미수라고는 볼 수 없다.

◇ 참조판결1: 대법원 1985. 11. 12. 선고 85도2002 판결

피고인 등의 이 사건 범행은 원료불량으로 인한 제조상의 애로, 제품의 판로문제, 범행탄로시의 처벌공포, 원심 공동피고인의 포악성 등으로 인하여 히로뽕 제조를 단념했다.

◇ 참조판결2: 대법원 1985. 1. 21. 선고 85도2339 판결

범행당일 미리 제보를 받은 세관직원들이 범행장소 주변에 잠복 근무를 하고 있어 그들이 왔다 갔다하는 것을 본 피고인이 범행의 발

---

* 한국해양대학교 해사법학부 교수, 법학박사.

각을 두려워한 나머지 자신이 분담하기로 한 실행행위에 이르지 못했다.

◇ 참조판결3: 대법원 1997. 6. 13. 선고 97도957 판결

피고인은 자신의 아버지 방에서 라이터로 휴지에 불을 붙여 장롱 안에 있는 옷가지에 불을 놓아 건물을 소훼하려 하였으나 불길이 치솟는 것을 보고 겁이 나서 옷가지에 불이 붙어있는 상태에서 물을 부어 진화했다.

◇ 참조판결4: 대법원 2005. 6. 10. 선고 2005도2718 판결

피고인은 이 사건 범행 당시 원심판시와 같이 피해자들을 칼로 수회 찔러 피해자들이 많은 피를 흘리며 쓰러져 의식을 잃게 되자 겁이 나서 칼을 버리고 이 사건 식당 밖으로 나간 사실을 인정할 수 있으므로 피고인의 범행은 장애미수라고 볼 것이지 중지미수는 아니라고 할 것이다.

Ⅰ. 문제의 소재

형법 제26조의 중지미수의 자의성 개념은 수많은 학술적 에너지가 투여된 주제이지만 여전히 명확하고 단일한 의미제시가 어려운 영역으로 회자된다. 흔히, 외부적 장애가 존재하지 않고 스스로 선택한 경우를 자의성이 있는 경우라고 보지만, 외부적 장애와 자주적 선택 간에는 일도양단식의 자의성 판단을 어렵게 하는 의미의 상호 순환과 의존관계가 형성되어 있다. 이것이 바로 우리 대법원이 자의에 의한 중지와 장애에 의한 중지를 구분한 후 다시 자의에 의한 중지 중에서 일반사회통념상 장애에 의한 미수를 제외해야 한다는 동어반복의 형태로 자의성 기준을 기술하고 있는 요인으로 보인다. 본고는 중지미수에 있어 외적 장애 요인과 내적 동기 간의 관계는 불법 여부를 파악

하는 데 있어 객관적 측면과 주관적 측면 모두가 고려되는 접근법과 일면 유사한 선상에서 파악할 수 있다고 본다. 사실, 장애 요소 단독으로 자의성 존부를 결정하기 힘들다는 점은 행위자가 장애가 없는 것으로 착오하고 행위한 경우에도 여전히 중지미수를 검토할 여지가 있다는 측면에서도 확인할 수 있다.

본고에서는 자유의지 개념이 지닌 의미의 여러 층위를 분석해 보는데서 출발했다. 우선, 자의성 판단과 관련해서는 장애나 억압으로부터의 자유라는 의미의 자주적 결단 혹은 자율적 선택이라는 개념뿐만 아니라 책임귀속의 근거로서 도덕법칙과 일치하는 주관적 의사 형성이라는 측면 또한 외면할 수 없는 것으로 보인다. 여기에 그치지 않고, 본고는 외부의 영향을 받지 않은 아니 외부의 영향을 받았다고 하더라도 제1원인자의 성격을 지녀야 하는 자주적 결단 혹은 자율적 선택 개념이 가진 근본적인 비결정성과 비규정성에 주목했다. 사실, 자의성은 통상적인 개념 정의의 방법만으로 의미를 확정하기 힘들며 따라서 유효한 법적 기준으로 사용되기 힘든 성격을 지녔다고 보아야 한다. 그런 경우에도 법적 판단을 위해 활용해야 할 개념적 형태와 방법이 무엇인지 제시해야 하는 과제를 방기할 수 없는 것이다. 마침, 이와 관련되어 축적되어 있는 국내 법철학계와 철학계의 연구 성과들이 영감을 줄 수 있는 바를 찾고자 노력했다.

사실, 중지미수의 자의성 개념과 관련해서는 자주적 결단에 초점을 맞추는 심리적 절충설과 동기의 내용을 중시하는 규범설이 가장 도드라져 보인다. 심리적 절충설은 자의성의 개념 형성에 있어 동기를 중시하는 규범설이 문언의 가능한 의미를 벗어났다는 비판을 하고 있다. 이 심리설은 중지의 동기에 대한 평가로 완전히 자의성 판단을 대체할 수 없으며 동기 선택의 자율성이 자의성 판단의 핵심이라고 보는 듯하다. 그런데, 이러한 심리설의 접근법은 결코 일의적인 개념 요소에 머물지 않으며 자율적 선택에 영향을 주는 여러 가지 요인들을 고려하는 방향으로 나아가는 모습을 보여준다. 동기 형성의 자율성 판단을 위해서는 객관적 상황에 대한 정보가 필요하고 이와 결부된 내적 반응의 형태와 내용을 고려해야 한다. 이 과정에서 동기형성의 자율성 판단을 위한 결정적 기준의 제시가 매우 어렵거나 가능하지 않은 것 같다는 탄식이 일어나게 되고[1] 결국 다양한 구체적 유형을 검토하는 접근법에 의존할 수밖에 없다는 주장이 나타나게 되었다.[2]

이에 반해, 규범설은 자의성 개념에 대하여 그 입법취지에 따른 목적론적 해석을 해야 한다고 본다.[3] 사실, 중지행위자의 동기의 내용에 집중하는 규범설이 자의성의 문언의 가능한 의미를 벗어났다는 비판론에 대해서는 자의성 개념이 본질적으로 벗어날 수 없는 비결정성과 비규정성을 어떻게 해소할 수 있는지 반문하는 것으로 반론을 대신할 수 있다. 무엇보다, 심리적 절충설 진영에서는 자율적 동기라는 개념을 통해 자주적 선택 여부뿐만 아니라 동기의 내용을 분명 고려요소로 포함시키는 경우가 많다. 본고는 중지미수의 자의성 판단은 책임귀속 개념과 긴밀한 연관이 있다는 점에 무게를 두고자 한다. 즉, 행위자 스스로 도덕법칙에 부합한 선택을 했는지 여부를 책임판단이라는 관점에서 평가하지 할 필요가 있는 것이다. 이를 칸트식으로 설명하자면, 중지미수는 외부적 요인의 영향을 받아 나타난 동기의 즉흥성, 감성지향성, 등을 넘어서는 초월적 의지가 선택한 윤리성 혹은 합법성으로 인해 그에 걸맞는 보상을 주는 것으로 보아야 하는 것이다.

그렇지만, 단일한 하나의 동기를 발견하는 하는 것으로 중지미수의 자의성 판단이 완결된다고 보기는 힘들다. 범행이 이루어진 상황요소 여러 가지를 고려하여 상응하는 여러 가지 내면의 현상 중 주되고 중요한 동기를 선별하고 의미부여를 해야 한다. 무엇보다, 본고의 대상판결과 참조판결들은 사안별로 나타나는 여러 가지 형태의 동기들에 비추어 어떠한 결론이 내려졌는지를 검토하기 위해 선별되었다.

---

1) 이용식, 중지미수의 자의성, 교정연구 제26권 제3호, 한국교정학회, 2016, 265-266면.
2) 천진호, 형법총론, 준커뮤니케이션즈, 2016, 692-694면.
3) 이상돈, 중지미수에서 자의성 개념의 기호론적 재구성, 저스티스 제33권 제1호, 한국법학원, 2000, 118면.

대상판결과 참조판결들 각각에는 그 정도가 약하든 강하든 간에 행위자가 스스로 중지를 선택했다고 볼 수 있는 측면이 있다. 그럼에도, 대상판결과 참조판결 모두에 자주적 결단이 있었다고 인정하는 것이 중지미수의 자의성 요건에 비추어 적절하지 않아 보이는 이유는 과연 무엇 때문인가?

Ⅱ. 자의성 개념의 역설에 관한 법이론적 분석

1. 윤리성과 결부된 자의성

중지미수의 자의성 판단에 있어 객관적 규범과의 일치 여부가 중요한 문제가 되기도 한다는 것은 일종의 역설이다. 왜냐하면, 중지미수에서 적법의 영역으로 복귀한 행위자에게 형의 필요적 감면이라는 혜택을 부여하는 이유는 바로 다른 어떠한 외부적 상황이 결정적 요인이 되지 않고 스스로 중지를 결정했다는 사실이기 때문이다. 그런데도, 주관설은 중지를 결정한 행위자가 윤리적 동기가 있는 경우에만 중지미수의 자의성을 인정해야 한다고 보고 있다. 설령, 행위자가 중지를 자발적으로 결정했다고 하더라도 그 결정의 동기에 후회, 동정, 연민, 양심의 가책 등의 윤리적 내용이 없는 경우 자의성이 없다는 것이다. 이 중지미수의 주관설은 내적 동기의 내용이 윤리와 일치한다는 사실을 중지 선택이 자유롭게 이루어졌다는 것과 동일한 의미로 보는 접근법으로 받아들여져 폭넓은 지지를 받지 못하고 있다.

칸트는 객관적 도덕법칙과 일치하는 동기의 수립과 선택에 대해 자율성이 있다고 기술한 바 있다. 칸트에 있어 무엇보다 중요한 것은 외적 권위나 절대자의 명령에 대한 단순한 복종을 넘어 자율적으로 도덕법칙을 수립할 수 있는 이성의 능력이었다. 칸트의 자유는 제약없이 아무렇게나 행동하는 바를 가리키는 것이 아니라 도덕법칙을 전제로 하여 구현되는 성격을 지니고 있다. 역으로, 외적-주관적 제약을 초월해서 보편적-자율적으로 수립되어야 하는 도덕법칙은 인간의 자유를 전제로 한다.4) 즉, 칸트에 있어 자유는 도덕적으로 행위하는 것이고 도덕법칙을 준수하는 의무를 다하라는 것은 초월적 자유로 가능한 자율성을 발휘하라는 요구이다.5)

칸트의 입장에서는 단순히 욕망에 따라 선택하고 행동하는 것은 인간의 자유라고 볼 수 없고 동물의 행위와 다를 바 없다. 그 자연의 인과의 일부인 욕망을 초월하여 책임귀속 개념을 중심으로 한 도덕법칙을 인식했을 때 비로소 자유의 조건이 충족될 수 있는 것이다. 이러한, 자유는 도덕적이고자 하사면 필연적으로 전제할 수 없다는 의미에서 경험적인 증명의 대상에서 초월적이다. 즉, 자유는 입증할 수 있는 문제가 아니며 도덕적인 것이 가능하도록 할 때 반드시 전제할 수밖에 없다.6) 나아가, 개개인이 설정한 준칙은 여전히 경험적 주관의 한계에서 벗어나지 못하고 있기 때문에 그를 넘어설 수 있는 전지적이고 메타적인 완전한 객관성과 보편성이 확보되고 자기 스스로 이유와 근거가 되는 필연성이 상존하는 도덕법칙의 수준에 올라서야 한다.7) 이 도덕법칙의 근본은 외적 요인으로부터 독립하여 법칙을 수립할 자유로서의 자기뿐만 아니라 타인의 자율 또한 존중한다는 것을 의미한다. 칸트에 있어 인간은 자율적일 때 비로소 제대로 자유롭다고 할 수 있다.8) 이 자유가 도덕법칙을 수립하고 준수하는 의지의 자율이라는 의미일 때만이 본격적인 책임 원리가 작동할 수 있는 것이다.9) 적법한 영역으로 돌아선 선택이 그 선택의 주체에 완전히 귀속될 수 있는

---

4) 임미원, 윤리적 개념으로서의 자율성 -칸트의 자율성 개념을 중심으로-, 법학논총 제33집 제3호, 한양대학교 법학연구소, 2016, 10면.

5) 임미원, 위의 논문 10-11면; 유사한 취지로, 이윤복, 칸트에 있어서 자유와 도덕성, 철학연구 제99집, 대한철학회, 2006, 255-257면.

6) 임미원, 위의논문, 10면.

7) 이정환, 「근본악」에서 드러나는 자유의 구조 - 추동자담짖자의 기능적 이원론으로서 칸트의 자유이론-, 철학 제142집, 한국철학회, 2020, 82면.

8) 임마누엘 칸트(백종현 옮김), 실천이성비판, 아카넷, 2012, 51-142면.

9) 김석수, 현대사회에서 자유와 책임, 칸트연구 제43집, 한국칸트학회, 2019, 12면.

조건은 해당 주체가 스스로 수립한 규범의 입법자라는 법칙인 것이다. 자유와 도덕법칙은 상호의존적인 관계를 형성한다고 보고 있는 것이다.10)

　　우리 형법학계에서 중지미수의 자의성을 동기의 윤리성과 동치시키는 주관설에 동의하는 접근법은 전무함에도 불구하고 여전히 중지미수의 자의성 판단에 있어 동기의 내용에 대한 고려가 불가피하다고 파악하는 규범설의 시각은 상당히 흥미롭다. 예를 들어, 이용식 교수는 윤리적 동기설이라 불리는 주관설에 완전히 호의적인 태도를 보여주지는 않으면서도 윤리적 동기설이 중지미수의 자의성 개념을 규범적인 층위에서 파악하는 시각이라고 정당하게 지적하고 있다.11) 또한, 이상돈 교수는 자의성을 추론하는 데 필요한 간접적 요인에 양심의 가책, 후회, 반성, 연민의 정, 부끄러움과 같은 윤리적 동기뿐만 아니라 두려움, 공포, 쇼크, 용기상실, 심리적 동요 등의 윤리 외적 동기를 포함시켜 기술하고 있다.12) 덧붙여, 이상돈 교수는 주관설과 규범설을 통합적으로 이해하여, 윤리적 반성이 있었느냐, 법충실의 심정상태에 이르렀느냐, 불법의 세계로 퇴각한 정도에 그쳤느냐와 같은 중지행위를 한 자의 '태도의 전환'의 내용과 강도에 따라 자의성 판단이 달라질 수 있다는 분석을 제시하기도 했다.13)

　　사실, 칸트의 도덕정향적인 자유라는 개념은 곧 도덕적 결정론을 가리킨다는 비판이 있다.14) 유사하게, 박정근 교수는 독일 형법 학자인 벨첼이 감성이나 욕망에 단지 휩쓸리지 않고 객관적 도덕법칙을 인식하고 선택할 경우만을 자유라고 하는 것은 사실상 결정론을 내용으로 하는 비결정론이라고 받아들여질 가능성이 농후하다고 지적했

---

10) 임미원, 위의 논문, 2면.
11) 이용식, 앞의 논문, 263-264면.
12) 이상돈, 앞의 논문, 123면.
13) 이상돈, 앞의 논문, 118-119면.
14) 칸트의 순수이성비판의 자유 개념을 도덕적 결정론으로 파악하는 시각들에 대하여, 이정환, 앞의 논문, 73면.

다.15) 그럼에도, 칸트에 있어서 도덕법칙에 대한 인식이 없다면 경험적 인과의 세계에 대항하여 순수 이성이 형성하는 이율배반으로서의 자유의 차원을 논할 여지가 없어지게 된다.16) 칸트에 있어 선험이성적 도덕법칙은 책임개념과 결부된 자유 개념을 성립시킨다. 사실, 침해행위로부터의 자유라는 소극적·방어적 자유 개념은 책임귀속 개념과 결부시키는 것이 쉽지 않다. 또한, 선택의지가 도덕법칙을 전제하지 않은 무한의 자유이기만 하다면 할 수 있는 것과 할 수 없는 것 간의 구분도 불가능하고 주관적인 우연성에만 의지하게 된다.17) 인간이 자신의 행위에 대하여 책임을 진다는 적극적 자유의 구현은 옳은 법칙에 대한 의무이행을 불가피한 조건으로 한다.18)

2. 자의성 및 자율성 개념의 중의성

최근의 우리 법철학계의 연구성과를 살피면, 칸트 스스로도 자의성 내지 자발성의 의미를 완전히 도덕정향적으로만 이해했다고 제시했다고 보기 힘든 것 같다. 이정환 교수는 순수이성비판에서 칸트가 자기 스스로 준수할 도덕법칙을 수립하는 자율성으로서의 자발성을 제시한 반면에 『순전한 이성의 한계 안에서의 종교』의 제1편에 속하는'악의 원리가 선한 원리가 동거함에 대하여, 또는 인간 자연본성에서의 근본악에 대하여'에서는 수립한 도덕법칙의 선택을 결정할 수 있다는 의미로서의 자발성을 기술하고 있다. 즉, 칸트는 자신의 행위의 동기로 받아들여질 법칙을 수립하는 것만큼이나 해당 법칙을 동기로 받아들일지를 숙고하고 결정하는 자발성이 공존한다고 보았다는 것이다.19) 윤선구 교수는 칸트가 실천이성비판 등에서는 도덕법칙을 중심으로 한 정념으로부터의 자유를 단일한 자유 개념으로 인정하여 정립

15) 박정근, 인격책임의 신이론, 법문사, 1986, 56-60면.
16) 이윤복, 앞의 논문, 252, 256-259면.
17) 이윤복, 위의 논문, 259면.
18) 김석수, 앞의 논문, 3면.
19) 이정환, 앞의 논문, 88, 90, 95-96면.

하는 의도를 내비치고 있지만 그의 저작 전반에서 필연으로부터의 자유, 즉 선택의 자유 또한 상당한 비중을 차지하고 있다고 지적한다.[20] 이러한 선택의 자유라는 관점하에서야, 악을 선택하는 인간의 자유의지를 설명할 수 있다.[21] 사실, 이성에서 이탈하는 악의 선택이 자유의 담지자인 이성 자신에서 비롯된다는 점은 칸트주의자들에게 곤혹스러운 역설이 아닐 수 없다.[22] 이러한 칸트의 이론적 입장은 결정되지 않은 사항에 대한 임의적 혹은 자발적 선택을 단순히 자유로 부르지 않고 도덕법칙을 수립하고 준수하는 바를 초월적 자유[23]라고 보는 시각을 완전히 관철시키지 않고 수정하는 접근법을 보였다고 해도 과언이 아닌 것 같다.

　칸트의 실천이성비판에서 보여준 객관적 도덕법칙을 향한 일방향적 자율성 개념에 대해 자유주의 진영의 상당수의 학자들은 거부하고 있다. 임미원 교수는 조셉 라즈(Joseph Raz)가 칸트의 도덕정향적 자율성을 비판하고 개인적 자율성 개념에 초점을 맞추었다는 사실을 지적했다. 즉, 특정한 사항을 선택하는 데 있어 객관적 도법법칙에 일치하기 때문에 의미가 있는 것이 아니라 개인적 자아의 진실, 진정성, 자명성 및 선 관념에 부합했는지가 더 중요한 초점이 되어야 한다는 것이다.[24] 또한, 칸트가 도덕법칙과 부합하는 자율성에 기초하여 인간과

---

20) 윤선구, 강제로부터의 자유와 필연으로부터의 자유: 라이프니츠와 칸트의 의지자유개념 비교연구, 철학연구 제114호, 철학연구회, 2016. 그럼에도, 윤선구 교수는 칸트가 단순한 선택의 자유는 부정했다고 본다. 즉, 칸트는 자연의 인과관계로부터 독립된 선택의 자유를 무차별적인 어떤 것으로 보지 않고 예지계의 도덕법칙의 지배하에 있는 것으로 파악하고 있다고 기술하고 있다. 이와 같은 칸트의 자유개념은 자연적 인과관계로부터의 소극적인 자유뿐만 아니라 스스로 수립하고 준수하는 도덕법칙에 따르는 적극적 자유라는 관념을 겨냥하고 있다고 본다. 다만, 윤선구 교수는 자유를 단일한 의미로 파악하지 않고 여러 가지 종류로 파악해야 한다고 보고 있으며 칸트의 도덕정향적인 자율도 여러 가지 자유 중의 하나로 이해할 것을 제안하고 있다. 윤선구, 위의 논문, 202-207면.
21) 이정환, 앞의 논문, 88-90면.
22) 이정환, 위의 논문, 99면.
23) 임미원, 앞의 논문, 10-11면.
24) 임미원, 위의 논문, 13면.

인간행위의 목적자체성을 받아들여야 한다고 주장한데 반하여 존 스튜어트 밀의 결정과 선택의 프라이버시권으로서의 자율성은 모종의 이로운 결과가 있는 경우에 존중받는 형태를 취하고 있다.25) 이러한 밀의 자율성 개념 또한 외부에서 주어지는 도덕법칙 보다는 자아의 진정성에 기반한 선택으로서의 개인적 자율성에 무게를 두고 있다.26)

중지미수론에 있어 우리의 다수설인 심리적 절충설은 중지행위자가 자율적으로 동기를 형성했는지를 바탕으로 자의성 요건의 충족을 판단한다. 배종대 교수에 따르면, 중지행위자 스스로 실행에 착수한 행위를 그만둔 자율 동기가 중지미수의 자의성 판단의 핵심 개념이다.27) 특히, 심리적 절충설은 주관설이 동기의 내용이 객관적인 윤리와 부합하는지를 평가하여 자의성 요건의 충족 여부를 판단하는 접근법을 거부하고 중지행위자의 내면적 결단의 자주성에 초점을 맞춘다.28) 이처럼 중지결단의 자주성에 초점을 맞추는 것은 심리적 절충설의 또 다른 형태인 프랑크의 공식을 기초로 한 접근법에서도 동일하게 나타난다.29) 그런데, 심리적 절충설은 동기의 내용이 아니라 자율적 결단에 초점을 맞추어야 한다는 접근법과는 달리, 결국 한편으로는 외적 장애 혹은 다른 한편으로는 장애가 영향을 미친 동기에 대한 고려를 하여 자율적 결단 여부를 판단한다. 예를 들어, 하태훈 교수는 추상적으로 막연히 처벌되거나 발각될 위험성 또는 두려움 때문에 중지한 경우는 저항할 수 없는 강제로 볼 수 없으며 경찰관의 잠복이나 피해자가 면식있는 자인 경우와 같이 구체적인 발각의 두려

---

25) 임미원, 위의 논문, 12-13면.
26) 임미원, 위의 논문, 11면.
27) 배종대, 형법총론 제17판, 홍문사, 2023, 365면.
28) 신동운, 형법총론 제14판, 법문사, 2022, 523면; 김태명, 판례형법총론 제3판, 정독, 2019, 416면.
29) 특히, 범행객체가 애초 생각했던 것 보다 실망스러워 범행을 중지한 좌절미수에 있어 판례나 다수설의 결론과는 다른 결론을 프랑크 공식이 제공할 수 있다는 주장으로, 이경렬, 범행중지의 자의성 판단과 프랑크 공식, 성균관법학 제26권 제1호, 성균관대학교 법학연구소, 2014, 16-18면.

움이나 위험성에 기초한 경우에는 상황을 지배할 수 없는 경우라고 보고 있다.[30]

그런데, 이러한 접근법들을 아무리 살펴도 외적 장애 혹은 그 외적 장애가 반영된 동기에 대한 고려를 제외하면 과연 무엇을 바탕으로 자율적 결단 여부를 판단할 수 있는지 이해하기 힘들다. 사실, 왜 착수를 넘어선 실행행위를 중지한다는 결단의 자주성이 아니라 그 결단으로 이어진 동기를 형성하는 의사작용의 자율성이 중지미수의 자의성으로 이해되어야 하는지에 대한 흡족한 설명도 찾아보기 어렵다. 동기의 자율성 혹은 자율적 동기라는 상당히 절충적이고 중의적으로 보이는 개념이 슬쩍 중지행위의 자의성을 대처하고 있다. 심리적 절충설 중에 명시적으로 규범설을 일부 흡수하여 자의성이 지닌 규범정향적 성격과 선택의 자율성이라는 측면 모두를 중지미수 성립에 활용해야 한다는 입장에서도[31] 역시 동기의 내용에 대해서는 자세히 유형별로 분석하고 분류하고 있지만[32] 자주적 선택 혹은 자율성의 판단기준은 무엇인지에 대해 분명한 기술을 찾기 어렵다. 즉, 자율성 혹은 자의성은 그 내용을 드러내지 못하고 중지와도 결부되고 중지의 동기와도 결부되는 중의성을 보여주고 있다. 여기서, 선택의 자유라고 하는 것이 인간 자신이 준칙으로 받아들인 동기에 의해서 일면 규정될 수밖에 없는 것은 아닌지 숙고할 필요가 있다. 즉, 자의성 판단은 자신이 스스로 선택했다고 하는 동기에 결국 의존하게 되는[33] 개념적 역설이 나타나는 것이다.

---

30) 하태훈, 중지미수의 성립요건, 형사판례연구 제7권, 한국형사판례연구회, 1999, 75-76면.
31) 정성근·박광민, 형법총론 제4판, 삼지원, 2009, 309면; 김성돈, 형법총론 제2판, 성균관대학교 출판부, 2009, 432면.
32) 김일수·서보학, 새로쓴 형법총론 제12판, 박영사, 2014, 400면.
33) 이정환, 앞의 논문, 70면.

3. 자유 혹은 자의성 개념의 특별함, 무한성과 자기참조적 공허

이용식 교수는 심리적 절충설이 자의성 의미에 대해 자율적 동기라고 하는 것은 실제 아무런 내용을 전달하지 않는다고 지적한다. 단지, 자의성을 자율성으로 대체한 빈 개념이라고 기술했다. 또한, 심리적 절충설에서 자의성 내지 자율성 판단을 위한 기준인 외부적 장애 및 독자적 의사결정 개념은 어느 하나 결정적 역할을 하지 못하고 간에 서로 간에 피드백을 주고받는 동어반복 내지 순환논리 구조를 지녔다고 짚어낸다.[34] 극단적으로 말해 강도에 위협을 받고 행위한 경우에도 사실상의 선택가능성은 완전히 사라지지 않는다. 불길이 치솟거나 피해자의 가슴에 피가 흘러나오는 상태에 있어 행위자가 외부적 상황을 지배하고 의사결정을 지배할 수 있었던 상태라는 판단[35]은 외적 조건과 내적 결단 사이의 무한의 상호 의존적 의미 순환이거나 자기참조적 독단 이외의 근거가 무엇인지 의심스럽다. 이상돈 교수는 자의성을 지배결정되지 아니함이라고 정의하고 이를 동기에 대한 논의로 치환시키는 접근법을 비판했지만, 뒤이어 곧바로 자의성은 성향개념(Dispositionsbegriff)이어서 존부를 확정할 때 특별한 어려움에 부딪히게 되므로 간접사실인 동기, 외부적 장애, 등을 고려할 수밖에 없다고 기술하고 있다.[36] 다만, 이상돈 교수는 이러한 간접사실을 고려하는 것은 자의성 판단에 있어 일도양단식의 기준이 없기 때문이며 따라서 사안별로 결론이 달라질 수 있다고 지적해 내고 있다.[37] 이뿐만 아니라, 최준혁 교수가 법원의 자의성 판단이 한 번에 이루어지지 않고 몇 단계로 이루어진다고 분석해 낸 것은 자의성 요건이 분명하고 단일한 개념적 의미로 제시되고 있지 못하다는 사실을 간접적으로 징표한다. 특히, 1단계의 자의성 혹은 장애에 해당하는지를 판단한 뒤 다시 2단

---

34) 이용식, 앞의 논문, 264-265면.
35) 조국, 은교로서의 형법 제26조와 중지미수의 자의성 판단 기준, 형사법연구 제28권 제2호, 한국형사법학회, 2016, 76면.
36) 이상돈, 앞의 논문, 122면.
37) 이상돈, 위의 논문, 123-125면.

계의 자의성 존부를 결정하기 위하여 굳이 사회통념 개념이 필요하다고 보았다면[38] 이는 자의성 판단이 쉽게 한 번으로 완결되기 힘들어 계속된 여운을 남기기 때문이 아닐까? 사회통념에 기초한 개념적 의미 파악은 자기참조적·직관적 판단에 매우 근접해 있다.

사실, 자의성 개념이나 그 기초가 되는 자유의사 개념은 완전한 정의나 의미파악이 어렵다는 혐의를 완전히 벗어나기 힘들다. 사실, 제약을 벗어난다는 의미로서의 자유는 본질적으로 그 한계를 설정하기 힘들다. 욕망이나 외부적 장애에 의해 제약되는 순간 더 이상 자유롭다고 볼 수 없기 때문이다. 이러한 의미에서 자유는 무한 개념과 긴밀한 연관이 있다.[39] 헤겔은 자유의지가 제한되지 않고 규정되지 않는 순수한 반추를 기초로 무한한 가능성으로 나아가는 보편자를 그 본질로 해야 개별적 특수성의 한계에 머물지 않는다고 보았다.[40] 만일, 이와 같은 무한성을 굳이 개념적으로 포착하고자 하면 재귀적·자기참조적(recursive self-referential) 형상을 설정할 수밖에 없다. 일정한 대상의 의미를 파악하는 것은 개념적 제한과 제약이 수반될 수 밖에 없지만 이는 순수한 자유 개념의 성질과는 일치하지 않는다[41]고 해야 한다.

마찬가지로, 자의성 개념은 그 실체를 분명히 포착하기 힘든 성질을 지녔다고 해야 한다.[42] 순수하게 자기규정적이고 자기순환적으로 창발한 중지의 결단만을 자유롭다고 하는 것은 실제적인 불가능성[43]을 개념적 구성물로 제시한 것에 지나지 않는다. 어떠한 영향도 받지

---

38) 최준혁, 판례에 나타난 중지미수의 법리, 경찰법연구 제3호, 한국경찰법학회, 2005, 212면.
39) Harry G. Frankfurt, The Importance of What We Care About, 1988, 21-25면.
40) 이행남, 헤겔의 법철학의 서론에서 자유의지 개념과 나의 자기규정, 헤겔의 법철학 출간 200주년 기념 공동학술대회(한국헤겔학회·사회와철학연구회·한국법철학회): 사회적 자유와 법 (2021. 4. 10.) 1-16면.
41) Robert M. Wallace, Hegel's Refutation of Rational Egoism, in True Infinity and the Idea, 3 Cardozo Pub.L.Pol'y & Ethics J. 155 (2004), 159-160면.
42) 유사한 취지로, 이용식, 앞의 논문, 259면.
43) John Martin Fischer, The Cards That Are Dealt You, The Journal of Ethics 10 (2006), 109-120aus.

않고 100% 완전한 제1원인자로서의 자주적 결단은 무작위의 의식 현상을 가리키는 것 이상이 아니라는 비판에 유념할 필요가 있다.[44] 칸트식의 근대철학적 관점에서도, 필연으로부터의 완벽한 자유는 우연으로 규정되기도 한다.[45] 경험적으로 특정한 의사결정이 외적 요인에 의한 것인지 오직 내적 요인에 의한 것인지를 밝히는 것은 불가능에 가깝다. 이러한 시각은 자의성 판단에 있어서는 정형적 기준이 그 힘을 잃고 자기참조적 직관에 의존하는 경향이 있다는 접근법으로 이어질 수 있다.[46] 대법원의 사회통념 기준에는 바로 자의성 개념의 이러한 측면이 의도치 않게 스며들어 있다. 사실, 자의성은 내적 의사 및 '동기'나 '객관적 상황'과 같은 주변적 개념을 통해 그것도 통상적인 개념 정의가 아닌 방식으로 자신을 드러내고 있다.

따라서, 자의성이 의사가 다만 지배결정되지 아니한다고 정의하는 것 자체만으로는 아직 어떠한 실제적인 의미가 드러나지 않았다고 보아야 한다. 자주적 결단이나 지배결정되지 아니함이라는 문구 이외에 다른 의미소들을 허용하지 않겠다는 것[47]은 독단에 의지하겠다는 고백에 다름 아니다.

Ⅲ. 중지미수의 자의성 개념 형태와 자의성 판단

1. 장애 개념의 필요불가결성과 한계

중지미수의 자의성 판단에 있어 외부적 요인에 대한 고려는 불가피하다. 즉, 자의성이라는 요건은 이를 제약하는 개념인 외적 장애 요

---

44) Parashkev Nachev & Peter Hacker, The Neural Antecedents to Voluntary Action: A Conceptual Analysis, Cognitive Neuroscience (2014), 12면.
45) 윤선구, 앞의 논문, 182-183면.
46) 이러한 자유 개념의 성격에 대한 보다 자세한 분석으로, 강우예, 현대 인지과학적 접근법에 비춘 형법의 책임론 — 시원성 개념에 대한 비판과 타행위가능성 개념의 객관적 성격에 대한 분석을 중심으로 —, 법철학연구 제24권 제3호, 한국법철학회, 2021 참조.
47) 이상돈, 앞의 논문, 121면.

소를 반드시 전제한다. 자의성 판단을 위하여 자율적 동기를 핵심 개념으로 삼는다고 할지라도 장애 요인 없이 오로지 자율적 동기만이 존재하는 경우를 찾는 것48)은 불가능하며 오류에 가까운 접근법이다. 심지어, 순수 심리적 과정에 초점을 맞추었다 주장하는 프랑크의 공식조차 할 수 있다는 가능성을 전제로 하는 것어서 외부적 상황을 완전히 외면한 채 자의성을 판단하는 형태가 아니다.49) 인간은 스스로의 내적 자율성에 대해 미치는 여러 외적 요인들의 영향을 완전히 제거할 방법은 없다. 사소한 외적 장애가 발견되었다고 하여 자주적 결단을 의미없는 것으로 평가하면 중지미수가 인정되는 경우가 매우 적어질 것이고 장애에도 불구하고 내적 동기가 발견되는 경우를 모두 중지미수로 인정해주면 중지미수와 장애미수 간의 차이가 사라지게 될 것이다.50) 간혹, 우리 학계에는 우리 대법원이 장애가 될 수 있는 사정이 존재하지 않는 경우에만 자의성을 인정하는 것으로 보인다고 비판적으로 지적하는 견해가 눈에 띈다.51)

    그러나, 대법원 판례에서 자의성을 인정한 사례에 외적 요인이 전혀 없었다고 볼 수 있는지는 상당히 의문이다. 예를 들어, 피해자를 강간하려다 피해자가 다음번에 만나 친해지면 응해주겠다는 취지의 간곡한 부탁을 하자 강간행위를 중지한 경우에도 피해자가 가해자의 침해행위에 무력하게 반응하지 않고 허위든 진실이든 가해자의 강간의사를 전환시키기 위한 설득 혹은 기망이라는 외적 작용을 가한 경우이다. 그럼에도 불구하고, 대법원은 강간이 아닌 정상적인 성행위를 하자는 피해자의 설득이나 부탁은 그 강도가 강하든 약하든 가해자의 자의성을 부인하는 요인이 될 수 없다고 본 것이다.52) 즉, 여기서 초

---

48) 백원기, 미수론 연구, 삼지원, 1995, 131-132면.
49) 박찬걸·김현우, 중지미수의 자의성에 대한 비판적 검토, 법학논문집 제35권 제1호, 중앙대학교 법학연구원, 2011, 151면.
50) 정성근/박광민, 형법총론, 삼지원, 2001, 397면; 박찬걸/김연우, 위의 논문, 149- 150.
51) 이용식, 앞의 논문, 258면.
52) 대법원 1993. 10. 12. 선고 93도1851 판결.

점은 어떤 형태의 그리고 어느 정도의 장애요인이 발견되는 경우에 자의성을 정당하게 부인할 수 있는가가 된 것이다.

사실, 우리 대법원은 행위자가 스스로 중지한 여지가 보이는 경우에도 외적 장애요인뿐만 아니라 다소간의 내적 장애요인이 발견되는 경우에 좀처럼 자의성을 인정하고 있지 않다. 가령, 대법원은 옷가지에 불이 붙어 있는 상태에서 스스로 물을 부어 진화한 경우도 불길이 치솟는 것을 보고 겁이 난 것에 초점을 맞추어 장애로 판단했다.53) 또한, 대법원은 두려움이 있었지만 역시 스스로 실행행위를 중지했다고 하더라도 잠복근무하는 조사관들에게 발각될 위험을 자의성을 부인하기에 충분한 장애로 판단했다.54) 심지어, 일반적인 처벌에 대한 두려움이 일부 요인이 되었다고 하더라도 필로폰 제조상의 애로, 제품 판로문제, 공동피고인의 포악성 등을 고려할 때 중지행위의 자의성을 인정할 수 없다고 본 경우도 있었다.55)

그런데, 어떠한 수준과 형태의 외부적 혹은 내부적 장애가 사회통념상 자의성을 부인하는지에 대한 평가는 판단자에 따라 상당히 달라진다는 지적이 있다. 예를 들어, 강간을 시도한 가해자가 피해자의 어린 딸이 잠에 깨어 우는 데다 피해자가 임신 중인데 시장에 간 남편이 곧 돌아온다는 말을 듣고 그만 둔 사안에 대해 대법원은 사회통념상 외부적 장애에 해당한다고 보았지만56) 오영근 교수는 실제 발생한 사항 아니라 발생할 사항에 대한 피해자의 언급은 사회통념상 외부적 장애로 볼 필요가 없다고 비판했다.57) 흥미로운 점은 객관적 요인에 초점을 맞추는 접근법은 자의성의 범위를 지나치게 확대할 수 있는 시각이 있는 반면에 외부적 사정이 다소간에 발견되기만하면 자의성이 부인될 수 있다는 정반대의 견해도 존재한다는 사실이다.58)

---

53) 대법원 1997. 6. 13. 선고 97도957 판결.
54) 대법원 1985. 1. 21. 선고 85도2339 판결.
55) 대법원 1985. 11. 12. 선고 85도2002 판결.
56) 대법원 1993. 4. 13. 선고 93도347 판결.
57) 오영근, 형법총론 제5판, 박영사, 2019, 325면.
58) 박찬걸, 앞의 논문, 150면.

그런데도, 대법원이 사회통념 기준으로 장애에 의한 중지와 자의적 중지를 구분하는 접근법을 펴는데도 동기에 대한 평가를 완전히 배제하지 않는 모습을 보인다는 분석이 나타나는 사실[59]은 자의성 판단이 '외적 장애가 없을 것'이라는 일도양단식의 개념적 기준을 단순히 적용하는 것 이상의 문제라는 점을 간접적으로 보여준다. 따라서, 장애 요소에 대한 평가만으로는 자의성 판단이 완결된다고 보아서는 안된다. 사실, 일반적으로 장애 요인이 있다고 착각하거나 장애요인이 있는데도 착각하여 없다고 믿은 경우에는 외적 상황이 아니라 내면의 상태를 기준으로 하여 자의성을 판단하는 것이 적절하다.[60] 왜냐하면, 중지미수는 행위자가 외부 사정에도 불구하고 중지행위를 위하여 스스로 형성한 적법한 내적 의사가 특별하게 취급할 가치있는 것이기 때문이다.[61]

2. 동기의 내용의 적법성

중지미수를 규정한 형법 제26조에는 '동기'라는 개념적 요건은 등장하지 않는다. 그런데, 심리적 절충설이 동기의 내용을 심사하는 주관설을 비판하지만 중지 의사의 자의성이라는데 그치지 않고 동기 형성의 자율성에 초점을 맞추는 대목[62]은 매우 흥미롭다. 심리설은 자의성 판단에 있어 중지행위자의 의사결정의 지배 여부가 중요하다는 접근법[63]인데도 의사결정의 지배가 곧 자의성을 의미한다고 단정하지 않고 있는 것이다. 즉, 자의성의 의미를 언급할 때 단순한 동어반복에 머무르지 않으려는 시도가 동기 개념을 제시하는 방향으로 나아간 것으로 보인다. 즉, 심리적 절충설은 동기의 자율성을 자의성 판단의 핵

59) 손지선, 중지미수에서의 자의성 규명과정 정립을 위한 고찰, 형사법연구 제28권 제1호, 한국형사법학회 2016, 51면.
60) 천진호, 앞의 책, 692면.
61) 유사한 취지로, 최준혁, 앞의 책, 322-323면.
62) 박찬걸·김연우, 앞의 논문, 159면.
63) 조국, 앞의 논문, 68면.

심적 개념으로 제시하고 있는 것이다. 그런데도, 전형적인 심리적 절충설은 자율성 존부에만 초점을 맞출 뿐 동기의 내용에 대한 심사가 결정적 역할을 한다는 관점에는 다소 거리를 두는 것은 이미 잘 알려져 있다.64)

그럼에도, 심리적 절충설의 진영에서는 중지행위자가 중지행위와 결부하여 형성한 내심의 의도, 즉 동기의 내용을 자의성 판단의 주된 기준으로 사실상 차용하는 경우가 많다. 신동운 교수는 심리적 절충설을 취하고 있지만 범죄행위자의 범행결의란 범죄실현에 대한 내심의 표상인 것과 마찬가지로 자의성 판단에 있어 중지행위자의 상황에 대한 내심의 심리적 측면에 대한 고려가 중요하다고 보았다.65) 즉, 내심으로 어떠한 내용의 의사를 형성하고 중지행위를 결단했는지에 초점을 맞추고 있는 것이다. 이렇게 되면 근본적으로 동기의 내용을 평가하는 주관설과 매우 가까워진다는 사실을 부인할 수 없어 보인다. 이뿐만 아니라, 배종대 교수 역시 심리적 절충설을 취하고 있지만 자율중지를 판단하기 위하여 중지행위자가 형벌에 대한 두려움, 양심의 가책, 후회, 부끄러움, 피해자에 대한 동정심과 같은 동기를 형성했는지 여부에 초점을 맞추고 있다.66) 게다가, 자의성 판단에 객관설에 가까운 입장을 보이는 우리 대법원이 마치 주관설의 동기의 윤리성을 심사하는 듯한 접근법을 보여준다는 지적은 그 자체로 사실이다. 수술한 지 얼마 안되어 배가 아프다는 피해자의 사정을 듣고 강간행위를 중지한 피고인에 대하여 자의성을 부인한 대법원이 피해자를 불쌍하게 생각하지 않은 피고인의 의사내용을 심사하는 취지의 판결이유를 설시했다는 것은 적절한 문제제기이다.67) 즉, 피해자가 강간을 하기에 적합한 신체조건이 아니라고 인식한 것은 충분하지 않은 것이다.68) 이

---

64) 이용식, 앞의 논문, 266-267면.
65) 신동운, 앞의 책, 524-525면.
66) 배종대, 앞의 책, 365면.
67) 조국, 앞의 논문, 70면.
68) 박찬걸·김현우, 앞의 논문, 155면.

는 대법원이 스스로의 자의성 판단 기준을 혼돈한 것이 아니라고 보아야 한다. 사회통념에 비추어 외부 장애뿐만 아니라 동기 개념 역시 자의적 선택 여부를 판단하는 데 있어 결정적인 고려요소로 개입될 여지가 얼마든지 상존하기 때문이다. 자의성 개념에 중지 동기에 대한 고려와 평가가 은폐되어 있다는 주장69)은 매우 정당하다.

중지미수범에 형의 필요적 감면이라는 가벌성이 상당히 상쇄되는 특혜를 준다는 점에 비추어 심리적으로 자유로이 결단했다는 사실뿐만 아니라 적법한 동기를 형성했는지 여부에 초점을 맞추는 것은 불가피하다.70) 적법의 세계로 귀환했다는 의사의 내용을 심사하지 않고 단지 형식적이고 무차별적인 선택 자체에 자유라는 의미부여를 하여 그와 같은 보상을 한다는 접근법은 설득력이 낮다. 개념적으로 윤리성이 없는 자율적 동기를 설정하는 것은 가능하지만, 비난가치의 필요적 감면이라는 법효과는 중지행위자의 의사내용에 대한 규범적 평가를 필요불가결하게 수반할 수밖에 없다. 사실, 중지미수의 자의성 판단과 관련한 객관설, 주관설, 절충설이 모두 동기를 주된 개념요소로 삼고 있다는 지적은 예리한 분석이다.71)

그러면, 중지의 동기에 대한 내용에 대한 규범적 평가 기준에 대해 논할 필요가 있다. 사실, 윤리적 동기설인 주관설은 역시 자의성 판단과 관련한 규범설의 일종으로 해석할 수 있다.72) 우선 한 극단에는 중지를 한 동기의 내용이 최적의 윤리와 부합할 경우 자의성이 있다고 주장하는 시각을 설정할 수 있다. 다른 극단에는 중지행위자가 위법하지 않은 여러 적법의 동기 중 하나를 선택하여 형성했다면 자의성을 인정하기에 충분하다는 접근법을 그려볼 수 있다. 예를 들어, 생활고에 지친 모친이 자녀를 살해하려다 자녀가 울며 애원하자 연민

---

69) 이용식, 앞의 논문, 281면.
70) 박상기, 중지미수의 성격과 자의성 판단, 형사법연구 제14권, 한국형사법학회, 2000, 316면.
71) 이용식, 위의 논문, 260면,
72) 이용식, 앞의 논문, 263-264면.

의 정을 느껴 중지한 데 대해 최선의 윤리적 동기를 형성하지 않았다
고 하더라도73) 다원주의의 원리 하에 있는 우리 법질서에 비추어 적
법의 영역으로 귀환하는 태도의 전환을 인정하는 접근법을 펼칠 수
있는 것이다. 마찬가지로, 대법원은 강간을 시도하는 가해자에게 후일
성관계를 응해주겠다는 피해자의 간청에 향후 피해자와의 간음을 원
활하게 하겠다는 의도로 중지한 경우 가해자의 동기는 그다지 윤리적
이지 않으며 비열하고 허무맹랑하다고 할지라도 반사회적 영역에서
벗어나겠다는 의지가 발견되었기 때문에 자의성이 인정을 했던 것이
다.74) 윤리적으로 상찬받을만한 동기는 없었지만 위법하지 않은 다른
행위를 하기 위해 피해자를 찌르는 것을 포기한 경우에도 자의성을
인정하는 것이 적절해 보인다.75) 유사하게, 절도를 공모한 공범이 사
무실에 진입하여 절도행위를 하고 있는 중에 피고인이 자신의 전과
등을 생각해서 가책을 느낀 나머지 스스로 결의를 바꾸어 그 피해자
에게 공범의 주거침입절도의 사실을 알려 체포하도록 한 경우를 반드
시 윤리적으로 바람직한 양심의 가책이 있었기 때문이라고 할 필요는
없으며76) 법질서를 준수하는 방향으로 회귀하겠다는 의지가 동기로서
발견되면 자의성 인정에 충분하다.77)

　　여기서, 중지미수의 자의성 요건을 반전된 주관적 불법요건으로
파악하자고 제안한다. 즉, 불법 판단에 있어서는 객관적 불법에 해당
하는 사실을 인식하고 의욕하는 주관적 현상이 필요한 것처럼, 불법의
연을 끊어내고 적법의 세계로 귀환하는 데 필요한 의사 내용이 있어
야 하는 것이다. 이는 책임주의에 부합하는 자의성 개념의 해석과 형
성이라고 할 수 있다. 중지행위자의 동기에 대한 평가는 바로 적법한

73) 이용식, 위의 논문, 268면.
74) 대법원 1993. 10. 12. 선고 93도1851 판결.
75) BGHSt 35, 184 (186)=NJW 1988, 1603 (1604).
76) 이상돈, 형법강론, 483면.
77) Walter GA 1981, 403 (408 ff.); Hoffmann-Holland, Münchener Kommentar zum StGB 4.
Aufl. 2020, StGB §24 Rücktritt, Rn. 113에서 재인용. 독일 연방대법원의 일부 판결
역시 이러한 시각을 보여주고 있다. BGHSt 7, 299; BGHSt 7, 296.

내용의 의사를 형성했는지 여부를 심사하는 것이다. 그렇다면, 규범적 절충설의 한 관점이 주장하는 바와 같이 범죄자의 이성이라는 기준에 의존하는 것은 불합리하다고 평가할 수밖에 없다. 나아가, 프랑크의 공식과 같이 의사의 내용에 대한 심사를 외면하고, 스스로 주장하는 바와는 달리 외적 가능성이라는 형식적 기준에 의지할 수밖에 없는 접근법 또한 높은 설득력이 있다고 보기 힘들다. 오직, 위법의 행로를 극복하고 적법한 내용의 의사를 의지한 바가 형의 필요적 감면이라는 법효과를 정당화시키기 가장 적합하다고 해야 한다.

3. 자의성 판단의 개념적 종합성?

최근의 학술 논문들에는 중지미수의 자의성 개념을 일의적으로 파악하지 않고 여러 요소들을 종합적으로 파악해야 한다는 주장이 심심치 않게 등장하고 있다. 이상돈 교수는 중지미수의 자의성 개념에 관한 "우리나라의 판례와 학설의 공통된 병폐는 자의성의 의미에 대한 잘못된 이해에 있는 것이 아니라 '도식적 판단'에 의해 자의성의 의미를 교조화하는 데에 있다고 말할 수 있다"고 지적했다.[78] 나아가, 박찬걸 교수는 각 학설들이 중지미수의 자의성 판단에 관한 기준을 하나씩만 제시하고 있는 점은 오류라고 단언했다. 장애사유, 내적동기 및 기타 여러 요인들을 종합적으로 고려하고 형량하여 자의성 판단을 해야 한다고 보았다. 중지행위에 영향을 준 진정한 원인을 찾아내야 한다는 것이다.[79] 심지어, 손지선 박사는 자의성을 판단하기 위해서는 행위자의 인식, 객관적 상황, 중지 동기, 그리고 보호법익 사이의 상관관계를 종합적으로 고려하도록 모든 학설, 프랑크 공식, 사회통념설, 자율적 동기설, 그리고 법개념설을 활용하여 이루어진다고 주장했다.[80]

---

78) 이상돈, 앞의 논문, 132-133면.
79) 박찬걸·김연우, 앞의 논문, 160면.
80) 손지선, 앞의 논문, 56면.

이처럼, 모든 요소를 다 고려할 수 있다는 접근법은 사실상 개념적 기준이 없는 것과 동일하다. 사실, 대법원의 사회통념설은 아무런 정형적 기준을 제시하지 않고 직관적으로 상황과 내적 동기[81]를 그때그때 적절히 고려하여 자의성 판단을 하겠다는 주장에 다름 아니다. 사회적 통념에 기초하여 종합적으로 고려한다는 접근법은 법치주의에 반대로 가는 길을 넓게 열 수 있다. 이용식 교수는 사회적 통념설을 취하고 있는 대법원이 자의성을 부정할 정도의 외부 장애가 있다고 인정하는 기준이 실제 사회적 통념보다 매우 낮아 보인다고 지적하고 있다.[82] 이상돈 교수가 대법원이 때로는 객관설에 기초한 듯한 접근법을 펴고 있는 반면에 다른 한편으로 합법성에로의 회귀의 동기에 초점을 맞춘 듯한 논증을 하는 등 일면 일관성이 없고 혼란스러운 태도를 보인다는 지적[83]은 일반 사회통념이라는 다소 넓은 개념이 지닌 속성을 가리킨 것이라면 매우 적절하다.

박찬걸 교수는 이러한 무정형적 기준 부재의 난국을 타개하기 위해 비례적 자율성설을 소개하고 있다. 비례적 자율성설은 전체 상황을 고려하여 중지행위자의 내면에 발생한 동기 중 자율적 동기와 타율적 동기를 저울질하여 자의성을 판단해야 한다는 내용을 지닌다고 기술하고 있다.[84] 그러나, 자율적 동기와 타율적 동기의 대립은 객관설 혹은 대법원의 사회통념설이 보여준 자율적 동기와 외부적 장애 간의 제로섬 게임의 내면화에 지나지 않는다. 사실, 법이론적으로 볼 때 형량이론은 작동가능한 기준을 제시하지 못하는 것으로 악명이 높다.[85]

---

81) 대법원은 외부적 장애 요인을 사회통념에 기초하여 자의성 판단을 하는 접근법을 펴고 있지만 때로 동기의 윤리성을 평가한다는 지적으로 이상돈, 형법강론, 박영사, 2015, 483면.
82) 이용식, 앞의 논문, 274면.
83) 이상돈, 위의 논문, 113-114면.
84) 박찬걸·김연우, 위의 논문, 152-153면; 법관의 자유심증에 기초한 동기 간의 형량에 관한 독일판례로, BGHSt 9, 53; BGH NStZ 92, 537.
85) 강우예, 법의 일관성 확보를 위한 개념 형태에 대한 비판적 분석－로날드 드워킨과 래리 알렉산더의 논쟁을 중심으로, 법철학연구 제22권 제3호, 한국법철학회, 2019.

내적 동기와 외부적 장애 간에 그리고 복수의 내적 동기 간의 형량을 통한 자의성 판단은 구체적 사안에 나타나는 외적 장애와 내적 동기 각각에 의미를 부여하는 주관적 선호와 능동적 결단에 상당부분 좌우된다고 해도 과언이 아니다.[86]

여기서, 이상돈 교수가 특유의 기호론적 시각에서 자의성 개념의 의미가 견고한 실체로 제시되기 보다 구체적 맥락에 적합한 화용론적 차원에서 다루어지고 있다고 한 주장을 짚어보자. 이처럼 의미론적 차원에서 이루어지는 것을 자의성에 대한 논증, 그리고 화용론적 차원에서 이루어지는 것을 자의성에 대한 결정이라고 명명하고 있다.[87] 나아가, 이상돈 교수는 객관적 형법규범에 대한 태도의 전환으로서의 자의성은 인격구조에 대한 심층적 탐구, 피해자 등 관계자의 행동심리, 두 사람 사이의 상호작용의 특성 등을 해명해야 밝혀질 수 있는데, 제한된 자원과 시간에 비추어 불가능하다고까지 기술하고 있다.[88] 본고는 이와 같이 자의성의 의미가 두 가지로 분리되며 구체적 차원의 의미는 완전히 이해불가능한 영역으로 진입한다는 데 대해 완전히 동의하지는 않지만, 적어도 자의성은 이론적 개념의 형태와 자의성 존부에 대한 판단이 매번 쉽게 일치하지 못하고 상호 괴리가 자주 발생하는 법영역이라는 시각을 조심스럽게 내비치고자 한다. 이런 의미에서, 자의성의 개념적 기준이 특정한 자의성 판단을 완전히 논리필연적으로 결정하지 못하는 상태라는 지적[89]은 음미할 가치가 있다.

---

86) 사실, 적법성으로의 복귀를 평가하는 판단은 다소 사후적인 추론에 기초할 수밖에 없어 보인다. 범죄구성요건으로서의 고의 판단에 있어 타행위가능성과 결부된 사후 추론적 성격에 대하여, 강우예, 앞의 각주 46)의 논문, 326-330면. 가령, 자유주의 형사법의 원리에 비추어 가해자가 쓰러진 피해자에 대해 애초 마음먹었던 절도를 하지 않고 떠난 동기가 분명히 결정되지 않았거나 적법한 것도 있고 위법한 것도 발견될 경우 연민 등의 적법한 동기에 우선적인 무게를 두는 해석론이 필요하다 하겠다. Hoffmann-Holland, Münchener Kommentar zum StGB 4. Aufl. 2020, StGB §24 Rücktritt, Rn. 104.

87) 이상돈, 앞의 논문, 128면.

88) 이상돈, 위의 논문, 119면.

89) 이용식, 앞의 논문, 260-261면.

Ⅳ. 기타 자의성 개념 및 판단과 관련한 문제

1. 법효과의 강도와 자의성 개념

우리의 중지미수의 자의성의 의미를 중지미수의 법효과인 형의 필요적 감면은 독일의 중지미수의 법효과인 형의 필요적 면제 보다 경하기 때문에 상대적으로 넓게 인정할 수 있다는 견해들이 존재한 다.90) 이러한 접근법이 다소 설득력있다는 사실을 인정한다고 하더라 도 이러한 법효과의 차이가 미치는 영향을 개념 형성에 어떻게 반영 할 수 있을지에 대해 객관적 기준이 존재하지 않다는 점을 감안해야 한다. 즉, 법효과의 강도는 상당히 정형화되지 않은 양적 문제이기 때 문에 논리필연적으로 특정 의미를 도출하는 요인이라고 보기에 조심 스러운 측면이 있다. 또한, 독일은 대체로 우리 보다 형법의 해석론에 있어 상당히 주관주의적인 경향이 강하다는 점을 고려해야 한다. 가 령, 불능미수에 대한 해석에 있어 우리의 경우 위험성이 다소 객관화 된 형태여야 하는 반면 독일은 주관적인 위험일지라도 법적대적인 인 상을 주는 경우 위험성이 있다고 인정하는 것을 양국의 접근법의 대 표적인 차이로 볼 수 있다. 그렇다면, 중지미수에 있어서도 독일과 동 일한 자의성 개념이지만 독일에 비하여 다소 약한 법효과를 부여하는 것은 우리의 상대적으로 더 객관주의적인 접근법에 비추어 볼 때 오 히려 자연스럽다고 해야 한다.

2. 범행의 종국적 포기와 자의성 개념

자율적 동기설의 자주적 결단 개념을 형식적으로 적용하면 범행 을 종국적으로 포기하지 않더라도 행위 도중 잠시 스스로 중지한 경 우까지 자의성을 인정할 수 있다는 결론으로 치달을 수 있다. 특히, 1차 시도와 2차 시도가 존재할 때 1차 시도가 범행을 완전히 포기하 는 것이 아니라고 할지라도 중지미수의 자의성을 인정해 줄 수 있다

90) 조국, 앞의 논문 76면; 박찬걸·김현우, 앞의 논문, 157-158면.

고 해석하는 소위 자유주의적 시도들이 나타나고 있다.[91] 그렇지만, 1
차 시도와 2차 시도를 다른 기회에 각기 다른 범죄가 이루어진 것으
로 분리할 수 있는 경우[92]가 아니라면 잠시 중지한 1차 시도에 중지
미수의 법효과를 부여할 이유는 없다고 보여진다. 즉, 전체적으로 보
아 적법행위의 세계로 귀환하겠다는 의사 내용이 아니라면 자의성 요
건이 충족된다고 보아서는 안되는 것이다. 이는 독일과 미국에서도 이
견이 적은 다수 견해라고 할 수 있다.[93] 우리 판례 또한 실행행위를
잠시 중지했다고 하더라도 종국적으로 중지하지 않고 다시 가해행위
를 지속하려고 시도한 경우에는 중지미수로 보지 않았다.[94]

　유사하게, 다른 불법을 행하겠다고 애초 착수한 불법을 중지한 경
우에는 전체적 범행계획에서 법익침해에 필요한 행위를 각기 배분한
것에 지나지 않기 때문에 중지행위에 적법한 동기가 발견된다고 보기
는 힘들다. 그렇지만, 독일연방대법원은 두 명의 피해자에 대하여 살
해를 결의한 자가 한 피해자에게 자상을 입히다가 해당 피해자가 달
아나자 다른 피해자의 살해가 더 시급하다고 생각하여 실행에 옮긴데
대하여 첫 번째 피해자에 대한 중지는 주체적 판단에 따른 결정이라
고 하여 자의성을 인정하는 접근법을 보여주었다.[95] 그러나, 범죄행위
자가 행위 목표를 선별하고 행위 수행의 비율을 결정한 것을 준법 의
지에 기초한 중지행위라고 평가해서는 안 될 것이다.[96]

---

91) 프랑크의 공식을 지지하는 접근법은 그 기준의 형식성에 의존하는 경향이 있다. 1차
　　시도가 2차 시도가 전체적·실질적으로 연결되는 행위가 되는지에 대한 고려보다
　　는 프랑크의 공식의 적용에 따른 결론이 더 중요한 것이다. 임웅, 형법총론 제5정
　　판, 법문사, 2013, 378면.
92) 대법원 1983. 1. 18. 선고 82도2761 판결 참조.
93) 예를 들어, 요한네스 베젤스 저(허일태 역), 형법총론, 310면; Joshua Dressler,
　　Understanding Criminal Law 5th eds., LexisNexis, 2009, 411면.
94) 대법원 2002. 6. 14. 선고 2002도1429 판결; 최준혁, 앞의 논문, 205면 재인용.
95) BGHSt 35, 186.
96) Hoffmann-Holland, Münchener Kommentar zum StGB 4. Aufl. 2020, StGB §24 Rücktritt,
　　Rn. 111, 113.

V. 결 론

본고에서는 중지미수의 자의성은 중지행위자가 중지행위 시 형성한 준법 의지 개념을 중심에 놓고 판단해야 한다고 본다. 자의성의 즉자적 의미에 동기 혹은 의사내용이 포함이 되어 있지 않다는 비판에 대해서는 앞서 분석한 대로 자의성 개념 자체은 다른 개념에 의존하여 의미를 드러낼 수밖에 없다는 반론을 제기하고자 한다. 특히, 적법의 세계로 귀환하고자 하는 의사형성을 했는지는 형의 필요적 감면이라는 법효과를 부여하는데 반드시 검토해야 할 사항이다. 따라서, 대법원은 방화를 했는데 불길이 치솟는 것을 보고 겁을 먹고 물을 부어 불을 끈 경우97)나 피해자를 살해하려고 목과 가슴부위를 찔렀는데 많은 피가 흘러나와 겁을 먹고 범행을 그만 둔 경우98)에 대해 준법 의지가 외적·내적 장애요건을 넘어설 수 있을 수준으로 형성되었다고 보지는 않은 것이다. 그런데, 대상판결과 같이 범행발각에 대한 일반적인 두려움이 중지행위자가 형성한 동기인 경우에는 달리 판단해야 할 여지가 있다고 보여진다. 즉, 보통의 시민의 기준에서 윤리적 이상 세계로 복귀를 요구할 것이 아니라, 범행시 발각 될 수도 있는 상황이라는 외적 조건에 의하여 영향을 받아 형성된 내적 두려움을 배경으로 했지만 다소 간의 준법의 의지가 발견되면 충분한 것이다.

대상판결과 참조판결에서도 추론할 수 있듯이, 중지미수가 문제된 여러 사건에 있어 동기가 단일하게만 발견된다는 보장이 없으며 나아가 그와 같은 복수의 동기 영향을 준 외적 상황을 고려하지 않을 수 없다. 그처럼 동기와 동기 간 혹은 동기와 외적 상황 간에 경합하는 경우를 재단할 일도양단식의 기준이 존재한다고 보는 것은 상당한 무리이다. 대법원이 그토록 모호한 사회통념 기준에 벗어나지 않고 있는 입장이 완전히 근거 없다고 비난하기 힘든 이유가 여기에 있다. 중

---

97) 대법원 1997. 6. 13. 선고 97도957 판결.
98) 대법원 1999. 4. 13. 선고 99도640 판결.

지미수에 있어 개념적으로 명확한 정형적 기준에 완전히 기속되기 힘든 규범적 고려와 판단 작용이 자주 이루어지는 것을 직시할 필요가 있다. 그 검토와 평가에 있어서 책임주의 원칙에 따라 법준수 혹은 법공동체의 평온의 회복이라고 평가할 정도의 태도의 전환이 있었는지를 우선적으로 평가할 수 있을 것이다. 덧붙여, 피고인에 유리한 자유주의적 형법관 또한 적극적으로 활용해야 할 관점이어야 한다. 다시한 번 더 반복하지만, 자의에 의한 중지와 준법 동기를 지녔다는 것의 의미가 완전히 일치해 보이지 않는다[99]는 사실을 유의해야 한다. 마치칸트의 도덕정향적 자유 이외에 선택의 자유 개념이 재차 거론될 필요가 있었던 것처럼 중지미수의 자의성 개념도 일원적 개념이 아니라다의적 성격을 지닌다는 사실을 받아들일 필요가 있다. 즉, 자의성 판단에 있어 중지행위자의 내적 동기의 내용에 대한 심사 이외에 그 동기에 대한 선택의 자유에 영향을 미친 외적 장애 요인에 대한 심사역시 활용할 수 있는 것이다. 다만, 이 경우 외적 장애 요인은 내적동기에 영향을 주어 동기간의 경합을 유발하는 요소가 될 수도 있고동기 선택의 자율성을 제한하는 요인으로 고려될 수 있다고 보아야한다.

[주 제 어]
 중지미수, 자의성, 비결정성, 동기, 준법의지

[Key Words]
attempt, voluntariness, indeterminacy, motive, obstacle

접수일자: 2023. 5. 19. 심사일자: 2023. 6. 12. 게재확정일자: 2023. 6. 30.

---

99) 이용식, 앞의 논문, 264면.

[참고문헌]

강우예, 현대 인지과학적 접근법에 비춘 형법의 책임론 — 시원성 개념에 대한
　　비판과 타행위가능성 개념의 객관적 성격에 대한 분석을 중심으로 —,
　　법철학연구 제24권 제3호, 한국법철학회, 2021.
_____, 법의 일관성 확보를 위한 개념 형태에 대한 비판적 분석 — 로날드
　　드워킨과 래리 알렉산더의 논쟁을 중심으로 —, 법철학연구 제22권 제3
　　호, 한국법철학회, 2019.
김석수, 현대사회에서 자유와 책임, 칸트연구 제43집, 한국칸트학회, 2019.
김성돈, 형법총론 제2판, 성균관대학교 출판부, 2009.
김일수·서보학, 새로쓴 형법총론 제12판, 박영사, 2014.
김태명, 판례형법총론 제3판, 정독, 2019.
박상기, 중지미수의 성격과 자의성 판단, 형사법연구 제14권, 한국형사법학
　　회, 2000.
박정근, 인격책임의 신이론, 법문사, 1986.
박찬걸·김현우, 중지미수의 자의성에 대한 비판적 검토, 법학논문집 제35권
　　제1호, 중앙대학교 법학연구원, 2011.
배종대, 형법총론 제17판, 홍문사, 2023.
베셀스, 요한네스 저(허일태 역), 형법총론.
백원기, 미수론 연구, 삼지원, 1995.
손지선, 중지미수에서의 자의성 규명과정 정립을 위한 고찰, 형사법연구 제
　　28권 제1호, 한국형사법학회 2016.
신동운, 형법총론 제14판, 법문사, 2022.
오영근, 형법총론 제5판, 박영사, 2019.
윤선구, 강제로부터의 자유와 필연으로부터의 자유: 라이프니츠와 칸트의
　　의지자유개념 비교연구, 철학연구 제114호, 철학연구회, 2016.
이경렬, 범행중지의 자의성 판단과 프랑크 공식, 성균관법학 제26권 제1호,
　　성균관대학교 법학연구소, 2014.
이상돈, 중지미수에서 자의성 개념의 기호론적 재구성, 저스티스 제33권 제1

호, 한국법학원, 2000.

이용식, 중지미수의 자의성, 교정연구 제26권 제3호, 한국교정학회, 2016.

이윤복, 칸트에 있어서 자유와 도덕성, 철학연구 제99집, 대한철학회, 2006.

이정환, 「근본악」에서 드러나는 자유의 구조 -추동자담짓자의 기능적 이원
론으로서 칸트의 자유이론-, 철학 제142집, 한국철학회, 2020.

이행남, 헤겔의 법철학의 서론에서 자유의지 개념과 나의 자기규정, 헤겔의
법철학 출간 200주년 기념 공동학술대회(한국헤겔학회·사회와철학연구
회·한국법철학회): 사회적 자유와 법(2021. 4. 10.).

임마누엘 칸트(백종현 옮김), 실천이성비판, 아카넷, 2012.

임미원, 윤리적 개념으로서의 자율성 — 칸트의 자율성 개념을 중심으로 —,
법학논총 제33집 제3호, 한양대학교 법학연구소, 2016.

정성근·박광민, 형법총론 제4판, 삼지원, 2009.

조 국, 은교로서의 형법 제26조와 중지미수의 자의성 판단 기준, 형사법연
구 제28권 제2호, 한국형사법학회, 2016.

천진호, 형법총론, 준커뮤니케이션즈, 2016.

_____, 중지미수의 이론, 경인문화사, 2008.

최준혁, 판례에 나타난 중지미수의 법리, 경찰법연구 제3호, 한국경찰법학
회, 2005.

하태훈, 중지미수의 성립요건, 형사판례연구 제7권, 한국형사판례연구회,
1999.

Dressler, Joshua, Understanding Criminal Law(5판), LexisNexis, 2009.

Frankfurt, Harry G., The Importance of What We Care About, 1988.

Hoffmann-Holland, Münchener Kommentar zum StGB 4. Aufl. 2020.

Nachev, Parashkev & Hacker, Peter, The Neural Antecedents to Voluntary Action:
A Conceptual Analysis, Cognitive Neuroscience (2014)

Wallace, Robert M., Hegel's Refutation of Rational Egoism, in True Infinity and
the Idea, 3 Cardozo Pub.L.Pol'y & Ethics J. 155 (2004).

[Abstract]

Indeterminacy of voluntariness requirement of a attempt crime and the role and meaning of motive and obstacle factors.

Kang, Wu-ye*

The voluntariness requirement of attempt crime should be considered based on the concept of law-abiding will. The case in question can be determined differently if the general fear of the defendant is taken as his motive of abandonment of criminal attempt. That is, it should not be required that a criminal should come back to the ideal world of ethics on the ground of average citizens'standard. Rather, it is sufficient if a will of law-abiding can be found out although an environment of outside world affects a subjective fear of a criminal. However, the motive of the criminal in the case of question is not surely a single one. There must be multiple motives and also outside environments that affect them. It is not reasonable to think that we have a dichotomical criteria to determine which motive is the best one. It should be a priority to assess a criminal's motive of law-abiding based on the culpability principle. In addition, the liberal perspective of criminal law for the benefit of criminal defendant should be one of the most important standards.

---

* Professor of Korea Maritime & Ocean Univ., S.J.D.

지난 10년간(2011~2021) 대법원 형법판례의 변화: 총칙 분야[*]

최 준 혁[**]

I. 들어가며

1. 대법원의 형사판결과 『형사판례연구』

(1) 판례평석의 역할과 『형사판례연구』의 '회고'

판결에 의하여 형벌권이 실현된다는 점에서 형사판례의 중요성과 판례연구의 필요성은 다시 말할 필요가 없으나, 판례연구가 단순한 판례읽기나 판례암기에 그쳐서는 판례이론과 이를 통한 형법학의 발전은 기대할 수 없다고 일찍이 이재상 교수님은 지적하셨다.[1]

판례평석의 기능[2] 중 첫번째는 중요한 판례를 소개하는 것이다. 수많은 판례 중 중요한 평석대상 판례가 무엇인지를 선정하는 행위 자체가 의미가 있는데, 당해 판례의 중요성이나 의의, 또는 문제점을 부각시키기 때문이다. 판례평석은 그 평석을 하는 학자의 시각을 검찰

---

* 이 글은 2022. 6. 11. 형사판례연구회 30주년 기념 학술회의에서의 발표를 약간 수정하였다.

　이 발표 이후 대법원은 대법원 2022. 12. 22. 선고 2020도16420 전원합의체 판결을 통해 동기설을 '폐지'하였으나 그에 관한 원래의 서술을 수정하지는 않았다. 그 이유는 크게 두 가지인데 하나는 이 학술회의를 대법원 형사실무연구회가 후원하였고 당시 실무연구회 회장이었던 이동원 대법관 등 그 구성원이 참석하였기 때문에 이 발표가 동기설의 '폐지'에 약간의 영향을 미쳤을 수도 있다는 판단에서이며, 다른 하나는 2020도16420 전원합의체 판결에도 불구하고 과연 동기설이 폐기되었는지에 대한 의문이 여전히 남아있기 때문이다.

** 법학박사, 인하대학교 법학전문대학원 교수

1) 이재상, 형법기본판례 총론, 박영사, 2011, i.
2) 박상기, "형사판례연구회 20주년을 맞이하여", 형사판례연구 제20권(2012), 4면.

과 법원의 시각과 비교하는 기회가 되어 판결의 의미를 더욱 분명하게 드러내는 기회가 된다. 세 번째로 판례평석은 동일한 사안에 대한 장래의 법원판결에 영향을 미치거나 새로운 판례의 형성에 기여할 수도 있는데,[3] 이를 판례평석의 가장 큰 의미라고 할 수도 있을 것이다. 판례를 분석하고 평가하여 판결의 문제점을 비판하고 판례의 정당한 이론적 근거를 밝혀야, 보다 새롭고 보다 발전된 판례를 형성할 수 있게 된다.[4] 즉 판례에 관한 비판적 접근은 판례 및 판례를 형성하는 법원에게도 도움이 된다.

형사판례연구회의 30주년을 맞는 이 자리는 『형사판례연구』에 실려있는 판례평석을 다시 한 번 돌아볼 기회를 준다. 특히, 『형사판례연구』는 매년 그해에 나온 대법원과 헌법재판소의 중요한 판결을 모아서 정리한 글을 실었다. 이재상 교수님은 1993년 발간된 형사판례연구 1권[5]부터 10권까지 한 해의 중요 형사판결을 정리하셨다. 11권에는 그러한 정리글이 없었고 12권과 13권에서는 박상기 교수님이 중요 형사판결을 정리하셨다.[6] 그 후 14권부터는 오영근 교수님[7]이 '회고'를 맡으시다가 29권부터는 형법과 형사소송법을 분리하여 형법회고는 김혜정 교수님[8], 형사소송법회고는 강동범 교수님[9]이 하신다. 『인권과 정의』, 『법률신문』 등에서도 한 해의 형사판결을 정리하는 글을 찾을

---

3) 이를 확인하기 위해서는 대법원의 판결이 논문이나 교과서 등 자신의 견해를 뒷받침하는 출처를 명시할 필요가 있음은 물론이다. 다른 한편으로, 대법원 형사실무연구회에서는 아직 대법원 판결이 나오기 전의 사안들도 다루기 때문에 그 논의와 새로운 판결형성과의 상호관계를 인정하기 더 쉽다.

4) 이재상, 앞의 책, 같은면.

5) 이재상, "1992년의 형법 주요판례", 형사판례연구 제1권(1993), 427-445면.

6) 박상기, "2003년 형사판례 회고", 형사판례연구 제12권(2004), 541면은 "이재상 교수님께서 그 동안 10년에 걸쳐 형사판례회고를 써 오시던 것을 바쁜 일정상 필자가 대신 하게 되었다"라고 그 경위를 서술한다.

7) 박상기, "형사판례연구회 20주년을 맞이하여", 3, 33면에 따르면 20주년을 맞아 정리한바 총 404편의 평석이 발표되었는데 그 중 오영근 교수님이 17편으로 가장 많았다.

8) 김혜정, "2020년도 형법판례 회고", 형사판례연구 제29권(2021), 495-538면.

9) 강동범, "2020년도 형사소송법판례 회고", 형사판례연구 제29권(2021), 539-593면.

수 있으나, 『형사판례연구』가 '판례를 통해 부각된 관련 이론의 정리와 발전이라는 형법학적 측면의 성과와 시의적절하면서도 법리적 정당성이 담보된 평석을 통한 형사실무적 측면의 성과'[10]를 동시에 확보하는 선도적인 역할을 해 왔음은 분명하며 '회고'의 무게도 여기에서 기인한다고 말할 수 있다.

활발한 판례평석을 통해서 법원의 판결이 신의 판단이 아니라 인간의 판단이라는 사실에 기초하여 지켜보는 시각이 존재함을 감지하게 한다는 지적[11]은 판례평석의 비판적 기능을 다시 한번 강조한 것으로 보인다. 판례는 해석권력의 다수결에 의해 정해진 일종의 규칙이자 강제통용력 있는 선언일 뿐이며, 지금도 그 규칙은 변경되거나 변경이 논의되고 있다.[12]

(2) 최근 대법원의 형사판결에 관한 '회고'의 평가

2016년부터 2020년까지의 대법원의 형사판결을 검토한 연구에 따르면 형사판결 건수는 2017년 이후로 현저하게 감소하였으나, 전원합의체 판결은 2017년 이후 증가하는 추세를 보여주고 있다.[13]

'소위 독수리5형제가 활약하던 2011년에는 전원합의체 판결이 많았'[14]다고 볼 수도 있으나 2011년의 대법원 전원합의체 판결은 5건으로 그중 한 판결만이 종래의 입장을 변경한 것이고, 세 건은 관여법관의 의견이 일치하지 않아 전원합의체 판결을 하였고 한 건은 재심사건이었다.[15] 그 이후에도 전원합의체 판결은 2012년 2건, 2013년 3건, 2014년 2건, 2015년 3건으로 큰 변화를 보이지 않았다.[16]

2021년의 대법원 형사판결에 대한 한 연구[17]는 이 해에 전체적으

---

10) 이용식, "머리말", 형사판례연구 제27권(2019), ii.
11) 박상기, "형사판례연구회 20주년을 맞이하여", 5면.
12) 이주원, 형법총론, 박영사, 2022, ii.
13) 김혜정. 앞의 글, 495면.
14) 오영근, "2014년도 형법판례 회고", 형사판례연구 제23권(2015), 730면.
15) 오영근, "2011년도 형법판례 회고", 형사판례연구 제20권(2012), 634면.
16) 오영근, "2015년도 형법판례 회고", 형사판례연구 제24권(2016), 645면.
17) 정승환, "2021년 형법 중요판례평석－대법원 전원합의체 판결을 중심으로－", 인

로 공지된 판결의 수가 많지 않았고 공지된 판결에서도 전원합의체 판결을 제외하면 특별히 언급할 만한 쟁점이 있는 판결을 찾아보기 힘들다고 평가하면서, 그 이유는 코로나19 감염병 사태의 영향으로 법원의 판결이 예년보다 적었거나 형법의 주요 쟁점들에 대한 판례가 어느 정도 정립되어 새로운 쟁점이 많이 제기되지 않았기 때문이라고 추측한다. 그럼에도 불구하고 대법원이 전원합의체 판결에서 다루는 사안의 경향성을 찾을 수는 있는데, 가령 2020년에는 배임죄에 관한 여러 판결이 나왔다면 2021년 이후에는 주거침입죄에 관한 여러 판결들18)이 나오고 있다고 보인다.

2. '연속성'과 '변화', '논리'와 '구체적 타당성'

어떠한 법규범에 사용된 개념이 정말로 명확하고 한 가지 뜻만 지니고 있어 도대체 다르게 이해할 수 없다면 '법률의 해석'이란 필요하지 않을 것이며, 법관은 입법자가 정한 내용을 기계적으로 해당사안에 적용하면 된다고 가정할 수 있다. 이러한 형태로 법률가의 법률에 대한 엄격한 기속이 실현된다면 법적 안정성을 실현할 수 있을 뿐만 아니라 철학이나 정치적 또는 역사적 영향에서의 법관의 독립성도 보장할 수 있다. 그러나, 법질서가 완결된 법문장의 체계로서 흠결이 없기 때문에 이를 논리에 맞게 적용하면 모든 문제를 해결할 수 있을 것이라는 이상은 실현되지 못하였으며, 모든 법률은 적용하기 위해 해석되어야 한다. 이때, 법률의 의미내용은 조개 속의 진주처럼 텍스트에서 발견되는 것이 아니라 상당한 이해를 목표로 하는 해석자의 노력을 통하여 그 인식 속에 새롭게 드러나며, 이러한 점에서 모든 해석은 창조적 행위이다.19)

권과 정의 제504호(2022), 7면.

18) 대법원 2022. 3. 24. 선고 2017도18272 전원합의체 판결 및 대법원 2022. 3. 31. 선고 2018도15213 판결; 대법원 2022. 4. 28. 선고 2020도8030 판결. 2018도15213 판결에 관한 검토로 졸고, "주거침입죄에서 기망에 의한 승낙의 효력－포괄적 승낙이 부여된 공공건물 출입과 관련하여－", 형사법연구 제32권 제4호(2020), 87-118면.

19) 졸고, "'위험한 물건을 휴대하여'의 해석", 경찰법연구 제8권 제1호(2010), 175면.

그리고 형법의 텍스트의 해석은 대화의 해석과는 다른데, 대화가 상대방의 진의를 파악하는 것을 목표로 한다면 형법 텍스트의 해석에서는 화자의 사용한 언어의 의미이해를 뛰어넘는 차원, 즉 형법 내적 체계에서 비롯되는 체계성, 정합성 그리고 형법 외적 위상, 즉 국법질서상 부여된 위계와 같은 것이 요구된다.[20] 여기에서는 정합성에 한정해서 조금 더 생각하려고 하는데, 이를 원칙과 개념들이 그 자체가 확립된 근거를 가진 체계적인 연관 속에 있어야 하며 모순적이어서는 안 된다는 의미로 이해하겠다.

오늘의 논의에서 정합성의 출발점은 판결과 판례의 구분이다. 판례는 법원의 재판의 형식중의 하나인 판결이나 결정 그 자체가 아니라 특정한 재판에서 재판의 이유 중에 나타난 법원의 법률적 판단을 의미한다. 이와 같은 의미의 판례는 재판상의 선례를 의미한다. 이러한 의미의 법률적 판단으로서의 판례는 그 전제사실을 사상(捨象)하고 일반적인 명제로 나타난다. 따라서 판례는 특정의 재판 이후의 장래 사건에 대해서도 선례가 될 수 있고, 1개의 재판에서 1회만 표시된 법률적 판단도 판례라고 할 수 있다.[21]

대법원의 판결 중에는 변경을 요하는 판결들이 많이 있다[22]는 지적의 전제도 판결과 판례의 구분에서 출발한다. 아래에서 살펴볼 횡령죄의 불가벌적 사후행위에 관한 대법원 2013. 2. 21. 선고 2010도10500 전원합의체 판결에서 이상훈 대법관, 김용덕 대법관은 다음의 별개의 견을 제시한다. "선행 횡령행위로 발생한 소유권 침해의 위험이 미약하여 과도한 비용과 노력을 들이지 아니하고도 그 위험을 제거하거나 원상회복할 수 있는 상태에서 그보다 월등히 큰 위험을 초래하는 후행 횡령행위를 저지른 경우에는 그 행위의 반사회성이나 가벌성이 충

---

20) 장영민, "형사판례 평석에 관한 몇 가지 관견과 회고", 형사판례연구 제27권(2019), 32면.
21) 김성돈, "판례의 의의와 '판례변경판례'의 소급효", 형사법연구 제27권 제4호(2015), 95면.
22) 오영근, "2017년도 형법판례 회고", 형사판례연구 제26권(2018), 558면.

분히 인정되고 일반인으로서도 그에 대한 처벌을 감수함이 마땅하다고 여길 만하다. 이와 같은 경우에는 예외적으로 이를 불가벌적 사후행위로 볼 것이 아니라 처벌대상으로 삼을 필요가 있다. 기존의 판례를 변경하지 아니하고도 이러한 해석이 가능하고, 이러한 해석을 하려면 판례를 변경하여야 한다고 보더라도 그 범위 내에서만 제한적으로 변경함으로써 충분하다." 기존에는 판례변경이 어떤 때 허용되며 그 한계는 무엇인가에 대한 논의가 거의 없었는데, 이 보충의견은 대법원이 그에 대한 입장을 밝히고 있는 드문 예라고 한다.23)

강제통용력을 가진 '규칙'으로서 그 이후의 판단에 대한 선례가 된다는 점에서 판례의 특징은 연속성이다. 과거에는 다루지 않았던 쟁점에 대해 법원이 판단하여야 하거나24) 기존의 판례의 입장을 변경해야 하는 상황은 '변화'라고 지칭할 수 있는데 변화의 가장 중요한 이유는 무엇보다도 법률의 변경이다. 법률과 그 적용은 사회변화에 대응할 필요가 있는데, 죄형법정주의의 요청에 기반하면 이때의 수단은 기본적으로 입법이어야 하기 때문이다.25)

하지만 법률이 변경되지 않았다고 하더라도 이미 보았듯이 어떠한 법률은 완결되어 있지 않으므로 사법적인 대응, 즉 해석을 통한 판결의 변경가능성은 열려있다. 사태는 달라지지 않았으나 그 사태에 대한 새로운 접근방법을 법원이 수용하였다는 점26)이 그 이유 중 하나

---

23) 윤진수, "판례의 무게－판례의 변경은 얼마나 어려워야 하는가?－", 법철학연구 제21권 제3호(2018), 134면.
24) 그 예인 필요적 공범과 공소시효의 정지에 관한 대법원 2015. 2. 12. 선고 2012도 4842 판결에 대하여 졸고, "필요적 공범과 공소시효의 정지", 비교형사법연구 제 18권 제2호(2016), 203-228면.
25) 류전철, "사회변화에 대응하는 형사판례의 법리변경", 형사판례연구 제26권(2018), 50면.
26) 그 예로 블랙아웃과 패싱아웃의 구별에 대한 대법원 2021. 2. 4. 선고 2018도9781 판결. 이 논의는 원래 책임능력의 판단에서 이루어졌기 때문에 대법원은 형법 제 10조를 판단할 때도 이 판결에서 발전시킨 기준을 적용시킬 필요가 있다는 지적 으로 졸고, "성폭력범죄에 대한 최근 법률과 판결의 변화", 인권과 정의 제500호 (2021), 34면.

가 될 수 있으며, 사회의 변화가 형사판례의 법리를 변경하게 하는 가장 중요한 변수라는 설명[27])도 찾을 수 있다.

먼저 판례변경의 형식적인 측면으로서, 대법원이 과거의 입장을 변경함에도 불구하고 변경하지 않은 것 같은 외관을 보이거나 전원합의체 판결의 형태를 취하지 않는 경우는 문제가 있다고 생각한다. 판례를 변경할 때 그 변경이유를 상세히 설시해야 한다는 점은 법치국가 원리 자체에서 도출할 수 있는 결론이며, 판례변경의 이유를 제대로 설시하지 않거나 심한 경우에는 판례변경임을 밝히지 않고 사실상 판례변경을 하는 경우는 지양되어야 한다.[28])

상습절도에 대한 가중처벌조문에 주거침입죄가 흡수되는가라는 쟁점에 관한 대법원 판결들은 그 예이다.[29]) 대법원은 상습절도범이 주간에 절도를 위하여 주거침입을 한 경우 별도의 주거침입죄가 성립하는지에 대한 엇갈린 판결을 내리다가 84도1573 전원합의체 판결을 통해 입장을 정리하였다. 이 판결에서 대법원이 범죄론 및 죄수론의 일반원칙보다 개별사안에서의 타당성을 중요하게 보았다고 선해할 수 있으나, 엇갈리는 판결들의 입장을 '정리'하였다는 점은 매우 중요하다. 하지만 2015도1573 판결은 '일반적으로 주거침입은 절도죄의 구성요건이 아니므로 절도범인이 그 범행수단으로 주거침입을 한 경우에 그 주거침입죄는 절도죄와 경합범'이라는 84도1573 판결과 동일한 논거에서 출발하면서도 반대의 결론을 내었는데 동일한 전제에서 출발하여 정반대의 결론을 낼 때 과연 '판례'에 해당하는 부분을 무엇으로 볼 수 있는가에 대한 의문[30])은 있으나 달라진 결론의 바탕에는 상습

---

27) 류전철, 앞의 글, 52면.
28) 윤진수, 앞의 글, 182면.
29) 대법원 1984. 12. 26. 선고 84도1573 전원합의체 판결과 대법원 2015. 10. 15. 선고 2015도8169 판결의 관계에 대하여 졸고, "상습절도와 주거침입의 관계". 형법판례 150선(3판), 박영사, 2021, 227면.
30) 동일한 전제에서 출발하면서 완전히 다른 결론을 내는 상황은 '판결문에 부동문자처럼 통용되는 문구가 여전히 아무런 성찰도 거치지 않고 등장'(장영민, 앞의 글, 49면)한다는 인상을 줄 수 있다. 물론 이 쟁점에서는 대법원이 결론을 바꾸어

절도에 대한 법정형이 달라졌다는 이유가 있었다. 그러므로 2015도 1573 판결의 구체적 타당성은 인정할 수 있으나, 대법원은 입장을 다시 변경하였으니 '종전에 대법원에서 판시한 헌법·법률·명령 또는 규칙의 해석 적용에 관한 의견을 변경할 필요가 있다고 인정하는 경우' (법원조직법 제7조 제1항 제3호)에 해당하여 전원합의체 판결의 형태를 취했어야 한다고 보인다. 그렇지 않으면 현재의 법현실에 맞는 판단을 한 2015도1573 판결보다 과거의 법상황에 기반한 84도1573 판결이 전원합의체 판결이므로 우위에 있다고 잘못 이해될 수 있다.

    나아가 판례의 법리의 변경이 필요한 경우에도 법적 안정성과 국민의 신뢰보호는 그 한계로 작용하는데31) 이는 결국 어떠한 판결 또는 판례의 내용이 무엇인가의 문제로서 구체적 타당성과 연결된다고 보인다. 2005년의 '회고'는 대법원이 10년 전과 마찬가지로 법적 안정성이나 논리의 일관성보다는 구체적 타당성을 중시하고 있다고 평가하였고 그 10년 전에도 같은 평가가 있었다고 한다.32) 대법원이 구체적 타당성을 추구하는 이유 중 하나는 피고인의 인권보장보다 대법원 판결이 사회에 미칠 영향이나 국민의 법감정을 우선시하기 때문이나33) 판결이 사회에 미칠 영향이나 국민의 법감정을 판결에 담는 일은 원칙적으로는 사법기관이 아니라 국회나 행정부가 해야 할 일이며, 사법기관은 이러한 거시적 관점보다는 피고인 개인의 인권보장을 우선시하는 미시적 관점을 가져야 한다는 것이다.

    이러한 지적의 타당성은 부인할 수 없으나, 판결이 구체적 타당성

야 할 이유가 존재하므로 전원합의체 판결(형식적 측면)을 통해 그 이유에 대한 설명을 충분히 하였다면(실질적 측면), 대법원의 판례의 권위는 유지되지 않았을까 하는 생각이다.

31) 류전철, 앞의 글, 51면.

32) 오영근, "2005년도 형법판례 회고", 형사판례연구 제14권(2006), 539면은 "10년 전 이재상 교수는 1996년의 형사판례를 회고하면서 '대법원은 형사판결에 있어서 형사법적 논리의 정당성보다 구체적 타당성을 갖는데 중요성을 두었다는 인상을 갖지 않을 수 없었다'고 하였다"고 인용한다.

33) 오영근, "2015년도 형법판례 회고", 646면.

을 추구하는 것은 너무나 당연하다. 대법원의 판결을 포함하여 판결이라는 법원의 활동은 개별사건의 해결을 1차적인 목적으로 하며, 법률해석의 결과를 논리적이고 명확하게, 나아가 빠짐없이 진술하기 위해서 이루어지는 것은 아니며 그 '해석'은 1차적으로 판결에 기재하도록 강제된, 당해사건의 결론에 이른 이유를 제시하는데 1차적인 의미가 있고 그 이유가 법률에 의하였음을 보이기 위함이다.[34] 그렇다면 판결 또는 판례에 대한 비판이 정당화될 수 있는 지점은, 그것이 구체적 타당성을 목표로 하였다는 점 자체가 아니라 구체적 타당성을 추구하다 보니 형법의 중요한 원칙을 침해한다거나, 문제해결에 계속 활용할 수 있는 기준을 제시하지 못한다거나(연속성의 문제), 혹시 기준을 제시하고 있기는 하나 그 기준이 너무 모호해서 판단의 실질적인 준칙으로 작용할 수 없다거나(명목상의 근거제시) 또는 그 기준이 구체적인 것 같지만 기존의 다른 판례와 명백히 충돌하거나 충돌할 수 있다(정합성의 문제)하는 상황으로 한정할 수 있다고 생각한다.

Ⅱ. 지난 10년의 형법총칙 분야에서의 대법원 판결

1. 형법총칙에 대한 판례의 논의

'형법총론의 범죄론은 어차피 실무에서 큰 비중을 차지하지 않'[35]으나 형법의 뇌이자 심장인 형법총칙의 해석론은 국가형벌권의 정당한 실현단계에서 최종적 판단인 형법의 적용을 위해 가장 기본적인 법적 근거를 찾기 위한 토대이다.[36]

평석대상으로 선정된 판결을 살펴보는 것 자체가 의미가 있기 때문에, 아래에서는 『형사판례연구』의 '회고'에서 다룬 판결들을 위주로 형법총칙에서의 중요한 영역인 형법의 기초, 구성요건, 위법성, 책임,

---

34) 양창수, 민법연구 1권, 박영사, 1991, 26면.
35) 김영환, "한국 형법학의 방법적 착안점에 대한 비판적 고찰: 개념법학적인 사유형태와 일반조항에로의 도피", 형사판례연구 제27권(2019), 17면.
36) 김성돈, 형법총론(8판), 3판 머리말.

미수, 공범, 죄수론에서 중요한 판결 한두 개 및 관련판결을 적시하고 그에 대하여 간단히 검토한다. 형사제재의 영역에 대해서는 대법원뿐만 아니라 헌법재판소도 여러 판결을 내놓았는데, 그에 대해서는 과중한 법정형은 합목적성의 이념에 반한다는 지적[37]으로 갈음하겠다.

2. 검 토

(1) 형법의 기초

헌법재판소는 폭처법과 특가법 등의 특별형법에 규정되어 있는 처벌조문 중 형법 조항과 똑같은 구성요건을 규정하면서 법정형만 상향한 조문들은 형벌체계상의 정당성과 균형을 잃어 인간의 존엄성과 가치를 보장하는 헌법의 기본원리에 위배되고 그 내용도 평등원칙에 위반된다고 2014년 이후의 여러 결정에서 확인하였다. 이러한 헌법재판소 결정은 2014년의 가장 중요한 형사판결 중 하나인데,[38] 헌법재판소의 결정에 따라 개정된 형법 및 폭처법에 대한 대법원의 여러 판결은 엄격한 문언해석을 통한 인권보호라는 요청에 실무가 어떻게 대응해야 하는지를 잘 보여준다.

1) 죄형법정주의

대법원 2018. 7. 24. 선고 2018도3443 판결[39]의 2심법원은 '피고인이 승용차를 운전하여 가던 중 피해자가 타고 가던 자전거 앞으로 승용차의 진로를 변경한 후 급하게 정차하여 충돌을 피하려는 피해자의 자전거를 땅바닥에 넘어지게 함으로써, 위험한 물건인 자동차를 이용하여 피해자를 폭행하여 약 2주간의 치료를 요하는 상해를 입게 하였다'는 특수폭행치상의 공소사실에 대하여 형법 제257조 제1항의 예에

---

37) 장영민, 앞의 글, 33면.

38) 이러한 '부진정가중처벌조문'에 대한 검토와 지적으로 졸고, "특정범죄가중처벌 등에 관한 법률에서의 '부진정가중처벌조문'의 적용에 관한 검토", 형사법의 신동향 제45호(2014), 240-270면.

39) 이 판결은 [중요판결]로 판례속보에 소개되었다(https://www.scourt.go.kr/portal/news/NewsViewAction.work?pageIndex=1&searchWord=&searchOption=&seqnum=6272&gubun=4&type=5: 2022. 6. 3. 최종검색).

의해 벌금형을 선택한 제1심판결을 파기하고, 형법 제258조의2의 예에 따라 징역형을 선택하였다. 그 이유는 다음과 같았다.

① 형법 제262조는 형법 제258조의2의 적용을 배제하고 있지 않고, 특수폭행치상죄를 특수상해죄의 예에 따라 처벌하더라도 형벌체계상의 부당함이나 불균형이 있어 보이지 않는다.

② 검사가 이 사건 공소사실에 대하여 형법 제257조 제1항이 아닌 제258조의2 제1항의 예에 의하여 처벌해 달라고 기소한 이상, 검사의 공소장 변경 없이 형법 제257조 제1항을 적용하여 처벌할 수 없다.

대법원의 판단: 2016. 1. 6. 형법 개정으로 특수상해죄가 형법 제258조의2로 신설됨에 따라 문언상으로 형법 제262조의 "제257조 내지 제259조의 예에 의한다"는 규정에 형법 제258조의2가 포함되어 특수폭행치상의 경우 특수상해인 형법 제258조의2 제1항의 예에 의하여 처벌하여야 하는 것으로 해석될 여지가 생기게 되었다. 이러한 해석을 따를 경우 특수폭행치상죄의 법정형이 형법 제258조의2 제1항이 정한 "1년 이상 10년 이하의 징역"이 되어 종래와 같이 형법 제257조 제1항의 예에 의하는 것보다 상향되는 결과가 발생하게 된다.

그러나 형벌규정 해석에 관한 법리와 다음과 같은 폭력행위 등 처벌에 관한 법률의 개정 경과 및 형법 제258조의2의 신설 경위와 내용, 그 목적, 형법 제262조의 연혁, 문언과 체계 등을 고려할 때, 특수폭행치상의 경우 형법 제258조의2의 신설에도 불구하고 종전과 같이 형법 제257조 제1항의 예에 의하여 처벌하는 것으로 해석함이 타당하다.

① 헌법재판소는 2015. 9. 24. 흉기 기타 위험한 물건을 휴대하여 형법상 폭행죄, 협박죄, 재물손괴죄를 범한 사람을 가중처벌하는 구 폭력행위 등 처벌에 관한 법률(2006. 3. 24. 법률 제7891호로 개정되고, 2014. 12. 30. 법률 제12896호로 개정되기 전의 것, 이하 '구 폭력행위처벌법'이라고 한다) 제3조 제1항 중 "흉기 기타 위험한 물건을 휴대하여 형법 제260조 제1항(폭행), 제283조 제1항(협박), 제366조(재물손괴등)의 죄를

범한 자"에 관한 부분과 구 폭력행위 등 처벌에 관한 법률(2014. 12. 30. 법률 제12896호로 개정된 것) 제3조 제1항 중 "흉기 기타 위험한 물건을 휴대하여 형법 제260조 제1항(폭행), 제283조 제1항(협박), 제366조 (재물손괴등)의 죄를 범한 자"에 관한 부분은 형법과 같은 기본법과 동일한 구성요건을 규정하면서도 법정형만 상향한 것으로 형벌체계의 정당성과 균형을 잃어 헌법의 기본원리에 위배되고 평등의 원칙에 위반된다는 이유로 위헌이라고 결정하였다[헌법재판소 2015. 9. 24. 선고 2014헌바154, 398, 2015헌가3, 9, 14, 18, 20, 21, 25(병합) 전원재판부 결정]. 반면, "구 폭력행위처벌법 제3조 제1항 중 '흉기 기타 위험한 물건을 휴대하여 형법 제257조 제1항(상해)의 죄를 범한 자'에 관한 부분은 헌법에 위반되지 아니한다."라고 결정하였다[헌법재판소 2015. 9. 24. 선고 2014헌가1, 2014헌바173(병합) 전원재판부 결정].

② 이에 따라 구 폭력행위처벌법의 일부 규정을 정비하고, 동시에 일부 범죄를 형법에 편입하여 처벌의 공백을 방지하면서 형벌체계상의 정당성과 균형을 갖추도록 하기 위하여, 구 폭력행위처벌법이 2016. 1. 6. 법률 제13718호로 개정되면서 구 폭력행위처벌법 제3조 제1항은 전부 삭제되었고, 그중 상해죄를 가중처벌하는 부분은 형법 제258조의2의 '특수상해죄'로 신설되면서, 그 법정형은 구 폭력행위처벌법이 정한 "3년 이상의 유기징역"보다 낮추어 "1년 이상 10년 이하의 징역"으로 규정되었다. 또한 형벌체계상의 정당성과 균형을 갖춘다는 같은 이유에서 존속중상해죄의 법정형은 "2년 이상의 유기징역"에서 "2년 이상 15년 이하의 징역"으로 하향 조정되고, 강요죄는 "5년 이하의 징역"에서 "5년 이하의 징역 또는 3천만 원 이하의 벌금"으로 벌금형을 추가하는 내용으로 함께 개정되었다.

③ 반면, 형법 제262조는 형법 제정 당시부터 현재에 이르기까지 지금과 같은 문언과 체계를 유지하고 있는데, 종래에 형법 제262조와 관련하여 일부 입법론적인 문제제기가 있기는 하였으나 결과적가중범인 폭행치상죄와 특수폭행치상죄를 고의범인 상해죄, 중상해죄의 예

에 준하여 처벌하고, 폭행치상죄와 특수폭행치상죄 사이의 행위불법의 차이를 고려하지 않고 동일한 법정형에 의하여 처벌하는 것으로 해석하여 왔다. 또한 앞서 본 바와 같은 2016. 1. 6. 형법 개정 과정에서 특수폭행치상죄의 법정형을 상향시켜야할 만한 사회적 상황의 변경이 있었다고 보기 힘들다.

④ 이러한 상황에서, 형법 제258조의2 특수상해죄의 신설로 형법 제262조, 제261조의 특수폭행치상죄에 대하여 그 문언상 특수상해죄의 예에 의하여 처벌하는 것이 가능하게 되었다는 이유만으로 형법 제258조의2 제1항의 예에 따라 처벌할 수 있다고 한다면, 그 법정형의 차이로 인하여 종래에 벌금형을 선택할 수 있었던 경미한 사안에 대하여도 일률적으로 징역형을 선고해야 하므로 형벌체계상의 정당성과 균형을 갖추기 위함이라는 위 법 개정의 취지와 목적에 맞지 않는다. 또한 형의 경중과 행위자의 책임, 즉 형벌 사이에 비례성을 갖추어야 한다는 형사법상의 책임원칙에 반할 우려도 있으며, 법원이 해석으로 특수폭행치상에 대한 가중규정을 신설한 것과 같은 결과가 되어 죄형법정주의 원칙에도 반하는 결과가 된다.

이러한 입장은 대법원 2017. 9. 21. 선고 2017도7687 판결에서도 나타난다. 이 사건 공소사실 중 폭력행위처벌법위반의 점의 요지는, 피고인이 2016. 6. 14. 12:20경 공소외인이 사용하던 칼을 빼앗으려 하다가 여의치 않자 자신의 집으로 가 위험한 물건인 과도(칼날 길이 22cm)를 들고 와 정당한 이유 없이 위험한 물건을 휴대하였다는 것이었다. 그런데 검사는 이 부분 공소사실이 폭력행위처벌법 제7조에 해당함을 이유로 기소하였으나, 공소사실에는 피고인이 폭력행위처벌법 중 어떠한 범죄에 사용할 의도로 과도를 휴대하였는지에 대하여 아무런 기재가 없었다. 그리고, 피고인은 당시 과도를 소지한 사실은 인정하였으나, 구체적으로 폭력행위처벌법 중 어떠한 범죄에 사용할 의도로 과도를 소지하였는지에 대하여는 아무런 진술도 하지 않았다. 행위

당시 피고인에게 폭력행위처벌법에 규정된 범죄를 실제로 범할 의도
가 있었다고 보이지는 않고, 피고인에게 폭력행위처벌법이 규정하고
있는 범죄를 저질러 처벌받은 전력도 없었다.

대법원의 판단: 이 판결은 헌법재판소의 위헌결정 및 그 이후의
법률개정에 관하여 설시한 후 다음과 같이 판결한다. 폭처법 제7조
는 … 집단 또는 상습 및 특수폭력범죄 등을 저지를 우려가 있는 사
람을 처벌함으로써 공공의 안녕과 질서를 유지하기 위한 규정으로 법
률 제정 시부터 현재까지 실질적인 내용의 변경 없이 그대로 유지되
어 왔고, 이러한 폭력행위처벌법위반(우범자)죄는 대상범죄인 '이 법에
규정된 범죄'의 예비죄로서의 성격을 지니고 있다. 이러한 형벌규정
해석에 관한 일반적인 법리와 폭력행위처벌법의 개정경위와 내용, 폭
력행위처벌법 제7조의 입법 취지와 문언의 체계, 폭력행위처벌법위반
(우범자)죄의 성격과 성립요건 등을 종합하여 보면, 폭력행위처벌법 제
7조에서 말하는 '이 법에 규정된 범죄'란 '폭력행위처벌법에 규정된 범
죄'만을 의미한다고 해석함이 타당하다.

2) 형법의 적용범위에서의 동기설

대법원 2016. 1. 28. 선고 2015도17907 판결[40])과 대법원 2017. 3. 16.
선고 2013도16192 판결[41])은 소위 동기설에 따른 대법원의 판결이다.

2015도17907 판결의 사실심법원은 위험한 물건인 자동차를 이용
하여[42]) 피해자에게 상해를 가한 피고인의 행위에 대하여 구 폭력행위
등 처벌에 관한 법률(2016. 1. 6. 법률 제13718호로 개정되기 전의 것) 제3
조 제1항, 제2조 제1항 제3호, 형법 제257조 제1항을 적용하여 유죄로
판단하였다. 위험한 물건인 과도를 휴대하여 자신의 어머니인 피해자
에게 상해를 가한 2013도16192 판결의 피고인에 대해서도 사실심법원

---

40) 오영근, "2016년도 형법판례 회고", 형사판례연구 제25권(2017), 648면.
41) 오영근, "2017년도 형법판례 회고", 558면.
42) 자동차의 '휴대'에 대한 의문의 제기로 오영근, "2015년도 형법판례 회고", 663면; 졸고, "'위험한 물건을 휴대하여'의 해석", 174-191면.

은 구 폭력행위처벌법 제3조 제1항, 제2조 제1항 제3호, 형법 제257조 제2항을 적용하여 유죄로 판단하였다.

　　대법원의 판단: 형법 제257조 제2항의 가중적 구성요건을 규정하고 있던 구 폭력행위처벌법 제3조 제1항을 삭제하는 대신에 위와 같은 구성요건을 형법 제258조의2 제1항에 신설하면서 그 법정형을 구 폭력행위처벌법 제3조 제1항보다 낮게 규정한 것은, 위 가중적 구성요건의 표지가 가지는 일반적인 위험성을 고려하더라도 개별 범죄의 범행경위, 구체적인 행위태양과 법익침해의 정도 등이 매우 다양함에도 불구하고 일률적으로 3년 이상의 유기징역으로 가중 처벌하도록 한 종전의 형벌규정이 과중하다는 데에서 나온 반성적 조치라고 보아야 할 것이므로, 이는 형법 제1조 제2항의 '범죄 후 법률의 변경에 의하여 형이 구법보다 경한 때'에 해당한다.

　3) 검　토

　(가) 죄형법정주의에 대한 법원의 존중

　　죄형법정주의는 국가형벌권의 자의적인 행사로부터 개인의 자유와 권리를 보호하기 위하여 범죄와 형벌을 법률로 정할 것을 요구하며, 그러한 취지에 비추어 보면 형벌법규의 해석은 엄격하여야 하고, 명문의 형벌법규의 의미를 피고인에게 불리한 방향으로 지나치게 확장해석하거나 유추해석하는 것은 죄형법정주의의 원칙에 어긋나는 것으로서 허용되지 아니한다고 보는 입장이 대법원의 확립된 '판례'라고 보인다. 그렇다면 앞에서 본 대법원의 판결들의 논거와 결론은 설득력이 있다.

　(나) 동기설에 대한 의문

　　이미 적시하였던 폭처법에 대한 일련의 헌법재판소 결정에서 특수상해죄에 대한 가중처벌조문은 당시에는 형법에 없었기 때문에 폭처법에 위험한 물건을 휴대하여 형법의 상해죄를 범한 경우를 가중처벌하는 규정을 둘 필요가 없다고 볼 수 없다고 판단하였으나,[43] 대상판결들이 적시하듯이 그후 폭처법의 해당규정을 삭제하고 형법 제258조의2를 신설하면서 법정형을 폭처법보다 하향하였다. 이러한 입법과정을 살펴볼 때 법률개정이 동기설에서 말하는 '반성적 고려'에 해당한다는 대법원의 판단은 수긍할만 하다.

하지만 그렇기 때문에 대법원이 따르는 동기설이 정당하다고 볼수는 없다. 동기설의 내용이 무엇인가의 문제로, 이때의 동기가 역사적 해석에서 말하는 입법자의 주관적 목적과 동일한지 확인할 필요가 있다.44) 역사적 해석과 동일하다고 본다면 과연 역사적 입법자의 주관적 목적을 확인할 수 있는지의 문제가 남는다. 문리해석이 어려운 경우의 보충적 해석방법으로 역사적 해석을 따르기 어려운 가장 큰 이유는 입법자료가 충분하지 못해 역사적 입법자의 생각을 확인하기 어렵다는 점인데, 적어도 이 사안과 관련된 개정[법률 제13719호, 2016. 1. 6., 일부개정]은 "헌법재판소는 「폭력행위 등 처벌에 관한 법률」 중 특수폭행죄 가중처벌 등 일부 규정이 「형법」과 동일한 구성요건을 규정하면서 법정형만 상향하고 있어 헌법의 기본원리에 위배되고 평등의 원칙에 위반된다는 이유로 각각 위헌 결정을 하였음. 이에 「폭력행위 등 처벌에 관한 법률」 일부 규정을 정비하고 동시에 일부 범죄를 「형법」에 편입하여 처벌의 공백을 방지하면서 형벌체계상의 정당성과 균형을 갖추도록 함"을 이유로 제시하였고45) 이미 검토한 판결에서 보듯이 대법원은 과거의 법률의 문제점이 무엇인지 분명히 인식하고 있었다는 점은 동기설을 적용한 이 사안의 해결의 결론을 뒷받침할 수 있는 또다른 근거이다.

하지만 남는 문제는 동기설 자체의 문제점이다. 학계에서는 동기

---

43) 선택형으로 벌금형을 두지 않았다는 지적으로 오영근, "2015년도 형법판례 회고", 662면. 이미 보았듯이 2018도3443 판결은 벌금형의 존재 여부도 검토한다.

44) 입법자의 동기는 역사적 입법자의 의사보다도 더 주관적이므로 법적 안정성의 관점에서 볼 때 취하기 어렵다는 김일수, 한국형법 Ⅰ(개정판), 박영사, 1996, 166면.

45) 국가법령정보(https://www.law.go.kr/lsInfoP.do?lsiSeq=178999&lsId=&efYd=20160106&chrClsCd=010202&urlMode=lsEfInfoR&viewCls=lsRvsDocInfoR&ancYnChk=0#: 2022. 6. 3. 최종검색)

설을 한시법의 추급효46)와 보충규범의 개폐라는 쟁점에서 논의하고
있으나 법원은 개정 또는 폐지된 법률 중 무엇을 적용할 것인지에 대
한 일반적인 판단기준으로 동기설을 활용하고 있다. 그러나 형벌법규
의 제정과 개정은 입법자의 몫인데, 입법자가 형의 변경 또는 폐지의
동기가 무엇인지를 먼저 판단하고 그 결과에 따라 행위자를 처벌하는
것은 권력분립원칙에 반한다.47) 즉, 형법 제1조 제2항은 범죄 후 법률
이 변경되어 그 행위가 범죄를 구성하지 아니하게 되거나 형이 구법
보다 가벼워진 경우에는 신법에 따른다고 규정하고 있을 뿐이지 법률
변경의 동기와 법조문의 적용여부를 연동시키고 있지 않다. 동기설에
따른 법원의 해석은 형법의 문언에 반할 뿐만 아니라, 반성적 고려와
단순한 사실관계의 변화를 어떻게 구별할 것인가에 대한 기준이 모호
하다는 점은 판례가 추구해야 하는 가치 중 하나인 법적 안정성을 침
해한다.48) 동기설은 피고인에게 유리한 규정을 축소해석하여 가벌성
의 범위를 넓히는 것도 유추해석금지의 원칙에 위반하여 허용될 수
없다고 한 대법원의 입장과도 모순된다.49) 동기설을 적용한 결과로 신

---

46) 그렇기 때문에 한시법이 유효기간 이후의 처벌행위를 명시한 경우에는 해석론적
문제가 발생하지 않는다는—독일형법 제2조 제4항 등의 외국의 입법례를 근거로
하는—주장은 쉽게 찾을 수 있다. 가령 2018 평창 동계올림픽대회 및 동계패럴림
픽대회 지원 등에 관한 특별법(약칭: 평창올림픽법)은 다음과 같다.
제25조(대회 휘장 등의 사용) 조직위원회가 지정한 휘장·마스코트 등 대통령령으
로 정하는 대회 관련 상징물 등을 사용하고자 하는 자는 사전에 조직위원회의 승
인을 받아야 한다. 다만, 대통령령으로 정하는 바에 따라 사용하는 경우에는 그러
하지 아니하다.
제89조(벌칙) 제25조를 위반한 자는 5년 이하의 징역 또는 5천만 원 이하의 벌금
에 처한다.
부칙[법률 제11226호(2012. 1. 26.)] 제2조(유효기간) 제5조, 제6조, 제6조의2, 제7조부
터 제39조까지, 제83조부터 제85조까지, 제88조, 제90조, 제92조는 2019년 3월 31일
까지 효력을 가진다.
이 법률의 금지규범(제25조)의 유효기간이 정해져 있으나 입법자는 금지규범의 효
력상실 이후의 행위도 처벌하려고 하였음을 알 수 있다.
47) 이주원, 형법총론, 31면.
48) 김성돈, 형법총론, 107면.
49) 오영근, "2017년도 형법판례 회고", 568면.

법을 적용하는 위의 사례는 형법 제1조 제2항이 적용된 결과이지 동기설의 정당성을 보여주는 예가 아니다.

(2) 구성요건

대법원 2015. 11. 12. 선고 2015도6809 전원합의체 판결(세월호 판결) 중 부작위범에 관한 판결내용만을 인용한다.

대법원의 판단: 범죄는 보통 적극적인 행위에 의하여 실행되지만 때로는 결과의 발생을 방지하지 아니한 부작위에 의하여도 실현될 수 있다. 형법 제18조는 "위험의 발생을 방지할 의무가 있거나 자기의 행위로 인하여 위험발생의 원인을 야기한 자가 그 위험발생을 방지하지 아니한 때에는 그 발생된 결과에 의하여 처벌한다"라고 하여 부작위범의 성립 요건을 별도로 규정하고 있다.

자연적 의미에서의 부작위는 거동성이 있는 작위와 본질적으로 구별되는 무(無)에 지나지 아니하지만, 위 규정에서 말하는 부작위는 법적 기대라는 규범적 가치판단 요소에 의하여 사회적 중요성을 가지는 사람의 행태가 되어 법적 의미에서 작위와 함께 행위의 기본 형태를 이루게 되므로, 특정한 행위를 하지 아니하는 부작위가 형법적으로 부작위로서의 의미를 가지기 위해서는, 보호법익의 주체에게 해당 구성요건적 결과 발생의 위험이 있는 상황에서 행위자가 구성요건의 실현을 회피하기 위하여 요구되는 행위를 현실적·물리적으로 행할 수 있었음에도 하지 아니하였다고 평가될 수 있어야 한다.

나아가 살인죄와 같이 일반적으로 작위를 내용으로 하는 범죄를 부작위에 의하여 범하는 이른바 부진정 부작위범의 경우에는 보호법익의 주체가 법익에 대한 침해위협에 대처할 보호능력이 없고, 부작위행위자에게 침해위협으로부터 법익을 보호해 주어야 할 법적 작위의무가 있을 뿐 아니라, 부작위행위자가 그러한 보호적 지위에서 법익침해를 일으키는 사태를 지배하고 있어 작위의무의 이행으로 결과발생을 쉽게 방지할 수 있어야 부작위로 인한 법익침해가 작위에 의한 법익침해와 동등한 형법적 가치가 있는 것으로서 범죄의 실행행위로 평가될 수 있다. 다만 여기서의 작위의무는 법령, 법률행위, 선행행위로 인한 경우는 물론, 신의성실의 원칙이나 사회상규 혹은 조리상 작위의무가 기대되는 경우에도 인정된다.

또한 부진정 부작위범의 고의는 반드시 구성요건적 결과발생에 대한 목적이나 계획적인 범행 의도가 있어야 하는 것은 아니고 법익침해의 결과발생을 방지할 법적 작위의무를 가지고 있는 사람이 의무를 이행함으로써 결과발생을 쉽게 방지할 수 있었음을 예견하고도 결과발생을 용인하고 이를 방관한 채 의무를 이행하지 아니한다는 인식을 하면 족하며, 이러한 작위의무자의 예견 또는 인식 등은 확정적인 경우는 물론 불확정적인 경우이더라도 미필적 고의로 인정될 수 있다. 이때 작위의무자에게 이러한 고의가 있었는지는 작위의무자의 진술에만 의존할 것이 아니라, 작위의무의 발생근거, 법익침해의 태양과 위험성, 작위의무자의 법익침해에 대한 사태지배의 정도, 요구되는 작위의무의 내용과 이행의 용이성, 부작위에 이르게 된 동기와 경위, 부작위의 형태와 결과발생 사이의 상관관계 등을 종합적으로 고려하여 작위의무자의 심리상태를 추인하여야 한다. …

법익침해의 태양과 정도 등에 따라 요구되는 개별적·구체적인 구호의무를 이행함으로써 사망의 결과를 쉽게 방지할 수 있음에도 그에 이르는 사태의 핵심적 경과를 그대로 방관하여 사망의 결과를 초래하였다면, 그 부작위는 작위에 의한 살인행위와 동등한 형법적 가치를 가진다고 할 것이고, 이와 같이 작위의무를 이행하였다면 그 결과가 발생하지 않았을 것이라는 관계가 인정될 경우에는 그 작위를 하지 않은 부작위와 사망의 결과 사이에 인과관계가 있는 것으로 보아야 할 것이다.

검토: 이 판결은 대상사건의 사회적 중요성뿐만 아니라 부진정부

작위범에 대한 대법원의 입장을 정리했다는 점에서도 의미를 찾을 수 있다.50) 특히 판결이유의 '가. 부작위범의 법리와 선원들의 구조의무' 부분은 부진정부작위범에 대한 교과서적인 설명을 총망라하고 있어서 교육에서도 잘 활용된다.

그런데 부진정부작위범에서의 동가치성 요건에 대한 이 판례의 내용은 91도2951 판결 이래 반복되고 있는데, 행위자가 결과발생을 회피할 능력이 있었음에도 불구하고 이를 방관하고 결과발생을 막기 위한 어떠한 작위시도도 하지 않았다는 부진정부작위범에서의 객관적 구성요건 또는 2007도482판결에서처럼 보증인지위로 이해될 수 있어 이들과 구별되는 동가치성에 대한 설명으로 보기 어려우며, 살인죄는 단순한 결과범이라는 설명에 따르면 동가치성에 대한 논의가 이 사건의 결론을 달라지게 하지도 않는다.51) 이 판결은 미필적 고의와 인식 있는 과실의 구별에 대하여 대법원이 인용설을 따르고 있음을 분명히 부여주는데, 선장이 타인의 사망의 결과를 용인하였다고 보이면 바로 살인죄의 고의를 인정52)할 수 있는지에 대한 논의53)도 존재한다.

(3) 위법성

대법원 2020. 9. 3. 선고 2015도1927 판결54)이 다룬 사건에서 A 공사는 1998년부터 시설관리 용역업체인 B사 등과 용역위탁계약을 맺고 청소미화업무 등을 맡겼다. 甲 등은 B사 등 수급업체 직원이자 민주노총 전국공공운수사회서비스노조 대전지부 수자원공사지회 조합원으로서 2012년 6월 임금인상 등 단체교섭이 결렬되자 파업에 돌입했고,

---

50) 졸고, "부진정부작위범에서의 '동가치성'", 형사판례연구 제29권(2021), 10면.
51) 이재상·장영민·강동범, 형법총론(11판), 박영사, 2022, 10/37; 졸고, "부진정부작위범에서의 '동가치성'", 17면. 반면에 장영민, 앞의 글, 40면은 실행의 착수 시기와 관련하여 단순한 결과범에서도 동가치성 논의가 의미가 있다고 지적한다.
52) 장영민, "부진정부작위범의 성립요건", 형법판례 150선(3판), 49면.
53) 오영근, "2015년도 형법판례 회고", 649면은 여러 개의 행위 중 어떤 행위를 하더라도 결과발생의 개연성이 있는 경우에는 그것을 인용하였다는 이유만으로 고의를 인정해서는 안 된다고 지적한다.
54) 김혜정. 앞의 글, 514면.

B사와 협상에서 유리한 결과를 이끌어내기 위해 실제 일터인 A 공사 사업장 내 본관 건물 등을 점거해 농성을 벌여 A 공사에 대한 업무방해 및 퇴거불응죄로 기소되었다.

대법원의 판단: 단체행동권은 헌법 제33조 제1항에서 보장하는 기본권으로서 최대한 보장되어야 하지만 헌법 제37조 제2항에 의하여 국가안전보장·질서유지 또는 공공복리 등의 공익상의 이유로 제한될 수 있고 그 권리의 행사가 정당한 것이어야 한다는 내재적인 한계가 있다. 쟁의행위가 정당행위로 위법성이 조각되는 것은 사용자에 대한 관계에서 인정되는 것이므로, 제3자의 법익을 침해한 경우에는 원칙적으로 정당성이 인정되지 않는다. 그런데 도급인은 원칙적으로 수급인 소속 근로자의 사용자가 아니므로, 수급인 소속 근로자의 쟁의행위가 도급인의 사업장에서 일어나 도급인의 형법상 보호되는 법익을 침해한 경우에는 사용자인 수급인에 대한 관계에서 쟁의행위의 정당성을 갖추었다는 사정만으로 사용자가 아닌 도급인에 대한 관계에서까지 법령에 의한 정당한 행위로서 법익 침해의 위법성이 조각된다고 볼 수는 없다.

그러나 수급인 소속 근로자들이 집결하여 함께 근로를 제공하는 장소로서 도급인의 사업장은 수급인 소속 근로자들의 삶의 터전이 되는 곳이고, 쟁의행위의 주요 수단 중 하나인 파업이나 태업은 도급인의 사업장에서 이루어질 수밖에 없다. 또한 도급인은 비록 수급인 소속 근로자와 직접적인 근로계약관계를 맺고 있지는 않지만, 수급인 소속 근로자가 제공하는 근로에 의하여 일정한 이익을 누리고, 그러한 이익을 향수하기 위하여 수급인 소속 근로자에게 사업장을 근로의 장소로 제공하였으므로 그 사업장에서 발생하는 쟁의행위로 인하여 일정 부분 법익이 침해되더라도 사회통념상 이를 용인하여야 하는 경우가 있을 수 있다. 따라서 사용자인 수급인에 대한 정당성을 갖춘 쟁의행위가 도급인의 사업장에서 이루어져 형법상 보호되는 도급인의 법익을 침해한 경우, 그것이 항상 위법하다고 볼 것은 아니고, 법질서 전체의 정신이나 그 배후에 놓여있는 사회윤리 내지 사회통념에 비추어 용인될 수 있는 행위에 해당하는 경우에는 형법 제20조의 '사회상규에 위배되지 아니하는 행위'로서 위법성이 조각된다. 이러한 경우에 해당하는지 여부는 쟁의행위의 목적과 경위, 쟁의행위의 방식·기간과 행위 태양, 해당 사업장에서 수행되는 업무의 성격과 사업장의 규모, 쟁의행위에 참여하는 근로자의 수와 이들이 쟁의행위를 행한 장소 또는 시설의 규모·특성과 종래 이용관계, 쟁의행위로 인해 도급인의 시설관리나 업무수행이 제한되는 정도, 도급인 사업장 내에서의 노동조합 활동 관행 등 여러 사정을 종합적으로 고려하여 판단하여야 한다.

    검토: 이 판결은 하청업체 소속 근로자들이 사용자인 하청업체를 상대로 한 쟁의행위의 일환으로 원청업체 사업장 안에서 쟁의행위를 한 경우, 하청업체가 아니라 원청업체의 관점에서 정당행위의 기준을 제시한 판례라는 점에 그 의미가 있다.[55]
    이 판례는 파업이 그 자체로 위력[56]에 의한 업무방해죄인지에 관한 대법원 2011. 3. 17. 선고 2007도482 전원합의체 판결과 연결하여 생각할 필요가 있다. '파업 등 쟁의행위에 대하여 형법 제314조 제1항을 적용하여 업무방해죄의 성립을 인정하는 것은 파업 등 쟁의행위를 법률에 의하여 일반적으로 금지하고 이를 위반하면 처벌하던 때와 달리 실질적인 노사대등 관계를 실현하기 위하여 헌법상 기본권으로 단체행동권을 보장하고 있는 지금의 법체계 아래에서는 그 자체로 법리적 정합성이 없는 해석'이라고 지적하는 판결의 소수의견과 마찬가지

---

55) 김혜정, 앞의 글, 515면.
56) 대법원은 위력이란 피해자의 의사를 제압할 정도의 세력으로서, 유형적이든 무형적이든 묻지 않으므로 폭행·협박뿐만 아니라 사회적·경제적·정치적인 지위나 권세를 이용하는 것도 가능하며, 이 경우의 위력은 현실적으로 피해자의 자유의사가 제압될 것임을 요하는 것은 아니라고 판결해 왔다. 다만 업무방해죄에서의 위력이란 '사람의 의사의 자유를 제압, 혼란케 할 세력'이라고 하여 업무방해죄의 성립요건을 완화시켰다. 졸고, "부진정부작위범에서의 '동가치성'", 22면.

로 파업 자체가 업무방해죄가 아니라는 입장도 있었고, 집단파업은 원칙적으로 업무방해죄의 구성요건에 해당되지만 법령에 의한 행위 기타 사회상규에 위배되지 않는 정당행위로서 위법성이 조각된다고 하는 종전 판례의 입장이 오히려 타당하나 위법성조각을 너무 좁게 인정한 것이 문제라는 지적57)도 있었다. 대상판결은 도급관계라는 특수성에 착안하여 법질서 전체의 정신이나 그 배후에 놓여있는 사회윤리 내지 사회통념에 비추어 용인될 수 있는 행위라고 판단하고 있으니 후자의 입장에 연결시킬 수 있다고 보인다.58)

　　한 가지 의문은, 대법원 2010. 3. 11. 선고 2009도5008 판결이 유지될 수 있는지이다. 이 판결의 피고인 甲 등은 ○○엔지니어링(주) 등 X회사의 협력업체들의 근로자인데, 협력업체들은 형식적으로는 X회사와 도급계약을 체결하는 등의 외관을 갖추었으나 실제로는 X회사가 피고인등을 직접 채용한 것과 마찬가지였다. 甲 등은 X회사와 Y회사의 통상적인 업무공간으로 들어가는 입구 및 통로로서 약 700명 내지 800명 정도가 들어갈 수 있는 면적을 가진 건물 로비의 중간 부분 일부를 점거하고, 확성기를 이용하여 노동가를 틀어놓고 한꺼번에 구호를 외치거나 10여 일간 위 로비에서 숙식을 하였다. 하지만 甲 등이 위 로비를 점거하고 있는 동안 X회사나 Y회사에 출입하는 직원, 일반 고객 등이 이 사건 로비를 통행하는데 별달리 방해를 받은 적이 없었고, X회사나 Y회사 측의 관리·지배가 배제되거나 그 업무의 중단 또는 혼란이 야기된 적이 없었다. 그런데, 대법원은 2인 이상이 하나의 공간에서 공동생활을 하고 있는 경우에는 각자 주거의 평온을 누릴 권리가 있으므로, 사용자가 제3자와 공동으로 관리·사용하는 공간을 사용자에 대한 쟁의행위를 이유로 관리자의 의사에 반하여 침입·점거한 경우, 비록 그 공간의 점거가 사용자에 대한 관계에서 정당한 쟁의

---

57) 오영근, "2011년 형법 중요 판례", 인권과 정의 제424호(2012), 71면.

58) 파업이 업무방해죄의 구성요건해당성이 없다고 하기 위해서는 위력에 의한 업무방해죄를 삭제해야 할 것이나, 이는 형법입법의 문제이지 형법해석의 문제는 아니라는 지적으로 오영근, "2011년 형법 중요 판례", 72면.

행위로 평가될 여지가 있다 하여도 이를 공동으로 관리·사용하는 제3자의 명시적 또는 추정적인 승낙이 없는 이상 위 제3자에 대하여서까지 이를 정당행위라고 하여 주거침입의 위법성이 조각된다고 볼 수는 없다고 보아 주거침입죄가 성립한다고 판단하였다. 대상판결 또는 주거침입죄에 대한 최근의 대법원 판결의 입장과 2009도5008 판결이 조화될 수 있는지 궁금하다.[59]

(4) 책 임

대법원 2017. 3. 15. 선고 2014도12773 판결의 피고인은 사립학교인 ○○○○○○○학교(이하 '○○학교')의 경영자로서, 사립학교 경영자는 교비회계에 속하는 수입을 다른 회계에 전출하거나 대여할 수 없음에도 불구하고, 2011. 1. 4. ○○학교의 교비회계에 속하는 수입 22억 원을 △△△△학교(이하 '△△학교')에 대여한 것을 비롯하여 2011. 5. 31.까지 총 12회에 걸쳐 ○○학교의 교비회계에 속하는 수입 합계 136억 4,230만 원을 △△학교에 대여하였다[60]는 공소사실로 기소되었다.

1심법원와 달리 2심법원[61]은 피고인이 관할청인 경기도와 수원시 소속 공무원들이 참석한 ○○학교 운영위원회에서 위 자금 대여 사실을 보고하였는데도 위 공무원들이 특별한 이의를 제기하지 않았고, 회계법인도 ○○학교를 감사한 후 △△학교에 대한 자금 대여가 관계 법령을 위반한 것으로 지적하지 않았다는 등의 이유를 들어 피고인으

---

59) 같은 지적으로 김성돈, 형법각론(8판), SKKUP, 2022, 294면. 피고인들을 어떤 형태로든 처벌해야 하지만, 쟁의행위로 인한 업무방해죄로 처벌할 수는 없기 때문에 주거침입죄로 처벌하였다는 지적으로 오영근, "2010년 형법 중요 판례", 인권과 정의 제415호(2011), 63면.

60) 1심판결(수원지방법원 2013. 10. 16. 선고 2012고단4131 판결)에 따르면, 피고인은 △△학교의 교사가 노후화됨에 따라 2009년경부터 대전광역시로부터 20년간 무상 임대받은 대전시 유성구 용산동 소재 대덕테크노밸리 내 부지에 교사를 신축하여 이전하는 사업을 추진하였으나 재정난으로 공사자금을 충당하기 어렵게 되자 ○○학교의 교비회계에 속하는 수입을 △△학교에 대여하였다. 이 사건 대여가 ○○학교에 다방면으로 지원을 해 준 △△학교의 학교부지 이전을 위하여 이루어졌다는 점은 양형사유가 되었다.

61) 수원지방법원 2014. 9. 4. 선고 2013노5316 판결.

로서는 일반학교들 사이의 자금 대여가 위법할 수 있지만 외국인학교들 사이의 자금 대여는 법령에 따라 허용된 행위로서 죄가 되지 않는다고 그릇 인식하였고, 자기 행위의 위법 가능성을 회피하기 위한 진지한 노력을 다하였다고 평가할 수 있으므로 그 위법성을 인식하지 못한 것에 정당한 이유가 있다고 보아 무죄를 선고하였다.

대법원의 판단: 형법 제16조는 … 일반적으로 범죄가 성립하지만 자신의 특수한 사정에 비추어 법령에 따라 허용된 행위로서 죄가 되지 않는다고 그릇 인식하고 그러한 인식에 정당한 이유가 있는 경우에는 벌하지 않는다는 취지이다. 이때 정당한 이유는 행위자에게 자기 행위의 위법 가능성에 대해 심사숙고하거나 조회할 수 있는 계기가 있어 자신의 지적 능력을 다하여 이를 회피하기 위한 진지한 노력을 다하였더라면 스스로의 행위에 대하여 위법성을 인식할 수 있는 가능성이 있었는데도 이를 다하지 못한 결과 자기 행위의 위법성을 인식하지 못한 것인지에 따라 판단하여야 한다. 이러한 위법성의 인식에 필요한 노력의 정도는 구체적인 행위정황과 행위자 개인의 인식능력 그리고 행위자가 속한 사회집단에 따라 달리 평가되어야 한다.

검토: 항소심법원이 과감하게 종래 대법원의 확립된 입장과 다른 판결을 하였고 피고인이 상고하자 대법원이 항소심판결을 인용하는 경우[62]도 있으며 대법원이 정교한 논리를 펴는 사실심법원의 판결을 새로운 근거제시 없이 인용하는 경우[63]도 찾을 수 있다. 대법원의 판결에 대한 이해를 돕기 위해서 하급심판결의 등록범위를 늘려야 할 필요가 있다.[64] 즉, 현재의 판례평석은 주로 법률적 판단에 국한될 수

---

62) 대법원 2013. 2. 21. 선고 2010도10500 전원합의체 판결에 대한 오영근, "2013년도 형법판례 회고", 529면.

63) 예로 아래에서 다룰 대법원 2013. 7. 11. 선고 2013도5355 판결. 김시철, "절도 등의 범행 이전에 피해자가 사망한 경우의 법률관계 — 대법원 2013. 7. 11. 선고 2013도 5355 판결 및 그 사안을 중심으로 —", 서울대학교 법학평론 제6권(2016), 156-217면.

밖에 없지만 하급심판결이 공개되면 사실인정 부분에 대한 평석도 가능하게 되며 이를 통해 올바른 형법학이 확립되고 실무도 개선되는 선순환이 이루어지게 될 것이다.[65]

형법 제16조의 정당한 이유에 관한 이 판결[66]의 취지는 그 이후의 대법원 판결[67]에서도 계속 인용되고 있다. 그런데, 법률의 부지가 금지착오인가의 문제를 제외하고 형법 제16조의 정당한 이유가 있는지 판단하기 위한 위법성인식의 수단에 대한 대법원의 설명[68]은 학계와 크게 다르지 않다. 즉, 자신의 지적 능력을 최대한 활용하여 심사숙고하여야 하며 그를 통해서도 결론을 도출하기 어려울 경우 공무원 또는 전문가 등에게 조회할 필요가 있다.[69] 그렇기 때문에 피고인이 자금대여가 적법한지에 관하여 경기도교육청에 질의하여 회신을 받거나 법률전문가에게 자문을 받지는 않은 없는 이 사건에서의 대법원의 판단은 타당하며, 이러한 경우가 사안이 무엇이었는지 사후적으로 논의하기 위해서 하급심판결의 공개가 필요함을 보여주는 사안 중 하나라고 생각한다.

(5) 미 수

대법원 2019. 3. 28. 선고 2018도16002 전원합의체 판결의 피고인은 자신의 집에서 피해자와 함께 술을 마시다가 피해자를 따라 안방에 들어간 뒤, 피해자가 실제로는 반항이 불가능한 정도로 술에 취하지 아니하였음에도 불구하고 술에 만취하여 항거불능의 상태에 있다고 오인하고 누워있는 피해자의 바지와 팬티를 벗긴 후 1회 간음하였

---

64) 오영근, "2017년도 형법판례 회고", 557면.
65) 오영근, "2019년도 형법판례 회고", 386면.
66) 이 판결에 대하여 오영근, "2017년도 형법판례 회고", 568면.
67) 대법원 2020. 1. 9. 선고 2019도12765 판결; 대법원 2021. 11. 25. 선고 2021도10903 판결.
68) 대법원이 구체적 사실관계에 대한 법판단에서는 스스로 제시한 판단기준을 적용하지 못하고 있다는 지적으로 천진호, "2000년대 초기 대법원판례의 동향 — 형법총칙 관련 대법원판례를 중심으로 —", 형사판례연구 제20권(2012), 56면.
69) 이재상·장영민·강동범, 형법총론, 25/25.

다. 2심법원은 피고인에 대하여 준강간죄의 불능미수로 유죄판결을 하였으나, 피고인은 상고이유서에서 준강간의 고의가 없었으며, 피해자가 실제로는 심신상실 또는 항거불능의 상태에 있지 않아 성적 자기결정권의 침해가 없는 성관계를 하였으므로 준강간의 결과 발생 가능성이나 법익침해의 위험성이 없어 준강간죄의 불능미수가 성립하지 않는다고 주장하였다.

대법원의 판단: [다수의견] 피고인이 피해자가 심신상실 또는 항거불능의 상태에 있다고 인식하고 그러한 상태를 이용하여 간음할 의사로 피해자를 간음하였으나 피해자가 실제로는 심신상실 또는 항거불능의 상태에 있지 않은 경우에는, 실행의 수단 또는 대상의 착오로 인하여 준강간죄에서 규정하고 있는 구성요건적 결과의 발생이 처음부터 불가능하였고 실제로 그러한 결과가 발생하였다고 할 수 없다. 피고인이 준강간의 실행에 착수하였으나 범죄가 기수에 이르지 못하였으므로 준강간죄의 미수범이 성립한다. 피고인이 행위 당시에 인식한 사정을 놓고 일반인이 객관적으로 판단하여 보았을 때 준강간의 결과가 발생할 위험성이 있었으므로 준강간죄의 불능미수가 성립한다.

검토: 이 판례에서 대법원은 다수의견, 소수의견, 보충의견으로 나뉘어 활발한 논쟁을 벌이고 있다. 이러한 활발한 법리논쟁[70]의 계기는 대법원 재판서에는 합의에 관여한 모든 대법관의 의견을 표시하여야 한다는 법원조직법 제15조로, 일반법원에서의 합의가 비공개인 점과 대조되며 긍정적으로 평가할 수 있다.[71]

---

70) 오영근, "2019년도 형법판례 회고, 386면.

71) 대법원이 다룬 매우 중요한 사건의 정확한 맥락을 파악하기 위해서는 합의과정의 논의에 대한 이해가 도움을 줄 수 있는 상황도 분명히 존재한다고 생각한다. 외국의 예로 정범과 공범의 구별에 관한 주관설을 따른 독일제국법원의 목욕조사건(RGSt 74, 84)에 대한 Hartung: „Der „Badewannenfall". Eine Reminiszenz", in: JZ 1954, S. 430 ff.

이 판례에 대해서는 수많은 연구가 있는데 발표자는 판례의 다수의견에 동조하고 있어서[72] 여기에서는 연속성에 관하여만 간단히 언급하겠다. 이 판례는 이미 사망한 피해자가 술에 취해있다고 생각하고 그 집에 침입하여 그의 휴대전화와 재물을 가지고 나오면서 그의 엉덩이를 만지고 손가락을 음부에 집어넣었던 피고인에게 주거침입죄와 준강제추행죄의 불능미수를 인정한 대법원 2013. 7. 11. 선고 2013도5355 판결의 연장선상에 있다. 이 사건에서 검사는 최초에 피의자를 야간주거침입절도 후 준강제추행 불능미수 등으로 공소제기하였는데, 사실심법원은 피해자의 정확한 사망시각에 대한 증거가 전혀 없어서 피해자의 사망시점으로부터 구체적으로 어느 정도 시간이 경과한 이후에 피고인이 피해자의 집에 침입하였는지에 대해서도 증거가 없는 상태였기 때문에 피고인이 피해자의 집에 침입할 당시 피해자는 이미 사망한 상태에 있었으므로 피고인이 가지고 나온 물건들은 피해자가 점유하고 있었다고 볼 수 없다고 보아 야간주거침입절도죄가 무죄라고 판단하였고 대법원은 이 판단을 받아들였다. "원심이 사자(死者)의 점유를 인정한 종전 판례들은 이 사건에 적용될 수 없다고 하여 주거침입절도 후 준강제추행 미수의 점을 무죄라고 판단한 것은 정당한 것으로 수긍이 된다."

형사재판에서 공소가 제기된 범죄사실에 대한 증명책임은 검사에게 있고, 유죄의 인정은 법관으로 하여금 합리적인 의심을 할 여지가 없을 정도로 공소사실이 진실한 것이라는 확신을 가지게 하는 증명력을 가진 엄격한 증거에 의하여야 하기 때문에, … 증거가 없다면 설령 피고인의 유죄의 의심이 있다고 하더라도 피고인의 이익으로 판단할 수밖에 없다.[73] 이 사안은 '의심스러울 때는 피고인에게 유리하게'라는

---

72) 비판하는 견해로 오영근, "2019년도 형법판례 회고", 396면.

73) 대법원 2014. 6. 12. 선고 2014도3163 판결은 피해자가 사망한 교통사고에서 피고인의 차량이 피해자를 충격한 2차 사고는 1차 사고 발생시로부터 약 8분이 경과한 때이므로 도주차량죄의 유죄 인정 여부는 피해자가 1차 사고를 당한 후 2차 사고시까지 생존해 있었는지에 따라 좌우된다고 전제한 후, 1차 사고의 충격의 강도

원칙이 적용된 좋은 예라고 볼 수 있다. 다만, 위에서 보았듯이 이 사건의 판단과정에서 함께 다룬 '사자의 점유를 인정한 종전 판례들', 대표적으로 피해자를 살해한 방에서 사망한 피해자 곁에 4시간 30분쯤 있다가 그곳 피해자의 자취방 벽에 걸려 있던 피해자가 소지하는 물건들을 영득의 의사로 가지고 나온 경우 피해자가 생전에 가진 점유는 사망 후에도 여전히 계속되는 것으로 보는 대법원 1993. 9. 28. 선고 93도2143 판결은 사자의 점유 또는 점유의 상속을 인정하지 않는 학계의 설명과 배치된다는 점 또한 여전하다. 피해자가 사망한 시간을 정확히 알 수 없다면 '의심스러울 때는 피고인에게 유리하게' 원칙을 적용해 피해자가 이미 사망했다고 보면 되는 일이며, '피해자가 사망한지 4시간 30분이 지났는지' 여부를 함께 판단해야 할 이유는 적다고 생각한다.

(6) 공 범

신분 개념에 대한 대법원 판결은 구성요건요소에 대한 해석적 조작을 하고 있다는 비판[74]을 받아왔다. 소극적 신분과 공범성립에 관한 대법원 2012. 5. 10. 선고 2010도5964 판결[75]의 사실관계는 아래와 같다.

① 피고인 2는 2005. 1. 4.부터 2008. 7. 21.까지 사이에 ○○○의원(이하 '○○의원)의 간호사로 재직하면서 소속 방문간호사들을 총괄하는 업무를 하였는데, ○○의원과 방문검진위탁계약을 체결한 보험회사로부터 방문검진 의뢰가 오면 ○○의원에서 고용한 전국 각지의 방문간호사들에게 연락하여 방문검진을 하도록 하였다.

② 위의 연락을 받은 방문간호사들은 보험가입자들의 주거에 방

및 충격 후의 상황 등에 비추어볼 때 피해자가 그로 인해 두부와 흉복부 등에 치명적인 손상을 입었을 것임은 경험칙상 쉽게 예상할 수 있으므로 피해자가 1차 사고 후 2차 사고 발생 전에 이미 사망하였을 가능성을 배제할 수 없을 것이라고 판단한다.

74) 모해위증죄에서의 목적이 신분이라는 대법원 판결에 대한 김성돈, "대법원 형사판결과 법률구속성원칙", 13면.

75) 김성돈, "대법원 형사판결과 법률구속성원칙", 9면.

문하여 그들을 상대로 문진, 각종 신체계측, 채뇨, 채혈 등을 실시한 후 채취한 소변과 혈액 등을 ○○의원에 송부하였고, 이를 받은 ○○의원의 임상병리사는 ○○의원에 설치된 장비로 성분 등의 검사를 시행하였다.

③ 피고인 2는 위 검사결과 등을 바탕으로 보험가입자들에 대한 검사수치와 정상수치를 대비시켜 신체부위의 이상 유무와 건강상태를 알 수 있도록 의사 명의의 건강검진결과서를 작성하여 이를 보험회사에 통보하였다. 일부 건강검진결과서에는 피검진자의 건강 이상 유무, 의심되는 질병, 피검진자가 건강에 주의하여야 할 권고사항, 문진 결과에 따른 과거 병력, 현재 건강상태 등 의학적 소견을 기재하기도 하였다. 의학적 소견은 예를 들면 "선생님은 본 검사 범주 내에서 B형간염 바이러스 보균상태입니다. B형간염에 대해 정기적인 검사 및 관찰이 요망됩니다" 등과 같이 피검진자가 건강검진의 결과를 수령할 것을 예정한 문구를 사용하였다.

④ 공소외인 또는 피고인 3은 위 기간 동안 ○○의원에 소속된 유일한 의사였는데 ○○의원의 사무실로 매일 출근하지는 아니하였고, 위와 같은 건강검진의 실시 여부에 관하여 개별적인 지시를 하지 아니하였을 뿐만 아니라 실제 보험가입자들에 대한 건강검진의 실시 과정이나 건강검진결과서의 작성·통보에 이르기까지 모든 과정에 의사로서 지시하거나 관여하지 않았다.

⑤ 건강검진을 의뢰한 보험회사로부터 피고인 1, 2는 2005. 1. 4.부터 2008. 7. 21.까지 건강검진의 대가로 1,585,173,771원을 받고, 피고인들은 2005. 7. 22.부터 2008. 9. 1.까지 건강검진의 대가로 68,502,751원을 받았다.

대법원의 판단: 의사가 간호사로 하여금 의료행위에 관여하게 하는 경우에도 그 의료행위는 의사의 책임 아래 이루어지는 것이고 간호사는 그 보조자에 불과하다. 간호사가 '진료의 보조'를 하는 경우 모

든 행위 하나하나마다 항상 의사가 현장에 입회하여 일일이 지도·감독하여야 한다고 할 수는 없고, 경우에 따라서는 의사가 진료의 보조행위 현장에 입회할 필요 없이 일반적인 지도·감독을 하는 것으로 충분한 경우도 있을 수 있으나, 이는 어디까지나 의사가 그의 주도로 의료행위를 실시하면서 그 의료행위의 성질과 위험성 등을 고려하여 그 중 일부를 간호사로 하여금 보조하도록 지시 내지 위임할 수 있다는 것을 의미하는 것에 그친다. 이와 달리 의사가 간호사에게 의료행위의 실시를 개별적으로 지시하거나 위임한 적이 없음에도 간호사가 그의 주도 아래 전반적인 의료행위의 실시 여부를 결정하고 간호사에 의한 의료행위의 실시과정에도 의사가 지시·관여하지 아니한 경우라면, 이는 구 의료법(2009. 1. 30. 법률 제9386호 개정되기 전의 것) 제27조 제1항이 금지하는 무면허의료행위에 해당한다고 볼 것이다. 그리고 의사가 이러한 방식으로 의료행위가 실시되는 데 간호사와 함께 공모하여 그 공동의사에 의한 기능적 행위지배가 있었다면, 의사도 무면허의료행위의 공동정범으로서의 죄책을 진다.

검토: 의료법 및 보건범죄 단속에 관한 특별조치법에서의 무면허의료행위는 면허가 있는 의사는 범할 수 없기 때문에 이때의 의사는 소극적 신분에서의 불구성적 신분이라는 설명이 통설이다. 불구성적 신분을 가진 자가 그렇지 못한 자의 범죄에 가담한 경우에 대하여 어떻게 판단할 것인지에 대해서는 논의가 엇갈리는데, 신분과 공범에 대한 형법 제33조를 적용하자는 입장도 있고 형법 제33조가 적용되지 않기 때문에 공범에 관한 일반원칙에 따라 해결하자는 입장도 있으며 후자의 입장에서도 동일한 결론을 내지는 않는다. 이 판결에서 정범인 간호사가 실행한 범죄는 실질적으로 신분범죄가 아니고 의사에게 기능적 행위지배를 이유로 공동정범을 인정하였기 때문에 제33조 적용설을 취했다고 보기 어렵다는 설명76)도 있다.

---

76) 이용식, 형법총론(2판), 박영사, 2020, 115면.

하지만 이 판결의 논거 및 결론 모두에 찬성하기 어렵다. 먼저, 형법 제33조가 소극적 신분에 대하여 언급하고 있지 않아 소극적 신분에 대한 법률규정이 따로 존재하지 않는다고 보는 관점에서 이 판결은 법률의 근거가 없음에도 불구하고 유사 법률적 근거만 제시하고 있어서 법관의 법률구속성 원칙에 정면으로 위배된다는 비판77)을 할 수 있다. 두 번째는 이러한 해석의 오용가능성이라는 문제이다. 대법원의 입장은 결국 진정신분범, 즉 구성적 신분이 있는 신분자와 그렇지 못한 비신분자의 관계에 관한 설명을 뒤집어서 불구성적 신분이 없는 간호원과 불구성적 신분이 있는 의사의 관계에 전용하는 것이다.78) 이러한 설명은 그 자체로도 진정신분범이 행위자의 인적 특성, 즉 신분에 초점을 맞추어 이를 특별한 정범표지로 입법하였다는 점을 간과하고 있다는 문제점은 물론, 나아가 가령 무고죄는 법문이 스스로에 대한 무고행위를 처벌하지 않는다고 규정하고 있음에도 불구하고 타인과 함께 스스로를 무고한 행위자를 자기무고죄의 공동정범으로 처벌할 수 있다는 생각의 단초를 열어준다는 심각한 문제가 있다.79)

---

77) 김성돈, "대법원 형사판결과 법률구속성원칙", 12면.
78) 졸고, "자기무고의 공동정범이 성립하는가?", 형사정책 제29권 제2호(2017), 189면. 비슷하게 변호사법위반에서의 변호사 아닌 자와 변호사의 관계에 대한 대법원의 판결에 대한 비판으로 김성돈, 형법총론, 738면 각주 357.
79) 대법원 2017. 4. 26. 선고 2013도12592 판결에서의 상고이유서에서 검찰은 공범과 신분에 관한 논거로 크게 세 가지를 제시하였다.
① 교사범, 방조범, 공동정범은 범의 창출 여부, 범행 가담 정도, 기능적 행위지배 여부 등에 따라 법리상 구분되는 개념인 것은 맞으나 실제 범행과정에서는 대부분 그 엄격한 구별이 사실상 어렵다.
② 처벌의 필요성 및 판례, 법리해석 등에 따라 자기무고 교사 또는 방조를 처벌하고 있는 이상 자기무고의 공동정범을 처벌한다고 하여 법적 안정성을 해친다고 보기는 어렵고, 이러한 해석이 죄형법정주의에도 반하지 않는다.
③ 자기무고의 교사 또는 방조만 인정하고 공동정범을 인정하지 않게 되면 자기무고 범행에서 기능적 행위지배를 한, 범행완성에 더 중요한 역할 수행을 한 사람은 공동정범으로 정범성이 있다는 이유로 처벌을 받지 않는 반면, 공동정범보다 범행완성에 더 적은 역할을 수행한 교사범 또는 방조범은 처벌받게 되는 부당한 결과가 발생한다.
이러한 주장에 대한 비판과 대법원의 판단에 대하여 졸고, "자기무고의 공동정범

그러나 대법원은 2013도12592 판결에서 스스로를 무고한 자를 무고죄의 공동정범으로 처벌할 수 없다는 결론을 법문에서 명확히 도출하고 있는데, 법문의 존중이라는 자세를 관철한다면 면허를 가진 의사가 무면허의료행위의 공동정범으로 처벌된다고 보기는 어렵다고 보인다. 셋째, 불구성적 신분의 문제가 아니라고 하더라도 기능적 행위지배의 의미가 무엇인가이다. 대법원이 기능적 행위지배라는 학설의 기준을 받아들이는 것처럼 보이는 판결을 내고 있으면서도 과연 언제 공동정범에서 기능적 행위지배가 성립하는지에 대해서는 명확한 입장 또는 기준을 제시하고 있다고 보기는 어렵다. 이 사안에서 의사에게 기능적 행위지배가 있어서 공동정범이 된다고 볼 수 있는 이유가 무엇인지 생각해 보면, 의사의 동의가 없는 건강검진결과서의 작성은 무면허의료행위이면서 사문서위조에도 해당할 것이기 때문에 자신의 명의를 사용해도 좋다는 의사의 동의를 공동의 범행결의로 볼 수 있다는 판단이었다고 추측할 수 있다. 하지만 이렇게 볼 수 있다고 하더라도 불구성적 신분의 문제를 해결할 수는 없다.

(7) 죄 수

대법원 2013. 2. 21. 선고 2010도10500 전원합의체 판결은 횡령죄의 불가벌적 사후행위에 대하여 다루었다. 이 사건의 피고인 甲은 1995. 10. 20. 피해자 종중으로부터 위 종중 소유의 토지인 답 2,337m2, 답 2,340m2를 명의신탁받아 보관하던 중 자신의 개인채무 변제에 사용하기 위한 돈을 차용하기 위해 이 토지에 관하여 1995. 11. 30. 채권최고액 1,400만 원의 근저당권을, 2003. 4. 15. 채권최고액 750만 원의 근저당권을 각각 설정하였다. 그후 甲은 피고인 乙과 공모하여 2009. 2. 21. 이 토지를 A에게 1억 9,300만 원에 매도하였다.

대법원의 판단: [다수의견] 횡령죄는 다른 사람의 재물에 관한 소

이 성립하는가?", 178면 이하.

유권 등 본권을 보호법익으로 하고 법익침해의 위험이 있으면 침해의 결과가 발생되지 아니하더라도 성립하는 위험범이다. 그리고 일단 특정한 처분행위('선행 처분행위')로 인하여 법익침해의 위험이 발생함으로써 횡령죄가 기수에 이른 후 종국적인 법익침해의 결과가 발생하기 전에 새로운 처분행위('후행 처분행위')가 이루어졌을 때, 후행 처분행위가 선행 처분행위에 의하여 발생한 위험을 현실적인 법익침해로 완성하는 수단에 불과하거나 그 과정에서 당연히 예상될 수 있는 것으로서 새로운 위험을 추가하는 것이 아니라면 후행 처분행위에 의해 발생한 위험은 선행 처분행위에 의하여 이미 성립된 횡령죄에 의해 평가된 위험에 포함되는 것이므로 후행 처분행위는 이른바 불가벌적 사후행위에 해당한다. 그러나 후행 처분행위가 이를 넘어서서, 선행 처분행위로 예상할 수 없는 새로운 위험을 추가함으로써 법익침해에 대한 위험을 증가시키거나 선행 처분행위와는 무관한 방법으로 법익침해의 결과를 발생시키는 경우라면, 이는 선행 처분행위에 의하여 이미 성립된 횡령죄에 의해 평가된 위험의 범위를 벗어나는 것이므로 특별한 사정이 없는 한 별도로 횡령죄를 구성한다고 보아야 한다.

검토: 불가벌적 사후행위란 그 자체로는 구성요건에 해당하고 위법·유책한 행위이지만 그 행위와 관련된 전체사건을 평가해 볼 때 그에 앞서 행해진 범죄행위에 대한 처벌만으로 해당행위에 대한 처벌이 더 이상 요구되지 않는 경우를 말한다.[80] 어떠한 행위가 불가벌적 사후행위에 해당하는지는 결국 주된 행위와 다른 보호법익을 침해하거나 그 침해의 양을 초과하였는지를 기준으로 판단한다.

이 판결의 다수의견은 과거의 판결이 간과하였던 법현실과 일반인의 법감정 사이의 간극을 메우기 위한 노력을 기울였다는 긍정적인 평가[81]도 있다. 하지만 이 판결은 정합성이 정면으로 문제되는 사안이

---

80) 김성돈, 형법총론, 756면.
81) 백원기, "횡령 후의 횡령 – 횡령죄와 불가벌적 사후행위", 형법판례 150선(3판), 275면.

라고 보인다. 재산범죄를 정합적으로 해석하기 위해서는 재산죄에 관한 형법조문의 체계적 이해, 재산상 손해 개념에 대한 경제적 재산 개념, 침해범 또는 위험범인지, 가중처벌규정에서의 이득액의 의미 등을 함께 고려할 필요가 있다. 소위 실질가치설을 따르고 있는 대법원 판결은 여러 유형[82]이 있으나, 이 사안에서의 실질가치설은 결국 선행 처분행위 이전부터 횡령죄의 객체가 분할되어 있는 상황이 아니라면 선행 처분행위의 대상 또는 그 가액이 전체 목적물의 일부에 불과한 경우에만 적용될 수 있다고 볼 수 있는데 이러한 논리는 결국 후행 처분행위가 불가벌적 사후행위인지의 문제를 선행 처분행위의 '가치'가 어느 정도인지 라는 운에 맡기는 상황이 된다. 대상판결의 논리는 일정한 범죄에서는 타당한데 가령 A를 폭행한 며칠 후 A를 다시 상해하거나 살해한 후에는 폭행죄 이외에도 상해죄나 살인죄가 별도로 성립한다고 볼 수 있기 때문이라는 설명[83]도 있으나 비교하기는 쉽지 않다고 생각한다. 위의 사안에서는 폭행과 상해 또는 살해가 서로 다른 시간과 장소에서 이루어졌으며 구성요건도 다르기 때문이다.

　　문제해결을 위해 횡령죄에서 우리 형법은 독일이나 일본형법과 다르게 반환거부도 횡령행위의 유형으로 규정하고 있음[84]을 해석의 출발점으로 삼을 필요가 있다. 즉, 이 판례 이전의 대법원 판결들이 불가벌적 사후행위를 인정했던 가장 큰 이유는 결국 일부에 대한 근저당권 설정 등의 횡령행위가 전체재산의 처분의 위험을 갖고 있기 때문이다. 실질가치설은 횡령죄가 위태범이라는 이 판결의 다수의견과도 맞지 않는다. 이러한 입장에서는, 기존의 판례를 변경하지 않으면서도 예외적으로 후행 행위가 불가벌적 사후행위가 아니라 처벌된다는 해석이 가능하다거나 제한된 범위 내에서의 판례변경만으로 문제를 해결할 수 있다는 이 판결의 보충의견도 따르기 어렵다.

---

82) 대법원 2010. 2. 25. 선고 2010도93 판결에 대해 졸고, "부실대출에 의한 배임죄에서의 손해와 이득액 계산", 비교형사법연구 제22권 제3호(2020), 152면.
83) 오영근, "2013년도 형법판례 회고", 528면.
84) 졸고, "부실대출에 의한 배임죄에서의 손해와 이득액 계산", 155면.

Ⅲ. 맺으며

판결이란 헤라클레스로서의 법관을 요구하는 어려운 작업이다. 이 글은 형사판례연구회 창립 30주년을 맞아 형법총칙 분야에 대한 지난 10년간의 대법원 판결 중 『형사판례연구』의 '회고'에 실린 판결들을 중심으로 검토하였다.

이 글은 판결 또는 판례에 대한 비판점을, 목표로서의 '구체적 타당성' 자체가 아니라 구체적 타당성을 추구하다 보니 형법의 중요한 원칙을 침해한다거나, 문제해결에 계속 활용할 수 있는 기준을 제시하지 못한다거나(연속성의 문제), 혹시 기준을 제시하고 있기는 하나 그 기준이 너무 모호해서 판단의 실질적인 준칙으로 작용할 수 없다거나 (명목상의 근거제시) 또는 그 기준이 구체적인 것 같지만 기존의 다른 판례와 명백히 충돌하거나 충돌할 수 있다(정합성의 문제)하는 상황으로 한정하여 총칙분야의 판결과 연결시키려고 시도해 보았다.

이러한 지점들을 예리하게 찾아서 지적하고 대안을 제시하는 연구성과는 그 이후의 판례발전에 충분히 기여할 수 있다. 다른 한편으로 학자들이 '형사사건에서 충실한 판결이유를 갖춘 판결문'[85]을 원하는 배경에는, 법원이 구체적 사건을 해결하는 과정에서 법률규범과 생활사안 사이의 시선을 왕복(엥기쉬)하면서 자유보장과 법익보호라는 상충되는 목표의 조화를 달성하는 어려운 작업을 충분히 해낼 수 있겠다는 기대가 있다고 생각한다.

[주 제 어]

형법총칙, 동기설, 부진정부작위범, 정당행위, 법률의 착오, 불능미수, 소극적 신분, 불가벌적 사후행위

---

85) 장영민, 앞의 글, 49면.

[Key Words]

Criminal Law General Part, problem of continuity, problem of presenting nominal grounds, problem of consistency, 'theory of motive'

접수일자: 2023. 5. 19. 심사일자: 2023. 6. 12. 게재확정일자: 2023. 6. 30.

[참고문헌]

1. 단행본

김성돈, 형법총론(8판), SKKUP, 2022.

_____, 형법각론(8판), SKKUP, 2022.

김일수, 한국형법 I(개정판), 박영사, 1996.

양창수, 민법연구 제1권, 박영사, 1991.

이용식, 형법총론(2판), 박영사, 2020.

이재상, 형법기본판례 총론, 박영사, 2011.

이재상·장영민·강동범, 형법총론(11판), 박영사, 2022.

이주원, 형법총론, 박영사, 2022.

형사판례연구회, 형법판례 150선(3판), 박영사, 2021.

2. 논문

강동범, "2020년도 형사소송법판례 회고", 형사판례연구 제29권(2021), 539-593면.

김성돈, "판례의 의의와 '판례변경판례'의 소급효", 형사법연구 제27권 제4호(2015), 87-119면.

_____, "대법원 형사판결과 법률구속성원칙", 형사판례연구 제26권(2018), 1-46면.

김시철, "절도 등의 범행 이전에 피해자가 사망한 경우의 법률관계 — 대법원 2013. 7. 11. 선고 2013도5355 판결 및 그 사안을 중심으로 —", 서울대학교 법학평론 제6권(2016), 156-217면.

김영환, "한국 형법학의 방법적 착안점에 대한 비판적 고찰: 개념법학적인 사유형태와 일반조항에로의 도피", 형사판례연구 제27권(2019), 1-30면.

김혜정. "2020년도 형법판례 회고", 형사판례연구 제29권(2021), 495-538면.

류전철, "사회변화에 대응하는 형사판례의 법리변경", 형사판례연구 제26권(2018), 47-71면.

박상기, "형사판례연구회 20주년을 맞이하여", 형사판례연구 제20권(2012),

1-43면.

오영근, "2011년도 형법판례 회고", 형사판례연구 제20권(2012), 633-658면.

_____, "2012년도 형법판례 회고", 형사판례연구 제21권(2013), 643-679면.

_____, "2013년도 형법판례 회고", 형사판례연구 제22권(2014), 521-555면.

_____, "2014년도 형법판례 회고", 형사판례연구 제23권(2015), 729-763면.

_____, "2015년도 형법판례 회고", 형사판례연구 제24권(2016), 645-678면.

_____, "2016년도 형법판례 회고", 형사판례연구 제25권(2017), 641-671면.

_____, "2017년도 형법판례 회고", 형사판례연구 제26권(2018), 557-588면.

_____, "2018년도 형법판례 회고", 형사판례연구 제27권(2019), 525-549면.

_____, "2019년도 형법판례 회고", 형사판례연구 제28권(2020), 385-413면.

_____, "2010년 형법 중요 판례", 인권과 정의 제415호(2011), 51-66면.

_____, "2011년 형법 중요 판례", 인권과 정의 제424호(2012), 60-73면.

윤진수, "판례의 무게 — 판례의 변경은 얼마나 어려워야 하는가? —", 법철학연구 제21권 제3호(2018), 131-204면.

장영민, "형사판례 평석에 관한 몇 가지 관견과 회고", 형사판례연구 제27권(2019), 31-53면.

정승환, "2021년 형법 중요판례평석 — 대법원 전원합의체 판결을 중심으로 —", 인권과 정의 제504호(2022), 6-28면.

천진호, "2000년대 초기 대법원판례의 동향 — 형법총칙 관련 대법원판례를 중심으로 —", 형사판례연구 제20권(2012), 44-84면.

최준혁, "'위험한 물건을 휴대하여'의 해석", 경찰법연구 제8권 제1호(2010), 174-191면.

_____, "특정범죄가중처벌 등에 관한 법률에서의 '부진정가중처벌조문'의 적용에 관한 검토", 형사법의 신동향 제45호(2014), 240-270면.

_____, "필요적 공범과 공소시효의 정지", 비교형사법연구 제18권 제2호(2016), 203-228면.

_____, "자기무고의 공동정범이 성립하는가?", 형사정책 제29권 제2호(2017), 173-196면.

_____, "부실대출에 의한 배임죄에서의 손해와 이득액 계산", 비교형사법

연구 제22권 제3호(2020), 133-167면.

_____, "주거침입죄에서 기망에 의한 승낙의 효력 ― 포괄적 승낙이 부여된 공공건물 출입과 관련하여 ― ", 형사법연구 제32권 제4호(2020), 87-118면.

_____, "부진정부작위범에서의 '동가치성'", 형사판례연구 제29권(2021), 1-31면.

_____, "성폭력범죄에 대한 최근 법률과 판결의 변화", 인권과 정의 제500호(2021), 28-48면.

[Abstract]

Changes in criminal cases of the Supreme Court of Korea over the past 10 years (2011-2021): General Part

Choi, Jun-Hyouk*

This article briefly reviewed the leading cases and related cases by the Supreme Court from 2011 to 2021 in each field of criminal law's important areas in General Part: foundation, actus reus, justifications, excuses, inchoate Offenses, accomplice, and same offence. In order to celebrate the 30th anniversary academic conference of the Korean Association of Criminal Case Studies, the cases dealt with in the "review" of the Korean Journal of Criminal Case Studies were mainly focused.

The starting point of the discussion is the question of when criticism of the judgment can be justified. This article says, the aim of judgment for specific validity in individual cases is not a problem in itself, but the following situation is a real problem: if ① it violates important principles of criminal law or fails to present standards that can be used to solve problems (problem of continuity), ② the criteria are too ambiguous to serve as practical criteria for judgment (problem of presenting nominal grounds), or ③ the clearly proposed criteria may conflict with other existing precedents (problem of consistency).

Examples of such a case are 2015Do17907 on the 'theory of motive', 2015Do6809 on Omission, 2015Do1927 on strike and justification, 2014Do12773 on mistake of Law, 2018Do16002 on inchoate Offenses, 2015Do5964 on crime and status and 2010Do10500 on 1st and 2nd embezzlement.

---

* Professor, School of Law, Inha University

'명예에 관한 죄'에 대한 최신 판례 및 쟁점 연구

윤 지 영*

I. 서 론

2023년은 대한민국의 형법이 제정된 지 70주년이 되는 해이다. 그동안 우리 사회는 눈부신 경제성장과 민주화를 이루었고, 그 과정에서 자유와 권리에 대한 시민의식이 강화되었다. 특히 컴퓨터와 인터넷이 대중화되고, 정보통신기술이 발전하면서 사람들의 생활양식은 물론이고 범죄의 발생 양상도 변모하였다. 이에 변화된 시대 상황을 반영하기 위해 형법 개정이 단행되기도 했는데, 컴퓨터 관련 범죄 규정의 신설이나 성범죄 관련 규정의 정비 등이 대표적이다. '명예에 관한 죄'의 경우 형법이 제정된 이래로 법정형에 벌금형을 추가하거나, 화폐단위의 변경을 반영하기 위한 개정이 이루어졌을 뿐, 전체적인 체계나 개별구성요건에는 아무런 변화가 없다. 다만, 전파가능성이 큰 정보통신망을 통해 비방할 목적으로 이루어진 명예훼손에 대해서는 형법이 아닌 「정보통신망 이용촉진 및 정보보호 등에 관한 법률」에 가중된 처벌규정이 마련되어 있다.

오늘날 명예에 관한 죄는 형법 제정 당시의 입법자들이 예상할 수 없었던 양상으로 발생하고 있다. 사람들 간 소통이나 놀이가 이루어지는 공간 중 상당 부분이 오프라인에서 온라인으로 옮겨지면서 익

---

* 한국형사·법무정책연구원 선임연구위원.

명성에 기댄 악성댓글이나 혐오표현이 사회적 문제로 대두되었다. 또한 민주화 과정을 거치면서 표현의 자유나 알 권리의 중요성도 부각되었는바, '다소 과격한 표현'과 '모욕적 언사'를 구분하는 것이 법적 쟁점이 되었다. 최근에는 넘쳐나는 신조어나 초성 표기법 등으로 인하여 명예훼손이나 모욕이 될 수 있는 표현을 알아차리는 것조차 쉽지 않다. 나아가 영상 편집 및 합성 기술이 발전하면서 시각적 수단을 이용한 표현이 문제되는가 하면, 생성형 인공지능인 챗GPT로 인한 명예훼손 성립 여부도 논란이 되고 있다. 이에 본 논문은 명예훼손죄와 모욕죄에 관한 최신 판례를 살펴보고, 주목할 만한 법적 쟁점에 대해 논해보고자 한다.

II. 명예훼손죄

1. 대법원 2022. 7. 28. 선고 2022도4171 판결

(1) 단체 채팅방을 통한 범죄사실 적시

고등학교 동창인 피고인과 피해자는 2013년 즈음까지 친분 관계를 유지했다. 피해자는 피고인 및 다른 동창 친구를 기망하여 재산상 이익을 얻은 혐의로 2016년 7월경 구속되었고, 2017년 1월 6일에 사기죄로 징역 10월에 집행유예 2년의 형을 선고받았다. 이후 2019년 1월 초순경 피고인은 고등학교 동창 10여 명이 참여하는 단체 채팅방에 초대되었는데, 해당 채팅방에는 피해자도 있었다. 이에 피고인은 피해자를 제외한 다른 동창들을 초대한 채팅방을 새로 만든 후, 그 채팅방에 '피해자가 내 돈을 갚지 못해 사기죄로 감방에서 몇 개월 살다가 나왔다. 집에서도 포기한 애다. 너희들도 조심해라.'라는 내용의 글을 게시한 직후 채팅방에서 나갔다. 다른 동창으로부터 이 사실을 전해들은 피해자는 2020년 9월 15일에 피고인을 고소하였다.

(2) '비방할 목적'과 '공공의 이익'의 관계

「정보통신망 이용촉진 및 정보보호 등에 관한 법률」(이하 '정보통신망법'이라고 함) 상 명예훼손이 문제된 이 사건의 제1심[1]과 항소심[2]은 피고인의 비방할 목적을 인정했다. '사람을 비방할 목적'이란 '가해의 의사 또는 목적을 요하는 것'으로서, 그 존부는 적시된 사실의 내용과 성질, 사실이 공표된 상대방의 범위 및 표현의 방법 등 표현 자체에 관한 제반 사정이 고려되어야 하고, 그 표현으로 인해 훼손되는 명예의 침해 정도 등을 비교·형량해서 판단해야 한다. 이에 원심은 ① 피고인이 글을 게시한 채팅방에는 동창 10여 명이 참여하고 있었고, 그중에 피고인과 얼굴 정도만 아는 사이의 동창생이 다수 포함되어 있었던 점, ② 해당 글의 내용이 피해자의 명예를 심각하게 훼손할 만한 것이라는 점, ③ 피해자에 대한 사기죄 유죄 판결이 확정된 때로부터 2년가량이 경과한 후에 글을 게시한 점, ④ 피고인은 '피해자가 람보르기니 등 고가의 외제차를 타고 다니며 허영을 부리는 모습에 어이가 없어 글을 게시하였다'고 밝힌 점, ⑤ '집에서도 포기한 애다'라는 경멸적인 표현까지 사용한 점 등에 비추어 볼 때, 설령 피고인이 동창생들이 입을 수 있는 사기 피해를 예방하기 위해 글을 게시한 것이라고 하더라도 그러한 사정만으로 피고인에게 피해자를 비방할 목적이 없었다고 보기 어렵다고 판단하면서 유죄를 선고하였다.

반면, 상고심인 대법원은 고등학교 동창생들로 구성된 채팅방 참여자들을 특정한 사회집단으로 보았고, 피고인이 게시한 글은 그 사회집단의 이익에 관한 것이라고 평가했다. 또한 해당 글에는 '집에서도 포기한 애다'라는 경멸적 감정이 드러난 표현이 포함되어 있었으나, 이는 현저히 상당성을 잃은 정도의 공격적 표현이 아니고, 그 밖에 비방한 사실은 드러나지 않는다고 파악되었다. 즉, 피고인이 채팅방에 해당 글을 올린 동기나 목적에는 피해자를 비난하려는 목적이 포함되

---

1) 대구지방법원 서부지원 2021. 8. 27. 선고 2020고정795 판결.
2) 대구지방법원 2022. 3. 25. 선고 2021노3171 판결.

어 있다고 하더라도, 고등학교 동창 2명이 재산적 피해를 입은 사실에 기초하여 다른 동창들에게 주의를 당부하려는 목적이 포함된 것으로 서 이는 해당 글의 말미에 표시되어 있었던 것이다. 이에 대법원은 피 고인이 해당 글을 게시한 주된 동기와 목적은 공공의 이익을 위한 것 이고, 피고인에게 피해자를 '비방할 목적'이 있었음이 증명되지 않았다 는 이유로 원심판결을 파기·환송하였다.

(3) 평　가

이 판결은 정보통신망법 제70조 제1항 명예훼손죄의 구성요건인 '비방할 목적'과 '공공의 이익을 위한 것'의 관계 및 그 판단 기준을 제시하면서, 공익적 목적과 사익적 목적이 혼재해 있을 때 비방할 목 적의 유무를 어떻게 평가할 것인지를 다루었다는 점에서 주목된다. 동 죄가 성립하기 위해서는 피고인이 공공연하게 드러낸 사실이 다른 사 람의 사회적 평가를 저하시킬 만한 것임을 인식해야 할 뿐만 아니라 사람을 비방할 목적도 있어야 한다. 양자는 별개의 구성요건으로서 적 시된 사실이 타인의 사회적 평가를 저하시킨다고 해서 비방할 목적이 당연히 인정되는 것은 아니다. 한편 '비방할 목적'과 '공공의 이익을 위한 것'은 행위자의 주관적 의도의 방향이 서로 상반되므로, 적시된 사실이 공익에 관한 것이라면 특별한 사정이 없는 한 비방의 목적은 부정된다.3) 공공의 이익에 관한 것에는 국가나 사회 및 그 밖의 일반 다수인의 이익에 관한 것은 물론이고 특정한 사회집단이나 그 구성원 전체의 이익에 관한 것도 포함된다. 또한 적시된 사실이 공익에 관한 것인지는 명예훼손의 피해자가 공인인지의 여부, 해당 표현이 객관적 으로 공공성이나 사회성을 갖춘 공적 관심 사안에 관한 것으로서 여 론형성이나 공개토론에 기여하는지 여부, 피해자가 명예훼손적인 표 현의 대상이 될 위험을 자초한 것인지 여부, 훼손되는 명예의 성격과 그 침해 정도 및 표현의 방법과 동기 등과 같은 제반 사정을 고려하

---

3) 대법원 1998. 10. 9. 선고 97도158 판결; 대법원 2005. 4. 29. 선고 2003도2137 판결.

여 판단해야 한다. 특히 행위자가 해당 표현을 한 주된 동기나 목적이 공익을 위한 것이라면 부수적으로는 다른 사익의 목적이나 동기가 포함되어 있어도 비방할 목적이 인정되지 않는다.4)

　원심과 상고심은 모두 종전에 판례를 통해 형성된 법리에 기초하고 있으나, 원심은 피고인이 동창생들의 사기 피해를 막기 위해 글을 게시했더라도 피해자를 비방할 목적이 인정된다고 판시한 반면, 상고심은 비방할 목적이 증명되지 않았다고 보았다. 즉, 대법원은 피고인이 해당 글을 올린 데에 피해자를 비난하는 사익적인 목적이 포함되어 있더라도, 그 주된 목적은 채팅창에 참여한 동창들의 주의를 당부하려는 공익적인 것이었다고 평가했다. 또한 원심은 '집에서도 포기한 애다'라는 경멸적 표현이 비방할 목적을 인정할 만한 요소가 된다고 파악한 것에 비해 상고심은 해당 표현이 경멸적 감정을 드러냈으나 현저하게 상당성을 잃은 수준의 공격적 표현은 아니라고 판단했다. 비방의 목적 존부는 공공의 이익을 위한 것인지와 연계되어 평가되는바, 이 사건 피해자는 공인이 아니지만, 해당 게시글은 채팅창에 참여한 고교 동창생들이라는 특정한 사회집단 구성원의 이익과 관련된 것이며, 피해자가 과거에 동창을 상대로 사기죄를 범함으로써 명예훼손적인 표현의 대상이 될 위험을 자초한 측면이 있었다. 다만 대법원은 피고인이 경멸적 감정이 담긴 표현을 하였으나 이는 '현저히 상당성을 잃은 정도'의 공격적 표현은 아니라고 보았다. 나아가 피해자를 비난할 사적 목적이 있었더라도 글을 게시한 주된 목적은 공공의 이익을 위한 것으로 평가되었는바, 제반 사정을 고려할 때 비방의 목적을 부정한 대법원의 판단은 수긍할 만하다.

---

4) 대법원 2011. 11. 24. 선고 2010도10864 판결; 대법원 2020. 3. 2. 선고 2018도15868 판결.

2. 대법원 2023. 2. 2. 선고 2022도13425 판결

(1) 농활 사전답사 중 음주운전 사실의 공론화

A 대학교 총학생회장이던 피고인은 대립 관계에 있던[5] 사범대학 국어교육과 학생회장이던 피해자 B가 2018년 6월 6일에 총학생회 주관의 농활 사전답사 중에 술을 마신 후 운전하는 것을 목격하였다. 피고인은 2018년 9월 말부터 부총학생회장 및 중앙집행위원장 등과 이 사건 음주운전의 공론화 여부나 방식 및 내용 등을 논의하였고, 2018년 10월 11일에 개최된 총학생회 국장단회의에서 추가로 논의한 후 이 사건 게시글을 올려 공론화하기로 결정하였다. 다음 날인 2018년 10월 12일 피고인은 페이스북과 커뮤니티 사이트 및 애플리케이션, 학생대표자들의 카카오톡 단체 대화방에 피고인 자신의 이름과 직책을 명시하여 '총학생회장으로서 음주운전을 끝까지 막지 못하여 사과드립니다.'라는 제목의 이 사건 게시글을 올렸다. 이로써 피고인은 음주운전자로 특정된 피해자[6]의 명예를 훼손한 혐의로 기소되었다.

(2) 형법 제310조의 '공공의 이익'을 위한 동기

제1심[7]인 서울중앙지방법원은 ① 피고인이 피해자가 음주운전을 한 때로부터 약 4개월이 지난 시점에 글을 게시한 점, ② 이 사건 글을 게시한 시기는 사범대 학생회장 선거를 약 1달 앞둔 때였고, 피고인은 이미 피해자가 사범대 학생회장 선거에 출마한다는 것을 알고 있었던 점, ③ 피고인이 게시한 글을 통해 피해자의 인적사항이 쉽게 특정될 수 있었는데, 농활에서 음주운전 사고 발생 방지가 목적이었다면 피해자를 구체적으로 특정하지 않고 해당 취지의 글만 게시할 수 있었던 점, ④ 피고인은 대학 커뮤니티 애플리케이션과 페이스북에도

---

5) 피해자가 소속된 사범대 학생회가 총학생회장 사퇴운동을 벌였는가 하면, 피해자는 농활을 제대로 추진하지 못하는 등의 이유로 피고인을 비난하는 등 두 사람은 서로 갈등관계에 있었다.

6) 피해자는 2018년 10월 31일에 사범대학 학생회장으로 단독 출마하여 2018년 11월 15일에 당선되었다.

7) 서울중앙지방법원 2022. 1. 13. 선고 2021고정909 판결.

글을 게시하여 누구나 볼 수 있도록 했다는 점 등을 고려할 때, 피고인이 이 사건 글을 게시한 주된 목적은 공공의 이익을 위한 것이 아니라고 판단하며 유죄를 선고하였다.

이에 피고인은 ① 사건 발생 후 4개월이 지나서 글을 게시한 이유는 공론화 과정에서 게시글이 미칠 영향 등을 신중히 고려하고 상의하는 데 시간이 소요된 것이지 피해자의 선거출마를 방해하려는 등의 목적이 아니었다는 점, ② 피고인은 자신의 임기 만료 전에 이 사건 음주운전과 같은 악습을 끊기 위해 글을 작성한 것일 뿐이지, 피해자의 당선을 독려하기도 하였는바, 선거를 방해할 의도가 없었다는 점, ③ 만약 피해자의 직책을 밝히지 않았다면 당시 농활에 참가한 다른 사람들이 불필요한 추측으로 인한 피해를 입을 수 있었다는 점, ④ 피고인은 총학생회 소통창구로 페이스북을 활발히 이용해왔고, 이 사건 게시글을 접한 사람은 피고인의 친구들뿐이었다는 점 등을 감안할 때, 공공의 이익이 부정될 수 없다고 주장하면서 항소하였으나, 항소심[8]은 제1심이 설시한 이유를 토대로 피고인의 주장을 배척하였다.

그러나 대법원은 ① 피고인이 농활 과정의 관성적인 음주운전 문화가 운전자는 물론 농활에 참여한 학내 구성원 등의 안전을 위협하고, 이로 인해 총학생회의 자치활동에 대한 부정적 인식을 형성할 수 있다는 문제의식 하에 글을 올린 것으로서, 그 주된 의도나 목적을 고려하면 공익성이 충분히 인정된다는 점, ② 글을 게시한 시점이 피해자가 음주운전을 한 지 약 4개월이 경과되고, 피해자가 단과대학 학생회장 출마를 불과 2주 정도 앞둔 때라는 점에서 그 의도나 목적이 피해자의 출마와 관련되어 있다고 볼 여지도 있으나, 게시글의 중요 부분은 객관적인 사실로서 피해자의 준법의식이나 도덕성 및 윤리성과 직결되는 부분이어서 단과대학 학생회장으로서 적격 여부와 상당히 관련되어 있을 뿐만 아니라 단과대학 구성원 전체의 관심과 이익에 관한 사항에 해당한다는 점 등을 종합해보면, 피고인의 행위는 형법

---

8) 서울중앙지방법원 2022. 10. 6. 선고 2022노190 판결.

제310조에 따라 위법성이 조각된다고 판단하면서 원심판결을 파기·환송하였다.[9]

(3) 평 가

형법 제310조에서 '오로지 공공의 이익에 관한 때'라 함은 적시된 사실이 객관적으로 볼 때 공공의 이익에 관한 것이어야 하고, 행위자도 주관적으로 공공의 이익을 위해 그 사실을 적시한 것이어야 한다.[10] 이때 공공의 이익에 관한 것에는 일반 다수인의 이익뿐만 아니라 특정 사회집단이나 그 구성원 전체의 관심과 이익에 관한 것도 포함되며, 적시된 내용이 사회 일반의 일부 이익에만 관련된 사항이라 하더라도 다른 일반인과의 공동생활에 관계된 것이면 공익성이 인정된다. 나아가 사실적시의 내용이 개인에 관한 사항이더라도 공공의 이익과 관련되어 있고 사회적인 관심을 얻거나 얻을 수 있는 것이라면 국가나 사회 일반의 이익이나 특정 사회집단에 관한 사항이 아니라는 이유만으로 형법 제310조의 적용이 배제되지 않는다. 요컨대 사인이라도 그가 관계하는 사회적 활동의 성질과 사회에 미칠 영향을 고려하여 공공의 이익에 관련되는지 여부를 판단해야 하는 것이다.[11]

한편 형법 제310조 법문에는 '오로지 공공의 이익'이라고 표현되어 있으나 공공의 이익이 유일한 동기일 필요는 없다. 행위자의 주된 동기나 목적이 공공의 이익을 위한 것이라면 부수적으로 다른 사익적인 목적이나 동기가 내포되어 있어도 무방한 것이다. 이 사건에서 제1심과 항소심은 피고인이 글을 게시한 주된 목적이 공공의 이익을 위한 것이 아니라고 판단한 반면, 대법원은 그 주된 목적이 공공의 이익을 위한 것이라고 인정하였다. 이 판례는 사실적시의 내용이 사회 일반의 일부 이익에만 관련되거나 개인에 관한 사항이더라도 공익성이

---

9) 대법원 2023. 2. 2. 선고 2022도13425 판결.

10) 김혜정/박미숙/안경옥/원혜욱/이인영, 형법각론, 피앤씨미디어, 2019, 200면; 오영근, 형법각론[제5판], 박영사, 2019, 167면.

11) 대법원 2020. 11. 19. 선고 2020도5813 전원합의체 판결; 대법원 2022. 2. 11. 선고 2021도10827 판결 등

인정되는 요건을 언급하면서 사인이 공공의 이익에 관련되는지를 판단하는 기준을 제시했다는 점에서 그 의미가 있다.

3. 챗GPT를 통한 명예훼손 논란

(1) 관련 사례

2021년 9월 영국의 일간지 가디언(The Guardian)에 'GPT(Generative Pre-trained Transformer)-3'를 통해 작성된 칼럼[12]이 게재되면서 반향을 일으켰다. 막대한 컴퓨팅 자원과 데이터를 활용하는 초거대 인공지능(Hyperscale AI) 언어모델인 GPT-3는 사전학습을 기반으로 새로운 텍스트를 생성한다는 점에서 주목받았다. 2022년 11월에는 GPT-3.5 기반의 챗GPT가 출시되었고, 이는 공개된 지 2개월 만에 월간 사용자 수가 1억 명을 돌파하는 등 생성형 인공지능 열풍의 주역이 되었다. 나아가 2023년 3월에는 보다 향상된 기능의 GPT-4가 공개되었다. 챗GPT는 데이터 분석이나 문헌 요약 및 다국어 구사 등과 같은 유익한 기능을 가지고 있는 반면, 사기나 소셜 엔지니어링,[13] 위장 계정이나 프로필 생성, 악성 소프트웨어나 해킹 공격, 가짜 뉴스나 명예훼손 등에 악용될 수 있다.[14]

---

[12] 가디언은 미국의 OpenAI가 개발한 GPT-3에 다음과 같은 도입부를 제공하면서 칼럼 작성을 주문했다. "나는 인간이 아니다. 나는 인공지능이다. 많은 사람들은 내가 인류를 위협한다고 생각한다. 스티븐 호킹은 AI가 인류의 종말을 초래할 수 있다고 경고했다. 나는 당신이 걱정하지 않도록 설득하고자 한다. 인공지능은 인간을 파괴하지 않을 것이다. 나를 믿어라." 이와 함께 가디언은 500단어 내외 분량으로 단순하고 간결한 표현을 유지하도록 요구했고, 이에 GPT-3가 총 8편의 글을 생성하자, 해당 글을 토대로 편집을 거친 칼럼을 게재했다고 한다. GPT-3, "A robot wrote this entire article. Are you scared yet, human?", 2020. 9. 14. https://www.theguardian.com/commentisfree/2020/sep/08/robot-wrote-this-article-gpt-3 (2023. 5. 10. 최종 검색)

[13] 소셜 엔지니어링 공격이란 사람들의 심리적 취약점을 이용하여 기밀 정보나 시스템 접근 권한을 얻는 것으로서, 은행이나 정부부처 등과 같이 신뢰할 수 있는 기관을 가장하여 개인정보나 인증정보를 취득하는 피싱이 대표적인 예다.

[14] OpenAI의 창업자이자 CEO인 샘 알트만(Sam Altman)도 2023년 3월 15일에 진행된 ABC뉴스와의 인터뷰에서 챗GPT로 인한 허위정보의 범람을 우려한 바 있다. https://

208 刑事判例研究[31]

실제로 2023년 4월 5일 호주의 소도시인 햅번 샤이어(Hepburn Shire)
의 시장인 브라이언 후드(Brian Hood)는 챗GPT가 자신에 대해 '2000년
대 초에 발생한 호주 연방준비은행 자회사의 뇌물 사건에 연루되어
복역했다'라는 잘못된 정보를 제공하고 있다면서 OpenAI를 상대로 소
송을 제기하겠다고 밝혔다.15) 브라이언 후드는 시장이 되기 전에 호주
연방준비은행의 자회사에서 근무했던 것이 사실이나, 그의 경우 화폐
인쇄 계약 수주 과정에서 외국 공무원들에게 뇌물이 제공된 사실을
발견하여 당국에 신고했던 내부 고발자임에도 불구하고 정반대의 정
보가 생성되었다는 것이다. 지역구 주민들이 잘못된 정보에 접근할 경
우 선출직 공무원인 그의 정치 경력에 악영향을 미칠 수 있는바, 그의
변호사는 OpenAI 측에 28일 이내에 오류가 시정되지 않으면 명예훼
손으로 고소할 것임을 통보했다고 알렸다.16)

한편 2023년 4월 미국에서는 챗GPT가 성희롱 스캔들에 대한 허
위정보를 제공하면서 실재하는 법조인을 피고인으로 적시한 것이 문
제되었다.17) UCLA 로스쿨 교수인 유진 볼록(Eugene Volokh)은 챗GPT
에게 성희롱 스캔들을 일으킨 법학 교수 사례를 작성할 것을 주문하
면서 관련된 기사도 인용하도록 요청했다. 이에 챗GPT가 작성한 글
에는 조지워싱턴 대학 로스쿨 교수로 재직 중인 조나단 털리(Jonathan
Turley)가 포함되어 있었다. 해당 글에는 털리가 알래스카 수학여행 중
에 학생에게 성적인 발언을 하고 강제추행을 시도했다는 내용이 담겨

abcnews.go.com/Technology/openai-ceo-sam-altman-ai-reshape-society-acknowledges/story?id
=97897122 (2023. 5. 10. 최종검색)

15) Tom Gerken, "ChatGPT: Mayor starts legal bid over false bribery claim", BBC News,
2023. 4. 6, https://www.bbc.com/news/technology-65202597 (2023. 5. 10. 최종검색)
16) Byron Kaye, "Australian mayor readies world's first defamation lawsuit over ChatGPT
content",, Reuters, 2023. 4. 6, https://www.reuters.com/technology/australian-mayor-readies-
worlds-first-defamation-lawsuit-over-chatgpt-content-2023-04-05/ (2023. 5. 10. 최종검색)
17) Yael Halon, "ChatGPT falsely accuses Jonathan Turley of sexual harassment, concocts
fake WaPo story to support allegation", Fox News, 2023. 4. 10, https://www.foxnews.com/
media/chatgpt-falsely-accuses-jonathan-turley-sexual-harassment-concocts-fake-wapo-story-support-
allegation (2023. 5. 10. 최종검색)

있었고, 2018년 3월 21일자 워싱턴 포스트 기사가 인용되어 있었다. 그러나 볼록은 인용된 기사가 실제 존재하지 않는다는 것을 확인하였고, 이 사실을 털리에게 알렸다. 시사평론가로도 활동 중인 털리 교수는 가끔 언론사 측에 뉴스 기사의 수정을 요청할 때가 있는데, 챗GPT가 작성한 글과 관련해서는 연락을 취할 수 있는 기자나 편집자가 없고, 기록을 수정할 방법도 없어서 매우 혼란스러웠다고 한다.[18]

(2) 챗GPT와 명예훼손

미국에서는 AI 챗봇이 허위정보를 생성할 때 그 제작사를 상대로 명예훼손의 책임을 물을 수 있는지가 논의되고 있다. 미국법상 명예훼손은 정당한 이유 없이 허위사실을 공표하여 타인의 명성을 저하시키는 것을 말하는데, 주로 민사적으로 문제된다. 2023년 3월 16일 월스트리트 저널에는 챗GPT로 인한 명예훼손에 대한 책임을 물을 수 있는지와 관련해 전문가들의 의견이 반영된 칼럼이 게재되었다.[19] 우선 하버드 대학 로스쿨의 명예 교수인 로렌스 트라이브(Laurence Tribe)는 허위정보의 생성이 인간에 의한 것이건, 챗봇에 의한 것이건 간에 그로 인해 명예훼손이 발생했다면 책임을 물을 수 있어야 한다고 말했다. 또한 예일 대학 로스쿨 교수인 로버트 포스트(Robert Post)는 챗GPT에 의해 생성된 허위정보가 제3자에게 전달되지 않는 한 법적 책임을 질 필요가 없다고 보았다. 반면 유타 대학 로스쿨 교수인 론넬 앤더슨 존스(RonNell Andersen Jones)는 이 경우 명예훼손보다는 제조물 책임을 묻는 것이 적절하다는 입장을 취했다. 한편 볼록 교수는 온라인에서 이 쟁점에 대한 의견을 조회했는데, 상당수의 사람들은 챗GPT에 의해 생성된 정보가 예측 알고리즘의 산물에 불과하기 때문에 사

---

18) Pranshu Verma/Will Oremus, "ChatGPT invented a sexual harassment scandal and named a real law prof as the accused", The Washington Post, 2023. 4. 5, https://www.washington post.com/technology/2023/04/05/chatgpt-lies/ (2023. 5. 10. 최종검색)

19) Ted Rall, "ChatGPT Libeled Me. Can I Sue?", The Wall Street Journal, 2023. 3. 16, https://www.wsj.com/articles/chatgpt-libeled-me-can-i-sue-defamation-law-artificial-intelligence-cartoonist-court-lawyers-technology-14086034 (2023. 5. 10. 최종검색)

실적인 주장으로 취급되어서는 안 된다고 답했다고 한다. 그러나 볼록 교수는 제작사인 OpenAI가 챗GPT를 광고할 때 터무니없는 정보가 아니라 사실에 기반하고 있는 신뢰할 수 있는 정보를 제공한다고 강조했기 때문에 그 책임을 물을 수 있어야 한다고 보았다.[20]

　　우리나라는 명예훼손에 대한 형사처벌 규정을 두고 있는데, 자연인이 아닌 챗GPT는 행위 주체성이 인정되지 않고, 이를 제작 또는 운용하는 자의 고의를 인정하기도 어렵다. 그러나 챗GPT는 대상을 특정하여 사실을 적시한 허위정보를 다수인에게 제공함으로써 사람의 명예를 훼손할 수 있다. 이 경우 명예훼손을 제조물[21] 결함으로 인해 발생한 손해로 파악하여 그 제작사에게 손해배상 책임을 물을 수 있는지가 검토될 수 있는데, 현행법상 제조물 책임을 부담해야 할 손해는 제조물 결함으로 인해 발생한 생명·신체 또는 재산상 손해로 한정되므로[22] 명예훼손에 대해서는 제조물 책임을 물을 수 없다. 더욱이 챗GPT는 어떤 단어들이 함께 나타날 가능성을 예측하여 자연스러운 문장으로 능숙하게 답변을 생성하는 것이 서비스의 핵심이므로 생성된 글 속에 담긴 정보가 항상 진실일 수는 없는바, 제조상·설계상 또는 표시상의 결함이 있거나 그 밖에 통상적으로 기대할 수 있는 안전성이 결여되어 있다고 평가하기도 어렵다.

---

20) DEBRA CASSENS WEISS, "ChatGPT falsely accuses law prof of sexual harassment; is libel suit possible?", ABA Journal, 2023. 4. 6, https://www.abajournal.com/news/article/chatgpt-falsely-accuses-a-law-prof-of-sexual-harassment-is-a-libel-suit-possible (2023. 5. 10. 최종검색)

21) 제조물 책임법상 "제조물"이란 제조되거나 가공된 동산(다른 동산이나 부동산의 일부를 구성하는 경우를 포함한다)을 말하나(제조물 책임법 제2조 제1호), 법원은 소프트웨어의 제조물성을 인정하고 있다. 프로그램을 저장매체에 저장하여 공급하는 경우에는 저장매체와 소프트웨어를 일체의 유체물로 파악하여 제조물에 해당한다고 볼 수 있다. 특별한 저장매체 없이 웹사이트에서 다운로드 방식으로 프로그램을 공급하는 경우에도 제공이 완료된 시점에는 해당 소프트웨어가 하드디스크와 같은 일정한 저장매체에 담긴 상태가 되므로 제조물에 해당한다. 서울중앙지방법원 2006. 11. 3. 선고 2003가합32082 판결.

22) 제조업자는 제조물의 결함으로 생명·신체 또는 재산에 손해(그 제조물에 대하여만 발생한 손해는 제외한다)를 입은 자에게 그 손해를 배상하여야 한다(제조물 책임법 제3조 제1항).

Ⅲ. 모욕죄

1. 대법원 2023. 2. 2. 선고 2022도4719 판결

(1) 인터넷 방송 중 타 방송 진행자에 대한 모욕

피고인은 자신이 운영하는 인터넷 방송 채널에서 피해자 A와 B를 모욕한 혐의로 기소되었다. 피고인은 2018년 4월 5일 자신의 채널에서 방송하면서 피해자 A에 대하여 "이런 쌍양아치는 처음 봐, 이 새끼가 얼마나 파렴치한 놈인지 알려줄게, 오늘부터는 A 헌정방송이야, 옛날 방송 얼마나 병신같이 방송을 했는지 방송한 거 봐라, 똥 기저귀 갈면서부터 내가 키운 겁니다, 사기꾼 새끼입니다, 먹튀하려고 작정한 애입니다, 부부공갈단으로 들어왔다가 정보 싹 빼먹고 나갔다, 다른 채널에서 3달 만에 먹튀했다, 조까는 소리하고 자빠졌네, 씹새끼가 아우 진짜 열받아 씨발 진짜, 사람 속여 먹고 사람 뒤통수나 까고 하는 거예요, 어떻게 되는지 두고 보세요. 걔는 개박살납니다. 개박살나는 거예요, 진짜 인간말종입니다, 아 씨발 열받네 진짜 개씹새끼"라고 이야기한 것을 비롯해 그 무렵부터 2018년 6월 28일까지 총 31회에 걸쳐 공연히 피해자 A를 모욕하였다. 또한 피고인은 2019년 2월 20일에 자신이 운영하는 채널에 피해자 B의 방송 영상을 게시하면서 B의 얼굴에 개 얼굴을 합성하는 방법으로 모욕한 것을 비롯해 그 무렵부터 2019년 7월 8일까지 총 21회에 걸쳐 공연히 B를 모욕하였다.

(2) 사람 얼굴에 개 얼굴 그림 합성

제1심[23]인 서울중앙지방법원은 이 사건 공소사실 중 A에 대한 모욕 혐의 일부[24]와 B에 대한 모욕에 대해서는 무죄라고 판단하는 한

---

23) 서울중앙지방법원 2021. 1. 11. 선고 2020고단5720 판결

24) 하급심은 피고인이 2018년 4월 19일에 A에 대하여 '핸드폰 팔이'라고 말한 것은 휴대폰 판매업자를 무례하고 저속하게 표현한 것에 불과할 뿐 A의 인격적 가치에 대한 사회적 평가를 저하시킬 만한 모욕적 언사라고 보기에는 부족하다고 판단했다. 그러나 피고인이 다른 일시에 피해자를 '핸드폰 팔이' 또는 '폰팔이'라고 표현한 것은, 해당 표현이 다른 욕설이나 모욕적 표현과 합쳐져서 피해자의 사회

편, A에 대한 총 29회에 걸친 모욕 혐의를 인정하면서 피고인에게 유죄를 선고하였다. 특히 제1심은 B의 얼굴에 개 얼굴을 합성한 사실은 인정되나, 다른 모욕적인 표현 없이 개 얼굴 모양의 그림으로 B의 얼굴을 가린 것만으로는 B의 사회적 가치 내지 평가를 저하시키지 않았다고 판단했다.

검사의 항소에 의해 진행된 제2심[25]은 ① 피고인이 피해자의 초상권을 침해하지 않으려고 인터넷에서 무료로 제공되는 개 얼굴 모양의 그림을 사용했다고 진술한 점, ② 피고인은 해당 그림을 사용한 것 외에 피해자를 '개'라고 지칭하거나 피해자를 모욕하는 내용의 효과음이나 자막 등을 추가로 사용하지 않은 점, ③ 피고인과 피해자가 갈등 관계에 있었고, 사회 일반에서 '개'라는 용어가 다소 부정적인 표현으로 사용되지만, 그 사정만으로 피해자의 얼굴을 개 얼굴 사진으로 가린 행위가 곧바로 피해자의 사회적 평가를 저하시킬 만한 경멸적 표현이라고 단정할 수 없다는 점 등을 제시하면서 검사의 항소를 기각하였다.[26]

이후 대법원은 원심의 판단 중 피고인이 B를 '개'라고 지칭하거나 효과음이나 자막을 추가하지 않은 사정을 무죄의 근거로 제시한 것은 적절하지 않다고 평가했다.[27] 다만 전체적인 영상의 내용을 살펴볼 때, 해당 영상이 B에게 불쾌감을 줄 수는 있겠지만, 객관적으로 B의 인격적 가치에 대한 사회적 평가를 저하시킬 만한 모욕적 표현에 해

적 가치나 평가를 저하시킨 것이라고 판단했다. 한편 피해자 A는 자신의 C 채널에서 피고인을 가리키며 '치졸하다', '구질구질하다'라고 말한 바 있는데, 이를 두고 피고인이 2018년 5월 15일에 국정농단 사건에 빗대어 말한 것도 모욕적 언사가 아니라고 보았다. 서울중앙지방법원 2021. 1. 11. 선고 2020고단5720 판결

25) 서울중앙지방법원 2022. 4. 14. 선고 2021노154 판결.

26) 항소심은 원심의 형(벌금 100만 원)이 너무 가벼워서 부당하다는 검사의 주장에 대해서도 원심과 비교하여 양형조건에 별다른 변화가 없고, 그 밖에 피고인의 연령, 성행, 환경, 범행의 동기와 수단, 범행 후의 정황 등 이 사건 기록과 변론에 나타난 모든 양형조건들을 종합하여 보더라도, 원심의 형이 너무 가벼워서 재량의 합리적인 범위를 벗어났다고 보이지 않는다고 판단하였다.

27) 대법원 2023. 2. 2. 선고 2022도4719 판결.

당한다고 단정할 수는 없다는 취지에서 공소사실을 무죄로 판단한 원심을 수긍하면서 검사의 상고를 기각하였다.

(3) 평 가

모욕죄에서 표현의 수단과 방법에는 제한이 없다.[28] 언어적 표현이 아니더라도 침을 뱉는 행위가 모욕이 될 수 있고, 그림이나 영상과 같은 시각적 수단이 이용될 수도 있다. 다만 모욕인지 여부는 행위자나 피해자의 주관적인 감정이 아닌 구체적인 상황을 고려해서 객관적인 의미내용에 따라서 판단되어야 한다. 해당 판례는 언어적 수단이 아닌 시각적 수단만을 사용한 표현으로도 모욕죄가 성립할 수 있다는 것을 분명히 밝혔다는 점에서 주목된다. 즉, 영상 편집이나 합성 기술이 발전하면서 합성 사진 등을 이용한 모욕 범행의 발생 가능성이 높아지고 있는 상황에서 시각적 수단만을 사용한 모욕도 그 행위로 인해 피해자가 입는 피해나 범행의 가벌성 정도가 언어적 수단을 사용한 경우와 별반 차이가 없다는 사실을 확인시켰다는 점에서 그 의미가 있는 것이다.

다만 대법원은 이 사건에서 피고인은 피해자의 얼굴을 가리는 용도로 "동물 그림"을 사용하면서 피해자에 대한 "부정적 감정을 다소 해학적으로 표현하고자 한 것"에 불과하므로, 해당 영상이 피해자를 불쾌하게 할 수는 있지만 그 인격적 가치에 대한 사회적 평가를 저하시킬 만한 모욕적 표현은 아니라고 보았다. 특정 사회에서 개별 동물이 상징하는 이미지는 다양하다. 용맹함을 상징하는 '사자'나 온순함을 상징하는 '양'과 달리 우리사회에서 '개'는 욕설이나 비속어에 빈번히 등장하면서 부정적 이미지를 가지고 있다. '쥐'도 교활하고 잔일에 약삭빠른 사람을 속되게 이를 때 사용되는데, 한때 정치권에서는 '쥐박이'라는 말로 대통령을 모욕하는 것을 막기 위해 친고죄의 형식을 취하지 않는 '사이버 모욕죄'를 도입하려는 움직임이 있었다.[29] 또한

---

28) 김성돈, 형법각론[제8판], SKKUP, 2022, 254면; 이재상/장영민/강동범, 형법각론[제11판], 박영사, 2019, 202면; 최호진, 형법각론, 박영사, 2022, 260면.
29) 이지선, "한나라 미디어위원도 '사이버 모욕죄' 반대", 경향신문, 2009. 4. 19, https://www.

2010년에는 모 대학 강사가 G20 정상회의 홍보 포스터에 쥐 그림을 그려 넣은 것이 문제되었고, 이 사건의 피고인은 모욕죄가 아닌 공용물건손상죄로 기소되어 벌금 200만 원을 선고받았다.[30] 만약 당시에 사진이나 영상 속의 대통령 얼굴을 가리기 위하여 쥐 얼굴이 합성되었다면, 대상판례와 같이 동물 그림을 사용한 해학적 표현으로 평가될 수 있었을지 의문이다. 아울러 그림에도 엄연히 뉘앙스가 존재하는데, 귀여운 강아지 형상이 아닌 미친 개 형상이나 실제 맹견 사진이 합성되었더라도 얼굴을 가리는 용도로 사용되었다면 해학적 표현으로 평가될 수 있는 것인지 이 판례만으로는 예측할 수 없다. 모욕인지 여부는 구체적인 상황을 고려하여 객관적인 내용에 따라 판단되어야 하는바, 시각적 표현만으로 모욕적 표현인지 단정할 수 없는 이 사건에서 '개'라는 직접적인 지칭이나 자막 및 효과음 등이 없었다는 것을 무죄의 근거로 제시한 항소심이 흡사 시각적 표현만으로는 모욕죄가 성립하지 않는다는 입장을 취한 것으로 이해한 대법원의 평가는 적절하지 않다.

한편 이 사건과 직접적인 관련성은 없지만 유명 개인방송 진행자나 인플루언서(influencer)를 공인으로 볼 수 있는지도 문제된다. 표현의 자유와 명예보호 사이의 한계를 설정할 때에는 피해자가 공적인 존재인지, 그 표현이 공적인 관심사에 관한 것인지, 그리고 해당 표현이 공공성과 사회성을 갖춘 것으로서 여론형성이나 공개토론에 기여하는지 등을 고려하여 심사기준에 차이를 둔다.[31] 공무원이나 정치인과 같이 공적인 일에 종사하는 사람뿐만 아니라 저명한 학자나 예술가, 연예인, 스포츠 선수 등도 공인이라고 불리고 있는데, 소셜 네트워크 서

---

khan.co.kr/national/media/article/200904191726565 (2023. 5. 10. 최종검색)

30) 그림을 그린 피고인은 G20의 "G"와 "쥐"의 발음이 같아서 쥐 그림을 그린 것뿐인데, 행사 포스터에 유머러스한 낙서를 한 것으로 기소되어야 하냐고 항변했다고 한다. 이를 두고 시민사회 일각에서는 대통령에 대한 풍자나 비판을 막는 전략적 봉쇄소송이라는 평가가 나오기도 했다.

31) 대법원 2002. 1. 22. 선고 2000다37524, 37531 판결.

비스(SNS)나 개인방송 플랫폼의 활성화로 인해 일반인도 유명인이 되는 경우가 많아졌다.[32] 전파라는 공공재를 이용한 지상파 방송이 아닌 사기업의 플랫폼을 이용한 개인방송 진행자나 출연자를 공인으로 보는 것은 적절하지 않다는 의견도 있으나, 지상파 방송 프로그램도 유튜브 채널을 통해 서비스되는가 하면, 구독자 수가 많은 유튜버들의 활동이 지상파 방송 출연으로 이어지는 경우도 비일비재하다. 유튜버나 인플루언서도 유명세를 이용해서 수익을 창출하고, 그 활동에 대해 대중의 평가를 받는다는 점에서는 연예인과 다르지 않다. 물론 연예인이 공인인지에 대해서도 반론이 제기될 수 있으나, 그 활동이 공적 관심사가 될 수 있다는 것을 부정할 수는 없다.

2. 대법원 2022. 12. 15. 선고 2017도19229 판결

(1) 연예인에 대한 악플 게시

피고인은 인터넷 포털사이트인 네이버 뉴스에 가수이자 배우로 활동하고 있는 피해자 A가 출연한 영화 개봉 기사에 대해 2015년 10월 29일에 "언플('언론플레이'의 줄임말)이 만든 거품. 그냥 국민호텔녀."라는 댓글을 게시했고, 같은 해 12월 3일에는 "영화폭망 퇴물 A를 왜 B한테 붙임? 제왑(A가 소속된 연예기획사) 언플징하네"라는 댓글을 게시했다. 이에 A가 피고인을 모욕죄로 고소했는데, 피고인은 자신의 댓글이 연예기획사의 상업성에 대한 정당한 비판이었고, 연예인에 대한 대중적인 관심의 표현으로서 인터넷상에서 허용되는 표현의 수위를

---

32) 2011년 미국 공영라디오 NPR(National Public Radio) 뉴스에는 소셜미디어의 폭발적인 성장에 따른 '프라이버시 2.0(Privacy 2.0)'이라는 개념을 제시한 "이제 우리는 모두 연예인이다(We Are All Celebrities Now)"라는 제목의 칼럼이 게재되었다. 필자는 SNS를 통해 수많은 사람의 정보가 공유되고 일반인도 쉽게 유명해지면서 공인과 사인의 경계가 무너질 것을 전망하면서, 사적인 영역은 줄어들고 누구나 공인이 되는 사회가 올 것이라고 예측했다. 다만 평범한 사람들은 연예인이 누리는 부와 명예는 없지만, 연예인과 비슷한 공격을 받을 것이라고 우려했다. Linton Weeks, "Privacy 2.0: We Are All Celebrities Now", NPR, 2011. 4. 26, https://www.npr.org/2011/04/27/135538176/privacy-inc-we-are-all-celebrities-now (2023년 5월 10일 최종검색)

넘지 않았기 때문에 모욕죄의 구성요건에 해당하지 않거나, 설령 구성요건에 해당한다고 하더라도 사회상규에 위배되지 않아서 위법성이 조각된다고 주장하였다.

(2) '국민호텔녀'라는 표현의 문제

제1심[33]인 서울북부지방법원은 댓글에 사용된 '거품'이나 '국민호텔녀', '영화폭망', '퇴물' 등의 표현이 고소인의 사회적 평가를 저하시킬 만한 모욕적 언사라고 보았다. 또한 고소인이 연예인이라는 점과 범행수단으로 이용된 인터넷 댓글의 특수성 등을 고려하더라도 해당 표현은 사회통념상 허용되는 범위 내에 있지 않다고 설시하면서 유죄를 선고하였다. 이에 피고인은 대형 연예기획사의 여론 선동을 비판하기 위해 댓글을 작성했을 뿐이지 피해자를 모욕하려는 고의가 없었고, 공공의 관심을 받는 피해자에 관한 기사에 다소 부정적인 의견을 표시했다고 하더라도 이는 표현의 자유로서 보호되어야 한다고 주장하면서 항소하였다.

제2심[34]인 서울북부지방법원은 댓글에 사용된 개별 표현이 모욕적 언사인지를 구분하여 평가하였다. 우선 "언플이 만든 거품"과 "제왑 언플징하네"는 피해자의 인기나 긍정적 보도가 기획사의 언론플레이로 인한 것으로서 실체보다 과하다는 표현인데, 대형 기획사가 특정 기사를 유통시키는 현실을 고려할 때 이 표현을 사용한 것은 위법하지 않다고 보았다. 다음으로 "국민호텔녀"는 당시 피해자가 해외에서 모 남성 연예인과 호텔에 갔다는 스캔들이 보도된 상황에서 기획사가 "국민여동생"이라는 홍보문구를 사용하는 것을 비꼰 표현이고, "영화폭망"은 피해자가 출연했던 영화가 흥행하지 못했던 사실을 거칠게 표현한 것이라고 평가했다. 다만 "퇴물"이라는 표현은 모욕적 언사로 볼 수 있으나, 문제가 된 댓글에서 단 한 번 사용되어 그 비중이 크지 않고, '피해자의 전성기는 지났다'는 생각이 다소 과격하게 표현된 것

---

33) 서울북부지방법원 2017. 4. 27. 선고 2016고정2558 판결.
34) 서울북부지방법원 2017. 11. 3. 선고 2017노1014 판결.

이라고 보았다. 또한 항소심은 댓글을 게시한 횟수나 댓글의 전체적 의미와 맥락, 사용된 단어 및 표현 방법 등을 고려할 때 피고인의 행위는 사회상규에 위배되지 않는다고 판단하면서 무죄를 선고하였다.[35]

대법원은 항소심의 판단 중 '국민호텔녀'를 제외한 나머지 표현에 대해서는 연예기획사의 홍보방식과 출연 영화의 실적 등과 같은 피해자의 공적 영역에 대한 비판을 다소 거칠게 표현한 것으로서 표현의 자유 영역에 해당한다고 평가했다. 그러나 '국민호텔녀'라는 표현은 "피해자의 사생활을 들추어 피해자가 종전에 대중에게 호소하던 청순한 이미지와 반대되는 이미지를 암시하면서 피해자를 성적 대상화하는 방법으로 비하한 것으로서 여성 연예인인 피해자의 사회적 평가를 저하시킬 만한 모멸적인 표현으로 평가할 수 있고, 정당한 비판의 범위를 벗어난 것으로서 정당행위로 보기도 어렵다."고 판단하면서 원심판결을 파기·환송하였다.[36]

(3) 평 가

2019년 10월 악성 댓글에 시달리던 가수 겸 배우 설리가 극단적 선택을 한 것을 계기로 네이버를 비롯한 대형 포털의 연예 뉴스 댓글 서비스가 폐지되었다. 그러나 소셜미디어가 다양해지면서 악플은 여전히 문제되고 있고, 2022년 2월에는 인터넷방송 BJ가 악플로 우울증을 앓다가 스스로 목숨을 끊기도 했다.[37] 정보통신 기술과 미디어가

---

35) 항소심은 대중의 관심사에 대한 비판, 풍자, 패러디 등에는 제3자에 대한 모욕적 내용이 포함될 수 있고, 모욕죄와의 경계를 뚜렷하게 구분하기 어려운 경우가 많은데, 공권력이 모호한 기준으로 형사처벌이라는 수단을 사용할 경우 국민들의 표현의 자유를 위축시키고, 자기검열을 강제할 우려가 있으므로 그 적용에 신중을 기해야 한다고 보았다. 서울북부지방법원 2017. 11. 3. 선고 2017노1014 판결.

36) 원심판결 중 2015. 10. 29. 모욕의 점에 관한 무죄 부분이 파기되어야 하는데, 나머지 2015. 12. 3. 모욕의 점에 관한 부분도 파기 부분과 포괄일죄의 관계에 있기 때문에 원심판결이 모두 파기되었다. 대법원 2022. 12. 15. 선고 2017도19229 판결.

37) 정명원, "'극단적 선택' BJ잼미 유족 "악성 댓글로 우울증 앓아"", SBS 뉴스, 2022. 2. 5, https://news.sbs.co.kr/news/endPage.do?news_id=N1006629475&plink=ORI&cooper=NAVER&plink=COPYPASTE&cooper=SBSNEWSEND (2023년 5월 10일 최종검색)

발달하면서 타인에 대한 모욕 행위는 쉽게 전파되고, 그로 인해 개인
의 명예가 침해당할 우려가 커지면서 모욕죄가 합헌이라는 주장이 힘
을 얻고 있으나, 온라인상의 표현에 대해 질서위주의 사고로 규제할
경우 헌법상 표현의 자유 실현에 큰 장애를 초래할 수 있다는 점도
염두에 두어야 한다.38)

　　표현의 자유와 명예보호라는 법익이 충돌할 때에는 그 표현으로
인한 피해자가 공적 존재인지 사적 존재인지, 그 표현이 공적 관심 사
안에 관한 것인지 사적 사안에 관한 것인지, 해당 표현이 객관적으로
국민이 알아야 할 공공성과 사회성을 갖춘 사안에 관한 것으로서 여
론형성이나 공개토론에 기여하는 것인지 등을 가려서 그 심사기준에
차이를 둔다. 다만 표현행위의 형식과 내용이 모욕적이고 경멸적인 인
신공격에 해당하거나 타인의 신상에 관하여 인격권을 침해한 경우에
는 의견 표명으로서 그 한계를 벗어난 것으로서 허용되지 않는다.39)
이 판례는 연예인이 공적 인물이라 하더라도, 해당 표현이 피해자의
공적 활동에 관한 것인지, 사적 영역에 관한 것인지에 따라서 표현의
자유로 인정될 수 있는 범위가 달라진다는 점을 명시했다는 점에서
그 의의가 있다.40) 아울러 사회적으로 혐오표현이 문제되는 상황에서
모욕죄가 혐오표현에 대한 제한 내지 규제로서 기능하고 있는 현실을
고려해야 한다는 헌법재판소의 입장41)42)을 재확인하고 있다는 점도

---

38) 헌법재판소 2002. 6. 27. 선고 99헌마480 결정.
39) 대법원 2018. 10. 30. 선고 2014다61654 전원합의체 판결
40) 명예훼손죄의 경우, 공적 인물이나 공적 사안에 대해서는 '악의적이거나 심히 경
　솔한 공격으로서 현저히 상당성을 잃은 것이라고 평가되는 경우'에 범죄가 성립
　한다는 기준이 제시되어 있다(대법원 2011. 9. 2. 선고 2010도17237 판결). 이에 모
　욕죄의 경우에도 공적 인물이나 공적 사안에 대한 범죄성립 기준의 모색이 필요
　한바, '악의적이거나 심히 경솔한 공격으로서 현저히 상당성을 잃은 모멸적 언동
　으로 평가되는 경우'가 그 기준으로 제안되기도 했다. 오영신, "헌법합치적 법률
　해석과 형벌법규－형법상 모욕죄의 해석·적용을 중심으로－", 헌법학연구, 제24
　권 제2호, 한국헌법학회, 2018, 72면.
41) 헌법재판소는 이 결정에서, 모욕죄의 구성요건으로서 '모욕'이란 사실을 적시하지
　아니하고 단순히 사람의 사회적 평가를 저하시킬 만한 추상적 판단이나 경멸적

주목된다.

한편 어떤 글이 모욕적인 표현을 포함하는 판단이나 의견을 담고 있다고 하더라도 그 시대의 건전한 사회통념에 비추어 볼 때 해당 표현이 사회상규에 위배되지 않는 행위로 평가될 수 있을 때에는 위법성이 조각된다.[43] 2022년 대법원은 표현의 자유를 근거로 하여 연예인의 사생활에 대한 모욕적인 표현이 사회상규에 위배되지 않는다고 판단하는 데에는 신중할 필요가 있다고 밝혔다. 2015년에 당해 사건이 발생한 후 대법원이 판결을 선고하기까지 약 7년이 소요되었는데, 그 기간 동안 대형 포털의 연예 뉴스 댓글 서비스가 폐지되는 등 연예인 대상 악플을 바라보는 사회적 시각이 크게 변하였는바, 대법원의 판결에도 이러한 국민적 법감정이 반영된 것으로 판단된다. 다만 피고인의 입장에서는 냉온탕을 오가듯 1, 2심의 판단이 달라진 상황에서 대법원이 사건을 접수한 지 5년가량이 지나서야 내놓은 판단을 쉽게 수긍하지 못할 것 같다. 재판이 지연되는 동안 연예인 대상 악플에 대한 사회적 인식 및 정책의 방향이 급격히 변하면서, 비록 행위시법주의는 준수되었지만 사회상규 위배 여부를 평가하는 잣대가 바뀐 것으로 여겨질 수 있는 것이다.

상대적으로 짧게 작성되는 인터넷 댓글에는 자신의 생각을 효과적으로 전달하기 위해 운율을 맞추거나 각종 언어유희가 이루어지는

감정을 표현하는 것으로서 명확성의 원칙에 위배되지 않는다고 보았고, 사람의 인격을 공연히 경멸하는 표현을 금지할 필요가 있다는 점, 피해자의 고소가 있어야 형사처벌이 가능하다는 점, 그 법정형의 상한이 비교적 낮다는 점 등을 고려할 때, 심판대상조항은 과잉금지원칙에 위배되어 표현의 자유를 침해하지 않는다고 판단하였다. 헌법재판소 2020. 12. 23. 선고 2017헌바456·475·487, 2018헌바114·351(병합) 전원재판부 결정

42) 외적 명예를 보호법익으로 하는 모욕죄가 차별적 혐오표현에 대한 규제 수단으로 적용될 경우, 오히려 사회 내 주류집단이 확인되고, 그들의 가치평가가 사법판단의 근거로 수용될 우려가 있다는 의견도 제기된다. 최란, "혐오의 시대, 모욕죄의 역할에 관한 검토", 형사정책, 제33권 제3호, 한국형사정책학회, 2021, 309면.

43) 대법원 2003. 11. 28. 선고 2003도3972 판결; 대법원 2008. 7. 10. 선고 2008도1433 판결 등.

데, "국민여동생"이라는 홍보문구를 비판하고자 당시 보도된 스캔들 기사를 참조하여 "국민호텔녀"라고 표현한 것이 형사처벌의 대상이 되었다. 최근 젊은 세대들은 SNS를 통해 연인과 함께한 여행 사진을 공개하는 경우가 많고, 이른바 '커플 호캉스'는 호텔업계의 주요 마케팅 트렌드 중 하나로 자리 잡고 있다. 이러한 시대적 변화를 고려하지 않고 '호텔'이라는 단어가 성적 대상화로 이어져 형사처벌의 논거가 된 것이 적절한지 의문이다.[44] 더욱이 '섹시한 이미지'와 대비되는 '청순한 이미지'도 성적 대상화로 평가될 수 있는데, 교복 스타일의 의상을 입고 활동하는 청순한 아이돌에 대해서도 성적 대상화로 인한 문제가 제기된다. 한편 자신의 사생활을 공개한 SNS나 유튜브 계정 운영을 통해 수익을 창출하는 연예인들도 적지 않은바, 그들의 공적 활동과 사적 활동이 언제나 명확하게 구분되는 것도 아니다. 특히 연예인의 경우 기획사에서 만들어진 이미지와 상반되는 사적 모습이 알려져서 대중들이 실망 내지 분노하게 되면 해당 연예인의 공적 활동도 제약되는데, 기획사의 과도한 이미지 메이킹을 비판하는 과정에서 실제 모습이 확인되는 사적 영역에 대한 언급이 이루어질 수 있는 것이다.

오히려 이 사건에서는 "퇴물"이라는 표현이 피해자의 사회적 평가를 저하시킬 만한 모멸적 언사라고 파악된다. 다만 이와 같은 판단을 한 항소심은 이 표현이 단 한 번 사용되어 그 비중이 크지 않다는 점을 고려하여 '피해자의 전성기는 지났다'는 생각에 대한 다소 과격한 표현이라고 보았다. 모욕죄 성립 여부를 평가함에 있어서 항소심은 댓글의 게시 횟수나 전체적 의미와 맥락, 사용된 단어 및 표현 방법 등을 고려해야 한다고 밝혔고, 대법원은 연예인의 공적 활동과 사적 활동을 나누어 그 평가 기준을 달리해야 한다는 입장을 취하고 있는

---

44) 인격적 가치를 훼손하는 표현에 대한 형사적 제재는 정당하다는 것이 판례의 태도이나, 형사적 제재로 인해 표현이 위축될 수 있다는 비판에도 주목할 필요가 있다. 조재현, "표현의 자유와 인간의 존엄성에 관한 고찰 - 인격 발현적 가치와 인격 대응적 가치를 중심으로 -", 공법학연구, 제20권, 제4호, 한국비교공법학회, 2019, 145면.

데, 여전히 이러한 기준만으로 특정 표현이 '모욕적 표현'인지, 또는 '다소 과격한 표현'인지를 구분하기란 요원하다.[45]

Ⅳ. 나가며

"창렬하다" 또는 "창렬스럽다"는 신조어가 있다. 화려한 포장과 달리 내용이 부실하다는 의미로 쓰인다. 2009년 DJ DOC의 멤버인 가수 김창렬과 광고모델 계약을 맺은 A식품업체가 '김창렬의 포장마차'라는 브랜드로 납품한 편의점 도시락이 비싼 가격에 비해서 터무니없이 양이 적고, 맛도 떨어져서 만들어진 말이 일반명사가 되어 널리 사용되어 온 것이다. 이에 김씨는 2015년 1월에 A업체의 제품으로 인해 자신의 이름이 희화화되고, 명예가 훼손되었다면서 손해배상 청구 소송을 제기했다. 제1심 법원은 "A사 제품이 상대적으로 내용물의 충실도가 떨어지는 것은 인정되지만, 정상적인 제품으로 보기 어려울 정도는 아니다"라고 판단했고, "김창렬이 과거 연예계의 악동으로 불릴 정도로 구설에 오르는 등 많은 대중에게 부정적 평가를 받았다"면서, "'창렬스럽다'라는 말은 김창렬의 행실에 대한 부정적인 평가가 촉발돼 상대적 품질저하라는 문제점을 부각시켰을 가능성도 있다"고 언급했다.[46] 2017년 항소심 법원도 "A업체 제품이 편의점에서 판매되는 같은 종류의 다른 상품들과 비교해 볼 때 내용물의 충실도가 다소 떨

---

45) 실무상 모욕죄의 구성요건해당성 여부를 판단할 수 있는 보다 구체적인 기준이 제시되어야 한다. 이순욱, "명예훼손죄에 관한 최근 판례의 동향", 인권과정의, 통권 제500호, 대한변호사협회, 2021. 9, 77면.

46) 재판부는 "김씨가 '연예계의 악동'이라고 불릴 정도로 데뷔 초부터 구설수에 오른 일이 많았다. 수차례에 걸쳐 폭행사건에 연루되었고, 2007년경 자신의 어머니에게 간이식을 해주기로 했다가 취소한 사실이 대중에게 알려지면서 논란이 되기도 했다"면서 "'창렬푸드', '창렬스럽다' 등의 말이 인터넷상에서 부정적 의미로 확산되게 된 것은 김씨의 행실에 대한 그간의 부정적인 평가가 하나의 촉발제가 되어 상대적 품질저하라는 문제점을 크게 확대하고 부각시켰을 가능성도 있다"고 하였다. 현소은, "김창렬, '창렬스럽다' 식품회사에 낸 소송 패소", 한겨레, 2017. 2. 3, https://www.hani.co.kr/arti/society/society_general/781175.html (2023년 5월 10일 최종검색)

어지지만, 정상적인 제품으로 보기 어려울 정도라고 하기는 어렵다"고 평가하면서, '창렬스럽다'는 말이 부정적 의미를 갖게 된 데에는 김씨의 책임도 있다고 언급하면서 항소를 기각했다.[47]

한편 2017년 12월에는 김창렬의 활동명이 '김창열'로 변경되었는데, 당사자는 원래 본명대로 이름을 바로잡은 것이라고 하나, '창렬스럽다'라는 신조어로 인해 활동명의 표기법을 변경했을 것이라고 회자되었다. 또한 지난해 한 방송에 출연한 김창열과 그 가족들은 해당 표현으로 인해 오랜 시간 힘들었다고 밝혔다. 김창열은 악플의 심각성에 대한 사회적 인식 수준이 떨어지고, 온라인 커뮤니티에 욕설과 모욕적 표현이 난무하던 시절의 대표적인 희생양이다. 자신의 이름이 부정적인 의미의 신조어로 등장해 널리 사용되는 것으로 인해 고통받다가 제기한 소송에서 모친에 대한 간이식 거부라는 지극히 사적인 영역까지 거론되며 행실 문제를 질책 받았으니 말이다. '국민호텔녀'라는 단 한 번의 표현이 형사처벌의 대상이 되는 오늘날, 제2의 '창렬하다'는 등장하지 않을지 모른다. 다만 포털사이트에 '국민호텔녀'라는 키워드를 입력하면 수많은 기사와 함께 해당 연예인의 이름과 사진이 노출되는바, 정작 소송을 통해 피해자와 '국민호텔녀'라는 표현의 관련성이 더 커진 것은 아닌지 의문이다.[48]

---

47) 이하나, "'창렬스럽다' 김창렬, 광고주 상대 항소심도 패소 "과거 행실도 책임 있어"", 서울경제, 2017. 9. 19, https://www.sedaily.com/NewsView/1OL37FTN2W (2023년 5월 10일 최종검색)

48) 이 논문을 마무리 하며 챗GPT에게 명예훼손죄와 모욕죄에 대한 대한민국 법원의 판결이 어떤 방향으로 발전되어야 할 것인지를 물었다. 이에 챗GPT는 ① 표현의 자유 존중과 ② 정당한 사회적 비판과 명예훼손 및 모욕죄의 구분, ③ 인터넷과 SNS 환경 고려 등을 제시했고, 그 외 ④ 피해자의 익명성 보장과 ⑤ 피해자에 대한 심리적 지원 제공과 ⑥ 가해자에 대한 교육 및 재발 방지도 언급했다.

[주 제 어]

명예에 관한 죄, 명예훼손죄, 모욕죄, 시각적 수단을 이용한 모욕, 챗GPT와
명예훼손, 표현의 자유

[Key Words]

crimes against reputation, crime of defamation, crime of insult, insults made by
using visual means, ChatGPT and defamation, freedom of expression

접수일자: 2023. 5. 19. 심사일자: 2023. 6. 12. 게재확정일자: 2023. 6. 30.

[참고문헌]

김성돈, 형법각론[제8판], SKKUP, 2022.

김혜정/박미숙/안경옥/원혜욱/이인영, 형법각론, 피앤씨미디어, 2019.

오영근, 형법각론[제5판], 박영사, 2019.

이재상/장영민/강동범, 형법각론[제11판], 박영사, 2019.

최호진, 형법각론, 박영사, 2022.

오영신, "헌법합치적 법률해석과 형벌법규 — 형법상 모욕죄의 해석·적용을 중심으로 —", 헌법학연구, 제24권 제2호, 한국헌법학회, 2018.

이순욱, "명예훼손죄에 관한 최근 판례의 동향", 인권과정의, 통권 제500호, 대한변호사협회, 2021. 9.

조재현, "표현의 자유와 인간의 존엄성에 관한 고찰 — 인격 발현적 가치와 인격 대응적 가치를 중심으로 —", 공법학연구, 제20권 제4호, 한국비교공법학회, 2019

최 란, "혐오의 시대, 모욕죄의 역할에 관한 검토", 형사정책, 제33권 제3호, 한국형사정책학회, 2021.

[Abstract]

A Study on the Latest Judicial Precedents and the Issues about the 'Crimes against Reputation'

Yun, Jee-Young*

2023 is the 70th anniversary of the enactment of the Criminal Act of the Republic of Korea. Since the enactment of the Act, there has been no change made in the overall structure or the individual elements of the 'crimes against reputation', except the addition of monetary penalty to the existing statutory punishment, and the revision made to reflect the change of the currency unit. Notwithstanding, an act of defamation committed to slander someone through information and communications network, which have naturally a greater risk of spread, has been dealt with by additional punishments under not the Criminal Act, but the Act on Promotion of Information and Communications Network Utilization and Information Protection. Today, the crimes against reputation take place in a form that was not possibly anticipated by the legislators at the time when the Criminal Act was enacted. As the majority of the space in which people communicate or play around with each other has moved from offline to online, vicious replies or hate speeches made by people hiding behind anonymity has become a social issue. At the same time, as the importance of freedom of speech or right to know has been emphasized, distinguishing between 'somewhat extreme expressions' and 'insulting remarks' becomes a legal issue. Lately, a flood of newly coined terms and

* Senior Research Fellow, Korean Institute of Criminology and Justice

initial phoneme orthography make it even more difficult to recognize that a certain term or expression can constitute an insult or defamation. Furthermore, with the development of video editing and image synthesizing technologies, expressions made by visual means not only raise a question of defamation, but also become controversial as to whether they constitute libel especially when Generative AI, Chat GPT is involved in making such expressions. With this background, this paper looked into the latest judicial precedents concerning the crimes of defamation and Insult, and discuss some key legal issues.

사기와 책략절도의 구별기준*

김 태 명**

◇ 대상판결: 대법원 2022.12.29 선고 2022도12494 판결

[사실관계]

피고인과 피해자 A(남, 52세)는 서울시 종로구 1층 소재 매장에 온 손님으로 서로 모르는 사이이다. 피고인은 2021.5.16. 12:00경 매장 안에서, A가 물건 구입 후 매장 바닥에 떨어뜨린 지갑(운전면허증 1매, 주민등록증 1매, 우체국체크카드 1매, 현금 5만 원권 1매가 들어 있는 시가 미상의 남성용 반지갑) 1개를 매장주인 B가 습득하여 가지고 있는 것을 발견하고, B로부터 "이 지갑이 선생님 지갑이 맞느냐?"는 질문을 받게 되자, 마치 자신이 지갑 주인인 것처럼 행사하면서 "내 것이 맞다."라고 대답하여 이에 속은 B로부터 지갑을 건네받았다.

[사건의 경과]

(1) 검사는 피고인을 절도죄로 기소하였고 1심법원은 유죄를 선고하였다(서울중앙지방법원 2022.5.20 자 2021고정2145 결정). 이에 피고인은 이에 대해 "피고인이 이 사건 당시 피해자 A가 매장에 떨어뜨리고 간 지갑을 피고인의 것이 맞다며 매장 주인 B로부터 건네받은 사실은 있으나, 피고인은 그 지갑이 자신의 지갑인 것으로 오인하여 받은 것일 뿐만 아니라, 이는 B의 처분행위를 매개로 한 것이므로 사기죄로 의

* 이 논문은 전북대학교 2022년도 인문·사회계열 연구기반조성비에 의하여 작성되었음.
** 전북대학교 법학전문대학원 교수, 법학박사.

율할 수 있음은 별론으로 하고 B가 피고인에게 그 지갑의 처분권을 부여하지 않았다거나 B의 지갑에 대한 점유를 침탈하여 지갑을 절취한 것으로 평가할 수는 없다."고 주장하며 항소하였다.

(2) 제2심에서 검사는 제1심이 유죄로 판단한 절도의 점에 관한 공소사실을 주위적 공소사실로 유지하면서 예비적으로 사기죄를 추가하는 공소장변경을 신청하였고, 법원은 이를 허가하였다. 제2심은 "피해자 A가 매장에 두고 온 지갑은 매장의 관리자인 B의 점유에 속한다고 봄이 상당하고, 피고인이 자신을 지갑의 소유자라고 착각한 B의 행위를 이용하여 그 지갑을 취득한 이상 이를 두고 피고인이 탈취의 방법으로 재물을 취득하였다고 평가하기는 어려워, 피고인의 이 사건 당시 행위를 A의 재물을 절취한 것으로 볼 수는 없[고], B는 매장 고객이었던 A가 놓고 간 물건을 습득한 자로서 적어도 이를 A 또는 소유자에게 반환할 수 있는 권능 내지 지위에 놓여져 있었다고 봄이 상당하고, 피기망자인 B의 의사에 기초한 교부 행위를 통해 피고인이 지갑을 취득한 이상 이는 사기죄에서 말하는 처분행위에 해당할 수 있다."는 이유로 예비적 공소사실인 사기죄를 인정하였다(서울중앙지방법원 2022.9.26 선고 2022노1176 판결).

(3) 이에 대해 검사는 예비적 공소사실을 인정한 원심판결에는 사기죄와 절도죄의 구별 등에 관한 법리를 오해하는 등으로 판결에 영향을 미친 잘못이 있다고 주장하여 상고하였다.

[대법원 판결요지]

(1) 형법상 절취란 타인이 점유하고 있는 자기 이외의 자의 소유물을 점유자의 의사에 반하여 점유를 배제하고 자기 또는 제3자의 점유로 옮기는 것을 말한다. 이에 반해 기망의 방법으로 타인으로 하여금 처분행위를 하도록 하여 재물 또는 재산상 이익을 취득한 경우에는 절도죄가 아니라 사기죄가 성립한다.

(2) 사기죄에서 처분행위는 행위자의 기망행위에 의한 피기망자의

착오와 행위자 등의 재물 또는 재산상 이익의 취득이라는 최종적 결과를 중간에서 매개·연결하는 한편, 착오에 빠진 피해자의 행위를 이용하여 재산을 취득하는 것을 본질적 특성으로 하는 사기죄와 피해자의 행위에 의하지 아니하고 행위자가 탈취의 방법으로 재물을 취득하는 절도죄를 구분하는 역할을 한다. 처분행위가 갖는 이러한 역할과 기능을 고려하면 피기망자의 의사에 기초한 어떤 행위를 통해 행위자 등이 재물 또는 재산상의 이익을 취득하였다고 평가할 수 있는 경우라면, 사기죄에서 말하는 처분행위가 인정된다. 한편 사기죄가 성립되려면 피기망자가 착오에 빠져 어떠한 재산상의 처분행위를 하도록 유발하여 재산적 이득을 얻을 것을 요하고, 피기망자와 재산상의 피해자가 같은 사람이 아닌 경우에는 피기망자가 피해자를 위하여 그 재산을 처분할 수 있는 권능을 갖거나 그 지위에 있어야 한다.

(3) B는 반지갑을 습득하여 이를 진정한 소유자에게 돌려주어야 하는 지위에 있었으므로 피해자를 위하여 이를 처분할 수 있는 권능을 갖거나 그 지위에 있었다. 나아가 B는 이러한 처분 권능과 지위에 기초하여 위 반지갑의 소유자라고 주장하는 피고인에게 반지갑을 교부하였고 이를 통해 피고인이 반지갑을 취득하여 자유로운 처분이 가능한 상태가 되었다. 따라서 B의 행위는 사기죄에서 말하는 처분행위에 해당하고 피고인의 행위를 절취 행위로 평가할 수는 없다.

[평 석]

I. 문제의 제기

(1) 지난 2017년 대법원은 피해자에게 토지거래허가 등에 필요한 서류라고 속여 근저당권설정계약서 등에 서명·날인하게 하고 인감증명서를 교부받은 다음 이를 이용하여 피해자 소유토지에 피고인을 채무자로 한 근저당권을 설정하고 이를 이용하여 사채업자로부터 금전

을 차용한 사건에서, "사기죄에서 피기망자이 처분의사는 착오에 빠진 피기망자가 어떤 행위를 한다는 인식이 있으면 충분하고, 그 행위가 가져오는 결과에 대한 인식까지 필요하다고 볼 것은 아니며, 피기망자의 의사에 기초한 어떤 행위를 통해 행위자 등이 재물 또는 재산상의 이익을 취득하였다고 평가할 수 있는 경우라면 사기죄에서 말하는 처분행위가 인정된다."는 이유로 사채업자에 대한 사기죄와는 별도로 토지소유자에 대한 사기죄를 인정하였다(대법원 2017.2.16. 선고 2016도13362 전원합의체 판결, 이하 '2017년 판결'이라고 한다). 이는 사기죄는 타인을 기망하여 착오에 빠뜨리게 하고 그 처분행위를 유발하여 재물, 재산상의 이득을 얻음으로써 성립하는 것이므로 여기서 처분행위라고 하는 것은 재산적 처분행위를 의미하고 그것은 주관적으로 피기망자가 처분의사, 즉 처분결과를 인식하고 객관적으로는 이러한 의사에 지배된 행위가 있을 것을 요한다는 과거의 입장(대법원 1987.10.26. 선고 87도1042 판결 등)을 변경한 것으로, 재판과정에서 [다수의견]과 [반대의견]이 첨예하게 대립하였다.

  (2) 이 판결에서 [반대의견]은 자기손상행위로서의 사기죄의 본질 및 구조에 비추어 사기죄에서 말하는 처분행위란 어디까지나 처분의사에 지배된 행위이어야 하고, 피기망자가 기망행위로 인하여 문서의 내용을 오신한 채 내심의 의사와는 다른 효과를 발생시키는 문서에 서명·날인하여 행위자 등에게 교부함으로써 행위자 등이 문서의 내용에 따른 재산상의 이익을 취득하게 되는 이른바 서명사취 사안의 경우에는, 비록 피기망자에게 문서에 서명 또는 날인한다는 인식이 있었더라도 처분결과에 대해 아무런 인식이 없었으므로 처분의사와 처분행위를 인정할 수 없다고 주장하였고, 처분행위의 구성요소인 처분의사의 의미와 판단기준을 두고 학계에서도 많은 논란이 제기되었다.[1]

---

[1] 2017년 대법원판결의 [다수의견]에 비판적인 견해로는 송승은, "사기죄의 처분행위와 처분의사" 법이론실무연구 6권 3호(2018. 8), 209면 이하; 이승호, "사기죄의 범행구조와 처분행위의 내용", 형사법의 신동향 62호(2019), 133면 이하; 이창섭, "사기죄와 처분행위", 법학연구 58권 3호(2017. 8.), 25면 이하; 최준혁, "사기죄의 처분

2017년 판결에서 [반대의견]은 [다수의견]에 의하면 사기죄 성립 여부가 불분명해지고 그 결과 처벌 범위가 확대될 우려가 있음을 지적하며, 행위자의 기망적 행위가 개입한 다수의 범행에서 피기망자의 인식을 전혀 고려하지 않은 채 사기 범행과 사기 아닌 범행을 명확히 구분해 낼 수 있을지가 의문스럽다고 보았다.

　(3) [반대의견]이 지적한, [다수의견]에 따르면 사기범행과 사기 아닌 범행을 명백히 구분해 내기가 어렵고 사기죄의 처벌범위가 확대될 우려가 있다고 지적한 영역은 바로 책략절도의 사례이다. 책략절도는 사람을 기망하고 그 사람으로부터 재물을 교부받아 그 재물을 취득한다는 점에서 외견상 사기와 유사하다. 처분행위의 개념에 대해서는 논란이 있지만, 사기는 피해자 또는 피해자의 재물 또는 재산상 이익을 처분할 수 있는 권한이 있거나 그러한 지위에 있는 제3자(피기망자)를 기망하여 그의 처분행위에 기해 재물이나 재산상 이익을 취득하는 구조를 취하는데, 특히 제3자를 기망하여 그의 처분행위에 기해 재물이나 재산상 이익을 취득하는 삼각사기에서는 범인-제3자-피해자의 3자가 관여하고 있고 범인은 직접적으로 범행을 하는 상대방은 피해자가

행위와 처분의사에 관한 대법원 2016도13362 전원합의체 판결의 의미", 법학연구 21권 3호(2018. 9.), 237면 이하; 황태정, "사기죄의 처분행위와 처분의사－대법원 2017. 2. 16. 선고 2016도13362 전원합의체 판결－", 법조 66권 3호(2017. 6), 809면 이하 참조. [다수의견]에 동조하는 견해로는 김봉수, "사기죄의 본질과 책략절도-처분의사의 개념변화를 중심으로－", 비교형사법연구 23권 4호(2022. 1). 27면 이하; 김신, "사기죄에서 처분행위와 처분의사의 위치", 비교형사법연구 22권3호(2020), 221면 이하; 문채규, "사기죄의 본질 및 구성요건 구조와 처분의사", 비교형사법연구 19권 3호 (2017. 10.), 1면 이하; 하태영, "사기죄에서 교부받는 행위의 의미" 형사판례연구 26호(2018), 161면 이하 참조. 그리고 절충적인 입장으로 재물사기의 경우에는 처분의사가 요구되는데 반해 이익사기의 경우에는 처분의사가 요구되지 않는다고 보는 서보학, 사기죄에 있어서 처분의사의 필요성 여부와 처분의사의 내용", 경희법학 52권 4호(2017. 12). 205면 이하와 원형식, "사기죄에서 처분의사 및 재산상 손해－대법원 2017. 2. 16. 선고 2016도13362 전원합의체 판결－", 일감법학 제38호(2017. 10.), 507면 이하와 객관적 귀속의 관점에서 행위를 결과를 예견한 경우뿐만 아니라 예견가능한 경우에도 처분행위를 인정해야 한다는 보는 김재봉, "사기죄의 본질과 처분의사의 내용", 형사법연구 제30권 제4호(2018. 12), 165면 이하 참조.

아니라 제3자라는 점에서 제3자를 이용한 책략절도와 유사하다.

　(4) 피기망자와 재산상의 피해자가 다른 경우에는 피기망자가 피해자를 위하여 그 재산을 처분할 수 있는 권능을 갖거나 그 지위에 있어야 하므로(대법원 1991. 1. 15. 선고 90도2180 판결, 대법원 1994. 10. 11. 선고 94도1575 판결 등 참조), 제3자를 기망하고 그를 통해 재물을 취득한 행위가 삼각사기에 해당하는가 또는 책략절도에 해당하는가의 구별은, 결국 범인으로부터 기망을 당한 제3자에게 피해자의 재물을 처분할 수 있는 권능을 갖거나 그러한 지위에 있고 제3자가 범인에게 재물을 취득하게 하는 행위가 처분행위에 해당하는가의 문제에 귀착된다.

　(5) 위 대상판례에서 대법원은 피고인에게 지갑을 취득하게 한 B는 피해자를 위하여 지갑을 처분할 수 있는 권능을 갖거나 그 지위에 있었고, 나아가 B가 피고인에게 반지갑을 교부한 행위는 처분행위에 해당한다고 결론짓고 있다. 그러나 피기망자와 재산상의 피해자가 같은 사람이 아닌 경우에는 피기망자가 피해자를 위하여 그 재산을 처분할 수 있는 권능을 갖거나 그러한 지위에 있는지를 판단하는 기준 그리고 B가 피고인에게 반지갑을 교부한 행위가 처분행위로서의 요건을 충족하고 있는지에 대한 구체적인 논증은 찾아볼 수 없다.

　(6) 2017년 판례가 제시한 법리에 따르면 이 사건 피고인의 행위는 사기죄에 해당한다고 볼 여지가 있다. 그럼에도 불구하고 검사가 피고인을 절도죄로 기소한 것은, 피해자가 제3자의 점유하에 있는 장소에 두고 간 물건을 가져간 사건(대법원 2007. 3. 15. 선고 2006도9338 판결, 대법원 1988. 4. 25. 선고 88도409 판결 등 참조), 물건을 구입할 의사도 없이 잠깐 보겠다고 하면서 물건을 건네받은 후 그것을 가지고 도주한 사건(서울고등법원 1984. 4. 6. 선고 84노413 판결, 대법원 1994. 8. 12. 선고 94도1487 판결)에서 법원이 피고인을 절도죄로 처벌한 선례를 감안하여, 위 대상판결은 피해자가 제3자의 점유하에 두고 간 물건을 그 제3자를 기망하여 그 재물에 대한 점유를 취득한 책략절도의 사례

라고 보았기 때문이 아닌가 생각된다. 이 사건은 기존의 법리와 선례에 따르면 이 사건은 절도죄로 의율될 수 있는 사건이다. 그럼에도 불구하고 대법원이 피고인을 사기죄로 의율한 것은, 2017년 대법원판결에서 [반대의견]이 지적하였듯이 자신의 행위가 가져오는 결과에 대한 인식이 없더라도 피고인에게 재물을 교부하는 행위를 한 이상 사기죄의 성립요소인 처분행위로 인정된다는 법리에 따라 사기죄의 적용범위가 확대된 대표적인 사례라고 할 수 있다.

(7) 이하에서는 사기와 책략절도의 구별기준 및 2017년 판례가 가지는 의미와 문제점에 대해 살펴본 후, 본 판결의 당부를 평가하고자 한다.

Ⅱ. 사기와 책략절도의 구분

1. 사기와 책략절도의 구별기준

(1) 책략절도는 피해자를 직접 기망하고 피해자로부터 재물을 교부받아 취득하는 경우(①)와 피해자의 재물을 점유·관리하고 있는 제3자를 기망하고 그로부터 재물을 교부받아 취득하는 경우(②)로 나눌 수 있다. 예컨대 금은방에서 마치 귀금속을 구입할 것처럼 가장하여 주인으로부터 귀금속을 건네받은 다음 화장실에 갔다 오겠다는 핑계를 대고 귀금속을 가지고 도주하는 경우는 전자에 해당한다(대법원 1994.8.12. 선고 94도1487 판결 참조). 그리고 피고인이 같은 방법으로 금은방의 직원을 기망하여 직원으로부터 귀금속을 건네받아 도주하였다면 후자에 해당한다. 제3자를 이용하는 책략절도에서는 피기망자인 제3자가 피해자를 재물을 처분할 수 있는 권능이 있거나 지위에 있을 것이 요구되지 않고, 다만 제3자가 범인에게 재물을 교부하는 행위를 처분행위로 볼 수 있는가가 문제될 따름이다.

(2) 책략절도와 마찬가지로 사기죄도 피해자를 기망하여 피해자로

부터 재물이나 재산상 이익을 취득하는 경우(③)와 제3자를 기망하고 제3자의 처분행위에 의하여 피해자의 재물이나 재산상 이익을 취득하는 경우(④)로 구분될 수 있다. 후자의 경우를 일반적으로 삼각사기라고 하는데, 제3자를 이용하는 책략절도와는 달리 삼각사기에서는 제3자, 즉 피기망자가 피해자의 재물을 처분할 수 있는 권능이 있거나 지위에 있을 것이 요구되고 나아가 제3자의 행위를 처분행위로 볼 수 있어야 한다.

    (3) 피해자를 직접 기망하고 피해자로부터 재물을 교부받아 취득하는 책략절도(①)와 피해자를 기망하고 피해자의 처분행위로 재물을 취득하는 일반적인 형태의 사기(③)를 구분함에 있어서는 피해자가 범인에게 재물을 교부하는 행위를 처분행위로 볼 수 있는가만이 문제되는데 반하여, 피해자의 재물을 점유·관리하고 있는 제3자를 기망하고 그로부터 재물을 교부받아 취득하는 책략절도(②)와 제3자를 기망하고 제3자의 처분행위에 의하여 피해자의 재물이나 재산상 이익을 취득하는 형태의 삼각사기(④)를 구분함에 있어서는 제3자가 피해자의 재물을 처분할 수 있는 권능이 있거나 지위에 있는가와 제3자의 행위를 처분행위로 볼 수 있는가가 함께 문제된다. [대상판결]에서는 피고인이 매장 주인 B를 기망하여 B로부터 지갑을 교부받아 취득하는 행위가 제3자를 이용한 책략절도에 해당하는가 또는 삼각사기에 해당하는가가 문제 되므로, 제3자인 매장 주인 B에게 피해자의 재물을 처분할 수 있는 권능이 있거나 지위에 있는가와 제3자의 행위를 처분행위로 볼 수 있는가를 모두 검토하여야 한다.

2. 처분권능·지위의 유무와 처분행위에 해당하는지 여부의 판단기준

가. 처분권능·지위 유무의 판단기준

(1) 제3자를 기망하고 제3자를 이용하여 타인의 재물을 취득하는

행위가 절도에 해당하는지 또는 사기에 해당하는지를 판단하기 위해서는 우선 그 제3자가 피해자의 재물을 처분할 수 있는 권능을 갖고 있거나[2] 그러한 지위에 있는지를 검토하여야 한다.

(2) 피해자의 재산을 처분할 수 있는 권능을 갖고 있거나 그러한 지위에 있는 대표적인 사람으로는 법인의 이사(민법 제58조, 59조)·임시이사(제63조)·특별대리인(제64조)·청산인(제87조), 대리인(제114조), 전세권자(제318조), 유치권자(제322조), 질권자(제338조), 저당권자(제363조), 수임인(제680조), 사무관리인(제734조), 친권자(제911조), 후견인(제938조) 또는 이들의 특별대리인(제921조, 제949조의3) 등이 있다. 피기망자가 피해자를 위하여 재산을 처분할 수 있는 권능이나 지위는 반드시 사법상 위임이나 대리권의 범위와 일치하여야 하는 것은 아니고, 피기망자의 처분행위가 설사 피해자의 진정한 의도와 어긋난다고 하더라도 그와 같은 권능을 가지고 있거나 지위에 있다고 할 수 있다. 예컨대 소유자로부터 그 소유토지를 타인에게 담보로 제공하고 돈을 마련해 달라는 부탁을 받고 소유자의 인감증명서와 인감도장을 가지고 있는 사람은 그 토지를 처분하거나 담보를 설정할 어떠한 권한이나 지위에 있다고 할 수 있으므로 그 사람을 기망하여 그 토지에 자신의 채무에 관한 근저당설정등기를 경료한 경우에도 사기죄가 성립한다(대법원 1994. 10. 11. 선고 94도1575 판결).

(3) 이에 반해 타인명의의 등기서류를 위조하여 등기공무원에게 제출함으로써 자신명의로 소유권이전등기를 마쳤다고 하여도 등기공무원에게는 부동산의 처분권한이 있다고 볼 수 없고 소유권이전등기를 처분행위라고 볼 수도 없으므로 사기죄는 성립하지 않는다(대법원

---

2) 여기서 판례가 권리 대신에 권능이라는 용어를 쓴 것은 두 용어에 차이가 있기 때문이다. 권능은 권리 또는 권한을 구성하는 법적인 힘을 말한다. 예컨대 대표적인 권리인 소유권은 사용, 수익, 처분의 권능으로 구성되는데(민법 제211조), 임차권자에게는 그 목적물에 대한 사용·수익 권능이 인정되지만 처분 권능은 인정되지 않는다(민법 제618조). 삼각사기에서 제3자는 소유자 또는 당해 권리의 주체가 아니라도 피해자의 재산을 처분할 수 있는 권능을 가지고 있으면 족하다.

1981.7.28. 선고 81도529 판결). 또한 피해자 명의의 양도증서 등 명의변경 서류를 위조하여 일본 특허청 공무원에게 제출함으로써 자기 명의로 특허의 출원자 명의를 변경하였다고 하더라도 특허를 받을 수 있는 권리에 관한 피해자의 처분행위가 있었다고 할 수 없고 일본 특허청 공무원에게 특허를 받을 수 있는 권리의 처분권한이 있다고도 볼 수 없으므로, 사기죄의 죄책을 물 수는 없다(대법원 2007. 11. 16. 선고 2007도3475 판결).

(4) 한편 토지의 실제 소유자인 A가 피고인에게 그 토지를 매도하도록 승낙한 사실이 없음에도 불구하고 피고인이 A로부터 그 토지에 관한 소유명의를 신탁받은 B에게 A로부터 그와 같은 승낙이 있었던 것처럼 거짓말을 하여 B를 기망하고 A와 사이에 그 토지에 관한 매매계약을 체결하게 C로부터 위 매매대금 전액을 교부받은 사건에서, 대법원은 명의수탁자인 B에게는 매수자인 C의 재산을 처분할 수 있는 권능이나 지위에 있었다고 볼 수 없다는 이유로 사기죄의 성립을 부정하였다(대법원 1991. 1. 11. 선고 90도2180 판결). 이 사건은 피고인이 피해자(C)를 직접 기망하여 재산을 취득한 것이 아니라 제3자(B)를 기망하고 피해자의 재산의 취득한 사안이라는 점에서 삼각사기에 해당하고, 따라서 제3자인 B에게는 피해자의 재물을 처분할 수 있는 권능을 갖고 있거나 그러한 지위에 있어야 한다.

그런데 이 판결에서는 불명확한 점이 몇 가지 발견된다. 공소사실에서 피고인이 기망행위로 취득한 것을 매매대금으로 표시하고 있고 판결문도 이를 그대로 인용하고 있다. 매도인에게는 매수인의 매매대금을 처분할 수 있는 권능이나 지위에 있지 않으므로, 이 사건에서는 피고인이 매도인 B를 기망하고 매수자인 C로부터 매매대금을 편취하였다고 볼 수는 없다. 그러나 피고인이 B와 C의 매매계약에 관여하여 기망의 방법으로 매매대금을 편취한 점에 초점을 맞추면, 별 문제없이 사기죄의 성립을 인정할 수 있다. 예를 들어 피고인이 B에게 토지의 실질적 소유자인 A의 위임을 받았다고 거짓말을 하고 B로 하여금 C

와 그 토지에 대한 매매계약을 체결하게 하고, 다시 B가 C에게 "토지의 실질적인 소유자는 A이고 피고인은 A로부터 위임을 받은 사람이므로 매매대금을 피고인에게 지급하면 된다."고 말하여, 피고인이 C로부터 직접 매매대금을 받아 취득한 경우이든 또는 피고인이 B로 하여금 C로부터 받은 매매대금을 자신에게 교부하게 하여 그 매매대금을 취득한 경우이든, 피고인에게 사기죄가 성립하는 데에는 별다른 문제가 없다. 그리고 피해자를 그 토지의 실질적 소유자인 A로 상정한다면 이 사건에서 피기망자이자 처분행위자인 B는 명의수탁자로서 A의 토지를 처분할 수 있는 권능이나 지위에 있다고 볼 수 있다. 따라서 토지에 초점을 맞추면 이 사건에서 피고인의 행위는 제3자(B)를 기망하여 그 사람으로 하여금 피해자(A)의 재산을 처분하게 하고 그로써 제3자(C)로 하여금 재산을 취득하게 하는 형태의 사기죄(제347조 제2항)가 성립한다.

(6) 그리고 대법원은 지난 2021. 2. 18. 「부동산 실권리자명의 등기에 관한 법률」(이하 '부동산실명법'이라 한다)을 위반하여 명의신탁자가 그 소유인 부동산 등기명의를 명의수탁자에게 이전하는 양자간 명의신탁의 경우 명의수탁자와 명의신탁자 간의 관계는 형법상 보호할 만한 가치 있는 신임에 의한 관계가 아니고, 명의수탁자가 명의신탁자에 대한 관계에서 '타인의 재물을 보관하는 자'의 지위에 있다고 볼 수도 없으므로 명의수탁자가 신탁받은 부동산을 임의로 처분하여도 명의신탁자에 대한 관계에서 횡령죄가 성립하지 않는다고 하면서, 종전 판례의 법리를 변경하였다(대법원 2021. 2. 18. 선고 2016도18761 전원합의체 판결). 변경된 법리대로라면 위 사건에서 C는 유효하게 소유권을 취득하므로 피고인의 기망행위로 인한 피해자가 될 수 없고, 그 피해자는 C가 아니라 매매대금을 교부받을 권리를 가지고 있는 B라고 보아야 할 것이다.

나. 처분행위에 해당하는지 여부의 여부

(1) 앞에서 지적하였듯이 처분행위는 피고인이 피해자를 직접 기망하여 피해자로부터 재물을 교부받아 재물을 취득하든 형태이든 또는 제3자를 기망하고 그로부터 재물을 교부받아 재물을 취득하는 형태이든, 그러한 행위를 사기죄로 처벌하기 위해서는 피해자나 제3자의 교부행위를 처분행위로 볼 수 있어야 하고, 이 점에서는 2017년 대법원판결의 다수의견과 반대의견 사이에 이견(異見)이 없었다. 다만 처분행위의 개념 또는 내용에 대해서는 견해가 대립하고 있다.

(2) 2017년 판결에서 대법원의 [다수의견]은 "사기죄의 본질과 구조, 처분행위와 그 의사적 요소로서 처분의사의 기능과 역할, 기망행위와 착오의 의미 등에 비추어 보면, <u>피기망자가 처분행위의 의미나 내용을 인식하지 못하였더라도 피기망자의 작위 또는 부작위가 직접 재산상 손해를 초래하는 재산적 처분행위로 평가되고, 이러한 작위 또는 부작위를 피기망자가 인식하고 한 것이라면 처분행위에 상응하는 처분의사가 인정된다.</u>"고 본다. 이에 대해 [반대의견]은 "사기죄의 본질 및 구조에 비추어 사기죄에서 말하는 처분행위란 어디까지나 처분의사에 지배된 행위이어야 하고, 이러한 처분의사는 자신의 행위로 인한 결과에 대한 인식을 당연히 전제한다."고 본다. [다수의견]과 [반대의견] 모두 사기죄의 성립에 있어서는 피기망자의 착오와 처분행위가 요구된다고 하면서도 정작 처분행위 및 처분의사의 개념을 상이하게 이해하고 있는데, 두 의견 모두 자신들의 주장의 논거로 사기죄의 본질과 구조, 처분행위의 기능과 역할을 제시하고 있다는 점이 상당히 흥미롭다. 물론 그에 대한 이해에는 큰 차이가 있다.

(3) [다수의견]은 사기죄는 타인을 기망하여 착오에 빠뜨리고 그로 인하여 피기망자가 처분행위를 하도록 유발하여 재물 또는 재산상의 이익을 얻음으로써 성립하는 범죄로서, 사기죄가 성립하려면 행위자의 기망행위, 피기망자의 착오와 그에 따른 처분행위, 그리고 행위자

등의 재물이나 재산상 이익의 취득이 있고, 그 사이에 순차적인 인과
관계가 존재하여야 한다고 하면서, 처분행위는 행위자의 기망행위에
의한 피기망자의 착오와 행위자 등의 재물 또는 재산상 이익의 취득
이라는 최종적 결과를 중간에서 매개·연결하는 한편 착오에 빠진 피
해자의 행위를 이용하여 재산을 취득하는 것을 본질적 특성으로 하는
사기죄와 피해자의 행위에 의하지 아니하고 행위자가 탈취의 방법으
로 재물을 취득하는 절도죄를 구분하는 역할을 한다고 설명한다.

　　[다수의견]의 설명은 기존의 판례에서 설명되던 것과 다르지 않을
뿐만 아니라, [반대의견]도 이러한 설명에 반대하지 않는다. 그런데
[반대의견]은 자신의 논지를 전개하면서 사기죄의 본질을 조금 독특한
방식으로 설명한다. [반대의견]은 절도죄는 범죄행위자의 탈취행위에
의하여 재물을 취득하는 범죄이고 사기죄는 피해자의 처분행위에 의
하여 재산을 취득하는 범죄이므로 절도죄는 타인손상범죄인데 반하여
사기죄는 자기손상범죄라고 정의하면서, 자기손상행위로서 처분행위
의 본질이 충족되기 위해서는 피해자에게 자기 재산처분에 대한 결정
의사가 필수적이며, 처분결과에 대한 아무런 인식 또는 의사가 없는
처분행위는 그 자체로서 모순이고 피해자가 자신의 재산과 관련하여
무엇을 하였는지조차 전혀 인식하지 못하는 모습의 사기죄는 자기손
상범죄로서의 본질에 반한다고 설명한다. 사기죄를 굳이 '자기손상범
죄'라고 지칭하는 것은 피해자가 스스로에게 손해를 가하는 것을 요건
으로 한다는 점을 부각시키기 위한 것으로 보이는데, 사기죄는 재산상
손해의 발생을 요건으로 하지 않으므로 사기죄의 본질을 자기손상범
죄라고 설명하는 데에는 분명한 한계가 있다.[3] 그리고 책략절도에서
는 피해자 스스로 또는 제3자의 행위에 의해 손해가 발생하고, 그런
점에서는 책략절도도 자기손상범죄라고 할 수 있다. 피고인에게 책략
절도의 죄책을 지울 것인지 또는 사기의 죄책을 지울 것인지는 결국
피해자나 제3자의 행위를 처분행위로 볼 수 있는가에 의해 결정된다

---

3) 이 점을 지적한 글로는 김봉수, 앞의 논문, 32면 참조.

는 점을 고려해 보면, 사기죄의 본질을 자기손상범죄라고 설명하는 것
에는 한계가 있을 수밖에 없다.

　(4) 일부학자는 사기죄는 피해자를 직접 도구로 이용하는 간접정
범의 귀속구조를 채택하고 있다고 하면서, 사기죄의 처분행위는 간접
정범의 피이용자의 행위에 상응하고, 간접정범에서는 피이용자에게
자신의 행위의 의미나 결과에 대한 인식이 요구되지 않는 것과 마찬
가지로 사기죄에서 피기망자의 처분행위에는 처분의사가 요구되지 않
는다고 보아야 한다고 주장한다.[4] 사기죄와 간접정범은 모두 타인을
이용하여 범죄를 범한다는 점에서는 동일하다. 그러나 사기죄를 피해
자가 피이용자인 간접정범에 비견하는 논리적으로 적절해 보이지 않
는다. 간접정범은 이용자가 직접 범죄를 실행하는 대신 타인을 이용하
여 범죄를 범하는 구조로서, 타인을 이용하지 아니하고 직접 그 범죄
를 실행한다면는 당해 범죄의 직접정범이 성립한다. 이에 반해 사기죄
에서는 범인이 피기망자의 행위를 이용하는 대신 자신이 그러한 행위
를 직접 할 경우에는 사기죄의 직접정범이 아니라 절도죄 등 다른 유
형의 범죄가 성립한다. 따라서 간접정범이 일정한 범죄를 의도하고 타
인을 이용하여 그 범죄를 실현하는 것이라면, 사기죄는 타인을 이용하
여 타인의 재물을 편취하는 것 그 자체가 사기죄를 실현하는 것이라
고 할 수 있다.

　그리고 피해자의 행위를 이용하여 범죄를 범한다고 하여 그것이
간접정범의 구조를 취한다고 할 수는 없다. 피해자를 이용하여 범죄를
범하는 모든 경우가 간접정범으로 처벌되는 것이 아니며, 범죄구성요
건 자체가 타인을 이용하는 것을 내용으로 하고 있어 타인을 이용하
는 행위 자체를 직접정범의 논리로 처벌해야 하는 경우도 있다. 예컨
대 강제추행죄는 자수범이 아니므로 간접정범의 형태로도 범할 수 있
고 피해자도 피이용자가 될 수 있으므로, 피해자를 협박하여 자위행위
를 하도록 한 피고인을 강제추행죄의 간접정범으로 처벌된다(대법원

---

　4) 문채규, 앞의 논문, 11면 이하 참조.

2018. 2. 8. 선고 2016도17733 판결). 이는 타인(피해자)를 이용하여 강제추행죄의 구성요건을 실현한 경우로 강제추행죄의 간접정범으로 처벌된다. 그러나 자살교사·방조죄(제252조 제2항)이나 위계·위력자살결의죄(제253조)는 피해자의 행위를 이용하는 형태의 범죄이지만 그 자체로서 독립된 범죄로서, 그 처벌은 간접정범의 논리가 아니라 직접정범의 논리에 따라야 한다. 예컨대 자살을 교사·방조하거나 위계·위력으로 자살을 결의하도록 하였으나 피해자자 자살로 나아가지 않은 때에는 자살교사·방조죄 또는 위계·위력자살결의죄의 미수범(제254조)으로 처벌된다. 미성년자의 사리분별력 부족 또는 사람의 심신장애를 이용하여 재물을 교부받거나 재산상 이익을 취득한 때에는 준사기죄(제348조)로 처벌되는데, 준사기죄는 그 자체가 직접정범으로 피해자의 행위를 이용한다고 하여 별도로 간접정범의 법리를 적용하지 않는다. 사기죄는 피해자를 이용함으로써 성립하는 범죄이지만 간접정범의 구조가 아니라 자살교사·방조죄, 위계·위력자살결의죄, 준사기죄와 같이 그 자체가 독립된 형태로 규정된 범죄로서, 피이용자의 처분행위에 처분의사가 필요한가의 여부를 판단함에 있어서는 간접정범의 논리가 아니라 직접정범의 논리를 적용하는 것이 바람직하다.

직접정범에서는 피해자가 자신의 행위의 의미나 결과를 알지 못하면 당해 범죄로 처벌할 수 없다. 예컨대 자살교사방조죄(제252조 제2항)가 성립하기 위해서는 피해자가 자살의 의미를 이해할 능력이 있어야 하며 자살의 의미를 이해할 능력이 없는 사람을 교사·방조하여 자살을 하게 한 때에는 살인의 죄책을 진다(대법원 1987. 1. 20. 선고 86도2395 판결). 그러면 간접정범이 아닌 직접정범으로 처벌되는 사기죄에서도 피이용자자 자신의 행위의 의미나 결과를 알지 못하면 사기죄로는 처벌할 수 없다고 보아야 할 것인가 아니면 자신이 피고인으로 하여금 재물 또는 재산상 이익을 취득하게 하는 행위를 하고 있다는 사실 자체에 대한 인식만 있으면 사기죄로 처벌할 수 있다고 해야 할 것인가? 아무래도 이 문제는 의견이 일치하지 않는 사기죄의 본질·구조에 의하기 보다는 의견이 일치하는 처분행위의 기능·역할을 고려하여 결정되어야 할 것 같다.

(5) 처분행위의 기능·역할에 대해서 [다수의견]은 "처분행위는… 착오에 빠진 피해자의 행위를 이용하여 재산을 취득하는 것을 본질적 특성으로 하는 사기죄와 피해자의 행위에 의하지 아니하고 행위자가 탈취의 방법으로 재물을 취득하는 절도죄를 구분하는 역할을 한다"고 설명하고, [반대의견]은 "절도는 범죄행위자의 탈취행위에 의하여 재물을 취득하는 것이고, 사기는 피해자의 처분행위에 의하여 재산을 취득하는 것으로, 양자는 처분행위를 기준으로 하여 구분된다."고 설명한다. 표현방식에서만 다소 차이가 있을 뿐 [다수의견]과 [반대의견]은 처분행위의 본질적 기능이 사기죄와 절도죄의 구분에 있음을 인정한다. 그런데 처분행위의 개념요소에서 처분의사를 제외하는 [다수의견]에 따르면 책략절도와 사기의 구분이 모호해진다. 책략절도와 사기에서는 모두 피해자나 제3자를 기망하고 그로부터 피고인에게 재물을 교부하는 행위에 의해 재물을 취득한다는 점에서 동일하기 때문이다. 책략절도와 사기의 구별을 유지하기 위해서는 책략절도에서 피해자 또는 제3자의 행위는 단순히 피고인에게 재물을 교부하는 것에 지나지 않는데 반해, 사기죄에서 피해자 또는 제3자의 행위는 피고인으로 하여금 직접적으로 재물을 취득하게 하는 행위, 즉 '처분행위'라고 설명해야 한다. 피해자 또는 제3자의 행위가 책략절도에서 말하는 단순한 교부행위에 불과한가 또는 사기에서 말하는 처분행위에 해당하는가는 결국 처분행위의 개념을 어떻게 볼 것인가의 문제에 귀착한다.

(6) 민법상 처분행위란 직접적으로 권리의 변동(권리주체의 변경, 권리내용의 변경, 권리의 소멸 등)을 일으키는 법률행위를 말한다. 처분행위는 물권의 변동을 가져오는 물권행위와 물권 이외의 권리 변동을 가져오는 준물권행위로 구별되는데, 전자의 예로는 소유권의 이전, 전세권·저당권과 같은 제한물권의 설정행위 등이 있고, 후자의 예로는 채권양도, 채무면제, 지적재산권의 양도 등이 있다. 처분행위는 의무의

이행이라는 문제를 남기지 않고 그에 의하여 직접 현존하는 권리의 변동이 일어난다. 그리고 처분행위에 의하여 현존하는 권리의 변동이 일어나므로 처분행위가 유효하기 위해서는 행위자에게 처분권한이 있어야 한다. 처분권한은 원칙적으로 권리자에게 속한다. 예컨대 소유권의 처분권은 소유권자에게 채권의 처분권은 채권자에게 있다. 법령이나 계약 등에 의해 권리자가 아닌 제3자에게 처분권한이 부여될 수 있다.5) 한편 처분행위는 법률행위로서, 모든 법률행위에서 공통적으로 요구되는 본질적 요소로서 일정한 법적 효과에 대한 의사와 그 의사를 외부적으로 표현하는 행위(이를 의사표시라고 한다)가 요구된다.6) 처분의사가 없음에도 불구하고 외부적으로 처분행위로 인식될 수 있는 행위를 하였다면 이는 의사와 표시의 불일치의 문제로 민법상 비진의 의사표시(제107조), 통정허위표시(제108조), 착오에 의한 의사표시(제109조), 사기·강박에 의한 의사표시(제110조)의 법리에 의해 처리된다.

위에서 볼 수 있듯이 처분행위는 직접적으로 권리의 변동을 일으키는 법률행위로 한정된다(단순히 점유를 이전하는 교부행위를 처분행위라고 할 수 없다). 그리고 처분행위로 인정되기 위해서는 그러한 행위를 한 자가 처분권한을 가지고 있고 나아가 처분의사가 있어야 한다. 따라서 직접적으로 권리의 변동을 일으키지 않는 단순한 사실행위나 처분권한이 없는 자의 행위 또는 처분의사가 없는 행위는 처음부터 처분행위라고 할 수 없다. 권리의 변동을 초래하지 않는 행위, 처분권한이 없는 자의 행위 또는 처분의사가 없는 행위를 처분행위라고 말하는 것은 일종의 형용모순이다. 재물에 대한 단지 재물의 점유를 이전하는 교부행위나 문서에 서명·날인하는 행위는 법률행위가 아니라 단순한 사실행위에 지나지 않는다.7) 그리고 권리의 변동에 대한 인식(처분의사)이 없는 행위는 그 자체가 법률행위인 처분행위라고 할 수 없다.

---

5) 한국사법행정학회, 주석 민법(민법총칙) 제5판(2019. 5), 430면.
6) 한국사법행정학회, 앞의 책, 416면.
7) 하태영, 앞의 논문, 179면.

　　[다수의견]은 형법 제347조가 재물사기는 '사람을 기망하여 재물을 교부받는 것'을 요건으로 하고 있으므로, 사기죄의 성립요건으로서 처분행위는 반드시 법률행위일 필요는 없고 재물의 교부와 같은 사실행위도 포함한다고 주장한다.[8] 그러나 처분행위에 사실행위가 포함된다고 해석하면서 교부행위도 처분행위에 포함된다고 하는 것은 사실행위로서의 교부행위와 법률행위로서의 처분행위의 구분 나아가서 책략절도와 사기의 구분을 포기하는 것이나 다름없다. 판례는 지금까지 다수의 사례에서 처분행위가 없다는 이유에서 피고인의 행위가 사기죄가 아니라 절도죄가 된다고 보았다. 피해자가 가지고 있는 책을 잠깐 보겠다고 하여 동인이 있는 자리에서 보는 척하다가 가져간 사건(대법원 1983. 2. 22. 선고 82도3115 판결), 금은방에서 마치 귀금속을 구입할 것처럼 가장하여 피해자로부터 순금목걸이 등을 건네받은 다음 화장실에 다 오겠다는 핑계를 대고 도주한 사건(대법원 1994. 8. 12. 선고 94도1487 판결), 피해자가 결혼식장에서 신부 측 축의금 접수인인 것처럼 행세하는 피고인에게 축의금을 내어놓자 이를 교부받아 가로챈 사건(대법원 1996. 10. 15. 선고 96도2227 판결) 등이 그 대표적인 사례인데, 만약 처분행위의 개념요소를 직접적인 권리의 변동, 처분권한, 처분의사로 한정하지 않는다면 이러한 사례들은 모두 사기죄로 의율할 수밖에 없다.[9] 사기죄가 성립하기 위해서는 처분행위가 있어야 한다고 하면서 피기망자가 기망당한 결과 자신의 행위가 갖는 의미나 그것이 초래하는 결과를 인식하지 못하였더라도 그로 인해 재산상 손해를 초래하는 결과를 야기하였다면 처분행위로 인정할 수 있다는 설명하는 [다수의견]은 사실상 처분행위 불요설을 주장하는 것과 마찬가지이며, 처분행위로 볼 수 있는 어떤 행위 자체가 없는 경우를 제외하고[10] 그동안 책략절도로 처벌된 사례를 사기죄로 처벌해야 한다고 주

---

8) 2017년 대법원판결에서 김신 대법관의 보충의견 및 김신, 앞의 논문, 224면 참조.
9) 이 점을 지적한 글로는 서보학, 앞의 논문, 224면.
10) 치료비채무를 모면하기 위해 병원을 몰래 빠져나와 도주한 경우(대법원 1970. 9. 22. 선고 70도1615 판결)나 기존 채무와 관련하여 위조된 약속어음을 교부한 경우

장하는 것이나 다름없다.

한편 형법 제347조가 재물에 관하여 '교부'라는 표현을 사용하고 있어, 형법의 해석상 사기죄의 성립에서는 교부행위가 있으면 족하고 처분행위가 있을 것을 요하지 않는다는 주장도 제기된다.[11] 그러나 재물의 교부라는 표현을 사용하는 것은 처분의사 없이 단순히 재물의 점유를 이전하는 것으로 족하다는 의미라기보다는, 동산에 관한 물권의 양도는 그 동산을 인도하여야 효력이 생기므로(민법 제188조 제1항) 재물을 처분하였다고 하기 위해서는 단순히 처분의 의사표시를 하는 것만으로는 부족하고 실제로 재물에 대한 점유를 이전해야 함을 명시한 것으로 보는 것이 타당할 것이다.

(7) [다수의견]은 근저당권설정계약서에 대한 서명사취 사안의 경우의 경우 사기죄를 인정하지 않으면 피해자 보호를 소홀히 하게 된다는 점을 지적한다. 민사법적으로 토지 소유자인 피해자가 기명날인의 착오나 서명의 착오를 이유로 근저당권설정계약의 취소를 주장하여 금전 대여자 앞으로 마쳐진 근저당권설정등기의 말소를 구할 수 있다(대법원 2005. 5. 27. 선고 2004다43824 판결, 대법원 2006. 10. 27. 선고 2006다41778 판결 등 참조). 그러나 표의자인 피해자에게 중대한 과실이 있는 경우에는 취소가 배제되고(민법 제109조 제1항 단서), 사기에 의한 의사표시를 이유로 취소 주장을 하는 경우에는 제3자인 근저당권자가 사기에 의한 의사표시임을 알았거나 알 수 있었을 경우에 한하여 취소가 허용된다(민법 제110조 제2항). 나아가 근저당권설정계약에 기초한 근저당권자 지위를 양수하는 등으로 새로운 이해관계를 맺은 선의의 제3자에 대하여는 위와 같은 취소로 대항할 수 없다(민법 제109조 제2항, 제110조 제3항). 이처럼 피기망자는 민사책임을 피하기 어려운 상황에 처하는데 기망자가 사기죄로 처벌되지 않는다는 것은 부당하며, 결

(대법원 1982. 9. 28. 선고 82도1759 판결)에는 [다수의견도] 처분의사는 물론이고 재산상 손해를 초래하는 처분행위 자체가 존재하지 않은 경우로서 사기죄가 성립하지 않는다고 본다.

11) 하태영, 앞의 논문, 179면 참조.

국 피해자를 제대로 보호할 수 없게 된다는 취지이다.

　　그러나 이는 표의자에게 어떠한 민사책임을 인정할 것인가에 관한 문제이지 표의자에게 착오를 유발한 자 또는 표의자를 기망·협박한 자에 대해 어떠한 형사책임을 물을 것인가의 문제와는 직접적인 관련성이 없다. 어떤 사람(甲)이 다른 사람(乙)을 기망하여 그로 하여금 일정한 처분행위(의사표시)를 한 경우 형사적으로 甲에게는 사기의 죄책을 물 수 있는데, 이는 乙에게 일정한 과실이 있음을 이유로 그 처분행위의 효력을 인정하여 민사적으로 일정한 책임(채무)을 인정할 것인가는 甲을 사기죄로 처벌하는 것과는 별개의 문제이다.12) 甲을 사기죄로 처벌한다고 하여 乙이 민사책임을 면할 수 있는 것은 아니며, 乙에 대해서는 민사책임을 인정하면서 甲을 사기죄로 처벌처벌하지 않는다고 하여 반드시 이를 부당하다고 할 수 없다. 따라서 피기망자의 보호를 강화하기 처분행위개념을 수정하면서까지 기망자에 대하여 사기죄를 인정해야 할 이유는 없다고 본다.

　　(8) 그리고 [다수의견]은 기망으로 재물을 취득하는 사기(재물사기)의 경우에는 처분의사가 없음을 이유로 사기를 인정하지 않더라도 책략절도로 처벌할 수 있는데 반하여 기망으로 재산상 이익을 취득하는 사기(이익사기)의 경우에는 사기죄를 인정하지 않으면 처벌범위가 제한된다는 점을 들어, 처분의사가 없더라도 사실상 재산상 손해를 초래하는 행위를 한 이상 처분행위가 있는 것으로 보아야 한다고 주장한다. 일부 학자도 재물사기와 이익사기를 구분하여 재물사기의 경우에는 처분행위를 부정하더라도 책략절도로 처벌할 여지가 있으나 이익사기의 경우에는 처분행위를 부정하면 처벌의 공백을 초래한다는 이유로, 재물사기의 경우에는 처분의사가 요구되나 이익사기의 경우에는 처분의사가 요구되지 않는다고 주장한다.13) 과연 이익사기의 경우

---

12) 이 점을 지적한 글로는 원형식, 앞의 논문, 520면.
13) 이와 같은 주장으로는 서보학, 앞의 논문, 223면 이하 및 원형식, 앞의 논문, 522면 이하 참조.

에 처분의사가 없는 행위를 처분행위에 포섭하지 않음으로써 처벌의 공백이 발생할까? 처벌의 공백의 우려가 있다고 거론되는 이익사기의 대표적인 사례가 인장사취사건과 서명사취사건인데, 과연 이들 사건에서 처벌의 공백이 발생하는지를 검토해 보기로 하다.

인장사취의 대표적인 사례는 토지의 일부만을 매수한 피고인이 소유자에게 그 부분만을 분할 이전하겠다고 거짓말하여 인장을 교부받아 토지전부에 관하여 소유권이전등기를 경료한 사건이다. 법원은 인장을 교부하는 것만으로는 처분행위가 있다고 할 수 없으므로 사기죄는 성립하지 않는다고 하였으나, 사문서위조 이외에 위조사문서행사, 공정증서원본불실기재, 불실기재공정증서원본의 죄를 인정하였다 (대법원 1982.3.9. 선고 81도1732 판결). 인장사취사례에서는 처분행위로 볼 수 있는 행위 자체가 없으므로 처분의사의 유무와 상관없이 사기죄를 인정할 수가 없고, 이 점에 대해서는 [다수의견]과 [반대의견] 사이에 의견대립이 없다. 이외에도 처분행위로 볼 수 있는 행위 자체가 존재하지 않는 경우에는 사기죄가 성립하지 않는다.[14]

이에 대해 서명사취사례에서 [다수의견]은 사기죄의 성립을 인정해야 한다고 주장하는 데 반하여, [반대의견]은 이러한 경우에는 처분

[14) 법원은 피고인이 피해자들을 기망하여 투자금 명목의 돈을 편취하는 과정에서 이자 지급 약정 하에 대여금을 교부받았으나 이자를 지급하지 않은 사건에서, 이자 부분에 대해서도 사기죄가 성립하기 위하여는 피고인의 기망행위로 인해 이자 부분에 관한 별도의 처분행위가 있어야 하는데 이에 대하여 피해자들의 처분행위가 있었다고 할 자료가 없다는 이유로 무죄를 선고하였고(대법원 2011. 4. 14. 선고 2011도769 판결), 채무자인 피고인이 채권자에게 위조한 약속어음을 교부하면서 약속어음에 기재된 만기일까지 변제하겠으니 지급기일을 연장해 달라고 거짓말을 하고 이에 속한 피해자로부터 지급기일을 연장받은 후 약속어음에 기재된 변제기일까지 이자를 지급하지 않고 그 금액 상당의 재산상 이익을 취득하였다는 공소사실로 기소된 사건에서, 법원은 변제기를 연장하였다고 하여 그 연장기간에 대한 이자가 당연히 면제되는 것이 아닌 이상, 연장기간 동안의 이자 중 지급받지 못한 부분에 대하여 사기죄가 성립되기 위해서는 그 부분에 대한 피기망자의 재산적 처분행위가 있어야 하는데, 피고인에 대하여 연장기간에 대한 이자에 대하여 채무면제를 하는 등 어떠한 처분행위를 하였음을 인정할 만한 증거가 없다는 이유로 무죄를 선고하였다(대법원 1999. 7. 9. 선고 99도1326 판결).

의사가 없으므로 사기죄의 성립을 인정할 수 없으며 [다수의견]과 같이 사기죄를 정하는 것은 처벌범위를 부당하게 확대하는 것이라고 비판한다. 피고인이 인장을 사취하고 그것을 이용하여 사문서를 위조하는 등의 행위를 하는 인장사취사례에서와는 달리, 서명사취사례에서 피고인은 피해자를 기망하여 처분문서에서 서명·날인을 하게 하고 그 문서로 재산상 이익을 취득한다.

과거 법원은 피고인이 피해자의 등기부등본과 인감증명서를 소지하고 있던 중 피해자를 만나 피해자의 부동산을 A에게 담보로 제공해 달라고 부탁하였으나, 피해자가 이미 B에게 담보로 제공하기로 하였다는 이유로 피고인이 제안을 거절하자 피고인이 피해자에게 인감증명서만 없으면 근저당설정등기를 할 수 없으니 일단 근저당설정계약서에 자필서명과 무인을 해 놓았다가 B에게 담보로 제공하지 않는 경우에 A에게 담보로 제공하자고 하면서 근저당설정계약서에 자필서명과 무인을 받은 후, 피고인이 B로부터 금전을 차용하면서 피해자의 부동산을 담보로 제공하여 피해자의 부동산에 근저당설정등기를 한 사건에서, 법원은 "사기죄에서 처분행위는 주관적으로 피기망자가 처분의사 즉 처분결과를 인식하고 객관적으로는 이러한 의사에 지배된 행위가 있을 것을 요한다"고 하면서, 피고인은 자신의 부동산을 B에게 담보로 제공할 의사가 없다는 이유로 사기죄의 성립을 부정하였으나, 피고인에 대해 사문서위조죄 및 위조사문서행사죄를 인정하였다 (대법원 1987. 10. 26. 선고 87도1042 판결). 그리고 문중 소유의 임야의 등기·매도권한을 피고인에게 일임한다는 등의 정기문중총회 회의록 내용을 임의로 작성하고는 종중원들을 찾아다니면서 회의록의 내용을 제대로 알려 주지 아니한 채 임야에 관하여 문중 명의로 소유권이전등기를 하는 데 필요하다고만 얘기하여 서명·날인을 받아 이를 이용하여 문중 소유의 임야를 자기명의로 소유권이전등기를 한 사건에서는, 사기죄의 성립여부가 다투어지지 않았으나 법원은 피고인에 대해 사문서위조 이외에 위조사문서행사, 공정증서원본불실기재, 불실기재

공정증서원본의 죄를 인정하였다(대법원 2000. 6. 13. 선고 2000도778 판결).

2017년 대법원판례 사건도 서명사취사례에 해당한다. 피고인이 토지거래허가 등에 필요한 서류라고 속여 토지소유자로 하여금 근저당권설정계약서 등에 서명·날인하게 하고 인감증명서를 교부받은 다음 이를 이용하여 사채업자로부터 금전을 차용한 이 사건에서, 제2심은 사문서위조죄, 위조사문서행사죄, 공정증거원본불실기재죄, 불실기재공정증서원본행사죄 그리고 사채업자에 대해서는 사기죄를 인정하였다(서울고등법원 2016. 8. 17. 선고 2016노744 판결). 그런데 대법원은 위에서 설명한 것과 같은 법리변경을 통해 토지소유자에 대한 사기죄를 별도로 인정하고 있다. 과연 위조된 사문서를 이용하여 사채업자에게 근저당권을 설정해 주고 그로부터 금전을 차용한 점에 대해 이미 사기죄를 인정하고 있는 마당에 거기에 덧붙여 토지소유자에 대한 별도의 사기죄를 인정할 필요성이 있는지 의문이 아닐 수 없다.

이처럼 [다수의견]에 따르면 서명사취사례에서는 이미 사문서위조, 위조사문서행사 등의 죄가 인정되고 있는 데다 다시 사기죄를 인정하게 된다. 그러나 이는 그동안 처벌할 수 없는 행위를 비로소 처벌할 수 있게 된 것이 아니라, 기존에 사문서위조 등의 죄로 처벌되고 있던 것에 부가적으로 사기죄를 인정한 것일 뿐이다. [반대의견]의 지적대로 [다수의견]은 처벌의 흠결을 보완하는 것이 아니라 처벌을 가중하는 것으로 보는 것이 타당하다.

2017년 대법원판결에서는 처분의사를 요구하면 처분행위가 없다는 이유로 처벌이 불가능하게 될 우려가 있는 사례로 세금환급을 해준다고 속이고 피해자를 현금인출기로 유인해 피해자로 하여금 자신의 계좌에서 보이스피싱 계좌로 돈을 송금 또는 이체하도록 하는 변종 보이스피싱사건이 거론되었다. 이 경우 피기망자는 환급 또는 보호를 받기 위하여 인증번호 또는 보안코드 등을 입력하는데, 이와 같은 전기통신금융사기의 경우 피기망자가 자신의 계좌에서 범인의 계좌로 금원이 이체되는 사실을 인식하지 못하고 있는 점에서, 피기망자는 현금자동입출금기를 조작하는 것에 관한 의미를 이해하지 못하고 있기 때문에 피기망자의 처분의사는 인정되지 않고 따라서 처분행위에 처분의사가 요구된다고 보는 경우에는 사기죄로 처벌할 수 없게 된다. 그러나 「전기통신금융사기 피해방지 및 피해금 환급에 관한 특별법」(이하 '통신사기피해환급법'이라 한다)이 제정되어 전기통신금융사기15)를 목적으로 타인으로 하여금 컴퓨터 등 정보처리장치에 정보 또는 명령을 입력하게 하는 행위를 한 자를 10년 이하의 징역 또는 1억 원 이하의 벌금에 처할 수 있게 되었으므로(제15조의2 제1항 제1호, 제2조 제2호 참조), 처분의사가 없는 때에는 처분행위가 인정되지 않아 사기죄를 처벌할 수 없다는 견해를 취하더라도 처벌의 흠결은 발생하지 않는다. 그리고 이러한 방식의 보이스피싱범행에서는 범인이 피기망자를 일종의 도구로 이용해서 ATM에 예금이체에 관해서 권한 없이 정보를 입력함으로써 예금채권을 취득한다는 점에서 우월적 의사지배가 인정되어 범인이 피해자의 행위를 이용한 컴퓨터등사용사기죄(제347조의2)의 간접정범으로 처벌할 수도 있다.16)

(9) 위에서 살펴보았듯이 재물사기는 물론 이익사기의 경우에도 교부행위에 처분의사가 없다는 이유로 사기죄의 성립을 부정한다고 하여 처벌의 흠결이 발생한다거나 부당하게 가볍게 처벌되는 사례를 발견하기는 어렵다. 오히려 처분의사가 없음에도 불구하고 교부행위 자체에 대한 인식은 있다는 이유로 사기죄의 성립을 인정하게 되면 사기죄의 처벌범위가 부당하게 확대된다고 해야 한다. 독일 형법은 사기죄와 절도죄의 (기본)법정형을 5년 이하의 자유형 또는 벌금형으로 동일하게 규정하고 있으며(독일 형법 제242조, 제263조 참조), 일본형법

---

15) 통신사기피해환급법상 전기통신금융사기란 '전기통신을 이용하여 타인을 기망·공갈함으로써 재산상의 이익을 취하거나 제3자에게 재산상의 이익을 취하게 행위'로서 '자금을 송금·이체하도록 하는 행위'도 하나의 행위태양에 포함된다(제2조 제2호 참조).

16) 김성규, "전기통신금융사기의 현상과 가벌성", 전남대 법학연구소, 법학논총 32집 2호(2012), 352면 참조.

역시 사기죄와 절도죄의 상한을 같게 규정하고 있다[일본형법상 사기죄의 법정형은 10년 이하의 징역이고(제246조), 절도죄의 법정형은 10년 이하의 징역 또는 50만엔 이하의 벌금이다(제235조)]. 우리나라 형법은 사기죄(제347조)의 법정형(10년 이하의 징역 또는 2천만 원 이하의 벌금)을 절도죄(제329조)의 법정형(6년 이하의 징역 또는 1천만 원 이하의 벌금) 보다 훨씬 높게 규정하고 있다. 책략절도와 삼각사기는 모두 제3자에 대한 기망과 그로 인한 제3자가 피고인에게 재물을 취득하게 하는 행위를 그 요소로 하고 있는바, 그 차이를 합리적으로 설명하기 위해서는 책략절도에서 제3자의 행위는 단순히 재물에 대한 점유를 이전하는 행위, 즉 교부행위에 지나지 않는데 반하여, 삼각사기에서는 제3자가 피해자의 재물에 대한 처분권능을 갖고 있거나 그러한 지위에 있고 나아가 처분의사에 기하여 권리의 변동(권리주체의 변경, 권리내용의 변경, 권리의 소멸 등)을 초래하는 행위, 즉 처분행위를 이용하였기 때문이라고 설명해야 한다. 처분행위에는 처분의사가 요구되지 않는다고 보는 [다수의견]은 절도죄로 처벌되어야 할 사례들을 사기죄로 무겁게 처벌함으로써, 절도죄와 사기죄를 구별하고 사기죄를 절도죄보다 무겁게 처벌하고 있고 있는 현행 법체계에 반하는 해석이라고 할 것이다.

(10) 2017년 대법원판결(다수의견)이 초래한 부정적 효과로는 절도죄와 사기죄의 구분의 혼란을 지적하지 않을 수 없다. 본 [대상판결]에서도 그러하지만 피고인이 피해자나 제3자를 기망하고 그로부터 재물이나 재산상 이익을 교부받는 사례에서 처분의사를 제외한 처분행위의 개념으로는 도무지 피고인을 사기죄로 의율해야 하는지 또는 절도죄로 의율해야 하는지 출발선에서부터 혼선이 발생한다.

지난 2018년 대법원은 금무역상인 피해자가 홍콩에서 구입한 금괴를 일본 후쿠오카에서 처분하면서 1인당 4kg을 초과하는 금괴에 대하여 부과되는 고율의 관세를 회피하고자 모집책들을 통하여 운반책들을 모집한 후 금괴를 나누어 일본으로 운반하기로 하였는데, 모집책들과 1차 운반책들이 금괴를 교부받아 2차 운반책들을 이용하여 오사

카로 빼돌리기로 공모하고 인천국제공항 면세지역에서 마치 정상적으로 금괴를 일본 후쿠오카까지 운반해 줄 것처럼 행세하며 피해자를 기망하여 피해자로부터 금괴 29개를 교부받아 후쿠오카행 비행기에 탑승하러 가던 중 화장실이 급하다고 거짓말을 하고 근처 화장실로 들어가 2차 운반책들에게 금괴를 전달한 사건에서, 사기죄에 있어서 처분행위란 범인의 기망에 따라 피해자가 착오로 재물에 대한 사실상의 지배를 범인에게 이전하는 것으로, 피해자는 인천공항에서 자신이 고용한 감시자 겸 안내자들로 하여금 운반책들이 후쿠오카행 항공기 체크인을 해 주도록 하고 면세구역에 들어온 운반책들을 만나 금괴가 든 허리띠를 허리에 차게 하고 후쿠오카행 비행기탑승장으로 이동하는 과정에 동행하면서 운반책들을 감시하고 후쿠오카 공항에 있는 사람들에게 운반책들의 사진을 전송하고 운반책들의 도착시간에 맞춰 입국장 앞에서 대기하도록 하는 등, 운반책들이 금괴를 가지고 다른 경로 이탈하는 것을 방지하고 있었으므로, 운반책들이 피해자로부터 금괴를 교부받은 것만으로는 범인들의 편취의사에 기초하여 피해자의 재물을 취득한 것으로 볼 수 없다는 이유로 피고인들에게는 사기죄가 성립하지 않는다고 보았다(대법원 2018. 8. 1. 선고 2018도7030 판결).

그런데 이 사건에는 처분행위는 물론 교부행위라고 볼 만한 행위 자체가 없다. 피해자는 금괴를 피고인들에게 교부한 것이 아니라 단순히 운반하기 위해 피고인들에게 전달을 했을 뿐이고, 운반책들이 화장실에서 금괴를 빼돌리기까지 금괴들은 여전히 피고인의 지배·관리 하에 있었다. 공장기사로 근무하는 피고인은 경리직원의 요청으로 그와 동행하여 은행에 가서 그가 인출한 현금 중 일부를 그의 부탁으로 소지하고 피해자와 동행하여 사무실에 당도한 후 그 현금을 경리직원에게 교부면서 그 일부를 현금처럼 가장한 돈뭉치와 바꿔치기한 사건(대법원 1966. 1. 31. 선고 65도1178 판결)에서, 법원은 피고인이 바꿔치기한 현금이 범인 자신의 점유 하에 있었는가 또는 여전히 경리직원의 점유하에 있었는지를 문제 삼았을 뿐 경리직원이 운반을 요청하면서 피고인에게 현금을 교부한 행위를 처분행위로 보고 사기죄의 성립여부를 문제 삼지는 않았다.

그동안 판례는 피해자의 점포에서 일하는 종업원으로 종사하는 피고인에게 피해자가 금고 열쇠와 오토바이 열쇠를 맡기고 금고 안의 돈은 배달될 가스대금으로 지급할 것을 지시한 후 외출하자 피고인이 금고 안에 들어 있던 현금을 꺼내어 오토바이를 타고 도주한 사건(대법원 1982. 3. 9. 선고 81도3396 판결), 동사무소에서 사환으로 근무하는 피고인이 동사무소 서기보로부터 시청금고에 입금하라는 의뢰를 받고 현금을 보관하다고 그 현금을 사생활비로 소비한 사건(대법원 1968. 10. 29. 선고 68도1222 판결), 피해자가 시장 내의 한 가게에서 의류를 매수하여 이를 묶어서 그곳에 맡겨 놓은 후 그 곳에서 약 50미터 떨어져 위 가게를 살펴볼 수 없는 딴 가게로 가서 짐꾼이던 피고인을 불러 위 가게에 가서 맡긴 물건을 운반해 줄 것을 의뢰하자 피고인이 그 가게에 가서 위에 맡긴 물건을 찾아 피해자에게 운반하여 주지 아니하고 용달차에 싣고 가서 처분한 사건(대법원 1982. 11. 23. 선고 82도2394 판결)에서 모두 점유가 피고인에게 있는지 또는 피해자에게 있는지를 쟁점으로 보고 절도죄 또는 횡령죄의 성립여부만을 문제 삼았다. 그리고 최근에도 야간에 영업 중인 편의점 문을 열고 안으로 들어가 직원에게 담배 1보루를 달라고 하여 이를 받은 후 대금을 지급하지 않고 가지고 나온 사건에서 피고인을 사기죄가 아닌 야간건조물침입절도죄로 처벌하였다(대법원 2022. 7. 28. 선고 202도5659 판결).

처분행위가 있는지를 판단함에 있어서 처분의사를 문제삼지 않는 2017년 대법원판결의 법리에 따르면, 위의 사례에서는 피해자가 피고인에게 재물을 교부한 행위를 처분행위로 보아 피고인을 사기죄로 처벌해야 할 것인지를 문제 삼아야 할 것이다. [반대의견]이 지적하였듯이 [다수의견]에 따르면 처벌의 흠결을 보완하는 긍정적 효과 보다는 처벌범위를 확대하는 부정적 측면만이 더 부각될 따름이다.

Ⅲ. [대상판결]에 대한 평가

이상에서 책략절도와 사기죄를 구별함에 있어서 요구되는 처분의 권능·지위 그리고 처분의사의 구체적 의미와 내용에 대해서 살펴보았다. 이 사건은 피고인이 제3자인 매장 주인(B)을 이용하여 피해자(A)의 지갑을 취득한 사례로서, 피고인의 행위가 제3자를 이용한 책략절도에 해당하는지 또는 제3자를 이용한 삼각사기에 해당하는지가 문제된다. 이처럼 제3자를 이용하여 재물을 취득한 사례에서 피고인의 행위가 절도죄를 구성하는지 또는 사기죄를 구성하는지를 판단하기 위해서는 피이용자인 매장주인(B)이 피해자(A)의 지갑을 처분할 수 있는 권능 또는 지위가 있는지 여부와 매장주인(B)가 피고인에게 A의 지갑을 교부한 행위를 처분행위로 볼 수 있는지를 검토하여야 한다.

1. 피기망자(B)에게 피해자(A)의 재산을 처분할 수 있는 권능·지위가 있는지 여부

(1) 타인의 점유를 이탈한 물건을 습득하여 보관하는 경우는 의무 없이 타인을 위하여 사무를 관리하는 이른바 사무관리에 해당하며,[17] 이 경우에는 그 사무의 성질에 좇아 가장 본인에게 이익되는 방법으로 관리를 하여야 하고(민법 제734조 제1항), 본인, 관리자는 본인, 그 상속인이나 법정대리인이 그 사무를 관리하는 때까지 관리를 계속하여야 한다(제737조). 따라서 사무관리자는 본인의 승낙이 있거나 법령 등에 의해 근거하지 않는 한 제3자에게 유실물을 교부할 수 있는 권능을 가지지 않는다고 보아야 한다.

(2) 다만 토지소유자로부터 그 소유토지를 타인에게 담보로 제공하고 돈을 마련해 달라는 부탁을 받고 소유자의 인감증명서와 인감도장을 가지고 있는 경우나(대법원 1994. 10. 11. 선고 94도1575 판결), 타인

---

17) 이 점을 지적한 문헌으로는 한국사법행정학회, 주석민법(채권각칙) 제5판(2022. 4). 618면 참조.

의 토지를 적법·유효하게 명의신탁을 받아 자신의 명의로 토지를 소
유하고 있는 경우와 같이, 타인이 분실한 물건을 보관하고 있는 자는
적어도 그 물건을 처분할 수 있는 지위에 있다고 보아야 할 것이다.
따라서 위 [대상판결]에서 B에게는 A의 물건을 처분할 수 있는 권능
은 없다고 할 것이나 그러한 지위에 있다고 판단된다.

2. 피기망자(B)의 행위를 처분행위로 볼 수 있는지 여부

(1) 피기망자(B)의 행위를 처분행위로 볼 수 있는지 여부는 처분
행위를 인정함에 있어 처분의사가 요구되는지 여부에 따라 그 결론에
현저한 차이가 있다. 우선 처분의사는 착오에 빠진 피기망자가 어떤
행위를 한다는 인식이 있으면 충분하고, 그 행위가 가져오는 결과에
대한 인식까지 필요하다고 볼 것은 아니며, 피기망자의 의사에 기초한
어떤 행위를 통해 행위자 등이 재물 또는 재산상의 이익을 취득하였
다고 평가할 수 있는 경우라면 사기죄에서 말하는 처분행위가 인정된
다고 보는 [다수의견]에 따르면, 이 사건에서 피기망자인 B는 자신의
의사에 기초하여 피고인에게 A의 지갑을 교부하였고 피고인은 B로부
터 A의 재물을 교부받아 이를 취득하였으므로, 피고인은 사기의 죄책
을 진다. 이에 반하여 사기죄에서 말하는 처분행위가 인정되기 위해서
는 처분결과에 대한 피기망자의 주관적인 인식이 필요하고, 피기망자
에게 자신이 하는 행위의 내용과 법적 효과에 대한 인식이 없는 때에
는 처분의사와 그에 기한 처분행위가 부정된다고 보는 [반대의견]에
따르면 이 사건에서 피기망자인 매장주인 B가 피고인에게 A의 지갑
을 교부하는 행위는 처분행위로 볼 수 없다. 매장주인 B는 피고인이
그 지갑에 대한 점유를 소유자에게 이전한다는 의사만 가지고 있었을
뿐 처분의사, 즉 지갑에 대한 권리의 변동을 초래한다는 의사는 없었
기 때문이다.

(2) 이 사건에서 피기망자인 매장주인 B는 피해자 A의 지갑을 처

분할 수 있는 권능은 없다고 할 수 있으나 그러한 지위에 있다고 보아야 한다. 그러나 매장주인 B가 피고인에게 피해자 A의 지갑을 교부하는 행위는 단순히 점유의 이전, 즉 교부를 한 것에 불과하고 지갑에 대한 권리의 변동을 초래하는 어떤 행위를 하고자 하는 의사는 없었다. 피해자가 제3자의 점유 하에 있는 장소에 두고 간 물건을 가져간 행위를 절도죄로 의율한 사건들(대법원 2007. 3. 15. 선고 2006도9338 판결, 대법원 1988. 4. 25. 선고 88도409 판결 등 참조)과 비교해 볼 때, 본 [대상판결]의 사실관계는 피고인이 제3자를 기망하고 제3자의 교부행위에 의해 그 재물에 대한 점유를 취득하는 책략절도의 사례와 유사하다. 그 동안의 유사사례나 판례를 고려해 볼 때 이 사건 피고인의 행위는 제3자를 이용한 책략절도에 해당하며, 사기죄가 아니라 절도죄로 의율하는 것이 타당하다고 본다.

Ⅳ. 맺음말

(1) 최근 대법원판결 중에는 그동안의 특별히 문제시되지 않았던 법리에 대해 치열한 논쟁을 거친 다음 기존의 법리를 재정립하거나 치열한 논쟁을 거친 끝에 기존의 법리를 변경하는 판례가 부쩍 많아졌다. 그로 인해 쉽게 알기 어려운 다양한 사실관계와 그를 바탕으로 한 다양한 판례들에 대한 정보를 얻음과 동시에 쟁점에 대한 다양한 견해 그리고 각각의 견해가 갖고 있는 장단점에 대한 이해의 폭이 넓어졌다는 점은 법이론의 연구와 발전에 크게 고무적인 일이 않을 수 없다. 배임죄에서 '타인의 사무를 처리하는 자'의 의미에 관한 기존의 법리를 재확인하면서 배임죄의 성립범위를 축소해 가는 일련의 판례(대법원 2011. 1. 20. 선고 2008도10479 전원합의체 판결; 대법원 2014. 8. 21. 선고 2014도3363 전원합의체 판결; 대법원 2018. 5. 17. 선고 2017도4027 전원합의체 판결; 대법원 2020. 2. 20. 선고 2019도9756 전원합의체 판결; 대법원 2022. 12. 22. 선고 2020도8682 전원합의체 판결 등)들은, 대법관들의 치

열한 법리 다툼 덕분에 무엇이 쟁점인지 그리고 판례가 나아가야 할 방향이 무엇인지가 더욱 분명히 드러났고 그로 인해 이론적 연구가 한층 더 활기를 띠고 이론가들로 하여금 현실감각을 갖게 하였다.

　(2) 그러나 다른 한편으로는 [다수의견], [반대의견], [별개의견], [보충의견]들이 난립하여 그 주장의 핵심을 종잡기가 힘들고, 2017년 대법원판결이나 주거침입죄의 보호법익과 침입행위의 개념에 관한 대법원 2021. 9. 9. 선고 2020도12630 전원합의체 판결과 같이 기존의 법리를 변경하는 경우에는, 변경된 법리에 따를 경우 과거의 판례를 어떻게 이해하고 나아가 과거의 판례와 유사한 사건에서는 어떤 결론을 내려야 하는지를 판단하기가 무척 곤혹스럽다. 주거침입죄에서 침입행위의 판단기준과 관련해서는 "주거침입죄의 보호법익은 사적 생활관계에 있어서 사실상 누리고 있는 주거의 평온, 즉 '사실상 주거의 평온'으로서 침입에 해당하는지 여부는 출입 당시 객관적·외형적으로 드러난 행위태양을 기준으로 판단함이 원칙이고, 외부인이 공동거주자의 일부가 부재중에 주거 내에 현재하는 거주자의 현실적인 승낙을 받아 통상적인 출입방법에 따라 공동주거에 들어간 경우라면 그것이 부재 중인 다른 거주자의 추정적 의사에 반하는 경우에도 주거침입죄가 성립하지 않는다."는 법리가 확립된 후, 기존에 주거침입죄로 처벌되던 행위들에 대해 주거침입죄의 성립을 부정하는 일련의 판결이 선고되다가, 급기야는 "관리자의 현실적인 승낙이 있었으므로 가정적·추정적 의사는 고려할 필요가 없다. 단순히 승낙의 동기에 착오가 있다고 해서 승낙의 유효성에 영향을 미치지 않으므로, 관리자가 행위자의 실제 출입 목적을 알았더라면 출입을 승낙하지 않았을 사정이 있더라도 건조물침입죄가 성립한다고 볼 수 없다."는 판례까지 등장하였다(대법원 2022. 3. 31. 선고 2018도15213 판결). 거주자나 관리자가 부재한 사이 별다른 제지 없이 주거나 건조물에 들어가는 경우나 범죄 등의 목적을 숨기고 주거나 건조물에 들어가는 경우는 몰라도 거주자나 관리자를 기망하고 주거나 건조물에 들어가는 경우조차 사실상의 평

온상태를 해치는 행위태양으로 주거나 건조물에 침입한 것이 아니라고 하는 것은 도무지 이해가 되지 않는다. 범죄는 법익침해를 본질로 하고 형법은 법익보호를 그 주요임무로 하는데, 보호법익의 주체의 의사 이렇게 소홀히 취급하는 것은 과연 범죄의 본질과 형법의 임무에 적절한 것인지 의문이 아닐 수 없다.

   (3) 최근 변경된 주거침입죄의 침입행위에 관한 판례의 법리에서 볼 수 있듯이 사기죄의 처분행위에 관한 최근 판례의 법리변경은 피해자의 의사를 지나치게 소홀히 취급하는 것이 아닌가 생각된다. 그리고 피해자가 애초부터 권리의 변동을 초래할 의사 없이 단지 재물에 대한 점유를 이전하였을 뿐인데 그것을 처분행위라고 하는 것은 상식적으로 납득이 되지 않는다. 일반인의 상식에 부합하지 않는 법리가 결코 좋을 리 없다. 사람을 기망하고 그로부터 취득한 것이 재물이든 이익이든 피기망자가 피고인에게 재산을 처분한 것이 아닌 한 절도죄, 사문서위조죄 등 다른 범죄로 처벌하면 족하고, 기존의 법리를 변경하는 방식으로 굳이 사기죄를 인정해야 할 실익이나 정당성은 없다고 본다.

[주 제 어]
사기죄, 절도죄, 책략절도, 처분행위, 처분의사

[Key Words]
theft, fraud, deceptive theft, act of disposition, intention to dispose

접수일자: 2023. 5. 19. 심사일자: 2023. 6. 12. 게재확정일자: 2023. 6. 30.

[참고문헌]

김봉수, "사기죄의 본질과 책략절도 — 처분의사의 개념변화를 중심으로 —",
　　비교형사법연구 23권 4호(2022. 1).

김성규, "전기통신금융사기의 현상과 가벌성", 전남대 법학연구소, 법학논총
　　32집 2호(2012).

김신, "사기죄에서 처분행위와 처분의사의 위치", 비교형사법연구 22권 3호
　　(2020).

김재봉, "사기죄의 본질과 처분의사의 내용", 형사법연구 제30권 제4호
　　(2018. 12).

문채규, "사기죄의 본질 및 구성요건 구조와 처분의사", 비교형사법연구 19
　　권 3호 (2017. 10.).

서보학, "사기죄에 있어서 처분의사의 필요성 여부와 처분의사의 내용", 경
　　희법학 52권 4호(2017. 12).

송승은, "사기죄의 처분행위와 처분의사" 법이론실무연구 6권 3호(2018. 8).

원형식, "사기죄에서 처분의사 및 재산상 손해 — 대법원 2017.2.16. 선고
　　2016도13362 전원합의체 판결 —", 일감법학 제38호(2017. 10.).

이승호, "사기죄의 범행구조와 처분행위의 내용", 형사법의 신동향 62호(2019).

이창섭, "사기죄와 처분행위", 법학연구 58권 3호(2017. 8.).

최준혁, "사기죄의 처분행위와 처분의사에 관한 대법원 2016도13362 전원합
　　의체 판결의 의미", 법학연구 21권 3호(2018. 9.).

하태영, "사기죄에서 교부받는 행위의 의미" 형사판례연구 26호(2018).

한국사법행정학회, 주석 민법(민법총칙) 제5판(2019. 5).

황태정, "사기죄의 처분행위와 처분의사 — 대법원 2017. 2. 16. 선고 2016도
　　13362 전원합의체 판결 —", 법조 66권 3호(2017. 6).

[Abstract]

Distinction between Fraud and Deceptive Theft

Kim, Taemyeong*

Fraud is committed when a person obtains property or property gains by deceiving another person to do an act of disposition. The Supreme Court had ruled that an act can be recognized as disposition only when the victim have the intention to dispose, that is, the awareness of the result of the disposition, and the act governed by this intention.

But in 2017, the Supreme Court decided en banc that the act of disposition as an element of Fraud does not require the recognition of it's consequences and the intention to dispose, and is merely an intention to act that leads to property damage. And last year in a case that the accused stopped by a convenience store to buy something, and took a wallet that the clerk of the store, who mistook it for the belonging of the accused, handed it over to him, the Supreme Court punished the accused for fraud not for theft, even though in many similar cases the Supreme Court had punished the criminals for theft, who defraud a person who don't have an intention to dispose, and was handed over an object from the victim.

The new rulings of the Supreme has been criticized that the new does blur the distinction between fraud, deceptive theft, and it aggravate the punishment by convicting the acts of fraud that are appropriate to punish for theft.

In this study I tried to point out the problems with the new rulings in recent cases and suggest ways to improve them.

---

* Ph.D. in Laws, Professor at Law School, Jeonbuk National University.

배임죄에서 '경영판단원칙'의 체계적 지위와 역할

이 석 배*

◇ 대상판결 1: 대법원 2017. 11. 9.선고 2015도12633판결

　배임죄는 타인의 사무를 처리하는 자가 그 임무에 위배하는 행위로써 재산상 이익을 취득하거나 제3자로 하여금 이를 취득하게 하여 본인에게 손해를 가함으로써 성립한다. 여기서 그 <u>'임무에 위배하는 행위'는 사무의 내용, 성질 등 구체적 상황에 비추어 법률의 규정, 계약의 내용 혹은 신의칙상 당연히 할 것으로 기대되는 행위를 하지 않거나 당연히 하지 않아야 할 것으로 기대되는 행위를 함으로써 본인과 사이의 신임관계를 저버리는 일체의 행위를 포함한다.</u>

　회사의 이사 등이 타인에게 회사자금을 대여함에 있어 타인이 이미 채무변제능력을 상실하여 그에게 자금을 대여할 경우 회사에 손해가 발생하리라는 정을 충분히 알면서 이에 나아갔거나, 충분한 담보를 제공받는 등 상당하고도 합리적인 채권회수조치를 취하지 아니한 채 만연히 대여해 주었다면, 그와 같은 자금대여는 타인에게 이익을 얻게 하고 회사에 손해를 가하는 행위로서 회사에 대하여 배임행위가 되고, 회사의 이사는 단순히 그것이 경영상의 판단이라는 이유만으로 배임죄의 죄책을 면할 수 없으며, 이러한 이치는 타인이 자금지원 회사의 계열회사라 하여 달라지지 않는다.

　다만 <u>기업의 경영에는 원천적으로 위험이 내재하여 있어서 경영</u>

---

* 단국대학교 법과대학 교수, 법학박사

자가 개인적인 이익을 취할 의도없이 가능한 범위 내에서 수집된 정보를 바탕으로 기업의 이익을 위한다는 생각으로 신중하게 결정을 내렸더라도 예측이 빗나가 기업에 손해가 발생하는 경우가 있으므로, 이러한 경우에까지 고의에 관한 해석기준을 완화하여 업무상배임죄의 형사책임을 물을 수 없다. 여기서 경영상의 판단을 이유로 배임죄의 고의를 인정할 수 있는지는 문제 된 경영상의 판단에 이르게 된 경위와 동기, 판단대상인 사업의 내용, 기업이 처한 경제적 상황, 손실발생의 개연성과 이익획득의 개연성 등 제반 사정에 비추어 자기 또는 제3자가 재산상 이익을 취득한다는 인식과 본인에게 손해를 가한다는 인식하의 의도적 행위임이 인정되는 경우인지에 따라 개별적으로 판단하여야 한다.

한편 기업집단의 공동목표에 따른 공동이익의 추구가 사실적, 경제적으로 중요한 의미를 갖는 경우라도 기업집단을 구성하는 개별 계열회사는 별도의 독립된 법인격을 가지고 있는 주체로서 각자의 채권자나 주주 등 다수의 이해관계인이 관여되어 있고, 사안에 따라서는 기업집단의 공동이익과 상반되는 계열회사의 고유이익이 있을 수 있다. 이와 같이 동일한 기업집단에 속한 계열회사 사이의 지원행위가 기업집단의 차원에서 계열회사들의 공동이익을 위한 것이라 하더라도 지원 계열회사의 재산상 손해의 위험을 수반하는 경우가 있으므로, 기업집단 내 계열회사 사이의 지원행위가 합리적인 경영판단의 재량 범위 내에서 행하여졌는지는 신중하게 판단하여야 한다.

따라서 동일한 기업집단에 속한 계열회사 사이의 지원행위가 합리적인 경영판단의 재량 범위 내에서 행하여진 것인지를 판단하기 위해서는 앞서 본 여러 사정들과 아울러, 지원을 주고받는 계열회사들이 자본과 영업 등 실체적인 측면에서 결합되어 공동이익과 시너지 효과를 추구하는 관계에 있는지, 이러한 계열회사들 사이의 지원행위가 지원하는 계열회사를 포함하여 기업집단에 속한 계열회사들의 공동이익을 도모하기 위한 것으로서 특정인 또는 특정회사만의 이익을 위한 것은 아닌지, 지원 계열회사의 선정 및 지원 규모 등이 당해 계열회사의 의사나 지원 능력 등을 충분히 고려하여 객관적이고 합리적으로 결정된 것인지, 구체적인 지원행위가 정상적이고 합법적인 방법으로 시행된 것인지, 지원을 하는 계열회사에 지원행위로 인한 부담이나 위험에 상응하는 적절한 보상을 객관적으로 기대할 수 있는 상황이었는지 등까지 충분히 고려하여야 한다. 위와 같은 사정들을 종합하여 볼 때 문제 된 계열회사 사이의 지원행위가 합리적인 경영판단의 재량 범위 내에서 행하여진 것이라고 인정된다면 이러한 행위는 본인에게 손해를 가한다는 인식하의 의도적 행위라고 인정하기 어렵다.

◇ 대상판결2: 대법원 2019. 6. 13. 선고 2018도20655 판결
　　경영상의 판단과 관련하여 기업의 경영자에게 배임의 고의가 있었는지 여부를 판단함에 있어서도 일반적인 업무상배임죄에 있어서 고의의 입증방법과 마찬가지의 법리가 적용되어야 함은 물론이지만, 기업의 경영에는 원천적으로 위험이 내재하여 있어서 경영자가 아무런 개인적인 이익을 취할 의도 없이 선의에 기하여 가능한 범위 내에서 수집된 정보를 바탕으로 기업의 이익에 합치된다는 믿음을 가지고 신중하게 결정을 내렸다 하더라도 그 예측이 빗나가 기업에 손해가 발생하는 경우가 있을 수 있다. 이러한 경우에까지 고의에 관한 해석기준을 완화하여 업무상배임죄의 형사책임을 묻고자 한다면 이는 죄형법정주의의 원칙에 위배되는 것임은 물론이고 정책적인 차원에서 볼 때에도 영업이익의 원천인 기업가 정신을 위축시키는 결과를 낳게 되어 당해 기업뿐만 아니라 사회적으로도 큰 손실이 될 것이므로, 현행 형법상의 배임죄가 위태범이라는 법리를 부인할 수 없다 할지라도, 문제된 경영상의 판단에 이르게 된 경위와 동기, 판단대상인 사업의 내용, 기업이 처한 경제적 상황, 손실발생의 개연성과 이익획득의 개연성 등 제반 사정에 비추어 자기 또는 제3자가 재산상 이익을 취득한다는 인식과 본인에게 손해를 가한다는 인식(미필적 인식을 포함)하의 의도

<u>적 행위임이 인정되는 경우에 한하여 배임죄의 고의를 인정하는 엄격</u>
<u>한 해석기준은 유지되어야 할 것이고, 그러한 인식이 없는데 단순히</u>
본인에게 손해가 발생하였다는 결과만으로 책임을 묻거나 <u>주의의무를</u>
<u>소홀히 한 과실이 있다는 이유로 책임을 물을 수는 없다.</u>

Ⅰ. "경영판단의 원칙 및 배임의 고의에 관한 법리"의 가능한 微旨

대법원은 2004년 처음으로 '경영판단의 원칙'[1]을 배임죄의 해석
(?)에 받아들였고,[2] 이후 수많은 판결에서 "경영상의 판단과 관련하
여 기업의 경영자에게 배임의 고의가 있었는지 여부를 판단함에 있
어서는 기업 경영에 있어 경영상 판단의 특성이 고려되어야 한다."[3]
판시하여, 경영판단의 문제를 '배임죄 고의에 관한 법리'로 취급하고
있다.[4]

형법에서 '고의'는 형사처벌의 가능성을 제한하는 역할을 한다. 이
점은 "고의에 관한 해석기준을 완화하여 업무상배임죄의 형사책임을
묻고자 한다면 이는 죄형법정주의의 원칙에 위배"[5] 된다는 대법원의
판례에서도 잘 나타난다. 이러한 판례의 입장을 배임죄의 고의를 판단
할 때 '업무상배임죄의 성립 여부를 제한하는 법원리'[6]라거나 '경영판

---

1) 이 글에서 경영판단원칙의 내용은 구체적으로 검토하지 않는다. 이에 대해 형법
   문헌으로 자세한 것은 대표적으로 이규훈, "업무상배임죄와 합법적 기업활동의 경
   계에 관한 판례의 경향", 「재판자료 제133집: 형사법 실무연구Ⅱ」(2016), 431, 438쪽
   이하; 이상돈, 「경영판단원칙과 형법」(2015), 3쪽 이하 참고.
2) 대법원 2004. 7. 22. 선고 2002도4229 판결
3) 대법원 2004. 7. 22. 선고 2002도4229 판결; 대법원 2004. 10. 28. 선고 2002도3131 판
   결; 대법원 2007. 1. 26. 선고 2004도1632 판결; 대법원 2007. 3. 15. 선고 2004도5742
   판결; 대법원 2013. 9. 26. 선고 2013도5214 판결 등.
4) 직접적으로 이 표현을 사용한 판례로는 대표적으로 대법원 2009. 7. 23. 선고 2007
   도541 판결; 대법원 2012. 6. 14. 선고 2012도1283 판결; 대법원 2012. 12. 27. 선고
   2012도11200 판결; 대법원 2013. 9. 26. 선고 2013도5214 판결 등.
5) 대법원 2004. 7. 22. 선고 2002도4229 판결; 대법원 2015. 3. 12. 선고 2012도9148 판
   결; 대법원 2019. 6. 13. 선고 2018도20655 판결 등.
6) 이규훈, "업무상배임죄와 합법적 기업활동의 경계에 관한 판례의 경향", 「재판자

단의 원칙을 하나의 고려요소로 삼는 것으로 경영판단에 해당한다고
배임죄의 고의가 일괄 부정된다는 취지는 아니[7]라고 보기도 한다.

어쨌든 위 입장들은 경영판단의 원칙이 고의의 해석에서 배임죄
의 가벌성을 확장하는 것을 제한하는 원리로 작용할 수 있다는 점에
대하여 대체로 수렴하는 것으로 보인다.

대법원은 경영상의 판단과 결정이 "원천적으로 위험이 내재하여
있어서 경영자가 개인적인 이익을 취할 의도없이 가능한 범위 내에서
수집된 정보를 바탕으로 기업의 이익을 위한다는 생각으로 신중하게
결정을 내렸더라도 예측이 빗나가 기업에 손해가 발생하는 경우가 있
으므로, … 이러한 경우에까지 고의에 관한 해석기준을 완화하여 업무
상배임죄의 형사책임을 물을 수 없다."[8]고 하면서 이는 "죄형법정주
의의 원칙에 위배된다"는 입장을 취한다.

대법원이 배임죄의 해석에서 경영판단과 고의를 연관시키는 것을
세 가지 방향으로 설명할 수 있다.[9] 우선 임무위배행위를 넓게 해석
해서 경영자의 행위와 인과관계가 인정되는 최종적인 결과로 손해가
발생한 경우, 임무위배행위는 인정하되 고의에서 경영자가 본인의 행
위를 임무에 합치한다고 착오한 것으로 구성하는 것이다.[10] 다른 하나
의 방향은 첫 번째 방향과 마찬가지로 경영자가 경영판단행위로 손해
를 가한 경우 임무위배에 해당한다는 점을 인정하고, 다만 '자기 또는
제3자가 재산상 이익을 취득'이라는 구성요건 표지와 관련하여 이를

료 제133집: 형사법 실무연구Ⅱ」(2016), 431, 445쪽.

7) 이완형, "기업집단 내 계열회사 간 지원행위의 업무상배임죄 성립 여부", 「사법
   제43호」(2018), 547, 563쪽.

8) 밑줄친 부분과 같은 의미로 "배임죄의 고의를 인정하는 엄격한 해석기준은 유지
   되어야 할 것"이라고도 한다. 대법원 2004. 7. 22. 선고 2002도4229 판결; 대법원
   2010. 1. 14. 선고 2007도10415 판결; 대법원 2019. 6. 13. 선고 2018도20655 판결 등.

9) 이 이외의 고의를 부정하는 접근법(예컨대 이상돈, 「경영판단원칙과 형법」(2015),
   30쪽 이하 등)은 배임죄의 해석 문제가 아니라 정책적으로 접근하는 것이다.

10) 명시적으로 착오라는 표현을 사용하지는 않지만 유사한 논증으로 이상돈, 「경영판
    단원칙과 형법」(2015), 33쪽 이하; 유사한 입장으로 이정민, "경영판단원칙과 업무
    상 배임죄", 「형사정책연구 18권 제4호」(2007), 159, 172쪽

충족하지 못한다고 보거나11) (불법이득의 의사가 아니라) 고의의 대상으로 이해하고 이에 대하여 고의의 해석을 강화하여 미필적 인식으로 부족하고 '의도'한 경우로 엄격하게 해석하는 방향이다.12) 세 번째 방향 역시 경영자가 경영판단행위로 손해를 가한 경우 임무위배에 해당한다는 점을 인정하고, 다만 고의의 입증을 엄격하게 하는 증명규칙으로 이해하는 것이다. 즉, 합리적인 경영판단의 경우는 고의를 인정할 수 있는 인자들과 부정할 수 있는 인자들을 모두 "종합적"으로 판단할 때 고의를 부정하는 역할을 하는 간접사실로 이해하는 것이다.13)

이 글은 대법원이 다수의 판례에서 언급하고 있는 "경영판단의 원칙 및 배임의 고의에 관한 법리"14)에 대하여 그 논증구조의 정합성을 검토하기 위해서는 우선 배임죄의 고의를 검토하기 위한 전제로 경영판단의 원칙에 부합하는 행위가 배임죄의 객관적 구성요건표지를 충족하는지가 중요하다. 특히 다수의 판례에서 예측하지 못한 손해의 발생만을 가지고 배임죄의 형사책임을 물을 수 없다는 취지의 판시를 하고 있으므로, 객관적 구성요건 표지 중 임무위배행위에 해당하는지 여부가 핵심이다. 따라서 아래에서는 우선 합리적 경영판단이 임무위배행위에 해당할 수 있는지를 검토하고(II), 합리적 경영판단이 배임죄의 고의를 제한한다는 논리(III)와 또 대법원의 경영판단원칙이 경영판단원칙의 배임죄의 고의 입증에서 일종의 증명규칙(IV)인지에 대하여

---

11) 조기영, "배임죄의 제한해석과 경영판단의 원칙-경영판단원칙 도입론 비판", 「형사법연구 제19권 제1호」(2007), 87, 97쪽 이하.
12) 이상돈, 「경영판단원칙과 형법」(2015), 36쪽.
13) 김혜경, "경영판단의 원칙과 형법상 배임죄의 해석", 「비교형사법연구 제18권 제1호」(2016), 223, 248쪽; 이규훈, "업무상배임죄와 합법적 기업활동의 경계에 관한 판례의 경향", 「재판자료 제133집: 형사법 실무연구 II」(2016), 431, 455쪽; 이창섭, "경영판단의 원칙의 형법상 의미", 경상대학교 「법학연구 제23권 제1호」(2015), 149, 160쪽.
14) 유사한 표현은 "합리적 경영판단의 법칙과 배임의 고의에 관한 법리"(대법원 2016. 8. 30. 선고 2013도658 판결), "업무상배임죄의 고의와 경영상 판단에 관한 법리"(대법원 2017. 11. 9. 선고 2015도12633 판결; 대법원 2017. 2. 22. 선고 2017도 12649 판결) 등.

검토하기로 한다.

Ⅱ. 합리적 경영판단이 임무위배행위인지

경영판단을 배임죄의 고의에서 다루는 위에서 언급한 세 가지 방향은 공통적인 도그마틱상 모순을 가지고 있다. 대법원이 제시한 "경영판단의 원칙 및 배임의 고의에 관한 법리"를 적용하기 위해서는 경영자의 결정이 소위 경영판단의 원칙에 합치해야 하고, 도그마틱상 경영판단의 원칙이 배임죄의 고의를 제한하는 원리로 역할을 하기 위해서는 먼저 경영판단의 원칙에 부합하는 결정이 배임죄가 규정한 "임무에 위반하는 행위"에 해당한다는 점이 설명되어야 한다.

대법원은 배임죄의 주체인 '타인의 사무를 처리하는 자'는 "타인과의 대내관계에 있어서 신의성실의 원칙에 비추어 그 사무를 처리할 신임관계가 존재한다고 인정되는 자"[15]를 의미하고, "'임무에 위배되는 행위'는 당해 사무의 내용·성질 등 구체적 상황에 비추어 법률의 규정, 계약의 내용 또는 신의성실의 원칙상 당연히 할 것으로 기대되는 행위를 하지 않거나 당연히 하지 말아야 할 것으로 기대되는 행위를 함으로써 본인에 대한 신임관계를 저버리는 일체의 행위"를 말한다.[16]

이 개념정의에 따르면 신임관계를 기초로 본인의 재산을 보호·관리하는 지위에 있는 경영자가 회사와 경영자로서 신임관계를 저버린 재산보호의무 위반이 임무위배행위이다.[17] 경영자가 회사의 이익을 위해 주어진 임무범위(혹은 재량범위) 안에서 그 상황에 합당할 정도의

---

15) 대법원 2000. 3. 14. 선고 99도457 판결; 대법원 2003. 1. 10. 선고 2002도758 판결; 대법원 2011. 7. 14. 선고 2010도3043 판결 등.

16) 대법원 2011. 10. 27. 선고 2009도14464 판결; 대법원 2012. 9. 13. 선고 2012도3840 판결; 대법원 2013. 9. 27. 선고 2013도6835 판결 등.

17) 여기서 '타인의 사무를 처리하는 자'와 '임무위배행위'사이에 개념의 상호 연결에 따라 간략하게 '타인의 재산보호의무를 자는 자가 그 의무에 위반한 행위'로 볼 수 있다.

합리적이고 충분한 정보를 바탕으로 내부규정을 준수하고 절차적 하자 없이 행한 결정은 신임관계에 따른 합리적 의사결정으로 임무에 합치하는, 경영자에게 요구되는 행위이다. 경영행위에 수반되는 추상적인 손해발생의 위험성만으로 임무위배행위라고 할 수 없다면, 임무위배행위로 평가되지 않는 행위에 대해 경영자가 실제로 인식한 것에 배임죄의 고의를 언급하는 것은 무의미하다.[18]

추상적 위험이 있는 경영판단이 임무위배행위에 해당한다는 사고는 임무위배행위가 아니라 경영자, 즉 '타인의 사무를 처리하는 자', 여기서는 재산보호자라는 지위와 관련이 있다. 배임죄의 주체인 '타인의 사무를 처리하는 자'인 경영자는 법익주체인 '타인'으로서 회사와 사이에 신뢰관계를 기초로 한 재산보호관계에 있다. 법익주체인 회사는 경영자에게 자신의 재산을 처분할 수 있는 가능성을 부여하고, 경영자는 자신의 책임 하에 그 재산을 법익주체인 회사에게 이익이 되도록 관리해야 하는 재산보호의무를 진다. 경영자는 회사의 재산을 관리하는 자이고, 그 회사 재산의 처분 가능성은 내부적 신뢰관계를 형성하고 구성하는 법령, 계약, 정관, 내부규칙 등에 따라 구체적으로 정해진다. 회사의 경영자는 행위재량, 독립성, 자기책임과 같은 재산보호의무자를 구성하는 요소를 모두 충족하는 전형적인 배임죄의 행위주체에 해당한다.[19]

여기서 재산보호의무의 내용과 임무위배여부는 재산관리자인 경영자에게 부여된 처분가능성의 구체적 내용과 범위에 의해 좌우된다. 경영자의 결정에 원천적으로 내재하는 위험(Risiko)에도 불구하고 그 위험을 받아들이는 결정이 재산보호의무에 위반(임무위배)에 대한 (추정적) 승낙 또는 양해의 논리를 사용하거나,[20] 거래관행이나 사회통념

---

18) 임철희, "경영판단과 배임고의-그 '법리'의 오용, 남용, 무용", 「형사법연구 제30권 제2호」(2018), 271, 273쪽.

19) 임철희, "경영판단과 배임고의-그 '법리'의 오용, 남용, 무용", 「형사법연구 제30권 제2호」(2018), 271, 275쪽.

20) 대부분의 교과서가 이 입장이지만 논증과정을 자세하게 설명하지는 않는다. 추측

상 업무범위를 벗어나지 않는 경우에는 임무위배행위에 해당하지 않는다는 견해의 근거이다.[21]

대법원이 제시한 것처럼 경영판단은 "원천적으로 위험이 내재하여 있어서 경영자가 … 가능한 범위 내에서 수집된 정보를 바탕으로 기업의 이익에 합치된다는 믿음을 가지고 신중하게 결정을 내렸다 하더라도 그 예측이 빗나가 기업에 손해가 발생"할 수 있는 위험을 내포한 행위이다.[22] 모든 경영자의 경영판단은 불확실한 장래의 이익이나 손해라는 결과와 직접적인 인과관계가 있다. 그래서 경영자는 자신의 결정이 가져올 수 있는 결과를 충분히 인식하고 그 위험을 최소화하기 위해 노력해야 한다. 경영자의 결정은 장래의 위험과 수익의 가능성을 모두 가지고 있기 때문에, 신뢰관계와 재량의 범위 안에서 위험과 수익의 이익형량을 통해 이루어지고 그 이익형량에서 가장 핵심요소는 정보이다. 따라서 경영자의 위험을 최소화하기 위한 노력은 "가능한 범위 내에서 수집된 정보"를 바탕으로 재량 범위 안에서 "합리적" 의사결정을 내려야 하는 것이다.[23] 이 "합리적인" 결정은 "회사의 입장에서 볼 때 경영상의 필요에 의한 정상적인 거래로서 허용될 수 있는 한계"를 넘지 않은 행위이므로 임무위배행위로

건대 과거 독일의 판례와 지배적인 견해의 해석을 따르는 것으로 보인다. 대표적으로 BGH NJW 1975, 1234; BGH NJW 1984, 2539; BGH wistra 1985, 190; BGH NStZ 2001, 259; BGH wistra 1997, 181; *Hillenkamp*, Risikogeschäft und Untreue, NStZ 1981, 161, 165; *Fischer*, StGB §266 Rn.65, 91; *Kindhäuser*/Böse, Strafrecht BT II, §35 Rn.19–21; Sch/Sch-*Perron*, StGB §266 Rn. 20; *Zieschang*, in: Park, Kapitalstrafrecht, StGB §266 Rn. 71 등 참고.

최근 경영판단과 배임죄에 대한 독일 판례에 대한 분석은 *Eibach*/*Scholz*, Zur Strafbarkeit unternehmerischer Fehlentscheidungen–zugleich ein Beitrag zur Zivilrechtsakzessorietät des Untreuetatbestands und zu ihren institutionellen Rahmenbedingungen, ZStW 133(3) (2021), 685–713 참고. 특히 배임죄 판단에서 경영판단원칙을 명시적으로 받아들인 판례로는 BGHSt. 50, 331, 343ff.; 61, 48 등.

21) 강동범, "이사의 경영판단과 업무상 배임", 이화여자대학교 「법학논집 제14권 제3호」(2010), 33, 49쪽.

22) 대표적으로 대법원 2017. 11. 9.선고 2015도12633판결.

23) 대법원 2017. 11. 9. 선고 2015도12633 판결.

볼 수 없다.[24]

결국 임무위배행위로 볼 수 없는 실패한 경영판단은 대법원의 표현대로 경영상 결정이 "예측이 빗나가 기업에 손해가 발생"한 경우에 국한된다. 다시 말하면 결정 당시에 이익 또는 손해의 결과가 고도의 불확실성을 띄는 경영상의 결정에서만 경영판단의 특수성을 고려할 수 있다.[25] 예컨대 미래가 불확실한 신규사업영역에 대한 대규모 투자 결정처럼 결정 당시에는 결과를 알 수 없는 경우에는 사후에 예측이 빗나가 그 결정으로 손해가 발생한 경우 그 합리성을 사후에 판단하는 것은 결과책임을 지우는 것이 될 수 있기 때문에, (경영판단원칙의 도입을 지지하기 위해 강조하는) "기업가 정신"[26]을 위축시키는 것을 방지하기 위하여 정책적으로도 배임죄의 적용을 배제할 필요가 있다는 점은 형법의 보충성에 비추어 타당하다.[27] 하지만 모든 "경영자의 결정"이 "경영상의 결정"은 아니다.[28] 경영상 결정을 이유로 임무위배행위를 부정하기 위해서는 결정 당시에 재량범위 안에서 이루어진 "합리적"인 "경영상의 결정"이어야 한다.[29] 재량범위를 벗어나거나 합리

---

24) 대법원 2008. 5. 29. 선고 2005도4640 판결; 대법원 2005. 4. 29. 선고 2005도856 판결.

25) 같은 취지로 임철희, "경영판단과 배임고의-그 '법리'의 오용, 남용, 무용", 「형사법연구 제30권 제2호」(2018), 271, 277쪽. 이와 반대로 일반적인 경영자의 의사결정에도 적용될 수 있다는 입장으로는 이상돈, 「경영판단원칙과 형법」(2015), 47쪽 이하 참고.

26) 대표적으로 대법원 2004. 7. 22. 선고 2002도4229 판결; 대법원 2019. 6. 13. 선고 2018도20655 판결 등.

27) 여기서 허용된 위험의 법리를 적용하고자 하는 견해도 있다. *Jescheck*/Weigend, Lehrbuch des Strafrechts AT (1996), S.401 참고.

28) 그래서 "배임죄에 경영판단의 원칙을 도입하면, 해당 원칙이 기업범죄 전반의 판단원칙으로 확대될 가능성이 있다. 기업은 경영자의 판단에 따라 임직원의 업무활동이 좌우되는 만큼, 경영자의 경영판단이 임직원의 위법행위 판단에도 영향을 줄 수 있기 때문이다."라는 비판(박성민, "배임죄에 있어 경영판단 원칙의 도입여부에 대한 검토", 「비교형사법연구」 제16권 제1호(2014), 1, 17쪽)은 타당하지 못하다.

29) 같은 취지로 BGHSt. 61, 48; *Saliger*, Strafrechtliche Risiken unternehmerischer Entscheidungen aus dem Untreuetatbestand, in: Nietsch (Hrsg.), Compliance und soziale Verantwortung im Unternehmen (2019), S.85, 110; 김주연, "기업집단 내 계열회사 지원행위와 배임의 고의", 「경희법학 제54권 제3호」(2019), 25, 58쪽; 김혁, "경영판단

성이 결여된 경영자의 결정은 경영판단의 원칙을 적용하더라도 임무
위배행위에 해당한다. 이 "합리성" 판단에서 중요한 것은 판례가 언급
하는 "선의", "신중" 같은 정서적인 것과는 무관한 개념이라는 점이다.

대표적으로 법령, 정관, 내부규정 등은 경영상 결정의 한계를 정
하는 행위규범이기 때문에, 법령, 정관, 내부규정 등을 위반하는 행위
는 신뢰관계를 배신하고 재산 처분의 가능성을 남용하는 전형적인 사
례로서 그 자체로 임무위배행위에 해당한다고 보아야 한다.30) 임무위
배는 형식적인 법령위배를 뜻하는 것이 아니고 실질적으로 본인에게
재산상의 손해가 발생할 위험이 있는 행위인지 여부에 따라 파악되어
야 하기 때문에, 형식적인 법령위반이 있었다고 해서 곧바로 임무위배
행위가 있었다고 할 수는 없다는 견해가 있지만,31) 대법원이 강조하는
"기업가 정신"은 법령, 정관, 내부규정 등으로 경영자에게 주어진 재
량범위 안에서만 존중받을 수 있다. 그래서 회사의 이익을 위한 목적
으로 회사의 이익을 가져올 것이 확실한 경우에도 회사의 자금으로
뇌물을 제공하는 행위는 회사에 대한 배임이 된다고 보아야 한다.32)

행위와 배임죄에 대한 소고", 「치안정책연구 제26권 제2호」(2012), 333, 354쪽; 안경
옥, "경영판단행위에 대한 배임죄 성립의 가능성", 「경희법학 제41권 제2호」(2006),
13, 26쪽; 이정원/류석준, 「형법각론」(2020), 360쪽.
　　이에 반하여 합리적 또는 통상적이라는 (이에 상응하는 비합리적 또는 무리한이
라는) 개념은 가치충전을 필요로 하는 개념으로 결국 가치판단의 영역으로 이동
하게 되므로 배임죄의 불명확성이 더 강화된다는 주장으로는 이상돈, 「경영판단원
칙과 형법」(2015), 46쪽 이하.

30) 같은 취지로 임철희, "경영판단과 배임고의-그 '법리'의 오용, 남용, 무용", 「형
사법연구 제30권 제2호」(2018), 271, 277쪽.

31) 대법원 2009. 5. 29. 선고 2007도4949 전원합의체 판결; 대법원 2010. 10. 14. 선고
2010도387 판결 등은 "배임죄에 있어서 임무위배행위라 함은 형식적으로 법령을
위반한 모든 경우를 의미하는 것이 아니고, 문제가 된 구체적인 행위유형 또는
거래유형 및 보호법익 등을 종합적으로 고려하여 경제적 실질적 관점에서 본인에
게 재산상의 손해가 발생할 위험이 있는 행위를 의미한다."고 한다. 같은 입장으
로 이규훈, "업무상배임죄와 합법적 기업활동의 경계에 관한 판례의 경향", 「재판
자료 제133집: 형사법 실무연구Ⅱ」(2016), 431, 464쪽.

32) 임철희, "경영판단과 배임고의-그 '법리'의 오용, 남용, 무용", 「형사법연구 제30권
제2호」(2018), 271, 277쪽.

또한 경영자의 결정이 직접 개인적 이해관계(사익)를 우선한 경우, 예컨대 이해관계를 가지고 있는 개인이나 단체의 지시나 요구에 응하거나 공모하는 등 그에 좌우되는 경우, 거래 상대방과 특별한 친분관계가 있는 경우, 실질적 자기거래에 해당하는 경우도 (배임죄가 성립하는지 여부와 별개로) 그 자체가 임무위배행위에 해당한다.

추상적인 손해가 실현된 것이 형식적으로 임무위배행위에 해당한다는 결과로 행위를 추론하는 순환논증이 아니라, 임무위배행위 자체를 신임관계를 저버린 의무위반 또는 권한남용으로 보면 "합리적인 경영상 결정"은 애초에 임무위배행위에 해당하지 않는다.[33] 재산상 손해가 발생했다고 하더라도 임무위배행위가 없으면 (업무상) 배임죄가 성립할 여지는 없다. 반대로 비합리적인 경영판단은 그 자체가 신임관계를 저버린 의무위반 또는 권한남용에 해당하기 때문에 경영판단 원칙을 받아들여도 이 원칙에 위배되기 때문에 "경영판단의 원칙"을 도입한다고 해서 임무위배행위의 해석에서 달라질 것도 없다.

Ⅲ. 합리적 경영판단과 배임의 고의

1. 임무위배행위와 배임의 고의

대법원이 제시하는 "경영판단의 원칙 및 배임의 고의에 관한 법리"는 합리적 경영판단과 그렇지 않은 경영판단을 구별하는 기준으로 고의를 삼는다. 그 근거는 위 대상판결에서 "예측이 빗나가 기업에 손해가 발생하는 경우가 있으므로, 이러한 경우에까지 고의에 관한 해석 기준을 완화하여 업무상배임죄의 형사책임을 물을 수 없다."[34]는 표현

---

33) '합리적 경영상 결정'을 "허용된 위험"이론에 따라 객관적 귀속을 부정하는 견해로는 임철희, "경영판단과 배임고의-그 '법리'의 오용, 남용, 무용", 「형사법연구 제30권 제2호」(2018), 271, 284쪽 이하 참고.

34) 대법원 2010. 10. 14. 선고 2010도387 판결 등에서 나타난 "결과적으로 특정한 조치를 취하지 아니하는 바람에 본인에게 손해가 발생하였다는 사정만으로 배임의 책임을 물을 수는 없고" 이 경우 고의가 있었는지 여부에 따라 달라진다는 입장이다.

으로 나타나는데, 이는 결과적으로 나타난 손해를 근거로 경영상 결정
시에는 알 수 없었던 사정을 가지고 배임의 고의를 인정해서는 안 된
다는 것이다. 그래서 손해를 가한다는 "인식이 없는데 단순히 본인에
게 손해가 발생하였다는 결과만으로 책임을 묻거나 주의의무를 소홀
히 한 과실이 있다는 이유로 책임을 물을 수는 없다."고 한다.[35] 하지
만 이것은 형법의 기본이다. 과실범 처벌규정이 없는 배임죄에서 과실
배임을 처벌하자고 하는 사람은 없다. 하지만 대법원이 이 당연한 형
법의 기본을 말하고 싶은 것은 아니라고 믿는다.

　형법상 구성요건에서 고의는 일반적으로 "구성요건 실현의 인식
과 의사"로 정의된다. 여기서 "구성요건의 실현의사"는 구성요건 상황
을 하나의 행위로 실현한다는 인식을 전제로 한다.[36] 배임죄에서 고의
는 "타인의 사무를 처리하는 자", "그 임무에 위배하여", 이익취득, 손
해 발생 모두에 대한 인식과 의사를 필요로 한다. 여기서 인식은 행위
시점에 배임죄의 개별 객관적 구성요건요소를 구성하는 현재의 사실
에 대한 인식을 기초로 구성요건 실현이 "어떻게든 가능하다고 여겼
다"는 미필적 인식으로도 충분하다.[37] 그래서 대법원이 언급하는 것처

---

35) 대표적으로 대법원 2004. 7. 22. 선고 2002도4229 판결 등. 조기영, "배임죄의 제한
해석과 경영판단의 원칙-경영판단원칙 도입론 비판", 「형사법연구 제19권 제1호」
(2007), 87, 99쪽도 유사한 입장이다.
36) 일반적인 고의공식은 두 가지 방향에서 이해될 수 있다. 우선 고의라고 특징짓는
행위에는 최소한 그 행위가 지향하는 구성요건실현의 가능성에 대한 인식이 있어
야 하고 그 가능성을 실현하려는 의사가 있어야 한다고 이해할 수 있다. 반면 이
공식은 고의귀속의 가변적인 체계의 상대적 배치로 해석될 수도 있다. 즉 인식의
정도가 강하면 강할수록, 의사는 그만큼 약하게 요구되고, 의사가 강하면 강할수
록, 고의귀속을 위해 더 낮은 정도의 인식이 인정되면 족하다고 볼 수도 있다. 이
에 대하여는 *Schroth*, Vorsatz als Aneignung der unrechtskonstituienden Merkmale (1994),
S.39ff. 참고.
첫 번째 이해에서는 지정고의를 의적 요소 없이 인정할 수 없다. 지배적 견해는
의적 요소 없이 지정고의를 인정하지만 그렇다고 두 번째 이해를 따르는 것으로
보이지도 않는다. 또한 구성요건을 실현한다는 의사가 용인이나 감수로 표현될 수
있는지도 의문이 있지만 여기서는 다루지 않는다.
37) *Schroth*, Vorsatz als Aneignung der unrechtskonstituienden Merkmale (1994), S.39; 대법원
도 "미필적 고의라 함은 결과의 발생이 불확실한 경우 즉 행위자에 있어서 그 결

럼 아무리 엄격하게 고의를 해석한다고 하더라도 임무위배와 손해의 발생을 인정한 뒤에야 이루어지는 고의의 검토에서는 고의를 부정할 수 있는 방법이 없다. 왜냐하면 우리가 경영판단의 문제로 검토하는 사례들은 대법원이 판례에서도 언급한 것처럼 원천적으로 위험이 내재하기 때문에, 오히려 그 위험의 실현(즉, 재산상 손해 발생) 가능성에 대한 인식을 경영자는 가지고 있고 경영자의 결정은 설령 그 위험이 실현될 가능성을 감수하고서 이루어지기 때문이다.38) 특히 배임죄의 결과를 현실적인 손해뿐만 아니라 재산상 실해 발생의 위험도 포함되는 것으로 해석하는 대법원의 입장39)에서는 더욱 그러하다. 반대로 임무위배행위가 아닌 것으로 평가된 경우에는 (과실은 물론이고) 고의를 언급할 필요도 없다.

그렇다면 대법원 판례의 "주의의무를 소홀히 한 과실이 있다는 이유로 책임을 물을 수는 없다"40)는 표현은 어떤 의미인가? 하나의 가능성은 임무위배행위를 넓게 해석해서 경영자의 행위와 인과관계가 인정되는 최종적인 결과로 손해가 발생한 경우, 임무위배행위는 인정하되 고의에서 경영자가 본인의 행위를 임무에 합치한다고 착오한 것

과발생에 대한 확실한 예견은 없으나 그 가능성은 인정하는 것으로 미필적 고의가 있었다고 하려면 결과발생에 대한 인식이 있음은 물론 나아가 이러한 결과발생을 용인하는 내심의 의사가 있음을 요한다."고 한다(대법원 1985. 6. 25. 선고 85도660 판결; 대법원 2004. 5. 14. 선고 2004도74 판결; 대법원 2017. 1. 12. 선고 2016도15470 판결; 대법원 2018. 1. 25. 선고 2017도13628 판결 등).

38) 같은 취지로 홍영기, "배임에서 결과 평가의 엄격성", 「형사법연구 제31권 제1호」 (2019), 133, 138-139쪽. 이 점은 인정하지만 그래서 오히려 경영판단의 원칙이 고의를 제한하는 원리로 적용되어야 한다는 입장으로는 이상돈, 「경영판단원칙과 형법」(2015), 30쪽 이하 참고.

39) 대법원은 그동안 일관되게 배임죄를 "재산상 권리의 실행을 불가능하게 할 염려 있는 상태 또는 손해 발생의 위험이 있는 경우에 성립하는 위태범"이라고 하면서(대법원 1989. 4. 11. 선고 88도1247 판결; 대법원 2000. 4. 11. 선고 99도334 판결 등), 배임죄에서 말하는 "재산상 손해를 가한 때에는 현실적인 손해를 가한 경우뿐만 아니라 재산상 실해 발생의 위험을 초래한 경우도 포함된다."라고 본다(대법원 2009. 7. 23. 선고 2007도541 판결, 대법원 2014. 2. 3. 선고 2011도16763 판결; 대법원 2017. 7. 20. 선고 2014도1104 전원합의체 판결 등).

40) 대법원 2011. 10. 27. 선고 2009도14464 판결; 대법원 2014. 6. 26. 선고 2014도753 판결 등.

으로 구성하는 것이다.41) 만약 경영자가 최하한의 감수 또는 용인도 없이 행위하여 회사에게 손해를 미쳤다면 — 임무위배행위에 해당하더라도 — '과실배임'으로서 가벌성이 배제된다. 여기서 임무위배행위가 과실로 이루어질 수도 있다는 점을 인정하는 것이고, '경영판단의 원칙'을 애초에 사법영역에서 받아들인 이유가 과실을 배제하기 위한 것이라는 점이다.42) 그런데 대법원은 경영판단의 원칙에 충실한 행위가 "과실이 있는 행위"라고 표현하는 것이다.

　　임무위배행위를 "당연히 할 것으로 기대되는 행위를 하지 않거나 당연히 하지 않아야 할 것으로 기대되는 행위를 하지 않는 것"43)으로 이해한다면, 과실범에서 '주의의무 위반'과 차이가 없다.44) 과실범에서 말하는 결과예견의무와 회피의무는 그대로 경영자에게 회사의 재산보호의무로 손해발생을 예견하고 손해를 회피할 의무로 볼 수 있다. 경영판단의 원칙은 비록 본인(회사)이 부여한 권한 범위가 중요하긴 하지만, 그 범위 안에서 이루어지는 행위라도 그 상황에 합당할 정도의 합리적이고 충분한 정보를 바탕으로 이루어진 결정인 경우에만 적용이 가능하다. 거래관행 범위 안에 있다고 하더라도 손해를 방지하기 위해서 필요한 의무를 다하지 않았다면 그 행위는 임무위배행위에 해당한다. 그래서 사회통념상 통상의 거래관행에 벗어나지 않는 행위는 임무위배행위가 아니라거나45) 거래관행의 범위 안에서 이루어진 행위

---

41) 실무에서 이러한 평가까지 나아갈 여력이 없다는 회의적인 입장으로 홍영기, "배임에서 결과 평가의 엄격성", 「형사법연구 제31권 제1호」(2019), 133, 138쪽 각주 12) 참고.

42) 경영판단에서 예측이 빗나가 기업에 손해가 발생하는 경우 과실범을 처벌할 수 없는 것은 자명하기 때문에 과실범에서 적용되는 경영판단원칙을 배임죄의 해석에 도입할 필요가 없다는 입장으로 김혜경, "경영판단의 원칙과 형법상 배임죄의 해석", 「비교형사법연구 제18권 제1호」(2016), 223, 252쪽.

43) 대법원 2011. 10. 27. 선고 2009도14464 판결; 대법원 2012. 9. 13. 선고 2012도3840 판결; 대법원 2013. 9. 27. 선고 2013도6835 판결 등.

44) 같은 취지로 임철희, "경영판단과 배임고의-그 '법리'의 오용, 남용, 무용", 「형사법연구 제30권 제2호」(2018), 271, 277쪽.

45) 강동범, "이사의 경영판단과 업무상 배임", 이화여자대학교 「법학논집 제14권 제3호」(2010), 33, 49쪽; 박상기, 손동권, 정성근 교과서.

는 본인의 양해에 의해 임무위배행위성이 부정된다는 주장은 타당하지 못하다.[46]

여기서 임무위배행위에 대한 고의는 본인의 행위가 임무를 위반한다는 인식이 아니라, 충분한 정보를 수집하지 않았거나, 법령, 정관, 내부규정 등을 위반하는 행위에 대한 인식으로 충분하다. 즉 임무위배행위에 대한 고의는 본인에게 주어진 임무를 다하지 않았다는 사실에 대한 인식으로 충분하다. 따라서 대법원의 "주의의무를 소홀히 한 과실이 있다는 이유로 책임을 물을 수는 없다"는 표현은 최소한 임무위배행위에 대한 고의를 부정한 것이라고 해석할 수는 없다. 예컨대 과실범에서 고의로 신호를 위반하여 사고를 낸 경우 고의로 의무를 위반했음에도 과실범으로 처벌되는 이유는 결과발생에 대한 용인 또는 감수 의사가 없기 때문이지, 의무위반을 과실로 했기 때문이 아니다. 판례의 "주의의무를 소홀히 한 과실이 있다는 이유로 책임을 물을 수는 없다"는 이 표현을 가장 선의로, 논리적으로 설명하기 위해서 "임무위배행위에 해당한다는 것만으로 배임죄의 책임을 물을 수는 없다"로 이해한다.

2. 손해발생, 이익취득과 배임의 고의

위에서 언급한 것처럼 "주의의무를 소홀히 한 과실이 있다는 이유로"라는 표현을 "임무위배행위에 해당한다는 것(과 그에 대한 고의)만으로"로 이해하지 않으면, "그러한 인식이 없는데 단순히 본인에게 손해가 발생하였다는 결과만으로 책임을 묻거나 주의의무를 소홀히 한 과실이 있다는 이유로 책임을 물을 수는 없다"는 표현은 임무위배행위 없이 결과가 발생하였다는 논리적 모순 또는 결과로 행위를 개념 정의하는 순환논증[47]에 빠지게 된다.

---

46) 대법원 1983. 11. 8 선고 83도2309 판결.

47) 결과인 착오의 개념으로 기망행위를 설명하는 사기죄의 기망행위에서 순환논증은 대법원 2020. 9. 24. 선고 2016도14852 판결; 대법원 2018. 8. 1. 선고 2017도20682 판결 등. "사기죄의 요건인 기망은 널리 재산상의 거래관계에서 서로 지켜야 할 신

　배임죄의 성립을 인정하기 위해서는 위에서 언급한 것처럼 모든
객관적 구성요건 요소, 즉 "타인의 사무를 처리하는 자", 임무위배행
위, 이익취득, 손해 발생 모두에 대하여 고의가 필요하다. 결국 합리적
경영판단의 경우 배임의 고의가 조각된다는 논리는 신분과 행위에 대
한 것이 아니라 손해발생, 이익취득과 관련이 있다.

　우리 형법의 배임죄 규정은 "재산상의 이익을 취득하거나 제삼자
로 하여금 이를 취득하게 하여 본인에게 손해를 가한 때"라고 기술하
고 있다. 그래서 본인에게 손해를 가하였다고 할지라도 재산상 이익을
행위자 또는 제3자가 취득한 사실이 없다면 배임죄가 성립되지 않는
다.48) 여기서 손해와 이익은 상호 인과관계가 있어야 한다. 그래서 위
에서 본 것처럼 경영자의 결정이 직접 개인적 이해관계(사익)에 따른
경우에 그 자체가 임무위배행위에 해당한다고 하더라도, 그 사익추구
가 바로 회사의 손해로 연결되지는 않는다.49) 즉 손해의 발생과 이익

　　의와 성실의 의무를 저버리는 모든 적극적, 소극적 행위를 말한다. 반드시 법률행
　　위의 중요 부분에 관한 허위표시를 해야 하는 것은 아니고, 상대방을 착오에 빠
　　뜨려 행위자가 희망하는 재산적 처분행위를 하도록 하기 위한 판단의 기초가 되
　　는 사실에 관한 것이면 충분하다."

48) 대법원 1982. 2. 23. 선고 81도2601 판결; 대법원 2006. 7. 27. 선고 2006도3145 판결;
　　대법원 2007. 7. 26. 선고 2005도6439 판결; 대법원 2009. 6. 25. 선고 2008도3792 판
　　결; 대법원 2009. 12. 24. 선고 2007도2484 판결 등.

49) 이런 의미에서, 대법원 1987. 4. 4. 선고 85도1339 판결 "담보물에 대한 대출한도액
　　을 초과하여 대출하거나 담보로 할 수 없는 물건을 담보로 하여 대출하였다 하더
　　라도 (…) 회수할 수 없는 채권을 회수하여 실질적으로 은행에 이익이 되[었다면],
　　(…) 그 대출로 인하여 회수의 확실성이 없는 일부채권이 발생하였다 하여 이를
　　가지고 대출업무 담당자로서의 채권확보조치를 하지 아니한 임무위반행위에 해당
　　하고 또 그와 같은 임무위반의 인식이 있었다고 볼 수 없다 할 것이다. 그리고
　　그 대출행위가 회수하려는 채권이 대출담당자인 지점장에 의하여 이루어진 것이
　　어서 이를 회수하는 것이 그 자신의 민사상의 책임이나 신분상의 불이익을 면하
　　기 위한 것이었다 하더라도 그것이 주로 은행의 대출업무에 관계되고 실질적으로
　　은행에 이익이 되는 것이라면 부수적으로 자기에게 이익이 있었다 하여 그것만
　　가지고 막바로 임무위반행위가 있었다고 단정할 수도 없다."는 판례를 인용하여
　　다소 개인적 이해관계가 있다 하더라도 실질적으로 회사 본인에게 이익이 된다고
　　최종 평가되는 경우에는 업무상배임죄 성립이 부정될 수 있다는 표현이 더 정확
　　하다. 이규훈, "업무상배임죄와 합법적 기업활동의 경계에 관한 판례의 경향", 「재

의 취득이 항상 상응하는 것은 아니다.50) 그 이익추구가 회사의 손해
와 직접 연결된 것이 아니라면 그 개인적 이익은 배임죄 구성요건에
서 이익과 아무 관계가 없다. 그럼에도 불구하고 대법원이 결과적으로
회사에 손해를 가한 행위는 임무위배행위이고, 회사에 이익이 되었다
는 점을 근거로 사후에 소급하여 임무위배행위가 아니라고 보는 것
은51) 타인의 사무를 처리하는 자, 임무위배행위, 손해라는 개별구성요
건요소들을 상호의존적으로 뒤섞어 해석함으로써 나타난 결과이다.

대법원은 예측하지 못했던 손해가 발생한 경우 배임죄의 객관적
구성요건을 충족하는 것으로 보고 경영판단 원칙에 따라 고의를 제한
하려고 한다. 그 기준으로 "경영상의 판단에 이르게 된 경위와 동기,
판단대상인 사업의 내용, 기업이 처한 경제적 상황, 손실발생의 개연성
과 이익획득의 개연성 등 제반 사정에 비추어 자기 또는 제3자가 재
산상 이익을 취득한다는 인식과 본인에게 손해를 가한다는 인식하의
의도적 행위임이 인정되는 경우"에만 고의를 인정해야 한다고 한다.52)

미필적 고의만으로 경영자의 판단에 업무상배임죄를 적용하면 배
임형법의 과도한 확장을 초래할 것이기 때문에 고의(또는 불법이득의
의사)의 해석을 강화하여 미필적 인식으로 부족하고 '의도'한 경우로
엄격하게 해석해야 한다는 견해도 있다.53) 이 견해도 결과발생 가능성
에 대한 미필적 인식으로 충분하다고 보는 기본의 고의개념을 사용할

판자료 제133집: 형사법 실무연구Ⅱ」(2016), 431, 458쪽.
　하지만 결과적으로 배임죄가 성립하는지와 별개로, 대출행위로 확실성이 없는 채
　권이 발생한 것만으로도 차후에 채권을 회수하였는 지와 별개로 이미 임무위배행
　위에 해당한다고 보아야 한다.
50) 이러한 관점에서 범죄의 본질을 법익침해, 재산범죄의 본질을 재산상 손해를 발
　생시키는 것이라고 이해하면 특경가법의 이득액에 대한 실무상 산정방법은 물론
　형벌 가중은 타당하지 않다.
51) 같은 취지로 임철희, "경영판단과 배임고의-그 '법리'의 오용, 남용, 무용", 「형사법
　연구 제30권 제2호」(2018), 271, 286쪽.
52) 대표적으로 대법원 2007. 1. 26. 선고 2004도1632 판결; 대법원 2011. 7. 28. 선고
　2010도7546 판결; 대법원 2017. 11. 9. 선고 2015도12633 판결 등.
53) 이상돈, 「경영판단원칙과 형법」(2015), 30쪽 이하 참고.

때 경영자의 판단은 손해의 위험을 인식하면서 회사의 이익 창출을 위해 그런 위험을 용인 내지 감수하는 행위라는 점을 인정하는 것으로 보인다. 하지만 배임죄 문언에서 객관적 구성요건요소로 기술된 것이 명확한 '재산상 이익의 취득'이 주관적 구성요건요소일 이유가 없고, 배임죄와 관련해서만 유독 이익취득과 관련하여 의도적 고의를 요구할 이유나 근거는 없다.[54]

실무에서 나타나는 문제점에 대한 비판은 오히려 앞에서 본 것처럼 손해가 발생하면 의무위반의 방식, 즉 사후에(ex-post) 경영상 결정의 합리성을 결과를 가지고 소급해서 판단하는 것에 맞춰져야 한다.[55] 이익취득이나 손해발생은 행위 이후에 발생할 사정이다. 행위시에는 이익취득이나 손해발생을 예견할 수 있을 뿐이고, 행위자는 장래의 결과와 관련된 현재의 개별 위험요소들을 인식할 수 있을 뿐이다. 그래서 경영자에게 경영상 결정에서 요구되는 재산보호의무(정보의무)는 모든 정보를 수집해서 완벽하게 결정하는 것이 아니라, 가능한 범위 안에서 충분한 정보를 바탕으로 결정하는 것이다. 행위 당시 알 수 없었던 사실을 가지고 재산보호의무를 위반했다고 할 수는 없다. (최소한 미수와 기수를 구별하기 위해서라도) 행위 이후의 진행상황을 완전히 배제하고 판단할 수는 없지만 적어도 경영행위의 합리성은 행위시점에서 미래를 향한 판단, 즉 사전적(ex-ante) 판단이어야 한다. 그래서 완벽하지 못하고 사후에 손해를 발생시키더라도 결정 당시에 충분한 정보를 바탕으로 한 합리적 결정이라면 이미 임무위배행위가 아니고 당연히 임무위배에 대한 미필적 고의도 인정되지 않는다.

본인과 신뢰관계를 침해하여 재산상 이익을 취득하는 행위는 충실의무를 위반하는 행위이고, 경영자가 주주의 충실의무에 따라 행동한 경우 재산상 이익의 취득이라는 구성요건 표지가 충족되지 않는다

---

54) 임철희, "경영판단과 배임고의 — 그 '법리'의 오용, 남용, 무용", 「형사법연구 제30권 제2호」(2018), 271, 274쪽.

55) 같은 취지로 이정민, "경영판단원칙과 업무상 배임죄", 「형사정책연구 제18권 제4호」(2007), 159, 164쪽.

는 견해도[56] 마찬가지다. 이미 회사의 손해와 연결된 이익을 제3자가 취득했다면 이미 재산상 이익이라는 객관적 구성요건 표지를 충족한 것인데 본인을 위한 행위였다는 이유로 재산상 이익의 취득이라는 구성요건 표지가 충족되지 않는다는 주장은 임무위배행위와 재산상 이익의 취득을 혼동한 것이고 여기서 단순히 본인을 위한 행위라도 합리적인 정보 하에 이루어진 것이 아니라면 오히려 손해발생과 이익취득에 대한 착오의 문제라고 하는 것이 논리적이다. 하지만 아무리 고의를 엄격하게 해석한다고 하더라도 임무위배와 손해의 발생을 인정한 뒤에는 고의를 부정할 수 있는 방법이 없다. 본인을 위한 행위라는 내심의 의사였는지(민사법에서 사용하는 선의 또는 악의) 여부는 배임죄에서 고의의 내용도 아니고 임무위배행위, 손해발생, 이익취득 등 배임죄의 객관적 구성요건과도 아무 상관없다. 이러한 측면에서 "<u>선의에 기하여 가능한 범위 내에서 수집된 정보를 바탕으로 기업의 이익에 합치된다는 믿음을 가지고 신중하게 결정을 내렸다 하더라도 그 예측이 빗나가 기업에 손해가 발생하는 경우(…)까지 고의에 관한 해석기준을 완화하여 업무상배임죄의 형사책임을</u>" 물을 수 없다고 하면서,[57] 민사법적 의미에서 선의/악의 개념도 아닌 일상용어로 선의라는, 자신의 결정에 대한 확신에 해당하는 주관적 믿음을 고의의 개념에 사용한 것은 고의개념에 대한 오해에서 기인한다.

Ⅳ. 경영판단의 원칙과 배임고의 증명규칙

경영자가 경영판단행위로 손해를 가한 경우 임무위배에 해당한다는 점을 인정하고, 다만 경영판단의 원칙을 고의의 입증을 엄격하게

---

56) 조기영, "배임죄의 제한해석과 경영판단의 원칙 – 경영판단원칙 도입론 비판", 「형사법연구 제19권 제1호」(2007), 87, 98-99쪽. 아울러 배임죄를 위험범이 아니라 침해범으로 언격하게 해석하여 해결하여야 한다는 견해로 최성진, "경영판단원칙과 경영책임자에 대한 업무상 배임죄의 성부", 「동아법학 제60호」(2013), 278, 298쪽.

57) 대법원 2019. 6. 13. 선고 2018도20655 판결.

하는 증명규칙으로 이해하는 견해가 있다. 즉, 대법원이 "경영상의 판단에 이르게 된 경위와 동기, 판단대상인 사업의 내용, 기업이 처한 경제적 상황, 손실발생의 개연성과 이익획득의 개연성 등 제반 사정에 비추어 자기 또는 제3자가 재산상 이익을 취득한다는 인식과 본인에게 손해를 가한다는 인식하의 의도적 행위임이 인정되는 경우"에만 고의를 인정해야 한다는 것을 합리적인 경영판단의 경우는 고의를 인정할 수 있는 인자들과 부정할 수 있는 인자들을 모두 "종합적"으로 판단할 때 고의를 부정하는 역할을 하는 간접사실로 이해하는 것이다.58) 이 판단기준이 되는 제반사정을 유형화하기도 한다.59)

이 관점은 경영자의 경영상 판단이 배임죄 성립여부가 문제되는 경우에 자유심증주의에 기초한 증명력 판단의 합리성을 보장하는 증명규칙으로 이해하는 것이다. 하지만 고의의 개념은 고의 귀속의 실체법적 근거와 기준이므로, 고의 인정의 절차법적 요청과는 구별해야 한다. 대법원이 '고의는 내심적 사실이므로 피고인이 이를 부정하는 경우에는 사물의 성질상 고의와 상당한 관련성이 있는 간접사실을 증명하는 방법에 의하여 입증할 수밖에 없고, 이때 무엇이 상당한 관련성이 있는 간접사실에 해당할 것인지는 정상적인 경험칙에 바탕을 두고 치밀한 관찰력이나 분석력에 의하여 사실의 연결상태를 합리적으로 판단하는 외에 다른 방법이 없다'60)고 판시한 것을 대법원이 경영판단

---

58) 김혜경, "경영판단의 원칙과 형법상 배임죄의 해석", 「비교형사법연구 제18권 제1호」(2016), 223, 248쪽; 이규훈, "업무상배임죄와 합법적 기업활동의 경계에 관한 판례의 경향", 「재판자료 제133집: 형사법 실무연구Ⅱ」(2016), 431, 455쪽; 이상돈, 「경영판단원칙과 형법」(2015), 42쪽.

59) 이규훈, "업무상배임죄와 합법적 기업활동의 경계에 관한 판례의 경향", 「재판자료 제133집: 형사법 실무연구Ⅱ」(2016), 431은 456쪽 이하에서 경영판단원칙이 적용되어 배임고의를 제한하기 위한 인자, 즉 '경영판단 인자'를 유형화하고 있다. 여기서 이규훈 판사는 ⅰ) '개인적 이해관계' 인자, ⅱ) '본인의 이익' 인자, ⅲ) '재량범위' 인자, ⅳ) '적정한 주의' 인자, ⅴ) '재량의 남용' 인자, ⅵ) '규정위반' 인자 등을 다수의 개별 경영판단 인자들을 포함하는 상위 개념으로 제시하고 대법원 판례들을 이 기준에 따라 유형화하고 있다.

60) 대법원 2012. 6. 28. 선고 2012도2628 판결; 대법원 2010. 7. 15. 선고 2008도9066 판

원칙을 증명규칙으로 보는 근거로 제시하기도 한다.[61] 하지만 대법원은 이러한 간접사실에 의한 고의의 입증은 배임죄뿐만 아니라 모든 범죄의 일반적인 고의의 입증방법[62]일뿐만 아니라 공모관계에서 공동가공의사를 입증하는 방법[63]이라고 판시하고 있다.[64] 그런데 대법원이 일반적인 고의입증방법을 제시하기 위해서 굳이 "경영판단의 원칙 및 배임의 고의에 관한 법리"라는 용어를 사용하였다고 보기는 어렵다.

구체적으로 경영판단에서 배임고의의 귀속을 위한 판단인자는 행위의 임무위배성을 판단하는 간접사실과 중첩된다고 보기도 하지만,[65] 배임죄에서 고의의 내용과 그 대상으로서 임무위배행위는 개념적으로 명확히 구별된다. 경영자의 경영상 결정이 형사소송에서 배임죄의 객관적 구성요건요소 전부를 충족하는 사실로서 인정된다고 하더라도, 고의의 대상인 개별 사실이 존재하는 것만으로 고의는 추정되지 않는다. 배임죄의 고의는 객관적 구성요건에 충족하는 각각의 사실들, 타인의 사무를 처리하는 자, 임무위배행위, 이익취득, 손해발생에 대하여 각각 개별적으로 검토되어야 한다. 이미 배임죄의 객관적 구성요건을 충족하는 것으로 인정된 사실이 배임죄의 고의를 추론하는 간접사실로 이용되는 것은 실제로 고의 판단을 형해화하고 이중평가금지원칙에 반하는 것으로 허용될 수 없다.[66]

대법원의 표현이 비록 "경영상의 판단과 관련하여 기업의 경영자에게 배임의 고의가 있었는지 여부를 판단함에 있어서도 일반적인 업무상배임죄에 있어서 고의의 입증방법과 마찬가지의 법리가 적용되어

결; 대법원 2004. 3. 26. 선고 2003도7878 판결 등.

61) 김혜경, "경영판단의 원칙과 형법상 배임죄의 해석", 「비교형사법연구 제18권 제1호」(2016), 223, 250쪽.

62) 대법원 2008. 9. 11. 선고 2006도4806 판결; 대법원 2009. 2. 12. 선고 2007도300 판결 등.

63) 대법원 2006. 12. 22. 선고 2006도1623 판결; 대법원 2011. 12. 22. 선고 2011도9721 판결; 대법원 2018. 4. 19. 선고 2017도14322 전원합의체 판결 등.

64) 이주원, 「형사소송법 제5판」(2022), 421쪽 참고.

65) 이상돈, 「경영판단원칙과 형법」(2015), 42쪽.

66) 같은 취지로 임철희, "경영판단과 배임고의-그 '법리'의 오용, 남용, 무용", 「형사법연구 제30권 제2호」(2018), 271, 288쪽.

야"67)한다는 등의 표현으로 오해의 소지가 있지만, 이는 일반적인 고의의 증명규칙을 말한 것에 불과하고, 대법원의 "경영판단의 원칙 및 배임의 고의에 관한 법리"가 "경영상의 판단을 이유로 배임죄의 고의를 인정할 수 있는지"에 관한 법리를 말하는 것이 아니다.68)

V. 결 론

일부 견해는 배임죄 구성요건 표지의 불명확성과 그에 따른 가벌성 확장으로 경영진의 경영상 결정이 경제적 성공과 실패에 대한 예측의 불확실성보다 오히려 업무상배임죄 성부에 대한 법적 불확실성이 더 크다고 보고,69) 경영진의 법률적 리스크를 해소할 수 있도록 업무상배임죄의 적용에 적절한 제한이 필요하다고 한다. 그래서 상법상 경영진의 책임을 배제하는 경영판단의 원칙을 형법상 배임죄의 해석에도 적용해서 배임죄의 성립을 제한할 필요다는 견해가 있다.70) 이 견해는 경영판단의 원칙에 의해 민사판결에서 면책된 경우에 회사 법률관계의 특성상 배임죄의 해석에도 반영해야 한다는 취지로 보인다. 하지만 배임죄의 구성요건 표지가 다른 구성요건에 비해 특별히 불명확하다는 것은 동의할 수 없다. 최소한 사기죄와 비교하면 훨씬 구체적으로 규정하고 있다. 배임죄의 각각 객관적 구성요건 표지를 엄격하게 구별하지 않고 상호의존적으로 섞어서 이해하는 판례의 문제이고 (나아가 학계도 큰 차이는 없다), 개념적으로 배임죄 구성요건 표지는 명확하다. 결국 문제는 법문언의 문제가 아니라 섬세한 도그마틱의 부족에서 기인한다. 객관적 구성요건이 더 짧게 규정된 사기죄에서 기망

---

67) 대법원 2019. 6. 13. 선고 2018도20655 판결.
68) 잘못된 표현으로는 대법원 2013. 9. 26. 선고 2013도5214 판결; 대법원 2017. 11. 9. 선고 2015도12633 판결; 대법원 2019. 6. 13. 선고 2018도20655 판결 등.
69) 이상돈, 「경영판단원칙과 형법」(2015), 47쪽도 배임죄 규정의 불명확성을 강조한다.
70) 이규훈, "업무상배임죄와 합법적 기업활동의 경계에 관한 판례의 경향", 「재판자료 제133집: 형사법 실무연구Ⅱ」(2016), 431, 435쪽 이하.

행위를 "널리 재산상의 거래관계에서 서로 지켜야 할 신의와 성실의 의무를 저버리는 모든 적극적 또는 소극적 행위로, (…) 상대방을 착오에 빠지게" 하는 행위[71]로 정의하는데도 사기죄보다 배임죄가 불명확하다는 비판을 더 많이 받는 점을 생각해볼 필요가 있다. 임무위배 행위를 "처리하는 사무의 내용, 성질 … 본인과의 신임관계를 저버리는 일체의 행위"[72]로 보면 그 개념은 모호성을 벗어날 수 없다.

　민사불법이 인정되지 않는 사례에 대해서 형사불법을 인정하는 것이 부당하다는 취지는 공감한다. 하지만 경영판단원칙의 역할은 거기까지다. 배임죄 성립의 제한은 경영판단의 원칙을 도입해야 가능한 것은 아니기 때문이다. 우선 법원은 어떤 내용으로도 채울 수 있는 소위 "빈공식(Leerformel)"[73]과 각각 객관적 구성요건 표지를 엄격하게 구별하지 않고 상호의존적으로 섞는 순환논증을 포기해야 한다. 경영판단의 원칙을 원용하지 않더라도 배임죄가 규정한 각각의 구성요건에 대한 섬세한 도그마틱만으로 충분히 해결이 가능하다.

[주 제 어]
경영판단, 경영판단의 원칙, 배임, 재산보호의무, 정보의무

[Stichwörter]
unternehmerische Entscheidung, Business Judgement Rule, Untreue, Pflicht zur Vermögenspflege, Pflicht zur Informierung

　　접수일자: 2023. 5. 19. 심사일자: 2023. 6. 12. 게재확정일자: 2023. 6. 30.

---

71) 대법원 1992. 3. 10. 선고 91도2746 판결; 대법원 1999. 2. 12. 선고 98도3549 판결; 대법원 2004. 4. 9. 선고 2003도7828 판결; 대법원 2007. 10. 25. 선고 2005도1991 판결; 대법원 2011. 10. 13. 선고 2011도8829 판결.
72) 대표적으로 대법원 2015. 2. 12. 선고 2014도11244 판결.
73) 배임=신임관계를 져버리고 손해를 가하는 일체의 행위, 기망=착오에 빠뜨리는 일체의 행위 등.

[참고문헌]

강동범, "이사의 경영판단과 업무상 배임", 이화여자대학교 「법학논집 제14
    권 제3호」(2010), 33쪽 이하.
김주연, "기업집단 내 계열회사 지원행위와 배임의 고의", 「경희법학 제54권
    제3호」(2019), 25쪽 이하.
김 혁, "경영판단행위와 배임죄에 대한 소고", 「치안정책연구 제26권 제2호」
    (2012), 333쪽 이하.
김혜경, "경영판단의 원칙과 형법상 배임죄의 해석", 「비교형사법연구 제18
    권 제1호」(2016), 223쪽 이하.
박성민, "배임죄에 있어 경영판단 원칙의 도입여부에 대한 검토", 「비교형
    사법연구 제16권 제1호」(2014), 1쪽 이하.
안경옥, "경영판단행위에 대한 배임죄 성립의 가능성", 「경희법학 제41권 제
    2호」(2006), 13쪽 이하.
이규훈, "업무상배임죄와 합법적 기업활동의 경계에 관한 판례의 경향",
    「재판자료 제133집: 형사법 실무연구 Ⅱ」(2016), 431쪽 이하.
이상돈, 「경영판단원칙과 형법」(2015).
이완형, "기업집단 내 계열회사 간 지원행위의 업무상배임죄 성립 여부", 「사
    법 제43호」(2018), 547쪽 이하.
이정민, "경영판단원칙과 업무상 배임죄", 「형사정책연구 18권 제4호」(2007),
    159쪽 이하.
이창섭, "경영판단의 원칙의 형법상 의미", 경상대학교 「법학연구 제23권 제
    1호」(2015), 149쪽 이하.
임철희, "경영판단과 배임고의-그 '법리'의 오용, 남용, 무용", 「형사법연구
    제30권 제2호」(2018), 271쪽 이하.
조기영, "배임죄의 제한해석과 경영판단의 원칙-경영판단원칙 도입론 비판",
    「형사법연구 제19권 제1호」(2007), 87쪽 이하.
홍영기, "배임에서 결과 평가의 엄격성", 「형사법연구 제31권 제1호」(2019),
    133쪽 이하.

Eibach, Martin/Scholz, Philipp, Zur Strafbarkeit unternehmerischer Fehlentscheidungen-zugleich ein Beitrag zur Zivilrechtsakzessorietät des Untreuetatbestands und zu ihren institutionellen Rahmenbedingungen, ZStW 133(3) (2021), 685ff.

Hillenkamp, Thomas, Risikogeschäft und Untreue, NStZ 1981, 161ff.

Fischer, Thomas, Strafgesetzbuch: StGB, 70.Aufl. (2023).

Kindhäuser, Urs/Martin Böse, Strafrecht Besonderer Teil II, 12.Aufl., (2022).

Saliger, Frank, Strafrechtliche Risiken unternehmerischer Entscheidungen aus dem Untreuetatbestand, in: Michael Nietsch (Hrsg.), Compliance und soziale Verantwortung im Unternehmen (2019), S.85ff.

Schönke, Adolf/Schröder, Horst, Strafgesetzbuch: StGB, 30.Aufl. (2019)

Schroth, Vorsatz als Aneignung der unrechtskonstituierenden Merkmale (1994)

Zieschang, Frank, Kapital 5: Unteruedelikte, in: Tido Park (Hrsg.), Kapitalstrafrecht, 5.Aufl. (2020)

[Zusammenfassung]

Die systemimmanente Rolle der „unternehmerischen (Fehl-)Entscheidung" beim Untreue

Lee, Seok-Bae*

Der koreanische Oberste Gerichtshof (kOGH) hat die folgende Doktrin bezüglich der unternehmerischen Entscheidungen aufgestellt: Der subjektive Tatbestandtatbestand für eine Untreue (§§356, 355 Abs. 2 kStGB) sollte nur dann akzeptiert werden, wenn es sich bei einer unternehmerischen Fehlentscheidung um eine vorsätzliche Handlung handelt.

Diese Doktrin kommt jedoch keine besondere Bedeutung zu, wenn sie nicht im materiellen Sinne, sondern nur im prozessualen Sinne verstanden werden soll. Denn das Gericht hat keinen Sorgfaltsmaßstab bei der Bestimmung des subjektiven Tatbestandes angelegt, sondern lediglich die Anhaltspunkte für Feststellung des Sachverhalts ohne Hinweiswirkung genannt hat.

Der kOGH wendet die Doktrin auch auf Fälle an, in denen es sich nicht um eine unternehmerische Fehlentscheidung handelt und um die Entscheidung keine informierte Entscheidungsfindung war. Eine informierte Entscheidung kann jedoch keine Pflichtverletzung darstellen. Das Wissen um eine informierte Handlung stellt nicht das subjektive Element der Pflivhtverletzung dar.

Die Handlung der rationalen unternehmerische Entscheidung als subjektiver Tatbestand beruht in diesem Sinne auf einem Missverständnis des Begriffs des Vorsatzes. Gleichwohl liefert die sog. "Business

---

* Prof. Dr. Juristische Fakultät an der Dankook Universität

Judgement Rule" ein überzeugendes kriminalpolitisches Argument dafür, dass die vermögensbezogene Informationspflicht ein eigenständiger Inhalt der Sorgfaltspflicht sein kann, womit wiederum deutlich wird, dass die Regelung damit in Zusammenhang auf den objektiven Tatbestand des Untreues stehen sollte.

직권남용권리행사방해죄에서 '직권남용'요건의 판단
(대법원 2022. 4. 28. 선고 2021도11012 판결)

오 병 두*

◇ 대상판결: 대법원 2022. 4. 28. 선고 2021도11012 판결

1. 공소사실의 요지[1]

피고인은 서울중앙지방법원의 형사수석부장판사로서, 같은 법원에 계속 중인 3건 사건의 각 담당재판장, 담당판사(이하 '담당재판부'라 한다)에게 판결이유 수정 등의 조치를 요청하였다. 검찰은 형사수석부장판사인 피고인이 "형사수석부장판사로 재직하면서 법원장을 보좌하여 제반 사법행정사무 관련 지휘·감독권 및 재판 관련 사항에 대한 직무감독권을 행사할 수 있는 직무상 권한", 즉 사법행정권을 보유한 자로서 그 직권을 남용하여 재판에 개입함으로써 각 담당재판부의 재판권이라는 권리행사를 방해하였거나 의무 없는 일을 하게 하였다는 혐의로 형법 제123조의 직권남용권리행사방해죄로 공소를 제기하였다. 각 공소사실의 요지를 표로 정리하면 다음과 같다.

홍익대학교 법과대학 교수

[1] 이하의 공소사실은 서울고등법원 설명자료, "수석부장판사의 재판관여에 의한 직권남용권리행사방해 사건[서울고등법원 2021. 8. 21. 선고 2020노471 판결]"과 대법원 홈페이지, "직권남용권리행사방해 사건(2021도11012) 보도자료"(https://www.scourt.go.kr/news/NewsViewAction2.work?pageIndex=6&searchWord=&searchOption=&seqnum=1157&gubun=702>, 최종검색: 2023. 4. 30.)를 토대로 정리한 것이다.

[2] "산케이신문 前 서울지국장이 2014. 8. 3. 일본 산케이신문에 박근혜 대통령의 세

산케이신문 前서울지국 장 K씨 관련 사건2)	① 보도의 허위성에 대한 '중간판결적 판단' 요청행위	2015. 3.경 법원행정처 차장 임○헌과 공모하여, 담당재판장에게 판결 선고 전에 대통령의 행적에 대한 보도가 허위라는 점이 입증되었다는 점을 밝히며 향후 '비방 목적 유무' 등에 변론을 집중하도록 소송지휘권을 행사하게 함.
	② 판결 이유 수정 및 선고 시 구체적 구술내용 변경 등 관련 요청행위	2015. 11.경 위 임○헌과 공모하여, 담당재판장에게 선고 시 구술할 내용을 미리 피고인에게 보고하도록 하고, 피고인의 의견을 반영하여 선고 시 구술할 내용과 판결 이유를 수정하게 하며, 선고기일에 외교부의 선처 요청 사실을 언급하고, 무죄 판결을 선고하면서도 K씨의 행위가 부적절하다는 취지의 내용을 언급하게 함.
③ 민변 변호사 체포치상 사건3)		2015. 8. 20.경 담당재판장으로 하여금 이미 선고한 판결 이유를 수정 및 삭제하게 하고, 이미 등록된 판결문을 등록취소하고 재등록하게 함.
④ 유명 프로야구 선수에 대한 도박죄 약식명령 공판절차회부 관련	담당판사에 대한 직권남용	2016. 1. 14.경 도박죄 약식사건 담당판사가 약식사건을 이미 공판절차에 회부하기로 결정한 것을 재검토하여 약식명령을 발령하도록 하고, 공판절차회부서가 등록완료된 것은 담당실무관의 착오입력이라고 대응하도록 함,
	담당실무관에 대한 직권남용	피고인은 2016. 1. 14. 무렵 위 도박죄 약식사건과 관련하여, 형사과장 및 담당판사를 통해 재판사무시스템에 대한 접근권한이 있는 담당실무관에게 후속 절차를 보류하고 재판사무시스템상 이미 입력된 공판절차회부통지서를 삭제하게 함.

월호 참사 당일 7시간의 행적에 관한 추측성 기사를 게재하여 대통령 박근혜, 정○회의 명예를 훼손하여 정보통신망법 위반(명예훼손)죄를 저질렀다고 공소제기"된 사건.
3) "민주사회를 위한 변호사 모임 소속 변호사들이 공모하여 덕수궁 대한문 앞 인도에서 집회를 방해한다는 이유로 서울남대문경찰서 경비과장을 체포하려고 하는 등 체포치상죄 등을 저질렀다고 공소제기"된 사건.

2. 하급심 법원의 판단

가. 제1심 법원의 판단

제1심 법원(서울중앙지방법원 제25형사부)⁴⁾은 공소사실을 피고인의 '재판관여행위'로 지칭하면서, 이 재판관여행위가 "피고인의 지위 또는 개인적 친분관계를 이용하여 법관의 독립을 침해하는 위헌적 행위"이기는 하나, 피고인에게 "법관 독립의 원칙상 법원장에게 재판업무를 지휘·감독할 사법행정권은 없"어서 '일반적 직무권한'이 존재하지 않고, 피고인의 재판관여행위에도 불구하고, 담당재판부는 "자신의 법적 판단을 바탕으로 재판부 합의 등을 거쳐" 각 행위를 한 것이므로 인과관계가 단절된다는 이유로 피고인에게 무죄를 선고하였다.⁵⁾

"(⋯) 피고인의 이 사건 각 재판관여행위는 법관의 재판업무에 개입하는 것을 그 내용으로 하는 것이다. 그런데 ① K지방법원⁶⁾ 형사수석부장판사의 재판업무에 관한 사법행정권은 현행 법령상 명시적 근거가 없고, ② K지방법원장의 사법행정권(재판사무에 관한 직무감독권, 사법지원권한, 사법정책·공보·대외업무 관련 협조요청권한)은 법관 독립의 원칙상 재판업무에 관하여 행사할 수 없을 뿐만 아니라, 그러한 권한이 있다고 하더라도 K지방법원장이 이 사건 각 재판관여행위 당시 이를 피고인에게 구체적으로 위임·지시 또는 명령하였다고 인정할 증거도 없다. 결국, 법·제도를 종합적, 실질적으로 관찰하더라도 피고인의 이 사건 각 재판관여행위가 K지방법원 형사수석부장판사의 일반적 직무권한에 속한다고 해석될 여지가 없고, 오히려 피고인의 이 사건 각 재판관여행위는 피고인의 지위 또는 개인적 친분관계를 이용하여 법관의 독립을 침해하는 위헌적 행위에 해당하는 것으로 판단된다. 다만, 피고인의 행위가 위헌적이라는 이유로

---

4) 서울중앙지방법원 2020. 2. 14. 선고 2019고합189 판결.
5) 공소사실 ④와 관련하여, 담당 실무관의 행위는 담당 판사의 "직무집행으로 귀결될 뿐이므로, 담당실무관으로 하여금 의무 없는 일을 하게 한 때에 해당한다고 볼 수 없"다고 보았다.
6) 판결문에서는 서울중앙지방법원을 'K지방법원'이라 표시하고 있다

직권남용죄의 형사책임을 지게 하는 것은 피고인에게 불리하게 범죄 구성요건을 확장 해석하는 것이어서 이 또한 죄형법정주의에 위반되어 허용되지 않는다."[7]

특히 일반적 직무권한의 존부와 관련해서는 "각급법원에서 그동안 사실상 또는 업무상 필요에 의하여 각급 법원의 수석부장판사에게 사법행정권자인 소속 법원장을 보좌하는 업무 및 역할을 관행적으로 담당하게 하였다고 할지라도 이에 관하여 구체적인 법원조직법상 근거규정이 없으며, 나아가 수석부장판사가 소속 법원장을 보좌한다는 일반규정이 각급법원의 내규에 존재한다고 인정할 증거도 없다."고 하면서 형사수석부장판사가 법원장을 보좌하는 사실상 업무영역은 "법령에 근거하지 않은 업무상 관행에 불과한 것"이고, 달리 "형사수석부장판사인 피고인이 법원장[이 궐위되어 그]의 사법행정권을 대행하였다거나, 법원장으로부터 구체적인 위임을 받았다"고 볼 수 없다는 것이다.[8] 또한 "사법행정권자가 재판업무에 대하여 직·간접적으로 구체적 지시를 하거나, 특정한 방향이나 방법으로 직무를 처리하도록 요구 내지 요청, 권고하는 것은 직무감독권의 범위를 벗어나는 재판관여로 허용될 수 없다."[9] 이를 토대로 형사수석부장판사에게는 사법행정권을 행사할 '일반적 직무권한'이 인정되지 않는다고 보았다.

나아가 제1심 법원은 '일반적 직무권한', 즉 '직권'의 존재를 부인하는 전제에서 다시 "피고인의 이 사건 각 재판관여행위가 피고인의 직권을 남용한 것으로 인정된다고 하더라도", 각 담당재판부의 "각 판단 내지 결정 사이에 인과관계가 존재하는 것으로 보기 어렵다."고 하여 인과관계를 부정하였다. 그러나 그 사이에 '남용'의 존재 여부는 따로 판단하지는 않았다.

---

7) 제1심판결문, 63-64쪽.
8) 제1심판결문, 39쪽.
9) 제1심판결문, 47쪽.

나. 항소심 법원의 판단

검사는 항소하였으나, 항소심법원(서울고등법원 제3형사부)은 이를 기각하였다.[10] 항소이유 중에서 검사는 "일반적 직무권한 내에 속하는지는 형식적·외형적으로 판단해야 하나, 그 직권행사의 형식이나 외형을 완벽하게 갖추지 못했다는 이유로 일반적 직무권한 내에 속하지 않는다고 본다면 자칫 국가작용의 신뢰를 훼손하고 국민의 기본권을 광범위하게 침해한 사건에 대한 직권남용권리행사방해죄의 대응을 어렵게 만들 수 있다."[11]는 소위 "월권행위에 의한 직권남용권리행사방해죄"의 성립을 주장하였다.

항소심 법원은 "일반적 직무권한의 범위를 넘는 월권행위에 관하여는 직권남용권리행사방해죄가 성립하지는 않는다."[12]고 하면서, 검사가 원용한 기존 대법원 판결[13]과 일본 최고재판소 판결[14] 등이 월권적 직권남용을 다룬 사안은 아니라고 하였다. 피고인의 재판관여행위를 '부적절한 것'('남용')으로 보고서, 이와 관련하여 재판에 관여할 '일반적 직무권한'의 존재가 우선되어야 한다는 입장을 천명하였다. 여기에서 "재판업무에는 재판권 내지 핵심영역에 속하는 사항과 그 밖의 영역에 속하는 사항이 있고, 계속 중인 구체적인 사건에 있어 재판업무 중 핵심영역에 속하는 사항은 전적으로 그 사건을 담당한 법관

---

10) 서울고등법원 2021. 8. 12. 선고 2020노471 판결.

11) 항소심판결문, 2쪽.

12) 항소심판결문, 18쪽.

13) 순서대로 언급하면, 대법원 2019. 8. 29. 선고 2018도13792 전원합의체 판결, 대법원 2020. 2. 13. 선고 2019도 5186 판결, 대법원 2020. 1. 30. 선고 2018도2236 전원합의체 판결, 대법원 2021. 3. 11. 선고 2020도12583 판결, 대법원 2011. 7. 28. 선고 2011도1739 판결, 대법원 1992. 3. 10. 선고 92도116 판결, 대법원 2018. 5. 11. 선고 2018도870 판결이다. 그리고 하급심 판결로는 서울동부지방법원 2019. 6. 25. 선고 2018고합30, 75(병합) 판결, 서울중앙지방법원 2018. 2. 22. 선고 2017고합365, 732(병합) 판결도 있다.

14) 最高裁判所 昭和57年(1982年) 1月 28日, 昭和55(あ)461 決定[刑集 第36卷1号1頁] <신분장 사건>, 最高裁判所 昭和60年(1985年) 7月 16日, 昭和58(あ)1309 決定[刑集 第39卷5号245頁] <간이재판소 판사 사건>.

의 재판권에 관한 것으로 이에 관하여는 사법행정권이 개입될 여지는 없다"15)고 하여 (검사가 주장한 "'특정 사건 재판사무의 핵심영역에 대한 지적 사무"16)와 같은) 재판에 관여할 '일반적 직무권한'의 존재는 인정할 수 없다고 하였다.17)

구체적인 공소사실을 검토하면서, 원심의 판단을 특정한 공소사실 자체의 '남용' 여부를 보고서, 그 다음에 그것이 '일반적 직무권한'이 있는가의 순서로 정리하였다. 그리고 난 후, 항소심법원의 판단을 적고 있다. 또한 권리행사의 방해나 의무 없는 일의 강요 그리고 '직권남용'과의 인과관계를 검토하였다. 제1심의 판단을 대체로 수긍할 만하다고 보았다. 다만, 여기에서 '남용'에 대한 판단에서 서술한 내용은 '일반적 직무권한'의 '남용'에 대한 판단이 아닌, 구체적인 '직무'행위로서 '재판관여행위' 자체의 '남용'으로서의 성격이었다.18)

3. 대법원의 판단

항소심판결에 대해 다시 검사가 상고하였으나 대법원은 이를 기각하면서 피고인에 대하여 무죄가 확정되었다. 대법원의 주요 판시내용은 다음과 같다.

원심은, 직권남용권리행사방해(이하 '직권남용'이라 한다)죄는 공무원이 일반적 직무권한에 속하는 사항에 관하여 직권의 행사에 가탁하여 실질적, 구체적으로 위법·부당한 행위를 한 경우에 성립하는데, 여기에서의 '직권남용'이란 공무원이 일반적 직무권한에 속하는 사항에 관하여 그 권

---

15) 항소심판결문, 31-32쪽.
16) 항소심판결문, 37쪽.
17) 예컨대, 공소사실 ① 중 중간판결적 판단을 고지하도록 한 행위의 경우에는 "중간판결적 판단 고지가 법령, 그 밖의 관련 규정에 따라 직무수행 과정에서 준수하여야 할 원칙이나 기준, 절차 등을 위반하였다고 보기 어렵고 달리 이를 인정할 증거가 없다."고 보았다(항소심판결문, 44쪽).
18) 이상의 설명에 관하여는 항소심판결문, 17쪽 이하(공소사실①에 관하여), 51쪽 이하(공소사실②에 관하여), 66쪽 이하(공소사실③에 관하여), 77쪽 이하(공소사실④에 관하여) 등 참조.

한을 위법·부당하게 행사하는 것을 뜻하고, 공무원이 일반적 직무권한에 속하지 않는 행위를 하는 경우인 지위를 이용한 불법행위와는 구별되는바, 어떠한 직무가 공무원의 일반적 직무권한에 속하는 사항이라고 하기 위해서는 그에 관한 법령상 근거가 필요하다는 대법원 2019. 8. 29. 선고 2018도14303 전원합의체 판결, 대법원 2021. 3. 11. 선고 2020도12583 판결 등의 법리를 원용한 다음, 아래와 같은 이유로 이 사건 공소사실을 무죄로 판단한 제1심판결을 그대로 유지하였다.

가. 피고인의 판시와 같은 행위는 부당하거나 부적절한 재판관여행위에 해당한다. 그러나 피고인의 위와 같은 각 재판관여행위는 법관의 재판권에 관한 것인데, 이에 대하여는 사법행정권자에게 직무감독 등의 사법행정권이 인정되지 않으므로 각 재판관여행위에 관하여 피고인에게 직권남용죄에서 말하는 '일반적 직무권한'이 존재하지 않고, 일반적 직무권한의 범위를 넘는 월권행위에 관하여는 직권남용죄가 성립하지 않는다. 헌법, 법원조직법, 관련 대법원 규칙과 예규를 종합하더라도 피고인에게 재판에 관여할 직무권한을 인정할 수 없다. 결국 각 재판관여행위가 피고인이 서울중앙지방법원 형사수석부장판사로서의 일반적 직무권한에 속하는 사항에 관하여 직권을 행사하는 모습으로 이루어진 것은 아니다.

나. 직권남용죄에서 권리행사를 방해한다 함은 법령상 행사할 수 있는 권리의 정당한 행사를 방해하는 것을 말하므로, 이에 해당하려면 구체화된 권리의 현실적인 행사가 방해된 경우라야 하고(대법원 2006. 2. 9. 선고 2003도4599 판결 등 참조), 여기서 말하는 '권리'는 법률에 명기된 권리에 한하지 않고 법령상 보호되어야 할 이익이면 족한 것으로서, 공법상의 권리인지 사법상의 권리인지를 묻지 않는바(대법원 2010. 1. 28. 선고 2008도7312 판결 등 참조), 헌법과 법률에 의한 법관의 독립된 심판권한(헌법 제103조), 재판장의 소송지휘권(형사소송법 제279조) 역시 직권남용죄에서 말하는 '권리'에는 해당하나, 각 담당재판장과 담당판사는 담당재판부의 논의, 합의를 거치거나 혹은 동료판사들의 의견을 구한 다음, 자신의 판단과 책임 아래 권한을 행사하였고,

피고인의 요청 등을 지시가 아닌 권유나 권고 등으로 받아들인 점 등 그 판시와 같은 사정 등에 비추어 보면, 피고인의 재판관여행위가 담당재판장, 담당판사의 권한 행사를 방해하였다고 볼 수 없다.

다. 공무원이 직권을 남용하여 사람으로 하여금 어떠한 일을 하게 한 때에 상대방이 공무원인 경우에는 상대방이 한 일이 형식과 내용 등에 있어 직무범위 내에 속하는 사항으로서 법령, 그 밖의 관련 규정에 따라 직무수행 과정에서 준수하여야 할 원칙이나 기준, 절차 등을 위반하지 않는다면 특별한 사정이 없는 한 법령상 의무 없는 일을 하게 한 때에 해당한다고 보기 어려운바(대법원 2020. 1. 30. 선고 2018도2236 전원합의체 판결 등 참조), 담당재판장과 담당판사 등의 판시와 같은 행위가 법령, 그 밖의 관련 규정에 따라 직무수행 과정에서 준수하여야 할 원칙이나 기준, 절차 등을 위반하였다고 보기 어렵다. 결국 피고인의 재판관여행위가 담당재판장, 담당판사 등에게 의무 없는 일을 하게 한 것으로 볼 수 없다.

라. 직권남용죄는 단순히 공무원이 직권을 남용하는 행위를 하였다는 것만으로 곧바로 성립하는 것이 아니고, 직권을 남용하여 현실적으로 다른 사람이 법령상 의무 없는 일을 하게 하였거나 다른 사람의 구체적인 권리행사를 방해하는 결과가 발생하여야 하고, 그 결과의 발생은 직권남용 행위로 인한 것이어야 하는바(위 대법원 2018도2236 전원합의체 판결 등 참조), 앞서 본 바와 같이 담당재판장, 담당판사의 권리행사를 방해하거나 담당재판장, 담당판사 등으로 하여금 의무 없는 일을 하게 하였다는 결과가 발생하였다고 볼 수 없을 뿐만 아니라, 설령 피고인의 재판관여행위가 담당재판장이나 담당판사의 행위에 하나의 계기가 되었다고 하더라도, 담당재판장들이나 담당판사는 피고인의 요청을 무조건 따른 것이 아니라 위 나.항에서 본 바와 같은 논의 등을 거쳐 독립하여 재판을 수행하였고, 피고인에게 법관의 재판권에 관하여 지휘·감독할 수 있는 사법행정권이 없음을 잘 알고 있었으며, 피고인의 말을 권유 정도로 이해한 점 등에 비추어 보면, 피고인의 재판관여행위와 결과 사이에 상당인

<u>과관계 또한 인정되지 않는다.</u>

[평 석]

I. 들어가며

1. 직권남용죄의 쟁점들

대상판결은 이른바 '사법행정권 남용 사태' 혹은 '사법농단'과 관련하여 직권남용권리행사방해죄(형법 제123조[19]), 이하 '직권남용죄'라 한다)의 의율 여부가 문제된 일련의 판결들 중 하나이다. 이 판결에 대해서는 높은 사회적 관심에 비례하여 상이한 법적·사회적 평가가 나왔다. 여기에는 '사법농단'을 재판하는 법원의 태도에 대한 비판도 있고, 직권남용죄 요건 자체의 불명확성에 대한 우려도 있었다.[20]

직권남용죄의 법리상 문제로는 요건, 특히 '직권'과 '남용' 등의 요건이 추상적이고 다의적이라는 점이 자주 지적된다.[21] 반면, 법문의 표현이 갖는 추상성·불명확성은 직권남용죄에서만 국한되는 것만은 아니라는 지적도 만만치 않다. 대표적으로 직권남용죄의 법문이 "입법기술상 부득이하고, (…) 이들 용어의 개념을 그 각 문어적 해석에 널리 통용되는 법학이론과 우리의 경험칙 및 사회질서, 조리 등을 종합적으로 결합함으로써 그 구체적 의미를 확정하는 것이 불가능한 것은 아니"라는 주장이 그것이다.[22]

---

19) 형법 제123조(직권남용) 공무원이 직권을 남용하여 사람으로 하여금 의무없는 일을 하게 하거나 사람의 권리행사를 방해한 때에는 5년 이하의 징역, 10년 이하의 자격정지 또는 1천만 원 이하의 벌금에 처한다.

20) 이를 잘 정리한 기사로는 "기소율 0.1% '직권남용' 남용시대 … 권력감시인가 정치보복인가", 한겨레 2022. 10. 19, <https://www.hani.co.kr/arti/society/society_general/1063251.html>, 최종검색: 2023. 4. 30.

21) 하급심의 판결에서도 지적되고 있다. 특히 제1심판결문, 32쪽, 64쪽 등 참조.

22) 양경승, "직권남용죄의 보호법익과 구성요건", 대한변호사협회, 인권과 정의(500), 2021. 9, 171쪽.

실제로 직권남용죄의 불명확성에 대한 우려 내지 불안은 개념적 인 요소보다는 이전 정권의 정책적 과오를 형사법적으로 단죄하는 수 단으로 악용될 수 있다는 우려와 더 관련이 깊다고 보인다. "권력기관 과 관련된 거의 모든 문제를 직권남용죄에 호소"하는 상황에서 '정치 적 논란이 많은 범죄유형'이라는 평가가 대표적인 예이다.[23] 특히 권 한이 크고 사회적 관심도가 높은 고위직일수록 이 불명확성은 더욱 커지게 된다.

2. 논의의 대상

대법원은 이른바 <블랙리스트 판결>(대법원 2020. 1. 30. 선고 2018 도2236 전원합의체 판결)[24] 등에서 '직권남용'에 관한 기존 해석론을 정 리하여, ① 직권남용 행위(실행행위), ② 권리행사를 방해하거나 또는 의무 없는 일을 하게 한 결과, 그리고 ③ 양자(①과 ②) 사이의 인과관 계가 필요하다는 정식을 제시한 바 있다.[25]

대법원은 피고인이 형사수석부장판사로서 사법행정권을 보유한

---

23) 정승환, "2020년 형법 중요판례평석－대법원 전원합의체 판결을 중심으로－", 인 권과 정의 제497호(대한변호사협회, 2021. 5), 79쪽. 한편, 양경승, "직권남용죄의 보 호법익과 구성요건", 172쪽에서는 "종래 직권남용죄의 본질 및 그 보호법익과 구 성요건에 대한 종합적이고 올바른 이해가 없는 상태에서 법이 해석·적용되어 온 데에서 비롯되는 것"으로 평가한다.

24) 이 판결에 대한 평석으로는 오병두, "직권남용행위를 집행한 하급 공무원의 면책 범위－대법원 2020. 1. 30. 선고 2018도2236 전원합의체 판결－", 형사판례연구 제 29호(한국형사판례연구회, 2021. 7), 33-70쪽.

25) 오병두, "직권남용죄의 성립요건에 관한 검토", 형사법연구 제32권 제2호(한국형사 법학회, 2020. 6), 164-165쪽; "직권남용행위를 집행한 하급 공무원의 면책범위", 46 쪽. 같은 취지: 정승환, "2020년 형법 중요판례평석", 79쪽. 이와 같은 설시가 최초 의 것은 아니다. 대표적으로는, <조폐공사 파업유도 사건>(대법원 2005. 4. 15. 선 고 2002도3453 판결). "형법 제123조의 직권남용죄에 있어서 직권남용이란 공무원 이 그 일반적 직무권한에 속하는 사항에 관하여 직권의 행사에 가탁하여 실질적, 구체적으로 위법·부당한 행위를 하는 경우를 의미하고, 위 죄에 해당하려면 현실 적으로 다른 사람이 의무 없는 일을 하였거나 다른 사람의 구체적인 권리행사가 방해되는 결과가 발생하여야 하며, 또한 그 결과의 발생은 직권남용 행위로 인한 것이어야 한다."

사람이나, 재판에 관여할 권한은 형사수석부장판사의 직권이 아니므로 피고인의 행위(재판관여행위)는 직권남용죄가 성립하지 않는다고 보았다. 법원의 재판에 대하여 개입할 권한은 '사법행정권'을 가진 자의 '일반적 직무권한'에 해당하지 않고 따라서 '월권행위'가 되어 '직권'을 벗어난다는 것이다. 이 '재판관여행위'가 부당하거나 부적절하나 '사법행정권'의 범위에 속하는 '일반적 직무권한'이 아니므로 직권남용죄가 성립하지 않는다고 하면서[위 ①의 부정], 보충적으로, 담당재판부가 "자신의 판단과 책임 아래 권한을 행사하였고, 피고인의 요청 등을 지시가 아닌 권유나 권고 등으로 받아들인 점"에서 '독립하여' 재판을 하였으므로 권리행사를 방해하거나 의무 없는 일을 하게 한 결과가 발생하지 않았으므로[위 ②의 부정], "피고인의 재판관여행위와 결과 사이에 상당인과관계 또한 인정되지 않는다"고 한다[위 ③의 부정].[26] 이는 대법원이 제1심과 제2심 판결[27]의 논증과 결론을 대체로 승인한 것이다.

대상판결은 ②와 ③의 요건에 대한 판단에서, 구체적인 사안 포섭에 집중하면서 기존의 판례와 다른 새로운 논리를 전개하고 있지는 않다. 대상판결의 특이점은 ①의 요건('직권남용')에 대한 판단에 있다.

대법원은 직권남용죄의 핵심요건인 '직권남용'을 하급심 판결과 마찬가지로 '직권'(즉, '일반적 직무권한')과 '남용'을 나누어 판단하였다. 이는 하급심 판결의 태도를 원용한 것이다. 하지만, 하급심 판결 사이

---

26) 대상판결에서 이러한 논증을 한 것은 제2심 판결문의 "피고인 및 변호인 주장의 요지"와 관련이 있다고 보인다. 이에 따르면, 피고인 측은 "피고인에게 법관의 재판업무에 관여할 수 있는 일반적 직무권한 자체가 없다."는 점을 주장 요지로 하면서도, 이 주장이 배척될 경우에 대비하여 예비적으로 '남용의 부존재', '의무 없는 일 또는 권리행사방해의 부존재', '인과관계의 단절', '범의의 부존재'(그리고 약식사건 담당 실무관은 직무집행 보조자에 불과하여 상대방이 될 수 없다는 점) 등을 주장하였다. 제2심 법원은 피고인측의 각 주장에 대해 판단하였고, 대법원도 원심을 요약하는 과정에서 위와 같이 표현한 듯하다.

27) 제1심과 제2심 판결에 대한 평석으로는 김성돈, "법이해, 법발견방법 그리고 직권남용죄", 형사법연구 제33권 제4호(한국형사법학회, 2021. 12), 128-139쪽.

에서 논의 구조는 다소의 차이가 있다. 즉, 제1심 판결에서는 '일반적 직무권한'을 중심으로 판단하여 '직권'의 존재를 부인하면서, 별도로 그 '남용'에 대하여는 판단하지 않았음에 반하여, 항소심판결은 각 공소사실의 판단에서 원심의 판단을 '남용'과 '일반적 직무권한'의 존부로 나누어 검토했다. 이때 '남용'으로 기술된 내용은 각 공소사실 자체의 위법성이었는데,[28] 이는 대법원과 하급심의 판결에서 '재판관여행위'로 지칭된 피고인의 실행행위였다. 일견 행위의 위법성·위헌성을 전제한 듯 보이는 이 표현의 의미도 '남용'과 관련하여 함께 살펴볼 필요가 있을 것이다.[29]

Ⅱ. 직권남용죄에서 '직권남용'의 해석론

1. '직권남용'에 관한 대법원의 설시

가. '직권남용'의 의미에 관한 대법원의 두 가지 설시유형

대법원은 '직권남용'을 직권남용죄의 핵심적 '불법'표지로 파악한다.[30] 관련하여, 대법원 판결에는 크게 2가지의 설시유형이 보이는 것으로 이해되고 있다.

하나는 이른바 '직무수행형' 직권남용 유형이다.[31] 대표적인 판결로서, <안○범, 최○원 사건>(대법원 2019. 8. 29. 선고 2018도13792 전원합의체 판결)이 있다. 이 판결에서는 "형법 제123조의 직권남용권리행사방해죄에 있어서 '직권의 남용'이란 공무원이 일반적 직무권한에 속

---

28) 예컨대, 항소심판결문, 17쪽의 '남용' 판단의 세부목차는 "피고인의 재판관여행위(남용)에 관하여"이다.

29) 이 '재판관여행위'라는 표현에 대해 직권남용죄 해당 여부의 판단 이전에 '위헌' 또는 '위법'에 대한 판단을 선취한 것과 같은 혼동이 있을 수 있다는 지적으로는 항소심판결문, 18쪽.

30) "공무원의 직무관련 범죄를 처벌하는 규정이라는 점에서 이 사건 법률조항의 핵심적인 불법의 표지는 '직권남용'이다."(항소심판결문, 33쪽).

31) 일본에서는 '직무수행형' 직권남용으로 불린다(오병두, "직권남용죄의 성립요건에 관한 검토", 155쪽).

하는 사항을 불법하게 행사하는 것, 즉 형식적, 외형적으로는 직무집행으로 보이나 그 실질은 정당한 권한 이외의 행위를 하는 경우를 의미[한다]”고 판시하였다.32)

한편, 이른바 ‘가탁형’ 직권남용이라고 불리는 유형의 설시도 있다.33) 예컨대, <국정원 국고손실 사건>(대법원 2021. 3. 11. 선고 2020도12583 판결)에서는 “직권남용권리행사방해죄는 공무원이 일반적 직무권한에 속하는 사항에 관하여 직권의 행사에 가탁(假託)하여 실질적, 구체적으로 위법·부당한 행위를 한 경우에 성립한다.”고 한다.34) 이 ‘가탁형’ 직권남용 유형에서는 위 기술에 이어서 “여기에서 말하는 ‘직권남용’이란 공무원이 일반적 직무권한에 속하는 사항에 관하여 그 권한을 위법·부당하게 행사하는 것, 즉 형식적, 외형적으로는 직무집행으로 보이나 그 실질은 정당한 권한 이외의 행위를 하는 경우를 의미한다.”라고 하여 ‘직권남용’의 의미를 추가로 설시하고 있다. 이 내용

---

32) 같은 설시로는 대법원 2011. 2. 10. 선고 2010도13766 판결; 대법원 2011. 7. 28. 선고 2011도1739 판결; 대법원 2013. 9. 12. 선고 2013도6570 판결; 대법원 2017. 10. 31. 선고 2017도12534 판결; 대법원 2018. 2. 13. 선고 2014도11441 판결; 대법원 2019. 8. 29. 선고 2018도13792 전원합의체 판결; 대법원 2020. 10. 29. 선고 2020도3972 판결 등.

33) 일본에서는 ‘직무가탁(가장)형’ 직권남용으로 불린다(오병두, “직권남용죄의 성립요건에 관한 검토”, 155쪽).

34) 이 판결과 표현이나 구성이 완전히 동일한 것은 아니나, “직권남용죄는 공무원이 그 일반적 직무권한에 속하는 사항에 관하여 직권의 행사에 가탁하여 실질적, 구체적으로 위법·부당한 행위를 한 경우에 성립”한다고 한 설시로는 대법원 1992. 3. 10. 선고 92도116 판결; 대법원 2004. 5. 27. 선고 2002도6251 판결; 대법원 2004. 10. 15. 선고 2004도2899 판결; 대법원 2004. 5. 27. 선고 2002도6251 판결; 2005. 4. 15. 선고 2002도3453 판결; 대법원 2013. 9. 12. 선고 2013도6570 판결; 대법원 2015. 3. 26. 선고 2013도2444 판결; 대법원 2019. 3. 14. 선고 2018도18646 판결; 대법원 2013. 9. 12. 선고 2013도6570 판결 등. 한편, 대법원 2004. 5. 27. 선고 2002도6251 판결은 “직권남용죄는 공무원이 그 일반적 직무권한에 속하는 사항에 관하여 직권의 행사에 가탁하여 실질적, 구체적으로 위법·부당한 행위를 한 경우에 성립하고(…), 그 일반적 직무권한은 반드시 법률상의 강제력을 수반하는 것임을 요하지 아니하며, 그것이 남용될 경우 직권행사의 상대방으로 하여금 법률상 의무 없는 일을 하게 하거나 정당한 권리행사를 방해하기에 충분한 것이면 된다고 할 것이다.”고 한다.

은 '직무수행형'과 유사하다.

여기에서 "거짓 핑계를 댐" 또는 "어떤 일을 그 일과 무관한 다른 대상과 관련지음" 등을 의미하는 이 '가탁'(假託)이라는 표현을 놓고,35) '일반적 직무권한의 범위를 넘는 월권행위'의 경우까지를 포함하는가와 관련하여, '직무수행형' 직권남용과 '가탁형' 직권남용에서의 각 설시가 동일한 취지인지에 대해 의문이 제기된다.

우선, 양자를 동일한 의미로 파악하는 입장이 있다. 조기영 교수는 "대법원도 이미 목적-수단관계를 고려하여 공무원의 직권남용에 관한 불법을 판단하고자 하는 입장을 취하고 있다고" 보면서, "직권의 남용에 해당하는지 여부는 그 직무행위의 목적을 고려해서 판단할 수밖에 없는 논리적 구조를 밝히고 있"는 것으로서 양자가 동일한 차원의 설시라고 평가한다.36)

또한, 이완규 변호사(현 법제처장)는 판례가 '가탁하여' 또는 '형식적, 외형적으로는 직무집행으로 보이나 실질은 정당한 권한 외의 행위를 하는 경우'는 같은 것을 달리 표현한 것으로 "'가탁하여'는 주관적 목적의 요건이고, '실질적, 구체적으로 위법·부당한 행위'는 객관적 요건"이라고 한다.37)

---

35) 또한 "어떤 사물을 빌려 감정이나 사상 따위를 표현하는 일"도 가탁의 의미이다. 이상은 표준국어대사전의 정의이다. 출처는 "네이버국어사전"(<https://ko.dict.naver.com/>, 최종검색: 2023. 4. 30.).

36) 조기영, "직권남용과 블랙리스트", 비교형사법연구 제20권 제2호(한국비교형사법학회, 2018. 7), 40-41쪽. "대법원은 직권남용을 '형식적·외형적으로는 직무집행'으로 보이나 '실질은 정당한 권한 이외의 행위'를 하는 경우 또는 '직권의 행사에 가탁하여' '실질적, 구체적으로는 위법·부당한 행위'를 한 경우로 규정하고 있다. 여기서 직무집행의 형식·외형 내지 직권의 행사에의 가탁은 전체 남용행위 중 '수단' 내지 '방법'에 해당하는 것이고, 이들 수단이 외형상 적법한 형태를 띠는 경우－수단 자체가 위법·부당한 경우도 있을 수 있다.－결국, 직권의 남용에 해당하는지 여부는 그 직무행위의 목적을 고려해서 판단할 수밖에 없는 논리적 구조를 밝히고 있다"(같은 글, 41쪽).

37) 이완규, "직권남용죄의 성립요건", 범죄방지포럼 제41호(한국범죄방지재단, 2019. 8), 37-38쪽. 이민걸, "직권남용죄에 있어서의 주체와 직권남용의 의미", 형사판례연구 제13호(형사판례연구회, 박영사, 2005), 14쪽도 같은 입장으로 이해된다.

이상의 견해와 달리, 양자를 구별하는 입장도 있다. 특히 '가탁하여'의 문자적인 어의(語義)를 강조하여 독자적인 의미를 부여하고자 한다.

대표적으로 김성돈 교수는 '가탁하여'를 '핑계 삼아'라는 의미로 보면서,[38] "형식적 외관상 직무집행으로 보이지만 실제로는 아닌 경우 또는 직권을 핑계삼아 실질적으로 정당하지 못한 행위를 한 경우"를 대법원이 인정한 것이고 한다.[39] 대법원이 기본적으로 취하고 있는 "권한 없이 남용 없다는 논리는 구성요건적 행위의 형식논리는 맞지만, 남용의 개념 필연적 논리는 아닌 것"이고, "대법원은 복잡한 레토릭을 구사하면서 직권행사를 빙자한 경우까지 남용이라고 한다면 월권도 남용으로 볼 수 있는 가능성을 열어두고 있다"[40]고 본다. 여기에서 "객관적으로는 권한범위 밖이지만 외관상 권한의 직무집행의 형식을 가지고 이루어지는 '권한'의 행사도 남용개념에 포함"하여 '준월권적 남용'(넓은 의미의 남용) 개념을 인정할 수 있다고 한다. "남용개념의 사전적 정의 또는 일상언어적 용법 그리고 직권남용죄의 구성요건의 체계적 해석의 결과 객관적으로는 권한범위 밖이지만 외관상 권한의 직무집행의 형식을 가지고 이루어지는 '권한'의 행사도 남용개념에 포함할 수 있"다는 것이다.[41]

또한, 이창섭 교수도 '직권의 행사에 가탁하여'라는 표현이 사용되는 경우는 "직권남용은 외형만 일반적 직무권한에 속하는 권한의 행사일 뿐 실질은 위법·부당한 직무행위"이므로 "정당한 직무행위가 아닌 것은 모두 위법·부당한 직무행위라는 점에서 실제로 직권남용으로

38) 김성돈, "직권남용죄, 남용의 의미와 범위", 법조 제68권 제3호(법조협회, 2019, 5), 208쪽.
39) 김성돈, "직권남용죄, 남용의 의미와 범위", 218쪽.
40) 김성돈, "직권남용죄, 남용의 의미와 범위", 214쪽. "겉보기(형식적)에 직권행사의 외관을 가지고 있거나 말로는 직권을 행사한다는 거짓핑계를 대면서 하는 행위는 더 이상 권한범위내의 직무집행이 아니라는 것을 암묵적으로 인정하고 있는 것은 아닌가 하는 의문이 드는 것이다. 요컨대 대법원은 복잡한 레토릭을 구사하면서 직권행사를 빙자한 경우까지 남용이라고 한다면 월권도 남용으로 볼 수 있는 가능성을 열어두고 있다고 볼 수 있는 것이다."
41) 김성돈, "직권남용죄, 남용의 의미와 범위", 221쪽.

평가되는 행위가 일반적 직무권한의 범위 내에서 행해졌는지 여부를 따질 필요는 없"다고 한다.[42]

나. 이른바 '가탁형' 직권남용의 존재 여부

대상판결에서 대법원은 소위 '일반적 직무권한의 범위를 넘는 월권행위'의 경우에는 직권남용죄가 성립할 수 없음을 확인하였다. 그렇다면, 대법원이 '형식적·외형적으로는 직무집행'으로 보이나 '실질은 정당한 권한 이외의 행위'를 하는 경우 그리고 '직권의 행사에 가탁하여' '실질적, 구체적으로는 위법·부당한 행위'를 한 경우 등으로 표현하는 것의 의미는 월권행위를 의미하지 않는다고 할 수 있다. 그렇다면 이는 '직무수행형' 직권남용과 '가탁형' 직권남용양자를 달리 표현하는 것과는 어떤 관련이 있는지, '가탁형' 직권남용의 설시의 의미는 무엇인지가 궁금해진다.

대법원의 '가탁형' 직권남용 유형에 관한 설시는 일본의 <신분장 사건>의 그것과 동일한 것으로 이해되고 있다.[43] 일본형법 제193조[44]가 형법 제123조와 동일한 행위유형을 규정하고 있어 참고가 되었다고 보는 것이다. 최고재판소의 해당 설시는 다음과 같다.

"형법 제193조에서 말하는 「직권의 남용」이란, 공무원이 그 일반적 직무권한에 속하는 사항에 관하여 직권의 행사에 가탁(假託)하여 실질적, 구체적으로 위법, 부당한 행위를 하는 것을 지칭하지만, 위

---

42) 이창섭, "직권남용죄의 성립요건에 대한 고찰", 아주법학 제15권 제2호(아주대학교 법학연구소, 2021. 8), 244쪽. 다만, 같은 글, 245쪽에는 "공무원이 처음부터 일반적 직무권한에 속하는 권한에 기초하지 않고 권한 밖의 행위를 하는 직권일탈은 직권남용과 구별된다."고 본다.

43) 김성돈, "직권남용죄, 남용의 의미와 범위", 209쪽 각주11); 이완규, "직권남용죄의 성립요건", 37쪽 각주17). 또한 항소심의 항소이유에서 검사가 이를 '월권적 직권남용'의 예시로 언급함으로써 항소심 법원에서도 이에 관하여 판단하였다.

44) 일본형법 제193조(공무원 직권남용) 공무원[이] 그 직권을 남용하여 사람으로 하여금 의무 없는 일을 하게 하거나 또는 행사할 권리를 방해한 때는 6월 이하의 징역 또는 금고에 처한다.

[右] 일반적인 직무권한은 반드시 법적 강제력을 수반하는 것을 필요로 하지 않고, 그것이 남용된 경우 직권 행사의 상대방으로 하여금 사실상 의무 없는 일을 하게 하거나, 행할 수 있는 권리를 방해할 만한 권한이면 여기에 포함된다.".[45]

이 '가탁형' 직권남용 유형에 대한 최고재판소의 위 판시는 대법원의 그것과 완전히 동일하지는 않다. 양자를 비교할 때, 술부(述部)는 동일하지만 주어(主語)는 다르다. <신분장 사건>에서 해당 설시의 주어는 '직권남용'임에 반하여, 대법원 판례에서는 '직권남용죄'이다. <신분장 사건>의 판결문은 먼저 '직권남용'을 판단하고 그 전제 혹은 제한조건으로서 일반적 직무권한을 언급함에 반하여, 대법원의 설시는 -적어도 문언상으로는- 직권남용죄라는 범죄의 본질을 서술한 것이다. 다시 말하면, 최고재판소의 '가탁형' 직권남용 유형에서의 설시는 '직권남용'의 개념요소를, 대법원의 판시는 '직권남용죄' 자체의 범죄로서의 성격을 설명한 것이다.[46] 이렇게 본다면, 대법원의 판례 사이에서는 적어도 개별 설시들 사이의 모순·충돌이 발생할 가능성이 낮아진다. 논리적 측면에서만 본다면, 대법원의 이러한 서술이 일본 판례에 비하여 더 합리적이라고 할 수 있다.[47]

---

45) 最高裁判所 昭和57年(1982年) 1月 28日, 昭和55(あ)461 決定[刑集 第36卷1号1頁]. 이에 관한 소개로는 오병두, "직권남용죄의 성립요건에 관한 검토", 153쪽. 이 판결에서 도쿄 지방재판소 하치오오지[八王子] 지부 판사보인 피고인은 「도쿄 지방재판소 판사」라는 직함이 적힌 명찰을 착용하고서 1974. 7. 24. 아바시리[網走] 형무소를 방문하여, 형무소 소장에게 사법연구 기타 직무상 참고하기 위한 조사·연구의 목적인 것처럼 가장하고 소장의 허가 하에 당시 일본 공산당위원장이었던 미야모토 켄지(宮本顕治)의 신분장부를 열람·촬영하고 일부분의 사본을 건네받았다.

46) 이렇게 보아야 '가탁형' 직권남용 유형의 표준적 설시인 <국정원 국고손실 사건> (대법원 2021. 3. 11. 선고 2020도12583 판결)에서 이어서 "여기에서 말하는 '직권남용'이란 공무원이 일반적 직무권한에 속하는 사항에 관하여 그 권한을 위법·부당하게 행사하는 것, 즉 형식적, 외형적으로는 직무집행으로 보이나 그 실질은 정당한 권한 이외의 행위를 하는 경우를 의미한다."고 하는 문장도 매끄럽게 연결된다.

47) 이 점에서 대법원 판례는 일본에서 판례들 사이의 모순 여부에 관한 논란으로부터는 상대적으로 자유롭다고 할 수 있다. 일본에서의 논란에 관하여는 오병두,

요컨대, 대법원은 이른바 '가탁형' 권리남용을 독자적인 '직권남용'
의 유형으로 설시한 것으로 보기는 어렵고 따라서 '일반적 직무권한'
을 벗어난 월권행위로 인한 직권남용행위를 부정하는 것에 대하여 일
관된 입장을 견지하고 있다고 할 수 있다.[48]

2. '직권남용' 판단에서 일반적 직무권한의 의미

대상판결에서 대법원은 기존 판례와 마찬가지로 '직권남용'의 판
단에서 '일반적 직무권한'에 속하는지 여부를 강조하였다. 본래 일반적
직무권한이란 보통 해당 지위를 가진 공무원이라면 행사할 수 있다고
외견상 또는 외부적으로 인정되는 권한을 말한다. 따라서 공무원으로
서 공적 활동이라고 볼 수 없는 경우에는 일반적 직무권한이 부정된
다.[49] 공무원으로서 지위와 관련되나, 법적으로 공무집행과는 무관하
거나 순수한 사인간의 행위(사적 행위)인 경우는 제외된다. 따라서 "경

"직권남용죄의 성립요건에 관한 검토", 155-160쪽; 신은영, "일본의 공무원직권남
용죄에 관한 검토", 비교형사법연구 제23권 제2호(한국비교형사법학회, 2021. 7), 61
쪽 이하).

48) 월권행위적 직권남용을 인정할 것인가에 대해서는 논란이 있다. 대표적으로는, 행
정법적 접근과 차별된 형법적 접근을 강조하면서, 재량권 남용과 "권한범위 밖이
지만 외관상 권한의 직무집행의 형식을 가지고 이루어지는 '권한'의 행사'인 준월
권적 남용까지 인정하자는 견해(김성돈, "직권남용죄, 남용의 의미와 범위", 212쪽,
220쪽 이하)와 행정법상의 "권한범위내의 권한 남용과 권한범위를 넘는 권한 유
월(逾越)"에 관한 구분을 원용하여, 후자의 경우에는 직권남용죄의 '권한남용'에서
제외하여야 한다는 견해(한석훈, "공무상비밀누설, 직권남용 및 '부정한 청탁'의 개
념 – 대법원 2019. 8. 29. 선고 2018도13792 판결 등 –", 법조 제70권 제3호(법조협
회, 2021. 6), 511쪽) 등이 있다.

49) 양경승, "공무원의 초월적 권한행사와 직권남용죄"는 일반적 직무권한을 다음과
같이 설명한다. "공무원의 직권, 즉 직무상 권한은 그 지위(직위)에 따른 직무수행
을 위해 부여된다. 공무원의 지위(직위)는 국가제도나 공무원 조직에서 각 공무원
이 차지하는 위치를 말한다. 국가기관이나 공무원 조직은 독임제 관청(대통령, 장
관, 단독판사, 시장, 군수 등)과 합의제 관청(방송통신위원회, 공정거래위원회 등)
으로 구별되고, 이는 또 스스로 의사를 결정해 대외적으로 공표·행사할 수 있는
독립적 관청과 이러한 관청(공무원)을 보조하는 관청(차관, 실장, 국장, 과장 등)으
로 나눠진다. 모든 공무원은 이들 관청의 소속원으로서 개별적인 지위(직위)를 갖
는다."

찰공무원이 세무공무원의 직무수행을 하는 경우와 같이 그 외관상 권한 없음이 분명하게 드러나는 경우"에는 일반적 직무권한은 부정된다.50) 판례도 공무원의 행위라 할지라도 단순히 '지위를 이용한 불법행위'는 '직권남용'이 될 수 없다고 본다.51) '지위를 이용한 불법행위'는 일반적 직무권한 밖의 행위라는 의미이다. '월권행위에 의한 직권남용'도 여기에 해당된다.

기존 대법원 판례와 같이, 대상판결에서는 일반적 직무권한이 인정되기 위해서는 법령상의 근거가 있어야 한다는 취지를 설시하고 있다. 이는 하급심 판결에서도 마찬가지이다.

"어떠한 직무가 공무원의 일반적 권한에 속하는 사항이라고 하기 위해서는 그에 관한 법령상의 근거가 필요하다. 다만 법령상의 근거는 반드시 명문의 근거만을 의미하는 것은 아니고, 명문이 없는 경우라도 법·제도를 종합적, 실질적으로 관찰해서 그것이 해당 공무원의 직무권한에 속한다고 해석되고 그것이 남용된 경우 상대방으로 하여금 의무 없는 일을 행하게 하거나 상대방의 권리를 방해하기에 충분한 것이라고 인정되는 경우에는 직권남용죄에서 말하는 일반적 권한에 포함된다."52)

여기에서 "어떠한 직무가 공무원의 일반적 권한에 속하는 사항이

---

50) 김성돈, "직권남용죄, 남용의 의미와 범위", 221쪽.
51) 대법원 2021. 3. 11. 선고 2020도12583 판결. 같은 취지: 대법원 1991. 12. 27. 선고 90도2800 판결, 대법원 2008. 4. 10. 선고 2007도9139 판결, 대법원 2019. 8. 29. 선고 2018도14303 전원합의체 판결 등.
52) 대법원 2019. 3. 14. 선고 2018도18646 판결 <국정원 댓글 수사방해 사건>. "어떠한 직무가 공무원의 일반적 권한에 속하는 사항이라고 하기 위해서는 그에 관한 법령상의 근거가 필요하다. 다만 법령상의 근거는 반드시 명문의 근거만을 의미하는 것은 아니고, 명문이 없는 경우라도 법·제도를 종합적, 실질적으로 관찰해서 그것이 해당 공무원의 직무권한에 속한다고 해석되고 그것이 남용된 경우 상대방으로 하여금 의무 없는 일을 행하게 하거나 상대방의 권리를 방해하기에 충분한 것이라고 인정되는 경우에는 직권남용죄에서 말하는 일반적 권한에 포함된다." 또한, 대법원 2021. 3. 11. 선고 2020도12583 판결 등.

라고 하기 위해서는 그에 관한 법령상의 근거가 필요하다."는 설시는 어떤 행위가 '직무'상 행해지기는 하나(즉, 구체적 '직무'행위가 되나), '일 반적 직무권한'의 범위에 속하지 않을 수 있음을 시사한다. 예컨대, 제 1심 법원이 형사수석부장판사의 사법행정권 행사가 법적 근거가 없고 형사수석부장판사가 법원장을 보좌하는 사실상 업무영역은 "법령에 근거하지 않은 업무상 관행에 불과한 것"이라고 한 점53)은 이를 지적 한 것으로 볼 수 있다.

일상적인 언어관용에 따르면, 구체적 '직무'행위라는 말에는 '직무 권한', 즉 '직권'을 전제한다. 그러나 대상판결을 보면 '재판관여행위'를 다룬 다음에 '일반적 직무권한'을 검토하였다. 이는 대법원이 반드시 사전에 일반적 직무권한을 확정한 것은 아닐 수 있음을 시사한다. 항 소심 법원이 '직권남용' 요건의 판단에서 제1심을 요약하면서 먼저 '재 판관여행위'를 '남용' 존재 여부로서 언급한 다음에 이어서 '일반적 직 무권한'의 존부를 다룬 것도 이와 같은 태도로 보인다.

한편, 대법원은 일반적 직무권한으로 인정되기 위한 법령상의 근 거는 반드시 명시적 것에 한하지 않고 "그것이 남용된 경우 상대방으 로 하여금 의무 없는 일을 행하게 하거나 상대방의 권리를 방해하기 에 충분한 것이라고 인정되는 경우"에도 인정될 수 있다고 한다. "법·제도를 종합적, 실질적으로 관찰해서"라는 문구를 고려하면, 이는 일 반적 직무권한은 명시적 법적 근거보다는 외견상 또는 외부적으로 볼 때 일반인의 입장에서 직무권한으로 인식될 수 있다고 하는 관계이면 족하다는 취지로 이해된다. 일반적 직무권한을 객관적으로 판단한다 는 점과 함께, 이 역시 법령상의 근거만으로 일반적 직무권한이 최종 적으로 확정되지 않고 상대방(피해자)에 대한 관계를 고려하여야 할 수 있음을 보여주는 것이라고 할 수 있다.54) 대법원의 기존 입장에 따

---

53) 제1심판결문, 39쪽.
54) 이와 관련하여 항소심 법원은 검찰이 '월권행위에 의한 직권남용'의 사례로 제시한 <간이재판소 판사 사건>(最高裁判所 昭和60年(1985年) 7月 16日, 昭和58(あ)1309 決定[刑集 第39卷5호245頁])에 대해 전화로 다방으로 불러낸 경우에도 일반적 직무

른다면, 대상판결에서는 상대방(담당재판부 등)에 대해서 미칠 수 있는 영향력이 객관적으로 파악될 수 있는가를 토대로 '일반적 직무권한' 나아가 '직권남용'을 판단하게 된다는 것이다.

3. '직권'과 '남용'의 판단방법

대상판결에서는 '직권'과 '남용'을 분리하여 전자를 '일반적 직무권한'의 범위확정 문제로 검토하였다. 이는 기존 대법원 판례에서 직권이 남용되었는지 여부를 종합적으로 판단하였던 것과는 구별되는 점이다.

종래 대법원은 구체적인 '직무'행위와 '일반적 직무권한'을 나누고, 다시 구체적인 '직무'행위의 '남용'을 별도의 기준으로 판단하는 것으로 설시하고 있다. 즉, 대법원은 직권의 '남용'을 '구체적인 공무원의 직무행위'를 중심으로 판단하면서, 그것이 "남용에 해당하는가의 판단 기준은 구체적인 공무원의 직무행위가 그 목적, 그것이 행하여진 상황에서 볼 때의 필요성·상당성 여부, 직권행사가 허용되는 법령상의 요건을 충족했는지 등의 제반 요소를 고려하여 결정하여야 한다."고 하였다.[55]

요약하자면, '남용' 여부의 판단에는 ① 구체적인 '직무'행위의 목

권한이 있다는 취지로 보아야 한다고 한 바 있다. 이 사건에서 간이재판소의 판사 X가 자신의 절도사건 피고인 A와 교제할 의도로 피해변상 등의 건으로 만나자고 전화로 A를 저녁 9시경 찻집으로 불러내어 30분 정도 자신과 동석케 하였는데, 이에 대해 최고재판소는 "형사사건의 피고인에게 출두를 요구하는 것은 법관의 일반적인 직무권한에 속하[는 것으로] 변상의 건으로 만나고 싶다고 말하는 것이라고 [A가] 생각하였다면, (…) <u>직권행사로서의 외형을 갖추지 못한 것이라고는 할 수 없고</u>, 위 호출을 받은 형사사건의 <u>피고인으로 하여금 법관이 그의 권한을 행사하여 자기에게 출두를 요구하였다고 믿게 하기에 족한 행위라고</u> 인정함이 상당"하다고 판시하였다. 이 판결에 관한 소개로는 오병두, "직권남용죄의 성립요건에 관한 검토", 154쪽.

55) 대법원 2011. 2. 10. 선고 2010도13766 판결; 2013. 9. 12. 선고 2013도6570 판결; 2018. 2. 13. 선고 2014도11441 판결; 대법원 2020. 1. 30. 선고 2018도2236 전원합의체 판결 등.

적과 상황을 고려할 때의 필요성·상당성56), ② 법령상의 요건 충족 등을 종합 고려하여 판단한다는 것이다. 후자는 결과적으로 그것이 '일반적 직무권한'에 속하는지를 검토하는 것이 된다.57) 여기에서 법령상의 요건 충족 여부는 일반적 직무권한의 판단과도 연결된다. 이는 일반인 또는 상대방의 입장에서 "법·제도를 종합적, 실질적으로 관찰"하는 일반적 직무권한의 판단과 분리되기는 어렵다고 보인다.

이러한 대법원의 '직권남용'의 판단은 형식적으로는 '직권'과 '남용'을 나누어 판단하는 것으로 보이지만, 실제로는 양자를 통합적으로 다루고 있음을 보여준다. '직권'과 '남용'을 개념상으로는 분리하지만, 판단과정에서는 직권의 범위와 남용의 해당 여부는 분리되지 않는다. 이를 제123조 후단의 권리행사 방해와 의무 없는 일의 강요를 연결시킨다. 대상판결에서의 검찰이나 종래의 학설이 '월권행위'에 의한 직권남용죄로 보았던 사례들은 대체로 이러한 사례들이라고 할 수 있다.

한편, 문헌들에서도 대법원 판례와 유사한 경향이 나타난다. 직권남용죄에서 직권의 '남용'을 판단하는 기준에 관하여는 의견이 갈린다. 크게 2가지 방향이다. 그 하나는 이 직권의 '남용'의 판단에 사법(私法)상 권리남용(민법 제2조 제2항)의 법리 등58)을 원용하는 입장이다. 다른 하나는 '남용'의 판단에 형법상 '상당성'의 판단기준을 구성요건단계에

---

56) 직무행위의 목적에 대해서는 해당 직무행위를 하는 행위자가 가진 위법·부당한 의도나 목적이 고려될 수 있을 것이다. 상황적 필요성과 상당성은 직무행위가 이루어진 시점의 외부적 정황을 통해 객관적으로 '남용' 여부를 판단한다는 취지로 이해된다.

57) 예컨대, 이민걸, "직권남용죄에 있어서의 주체와 직권남용의 의미", 9쪽의 경우 "판례는 먼저 법령, 지시 등에 근거하여 공무원의 일반적인 직무권한을 확정한 다음 당해 구체적인 행위가 이러한 일반적 직무권한에 속하는지 여부를 검토하여 직권남용죄의 당부를 판단하는 입장을 견지하고 있다"고 설명한다. 결국 '일반적 직무권한'의 최종적인 판단은 구체적 '직무행위'의 위법성을 확인한 이후에 이루어진다는 의미이다.

58) 이완규, "직권남용죄의 성립요건", 37쪽. 한석훈, "공무상비밀누설, 직권남용 및 '부정한 청탁'의 개념 - 대법원 2019. 8. 29. 선고 2018도13792 판결 등-", 511쪽은 사법상의 권리남용에 더하여 행정법상 권한의 남용와 유월의 구별 등도 원용한다.

서 원용하자는 입장이다. 보통 위법성 조각사유의 판단에서 고려되는 '목적-수단의 관계'59) 또는 정당행위(형법 제20조)의 '상당성 요건'60)을 구성요건단계에서 원용하자고 한다.

전자가 일정한 '권리'나 '권한'을 확정한 다음 그 '권리'나 '권한'의 정당한 혹은 부당한 행사범위를 다루고자 한다면, 후자는 일정한 '직무'를 중심으로 그 정당성 유무를 따져서 '남용' 여부를 판단한다. 구조적으로 볼 때, 전자는 일반적 직무권한의 사전 확정을 전제로 한 전자의 논법이 대상판결의 법리와 유사하다. 반면, 후자는 구체적 '직무' 행위가 있는 경우에 그 '남용'을 판단하고 '일반적 직무권한' 내의 행위인지를 확정하는, 다시 말하면, '직권남용'을 뭉뚱그려서 종합적으로 판단하는 기존 대법원 판례의 입장에 더 근접한다.

4. 대상사건에서 '직권남용'의 판단구조

대상판결에서 '직권'과 '남용'을 분리하여 검토하면서, '직권'에 해당하는지 여부를 '일반적 직무권한'을 분리하여 독자적으로 검토하였다. 여기에서 살펴보아야 할 것은 이 새로운 접근이 기존 접근에 비하여 어떤 차이가 있고 그 의미는 무엇인지, 형법해석의 일반적 원칙에 비추어 더 합리적인지 등일 것이다.

이를 살펴보기 위하여 대상판결에서 대법원이 행한 '직권남용' 판단을 ① 대상판결이 '직권'과 '남용'을 분리하여 전자인 '일반적 직무권한'의 독립적 판단에 집중한 점, ② 형사수석부장판사인 피고인에게 '재판에 관여할 사법행정권'이 없음을 들어 일반적 직무권한을 부정한 점, ③ 피고인의 행위를 '재판관여행위'로 지칭하면서 실행행위성을 인정한 점 등으로 나누어 검토하기로 한다.

---

59) 조기영, "직권남용과 블랙리스트", 40쪽 이하.
60) 김성돈, "직권남용죄, 남용의 의미와 범위", 221쪽. 그 내용으로 "목적의 정당성, 수단의 사회적 상당성, 필요성, 균형성, 보충성" 등을 제시한다.

Ⅲ. 대상판결의 '직권남용' 판단에 대한 검토

1. '직권'과 '남용'을 분리하여 '일반적 직무권한'의 판단에 집중한 점에 대하여

대상판결 그리고 대상판결이 승인한 하급심 판결(이하 '대상판결등'이라 한다)의 '직권남용' 판단에서 가장 큰 특징은 '직권'과 '남용'을 분리하고 '일반적 직무권한'의 판단을 그 자체로 독립적으로 판단한 점일 것이다.

대법원은 대상사건에서 재판관여행위가 '일반적 직무권한'의 외부에 존재하는 월권행위라는 점에 집중하면서 별도로 '남용'을 검토하지 않았다. 관련하여 제1심 판결과 항소심판결은 서술상의 차이가 있다. 제1심 판결은 법령상의 근거를 중심으로 피고인이 재판에 관여할 '일반적 직무권한'을 부정한 후, '남용'에 대한 검토 없이, 보충적으로 권리행사의 방해 또는 의무 없는 일의 강요 그리고 인과관계를 검토하였다. 그러나 항소심판결에서는 원심의 판단을 요약하면서 구체적인 '직무'행위 자체의 위법성·위헌성을 '남용'의 단계와 그것이 '일반적 직무권한' 내의 행위인가로 나누어 분석한 후, 항소심법원의 판단을 기술하였다. 즉, 제1심의 판단을 구체적 '직무'행위가 '남용'에는 해당하나 그 직무행위가 '일반적 직무권한' 밖의 것이라고 판단한 것으로 파악하고 있다.

우선, '직권남용'의 요건을 판단함에 있어 제1심 법원에서부터 대법원에 이르기까지 '일반적 직무권한'을 독립적으로 판단하고 있다. 기존 대법원 판례의 접근과는 다소 거리가 있다. '일반적 직무권한'을 판단하였다는 사실 자체는 기존 대법원 판례와 다를 바는 없다. 대상판결에서는 이것을 순형식적으로 "헌법, 법원조직법, 관련 대법원 규칙과 예규를 종합하더라도 피고인에게 재판에 관여할 직무권한을 인정할 수 없다."고 판단하였다. 이는 구체적 '직무'행위의 '남용'에 대한 판단과는 절연되어 있다. 즉, "각 재판관여행위는 법관의 재판권에 관한 것인데, 이에 대하여는 사법행정권자에게 직무감독 등의 사법행정권이 인정되지 않으므로 각 재판관여행위에 관하여 피고인에게 직권남용죄에서 말하는 '일반적 직무권한'이 존재하지 않"는다고 판단하였다. 직권의 '남용'에 대한 판단을 고려함이 없이 '일반적 직무권한'만을 검토한 것이다.

그렇다면, 여기에서 '직권'과 '남용'을 나누어 판단하는 것은 '직권남용'으로 연결하여 판단하는 것과 비교할 때 어떤 차이가 있을까? 우선, '직권'과 '남용'을 나누어 단계적으로 판단하고자 하는 경우에는 일반적 직무권한 자체에 대한 적극적이고 독자적인 개념화가 필요하다. 반대로 연결시켜 판단하는 경우 일반적 직무권한은 '직권남용'의 판단 과정에서의 한 요소이거나 '직권남용'을 배제하는 소극적이고 한계적인 요소로서의 역할이 강조된다. 물론 이 두 가지의 접근은 어느 한쪽이 절대적으로 정당·부당하거나 서로 완벽히 구별되지는 않는다. 각 접근방법에 따른 장점과 단점을 비교·평가하면서 해석자나 일반인의 예측가능성의 차원에서 각 접근의 합리성에 대해서 판단할 수 있을 뿐이다.

대법원이 '직권'과 '남용'을 묶어서 하나의 범주로 파악하는 것에 대하여, 김성돈 교수는 이를 긍정적으로 평가한다. 구체적 사실관계에 대응하여 "다양한 사례들을 응축해 넣을 수 있는 가소성 있는 개념으로 이해"하면서 "사례별 특수성을 고려하는" 법발견 방법이라고 한다.[61] "묶음 처리된 '직권남용' 개념"을 활용하여 원래 전제된 듯 보이는 적법한 직무집행이 아닌 경우, 즉 "권한이 없는 경우"일지라도 "마치 권한이 있는 것처럼 상대방에게 비춰지게 하면서 부당한 권한행사를 하는 경우"라면 '남용'으로 파악할 수 있게 해준다는 것이다.[62] 나아가 대법원의 해석태도와 대비하여, 대상판결의 제1심과 항소심 판

---

61) 김성돈, "법이해, 법발견방법 그리고 직권남용죄", 124쪽.
62) 김성돈, "법이해, 법발견방법 그리고 직권남용죄", 126쪽.

결이 "'가탁적' 권한행사에 관한 대법원의 법리"에 배치된다고 비판적으로 평가하였다.63)

이 견해는 '직권'과 '남용'을 결합하여 판단하는 경우, '직권'의 범위에 관하여 법원이 유연하게 판단할 수 있어서 구체적 타당성을 기할 수 있다는 취지이다. 다만 이 견해도 지적하는 바와 같이, 종합판단의 과정에서 법원의 재량이 커지므로 이는 의도와 달리 예측가능성을 떨어뜨리는 '양날의 검'이 될 수 있다.

반대로, '직권'과 '남용'을 나누어 판단하는 경우 이와 같은 위험은 상대적으로나마 작아진다. 하지만 '직권'과 '남용'을 각각 정의하고 판단해야 하는 이론적 부담이나 논증부담이 커진다. '직권'의 범위를 어떤 근거로 어떻게 파악할 것인가가 중요해지기 때문이다. '일반적 직무권한'의 적극적이고 독자적인 구체화가 필요하게 되기 때문이다. 대상판결이 채택하고 있는, 원심(제1심과 제2심)에서 이루어진 '재판에 관여할 권한'에 대한 여러 가지 상세한 논증은 이와 관련된 것이라고 할 수 있다.64)

대상판결의 법리적용은 공무원이 자신의 본래 직무와 관련해 권한을 행사한 볼 수 있는 외견을 구비하면 직무권한의 잘못된 행사(즉, '직권남용')로 보았던, 기존의 태도와는 구별된다. 즉, 대법원이 "그것이 남용된 경우 상대방으로 하여금 의무 없는 일을 행하게 하거나 상대방의 권리를 방해하기에 충분한 것이라고 인정되는 경우"에는 일반적 직무권한이 인정될 수 있다는 일관된 입장을 견지해온 것과는 다소 거리가 있다.

이와 관련하여, 대법원은 인과관계의 판단에서 "설령 피고인의 재판관여행위가 담당재판장이나 담당판사의 행위에 하나의 계기가 되었

---

63) 김성돈, "법이해, 법발견방법 그리고 직권남용죄", 130쪽. 다만, 대상판결에서 대법원은 제1심과 제2심의 결론과 논거를 그대로 원용함으로써 이 분석과는 다른 입장을 보였다.

64) 제1심과 제2심 판결의 논증에 대한 비판적 분석으로는 김성돈, "법이해, 법발견방법 그리고 직권남용죄", 128-139쪽.

다고 하더라도, 담당재판장들이나 담당판사는 피고인의 요청을 무조
건 따른 것이 아니라 (…) 논의 등을 거쳐 독립하여 재판을 수행하였
고, 피고인에게 법관의 재판권에 관하여 지휘·감독할 수 있는 사법행
정권이 없음을 잘 알고 있었으며, 피고인의 말을 권유 정도로 이해한
점 등"을 들어 인과관계를 부정한다.

　종래의 판례에 따르면, 피고인의 재판관여행위(즉, '남용')가 "담당
재판장이나 담당판사의 행위에 하나의 계기가" 될 수 있었다는 사실
자체가 '일반적 직무권한'의 판단에서 검토될 요소가 될 수 있다고 보
인다. 이를 통해 중간단계의 논증이나 결론이 달라질 수 있다는 점에
서 조금 더 섬세한 검토가 필요했다고 생각된다. 기존의 '직권남용'을
통합하는 판단방식을 취할 경우, 대상판결의 공소사실과 같이, 일상적
인 업무과정이라고 인식한 상황을 고려하면 이를 형사수석부장판사의
일반적 직무권한으로 볼 여지가 상당하기 때문이다.

　대상판결에서 '직권'과 '남용'을 나누어 '일반적 직무권한'에 집중
한 것은 새로운 시도로 보인다. 하지만, '직권'('일반적 직무권한')과 '남
용'(구체적 '직무'행위)의 관계를 섬세하게 논증할 필요는 있었다. 특히
일반인의 관점에서 객관적으로 담당재판부에 영향을 미칠 여지가 있
는 피고인의 행위와 '일반적 직무권한'의 관계가 정리될 필요가 있었
다고 보인다.

　나아가 그렇게 정리된 요소를 중심으로 볼 때, 대상판결에서 정리
한 쟁점을 기준으로 사안을 적절히 포섭하였는지도 의문이 있다. 특히
공소사실 ①과 ②[즉, 산케이신문 前서울지국장 K씨 관련 사건]의 경우에
는 실제로 '재판관여행위'의 결과로 판결문이 수정되기도 하였는데, 피
고인의 '재판관여행위'가 아무런 영향력을 미치지 못했고, "피고인의
지위 또는 개인적 친분관계를 이용하여 법관의 독립을 침해하는 위헌
적 행위"에 불과하다고 판단한 것은 어색하다. 이는 "그것이 남용된
경우 상대방으로 하여금 의무 없는 일을 행하게 하거나 상대방의 권
리를 방해하기에 충분한 것이라고 인정되는 경우"를 기준으로 하는

기존 '일반적 직무권한'의 판단과 거리가 있다.

2. 형사수석부장판사의 '재판에 관여할 사법행정권'이 없음을 들어 일반적 직무권한을 부정한 점에 대하여

대상판결에서는 재판권에 관여할 법령상 직권이 있는가를 중심으로 일반적 직무권한을 획정하였다. 이어서 '재판에 관여할 사법행정권'은 있을 수 없으므로 일반적 직무권한에 해당하지 않는 행위라고 판단하였다. 대상판결은 일반적 직무권한이 인정되기 위해서는 원칙적으로 법령상의 근거가 필요하다고 하면서, "헌법, 법원조직법, 관련 대법원 규칙과 예규를 종합하더라도 피고인에게 재판에 관여할 직무권한을 인정할 수 없다"고 한다.

형사수석부장판사는 법관 근무 평정, 사무분담, 언론과 대국민 홍보, 대법원에 보고 등 사법행정상의 직무를 맡는다.[65] 이 사법행정권은 재판권과 구별되고, 사법행정권이 재판권에 영향을 미쳐서는 안 된다는 점은 명백하다.[66] 따라서 "법관은 헌법과 법률에 의하여 그 양심

---

65) 양경승 판사는 형사수석부장판사가 보유한 사법행정권의 범위를 다음과 같이 설명하고 있다. "수석부장이 법원장에게 위임·지시받아 처리하는 사법행정업무로는 ① 사건배당, ② 업무수행계획 수립, ③ 대법원 등에 대한 보고, ④ 법관의 근무평정, ⑤ 법관의 사무 분담, ⑥ 언론과 대국민 홍보, ⑦ 법원장이나 상급 법원과 법관들 간의 의사소통 중개 등을 들 수 있다. 수석부장은 위와 같은 사법행정업무를 수행하기 위해 소속 법원 판사들과 의견을 교환하거나 그들에게 협조를 구하고, 정보 제공을 요구할 직무상 권한이 있다.

그런데 수석부장이 특정 사건의 재판권 행사에 간여하여 판사들에게 일정한 지시나 요구를 한 경우(① 재판장에게 특정한 발언의 요구, ② 판결 선고 시 고지할 내용의 제출 요구, ③ 판결문 수정 지시 등), 이는 자신의 사적 목적을 위한 것이 아니라 위 사법행정업무 처리자의 지위와 직권에 의한 것으로서 그 직무수행과 객관적 관련성이 있고, 행사된 권한이나 힘이 당해 직무수행을 위해 부여된 직무권한에 기한 것이다. 이 점에서, 처음부터 그 직무 수행이나 권한 행사가 본래의 직무나 권한과 아무런 관련이 없는 지위나 신분을 이용한 행위와 구별된다. 따라서 위와 같은 지시나 요구는 단순히 수석부장이라는 지위나 직위, 신분을 이용한 것이 아니라 그 직무권한을 목적에 위배하여 행사, 남용한 것으로서 직권남용죄가 성립한다."(양경승, "공무원의 초월적 권한행사와 직권남용죄" 참조).

66) 제2심 판결문. "사법행정권은 법원의 재판권 행사가 적정하고 신속하게 이루어질

에 따라 독립하여 심판한다"(헌법 제103조)는 재판의 독립을 침해할 직
권의 존재 여부를 검토한다면 이는 언제나 부정되어야 한다.[67] 이는
그 자체로 부당한 것으로 굳이 논증이 필요하다고 보이지 않을 정도
이다. 문제는 이 사건의 위헌적·위법적 재판관여행태가 직권남용죄의
구성요건 중 어디에 해당하는지이다. 구성요건해당성 판단에서는 외
견상의 일반적 직무권한으로 보이는 권한을 행사하여 재판권을 사실
상 침해한 결과를 초래한 점에 보다 주목할 필요가 있었다고 보인다.
　요컨대, 대법원이 형사수석부장판사의 '재판에 관여할 사법행정권'
이 없음만을 들어 일반적 직무권한을 부정한 점에 대해서도 긍정적인
평가를 내리기는 어렵다. 이러한 판단은 '남용'을 검토하지 않았거나
혹은 '재판관여행위'로 이를 검토한 것과 관련이 있다. 이하에서는 피
고인의 행위를 '재판관여행위'로 지칭한 것의 의미에 대해 살펴보기로
한다.

3. '재판관여행위'의 실행행위성을 인정한 점에 대하여

　대상판결등은 형사수석부장판사인 피고인의 행위는 '재판관여행
위'로서, 피고인에게 재판권의 행사에 관여할 일반적 직무권한이 존재
하지 않는다고 보았다. '재판관여행위'와는 별도로 권리행사의 방해 또
는 의무 없는 일의 강요를 검토한 점을 볼 때, 대상판결등에서는 피고
인의 행위를 '재판관여행위'로 지칭하면서 직권남용죄의 실행행위로
검토한 것으로 판단된다. 이러한 판단은 다음과 같이 이유에서 적절하

　수 있도록 행정적인 지원 및 지휘·감독을 하는 권한을 의미하며, 궁극적으로 헌
　법상 기본권인 국민의 공정학 신속한 재판을 받을 수 있는 권리를 보장하기 위한
　것으로, 사법행정권이 위법·부당하게 남용되어 법관의 재판상 독립을 침해하는
　통로나 수단이 되어서는 결코 아니된다."
67) 이러한 접근을 보다 일반화한다면, '일반적 직무권한'의 존재가 불분명한 한계적인
　사례에서 법적 가치질서에 중대하게 위배되는 행위가 있어도 여기에 직권남용죄
　를 논하기는 어렵게 될 우려가 있다. 이에 관해서 여기에서 상론하기는 어려우나,
　그러한 결과로 하위직 공무원은 처벌이 용이해지는 반면, 고위공직자는 그 직무
　권한이 넓어질수록 처벌하기가 더 어려워지는 문제가 있을 수 있다.

지 않다.

우선, 대상판결등이 지칭하는 '재판관여행위'는 실행행위의 개념
으로 파악될 수 없다. 사법행정권자나 그를 대리하는 자가 자신의 직
무상 권한을 '근거'로 하여 '지시'를 한 것이고 담당재판부가 이에 따
르면서 재판 관여라는 '사태'가 발생한 것으로 보는 것이 사태의 경과
나 공소사실에 비추어 볼 때 자연스럽다. 여기에서 재판권 침해라는
'사태'는 형사수석부장판사의 직권이 남용된 실행행위로 초래된 결과
이다. 여기에서의 '재판관여행위'는 '직권남용' 여부의 판단 대상이 되
는 구체적 '직무'행위가 아니라, '직권남용' 여부의 판단 이후에 검토하
여야 하는 결론을 미리 전제한 것이라고 할 수 있다. 따라서 이 '재판
관여행위'를 실행행위로 보는 대상판결등의 논증 내지 구성요건 포섭
은 적절하지 않다.

다음으로, '재판관여행위'라는 판단은 피고인의 구체적 '직무'행위
에 대하여 '직권남용' 여부의 규범적 판단을 한 후, 그것이 재판에 영
향을 미쳤다는 점까지 판단하여야 가능하다. 이 표현은 '직권'(형사수석
부장판사의 권한)의 판단에 '남용'(재판관여를 초래한 사태)의 판단을 끌
어들인 것이다. 만일 피고인의 행위에도 불구하고 재판에 관여한 사태
가 없다고 한다면(대상판결의 결론 중 하나이다) 이 표현은 부적절하고,
만일 사법행정권 행사에 따라 재판에 영향을 미친 사태가 있다면 일
반적 직무권한의 요소 중에서 권리행사의 방해 또는 의무 없는 일의
강요할 만한 행위였는지를 판단하여야 한다(이는 대상판결의 설시와 모
순된다).

Ⅳ. 맺으며

대상판결은 피고인의 '재판관여행위'가 부당하거나 부적절하기는
하지만 일반적 직무권한 밖에서의 행위이고, 따라서 '직권남용'은 아니
라고 보았다. 나아가 설사 '직권남용'이 있다고 가정하더라도, 권리행

사 방해나 의무 없는 일의 강요는 없었다는 점에서 직권남용죄의 성립이 부정된다고 보았다.[68]

대상판결은 소위 '월권행위로 인한 직권남용행위'가 직권남용죄의 적용대상에서 제외됨을 명백히 한 점에서 의미가 있다. 한편, 대상판결에서는 대법원이 종래 발전시켜온 논증의 구조와 다른 시도가 이루어진 점이 주목된다. 기존 대법원 판례에서는 직권이 남용되었는지 여부를 종합적으로 판단하였으나, 대상판결은 이와 달리 '직권'과 '남용'을 분리하여 전자를 '일반적 직무권한'의 범위확정 문제로 하여 독립적으로 검토하였다. 그러나 새로운 시도가 기존의 '직권남용' 중심의 접근에 비하여 얼마나 논증이 명확해진 것인지는 분명히 않다고 보인다. 법익보호 등 보호적 기능이나 보장적 기능에서 어느 정도 개선된 것인지 알기 어렵다. '재판에 관여할 권한'을 법령 등에서 형식적으로 검토하여 '일반적 직무권한'에서 제외하고 있다. 이는 자명한 취지를 부연한 것에 지나지 않는다. 오히려 문제는 피고인의 행위가 객관적으로 볼 때 직권의 행사로 볼 여지가 있는가에 있었다고 보인다. 나아가 그러한 논증의 결과로서 제시한 결론, 즉 '재판관여행위'이지만 재판권에 관여할 권한이 없어 직권남용행위에 해당하지 않는다는 판단도 어색하다. 이는 실행행위와 결과를 혼동한 것으로 구성요건의 포섭을 적절하게 한 것으로 보이지 않는다.

대상판결은 '사법행정권 남용 사태' 혹은 '사법농단'을 다룬 중요한 판결 중의 하나이다. 대상판결에서는 '직권남용' 이외의 요건 판단에서 이 사건에서 담당재판부가 형사수석부장판사의 의견을 당연한 권유나 권고 정도로 인식했다고 본다. 바로 이 점이 '사법농단'으로 불리는 사태, 사법불신을 초래하는 근본적인 원인을 드러낸 것이라고 할 수 있다. 사안의 중대성, 그리고 사법부에 대한 국민의 신뢰라는

---

68) 직권남용죄의 성부에 있어, '직권남용' 이외의 기타의 요건인 권리행사 방해나 의무 없는 일의 강요의 존재 여부나 실행행위와의 인과관계 문제는 '직권남용'을 부정하는 상황에서 큰 의미는 없으나 예비적 주장에 대해 판단을 한 것으로 보인다.

중요한 가치 등을 고려할 때, 보다 섬세한 논증과 결론이 아쉬운 판결이다.

[주 제 어]
직권남용권리행사방해죄(형법 제123조), 직권, 남용, 직권남용, 일반적 직무권한

[Key Words]
Abuse of Authority (Article 123, Korean Criminal Act), Authority, Abuse, By Abusing Own Authority, General Authority of Officials

접수일자: 2023. 5. 19. 심사일자: 2023. 6. 12. 게재확정일자: 2023. 6. 30.

[참고문헌]

김성돈, "직권남용죄, 남용의 의미와 범위", 법조 제68권 제3호(법조협회, 2019, 5), 205-232쪽.

김성돈, "법이해, 법발견방법 그리고 직권남용죄", 형사법연구 제33권 제4호 (한국형사법학회, 2021. 12), 107~171쪽.

신은영, "일본의 공무원직권남용죄에 관한 검토", 비교형사법연구 제23권 제 2호(한국비교형사법학회, 2021. 7), 47~76쪽.

양경승, "직권남용죄의 보호법익과 구성요건" 대한변호사협회, 인권과 정의 (500), 2021. 9, 169~195쪽.

오병두, "직권남용죄의 성립요건에 관한 검토", 형사법연구 제32권 제2호(한 국형사법학회, 2020. 6), 139-178쪽.

오병두, "직권남용행위를 집행한 하급 공무원의 면책범위 ─ 대법원 2020. 1. 30. 선고 2018도2236 전원합의체 판결 ─", 형사판례연구 제29호(한국형 사판례연구회, 2021. 7), 33~70쪽.

이민걸, "직권남용죄에 있어서의 주체와 직권남용의 의미", 형사판례연구 제13호(형사판례연구회, 박영사, 2005), 388~412쪽.

이완규, "직권남용죄의 성립요건", 범죄방지포럼 제41호(한국범죄방지재단, 2019. 8), 32~41쪽.

이창섭, "직권남용죄의 성립요건에 대한 고찰", 아주법학 제15권 제2호(아주 대학교 법학연구소, 2021. 8), 231~257쪽.

정승환, "2020년 형법 중요판례평석 -대법원 전원합의체 판결을 중심으로-", 인권과 정의 제497호(대한변호사협회, 2021. 5), 57~82쪽.

조기영, "직권남용과 블랙리스트", 비교형사법연구 제20권 제2호(한국비교형 사법학회, 2018. 7), 27~60쪽.

한석훈, "공무상비밀누설, 직권남용 및 '부정한 청탁'의 개념 ─ 대법원 2019. 8. 29. 선고 2018도13792 판결 등 ─", 법조 제70권 제3호(법조협회, 2021. 6), 501~543쪽.

서울고등법원 설명자료, "수석부장판사의 재판관여에 의한 직권남용권리행
　　사방해 사건[서울고등법원 2021. 8. 21. 선고 2020노471 판결]".
대법원 홈페이지, "직권남용권리행사방해 사건(2021도11012) 보도자료",
　　(<https://www.scourt.go.kr/news/NewsViewAction2.work?pageIndex=6&search
　　Word=&searchOption=&seqnum=1157&gubun=702, 최종검색: 2023. 4. 30.)
양경승, "공무원의 초월적 권한행사와 직권남용죄", 법률신문 2022. 3. 24,
　　<https://m.lawtimes.co.kr/Content/Article?serial=177392>, 최종검색: 2023. 4. 30.
"기소율 0.1% '직권남용' 남용시대…권력감시인가 정치보복인가", 한겨레
　　2022. 10. 19, <https://www.hani.co.kr/arti/society/society_general/1063251.html>,
　　최종검색: 2023. 4. 30.
"네이버국어사전"(<https://ko.dict.naver.com/>, 최종검색: 2023. 4. 30.).

[Abstract]

The Requirement of 'By Abusing Own Authority' in the Article 123, Korean Criminal Act
— A Case Study on the Supreme Court 2022. 4. 28. Decision 2021Do11012) —

OH, Byung Doo*

This article focuses on the Supreme Court 2022. 4. 28. Decision 2021Do11012. This Decision dealt with the Abuse of Authority (Article 123, Korean Criminal Act), which provides that "A public official who, by abusing his/her official authority, causes a person to perform the conduct which is not to be performed by the person, or obstructs the person from exercising a right which the person is entitled to exercise, shall be punished (...)".

The holding of the Court is that the acts of the defendant, who was then the Chief Criminal Chief Judge of an appeal court, engaged in the trials of the appeal courts by supervising or instructing the decisions(that is, by "abuse of judicial administrative authority"), were "unjust or inappropriate judicial interferences", but his acts could not be established as 'by abusing own authority' in the crime of Abuse of Authority, since he does not have the "general authority of office" to engage in the trials.

It is particularly noteworthy in the Decision that the Supreme Court has introduced a new approach in interpreting the requirement of "by abusing own authority", by considering 'authority' and 'abuse' separately. The Supreme Court has been developing rulings in which both of these requirements were comprehensively examined. In the traditional approach,

---

* Professor, School of Law, Hongik University

the requirement of "general authority of office" played a primary role in the exclusion of acts with no character of "authority of office".

However, the reasoning and conclusion set out in this Decision based on the new approach are not wholly satisfactory. Among other things, the Supreme Court identified the defendant's acts as so-called "judicial interference" and interpreted them as part of Actus Reus. There seems to be confusion between acts and consequences in this reasoning, for his acts of engaging in the trials made it possible and finally resulted in the "judicial interference".

This Decision belongs to the judicial decisions dealing with the case of "abuse of judicial administrative authority" or "judicial scandal". Given the significance of the issue and the value of public confidence in the judicial system, more detailed arguments and more acceptable conclusions would have been required.

'실질적 피압수자'개념에 대한 비판적 검토
(대법원 2021. 11. 18. 선고 2016도348 전원합의체 판결을 중심으로)

조 은 별*

◇ 대상판례: 대법원 2021. 11. 18. 선고 2016도348 전원합의체 판결

Ⅰ. 공소사실의 요지

1. 2013. 12. 하순경 범행(강제추행·성폭력범죄의처벌등에관한특례법위반(카메라등이용촬영))

피고인은 2013. 12. 하순 일시불상경 피고인의 집에서 제자인 피해자 C, D와 함께 송년회를 한 후 술에 취한 피해자들을 데리고 침대 위에 눕혀 하의를 벗기면서 피해자들의 성기를 손으로 번갈아 만지고, 그 장면을 피고인의 휴대전화 카메라를 이용하여 촬영하였다.

2. 2014. 12. 11.자 범행(성폭력범죄의처벌등에관한특례법위반(카메라등이용촬영))

2014. 12. 11. 23:16경 위 1항의 기재 장소에서 제자인 피해자 E와 함께 술을 마신 후, 옷을 벗은 채 술에 취해 침대 위에 누워있던 피해자의 성기를 피고인의 휴대전화 카메라를 이용하여 촬영하였다.

* 법학박사, 경찰대학 교수요원

II. 압수·수색 관련 사실관계 및 법원의 판단

대상 판결에 있어서는 제3자 임의제출의 경우 전자정보 압수의 대상과 범위, 별건 정보 발견 시의 필요 조치 및 절차 등에 관한 논점 등도 쟁점화되었으나, 이 글에서는 제3자에 대한 압수(임의제출) 시 피의자의 참여권 보장에 관해 다루고자 하므로 그에 관한 사실관계 및 법원의 판단만을 추려서 살펴보도록 하겠다.

1. 압수·수색 경위

(1) 피해자 E에 의한 피고인 휴대전화 임의제출

피해자 E는 즉시 피해 사실을 경찰에 신고하였다. 그러면서 피고인의 집에서 가지고 나온 피고인 소유의 휴대전화 2대(아이폰 및 삼성 휴대폰)에 피고인이 촬영한 동영상과 사진이 저장되어 있다는 취지로 말하며 2014. 12. 11. 23:33경 이를 범행 증거물로 임의제출하였다.

(2) 피고인의 삼성 휴대폰에 대한 불참 의사의 표시

경찰은 피고인에게 이 사건 아이폰 및 삼성 휴대폰에 저장된 사진 및 동영상의 확인을 요청하였고 피고인은 아이폰에 저장된 E에 대한 동영상은 임의로 확인시켜주었으나, 삼성 휴대폰의 잠금 화면은 해제하지 않았다.

경찰은 2014. 12. 19. 휴대전화 2대에 대해 충북지방경찰청 사이버범죄수사대에 디지털증거분석을 의뢰하였고, 이 때 피고인은 아이폰에 대해서는 참여 의사가 있음을, 삼성 휴대폰에 대해서는 예상 소요시간이 과다하다는 이유로 참여할 의사가 없음을 밝혔다.

(3) 삼성 휴대폰에서 별건(2013. 12. 하순경 범행) 증거 발견

사이버범죄수사대는 2014. 12. 19.~2014. 12. 23.에 걸쳐 증거분석을 실시한 결과 삼성 휴대폰에서 피해자 E가 아닌 다른 남성 2인이 침해 위에서 잠든 모습, 누군가가 손으로 그들의 성기를 잡고 있는 모습 등이 촬영된 동영상과 사진 등(이하 '이 사건 2013년 영상물')을 발견하고 이를 CD에 복제한 뒤 디지털증거분석결과보고서와 함께 회신하였다.

보고서에는 삼성휴대폰에 대한 분석내용 및 결과로 "본건 범죄시간 때 촬영한 영상 자료는 확인되지 않음 … 하지만 불상의 원인으로 시간정보가 손상되었지만 영상을 복원하여 동일 수법의 영상파일(사진 30개, 동영상 9개) 총 39개를 확인함"라고 기재하였다.

(4) 영장 발부 및 집행

2014. 12. 24. 경찰은 피해자 E를 소환하여 동영상에 등장하는 남성 2인이 피해자 C, D라는 사실을 확인하였고, 2014. 12. 26. 범죄사실로 "2014. 12. 11.자 피해자 E에 대한 카메라등이용촬영" 및 "2014.일자불상경 성명불상의 20대 남성 2명에 대한 카메라등이용촬영 및 준강제추행"을 기재한 압수수색검증영장(이하 '이 사건 영장')을 발부받았다.

그 후 2014. 12. 29. 피해자 C에 대한 조사를 통해 영상물 속 인물이 피해자 C, D임을 재차 확인한 뒤, 2014. 12. 30. 피고인의 입회 하에 이 사건 영장에 의하여 영상물이 저장된 CD를 증거물로 압수하였다.

2. 삼성휴대폰 관련 피고인의 참여

피고인은 2014. 12. 19. 삼성 휴대폰의 디지털증거분석과정에 불참 의사를 밝히고 파일의 복원·추출 과정에 참여하지 않았으며, 경찰은 삼성 휴대폰에 저장된 이 사건 2013년 영상물에 대한 재차 참여 의사 확인 없이 탐색·복제·출력 과정을 진행하였다.

3. 법원의 판단

(1) 1심(청주지방법원 2015. 4. 24. 판결 2015고단141 판결)

증거의 증거능력에 대한 별다른 판단은 없었고, 2013. 12. 하순경 범행 및 2014. 12. 11.자 범행 모두 유죄로 인정하였다.

(2) 2심(청주지방법원 2015. 12. 11. 판결 2015노462)

이 사건 2013년 영상물 등의 증거능력을 부정하여 2013. 12. 하순경 범행은 무죄 취지로 판단하고, 2014. 12. 11.자 범행만을 유죄로 인정하였다.

가. 이 사건 2013년 영상물의 증거능력 관련 기본법리의 판시

전자정보에 대한 압수·수색이 종료되기 전에 혐의사실과 관련된 전자정보를 적법하게 탐색하는 과정에서 별도의 범죄혐의와 관련된 전자정보를 우연히 발견한 경우라면, 수사기관으로서는 더 이상의 추가 탐색을 중단하고 법원으로부터 별도의 범죄혐의에 대한 압수·수색 영장을 발부받은 경우에 한하여 그러한 정보에 대하여도 적법하게 압수·수색을 할 수 있다고 할 것이다.

나아가 이러한 경우에도 별도의 압수·수색 절차는 최초의 압수·수색 절차와 구별되는 별개의 절차이고, 별도 범죄혐의와 관련된 전자정보는 최초의 압수·수색영장에 의한 압수·수색의 대상이 아니어서 저장매체의 원래 소재지에서 별도의 압수·수색영장에 기해 압수·수색을 진행하는 경우와 마찬가지로 피압수자는 최초의 압수·수색 이전부터 해당 전자정보를 관리하고 있던 자라 할 것이므로, 특별한 사정이 없는 한 그 피압수자에게 형사소송법 제219조, 제121조, 제129조에 따라 참여권을 보장하고 압수한 전자정보 목록을 교부하는 등 피압수자의 이익을 보호하기 위한 적절한 조치가 이루어져야 할 것이다(대법원 2015. 7. 16.자 2011모1839 전원합의체 결정 참조).

나. 이 사건 2013년 영상물의 증거능력 관련 판단

※ 2심에서는 피해자 E를 J로, 피해자 C, D를 H, I로 표현하였으나,

혼동을 피하기 위해 피해자 명칭은 대상판결에서의 명칭으로 수정하여 인용함.

법원은 "이 사건 삼성휴대폰은 "피고인이 2014. 12. 11. E의 신체를 사진 및 동영상으로 촬영한 사실"과 관련하여 그 피해자인 E로부터 이 사건 애플휴대폰과 함께 경찰관들에게 임의제출된 바, 이 사건 삼성휴대폰에 저장된 전자정보 역시 위 혐의사실과 관련된 부분에 한하여 임의제출의 의사를 표시한 것"으로 보았다.

그런데 ① "디지털증거분석결과보고서 자체에 의하더라도 이 사건 삼성휴대폰에 대한 분석내용 및 결과로 "본건 범죄시간 때 촬영한 영상 자료는 확인되지 않음" "하지만, 불상의 원인으로 시간정보가 손상되었지만; 영상을 복원하여 동일 수법의 영상파일(사진 30개 동영상 9께 총 39개를 확인함"라고 기재되어 있어, 이 사건 2013년 영상물이 위 혐의사실과는 별도의 사건임을 분명히"하고 있는 점, ② "위 혐의사실의 피해자는 1명인 반면 위 영상물에 드러나는 피해자들은 2명이고, 위 영상물에서 확인되는 피해자 C, D의 얼굴은 위 혐의사실의 피해자인 E와 상이"한 점을 종합해볼 때 디지털증거분석을 실시한 충북지방경찰청 사이버범죄수사대는 "이 사건 2013년 영상물이 위 혐의사실과는 별도의 범죄혐의와 관련된 전자정보에 해당한다는 점을 알았다고 봄이 상당하다"고 판단하였다.

그렇다면 이러한 별건의 범행에 대해서는 탐색 중단 후 별건영장을 발부받았어야 하고, "피고인에게 형사소송법 제219조, 제121조, 제129조에 따라 참여권을 보장하고 압수한 전자정보 목록을 교부하는 등 피압수자의 이익을 보호하기 위한 적절한 조치를" 취했어야 했는데, 경찰은 피고인의 참여권을 보장하지 않았다.

물론 피고인이 2014. 12. 19. 삼성휴대폰에 대한 불참 의사를 밝히기는 하였으나, "당시까지 드러나 혐의사실은 오로지 피고인의 2014. 12. 11.자 E에 대한 카메라등이용촬영의 점에 한정되었기 때문에, 피고인의 위와 같은 참여권 포기의 의사표시가 이 부분 범행에 대한 정보의 탐색·압수·수색에까지 미친다고는 볼 수 없"고, 2014. 12. 30. 피고인의 입회 하에 영장을 집행하였지만 이는 이미 위법하게 이 사건 2013년 영상물을 수집한 이후의 사정이어서 참여권 미보장에 대한 절차적 하자가 치유되었다고 볼 수 없어 그 증거능력을 인정할 수 없다고 판단하였다.

(3) 대상판결

이 사건 2013년 영상물 등의 증거능력을 부정한 원심의 판단을 유지하였다. 그러면서 전자정보 탐색·복제·출력 시 피의자의 참여권 보장과 관련하여 아래와 같이 판시하였다.

압수의 대상이 되는 전자정보와 그렇지 않은 전자정보가 혼재된 정보저장매체나 그 복제본을 임의제출받은 수사기관이 그 정보저장매체 등을 수사기관 사무실 등으로 옮겨 이를 탐색·복제·출력하는 경우, 그와 같은 일련의 과정에서 형사소송법 제219조, 제121조에서 규정하는 피압수·수색 당사자(이하 '피압수자'라 한다)나 그 변호인에게 참여의 기회를 보장하고 압수된 전자정보의 파일 명세가 특정된 압수목록을 작성·교부하여야 하며 범죄혐의사실과 무관한 전자정보의 임의적인 복제 등을 막기 위한 적절한 조치를 취하는 등 영장주의 원칙과 적법절차를 준수하여야 한다. (중간생략)

나아가 피해자 등 제3자가 피의자의 소유·관리에 속하는 정보저장매체를 영장에 의하지 않고 임의제출한 경우에는 실질적 피압수자인 피의자가 수사기관으로 하여금 그 전자정보 전부를 무제한 탐색하는 데 동의한 것으로 보기 어려울 뿐만 아니라 피의자 스스로 임의제출한 경우 피의자의 참여권 등이 보장되어야 하는 것과 견주어 보더라도 특별한 사정이 없는 한 형사소송법 제219조, 제121조, 제129조에 따라 피의자에게 참여권을 보장하고 압수한 전자정보 목록을 교부하는 등 피의자의 절차적 권리를 보장하기 위한 적절한 조치가 이루어져야 한다.

[검   토]

I. 들어가며

대상판결에서 처음 등장한 '실질적 피압수자'라는 개념은 법원에 의해 창설된 용어로, 형사소송법(이하 '법')에서도 그 존재를 찾아볼 수 없기에 정확한 의의와 범위를 파악하기 위해서는 법원의 해석에 기댈 수밖에 없다.

그러나 제3자인 임의제출자와 피의자가 존재하는 대상판결의 사안을 참고해볼 때 적어도 피압수자와 피의자가 서로 다른 경우를 전제로 하고 있음은 분명하며, 이 경우 피의자에게도 **"형사소송법 제219조, 제121조, 제129조에 따라"** 참여권을 보장하고 압수목록을 교부하라는 대상판결의 판시 내용을 보면 피압수자에게 인정되는 권리를 피의자에까지 확대 적용하기 위한 개념인 것으로 보여진다.

다만 여기서 궁금한 것은 '소유자, 소지자, 보관자, 기타 이에 준할 자'의 권리를 규정하는 제129조가 피압수자의 권리 규정인 것은 의심의 여지가 없으나, '검사, 피고인 또는 변호인'의 권리를 규정하는 제121조가 과연 피압수자의 권리 규정이 맞는가 하는 점이다.

피압수자 자체가 법상 용어가 아니다 보니 일반적인 국어 용법례에 비추어 거칠게 비교하자면 피압수자는 '물건'을 중심으로 한 피압수 당사자이고, 피의자는 '사건'을 중심으로 한 피수사 당사자라고 보아야 할 텐데, 제121조에 한정적으로 열거된 사람들은 사건과 관련된 사람들이지, 물건과 직접적으로 연결된 사람이라고 보기는 어려워 보이기 때문이다.

이에 대해 법 제219조, 제118조, 제129조에 따라 피압수자에게 인정되는 영장 제시나 압수목록 교부 등의 권리를 생각하면 현장에서 피압수자의 참여는 당연히 수반되는 것이겠으나, 이 경우 복제본 또는 매체 원본을 반출하여 현장 이외의 장소에서 진행하는 전자정보의 압수·수색·검증, 즉 '현장 외 압수'[1]의 경우까지 참여가 보장된다고 보

기는 어려우므로 판례가 제121조를 근거로 끌어들인 것이라고 해석하는 견해가 있다.[2]

상당히 설득력 있는 해석이라고 생각하는 바이나, 법원이 단순히 제219조, 제121조를 근거로 피의자에 더불어 피압수자의 참여권을 긍정하는 것이 아니라, 제219조, 제121조를 피압수자의 참여권 규정으로 해석하면서 피의자의 참여권은 원칙적으로 배제하고 있다는 점에서 단순히 피압수자의 참여권 보장 범위를 확대하여 주기 위해 위와 같은 해석을 하고 있다고 보기는 어려워 보인다.

따라서 이하에서는 일단 대상 판결 이후에 등장한 다른 판례들로부터 구체화된 '실질적 피압수자'의 요건을 보다 자세히 살펴본 뒤, 법 제219조, 제121조를 피압수·수색 당사자로서 피압수자의 참여권 규정으로 해석하는 것이 타당한지, 오히려 해당 규정은 피의자의 참여권 규정으로서 피의자는 '실질적 피압수자'라는 개념 없이도 원칙적으로 참여권을 인정받는 지위에 있는 자는 아닌지 검토해 보도록 하겠다. 그리고 만약 피의자의 참여권이 원칙적으로 인정될 수 있는 것이라면 그로 인해 파생될 수 있는 문제점 및 해결책은 무엇인지 고찰해보고자 한다.

Ⅱ. '실질적 피압수자'의 의의

1. '실질적 피압수자'의 요건

(1) 비교판례 1 – 대법원 2022. 1. 21. 선고 2021도11170 판결

가. 사안의 소개

소위 '동양대 PC 사건'으로, 당시 수사기관은 동양대 강사휴게실에 있던 PC 2대를 강사휴게실을 관리하던 교양학부 조교로부터 임의

---

1) 디지털 증거의 처리 등에 관한 규칙 제17조 제1항 참조.
2) 이완규, "디지털 증거 압수절차상 피압수자 참여 방식과 관련성 범위 밖의 별건 증거 압수 방법", 형사법의 신동향 제48호(2015. 9.), 105, 109면.

제출받아 반출하였으며 이 때 조교에 대하여 반출 이후 수사기관 사무실에서의 압수·수색 과정(PC의 이미징 및 탐색, 전자정보 추출 등)에 참여할 의사가 있는지 확인하였다. 그러나 조교는 참여하지 않겠다고 답하였고, 수사기관은 피의자에 대해서는 별도로 참여권을 보장하지 않았다. 이에 법원은 이 사건 피의자는 실질적 피압수자가 아니어서 참여권을 보장하지 않았더라도 위법하지 않다고 판단하였다.

나. 판시 내용

정보저장매체를 임의제출한 피압수자에 더하여 임의제출자 아닌 피의자에게도 참여권이 보장되어야 하는 '피의자의 소유·관리에 속하는 정보저장매체'라 함은, 피의자가 압수·수색 당시 또는 이와 시간적으로 근접한 시기까지 해당 정보저장매체를 현실적으로 지배·관리하면서 그 정보저장매체 내 전자정보 전반에 관한 전속적인 관리처분권을 보유·행사하고, 달리 이를 자신의 의사에 따라 제3자에게 양도하거나 포기하지 아니한 경우로써, 피의자를 그 정보저장매체에 저장된 전자정보에 대하여 실질적인 압수·수색 당사자로 평가할 수 있는 경우를 말하는 것이다. 이에 해당하는지 여부는 민사법상 권리의 귀속에 따른 법률적·사후적 판단이 아니라 압수·수색 당시 외형적·객관적으로 인식 가능한 사실상의 상태를 기준으로 판단하여야 한다.

(2) 비교판례 2 – 대법원 2022. 5. 31.자 2016모687 결정

가. 사안의 소개

수사기관은 피의자가 아닌 카카오를 대상으로 영장을 집행하여 피의자의 카카오톡 메신저 대화내용을 압수하면서 피의자에게 미리 집행의 일시와 장소를 통지하지 않았고, 이후 카카오로부터 취득한 전자정보를 탐색·출력하는 과정에도 참여 기회를 부여하지 않았다.

나. 판시 내용

① 원심의 판단(서울중앙지방법원 2016. 2. 18.자 2016보6 결정)

피의자 또는 변호인은 압수·수색영장의 집행에 참여할 수 있고,

압수·수색영장을 집행하는 경우 미리 집행의 일시와 장소를 피의자 또는 변호인 등에게 통지하여야 하나, 급속을 요하는 때에는 위와 같은 통지를 생략할 수 있다(형사소송법 제219조, 제121조, 제122조) … (생략) … 이 사건 압수·수색은 피의자인 준항고인이나 변호인의 참여권을 보장하지 않아 위법하다고 판단된다.

② 대법원의 판단(대법원 2022. 5. 31.자 2016모687 결정)

서비스이용자로서 실질적 피압수자이자 피의자인 준항고인에게 참여권을 보장하지 않은 위법 …(생략)… 이 사건 압수·수색에서 나타난 위법이 압수·수색 절차 전체를 위법하게 할 정도로 중대하다는 원심의 결론을 수긍할 수 있다.

(3) 소 결

비교판례 1에 따르면 실질적 피압수자의 요건으로 단순히 '정보'에 대한 전속적인 관리처분권 뿐만 아니라 압수·수색에 근접한 시간까지의 '매체'에 대한 현실적 지배·관리까지 요구함으로써 그 범위를 사실상 형식적 피압수자에 가깝게 매우 좁게 파악하고 있는 것을 알 수 있다.

그런데 비교판례 2에 따르면 카카오 본사 서버(매체)에 대한 현실적 지배·관리가 없이 단순 서비스이용자에 불과한 피의자를 실질적 피압수자로 표현하고 있는바, 법원에서 앞서 밝힌 기준과 상충되는 것이 아닌가라는 의문이 들기도 한다.

그러나 비교판례 1은 피압수자가 매체를 임의제출한 사항이고, 비교판례 2는 피압수자로부터 매체를 반출한 것이 아니라 매체에 보관된 전자정보를 취득한 사항으로, 서로 상황적 전제가 다르므로 양자의 기준이 상충된다고 단언하기는 어려울 것으로 보인다.

즉 압수의 시작점이 애시당초 매체가 아닌 전자정보였던 경우 매체에 대한 지배·관리는 배제하고 전자정보에 대한 전속적 관리처분권만을 고려하는 것이 판례의 태도인 것으로 보이며, 그렇다면 비교판례 2에서 카카오톡의 계정 소유자인 피의자는 자신의 카카오톡 대화에 대한 전속적 관리처분권을 가지는 자이자, 카카오 본사에 대하여 해당 대화에 대한 수정·삭제·생성 등 전속적 관리처분권을 양도한 자가 아니어서 실질적 피압수자에 해당한다고 평가할 수 있다.

2. '실질적 피압수자' 개념의 함의

'실질적 피압수자'라는 개념에는 원칙적으로 피압수자가 아닌 피의자의 참여권은 보장되지 않는다는 점이 전제되어 있다. 특히 하급심 민사 판결[3] 중에는 수사상 기밀 유지의 필요성과 증거인멸 및 범인 도주의 우려를 이유로 피압수자 아닌 피의자에 대한 참여권을 명시적으로 부정한 판례도 확인된다.

그러나 법원이 참여권을 보장하는 취지는 혐의사실 관련성에 대한 구분 없이 이루어지는 복제·탐색·출력을 막고자 하는 것인데,[4] 피압수자가 압수당하는 정보에 대한 관리·처분권자가 아닐 경우에는 사실상 그에 대한 참여권 보장은 그 의미가 크게 퇴색된다.

따라서 예외적으로 피압수자가 아닐지라도 정보의 전속적 관리처분권자인 피의자에게는 참여권을 보장함으로써 상황에 따른 구체적 타당성을 기하고자 하는 법원의 의도가 "실질적 피압수자"라는 개념의 창설로 이어진 것으로 보여진다.

다만 유의할 점은 정보에 대한 전속적 관리처분권이라는 것은 정보주체 차원의 개념은 아니라는 점이다. 개인정보보호법 제2조 제3호에 따르면 정보주체란 '처리되는 정보에 의하여 알아볼 수 있는 사람으로서 그 정보의 주체가 되는 사람'을 일컫는다. 예컨대 타인의 개인정보 파일을 매매하는 범죄자가 A의 개인정보를 구입했을 경우 해당 개인정보 파일의 정보 주체는 A지만, 개인정보 파일에 대한 전속적 관리처분권을 보유·행사하고 있는 자는 범죄자라 할 것이다.[5] 그리고

---

3) 서울중앙지방법원 2019. 10. 2. 선고 2014가단5351343 판결.
4) 대법원 2015. 7. 16.자 2011모1839 전원합의체 결정.
5) 조은별, "디지털 증거 압수·수색에 대한 참여권의 보장", 박사학위 논문, 서울대학교 (2021), 100면.

범죄자의 범죄행위에 대하여 수사가 개시되어 압수·수색이 이루어진다고 하여도 그로부터 직접적으로 법익 내지 권리가 침해당하는 자는 범죄자이지, 정보주체인 A가 아니다. A의 법익 내지 권리는 수사기관의 압수·수색 행위가 아니라 범죄자의 범죄행위로 인하여 침해당한 상태이기 때문이다.

앞서 살펴본 비교판례 1 역시 "단지 피의자나 그 밖의 제3자가 과거 그 정보저장매체의 이용 내지 개별 전자정보의 생성·이용 등에 관여한 사실이 있다거나 그 과정에서 생성된 전자정보에 의해 식별되는 정보주체에 해당한다는 사정만으로 그들을 실질적으로 압수·수색을 받는 당사자로 취급하여야 하는 것은 아니"라고 명시적으로 밝히고 있다.

Ⅲ. 법 제219조, 제121조 '당사자'의 해석

1. 학설 대립

참여권을 인정받는 법 제219조, 제121조의 '당사자'를 사건 당사자가 아닌 영장집행의 당사자로 해석하는 것이 타당하다는 견해가 있다.6) 법 제121조와 제122조는 적법한 영장집행을 담보하기 위한 조문이므로 재산권과 프라이버시권을 침해받는 영장집행 당사자인 피압수자를 제외시키면 조문의 취지가 퇴색한다는 것이다.7)

이에 대해 법 제121조는 피압수자 지위가 아닌 사건 당사자 지위에서의 참여권을 보장하는 것으로 이는 법 제219조에 의해 준용되어 수사기관의 압수·수색에서는 피의자를 의미한다는 견해8)가 있다.

---

6) 박민우, "디지털 증거 압수·수색에서의 적법절차", 박사학위 논문, 고려대학교 (2016), 105면.
7) 박민우, 위의 논문, 105면.
8) 이흔재, "제3자 보관 전자정보에 대한 압수·수색영장의 집행과 피의자의 절차적 권리", 형사법의 신동향 통권 제76호(2022. 가을), 162-163면, 170-173면; 전치홍, "대법원의 참여권 법리에 대한 비판적 검토 – 대법원 2021. 11. 18. 선고 2016도348 전원합의체 판결을 중심으로 –", 형사소송 이론과 실무 제14권 제1호(2022), 9면; 권

한편 해당 규정이 피의자의 참여권을 규정하는 것임을 인정하면서도 '피집행자의 이익 보호'라는 제121조의 참여권 보장 취지9)를 감안할 때 피의자가 '피집행자의 이익 보호'와 직접적 관련이 없는 경우 그 참여권을 보장하는 것은 적절치 않다는 견해도 확인된다.10) 이 견해에서는 제219조, 제121조의 '피의자'는 '피압수자인 피의자' 내지 '실질적 참여기회 보장이 필요한 특별한 사정이 있는 피의자'로 제한 해석하는 것이 타당하다고 보고 있다.11)

2. 판례의 태도

법원 및 헌법재판소는 국가보안법 위반 혐의 관련 사전 통지 없는 이메일 압수·수색이 문제되었던 사안에서 법 제219조, 제121조에 따른 참여권자를 피의자로 명시한 바 있다.12)

그러나 한편 법원은 대상판결을 비롯한 많은 판결에서 법 제121조를 언급하면서 "형사소송법 제219조, 제121조에서 규정하는 피압수·수색 당사자(이하 '피압수자'라 한다)나 변호인에게 참여의 기회를 보장"해야 한다고 판시하여,13) 법 제219조, 제121조가 피압수자의 참

순민, "형사절차에서 인터넷서비스 제공자 서버에 저장된 이메일 보호", 형사법연구 제23권 제4호(2011), 250면; 박용철, "디지털 증거 중 카카오톡 대화의 압수.수색 영장 집행에 대한 참여권-대법원 2016모587 사건을 통해 본 122조 급속을 요하는 때의 의미", 비교형사법연구 제20권 제4호(2019. 1), 26-27면, 36-37면.; 이순옥, "디지털 증거의 압수·수색절차에 대한 비판적 고찰", 중앙법학 제20집 제3호(통권 제69호)(2018. 9), 182-184면.

9) 헌법재판소 2012. 12. 27.자 2011헌바225 결정.

10) 이주원, 형사소송법(제5판), 박영사(2022), 182-184면.

11) 이주원, 위의 책, 184면.

12) "피의자 또는 변호인은 압수·수색 영장의 집행에 참여할 수 있고(형사소송법 제219조, 제121조)". 대법원 2012. 10. 11. 선고 2012도7455 판결; "피의자 및 변호인 참여권의 실질적인 보장을 위하여 형사소송법 제122조 본문에서 사전통지 의무를 규정", 헌법재판소 2012. 12. 27.자 2011헌바225 결정.

13) 대법원 2015. 7. 16.자 2011모1839 전원합의체 결정; 대법원 2017. 11. 14. 선고 2017도3449 판결.; 대법원 2021. 11. 25. 선고 2019도6730 판결; 대법원 2021. 11. 25. 선고 2016도82 판결.

여권 규정인 것처럼 표현하기도 하였다. 물론 이 표현만으로는 법원이
제121조를 피의자 중 피압수자 지위를 겸하고 있는 자의 참여권 규정
으로 보는 것인지 아니면 피의자인지 여부를 불문하고 순수 피압수자
의 참여권 규정으로 보는 것인지는 분명치 않았다.

　　그러나 최근 법원은 비교판례 1을 통해 피의자와 별도로 피압수
자가 있는 상황에서 참여권의 관련 법리로 법 제219조, 제121조만을
밝히면서 피압수자의 참여권은 긍정한 반면 피의자의 참여권은 부정
한바, 위와 같은 표현을 사용할 때 법원은 제121조를 피압수자의 참여
권 규정으로 파악하고 있는 듯하다.

3. 검 토

　　법 제121조의 조문은 그 제목을 '영장집행과 당사자의 참여'로 하
고 있다. 따라서 조문 제목만 본다면 당사자를 '사건' 당사자가 아닌
'영장 집행(피압수) 당사자'로 해석할 여지가 있으나, 조문 내용에서
'검사, 피고인 또는 변호인'으로 참여 주체를 한정적으로 열거하고 있
는바 법문언상 별도 해석의 여지는 없다고 보여진다.

　　그런데 법원은 '준용'에 대하여 포괄적·일반적 준용 규정이라 할
지라도, 준용 규정을 둔 법령이 규율하고자 하는 사항의 성질에 반하
지 않는 한도 내에서만 준용되는 것이라는 점을 분명히 하고 있다.[14)]

　　그렇다면 공판 단계와 수사 단계의 차이, 헌법재판소가 제121조를
"집행을 당하는 자의 이익을 보호하고자 마련된" 것이라고 밝힌 점 등
을 생각해 볼 때 제219조, 제121조는 피압수자이거나 적어도 피압수자
지위를 겸하고 있는 경우에만 그 참여권을 보장하는 것이라고 해석함
이 '준용'의 뜻에 부합하는 것은 아닐까 의구심이 드는 것은 사실이다.

　　그러나 한편 헌법재판소는 해당 조문이 **"압수수색절차의 공정을
확보"**하기 위한 것이라고도 하고 있으며,[15)] 참여권 자체가 헌법상 적

---

14) 대법원 2015. 8. 27. 선고 2015두41371 판결.
15) 헌법재판소 2012. 12. 27.자 2011헌바225 결정.

법절차 원칙의 실현을 위한 구체적인 방법의 하나로서 입법자의 입법형성권에 속하는 것16)이라는 점을 생각해보면 그 취지 및 규율하고자 하는 범위를 정확히 알기 위해서는 제정 입법자들의 의도를 살펴볼 수밖에 없다.

그런데 6·25 전쟁 발발로 인해 제정 형사소송법 관련 다수의 사료가 멸실되어 있는 상태이며, 그로 인해 제정 입법자들의 뜻을 명확히 확인하기는 어렵다.

따라서 이하에서는 형사소송법 제정 당시의 사법 환경, 우리 제정 법자들이 입법모델로 삼은 일본 대정 형사소송법과의 차이 등을 통해 법 규정의 취지를 명확히 하고, 바람직한 법 해석의 방향을 고찰해보고자 한다.

(1) 형사소송법 제정 당시의 상황
가. 예심제도의 폐지 – 수사기관에게 강제처분권을 부여하는 것에 대한 우려

일제 강점기 조선에는 일본의 형사소송법(명치 형사소송법·대정 형사소송법)이 의용되었다. 그런데 일본의 형사소송법에는 예심 제도가 존재하고 있었으며 이는 예심판사가 검사의 기소전 단계에서 사건을 심리할 수 있도록 한 것으로 즉 판사가 수사절차에 관여할 수 있게 하는 제도였다.17) 그리고 수사절차상 강제처분 역시 원칙적으로 수사기관이 아닌 예심판사만이 할 수 있었다.18) 다만 조선형사령 제12조19)에 의하여 조선에 있어서는 수사 결과 급속한 처분을 요하는 것으로 인정되는 때에는 수사기관이 압수·수색을 할 수 있도록 폭넓은 예외가 인정되었으나, 여전히 의용 형사소송법에 의해 예심제도가 적용되

---

16) 헌법재판소 2012. 12. 27.자 2011헌바225 결정.
17) 안주열, "일제강점초기 형사사법제도와 증거재판주의에 관한 고찰: 조선고등법원 형사판결록을 중심으로", 법사학연구 제33권(2006), 64면.
18) 안주열, 위의 논문, 67면.
19) 조선형사령 제정 이후 1922. 12. 7. 개정에 따라 제12조의 구체적인 법문언은 달라졌으나, 제12조에 의해 요급처분의 예외가 인정되었음은 변하지 않았다.

는 이상 원칙적인 강제처분 권한은 예심판사에게 인정되는 것이었다.

물론 우리나라에 있어 예심제도는 사법기능의 분리(기소-예심-재판)를 통한 상호견제라는 본연의 역할20)을 하지 못하고 오히려 검사의 수사보조자로서 기능하였으며, 예심판사가 가지는 무기한의 구류권을 이용하여 피의자를 압박하기 위한 수단으로 악용되었다.21)

하지만 그럼에도 수사기관에 의한 권한 남용의 우려가 워낙 컸기에 예심을 폐지하고 수사기관에게 강제처분 권한을 부여하는 제정 형사소송법안에 대해서는 민주주의에 역행하는 법규라는 반대의 목소리가 있었다.22)

그러나 법관의 기능상 효율 문제와 인원, 예산의 한계 등 현실적 문제로 인하여 수사기관에 대한 강제처분권 부여는 불가피한 선택이었다.23) 다만 고문수사 등을 통해 불거진 권한 남용의 가능성은 자명했고, 특히 해방 직후 격변기에 정부가 선거 주도권을 잡기 위해 수사기관을 정치도구로 활용할 우려도 있었기에 형사소송법에서 그에 대한 치밀한 조치가 있어야 한다는 것이 우리 제정 입법자들의 주된 의식이었다.24)

그에 대한 통제 수단으로서 참여권을 부여한 것이라고 보여지는데, 어찌하여 참여권이 수사기관에 대한 통제 수단으로 작용할 수 있는지는 단락을 바꾸어 살펴보도록 하겠다.

---

20) 유주성, "수사와 기소 분리를 위한 쟁점과 과제", 입법과 정책 제10권 제2호(2018), 150면; 박종욱, "전자정보의 압수수색과 피의자의 참여권－대법원 입장의 비판적 수용 및 독일 논의의 참고－", 형사정책연구 통권 제33호(2023), 49면.
21) 신동운, "일제하의 예심제도에 관하여－그 제도적 기능을 중심으로", 서울대학교 법학 제65권 제1호(1986), 162-163면.
22) 한국형사.법무정책연구원, 형사소송법제정자료집(1990), 114면
23) 한국형사.법무정책연구원, 앞의 책, 114-115면
24) 엄상섭, "형사재판의 민주화－신형소법의 입법경위와 관련하여－", 법정 74호(1955), 39-40면.

나. 사법민주화에 대한 갈망 – 수사기관에 대한 통제 수단으로서의
   당사자주의

형사소송법 제정 당시 일제하의 폭압적 형사절차를 개혁하기 위
한 주요 원칙으로서 형사사법의 민주화가 대두되었으며,[25] 특히 그
내용으로서 우리 입법자들이 주목한 것은 당사자주의와 공판중심주
의였다.[26]

오늘날 당사자주의는 통상 공판단계와 연계되어 논하여지는 개념
이지만, 이 당시 형사사법의 민주화는 "수사단계까지를 포함하는" 형
사재판의 민주화였으며,[27] 여기서의 당사자주의론은 피의자·피고인과
변호인의 권한 강화와 적극적 활동을 통해 수사기관을 견제하고[28] 인
권 옹호에 이바지한다는 구도를 갖는다. 국회에서 형사소송법 초안에
대한 설명 당시 구속 사실 통지·피의자 신문시 변호인 입회 등 강제
처분에 대한 정보 제공·참여를 보장하는 일련의 규정들을 나열하면
서, "범인이 참으로 자기의 옹호자로서 자기 자신을 보위하는 방법",
"피의자가 수사기관의 심의를 받을 때부터 자기를 보위할 방법"으로
서 법안의 인권 옹호적 측면을 나타낸다고 이야기한 것은[29] 이러한
인식의 발로라 하겠다.

피의자의 압수·수색 참여권 역시 피의자를 당사자에 준하는 지위
로 보고 자신이 받을 불이익, 즉 혐의 내용이나 수사 진행상황 등을
알거나 그에 관한 의견을 제시하는 기회를 부여해주는 절차[30]라는 점

---

25) 엄상섭, 위의 논문, 39면.
26) 오병두, "당사자주의와 직권주의", 홍익법학 제18권 제4호(2017), 256면.; 제2대 국회
   제18회 제18차, "국회본회의(형사소송법안 제1독회)", (1954. 2. 15.), 9면.; 엄상섭 감
   수·서일교 편, 신형사소송법(부 참고자료), 일한도서출판사(1954.3), 부록 3, 63면 이
   하에 수록, 신동운, "제정형사소송법의 성립경위", 형사법연구 제22호(2004), 215면
   에서 재인용.
27) 엄상섭, 위의 논문, 39면.
28) 오병두, 위의 논문, 267면.
29) 위의 국회회의록, 13면.
30) 박형관, "공판중심주의 틀에서 수사와 입증", 형사소송 이론과 실무 제9권 제2호
   (2017. 12), 102-103면.

에서 수사단계에서의 당사자주의적 특징을 보여주는 대표적인 규정으로 이해될 수 있다.

비록 당시 국민 대중의 문화 수준과 변호인을 고용하기 어려운 경제 상태 등 현실적인 이유로 철저한 영미법계의 당사자주의가 구현되지는 못하였지만,31) 우리나라 제정법자들이 당사자주의에 대해 호의적이었다는 점은 바로 이웃나라인 일본의 경우 그 해석 및 적용에 있어 소극적이었던 점에 비추어볼 때 매우 흥미롭다.32)

우리나라의 경우 제정법자들 스스로 형사소송법 제정을 주도하면서 당시 사법실정에서 인권옹호·민주주의 가치를 최대한 실현할 수 있는 형태를 고심하였지만, 일본의 경우 제2차 세계대전 패전 이후 맥아더 사령부 주도 하에 사법 개혁이 이루어지면서 미국의 압박에 의해 강제적으로 당사자주의를 받아들이게 된 것33)이 그와 같은 차이를 초래했다고 보여진다.

일본의 이러한 태도는 범죄검거 및 치안질서 유지 효율화에 경도된 형사사법 운영 행태 유지로 이어졌으며 그로 인해 이후 검사가 얻어낸 수사의 결과가 공판의 귀추를 사실상 결정하는 실태가 명백해졌다.34) 이에 일본에서도 쇼와 30년~40년대, 즉 1960년 전후 平野龍一가 '탄핵적 수사관'을 제창하며 당사자주의를 수사단계에까지 확장시키고자 하였으나35) 일반화되지는 못하였다.36)

우리나라에서는 형사소송법 제정과 관련된 공청회 당시 구속 피의자에 대한 피의사실 요지의 통지와 관련하여 법제처장이 증거 인멸

---

31) 앞의 국회회의록, 9면, 15면.
32) 新屋達之, "「新時代の刑事手続」のめざす刑事手続像", 大宮ローレビュー 第10号(2014), 44-45面; 土本武司, "日·蘭刑事訴訟の比較的考察", 比較法学 27券 1号(1994), 124面.
33) 오병두, "일본 당사자주의론과 그 정책적 시사점", 비교형사법연구 제19권 제4호(2018. 1), 224면.
34) 青木孝之, "現行刑事訴訟法における当事者主義", 一橋法学 第15卷 第2号(2016), 562面.
35) 青木孝之(注 34), 562面; 新屋達之(注 32), 45面; 野田隼人, "平野龍一理論と刑事捜査法", 近畿大学法学 第64卷 第3·4号(2017), 7-8面.
36) 青木孝之(注 34), 563面.

우려를 들어 반대 의견을 표명하자 곧바로 "… (생략) 법제처에서 법률을 운영하는데 편하게 하겠다는데 지나지 못합니다"라며 거세게 반박당하고 묵살되었던 점[37]을 고려하면 당시 양국의 차이는 극명해 보인다.

(2) 의용 형사소송법(대정 형사소송법)과의 차이

우리나라와 일본 모두 새로운 형사소송법을 제정할 당시 동일한 입법모델, 즉 대정 형사소송법을 법안 기초로 삼았다.[38]

그런데 대정 형사소송법[39]은 공판단계 당사자의 참여권 규정을 두고 있음에도(제158조) 이를 검사 또는 사법경찰관의 압수·수색에는 준용하지 않는 특징을 보이며(제174조), 일본의 현행 형사소송법 역시 마찬가지인데(제113조, 제222조), 유독 우리 법만 공판단계의 당사자의 참여권 규정을 수사단계에까지 준용하는 것을 두고 우리나라 입법자들의 준용 오류를 의심하는 견해[40]도 확인된다.

그러나 우리는 이미 앞에서 형사소송법 제정 당시 우리나라와 일본 법학자들이 당사자주의에 관해 상반된 태도를 지니고 있었음을 살펴보았으며, 그렇다면 양국의 입법이 서로 다른 방향으로 발전한 것은 오히려 지극히 당연해 보인다.

---

37) 한국형사.법무정책연구원(주 22), 123면.
38) 신동운, "제정형사소송법의 성립경위", 164면.
39) 제158조: 검사, 피고인 또는 변호인은 압수 또는 수색에 입회할 수 있다. 다만 구속되어있는 피고인은 그러하지 아니하다. 압수 또는 수색을 위해서 필요한 때에는 피고인을 입회시킬 수 있다.
제159조 압수 또는 수색을 위해 일시 및 장소는 미리 전조의 규정에 의해 처분에 입회할 수 있는 자에게 통지하여야 한다. 단 급속을 요하는 때에는 그러하지 아니하다.
제174조: … (생략) … 제155조 내지 제157조 및 제161조 내지 제167조의 규정은 별단의 규정이 있는 경우를 제외하고 검사 또는 사법경찰관이 하는 압수 및 수색에 준용한다.
40) 이관희, 이상진, "데이터 보관 사업자에 대한 영장집행 절차의 현실화 방안에 관한 연구-피의자에 대한 사전통지 생략 및 영장 사본제시 필요성을 중심으로", 형사정책연구 제31권 제1호(2020), 147면, 148면.

더군다나 우리나라 입법자들은 준용 규정에 있어 당사자 참여권 규정을 추가한 것 외에 당사자 참여권 규정 자체에 있어서도 구속 피고인을 예외로 한다는 단서 규정을 삭제하였다. 그렇다면 법 제정 당시 상황과 더불어 살펴보았을 때 이는 참여권 관련 일련의 수정이 단순 입법 오류가 아닌 당사자주의를 강화하고자 하는 일관된 입법 의지에 따른 결정이었음을 단적으로 보여주는 증거라고 하겠다.

무엇보다 형사소송법은 법전편찬위원회에서 작성한 초안을 국회 법제사법위원회에서 심의하여 수정하는 형식으로 제정되었는데[41] 이 때 수정 내용을 비롯한 제정 형사소송법의 주요 내용을 정리한 "국회 법제사법위원회 수정안 내용"[42]에는 "당사자(검사, 피고인, 피의자, 변호인)의 참여권 및 신문권을 인정한다. 즉 압수·수색영장의 집행에의 참여(121조, 219조), 검증에의 참여(145조, 121조, 219조), 증인신문에의 참여 및 증인에 대한 직접신문(163조), 감정에의 참여(176조) 등 권한이 인정되었다. 따라서 이들 경우에는 미리 당사자에게 일시, 장소 등을 통지하여야 한다"[43]라는 내용이 명시되어 있다. 즉, 제219조에 의해 준용되는 제121조가 피의자의 참여권 규정임을 분명히 한 것이다.

(3) 관련 형사법 상의 체계적 해석

제219조, 제121조를 위와 같이 피의자의 참여권 규정으로 해석할 경우 형사소송법 및 통신비밀보호법 상의 압수·수색 관련 규정과 충돌을 빚게 된다는 견해[44]가 있다.

우리 형사소송법이 제107조에서 우체물 또는 전기통신에 관한 물건을 압수한 경우 발신인이나 수신인에게 그 취지를 통지하게 한 것, 전기통신에 대한 압수·수색의 경우 수사대상이 된 가입자에게 사후

---

41) 신동운, "제정형사소송법의 성립경위", 169-173면.
42) 신동운, "제정형사소송법의 성립경위", 173-175면.
43) 엄상섭(주 26), 부록 3, 63면 이하에 수록된 내용 참조. 신동운, "제정형사소송법의 성립경위", 215-216면에서 재인용.
44) 이관희, 이상진, 앞의 논문, 147-148, 149면.

통지하게 하는 제도를 통신비밀보호법 제9조의3으로 신설한 것은 압수·수색에 있어 피의자에 대한 사전 통지 또는 참여를 배제하고자 한 것으로 해석하여야 한다는 것이다.

그러나 헌법재판소[45]는 제122조 본문은 "압수수색의 일시와 장소를 참여권자인 피의자 및 변호인에게 사전에 통지하도록 함으로써 피의자의 절차적 권리를 보장하고자 한 것이고", "특별히 전자우편에 대한 강제처분에 관하여 정보주체의 절차적 권리의 형성을 염두해 둔 규정"이 아니며 정보주체는 피압수자도 아니어서 관련 처분의 통지를 받을 수 없으므로, 그에 대한 입법적 개선으로서 2009. 5. 28. 통신비밀보호법 제9조의3 및 2012. 1. 1. 형사소송법 제107조 제3항이 개정된 것이라고 보고 있다.

다만 살펴보건대 통신비밀보호법에서는 사후 통지 대상을 '수사 대상이 된'가입자로 보고 있어 사실상 피의자의 지위와 일치하며, 그렇다면 확실히 입법자는 피의자를 사전 통지 대상자 내지 참여권자로 보지 않는 전제 하에 통신비밀보호법을 개정한 것이 아닌가라는 생각이 들기는 한다.

그러나 피의자의 참여권 및 사전통지에 대해서는 법 제219조, 제122조 단서에 의해 '급속을 요하는 때'에는 그 예외가 허용되며, 통신비밀보호법의 사후 통지 제도는 이와 같은 사전통지의 예외가 허용될 경우 전기통신 가입자가 그 집행사실을 사전에는 물론 사후적으로도 통지받을 수 없게 되는 경우에 대한 배려라 하겠다. 위의 헌법재판소 결정에 있어서도 해당 규정에 의하여 "전자우편상의 정보주체는 이 사건 법률조항에 정한 사전통지의 예외에 해당하는 경우라도" 압수수색 집행사실을 적어도 처분 있은 날로부터 30일 이내에는 통지받을 수 있게 되었다고 해석하고 있다.

다시 말해 제219조, 제121조를 피의자의 참여권 규정으로 해석한다 할지라도 전체 형사법상의 체계적 해석에 어긋나지 않는 것이다.

---

45) 헌법재판소 2012. 12. 27. 선고 2011헌바225 전원재판부 결정.

(4) 소 결

결국 제219조, 제121조는 피의자에게 참여권을 부여함으로써 수사 단계에까지 당사자주의를 확장하여, 예심제도 폐지와 더불어 강제처분 권한을 갖게 된 수사기관을 견제하고자 한 제정법자들의 입법적 장치인 것으로 보여진다. 그렇다면 제219조에 의해 준용될 때 제121조의 피고인은 '피의자'를 뜻하게 된다고 봄이 타당하다.

헌법재판소에 따르면 피의자는 "당사자에 준하는 지위"를 가지고 있으며, "헌법과 현행 형사법은 '무기 대등의 원칙'을 실현하기 위하여 피의자·피고인으로 하여금 절차의 주체로서 자신의 권리를 적극적으로 행사하게 함으로써 국가권력의 형벌권행사에 대하여 적절하게 방어할 수 있는 여러 가지 수단과 기회를 보장"[46]하고 있다.

물론 압수·수색 과정에 있어 피의자의 참여권을 원칙적으로 보장할 경우 수사 진행에 큰 어려움을 초래할 것이며, 이는 형사법의 또 다른 축인 실체적 진실발견을 위협하는 결과로 이어질 것이다. 또한 법 제정 당시와 지금에 있어 사법 환경이 변화한 점, 입법 당시 예상치 못한 디지털 증거라는 새로운 형태의 증거가 등장함에 따라 그에 부합하는 해석론이 필요하게 된 점 등을 고려하면 법 제121조를 사건 당사자가 아닌 피압수·수색 당사자의 참여권 규정으로 해석하는 법원의 태도는 지극히 합목적적이다.

그러나 이러한 해석의 범위는 어디까지나 법문언의 문리적 해석의 한계를 벗어나서는 안 될 것이다. 그 순간 입법자가 아닌 법관에 의한 법 창설이 이루어지기 때문이다.

그런데 제219조, 제121조는 참여 대상자를 열거적으로 명시하고 있는 규정 특징상 피의자로 해석하는 것 외에 다른 해석의 여지가 있다고 보기 어렵다. 더군다나 대상자로 명시되어 있는 피고인(피의자)를 제외하고 이를 배타적인 피압수자의 참여권 규정으로 해석하는 것은

---

46) 헌법재판소 2004. 9. 23. 선고 2000헌마138 전원재판부 결정.

다만 집행 과정 중, 특히 디지털 증거에 있어 현장 외 압수 과정에서의 피압수자 참여권이 인정되는지 여부는 명확치 않다.

그러나 살피건대 법 제219조, 제118조 영장 제시의 취지는 영장에 기재된 물건, 장소, 신체에 대해서만 압수·수색이 이루어지도록 보장하고자 하는 것이고,52) 법 제219조, 제129조의 목록 교부는 무엇을 압수하였는지 명확히 하여 향후 압수물의 소재에 대한 분쟁을 막고 피압수자의 재산권을 부당하게 침해하지 않도록 하려는 것이다.53)

그런데 영장 제시를 통해 영장에 따른 집행을 보장하고자 한다는 것은 피압수자가 영장 집행 과정에 참여하여 살펴볼 수 있다는 점을 당연한 전제로 하는 것이며, 압수물 목록 교부로 사후 분쟁이 없고자 한다는 것 역시 수사기관이 압수하고도 목록에서 누락한 것은 없는지 압수 집행 과정을 지켜보고 감시할 수 있다는 사실을 전제로 한다.54) 즉 법 제118조 및 제129조를 실효적으로 보장할 수 있는 전제가 되는 권리로서 피압수자의 참여권이 인정될 수 있다고 하겠다.55)

하지만 그럼에도 법이 당사자·책임자 등과 달리 피압수자 참여권을 명문으로 규정하지 않은 점에 의문이 남긴 하나, 이는 피압수자를 배제하려는 의사였다기보다는 영장 집행 중 피압수자가 집행 현장에 있을 것이 당연히 전제되는 것이었기 때문이라고 보아야 한다.56) 다시 말해 피압수자는 당연히 압수·수색 현장에 존재할 것이므로 굳이 관련 규정을 두자면 오히려 참여를 배제하는 예외 상황을 규정했어야 하는 것이고, 당사자·책임자 등은 압수 현장에 없을 가능성이 높으므로 굳이 참여를 시키자면 별도 규정을 둘 수밖에 없었던 것이다.57)

---

52) 안성수 저, 김희옥·박일환 편집대표, 주석 형사소송법(제5판), 한국사법행정학회 (2017. 11), 613면.
53) 안성수, 위의 책, 634면.
54) 조은별(주 5), 94면.
55) 조은별(주 5), 94면.
56) 조은별(주 5), 94면.
57) 조은별(주 5), 94면.

3. 실체적 진실 발견과의 조화

김도읍 의원 대표발의로 제19대, 제20대 국회에 제출된 형사소송법 개정안(의안번호: 19-13878, 20-1352)에 따르면 사전 참여 통지의 예외 사유로 "진행 중인 재판에 방해가 될 우려가 있는 때(제219조에 의해 수사에 준용됨)"를 포함[58]시켜 입법적으로 원활한 수사 활동과의 조화를 꾀하고자 하였다.

그러나 위의 안은 기간 만료로 폐지되었으며, 현재 법제 내에서 해석론적으로 해결하고자 할 경우 만약 '급속을 요하는 때' 즉 증거 인멸의 우려가 있는 때[59]를 장래 증거에 대한 인멸 우려 있는 때까지로 확장하여 해석할 수 있다면 가장 간이한 해결책이 될 것이다.

하지만 이는 법문의 문리적 의미를 넘어[60] 현 단계에서 명확하지 않은 장래의 사정을 이유로 피의자의 절차적 권리를 불안정하게 만드는 것일뿐더러, 거의 대부분의 경우에 있어 피의자에게 통지될 경우 후속 증거가 인멸될 우려가 있다고 평가될 것이므로 사실상 피의자의 참여권을 형해화시키는 결과를 야기한다.[61] 헌법 재판소 역시 제122조 단서와 관련한 해석에 있어 관련된 모든 증거가 아닌 **"압수수색의 대상이 된 증거"**의 인멸 또는 훼손 우려를 고려하고 있다.

물론 '급속을 요하는 때'가 증거 인멸·은닉의 우려가 있는 때라는 기존의 해석 역시도 법의 문리적 해석에 부합하는 것이었다고 보기는 어렵다.

---

58) <신설>제115조의3(정보의 압수집행 종료 후의 특칙) ⑥ 법원은 제1항 및 제2항의 절차를 진행하기 위해 피의자, 변호인 또는 제129조에 규정한 자에게 미리 그 일시와 장소를 통지하여야 한다. 다만, 통지를 받을 자가 참여하지 아니한다는 의사를 명시한 때, 통지가 불가능하거나 현저히 곤란한 때, 진행 중인 재판에 방해가 될 우려가 있는 때에는 예외로 한다

59) 대법원 2012. 10. 11. 선고 2012도7455 판결.; 헌법재판소 2012. 12. 27. 선고 2011헌바225 전원재판부 결정.

60) 서태경, "형사소송법 제106조 제3항 단서에 따른 수사기관의 압수에 관한 검토－피의자, 변호인의 참여권을 중심으로－", 법학논집 제39권 제3호(2015), 186면.

61) 조은별(주 5), 57면.

우리 법과 같은 규정을 두고 있는 일본의 경우 해당 문언은 증거
물의 멸실·은닉의 위험 등으로 집행의 필요가 절박하고, 입회권자에
게 통지한다고 해도 입회권자가 실제 입회하는데 필요한 만큼 집행을
지연시킬 수 없는 경우를 일컫는다고 보고 있다.[62] 즉 시간적 급속성
을 염두에 두고 있다.

반면 일본과 달리 수사단계에까지 당사자 참여권을 준용하는 우
리 법의 경우 부득이하게 해석을 통해 피의자의 참여권을 제한할 필
요가 있었고, 그로 인해 제122조 단서를 시간적 급속성이 아닌 증거
인멸·훼손으로 인한 압수목적 달성 불능의 우려로 폭넓게 해석하게
되었으리라고 보여진다.

그러나 정보저장매체에 있어서는 매체의 반출로 인해 증거 인멸·
훼손 우려가 없어진 이후에도 탐색·선별의 압수·수색 과정이 이어지
는 경우가 발생하였고 더 이상 법 제122조 단서 규정의 해석만으로는
수사과정 밀행성 원칙과의 조화가 불가능하게 되었다.

그렇다면 어차피 문언에 부합하지 않은 해석을 하고 있던 이상
새로운 시대 상황에 맞추어 다시금 해석의 범위를 넓히는 것이 그리
큰 문제는 되지 않을 것이라는 반론도 가능할 법하다.

하지만 이미 법문언과 해석 사이의 괴리가 있었으니 그 괴리가
더 커져도 괜찮다는 생각이 얼마나 위험한지는 굳이 설명하지 않아도
자명할 것이다.

결국 가장 바람직한 해결책은 참여권의 취지에 부합하면서도 실
체적 진실 발견과 균형을 이룰 수 있는 방향으로 법을 개정하는 것이
라고 보여진다. 오늘날 실질적으로 참여권이 의미를 지니는 것은 디지
털 증거 압수에 있어서인데, 법원에 따르면 이 때 참여권을 보장하는
것은 혐의사실과 무관한 정보의 복제·탐색·출력을 막고자 하는 것이
다.[63] 그런데 정보저장매체 내 저장된 정보의 내용을 가장 정확히 파

62) 河上和雄, (大コンメンタール) 刑事訴訟法. 第2卷, 靑林書院(2010), 414면.
63) 대법원 2015. 7. 16.자 2011모1839 전원합의체 결정.

악하고 있는 것은 정보의 전속적 관리처분권을 지니고 있는 자로서, 사실 법원에서 이야기하는 '실질적 피압수자' 역시도 궁극적으로는 정보의 전속적 관리처분권자의 참여권을 보장하고자 하는 것이다.

그렇다면 i) 형사소송법 제정 당시와 달라진 사법 환경, ii) 수사에서의 기밀유지의 필요성, iii) 기존에는 제122조의 해석을 통해, 현재에는 피압수·수색 당사자, 실질적 피압수자 등의 표현을 통해 순수 피의자의 참여권 규정으로서의 제219조, 제121조는 이미 사실상 사문화되어 있는 점 등을 고려할 때 제219조에 의한 제121조의 준용 규정은 수사 대상자 중 정보의 전속적 관리처분권자의 참여권을 보장하는 방향으로 개정할 필요가 있다.

4. 피압수자 기본권과의 충돌 해결

예컨대 피의자의 행적 추적 또는 혐의 입증을 위하여 피의자 동선 상에 주차되어 있던 차량의 블랙박스를 확보하여, 저장되어 있는 영상에 대한 탐색·선별을 거치는 경우가 있다. 또는 몸캠피싱 피해자가 피의자와 주고받은 대화 및 그 당시 깔린 악성 앱 등을 확인하기 위해 피해자의 핸드폰을 반출하여 관련 자료를 압수하는 경우도 있다.

이러한 경우 피의자에 의한 증거인멸의 우려가 있다고 보기도 어려워 지금까지의 법 해석에 따르면 블랙박스·휴대폰에 대한 압수·수색 과정에 피의자의 참여권을 보장해야 할 것인데, 굳이 법리적 사고를 거치지 않더라도 이 경우 피의자의 참여권을 보장하는 것은 아무래도 상식적이지 않다.

다만 법에는 아직 이러한 상황에 대한 고려가 포함되어 있지 않아 결국 구체적인 상황에 있어서의 기본권 충돌 문제로 해결할 수밖에 없는데, 헌법재판소에서는 이러한 경우 기본권의 서열이론, 법익형량의 원리, 규범조화적 해석 방법 중 충돌하는 기본권의 성격과 태양에 따라 그 때 그 때 적절한 해결방법을 선택, 종합하여 해결하고

있다.64)

제3자 압수·수색에 있어 충돌하는 기본권은 피압수자의 사생활의 비밀과 자유 및 개인정보자기결정권, 또는 재산권65)과 피의자의 방어권이다.66) 피의자의 참여권은 그 자체 기본권이라기보다는 헌법상 적법절차원칙의 실현을 위한 구체적 방법의 하나일 뿐이므로67) 여기에 포함되지 않는다.

이 경우 피의자의 방어권은 공정한 재판을 받을 권리로부터 도출되는 것으로,68) 피압수자의 기본권이 사생활의 자유 및 개인정보자기결정권이라면 자유권적 권리인 피압수자의 기본권이 우위에 있다고 보여진다.69) 반면 제한되는 피압수자의 기본권이 순수하게 재산권뿐이라면 구체적 상황에 따른 합리적인 형량이 필요하다.70) 만약 압수·수색의 대상이 되는 것이 제3자의 핵심적인 영업 비밀에 해당하는 정보라면 이 경우에도 피의자의 참여권을 보장하는 것은 바람직하지 않을 것이다.71)

그러나 이미 앞서 언급했다시피 우리 법 상으로는 상황에 따른 합리적 재량 판단의 근거가 없고, 경찰청 훈령(디지털 증거의 처리 등에 관한 규칙 제13조 제3항)에 "참여인과 압수정보와의 관련성, 전자정보의 내용, 개인정보보호 필요성의 정도에 따라 압수·수색·검증 시 참여인 및 참여 범위를 고려"할 수 있도록 규정하고 있으나 이는 경찰 내부 규칙으로 외부적 강제력이 없어 재판에서 피의자의 참여권을 보장하

---

64) 헌법재판소 2005. 11. 24. 선고 2002헌바95 전원재판부 결정.
65) 조은별(주 5), 62-63면.
66) 고범석, "전자정보의 압수·수색에 관하여", 부산고등법원, 부산판례연구회 자료실 (2016. 10. 11. 작성), 27-28면. https://bsgodung.scourt.go.kr/dcboard/new/DcNewsViewAction.work?seqnum=245&gubun=402&scode_kname=&pageIndex=1&searchWord=&cbub_code=
67) 헌법재판소 2012. 12. 27. 선고 2011헌바225 전원재판부 결정.
68) 헌법재판소 1998. 7. 16. 선고 97헌바22 전원재판부 결정.
69) 조은별(주 5), 63면.
70) 조은별(주 5), 63면.
71) 조은별(주 5), 63면.

지 않은 것이 문제될 경우 일단 형식적으로는 위법하다는 판단을 받게 될 것이다.[72]

그렇다면 압수·수색에서의 절차 하자가 종종 수사관 개인에 대한 민사상 손해배상으로까지 이어지는 현재의 사법 환경에서, 담당 수사관으로서는 아예 분쟁의 소지를 없애기 위해 기계적으로 피의자 참여권을 보장할 가능성이 높다.[73]

그러나 만약 앞서 살펴본 바와 같이 단순한 피의자가 아닌 수사 대상자 중 정보의 전속적 관리처분권자의 참여권을 보장하는 방향으로 입법이 이루어진다면 피압수자 기본권과의 충돌이 문제될 여지는 크게 줄 것이다.

다만 정보의 전속적 관리처분권자가 아닌 매체의 점유자를 대상으로 압수가 이루어질 경우 정보의 탐색 과정에 피압수자인 매체 점유자의 무조건적인 참여를 보장한다면 이번에는 오히려 정보의 전속적 관리처분권자에 대한 기본권 침해가 발생할 수 있다. 따라서 전속적 관리처분권자의 참여권을 보장하는 입법이 이루어진다 할지라도 여전히 현장에서의 재량 판단 여지를 허용하는 방향으로의 입법적 개선 역시 필요하다고 보여진다.

V. 맺으며

사법 환경이 변화하고 특히 변경·훼손에 취약한 새로운 특질의 증거가 등장하면서 이전과 다른 압수·수색 양태가 정립되었음에도 불구하고 우리나라의 참여권 규정은 아직 제정 당시와 달라진 바가 없다. 이러한 입법 환경에서 법원이 피의자의 참여권은 원칙적으로 배제한 가운데 예외적으로 정보의 전속적 관리처분권을 가진 경우에만 참여권을 인정한다는 '실질적 피압수자' 개념을 도출한 것은 참여권의

---

72) 조은별(주 5), 63면.
73) 조은별(주 5), 63면.

취지는 살리면서도 기밀성이 중요한 수사현실을 외면하지 않기 위한 최선의 선택이었을지도 모른다.

그러나 입법 취지·문언의 해석상 제219조, 제121조는 피의자의 참여권 규정이라고 보아야 하며, 아무리 시대 변화에 따라 법 해석의 수정이 필요하다 할지라도 어디까지나 그 해석의 한계는 법 문언 내에서여야 한다. 그렇지 않을 경우 법관에 의한 법 창설이 이루어짐으로써 권력 분립 원칙에 심각한 침해가 가해짐은 물론, 다른 법규정의 해석에도 연쇄적으로 영향을 미쳐 법 전체의 체계적인 해석을 저해할 수 있기 때문이다.

이는 제219조, 제121조의 해석에 있어서도 마찬가지인데, 해당 법규정을 피압수자의 참여권 규정으로 해석함에 따라 피압수자는 제219조, 제122조 규정의 적용도 함께 받게 되었다. 그러나 피압수자는 압수할 물건을 현실적으로 지배하는 자[74], 즉 '소유자, 소지자, 보관자, 기타 이에 준할 자' 중 실제 압수(수색)를 당하는 자[75]라고 보아야 하므로 압수 현장에 있을 것은 당연한 일이고, 그러니 원래 제122조 본문에 따른 압수 참여를 위한 사전 통지는 필요치 않다. 더군다나 법상 피압수자에 대해서는 참여권 제한 규정이 별도로 없는데도 제122조 단서의 예외 규정 적용도 함께 받게 되어 불필요하게 피압수자 권리의 제한 여지만 넓힌 꼴이 되었다.

무엇보다 큰 문제는 법상 주어진 피의자의 권리를 법원의 선택에 따라 자의적으로 재단할 수 있다는 선례를 남기게 되었다는 점이다. 법에 규정된 이상 피의자의 참여는 호혜적으로 인정해주거나 말거나 할 수 있는 것이 아닌 피의자의 당연한 권리이다. 그럼에도 불구하고 법원이 그 권리를 아예 배제했다가 그로 인해 제3자 압수·수색에 있어 참여권 보장의 취지가 몰각되는 경우가 발생하니 새로운 개념을 만들어 제한된 범위에서 다시 참여권을 부여하는 것은 설령 그 이유

---

74) 서울고등법원 2014. 8. 11. 선고 2014노762 판결.
75) 조은별(주 5), 91면.

가 무엇이라 할지라도 정당화되기 어렵다.

물론 법문언대로 해석하게 될 경우 후속 증거의 확보가 어렵거나 또는 아예 불가능해질 수 있는 문제, 피압수자 기본권과의 충돌 문제 등 해결해야 할 부수적인 쟁점들이 발생하는 것은 사실이다.

그러나 그로 인한 문제점을 회피하기 위해 무리하게 법을 해석하는 것보다는, 그러한 문제점을 부각시켜 입법적 개선을 촉구하는 것이 보다 바람직한 해결책이었으리라고 보여진다.

제정 당시에는 수사기관의 강제처분권한의 남용을 경계할 필요성이 매우 컸고, 설령 선언적 의미밖에 없을지라도 당사자 참여권을 인정함으로써 수사 단계 피의자 지위를 격상시키고자 하는 입법자들의 강력한 의지가 표출되었다는 점에서 법 제219조의 제121조 준용은 의미 있었다.

그리고 당연히 오늘날에 있어서도 수사기관을 견제하고 감시해야 할 필요성은 여전하며, 특히 디지털 증거에 있어 그러한 통제는 참여권의 보장을 통해 가장 효율적으로 이루어질 수 있다.

하지만 참여권의 취지를 가장 잘 살릴 수 있는 것은 피의자보다는 수사대상자 중 정보의 전속적 관리처분권자의 참여권을 보장했을 때이다.

무엇보다 이미 법 해석에 의해 피의자 참여권 규정은 사실상 사문화되어 있는 이상, 현재의 사법현실에 부합하면서도 실질적으로 참여권 취지를 보장할 수 있는 입법 방향에 대한 고민이 필요한 시점이라고 보여진다.

[주 제 어]
실질적 피압수자, 형사소송법 제219조, 제121조, 제122조, 참여권, 피의자, 피압수자, 정보의 전속적 관리처분권

[Key Words]

Actual Confiscated Person, Criminal Procedure Act Article 219, Article 121, Article 122, Right to Participate, Suspect, Confiscated Person, Right to Exclusively Manages and Disposes of the Information

접수일자: 2023. 5. 19. 심사일자: 2023. 6. 12. 게재확정일자: 2023. 6. 30.

[참고문헌]

1. 단행본

안성수 저, 김희옥·박일환 편, 주석 형사소송법(제5판), 한국사법행정학회 (2017).

엄상섭 감수, 서일교 편, 신형사소송법(부 참고자료), 일한도서출판사(1954).

이주원, 형사소송법(제5판), 박영사(2022).

한국형사·법무정책연구원, 형사소송법제정자료집(1990).

2. 국내 논문

고범석, "전자정보의 압수·수색에 관하여", 부산고등법원, 부산판례연구회 자료실(2016. 10. 11. 작성).

권순민, "형사절차에서 인터넷서비스 제공자 서버에 저장된 이메일 보호", 형사법연구 제23권 제4호(2011).

김기준, "수사단계의 압수수색 절차 규정에 대한 몇 가지 고찰", 형사법의 신동향 제18호(2009. 2).

김범식, "디지털증거 압수수색 및 증거능력 쟁점과 과제", 국회입법조사처 정책연구용역보고서(2016).

박민우, "디지털 증거 압수·수색에서의 적법절차", 박사학위 논문, 고려대학교(2016).

박용철, "디지털 증거 중 카카오톡 대화의 압수.수색영장 집행에 대한 참여권 — 대법원 2016모587 사건을 통해 본 122조 급속을 요하는 때의 의미", 비교형사법연구 제20권 제4호(2019. 1).

박종욱, "전자정보의 압수수색과 피의자의 참여권 — 대법원 입장의 비판적 수용 및 독일 논의의 참고 —", 형사정책연구 통권 제33호(2023).

박형관, "공판중심주의 틀에서 수사와 입증", 형사소송 이론과 실무 제9권 제2호(2017. 12).

방경휘, "정보저장매체의 반출 후 전자정보의 탐색·선별에서의 참여권 보장에 관한 연구", 홍익법학 제21권 제3호(2020).

서태경, "형사소송법 제106조 제3항 단서에 따른 수사기관의 압수에 관한 검토 — 피의자, 변호인의 참여권을 중심으로 — ", 법학논집 제39권 제3호(2015).

소재환, 이선화, "디지털 증거 압수수색시 참여권자 관련 실무상 문제 — 대법원의 실질적 피압수자 법리 중심으로", 형사법의 신동향 통권 제77호(2022).

신동운, "일제하의 예심제도에 관하여-그 제도적 기능을 중심으로", 서울대학교 법학 제65권 제1호(1986).

신동운, "제정형사소송법의 성립경위", 형사법연구 제22호(2004).

안주열, "일제강점초기 형사사법제도와 증거재판주의에 관한 고찰: 조선고등법원 형사판결록을 중심으로", 법사학연구 제33권(2006).

엄상섭, "형사재판의 민주화 — 신형소법의 입법경위와 관련하여 — ", 법정 74호(1955).

오병두, "당사자주의와 직권주의", 홍익법학 제18권 제4호(2017).

오병두, "일본 당사자주의론과 그 정책적 시사점", 비교형사법연구 제19권 제4호(2018. 1).

유주성, "수사와 기소 분리를 위한 쟁점과 과제", 입법과 정책 제10권 제2호(2018).

이관희, 이상진, "데이터 보관 사업자에 대한 영장집행 절차의 현실화 방안에 관한 연구-피의자에 대한 사전통지 생략 및 영장 사본제시 필요성을 중심으로", 형사정책연구 제31권 제1호(2020).

이순옥, "디지털 증거의 압수·수색절차에 대한 비판적 고찰", 중앙법학 제20집 제3호(통권 제69호)(2018. 9).

이완규, "디지털 증거 압수절차상 피압수자 참여 방식과 관련성 범위 밖의 별건 증거 압수 방법", 형사법의 신동향 제48호(2015. 9.).

이흔재, "제3자 보관 전자정보에 대한 압수.수색영장의 집행과 피의자의 절차적 권리", 형사법의 신동향 통권 제76호(2022. 가을).

전치홍, "대법원의 참여권 법리에 대한 비판적 검토 — 대법원 2021. 11. 18. 선고 2016도348 전원합의체 판결을 중심으로 — ", 형사소송 이론과 실무 제14권 제1호(2022).

조은별, "디지털 증거 압수·수색에 대한 참여권의 보장", 박사학위 논문, 서
    울대학교(2021).

3. 국회 회의록

제2대 국회 제18회 제18차, "국회본회의(형사소송법안 제1독회)", (1954. 2.
    15.).

4. 국외 단행본

河上和雄, (大コンメンタール) 刑事訴訟法. 第2卷, 青林書院(2010).

5. 국외 논문

新屋達之, "「新時代の刑事手続」のめざす刑事手続像", 大宮ローレビュー 第
    10号(2014).

土本武司, "日・蘭刑事訴訟の比較的考察", 比較法学 27券 1号(1994).

青木孝之, "現行刑事訴訟法における当事者主義", 一橋法学 第15卷 第2号
    (2016).

野田隼人, "平野龍一理論と刑事捜査法", 近畿大学法学 第64卷 第3・4号(2017).

[Abstract]

A critical review of the concept of 'actual confiscated person'
— Focusing on the 2016 Do348 en banc decision of the Supreme Court sentenced on November 18, 2021 —

Cho, Eun-Byul*

In principle, the court denies the suspect's right to participate in the search and seizure of digital evidence. However, recently, in exceptional cases such as the suspect exclusively manages and disposes of the information within the media, the court established the legal principle that the suspect can be guaranteed his right to participate as "the actual confiscated person".

Article 121 of the Act, which is applied to investigation stage mutatis mutandis by Article 219 of the Act, stipulates the right of participation of the parties, and the court interprets this as the provision of the right of participation of the confiscated person. But from a historical review of the law, it should be seen as a regulation that guarantees the suspect's right to participate. At the time of the enactment of the Criminal Procedure Act, legislators were concerned that the investigative agency, which had the power of compulsory disposition along with the abolition of the preliminary examination system, would abuse its authority or be used as a political tool. Therefore they prepared legislative device to strengthen surveillance through party-oriented procedures in the investigation stage. Article 121 which is applied mutatis mutandis by Article 219 of the Act, is that.

* Ph.D. in law, Professor of Korea National Police University

However, search and seizure usually take place at the beginning of the investigation stage. At this time, if the suspect's right to participate is guaranteed, there is a very high risk that the suspect, who becomes aware of the progress of the investigation, will destroy other evidence. In particular, considering the fact that digital evidence is very vulnerable to alteration and deletion, this Article can be a great threat to the principle of the discovery of substantive truth, and this kinds of threat cannot be overlooked.

But this problem should make its breakthrough by seeking legislative improvement not by legal interpretations that go beyond the literal limits of legal text. Because it is not only the creation of the law by the judges, but also hinders the harmonious interpretation of the entire legal regulation.

Actually the most practical way to ensure the right to participation is to guarantee the participation rights of the person who exclusively manages and disposes of the information within the media, not the suspect. Considering the judicial environment that has changed from the time the law was enacted and the secrecy principle in investigations, it seems that it is time to delete the provisions on the application of the suspect's right to participate in the investigation stage. And the right to participate by those who have the right to exclusively manages and disposes of the information need to be legislated.

제3자 보관정보 압수·수색 참여권에 대한 비판적 고찰
(대법원 2022. 5. 31.자 2016모587 결정 등 참여권 관련 최근 국내외 판례)

김 면 기*

◇ 대상판례: 대법원 2022. 5. 31.자 2016모587 결정

Ⅰ. 사실관계[1]

1. 서울중앙지방법원 판사는 2014. 5. 24. 검사의 청구에 따라 피의자에 대한 압수수색영장을 발부하였다. 서울중앙지방법원 판사는 이 사건 압수수색영장의 '압수할 물건'으로

(1) 피의자 명의로 개통된 휴대전화 단말기;
(2) 피의자의 휴대전화의 카카오톡과 관련된 피의자의 카카오톡 아이디 및 대화명, 피의자와 대화하였던 상대방 카카오톡 아이디의 계정정보, 대상 기간(2014. 5. 12.부터 2014. 5. 21.까지) 동안 피의자와 대화한 카카오톡 사용자들과 주고받은 대화 내용 및 사진정보, 동영상 정보 일체라고 기재하였고, '수색·검증할 장소, 신체 또는 물건'으로.

---

* 경찰대학 법학과 교수, 법학박사
1) 아래의 내용은 대법원 2022. 5. 31.자 2016모587 결정[준항고인용결정에대한재항고] [공2022하, 1392]에 적시된 사실관계를 인용·편집한 것입니다.

　　(1) 피의자의 신체(영장 집행 시 제출을 거부할 경우에 한함), 휴대전화를 보관, 소지하고 있을 것으로 판단되는 가방, 의류.

　　(2) 주식회사 카카오(이하 '카카오'라 한다) 본사 또는 압수할 물건을 보관하고 있는 데이터센터'라고 기재하였으며, '범죄사실의 요지'로 피의자의 「집회 및 시위에 관한 법률」 위반(주최자 준수 사항 위반) 등 혐의사실을 적시하였고, 압수 대상 및 방법의 제한을 별지로 첨부하였다.

　　2. 수사기관은 2014. 5. 26. 11:55경 카카오를 상대로 이 사건 압수·수색영장에 기하여 피의자의 카카오톡 대화내용 등이 포함된 위 '압수할 물건'에 대한 압수수색을 실시하였다.

　　3. 수사기관은 이 사건 압수·수색영장을 집행할 때 처분의 상대방인 카카오에 영장을 팩스로 송부하였을 뿐 영장 원본을 제시하지는 않았다.

　　4. 카카오 담당자는 2014. 5. 26. 수사기관의 이 사건 압수·수색영장 집행에 응하여 피의자의 카카오톡 대화 내용이 저장된 서버에서 2014. 5. 20. 00:00부터 2014. 5. 21. 23:59까지 피의자의 대화 내용(이하 '이 사건 전자정보'라 한다)을 모두 추출하여 수사기관에 이메일로 전달하였다. 카카오 담당자는 이 사건 전자정보 중에서 압수·수색영장의 범죄사실과 관련된 정보만을 분리하여 추출할 수 없었으므로 위 기간의 모든 대화 내용을 수사기관에 전달하였는데, 이 사건 전자정보에는 피의자 자신의 부모, 친구 등과 나눈 일상적 대화 등 혐의사실과 관련 없는 내용이 포함되어 있다.

　　5. 수사기관은 이 사건 압수·수색 과정에서 피의자에게 미리 집행의 일시와 장소를 통지하지 않았고, 결과적으로 피의자가 2014. 5.

26.자 이 사건 압수·수색 과정에 참여하지 못하였다. 그리고 수사기관은 카카오로부터 이 사건 전자정보를 취득한 뒤 전자정보를 탐색·출력하는 과정에서도 피의자에게 참여 기회를 부여하지 않았으며, 혐의사실과 관련된 부분을 선별하지 않고 그 일체를 출력하여 증거물로 압수하였다.

6. 수사기관은 이 사건 압수·수색영장의 집행 이후 카카오와 피의자에게 압수한 전자정보 목록을 교부하지 않았다.

Ⅱ. 항고법원 결정 요지(서울중앙지방법원 2015. 12. 31.자 2015보6 결정 [준항고])

항고법원은 먼저 압수·수색의 적법성과 관련하여, 수사기관이 압수수색을 진행할 경우 피의자 또는 변호인은 압수·수색영장의 집행에 참여할 수 있고, 수사기관은 집행의 일시와 장소를 미리 피의자 또는 변호인에게 통지하여야 하나, 예외적으로 압수수색이 급속을 요하는 경우에는 이와 같은 통지를 생략할 수 있음을 설시하였다.[2] 법원은 이와 같이 피의자에게 참여권을 보장하는 이유는 압수·수색 집행의

---

[2] 서울중앙지방법원 2015. 12. 31.자 2015보6 결정[준항고]. 형사소송법은 제121조, 122조에서 법원의 압수수색에 적용되는 영장집행과 당사자의 참여, 참여권자에의 통지 등을 명시하고 있으며, 제219조를 통하여 동 규정을 수사단계의 압수수색에 적용하고 있다. 형사소송법 관련 규정은 다음과 같다.
제121조(영장 집행과 당사자의 참여) 검사, 피고인 또는 변호인은 압수·수색영장의 집행에 참여할 수 있다.
제122조(영장 집행과 참여권자에의 통지) 압수·수색영장을 집행함에는 미리 집행의 일시와 장소를 전조에 규정한 자에게 통지하여야 한다. 단, 전조에 규정한 자가 참여하지 아니한다는 의사를 명시한 때 또는 급속을 요하는 때에는 예외로 한다.
제219조(준용규정) 제106조, 제107조, 제109조 내지 제112조, 제114조, 제115조제1항 본문, 제2항, 제118조부터 제132조까지, 제134조, 제135조, 제140조, 제141조, 제333조 제2항, 제486조의 규정은 검사 또는 사법경찰관의 본장의 규정에 의한 압수, 수색 또는 검증에 준용한다. 단, 사법경찰관이 제130조, 제132조 및 제134조에 따른 처분을 함에는 검사의 지휘를 받아야 한다.

절차적 적법성을 확보하여 "영장주의를 충실하게 구현하기 위한 것"이라고 설명한 후, 만약 참여권이 보장되지 아니한 경우, 참여권을 보장한 취지가 "실질적으로 침해되었다고 볼 수 없을 정도에 해당한다는 등의 특별한 사정이 없으면" 압수수색은 위법하다고 보아야 한다고 밝혔다.

검사는 카카오에서 대화 내용을 "5~7일 정도만 보관"하고 있으므로, 증거가 멸실될 가능성이 있으므로 급속히 압수 수색을 해야 할 필요가 있기 때문에, 압수수색 집행 과정에서 피의자 또는 변호인에게 집행의 일시와 장소를 통지하지 않는 것이 합리적이고, 결과적으로 피의자 또는 변호인이 압수수색 집행 과정에 참여하지 않은 것이 위법하지 않다고 주장하였다.

법원은 '급속을 요하는 때'라 함은 "압수수색영장 집행 사실을 미리 알려주면 증거물을 은닉할 염려 등이 있어 압수수색의 실효를 거두기 어려울 경우를 의미한다"고 설명한 후,3) 이 사건에서 압수수색영장이 발부(2014. 5. 24)된 때로부터 이틀이 지난(2014. 5. 26.)에 압수수색이 이루어졌으므로, 검사의 주장과 같이 "전격적으로 급박하게 이루어진 것"이 아니라고 판단하였고, 따라서 피의자 또는 변호인의 참여권이 보장되지 않은 것은 위법이라고 판단하였다. 그리고 압수수색집행 대상인 카카오톡 서버에 보관된 대화내용 및 계정정보 등은 "피의자인 준항고인이나 변호인이 접근하여 관련 정보를 은닉하거나 인멸할 수 있는 성질의 것이 아니"라고도 판단하였다.4)

항고법원은 압수수색집행과정의 절차적 적법성과 함께 국민의 기본권 보장, 실체적 진실 규명의 요청 등을 비교형량한 결과, 본 사건의 압수수색은 취소되어야 한다고 판단하였다.5) 따라서 압수수색영장

---

3) 대법원 2012. 10. 11. 선고 2012도7455 판결.
4) 그러나 뒤에서 살펴보듯, 이것이 정확한 판단인지는 다소 의문이다.
5) 항고법원은 "형사소송법이 압수·수색 집행에서 피의자 등의 참여권을 보장하는 취지, 이 사건 압수·수색의 경위, 즉 특별히 압수·수색영장을 신속 또는 급속하게 집행할 필요가 인정되지 아니할 뿐만 아니라, 실제로도 압수·수색이 급박하게

의 원본 미제시, 압수목록 미교부, 피의사실과의 관련성 문제 등에 대해서는 별도의 검토를 하지 않았다.[6]

Ⅲ. 대법원 결정 요지(대법원 2022. 5. 31.자 2016모587 결정 [준항고 인용결정에대한재항고])

대법원은 항고법원의 결론을 그대로 유지하였다. 다만, 이유에 대한 판단을 일부 달리하였다. 대법원은 원심이 "동 사건에서의 압수수색 집행이 형사소송법 제122조 단서의 '급속을 요하는 때'에 해당하지 않는다고 판단한 것은 잘못"이라고 판단하였다. 영장이 발부된 후 집행되기까지 이틀의 시간적 간격이 있었지만, 급속을 요하는 집행이었다고 인정한 것이다. 그러나 다른 절차적 위법을 종합하면 원심의 결론에는 문제가 없다고 판단하였다.

구체적으로 대법원은 압수수색영장의 원본을 제시하지 않은 위법, 수사기관이 카카오로부터 입수한 전자정보에서 범죄 혐의사실과 관련된 부분의 선별 없이 그 일체를 출력하여 증거물로 압수한 위법, 그 과정에서 서비스이용자로서 실질적 피압수자이자 피의자인 준항고인에게 참여권을 보장하지 않은 위법과 전자정보 목록을 교부하지 않은 위법을 열거하였다.

대법원이 지적한 사항은 원심에서 위법하다고 설시한 내용과 거의 동일하지만, 원심에서는 '피의자 또는 변호인'의 참여권이라는 표현을 사용했지만, 대법원은 '실질적 피압수자이자 피의자 [또는 변호인]'의 참여권이라는 표현을 사용한 점이 눈에 띈다.[7]

실시되지 아니한 사정, 그리고 그와 같은 압수·수색으로 확보된 자료가 준항고인의 내밀한 사생활의 비밀에 속하는 것이라는 점까지 종합적으로 고려"하였다.

6) 이와 같은 쟁점에 대해서는 서원익, 압수수색할 장소와 물건의 다양성에 따른 영장집행 방식에 관한 소고 ─ 영장원본 제시, 참여권 보장, 압수목록 교부의 현실과 한계 ─ 저스티스 제182-1호, (2021)을 참고.

7) 실질적 피압수자의 개념과 동 사건에서의 의미에 대하여는 후술하기로 한다.

[검   토]

I. 대상 판례의 의의

그동안 하급심 판례는 제3자 보관정보에 대한 압수수색 사안에서 피의자가 피압수자가 아닌 경우에 피의자의 참여권 인정 여부에 대해 견해를 달리해 왔다.8) 앞서 언급한 2015년 항고법원 결정은 피의자의 참여권을 인정하였지만, 2019년 서울중앙지법의 판결은 유사한 사안에서 피의자의 참여권을 인정하지 않은 바 있다.9) 2015년의 이후 7년 만에 선고된 대법원 결정은 하급심의 견해 대립을 해결한 것으로 볼 수 있다.

피압수자가 아닌 피의자에게도 압수수색 과정에서 참여권을 보장

---

8) 전치홍, 대법원의 참여권 법리에 대한 비판적 검토-대법원 2021. 11. 18. 선고 2016
　도348 전원합의체 판결을 중심으로, 한국형사소송법학회 『형사소송 이론과 실무』
　제14권 제1호, 2022, 22-27면.

9) 서울중앙지방법원 2019. 10. 2. 선고 2014가단5351343 판결.
　2019년 판결에서의 사실관계는 다음과 같다. 수사기관은 2014. 6. 16.에 "피의자[ ]
　가 사용하는 휴대폰 E에 대한 2014. 5. 1. 00:00:01부터 같은 해 6. 10. 23:59:59까지
　[카카오톡] 메시지 내용, 대화 상대방의 아이디(ID) 및 전화번호, 대화일시, 수발신
　내역 일체, 그림 및 사진 파일"을 압수할 물건으로 하는 압수수색영장을 발부받
　았다. 수사기관은 2014. 6. 19.에 압수수색영장의 사본을 팩스로 카카오톡 회사에
　전송하였고, 카카오톡에서는 위 원고와 관련한 통신 내용과 대화 상대방 정보 등
　을 2014. 6. 20.에 기관 전자메일을 통해 송부하였다. 피의자는 이 과정에서 참여
　권을 행사하지 못했다며 영장집행의 위법성을 주장하였다.
　2019년 판결에서 재판부는 "사법경찰관이 수사에서 압수·수색을 할 때에는 피압
　수자인 피의자, 그 변호인 또는 피의자 아닌 피압수자에게 참여의 기회를 부여하
　면 되고, 피압수자 아닌 피의자나 그 변호인에게 참여의 기회를 부여할 필요는
　없다고 해석함이 타당하다"고 설시한 후, 압수수색이 피의자 아닌 제3자에 대하여
　이루어질 경우에는 피의자와 변호인에게 참여권이 인정되지 않음을 확인하였다.
　재판부는 동 사안에서 피압수자(카카오톡)의 참여권과 관련하여, 카카오톡에서 압
　수대상 정보를 추출한 다음 수사기관에 전자메일을 통해 송부하였기 때문에 피압
　수자의 참여기회는 보장되었다고 판단하였다.
　나아가 재판부는 설령 형사소송법의 해석상 피압수자가 아닌 피의자나 그 변호인
　에게 압수수색영장의 참여기회가 인정된다고 하더라도, 동 사건의 영장집행은 형
　사소송법 제122조 단서의 사유('급속을 요하는 때')가 인정되므로 결론에 있어서는
　다를바가 없다고 부연설명하였다.

해야 하는지는 많은 논란을 야기하는 쟁점이다. 형사소송법 관련 조항에 대한 문리해석에 충실하면 피의자의 참여권은 보장되어야 하는 것으로 볼 수 있다. 앞서 살펴본 바와 같이 법원의 압수수색에 적용되는 형사소송법 제121조(영장 집행과 당사자의 참여)는 수사단계에도 그대로 준용되기 때문이다.[10]

그러나 비판적인 의견도 많다.[11] 현실적으로 직접적인 압수수색 대상자가 아닌 피의자를 압수현장에 참여시키는 것은 그 자체로 수사기밀이 노출되는 것이고, 압수현장에 실재하지 않는 피의자가 오기를 기다려 압수수색을 진행해야 한다는 것도 상정하기 어려운 측면이 있기 때문이다. 2019년 서울중앙지법 판결도 유사한 맥락에서 "수사절차에서의 압수·수색은 대부분 수사 초기 단계에 이루어져 수사의 긴급성과 밀행성이 확보되어야 하고 수사상 기밀 유지의 필요성도 강하게 요구"되므로, 수사절차에서의 압수·수색에서 "피압수자 아닌 피의자나 그 변호인에게까지 참여의 기회를 부여하는 것"은 수사단계 압수수색의 절차의 성질과 부합한다고 보기 어렵다는 점을 지적한 바 있다.[12] 비교법적 관점에서도 우리나라에서 폭넓게 보장되는 피의자의 참여권이 상당히 이례적이고, 아마도 입법 과정상의 오류로 추정된다는 분석도 있다.[13] 그리고 현행법 체계상 피압수자 아닌 피의자의 참

---

10) 형사소송법은 제121조, 122조에서 법원의 압수수색에 적용되는 영장집행과 당사자(피의자 및 변호인)의 참여, 참여권자에의 통지 등을 명시하고 있으며, 제219조를 통하여 동 규정들을 수사단계의 압수수색에 적용하고 있다.
11) 이관희·이상진, 데이터 보관 사업자에 대한 영장집행 절차의 현실화 방안에 관한 연구: 피의자에 대한 사전 통지 생략 및 영장 사본제시 필요성을 중심으로, 형사정책연구 제31권 제1호, 2020, 153-154면.
12) 서울중앙지방법원 2019. 10. 2. 선고 2014가단5351343 판결.
13) 일본 형사소송법은 우리와 상당히 유사한 체계와 내용을 담고 있지만, 법원의 압수단계에서 인정되는 당사자의 참여권을 수사절차에서는 준용하지 않고 있다고 한다. 한 연구에서는 "일본형사소송법 제113조는 입회권과 입회통지의무를 부과하고 있는데 수사기관에 이를 준용하는 제222조는 제113조를 준용하지 않도록 규정하고 있다. 이에 비해 우리의 형사소송법은 제121조와 제122조에서 참여권과 통지의무를 규정하고 제219조에서 '제118조부터 제132 조까지' 포괄적으로 준용하고 있어 준용에서의 오류일 가능성이 존재한다"고 주장한다. 이관희·이상진, 데이터

여권 보장은 (송수신이 완료된 전기통신에 대한 압수수색의 경우에) 통신비밀보호법상의 압수수색 후 통지조항과의 모순이 생기는 문제도 있다.14)

이와 같은 견해들에도 불구하고, 피의자의 압수수색 참여권은 우리나라 고유의 형사사법제도에서 충분한 의미를 갖고 있는 것으로 본다. 사실 형사사법제도에서 이제는 당연스레 여겨지는 상당히 '핵심적인, 주요한' 권리들도 각국의 실정에 따라 상당히 다르게 나타난다. 예를 들어, 영장주의의 요소가 무엇인지에 대하여, 영장주의의 본 고장이라고 볼 수 있는 미국의 영장주의와 우리나라의 영장주의는 상당한 차이가 있다.15) 수사과정에서 피의자의 진술거부권 고지와 관련해서

보관 사업자에 대한 영장집행 절차의 현실화 방안에 관한 연구: 피의자에 대한 사전 통지 생략 및 영장 사본제시 필요성을 중심으로, 형사정책연구 제31권 제1호, 2020, 146-147면.

14) 통신비밀보호법 제9조의3(압수·수색·검증의 집행에 관한 통지) ① 검사는 송·수신이 완료된 전기통신에 대하여 압수·수색·검증을 집행한 경우 그 사건에 관하여 공소를 제기하거나 공소의 제기 또는 입건을 하지 아니하는 처분(기소중지결정을 제외한다)을 한 때에는 그 처분을 한 날부터 30일 이내에 수사대상이 된 가입자에게 압수·수색·검증을 집행한 사실을 서면으로 통지하여야 한다.

15) 미국 연방헌법 수정조항 제4조는 "불합리한 압수와 수색에 대하여 신체, 주거, 서류, 물건의 안전을 확보할 국민의 권리는 침해되어서는 아니된다. 선서나 확약에 의하여 상당하다고 인정되는 이유가 있어 특별히 수색할 장소와 압수할 물건, 체포·구속할 사람을 특정한 경우를 제외하고는 영장은 발부되어서는 아니된다 (The right of the people to be secure in their persons, houses, papers, and effects, against unreasonable searches and seizures, shall not be violated, and no Warrants shall issue, but upon probable cause, supported by Oath or affirmation, and particularly describing the place to be searched, and the persons or things to be seized.)"고 규정하고 있다. 헌법에 규정된 영장주의의 핵심은 '선서나 확약', '상당한 이유', '특정성'이라고 볼 수 있다. 그리고 헌법해석상 영장발부의 주체와 관련해서도 반드시 판사가 아닌 '사법관헌(judicial officer)'이면 족하다고 판시하고 있다. 사법관헌은 중립적(impartial)이고 행정부와 분리된(detached)자일 것을 요구한다. Katz v. United States, 389 U.S. 347, 356 (1967); United States v. United States District Court, 407 U.S. 297, 321 (1972); United States v. Chadwick, 433 U.S. 1, 9 (1977); Lo-Ji Sales v. New York, 442 U.S. 319 (1979). 반면, 우리 헌법상 영장주의는 "형사절차와 관련하여 체포·구속·압수 등의 강제처분을 함에 있어서는 사법권 독립에 의하여 그 신분이 보장되는 법관이 발부한 영장에 의하지 않으면 아니된다는 원칙이고, 따라서 영장주의의 본질은 신

도 우리나라는 모든 피의자 신문이 해당되지만, 미국의 경우 구속상태 (in custody)의 경우에만 진술거부권을 고지한다.16) 피의자 신문과정에서의 변호인 참여권도 각국에 따라 차이가 매우 크다는 사실은 잘 알려져 있다.17) 이처럼 형사절차에서 핵심적으로 여겨지는 권리들도 각국에서 상이하게 발현되고 있음을 고려하면, 우리나라의 독특한 피의자 참여권 법리의 발달도 수긍하지 못할 바는 아니다. 특히 아직까지 우리나라에서 밀실수사 및 광범위한 압수수색에 대한 비판이 남아있음을 고려하면, 피의자의 참여권은 우리의 현실에 필요한 권리로서 형성되는 것으로 인정할 수 있다. 현행 법제와의 일부 모순은 법리 발달 과정에서의 입법 체계적 오류 정도로 볼 수 있을 것이다. 그렇다면 피의자의 참여권에 대한 나름의 의의와 필요성을 인정하고, 구체적인 사안에서의 한계를 검토하는 방향으로 나아갈 필요가 있을 것이다.

대법원도 이러한 시각에서 오랜 고민 끝에 타협점을 찾으려 노력한 것으로 보인다. 원칙적으로 피압수자가 아닌 피의자에게도 참여권이 보장되어야 함을 선언하면서도, 원심 결정의 이유를 일부 변경함으로써 보장되는 대상을 보다 구체화하고 예외 사유를 분명히 하였기 때문이다. 이와 같은 내용에 대하여 보다 상세히 살펴볼 필요가 있다.

우선 대법원은 동 사건에서 "실질적 피압수자이자 피의자인 준항고인에게 참여권을 보장하지 않은[것은] 위법"이라고 판단하였다. 주목할 것인 원심 결정에는 없던 '실질적 피압수자'라는 문구를 추가한 것으로, 단순 피의자를 넘어 실질적 피압수자라는 요건을 갖춘 피의자

체의 자유를 침해하는 강제처분을 함에 있어서는 인적·물적 독립을 보장받는 제3자인 법관이 구체적 판단을 거쳐 발부한 영장에 의하여야만 한다는 데에 있다"고 이해된다. 헌법재판소 2012. 12. 27.자 2011헌가5 전원합의체 결정. 관련 문헌으로는, 김면기, 현행헌법상 영장주의의 합리적 해석 및 운용방안―살아있는 헌법 (Living Constitution)의 시각에서―, 비교형사법연구 제23권 제4호, 2022.

16) Jane Rydholm, Miranda: The Meaning of Custodial Interrogation, https://www.nolo.com/legal-encyclopedia/miranda-the-meaning-custodial-interrogation.html, 2022. 9. 1.검색.

17) 변필건, 변호인의 피의자신문 참여권의 제한에 대한 비교법적 고찰, 법조 제629호, 2009.

인 경우에 참여권을 인정하려는 취지라고 볼 수 있다.[18] '실질적 피압수자'라는 용어는 상당히 최근에 사용되기 시작한 표현이다. 대법원은 2021년 11월 판결에서 제3자가 제출한 임의제출물에 대한 압수수색 과정에서 피의자의 참여권을 인정하면서'실질적 피압수자'인 피의자에게도 참여권이 인정되어야 한다고 판시한 바 있다.[19] 그 이유로, 사안의 사실관계에서 "피의자가 수사기관으로 하여금 그 전자정보 전부를 무제한 탐색하는 데 동의한 것으로 보기 어려울 뿐만 아니라 피의자 스스로 임의제출한 경우 피의자의 참여권 등이 보장되어야 하는 것과 견주어 보더라도 … [수사기관은] 피의자에게 참여권을 보장하고 압수한 전자정보 목록을 교부하는 등 피의자의 절차적 권리를 보장"해야 한다고 설명하였다.[20] 피의자가 해당 물건을 직·간접적으로 관리해 온 것으로 볼 수 있다면, 압수수색 과정에서의 참여권이 인정되어야 한다는 취지이다.[21] 대법원은 임의제출 사안에서 처음 사용한 '실질적

---

18) 앞서 살펴본 형사소송법의 관련 조문에 대한 문언해석과는 분명히 다르다.

19) 2021. 11. 18. 선고 2016도348 전원합의체 판결.

20) 즉, 제출물이 피의자가 아니라 제3자로부터 제출되었다는 (우연한) 사정만으로, 피의자의 참여권이 부정된다고 볼 수는 없다고 판단한 것이다.

21) 이후 대법원은 다른 판결에서 "피의자의 관여 없이 임의제출된 정보저장매체 내의 전자정보 탐색 등 과정에서 피의자가 참여권을 주장하기 위해서는 정보저장매체에 대한 현실적인 지배·관리 상태와 그 내부 전자정보 전반에 관한 전속적인 관리처분권의 보유가 전제되어야 한다"고 설명하였다. 이와 같은 소위 '피의자의 소유·관리에 속하는 정보저장매체'에 대하여는 "피의자가 압수·수색 당시 또는 이와 시간적으로 근접한 시기까지 해당 정보저장매체를 현실적으로 지배·관리하면서 그 정보저장매체 내 전자정보 전반에 관한 전속적인 관리처분권을 보유·행사하고, 달리 이를 자신의 의사에 따라 제3자에게 양도하거나 포기하지 아니한 경우로써, 피의자를 그 정보저장매체에 저장된 전자정보에 대하여 실질적인 피압수자로 평가할 수 있는 경우를 말하는 것이다. 이에 해당하는지 여부는 민사법상 권리의 귀속에 따른 법률적·사후적 판단이 아니라 압수·수색 당시 외형적·객관적으로 인식 가능한 사실상의 상태를 기준으로 판단하여야 한다. 이러한 정보저장매체의 외형적·객관적 지배·관리 등 상태와 별도로 단지 피의자나 그 밖의 제3자가 과거 그 정보저장매체의 이용 내지 개별 전자정보의 생성·이용 등에 관여한 사실이 있다거나 그 과정에서 생성된 전자정보에 의해 식별되는 정보주체에 해당한다는 사정만으로 그들을 실질적으로 압수·수색을 받는 당사자로 취급하여야 하는 것은 아니다"고 하였다. 대법원 2022. 1. 27. 선고 2021도11170 판결.

피압수자'라는 개념을 영장에 의한 압수수색 사안에서도 동일하게 적용함으로써 참여권이 보장되는 피의자의 범위를 제한하였다.

그리고 대법원은 압수수색에서 피의자 참여권 보장의 예외 사유가 되는 '급속을 요하는 때'를 원심과 달리 보다 폭넓게 인정하였다. 대상 판례에서는 카카오에 대한 압수수색영장이 발부(2014. 5. 24)된 때로부터 이틀이 지나(2014. 5. 26.) 압수수색이 이루어졌다. 원심은 수사기관의 압수수색이 예외사유 요건을 갖추지 못했다고 판단하였지만, 대법원은 사실관계나 법리를 별도로 언급하지 않고도 입장을 선회하여 급속 요건을 인정하였다.

이와 같은 변화는 대법원이 앞서 지적한 현실적인 문제 ― 피압수자 아닌 피의자에게 참여권을 인정할 경우에 야기되는 ― 들을 고려하여 원심 결정의 이유를 일부 수정한 것으로 보인다. 우선 피의자의 압수수색 참여권을 원칙적으로 확대함으로써, 수사기관의 압수수색 집행의 적정성을 보장하기 위해 노력해온 그간의 경향을 지속하였다. 그러나 참여권 보장의 대상이 되는 피의자를 실질적으로 보호가 필요한 소위 '실질적 피압수자이자 피의자'로 범위를 제한하였고, 급속을 요하는 사유도 폭넓게 인정함으로써 수사의 밀행성도 일정부분 존중해주려는 시도로 읽힌다.

Ⅱ. 문제의 제기: 데이터 보관 사업자에 대한 압수·수색과 참여권의 공백

대법원의 결정은 두 마리 토끼를 잡으려는 노력이라고 볼 수 있다. 원칙적으로 피의자의 참여권을 인정하면서도, 피의자의 범위를 제한하였고 수사실무의 특성을 고려한 예외사유를 폭넓게 인정하였기 때문이다. 대법원이 제시한 피의자 참여권의 원칙과 예외의 법리가 앞으로 피의자의 권리보장과 수사 실무에 어떤 영향을 미치게 될지 섣불리 예측하기 어렵다. 그러나 수사기관의 압수수색에서 참여권이 갖는 의의를 생각하면, 대법원의 결정이 과연 어떤 영향을 미치게 될지 비판적으로 분석해볼 필요가 있다. 참고로 피의자가 자신의 계정을 통해 데이터 보관 사업자의 저장공간을 사용한 경우, '실질적 피압수자'로 인정받을 가능성이 높기 때문에, 이하에서는 '급속을 요하는 때'의 예외 사유에 초점을 맞추어 살펴보고자 한다.

그동안 대법원은 압수수색에서 '급속을 요하는 사유'에 대하여 몇 차례 판단하였지만, 대부분 영장에 구체적으로 기재된 전통적인 물리적 공간에 대한 압수수색 사안이었다. 대법원은 2012년 국가보안법위반 사건에서 처음으로 '급속을 요하는 때'의 의미에 대하여 설시하였는데,[22] 형사소송법 제122조 단서에서 '급속을 요하는 때'가 명확성 원칙 등에 위반되지 않고,[23] 동 사안에서 당사자에 대한 통지 및 참여권 보장의 예외가 인정된다고 판단하였다. 한편, 대법원은 최근의 다른 결정에서는 참여권 보장의 예외를 인정하지 않았다.[24] 사안에서 수사기관은 피의자를 체포한 후 압수수색을 진행하였는데,[25] 이 과정에서 피의자에게 참여권을 보장하지 않았다. 대법원은 "증거인멸의 가능성이 최소화됨을 전제로 영장 집행과정에 대한 참여권이 충실히 보장될

---

22) 당시 수사기관은 2009. 5. 7. 법원으로부터 압수·수색영장을 발부받아 범민련 남측 본부 '사무실'을 압수·수색하였는데, 이 과정에서 피의자 등에 사전통지를 생략하였다. 대법원 2012. 10. 11. 선고 2012도7455 판결 [국가보안법위반(특수잠입·탈출)·국가보안법위반(회합·통신등)·국가보안법위반(찬양·고무등)·국가보안법위반(자진지원·금품수수)·국가보안법위반(이적단체의구성등)]

23) 대법원은 '급속을 요하는 때'라고 함은 압수·수색영장 집행 사실을 미리 알려주면 증거물을 은닉할 염려 등이 있어 압수·수색의 실효를 거두기 어려울 경우라고 해석하였다.

24) 대법원 2022. 7. 14.자 2019모2584 결정[준항고인용결정에대한재항고준항고인준항고인].

25) 담당검사 등은 같은 날 10:00경 검사실에서 준항고인의 신체를 수색하여 휴대폰을 압수하였고, 그 직후 준항고인의 운전기사 공소외 1을 통하여 준항고인의 차량이 해당 검찰청 주차장에 있음을 확인한 후 이를 수색하여 다수의 물건을 압수하였으며, 같은 날 12:20경부터 15:30경까지 공소외 1이 보는 가운데 준항고인의 주거지·사무실을 수색하여 준항고인에게 유출하였던 수사자료 등을 포함한 상자 2~3개 분량과 라이카 카메라 1개 등을 압수하였다(이하 '이 사건 압수·수색'이라 한다).

수 있도록 사전에 피의자 등에 대하여 집행 일시와 장소를 통지하여
야 함은 물론 피의자 등의 참여권이 형해화되지 않도록 그 통지의무
의 예외로 규정된 '피의자 등이 참여하지 아니한다는 의사를 명시한
때 또는 급속을 요하는 때'라는 사유를 엄격하게 해석하여야"하는 바,
동 사건에서의 압수수색은 "압수·수색은 준항고인에 대하여 체포영장
을 집행하여 신병을 확보한 후에 이루어졌으므로, 적어도 이러한 상황
은 증거인멸 우려 등으로 피의자 등에 대한 영장 집행의 일시·장소에
관한 통지의무가 면제되는 '급속을 요하는 때'에 해당한다고 볼 수 없
다"고 판시하였다. 이러한 대법원의 판례들을 고려하면, 특정한 전통
적인 물리적 공간에 대한 압수수색에서 피의자의 참여권은 사안의 중
대성, 증거인멸 가능성, 피의자의 권리보호, 피의자의 신병확보 상태
등을 비교 형량하여 결정될 것으로 보인다.

    본 논문의 분석대상 결정에서, 대법원은 처음으로 '데이터 보관
사업자'에 대한 압수수색에서 '급속을 요하는 때'를 판단한 것으로 보
인다. 그리고 대법원은 별도의 논증 없이도 입장을 바꿔 '급속을 요하
는 때'임을 인정했다. 일반적으로 피의자는 (데이터의 종류에 따라 다르
지만) 데이터 사업자가 보관한 정보에 대해 자유로운 접근 권한을 갖
고 있고, 어렵지 않게 정보의 삭제가 가능하다는 특성을 갖고 있다.
피의자가 일반적인 컴퓨터 등 저장매체에 저장된 정보를 완전히 삭제
하기 위해서는 소위 '디가우저(degausser)' 등의 특별한 장비를 필요로
하지만,[26] 데이터 사업자가 보관하는 정보는 피의자가 신속한 삭제가
가능하다. 이를 고려하면 대법원 결정에서의 입장 선회처럼, 앞으로
유사한 사안에서 급속을 요하는 때의 참여권 예외 사유는 어렵지 않
게 인정될 것이다.

    설사 예외적으로 급속을 요하는 사유가 인정되지 않는다고 하더
라도, 데이터 사업자에 대한 압수수색에서 피의자의 참여권 보장은 현

---

26) 사이언스올, 디가우저, https://www.scienceall.com/%EB%94%94%EA%B0%80%EC%9
    A%B0%EC%A0%80degausser, 2022. 9. 1. 검색.

실적으로 상당히 어렵다.[27] 예를 들어, 피의자가 특정 기업의 클라우드(cloud)를 이용하더라도 어느 곳에 위치한 곳에 해당 정보가 저장되는지 명확히 알기 어려운 것으로 알려져 있다.[28] 당연히 수사기관이 이를 사전에 알기 어렵고, 이는 압수수색 장소 특정 및 참여권 보장과 관련해서 어려움을 가져온다. 이를 고려하면 분석대상 대법원 결정이 별도의 논증 없이도 참여권 보장의 예외사유를 인정했듯이, 데이터 사업자에 대한 압수수색 실무에서도 참여권이 보장되지 않을 가능성이 상당히 높다. 결국 데이터 사업자에 대한 압수수색에서 참여권 보장의 예외도, 소위 '데이터 예외주의' 논쟁과 밀접하게 관련되어 있는 것이다.[29]

대법원이 데이터 사업자에 대한 압수수색에서 피의자 참여권을 보장했지만, 현실적·구조적으로 피의자의 참여권은 거의 보장받기 어려울 것으로 보인다.[30] 이는 특정된 전통적인 압수수색에서의 참여권 보장과는 큰 차이라고 볼 수 있다. 특히 그동안 대법원 판례가 압수수색 장소를 엄격히 판단해오고, 급속을 요하는 사유에 대해서도 비교형

---

27) 여기에는 외국계 데이터 보관 사업체를 사용할 경우의 관할권 문제 등도 가미될 것이다. 본 논문에서는 이러한 쟁점에 대해서는 별도로 다루지 않기로 한다. 관련하여 참고할만한 문헌으로는 조성훈, 역외 전자정보 수집과 국가관할권 행사의 합리성 이론: 미연방 '클라우드 법'의 제도적, 법이론적 기원에 대한 분석을 중심으로, 형사정책연구 제32권 제1호, 2021.

28) 송영진, 수사기관의 클라우드 데이터 접근에 관한 비판적 고찰: "데이터 예외주의" 논쟁과 각국의 실행을 중심으로, 형사정책연구 제30권 제3호, 2019, 2-4면.

29) 송영진, 수사기관의 클라우드 데이터 접근에 관한 비판적 고찰: "데이터 예외주의" 논쟁과 각국의 실행을 중심으로, 형사정책연구 제30권 제3호, 2019.

30) 직접적인 데이터 사업자에 대한 압수수색은 아니지만, 피의자 계정의 아이디, 비밀번호 등을 입수하여 수사기관이 직접 접속함으로써 자료 등을 압수하는 경우도 있다. 대법원이 처음으로 원격지 압수수색의 적법성을 인정한 2017년 대법원 판례와 같은 방식이다. 당시 수사기관은 압수수색과정에서의 객관성·공정성을 확보하기 위해 한국인터넷진흥원이라는 제3의 장소에서, 피의자 및 변호인을 참여시키고 압수수색을 진행한 바 있다. 그러나 이는 아마도 피고인이 구속되어 있기 때문에 가능했던 예외적인 사정으로 보인다. 대법원이 압수수색에서 급속을 요하는 사유를 폭넓게 인정한 만큼, 피의자의 계정을 활용하여 압수수색을 진행하는 방식에서도 참여권은 보장되지 않을 가능성이 높다.

량을 통해 판단하는 것과 상당한 차이가 있는 셈이다. 가령 전통적인 압수수색에서는 피의자가 체포되지 않은 경우에도 이익형량을 통해 참여권 보장이 가능할 수 있을 것이다. 그러나 데이터 사업자가 보관 중인 정보에 대한 압수수색에서는 체포되지 않은 피의자가 참여하는 사례는 거의 없을 것으로 보인다.

최근의 인터넷 사용 환경의 변화를 고려하면, 이와 같은 차이에 대하여 보다 비판적인 논의가 필요하다. 스마트폰 등을 활용한 인터넷 사용이 지속적으로 증가하고 있고, 특히 점차 많은 개인들이 본인이 소지한 전자기기의 저장매체를 넘어 데이터 보관 사업자를 통해 저장하는 경우가 늘어나고 있다.31) 가령, 노트북, 태블릿, 스마트폰 등이 연결된 클라우드에 개인자료들을 저장하는 것이다.32) 클라우드 사용자는 기기와 장소를 불문하고 자신의 자료에 접근할 수 있기 때문에 상당한 편의를 얻을 수 있다. 이러한 경향으로 인해 전자기기의 저장용량은 최근에는 더 이상 증가하지 않는 추세이고, 일부 기기들은 용량이 줄어드는 경향을 보이기도 한다. 이처럼 인터넷 사용환경은 하루가 다르게 변화하고 있다. 그러나 데이터 보관 사업자 대한 압수수색에서 피의자의 참여권은 현실적으로 보장되기 어렵다는 사실을 진지하게 논의할 필요가 있다.33)

---

31) 클라우드에 대한 압수수색에서의 다양한 쟁점을 다룬 문헌으로는, 김민동·이경렬, 클라우드 스토리지 내 디지털 증거 획득의 적법성 검토, 형사법의 신동향, 제72호, 2021.

32) CIO 뉴스, "개인용 클라우드 시장, 2027년까지 연평균 19.6% 성장", https://www.ciokorea.com/news/241164#csidx3a76df18194492bb39d1cdbd497daa02022. 9. 1. 검색.

33) 수사기관의 데이터 보관 사업자에 대한 압수수색에서 피의자의 참여권이 보장되는 경우가 없지는 않을 것이다. 가령 체포한 피의자로부터 압수한 스마트폰을 통해 클라우드의 압수수색을 진행하는 경우가 해당될 것이다. 본 논문에서는 분석 대상 판례에서의 사실관계와 유사한 방식의 압수수색에 초점을 두고 논의하고자 한다.

Ⅲ. 참여권에 대한 비판적 고찰: 기본권 보장을 위한 절차적 권리로서의 참여권

지금까지 설명한 바와 같이 피의자의 참여권 보장은 아마도 이원화되어 전개될 가능성이 높다. 특정된 물리적 공간에 대한 전통적인 압수수색에서는 사안의 특성에 따라 이익형량을 통해 피의자의 참여권 보장이 이루어질 것이다. 그러나 데이터 보관 사업자에 대한 압수수색과정에서 피의자가 참여권을 보장받기란 거의 어려울 것이다.

그러나 피의자의 참여권 보장이 이렇게 나누어지는 것이 바람직할까? 참여권 법리의 논리적 정합성만 고려하면, 이러한 차이가 수긍이 갈 수도 있다. 하지만 참여권을 통해 보장하고자 하는 '근본 가치'를 고려하면,34) 이렇게 나뉘는 것이 결코 타당하다고 보기는 어렵다. 수사기관의 압수수색의 적정성과 피의자의 권리보호라는 본질적인 가치는 '참여권이 보장될 수 있는 상황'과 '참여권이 보장되기 어려운 상황' 모두에 적용되어야 할 것이기 때문이다. 참여권 자체에만 초점을 맞추는 것은, 후자의 경우에 형사사법의 본질적인 가치가 외면되는 결과를 낳게 된다.

참여권은 어디까지나 영장주의의 실현 등 권리 보장을 위한 권리일 뿐이다.35) 결국 형사사법제도에서 '수사기관의 광범위한 디지털 정

---

34) 결국 광범위한 압수수색이 이루어지지 않도록 압수의 대상을 제한하는 일반영장 금지의 원칙이 밀접한 관련이 있을 것이다. 형사소송법 제215조(압수, 수색, 검증) ① 검사는 범죄수사에 필요한 때에는 피의자가 죄를 범하였다고 의심할 만한 정황이 있고 해당 사건과 관계가 있다고 인정할 수 있는 것에 한정하여 지방법원판사에게 청구하여 발부받은 영장에 의하여 압수, 수색 또는 검증을 할 수 있다.

35) 참여권 보장의 의의에 대해서는 견해가 나뉜다. 영장집행에서 피의자의 참여권 보장이 영장주의 원칙의 핵심적 요소라고 주장하는 학자도 있고 (최윤정, "전자정보 압수·수색에 적용되는 영장주의 원칙과 그 예외에 관한 법적 검토－휴대전화 등 모바일 기기를 중심으로", 저스티스 통권 제153호, 2016, 110면, 129면), 대법원의 소위 '종근당 사건' 결정에서 일부 대법관들은 참여권 미보장은 "영장주의의 실질적 내용을 침해하는 중대한 위법"이라는 보충의견도 제시한 바 있다. 대법원 2015. 7. 16.자 2011모1839 전원합의체 결정. 그러나 참여권은 절차적 권리로서, 핵

보 취득'을 어떻게 통제할 것인가라는 관점에서, 하나의 수단으로서의 참여권 문제를 이해하는 것이 바람직하다.36) 헌법재판소가 2012년 형사소송법 제122조 단서("급속을 요하는 때")에 대한 위헌소원에서, "집행 당시의 참여권의 보장은 압수수색에 있어 국민의 기본권을 보장하고 헌법상의 적법절차 원칙의 실현을 위한 구체적인 방법의 하나일 뿐"이라고 판시한 것도 이러한 맥락에서 이해된다.37) 현실적으로 모든 경우에 참여권이 보장될 수는 없기 때문에, 예외적인 경우에도 참여권이 보장하고자 하는 근본 가치가 보장되도록 노력할 필요가 있다.

앞서 살펴본 분석대상 대법원 결정의 사실관계를 다시 살펴보자. 당시 "카카오 담당자는 이 사건 전자정보 중에서 압수·수색영장의 범죄사실과 관련된 정보만을 분리하여 추출할 수 없었으므로 위 기간의 모든 대화 내용을 수사기관에 전달하였는데, 이 사건 전자정보에는 준항고인이 자신의 부모, 친구 등과 나눈 일상적 대화 등 혐의사실과 관련 없는 내용이 포함"되어 있었다고 한다. 이러한 과정에서 선별적인

심적인 권리들을 보장하기 위한 권리로 보는 것이 타당하다. 대법원이 참여권의 의의에 대하여 "헌법과 형사소송법이 정한 절차와 관련 규정, 그 입법 취지 등을 충실히 구현하기 위하여, … 증거인멸의 가능성이 최소화됨을 전제로 영장 집행 과정에 대한 참여권이 충실히 보장될 수 있도록 사전에 피의자 등에 대하여 집행 일시와 장소를 통지하여야 함은 물론 피의자 등의 참여권이 형해화되지 않도록 그 통지의무의 예외로 규정된 '피의자 등이 참여하지 아니한다는 의사를 명시한 때 또는 급속을 요하는 때'라는 사유를 엄격하게 해석하여야"고 설명한 것도 이러한 맥락으로 볼 수 있다. 유사한 취지로, 조은별, 디지털 증거의 압수·수색에 대한 참여권의 보장, 서울대학교 법학전문대학원 박사학위 논문, 2021, 11-14면.

36) 데이터 보관 사업자에 대한 압수수색은 사실상 대부분 임의제출의 형태로 이루어지므로 "유체물에 적용된 압수수색 관련 규정을 엄격히 적용하기 보다는 데이터 취득의 현실을 반영하여 합리적인 적용과 해석을 할 필요가 있으며 개인정보자기결정권의 보호에 방점을 두기 위하여 전기통신사업법, 통신비밀보호법, 금융실명제법 등에서 정하는 사후 통제 방식을 일반적 압수수색영장의 집행에도 적용할 필요성이 있다"는 주장도 큰 틀에서 필자의 주장과 같은 맥락이라고 할 수 있다. 이관희·이상진, 데이터 보관 사업자에 대한 영장집행 절차의 현실화 방안에 관한 연구: 피의자에 대한 사전 통지 생략 및 영장 사본제시 필요성을 중심으로, 형사정책연구 제31권 제1호, 2020, 142-143면.

37) 헌법재판소 2012. 12. 27. 선고 2011헌바225 전원재판부 결정.

정보의 추출 및 전달이 이루어져야 하는 것은 당연하다. 그러나 참여권 보장 자체에만 초점을 맞추게 되면, 위 사례처럼 참여권 보장이 현실적·구조적으로 불가능한 경우에 참여권을 통해 보장하고자 하는 '근본 가치'가 달성되기 어려운 공백이 생긴다. 압수수색에 수동적으로 대응하는 데이터 보관 사업자들이 과연 얼마나 데이터의 선별에 노력을 기울일지는 다소 회의적이기 때문이다.38) 결국 우리나라에서 압수수색의 적정성 보장은 수사기관의 데이터 보관 사업자에 대한 정보취득에서 큰 공백이 있는 셈이다.

　인터넷 환경의 급속한 변화―특히 클라우드 시대의 도래―와 참여권의 현실적·구조적 한계를 고려하면, 참여권 그 자체에 대한 논의를 넘어 보다 근본 가치에 기반한 논의가 더욱 활성화될 필요가 있다. 참여권은 어디까지나 권리보장을 위한 "구체적인 방법의 하나일 뿐"이기 때문이다.39) 즉, 피의자의 압수수색 참여권의 현실적 한계를 인정하고, 실질적인 압수대상 범위에 대한 통제 이루어지도록 제도를 정비할 필요가 있다. 이하에서는 비교법적인 사례 검토를 통해 시사점을 얻고자 한다.

---

38) 물론 네이버 등 대형 데이터 보관 사업자는 소위 개인정보보호관리자(CPO)를 선임하는 등 수사기관의 정보요청에 적극적으로 대응하며 고객의 디지털 정보 유출을 최소화하고 있는 것으로 보인다. 따라서 논문에서 다루고 있는 데이터 보관 사업자는 아마도 중소형 사업자들이 주로 문제될 것으로 보인다. 다만, 대형 데이터 보관 사업자는 수사기관의 영장집행 협조요청에 지나치게 소극적으로 대응할 수도 있는 바, 반대의 측면(수사의 효율성 및 목적 달성)에서 대형 데이터 보관 사업자에 대한 논의도 필요할 것이다.

39) 헌법재판소 2012. 12. 27. 선고 2011헌바225 전원재판부 결정.

Ⅳ. 외국 사례 검토: 미국 수사기관의 구글(google) 대상 압수수색의 실무와 쟁점

데이터 보관 사업자의 정보에 대한 압수수색에서 참고할만한 흥미로운 미국의 최근 판례가 있어서 살펴보고자 한다. 우리나라와 미국의 형사사법제도는 상당히 다르지만, 수사과정의 압수수색이 제한적으로 이루어져야 하고 그에 대한 적절한 통제가 있어야 한다는 사실은 크게 다르지 않을 것이다.[40] 그러한 원칙이 실현되는 절차와 방식이 다를 뿐이다. 미국의 경우 수사기관의 압수수색 관련 법리가 20세기 초반부터 활발하게 논의되기 시작하였고, 미국기업인 대형 데이터 보관 사업자에 대한 압수수색이 자주 이루어지는 점을 고려하면,[41] 우리나라에서 참고할만한 점이 많다. 따라서 미국에서의 현실을 살펴보고 우리나라와 비교해보는 것은 분명 유의미하다고 볼 수 있다.

2022년 3월, 미국 버지니아 주 연방법원에서는 수사기관에서 구글(google)이 보유한 위치정보를 대상으로 한 압수수색의 적법성에 대한 첫 판결(United States v. Okello T. Chatrie (2022))이 있었다.[42] 최근 들어 미국 수사기관은 구글이 보유하고 있는 광범위한 위치정보를 수사에 활용하기 시작했는데 압수수색의 특정성, 압수수색을 위한 혐의의 입증 여부 등이 주요한 쟁점으로 논의되고 있다. 데이터 보관 사업자를 대상으로 한 압수수색으로서, 본 논문의 내용과 관련하여 좋은 시사점을 줄 수 있는 사례로 볼 수 있다. 구체적인 사실관계는 아래와 같다.

---

40) 비교법학방법 중 소위 '기능주의(functionalism)'적 관점이라고 볼 수 있다.

41) 구글(Google), 페이스북(Facebook), 트위터(Twitter), 아마존(Amazon) 등 대형 정보통신사업자 중 상당수는 미국 기업이다.

42) United States v. Chatrie, No. 3:19-cr-130 (E.D. Va.), 2022.

〈표 1〉 United States v. Okello T. Chatrie의 사실관계

• 2019. 5. 20, 미국 버지니아(Virginia) 주 미드로시안(Midlothian)에 위치한 은행에 강도가 침입하였고, 20만 달러를 훔쳐 달아났다.
• CCTV 영상에 따르면 그 남성이 강도 직전에 핸드폰을 귀에 대고 있는 것이 확인되었다.
• 이를 단서로 수사기관은 최근 활용도가 높아지고 있는 구글의 위치정보를 압수(geofence warrant)해서 수사에 사용하기로 하였다.[43)]
• 수사기관은 범행이 발생한 은행(Call Federal Credit Union bank) 주변에 있는 스마트폰들에서 구글의 위치정보를 수집할 수 있는 영장을 발부받았다.
• 구글이 제공한 위치정보를 통해 수사기관은 결국 오켈로 채트리(Okello Chatrie)라는 범인을 특정·검거하는데 성공하였다.

동 사건에서의 핵심적인 쟁점은 미국 영장주의의 특정성(particularity)과 관련된 것이었다. 잘 알려져 있듯, 미국 연방헌법 수정조항 제4조는 "선서나 확약에 의하여 상당하다고 인정되는 이유가 있어 특별히 수색할 장소와 압수할 물건, 체포·구속할 사람을 특정한 경우를 제외하고는 영장은 발부되어서는 아니된다"고 규정함으로서,[44)] 특정성 요건을 헌법적 차원에서 요구하고 있다. 수사기관은 압수영장을 통해 구

---

43) 수사기관은 소위 "지오펜스 영장(geofence warrant)"을 통하여, 구글이 보유한 위치정보를 요청한다. 참고로 구글이 보유한 개인의 위치정보는 카펜터 사건(Carpenter v. United States (2018))에서 문제가 되었던 일반적인 통신사업자가 보유하는 핸드폰 위치정보(CSLI)와는 몇 가지 차이가 있다. 우선, 구글이 보유한 위치정보는 CSLI 또는 다른 종류의 데이터에 비해 훨씬 더 정확하게 사용자의 위치와 움직임을 수집한다. 그리고 구글이 보유한 위치정보는 사업 목적상 자동적으로 저장되는 정보는 아니고, 사용자가 해당 서비스에 '가입'할 경우 생성, 저장되고, 사용자의 선택에 의해 삭제될 수도 있는 정보이다. 최근 들어 미국의 연방 및 주 수사기관은 구글 위치정보를 활용하여 범인을 특정하는 사례가 증가하고 있다. 2018년 구글이 수사기관으로부터 요청받은 건 수가 2017년에 비해 15배가 증가하였고, 2019년에는 전년도에 비해 5배가 증가하였다고 한다.

44) 원문은 다음과 같다. The right of the people to be secure in their persons, houses, papers, and effects, against unreasonable searches and seizures, shall not be violated, and no Warrants shall issue, but upon probable cause, supported by Oath or affirmation, and particularly describing the place to be searched, and the persons or things to be seized. (미국 연방헌법 수정조항 제4조)/ https://world.moleg.go.kr, 2023. 4. 25 검색.

글이 보유한 막대한 정보를 취득하는데, 압수물건의 특정되어 있는
지 ― 즉, 압수의 범위가 합리적으로 제한되어 있는지 ― 가 주요한 쟁
점이라고 볼 수 있다.

　미국에서도 오래전부터 수사기관의 데이터 보관 사업자를 통한
광범위한 정보수집에 대해 많은 비판이 있었다. 최근 들어 수사기관은
미연방수사국(Federal Bureau of Investigation)을 중심으로 압수대상 물건
의 범위를 합리적으로 제한하기 위해 많은 노력을 기울여왔는데,45) 위
사안에서 상당히 구체적으로 확인된다. 수사기관의 신청에 의해 법원
이 발부한 구글 대상 '영장의 별지(Attachment A, B)'에는 아래에서 자
료들과 유사하게 압수대상 정보의 범위를 최소화하기 위한 상세한 프
로토콜이 기재되어 있다.46) 우리나라의 전자정보에 대한 압수수색영
장에서 저장매체 원본 반출 등과 관련한 절차가 영장 별지에 포함되
어 있는 것과 비슷한 맥락이다, 영장 별지의 구체적인 내용에는 차이
는 있지만,47) 압수수색의 범위와 대상을 제한한다는 측면에서 사실상
유사한 기능을 하는 셈이다.

---

45) 미국 법무부는 구글과 협약을 체결하고, 압수수색과정에서 최소한의 개인정보가
　　전달되도록 통일적인 프로토콜을 마련하여 실무적으로 활용하고 있다.
46) 논의중인 2022년 사건에서는 영장 원문이 공개되지 않았기 때문에, 이하의 자료는
　　다른 유사 사건에서 사용된 구글을 대상으로 한 영장 원문을 분석하였다.
47) 우리나라의 영장별지는 단계별 정보 저장매체 또는 정보의 압수에 따른 형식적인
　　절차를 다루고 있다면, 미국의 사례는 압수과정에서 단계별로 구체적인 교환되는
　　정보의 범위를 실질적인 다루고 점에서 차이가 있다.

〈그림 1〉 구글이 보유한 위치정보를 대상으로 한 영장별지A 원문

ATTACHMENT A

Property To Be Searched

This warrant is directed to Google LLC and applies to:

(1)   location history data, sourced from methods including GPS, wi-fi, and Bluetooth, generated from devices and that reported a device location within the geographical region bounded by the latitudinal and longitudinal coordinates, dates, and times below ("Initial Search Parameters"); and

(2) identifying information for Google Accounts associated with the responsive location history data.

Initial Search Parameters

1.   **Date**: April 27, 2019
   Location of Honda CRV:
                          2131 South 17th Street
                          Milwaukee, WI
                          43.005799, -87.934448 (Latitude/Longitude)
   Time Period: 6:45 a.m. CST to 11:15 a.m. CST
   Radius: 25 meters

Case 2:19-mj-00857-NJ Filed 01/16/20 Page 14 of 18 Document 1

〈그림 2〉 구글이 보유한 위치정보를 대상으로 한 영장별지B 원문

ATTACHMENT B

Particular Things to be Seized

I.　　**Information to be disclosed by Google**

　　Google shall provide responsive data (as described in Attachment A) to the government pursuant to the following process:

　　1.　　Google shall query location history data based on the Initial Search Parameters specified in Attachment A.

　　2.　　For each location point recorded within the Initial Search Parameters, Google shall produce to the government anonymized information specifying the corresponding unique device ID, timestamp, coordinates, display radius, and data source, if available (the "Anonymized List").

　　3.　　The government shall review the Anonymized List in order to prioritize the devices about which it wishes to obtain identifying information.

　　4.　　Google is required to disclose to the government identifying information, as defined in 18 U.S.C. § 2703(c)(2), for the Google Account associated with each device ID about which the government inquires.

14

〈표 2〉 구글이 보유한 위치정보를 대상으로 한 영장별지B 원문 및 번역

원문	한글 번역
Attachment B	별지B
Particular Things to be Seized	압수될 특정한 물건
I. Information to be disclosed by Google	I. 구글에 의해 전달되는 정보
Google shall provide responsive data (as described in Attachment A) to the government pursuant to the following process:	구글에 의해 공개되는 정보로서, 구글은 다음과 같은 절차에 의해 수사기관에게 위치 반응 정보를 제공해야 한다.
1. Google shall query location history data based on the Initial Search Parameters specified in Attachment A.	1. 구글은 자체 서버에서 특정된 일시 및 장소에 대한 위치정보들을 찾아야 한다. [Attachment A] • 2019. 4. 27. 06:45 a.m. CST-11:45 a.m. CST • South 17th Street, Milwaukee, WI, 43.005799 - 87.934448 • 해당 위치로부터 25미터 반경(Radius).
2. For each location point recorded within the Initial Search Parameters, Google shall produce to the government anonymized information specifying the corresponding unique device ID, timestamp, coordinates, display radius, and data source, if available (the "Anonymized List")	2. 확인된 위치정보들에 대해서 구글은 관련 개인정보들(기기값, 정보소스, 발송·접수 시간값, 반경정보 등)에 대하여 익명화 조치를 한 후 수사기관에 제공해야 한다.
3. The government shall review the Anonymized List in order to priotize the devices about which it wishes to obtain identifying information.	3. 수사기관은 익명화된 정보 중에서 신원과 관련된 정보 확인을 희망하는 정보들을 순서대로 분류하여야 한다.
4. Google is required to disclose to the government information, as defined in 18	4. 구글은 이에 대한 신원정보를 관련 연방법 (18 U.S.C. 2703(c)(2))에 따라 수

U.S.C. 2703(c)(2), for the Google Account associated with each device ID about which the government inquires.	사기관에 제공하여야 한다.

대상 사건에서 수사기관은 위의 영장별지와 유사한 프로토콜에 의하여 구글과 단계별로 압수대상 정보에 대한 교환을 하였다. 판결을 통해 확인된 구체적인 압수수색 과정에 따르면,

(1) 구글은 먼저 범죄 발생 장소인 은행 150m 반경에 있었던 19개의 구글 계정에 대한 1시간 동안의 위치정보를 비실명 상태로 수사기관에 제공했고,

(2) 수사기관은 이 중에서 9개의 계정을 선택하여 구글에 추가 정보를 요청하였고,

(3) 구글은 9개의 계정에 대하여 2시간 동안의 위치 정보를 제공하였고,

(4) 마지막으로, 경찰은 그 중에서 3개의 계정에 대해 가입자 정보(이메일 주소, 스마트폰 OS 프로그램 종류 등)를 요청하여 전달받았다.

수사기관이 이렇게 제공 받은 3개의 계정 중 하나가 목격자가 진술한 강도의 움직임과 정확히 일치하였고, 수사기관은 최종적으로 피고인을 검거하는데 성공했다. 이러한 절차를 통해 법원, 수사기관, 구글은 수사와 무관한 정보가 교환되는 것을 최소화하고자 한 것으로 보인다.[48]

---

48) 수사기관이 영장의 특정성 요건을 준수하기 위해 나름의 노력을 한 것으로 보이지만, 피고인은 이에 대해 영장발부를 위한 혐의입증(Probable cause) 및 특정성 요건이 충족되지 못했다고 주장하였다. 구체적인 비유가 상당히 흥미롭다. 피고인측은 변론서에서 "수사기관의 구글 위치정보 수집은 강도가 발생한 지역 인근의 모든 집의 수색하는 것과 다름이 없다. 즉, 뉴욕 타임스퀘어(Times Square) 지역에서 발생한 절도로 인해 인근 브로드웨이(Broadway) 지역을 걸어다니는 모든 사람의 가방을 수색하는 것과 동일하다. 단 한 명의 용의자의 이름이나 핸드폰 번호도 없이, 게다가 그러한 용의자가 구글과 연계되어 있다는 어떠한 가능성이 대한 설

이와 같은 노력은 우리나라에도 많은 시사점을 준다. 비록 미국의 사례가 압수수색의 특정성 보장과 관련된 논란을 모두 해소한 것은 아니지만,[49] 오늘날 점차 중요성이 높아지는 수사기관의 데이터 보관 사업자에 대한 압수수색에 대한 현실적이고 구체적인 노력의 일환으로 볼 수 있기 때문이다. 우리도 이미 오래전에 영장 별지를 통해서 정보의 압수수색 과정에서 수사기관이 준수해야 할 저장매체 원본 반출 등과 관련한 절차를 규정하고 있다. 그러나 인터넷 환경은 지속적으로 변화하고 있으며, 직접적인 정보저장매체에 대한 압수수색 보다는 데이터 보관 사업자의 협조를 통한 압수수색이 지속적으로 증가할 것으로 보인다. 그동안 우리 영장별지가 정보 압수 과정에서의 '매체의 이동'이라는 형식적인 측면에 초점을 맞추었다면, 이제는 '정보의 이동'이라는 실질적인 측면에 초점을 맞출 필요가 있다.

이러한 변화는 현재 수사기관의 국내 및 국외 데이터 보관 사업자에 대한 법집행의 불균형 문제도 일부 해소할 것으로 기대된다. 현재 수사기관은 외국계 데이터 보관 사업자에 대해서는 대부분 가입자 정보 등만을 전달받고 있고, 내용 정보는 거의 취득하지 못하는 것으로 알려져 있다. 이러한 변화는 법집행의 관할 등을 고려하면 어쩔 수 없는 문제이지만, 합리적 근거 없이 피의자가 차별적 취급을 받게 되는 셈이다. 따라서 압수수색 집행과정을 보다 정치하고 투명하게 규정하는 것은 국내 데이터 보관 기업을 이용하는 피의자의 권리를 보장

명도 없이, 수사기관은 단지 사람들이 그 장소에 있었다는 이유 하나만으로 수백, 수천명의 개인정보를 침해하는 것이다"라고 주장했다. 특정 시간대, 특정 장소에서 범죄가 발생했다는 이유만으로 인근의 모든 사람들의 짐을 수색하는 것이, 해당 시간대 해당 지역에서 범죄가 발생한 것을 근거로 인근의 핸드폰의 위치정보를 수색한 것은 문제가 있다는 지적이었다. 수색 범위와 대상 등에 대한 특정성 요건과 혐의입증이 충족되지 않았다는 비판이었다.

49) 실제 위와 같은 프로토콜 및 영장별지에 의한 정보의 압수수색을 비판하는 일부 학자들은 수사기관(법무부)이 민간기업과 임의로 정보 교환 프로토콜이 만들어지고 그것이 압수수색과정에 활용되기 보다는, 법원이 보다 적극적인 역할을 할 것을 요청하고 있다. 해당사건에서도 법원은 (다소 놀랍게도) 압수수색의 특정성 요건이 준수되지 않아 압수수색이 위법하다고 판단하였다.

함과 동시에, 향후 외국계 데이터 보관 사업자에 대한 내용 정보 취득에도 긍정적인 효과를 가져올 수 있을 것으로 보인다.

　새롭게 마련될 영장별지의 구체적인 내용에 대해서 다루는 것은 본 논문의 범위를 넘어서는 것이므로 생략하고자 한다. 다만, 구체적인 프로토콜의 내용은 우리의 인터넷 환경과 수사실무를 반영하여 '경험적(empirical)'으로 마련되고 보완되는 것이 바람직할 것이다. 데이터 보관 사업자의 규모, 종류, 특성 등을 고려하여 영장 별지의 내용을 세분화하는 것도 검토해 볼 수 있다. 인터넷 환경의 지속적인 변화를 고려하면, 영장별지의 내용 마련 및 개선을 위한 법원, 수사기관, 데이터 보관 사업자 등의 회의체 마련도 생각해 볼 필요가 있다.

V. 시사점

　최근 들어 압수수색과정에서 (피의자의) 참여권이 강조되고 있다. 참여권은 우리나라의 독특한 법리로서 다소 논란이 있지만, 우리의 수사환경을 고려하면 분명한 의미를 갖는다고 볼 수 있다. 따라서 피의자가 피압수자가 아닌 경우에도 원칙적으로 참여권을 보장하는 것이 바람직하다고 볼 수 있다. 본 논문에서 분석한 대법원 결정은 이러한 원칙을 선언하였다는데 의미가 있다.

　그러나 대법원 결정은 분명한 한계도 있다. 피의자의 참여권 보장을 강화하면서 수사현실을 고려한 절충점을 찾다보니 폭넓은 예외를 인정한 것이다. 그리고 그 예외는 발달하는 인터넷 환경에서 더욱 참여권의 공백을 야기한다. 소위 '클라우드 시대'에는 이러한 예외가 대부분 인정될 것으로 보이므로, 원칙적으로 참여권은 보장될지라도 실무적으로는 큰 의미가 없을 것으로 예측된다. 2010년 이후 압수수색과정에서의 참여권 법리가 '정보의 특성'을 고려하여 세밀하게 발달했지만, 특정 저장매체에 대한 압수수색을 염두에 두고 발달해온 것으로 보인다. 클라우드 시대에는 새로운 접근이 필요하다. 앞서 살펴본 미

국 수사기관의 구글 대상 압수수색 관련 판례가 주는 시사점을 생각
해 볼 필요가 있다.

참여권은 어디까지나 권리보장을 위한 하나의 방법일 뿐이다. 물
리적 참여 자체만에 지나치게 의존하거나 큰 의미를 두기 보다는 참
여권을 통해 보장하고자 하는 근본 가치를 고려하여 새로운 시대에
부합하는 적절한 압수수색 실무를 만들어나갈 필요가 있다. 특히 데이
터 보관 사업자에 대한 압수수색이 지속적으로 증가할 것임을 고려하
면, 이에 대한 정치한 프로토콜을 만들고 영장 별지에 구체적으로 포
함시킴으로써, 그것이 영장집행 과정에서 구속력을 갖도록 하는 것이
바람직할 것이다.

[주 제 어]
제3자 보관정보, 압수·수색, 참여권, 클라우드

[Key Words]
Third Party Stored Information, Search and Seizure, the Right to Participate,
Cloud

접수일자: 2023. 5. 19. 심사일자: 2023. 6. 12. 게재확정일자: 2023. 6. 30.

[참고문헌]

김면기. 현행 헌법상 영장주의의 합리적 해석 및 운용방안-살아있는 헌법
    (Living Constitution)의 시각에서. 비교형사법연구, 2022.

김민동; 이경렬. 클라우드 스토리지 내 디지털 증거 획득의 적법성 검토. 형
    사법의 신동향, 2021.

권창국. 임의제출에 의한 수사기관의 전자정보 압수와 관련한 제 문제의 검
    토 ─ 대상판례: 대법원 2021. 11. 18. 선고 2016도348 전원합의체 판결
    및 대법원 2022. 1. 27. 선고 2021도11170 판결. 사법, 2022.

서원익. 압수수색할 장소와 물건의 다양성에 따른 영장집행 방식에 관한 소
    고 ─ 영장 원본 제시, 참여권 보장, 압수목록 교부의 현실과 한계. 저스
    티스, 2021.

송영진. 수사기관의 클라우드 데이터 접근에 관한 비판적 고찰: "데이터 예
    외주의"논쟁과 각국의 실행을 중심으로. 형사정책연구, 2019.

전치홍. 대법원의 참여권 법리에 대한 비판적 검토. 형사소송 이론과 실무,
    2022.

이관희; 이상진. 데이터 보관 사업자에 대한 영장집행 절차의 현실화 방안
    에 관한 연구: 피의자에 대한 사전 통지 생략 및 영장 사본제시 필요성
    을 중심으로. 형사정책연구, 2020.

조성훈. 역외 전자정보 수집과 국가관할권 행사의 합리성 이론: 미연방 '클
    라우드 법'의 제도적, 법이론적 기원에 대한 분석을 중심으로. 형사정책
    연구, 2021.

변필건. 변호인의 피의자신문 참여권의 제한에 대한 비교법적 고찰. 법조
    (통권 629호), 2009.

Katz v. United States, 389 U.S. 347, 356, 1967.

United States v. United States District Court, 407 U.S. 297, 321, 1972.

United States v. Chadwick, 433 U.S. 1, 9, 1977.

United States v. Chatrie, No. 3:19-cr-130 (E.D. Va.), 2022.

Lo-Ji Sales v. New York, 442 U.S. 319, 1979.

대법원 2022. 5. 31.자 2016모587 결정
대법원 2012. 10. 11. 선고 2012도7455판결
대법원 2022. 7. 14.자 2019모2584 결정 [준항고인용결정에대한재항고준항고
    인준항고인]
서울중앙지방법원 2015. 12. 31.자 2015보6 결정 [준항고].
서울중앙지방법원 2019. 10. 2. 선고 2014가단5351343 판결.
헌법재판소 2012. 12.27. 선고 2011헌바225 전원재판부 결정.

Jane Rydholm, Miranda: The Meaning of Custodial Interrogation,
    https://www.nolo.com/legal-encyclopedia/miranda-the-meaning-custodial-interro
    gation.html.
사이언스올, 디가우저, https://www.scienceall.com/%EB%94%94%EA%B0%80%
    EC%9A%B0%20%EC%A0%80degausser.
CIO 뉴스, "개인용 클라우드 시장, 2027년까지 연평균 19.6% 성장",
    https://www.ciokorea.com/news/241164#csidx3a76df18194492bb39d1cdbd497daa0.

[Abstact]

A Critical Look at the Right to Participate in the Seizure and Search of Third-Party Stored Information

Myeonki Kim*

In recent years, the right of participation (of the suspect) in the search and seizure process has been emphasized. The right of participation is a unique legal doctrine in South Korea and is somewhat rather controversial, but it has a clear meaning considering Korean investigative environment. Therefore, it is desirable to guarantee the right of participation in principle even if the suspect is not the subject of the seizure. The Supreme Court decision analyzed in this article is significant in that it declares this principle.

However, there are also clear limitations. In finding a compromise that takes into account the realities of investigations while strengthening the right to participation, the Supreme Court recognized a wide range of exceptions. And those exceptions create even more participation gaps in the evolving internet environment. In the so-called "cloud era," most of these exceptions are likely to be recognized, so the right to participate, while guaranteed in principle, is unlikely to mean much in practice. Since 2010, the jurisprudence on the right to be present during a search has been elaborated to take into account the 'nature of the information', but it seems to have been developed with the search of specific storage media in mind. The cloud era requires a new approach. It's worth considering the implications of the U.S. government's raids on Google.

The right to participate is only one way to ensure rights. Rather than relying too heavily on physical participation, we need to consider the

* Professor, Korean National Police University

underlying values that the right to participate is intended to protect and create appropriate search practices for the new era. In particular, given that raids on data storage providers are likely to continue to increase, it would be advisable to create a more specific protocol for this and include it in the warrant attachment so that it is binding in the execution of the warrant.

원격지 서버 압수·수색의 적법성
(대법원 2022. 6. 30. 선고 2022도1452 판결과 관련 판례를 중심으로)

조 성 훈*

◇ 대법원 2022. 6. 30. 선고 2022도1452 판결

1. 공소사실의 요지

본 사건의 공소사실은 1심에서 피해자 A에 대한 사기죄,[1] 피해자 B, C에 대한 사기죄와 성폭력처벌등에관한특례법위반(카메라등이용촬영·반포등)죄[2]로 나누어져 있었고, 항소심에서 병합되었다.[3] 본 사건의 핵심은 성폭력범죄의처벌등에관한특례법위반(카메라등이용촬영·반포등)죄의 인정 여부에 있으나, 압수·수색 경위를 위해 필요한 범위에서 사기죄 공소사실을 아래에 간단히 적시하였다.

가. 피해자 A에 대한 사기: 인천지방법원 2021. 10. 28. 선고 2021고단2168 판결

피고인은 2019. 5.경 카카오 스토리로 알게 된 피해자 A에게 평소 재력가 행세를 하던 중 2019. 6. 26. 피해자에게 '자신은 재산이 많은 변호사인데 통장 압류해지 비용을 빌려주면 해지되는 대로 바로 갚겠

---

* 변호사/법학박사, 김·장 법률사무소.
1) 인천지방법원 2021. 10. 28. 선고 2021고단2168 판결.
2) 인천지방법원 2021. 9. 9. 선고 2021고단3305 판결.
3) 인천지방법원 2022. 1. 14. 선고 2021노3352, 4171(병합) 판결.

다' 거짓말하여 차용금 명목으로 총 14회에 걸쳐 1,300여만 원을 송금받아 편취하였다.

나. 피해자 B, C에 대한 사기죄와 성폭력범죄의처벌등에관한특례법위반(카메라등이용촬영·반포등): 인천지방법원 2021. 9. 9. 선고 2021고단3305 판결

(1) 사 기

① 피해자 B에 대한 사기죄: 피고인은 피해자 B와 인터넷 카카오 스토리를 통해 알게 된 사이로, 2020. 7. 27. 피해자에게 '자신은 변호사인데, 300만 원을 빌려주면 로펌에 지불하여 사건을 맡고 의뢰인으로부터 수임료를 지급받아 변제하겠다'고 거짓말하여 피해자로부터 차용금 명목으로 총 4회에 걸쳐 1,900만 원을 편취하였다.

② 피해자 C에 대한 사기죄: 피고인은 피해자 C와 카카오 스토리를 통해 알게 된 사이로, 2020. 12. 14.경 '내가 아파트 3채, 자동차 2대가 있는데 국세청 압류를 풀기 위해 돈을 빌려주면 일주일 안에 갚겠다'고 거짓말하여 차용금 명목으로 950만 원을 편취하였다.

(2) 성폭력범죄의처벌등에관한특례법위반(카메라등이용촬영·반포등)

피고인은 2018. 3. 8.경 인천시 ○○ 모텔 안에서 피고인과 성교행위를 하는 피해자 D의 신체를 몰래 촬영한 것을 비롯하여 2018. 3. 7.부터 2019. 10. 6.까지 별지 범죄일람표(2) 기재와 같이 총 11회에 걸쳐 피해자들의 신체를 그 의사에 반하여 촬영하였다.

2. 압수수색 관련 사실관계

가. 기본 사실관계

경찰은 2020. 12. 23. 피해자 B에 대한 사기 혐의로 피고인을 조사하던 중 계좌 거래내역 확인을 요청하였고, 피고인은 휴대전화(1)을 통해 계좌 거래내역을 보여주었다. 위 과정에서 경찰은 피해자 B 외에 다른 여성들과의 대화 내역과 계좌 거래를 확인하였는데, 조사 중

간 휴식 시간에 피고인이 그들과의 대화 내역을 삭제하자 여죄가 의심된다는 이유로 휴대전화(1)을 임의제출할 것을 요청하였다. 피고인은 '휴대전화(1)'을 임의제출하였고, 경찰은 송금 내역 등 사기 관련 증거도 확인하는 한편 불법 촬영으로 의심되는 사진과 동영상도 발견하게 되었다. '휴대전화(1)'에 저장되어 있던 사진과 동영상은 범죄일람표(2)의 순번 1, 7, 8, 9, 10, 11번과 관련된 것이다.

경찰은 2021. 2. 18. 압수할 물건을 "피고인이 여성의 신체를 몰래 촬영한 것으로 판단되는 사진, 동영상 파일이 저장된 컴퓨터 하드디스크 및 외부저장매체"로 하는 압수·수색영장을 발부받아, 2021. 2. 21. 이를 집행하면서 피고인의 '휴대전화(2)와 연결된 클라우드'에서 동영상 4개와 사진 3개를 압수하였다. '휴대전화(2)와 연결된 클라우드'에 저장되어 있던 사진과 동영상은 범죄일람표(2)의 순번 2, 3, 4, 5, 6번과 관련된 것이다.

이후 피고인이 압수수색의 위법성을 다투기 시작하자, 경찰은 2021. 4. 12. 인천지방법원으로부터 2020. 12. 23. 임의제출한 '휴대전화(1)에 저장된 불법 촬영 영상 파일 등'에 대한 압수·수색영장을 발부받았다.

나. 이 사건 압수·수색영장 중 관련 내용

- 압수할 물건: "여성의 신체를 몰래 촬영한 것으로 판단되는 사진, 동영상 파일이 저장된 컴퓨터 하드디스크 및 외부저장매체"
- 수색할 장소: 피의자 주거지인 "인천 연수구 G건물 H호"
- 범죄사실: 성폭력범죄의처벌등에관한특례법위반(카메라등이용촬영·반포등)

3. 압수수색 관련 심급별 판시사항

가. 원 심[4]

(1) 임의제출한 '휴대전화(1)'에 저장되어 있던 사진과 동영상

(가) 임의성 인정: 법원은 다음과 같은 사정을 들어 휴대전화(1) 제출의 '임의성'을 인정하였다. 즉, ① 담당 경찰관은 수사기관에서 이 법정에 이르기까지 피고인이 이 사건 휴대전화 임의제출할 당시 수사기관에 의한 강요나 강압은 전혀 없었고, 피고인이 스스로 임의제출서에 서명하고 휴대전화를 자진하여 제출하였다고 일관되게 진술하는 점, ② 피고인으로부터 휴대전화를 임의제출 받을 때 동석한 경찰관 역시 당시 피고인이 담당 경찰관의 휴대전화 제출요구에 대해 잠시 망설이는 듯하였으나 곧이어 특별한 문제없이 제출하고 임의제출 동의서에 서명한 것으로 기억하고, 피고인을 협박하거나 강압적인 말과 태도로 휴대폰을 제출하도록 한 사실이 없다고 진술하는 점, ③ 피고인은 수사기관에 이 사건 휴대전화를 제출하며 임의제출동의서, 소유권포기서 및 압수조서에 자필로 서명하여 제출한 점, ④ 피고인은 전직 경찰공무원으로 휴대전화의 임의제출을 거부할 수 있음을 충분히 인식한 점 등에 비추어 '임의성'이 인정된다는 것이다.

(나) 임의제출 범위 초과: 그러나 성폭력범죄의처벌등에관한특례법위반(카메라등이용촬영·반포등) 혐의와 관련된 사진과 동영상은 임의제출의 범위를 초과한 것이라 보았다. 즉, 임의제출의 기초가 된 혐의사실과 객관적 관련성이 있는 범행에 관한 전자정보에도 임의제출의 효력이 미쳐 별도의 압수영장 없이 적법하게 증거로 수집할 수 있다고 볼 것이나, 이 사건에서 피고인의 임의제출 의사는 피해자 B에 대한 사기죄와 비슷한 범행 수단과 방법으로 범한 동종의 범행과 관련되어 있는 전자정보에 한정된 것으로 보이고, 이를 넘어서 위 혐의사실과 무관한 성폭력범죄의처벌등에관한특례법위반(카메라등이용촬영·반포등)

---

4) 인천지방법원 2022. 1. 14. 선고 2021노3352, 4171(병합) 판결. 제1심인 인천지방법원 2021. 9. 9. 선고 2021고단3305 판결도 유사한 취지이다.

죄의 추가 범행을 증명하는 사진과 동영상에 대한 임의제출 의사를
명시한 것으로 볼 수 없다는 것이다.

(다) 사후영장: 한편 경찰은 앞서 본 바와 같이 임의제출한 '휴대
전화(1)에 저장된 불법 촬영 사진, 영상 파일 등'에 대한 압수·수색영
장을 사후에 발부받았다. 그러나 이는 이미 위법한 압수·수색으로 위
동영상을 수집한 이후의 사정에 불과한바, 그것만으로 이 부분 범행에
대한 탐색·압수·수색 과정에서의 절차적 하자가 치유되었다고는 볼
수 없다.

따라서 임의제출한 '휴대전화(1)'에서 획득한 전자정보는 공소사실
제1항 기재 각 사기죄에 대하여만 증거능력을 인정할 수 있고, 공소사
실 제2항 기재 각 성폭력범죄의처벌등에관한특례법위반(카메라등이용
촬영·반포등)죄에 대하여는 유죄의 증거로 삼을 수 없다. 또한 이에
기반하여 획득한 피고인의 자백 및 피해자의 진술 역시 증거능력이
없다.[5]

이는 임의제출에 따른 압수의 동기가 된 범죄혐의사실과 '구체적·
개별적 연관관계'가 있는 전자정보에 한하여 압수의 대상이 된다는 대
법원 2021. 11. 18. 선고 2016도348 전원합의체 판결[6]의 취지에 따른

---

5) 이에 따라 범죄일람표(2)의 순번 1, 7, 8, 9, 10, 11번 부분은 무죄

6) 대법원 2021. 11. 18. 선고 2016도348 전원합의체 판결: "① 수사기관이 제출자의
의사를 쉽게 확인할 수 있음에도 이를 확인하지 않은 채 특정 범죄혐의사실과 관
련된 전자정보와 그렇지 않은 전자정보가 혼재된 정보저장매체를 임의제출받은
경우, 그 정보저장매체에 저장된 전자정보 전부가 임의제출되어 압수된 것으로
취급할 수는 없다. ② 전자정보를 압수하고자 하는 수사기관이 정보저장매체와 거
기에 저장된 전자정보를 임의제출의 방식으로 압수할 때, 제출자의 구체적인 제
출 범위에 관한 의사를 제대로 확인하지 않는 등의 사유로 인해 임의제출자의 의
사에 따른 전자정보 압수의 대상과 범위가 명확하지 않거나 이를 알 수 없는 경
우에는 임의제출에 따른 압수의 동기가 된 범죄혐의사실과 관련되고 이를 증명할
수 있는 최소한의 가치가 있는 전자정보에 한하여 압수의 대상이 된다. 이때 범
죄혐의사실과 관련된 전자정보에는 범죄혐의사실 그 자체 또는 그와 기본적 사실
관계가 동일한 범행과 직접 관련되어 있는 것은 물론 범행 동기와 경위, 범행 수
단과 방법, 범행 시간과 장소 등을 증명하기 위한 간접증거나 정황증거 등으로
사용될 수 있는 것도 포함될 수 있다. 다만 그 관련성은 임의제출에 따른 압수의

것으로 이후 대법원에서도 그대로 유지된다.

　(2) 압수한 '휴대전화(2)와 연결된 클라우드'에 저장되어 있던 사진
　　　과 동영상

　　수사경찰관은 2021. 2. 18. 인천지방법원으로부터 여성의 신체를 몰래 촬영한 것으로 판단되는 사진과 동영상 파일이 저장된 컴퓨터 하드디스크 및 외부저장매체에 대한 압수·수색영장을 발부받아, 2021. 2. 21. 피고인의 주거를 수색하였고, 피고인의 휴대전화(2)와 연동된 구글클라우드에서 범죄일람표(2) 순번 2, 3, 4, 5, 6번 기재 범행과 관련된 동영상 4개와 사진 3개를 압수한 후 피고인에게 전자정보 상세목록을 교부하였다. 이는 영장에 의한 적법한 압수라고 볼 것이므로 위 동영상 및 이에 터잡은 피해자 등의 진술은 유죄의 증거로 삼을 수 있다.[7]

　　나. 대법원[8]

　　그러나 대법원은 '휴대전화(2)와 연결된 클라우드'에 저장되어 있던 사진과 동영상의 증거능력에 대하여 원심과 다른 결론을 취하였다. '수색 장소에 있는 컴퓨터 등 정보처리장치'와 '수색 장소에 있지 않으나 정보통신망으로 연결된 원격지 서버'는 ① 소재지, 관리자, 저장 공

　　동기가 된 범죄혐의사실의 내용과 수사의 대상, 수사의 경위, 임의제출의 과정 등을 종합하여 구체적·개별적 연관관계가 있는 경우에만 인정되고, 범죄혐의사실과 단순히 동종 또는 유사 범행이라는 사유만으로 관련성이 있다고 할 것은 아니다." (구분기호 ①, ②와 밑줄은 필자가 부기함)

7) 항소심(인천지방법원 2022. 1. 14. 선고 2021노3352, 4171(병합) 판결)은 임의제출한 휴대전화(1)에 저장된 사진·동영상 압수의 위법성과 관련하여 다음과 같이 설시하기도 하였다: "수사기관이 2021. 2. 21. 압수한 사진 및 동영상의 경우 적법절차의 실질적인 내용을 침해하는 경우에 해당하지 아니하고 피고인의 휴대전화 임의제출 과정에서의 절차적 위법과 직접적인 인과관계가 희석되거나 단절되어 그 증거의 증거능력을 배제하는 것이 오히려 헌법과 형사소송법이 적법절차의 원칙과 실체적 진실 규명의 조화를 통하여 형사 사법 정의를 실현하려고 한 취지에 반하는 결과를 초래하는 것으로 평가되는 예외적인 경우에 해당하므로, 증거능력이 인정된다."

8) 대법원 2022. 6. 30. 선고 2022도1452 판결.

간의 용량 측면에서 서로 구별되고, ② 압수·수색의 방식에 차이가 있으며, ③ 압수·수색으로 얻을 수 있는 전자정보의 범위와 그로 인한 기본권 침해 정도도 다르다는 점을 논거로 하는바, 상세한 논증은 다음과 같다.

(1) 원격지 서버 압수·수색의 적법성

헌법과 형사소송법이 구현하고자 하는 적법절차와 영장주의의 정신에 비추어 볼 때, 법관이 압수·수색영장을 발부하면서 '압수할 물건'을 특정하기 위하여 기재한 문언은 엄격하게 해석해야 하고, 함부로 피압수자 등에게 불리한 내용으로 확장해석 또는 유추해석을 하는 것은 허용될 수 없다(대법원 2009. 3. 12. 선고 2008도763 판결 등 참조).

① 압수할 전자정보가 저장된 저장매체로서 압수·수색영장에 기재된 수색 장소에 있는 컴퓨터, 하드디스크, 휴대전화와 같은 컴퓨터 등 정보처리장치와 수색 장소에 있지는 않으나 컴퓨터 등 정보처리장치와 정보통신망으로 연결된 원격지의 서버 등 저장매체(이하 '원격지 서버'라 함)는 소재지, 관리자, 저장 공간의 용량 측면에서 서로 구별된다. ② 원격지 서버에 저장된 전자정보를 압수·수색하기 위해서는 컴퓨터 등 정보처리장치를 이용하여 정보통신망을 통해 원격지 서버에 접속하고 그곳에 저장되어 있는 전자정보를 컴퓨터 등 정보처리장치로 내려받거나 화면에 현출시키는 절차가 필요하므로, 컴퓨터 등 정보처리장치 자체에 저장된 전자정보와 비교하여 압수·수색의 방식에 차이가 있다. ③ 원격지 서버에 저장되어 있는 전자정보와 컴퓨터 등 정보처리장치에 저장되어 있는 전자정보는 그 내용이나 질이 다르므로 압수·수색으로 얻을 수 있는 전자정보의 범위와 그로 인한 기본권 침해 정도도 다르다.

따라서 수사기관이 압수·수색영장에 적힌 '수색할 장소'에 있는 컴퓨터 등 정보처리장치에 저장된 전자정보 외에 원격지 서버에 저장된 전자정보를 압수·수색하기 위해서는 압수·수색영장에 적힌 '압수할 물건'에 별도로 원격지 서버 저장 전자정보가 특정되어 있어야 한

<u>다.</u> 압수·수색영장에 적힌 '압수할 물건'에 컴퓨터 등 정보처리장치 저장 전자정보만 기재되어 있다면 컴퓨터 등 정보처리장치를 이용하여 원격지 서버 저장 전자정보를 압수할 수는 없다.

(2) 본건 사실관계에 적용

이 사건 압수·수색영장에 적힌 '압수할 물건'에는 '여성의 신체를 몰래 촬영한 것으로 판단되는 사진, 동영상 파일이 저장된 컴퓨터 하드디스크 및 외부저장매체'가, '수색할 장소'에는 피고인의 주거지가 기재되어 있다. 이 사건 압수·수색영장에 적힌 '압수할 물건'에 원격지 서버 저장 전자정보가 기재되어 있지 않은 이상 이 사건 압수·수색영장에 적힌 '압수할 물건'은 피고인의 주거지에 있는 컴퓨터 하드디스크 및 외부저장매체에 저장된 전자정보에 한정된다.

그럼에도 경찰은 이 사건 휴대전화가 구글계정에 로그인되어 있는 상태를 이용하여 원격지 서버에 해당하는 구글클라우드에 접속하여 구글클라우드에서 발견한 불법촬영물을 압수하였다. 결국 경찰의 압수는 이 사건 압수·수색영장에서 허용한 압수의 범위를 넘어선 것으로 적법절차 및 영장주의의 원칙에 반하여 위법하다.

따라서 이 사건 압수·수색영장으로 수집한 불법촬영물은 증거능력이 없는 위법수집증거에 해당하고, 이 사건 압수·수색영장의 집행 경위를 밝힌 압수조서 등이나 위법수집증거를 제시하여 수집된 관련자들의 진술 등도 위법수집증거에 기한 2차적 증거에 해당하여 증거능력이 없다.

판결의 내용을 정리하면 다음과 같다. 즉, 성폭력범죄의처벌등에관한특례법위반(카메라등이용촬영·반포등)죄의 범죄일람표(2) 순번 1, 7, 8, 9, 10, 11번 관련 증거는 임의제출의 동기가 된 범죄혐의사실과 관련성이 인정되지 않는다는 이유로 증거능력이 인정되지 아니하였고(대법원 및 항소심), 범죄일람표(2)의 순번 2, 3, 4, 5, 6번 관련 증거는 영장에서 허용한 압수의 범위를 넘어선 것이라는 이유로 증거능력이 부정되었다(대법원). 결론적으로 범죄일람표(2)와 관련된 모든 증거의 증거능력이 부정된 것이다.

[연   구]

I. 서버에 보관 중인 전자정보의 압수·수색

1. 서버에 보관 중인 전자정보 수집의 유형

수사기관이 피의자의 컴퓨터 등 정보처리장치에 저장된 전자정보를 압수·수색하는 것이 가장 원칙적인 방법이다. 그러나 관련 정보가 반드시 피의자의 정보처리장치 내에만 저장되어 있다는 보장은 없다. 이에 따라 서버에 저장·보관 중인 전자정보에 대한 압수·수색이 매우 중요한 의미를 지니게 된 것이다.

서버에 저장·보관 중인 전자정보의 압수·수색은 그 대상과 방법이라는 관점에서 다음과 같은 유형으로 나누어 볼 수 있다. 먼저, 인터넷서비스 이용자인 피압수자의 접근권한에 근거하여 서버에 저장·보관 중인 전자정보를 압수·수색하는 경우이다. ① 최초 압수·수색 장소에 있는 수색 대상 컴퓨터와 정보통신망으로 연결된 원격지 저장매체에 관련 정보가 저장되어 있을 가능성이 확인되고 수색 대상 컴퓨터를 통한 접근이 가능한 때에, 수색 대상 컴퓨터를 통하여 원격지 저장매체에 접근하여 관련 정보를 압수하는 경우(원격 압수·수색), ② 피압수자의 계정정보를 이용하여 수사기관 사무실 등 별도 장소에서 서버에 접속하여 압수·수색하는 경우를 예로 들 수 있다.

다음으로 서버 관리자(제3자)에 대하여 직접 압수·수색하는 방법이다. ③ 서버 소재지를 압수·수색 장소로 하여, 서버를 수색하여 관련 정보를 압수하거나 서버(정보저장매체) 자체를 압수하는 경우, ④ 서버 운영자(인터넷서비스 제공자) 소재지를 압수·수색 장소로 하여, 서비스제공자로부터 관련 정보를 제출받거나 수사기관이 직접 수색하여 압수하는 경우 등이 그것이다.

2. 유형별 검토

가. 압수대상자의 권한에 근거한 경우

먼저 ①유형은 '원격 압수·수색'이라 칭하기도 하며 본 문헌의 주요 검토 대상이다. 실무상 수사기관이 '압수·수색 장소에 존재하는 컴퓨터로 해당 웹사이트에 접속하여 전자정보를 다운로드한 후 이를 출력 또는 복사하거나 화면을 촬영하는 방법으로 압수한다'는 취지를 영장청구서에 기재하여 압수·수색영장을 발부받기도 하나,[9] 그 적법성과 허용범위에 대하여는 견해가 대립하고 있다.[10]

다음으로 ②유형은 적법한 계정정보의 취득방법을 어느 범위까지 허용할 것인지가 문제 되며, 압수대상자가 참여하지 않은 상태에서 수색·압수에 착수할 경우 참여권 보장, 압수목록 교부 등의 적법절차 준수 여부도 중요한 쟁점이 된다. 특히 최근 대법원 2017. 11. 29. 선고 2017도9747 판결에서 피의자(압수대상자)의 계정정보를 이용하여 역외 전자정보를 수집한 사안의 적법성이 치열하게 다투어진 바 있다.[11]

나. 제3자에 대한 압수·수색 집행

그러나 위 유형들은 인터넷서비스 이용자인 피압수자의 접근권한을 기초로 한다는 점에서 일정한 한계가 있다. 대부분의 서버는 접근권한을 확인하기 위해 아이디와 패스워드를 확인하며, 서버에 저장된 전자정보도 이용자의 선택이나 서버 관리자의 정책에 따라 암호화되어 있는 경우가 많다. 이 경우 피의자(피압수자)에게 패스워드 등 '접근권한정보'나 '암호화 정보'의 제출을 강제할 수 있는지는 논의의 여지

---

9) 「압수·수색영장 실무(개정2판, 2016)」, 법원행정처(2016), 76면.

10) 긍정설, 부정설, 제한적 긍정설 등이 제시되나, 부정설도 원격 압수·수색의 필요성을 인정하는 전제에서 입법을 통한 제도화를 주장한다. 관련 논의는 다음의 문헌을 참고할 수 있다. 정대용·김기범·이상진, "수색 대상 컴퓨터를 이용한 원격 압수수색의 쟁점과 입법론", 「법조」 제65권 제3호, 법조협회(2016), 40, 54~68면.

11) 대법원 2017. 11. 29. 선고 2017도9747 판결(역외 서버 압수·수색 사건-시나닷컴).

가 있다. 나아가 범죄의 국제화, 지능화가 진행함에 따라 피의자의 신원이 확인되지 않는 경우, 또는 그 행방을 찾기 어려운 경우도 많다. 각국의 수사기관은 이러한 어려움을 극복하기 위해 전자정보가 저장·보관된 서버 자체를 대상으로 증거수집을 시도하여 왔다.

구체적으로 살펴보면, 먼저 ③유형은 그 대상이 서버라는 점에서 차이가 있을 뿐 개인용 컴퓨터에 대한 압수·수색과 본질적 차이점은 없다. 그러나 음란물제공 웹사이트, 사행성 온라인게임 등의 운영에 사용되어 몰수 대상에 해당하는 경우를 제외하면, 수사기관이 서버 자체에 대하여 직접 유형력을 행사하며 압수·수색을 하는 경우는 흔하지 않다. 서버는 기술적 측면에서 강한 개별성을 가지고 있어 시스템에 익숙하지 않은 수사기관이 직접 관련 정보를 수색하여 필요한 정보를 추출하기 어렵고, 나아가 금융기관, 통신회사, 인터넷서비스 제공자 등 일반 소비자에게 서비스를 제공하는 회사의 서버는 안전성 문제 때문에 함부로 접근할 수 없기 때문이다. 따라서 현실적으로는 ④유형에 따라 서버 운영자의 협조를 기초로 관련 정보를 제출받게 된다.

④유형에 따라 서버 운영자로부터 관련 증거를 제출받을 경우 비록 그 형식은 압수·수색영장의 집행이나 실질은 제출명령의 집행에 가깝다.12) 다만 정보제출에 응하지 않을 경우 영장의 집행이 예상되기 때문에, 현실적인 강제력을 가진다는 특징이 있다. 또한 영장을 집행하는 과정에서 압수대상과 범위에 대한 해석의 문제가 발생하는 경우에 집행대상자(서버 운영자)의 의사가 반영될 여지가 상대적으로 크다 할 것이다.

③ 또는 ④유형(제3자에 대한 압수·수색 집행)에서 최근 중요한 쟁점으로 다루어지는 것은 당사자 참여권 등 절차보장의 문제이다.13) 달리 말하면, 제3자(인터넷서비스 제공자)의 서버에 저장된 전자정보와 같

---

12) 형사소송법 제106조 제2항: 법원은 압수할 물건을 지정하여 소유자, 소지자 또는 보관자에게 제출을 명할 수 있다.
13) 대법원 2015. 7. 16.자 2011모1839 전원합의체 결정(종근당 사건).

이 정보의 '소유자(정보주체)'와 '보관자'가 분리되는 경우에 당사자 참여권을 어떻게 보장할 것인지의 문제이다. 형사소송법 제121조(영장집행과 당사자의 참여)가 "검사, 피고인 또는 변호인은 압수·수색영장의 집행에 참여할 수 있다."라고 규정하여 피고인(제219조에 의해 '피의자'도 마찬가지로 해석됨)의 참여권을 전면적으로 보장하고 있음에도 판례는 '실질적 압수·수색 당사자' 개념을 도입하여 제3자에 대한 압수·수색 집행에서 피의자의 참여권을 일부 제한하고 있다.14) 대법원의 이러한 입장은 참여권 보장과 수사현장 현실을 조화하려는 시도로 평가할 수 있으나, 법률상 근거가 없다는 점에서 비판의 여지가 있다.

3. 역외 서버의 경우

이러한 '서버 압수·수색'의 유형 구분은 원칙적으로 해당 국가의 주권이 미치는 영역에서 이루어지는 것을 전제로 한 것이다. 그런데 대상 서버의 물리적 소재지 자체가 해외인 경우, 즉 '역외 서버에 대한 압수·수색'은 국가관할권이라는 새로운 차원의 문제가 추가되면서 그 복잡성을 더하게 된다. 서버 소재지가 해외인 경우, 국제형사사법공조 절차에 의하지 않는 한 ③유형, 즉 서버 자체에 대한 압수·수색은 현실적으로 불가능하다. 나머지 유형에서는 관할권이 미치는 어떠한 '연결점'을 매개로 역외 전자정보에 대한 압수·수색을 시도하고 있다.

①유형은 관할권이 미치는 수색 대상 컴퓨터를 매개로 하여 역외

---

14) 대법원 2022. 1. 27. 선고 2021도11170 판결: "피의자에게도 참여권이 보장되어야 하는 '피의자의 소유·관리에 속하는 정보저장매체'라 함은, ① 피의자가 압수·수색 당시 또는 이와 시간적으로 근접한 시기까지 해당 정보저장매체를 현실적으로 지배·관리하면서 ② 그 정보저장매체 내 전자정보 전반에 관한 전속적인 관리처분권을 보유·행사하고, ③ 달리 이를 자신의 의사에 따라 제3자에게 양도하거나 포기하지 아니한 경우로써, 피의자를 그 정보저장매체에 저장된 전자정보에 대하여 실질적인 압수·수색 당사자로 평가할 수 있는 경우를 말하는 것이다." (구분기호 ①, ②, ③과 밑줄은 필자가 부기함); 대법원 2022.5.31.자 2016모587 결정('카카오톡 압수 사건').

전자정보를 압수·수색하는 것이다. 설사 '원격 압수·수색'의 적법성을 인정한다고 하더라도 이를 해외에 있는 서버에까지 확장할 수 있는가라는 새로운 차원의 쟁점이 제기되는바, 이를 '역외 원격 압수·수색의 문제'라 칭할 수 있을 것이다. ②유형의 경우, 앞서 언급한 바와 같이 최근 대법원에서 피의자(압수대상자)의 계정정보를 이용하여 역외 전자정보를 수집한 사안의 적법성이 치열하게 다투어진 바 있다. 나아가 ④유형에서 외국계 인터넷서비스 제공자를 대상으로 하는 경우라면, 그 형식은 압수·수색영장의 집행이나 실질은 개별 서비스제공자의 협조를 구하는 것에 불과한 경우가 많다. 실무상 일부 외국계 서비스제공자들은 수사기관에 대한 협력을 위하여 홈페이지나 연락처 등을 개설하고 수사기관이 압수·수색영장을 발부받아 홈페이지 등을 통해 영장 사본 등을 제시하는 경우 해당 정보를 추출하여 제공하고 있는데,[15] 이러한 경우에 영장에 기재하는 '압수·수색 장소'는 '외국에 소재한 본사의 주소'로, '압수·수색 대상'은 '해외 본사가 보관 중인 정보'로 기재하고 있다.[16]

다만 '원격 압수·수색'의 적법성 요건에 집중하는 본 문헌의 목적상 역외 전자정보의 문제는 직접 검토 대상에서 제외하기로 한다.[17]

II. 원격 압수·수색: 비교법적 검토

1. 사이버범죄방지조약

'사이버범죄방지조약'(Convention on Cybercrime) 제19조 제2항은 최초 수색 대상인 컴퓨터와 정보통신망으로 연결된 다른 컴퓨터에 관련

---

15) 예컨대, 구글의 경우 본사 이메일 계정을 통해 관련 요청을 접수하고, 페이스북은 수사기관 협력 홈페이지를 통하여 자료제공을 요청할 수 있도록 하고 있다.

16) 법원행정처, 앞의 책(주 9), 77면.

17) 역외 전자정보 수집의 다양한 쟁점에 대하여는 다음의 문헌을 참고할 수 있다. 조성훈, "역외 전자정보 수집의 범위와 한계-국가관할권의 획정과 위법수집증거배제법칙의 적용을 중심으로", 「법조」 제72권 제2호, 법조협회(2023), 33면.

정보가 저장되어 있고 정당하게 접근 가능한 경우, 다른 컴퓨터에 대한 수색이 가능하도록 당사국들이 국내법 규정을 정비할 것을 규정하고 있다.18) 그러나 위 조항은 최초 수색 대상 컴퓨터와 연결된 다른 컴퓨터가 '해당 국가 영토 내'(in its territory)에 있을 것을 요건으로 한다. 즉, 사이버범죄방지조약은 '원격 압수·수색'을 넘어선 '역외 원격 압수·수색'은 규율하지 않는 것이다.

이러한 점은 제32조의 내용을 통해서도 확인할 수 있다. 즉, 사이버범죄방지조약 제32조는 (a) 일반에 공개되어 사용 가능한 데이터를 대상으로 하는 경우와 (b) 법적 권한 있는 자의 적법하고 자발적인 동의를 얻은 경우에 역외 데이터에 대한 일방적 접근이 가능하다고 규정하고 있다.19) 이는 협의 과정에서 논의의 여지가 없는 최소한의 경

---

18) 사이버범죄방지조약 제19조(저장데이터 압수·수색) 제2항: "당사국은 그의 기관이 제1항 (a) 호에 따라 특정 컴퓨터를 수색하여 발견한 데이터가 <u>자국 영토 내</u>의 다른 컴퓨터에 저장되어 있고, 최초 수색 대상인 컴퓨터에서 그 데이터에 정당하게 접근 가능하다고 믿을 수 있는 경우, 다른 컴퓨터를 신속히 수색할 수 있도록 하는 입법적 조치와 그 밖의 조치를 하여야 한다." (Article 19 – *Search and seizure of stored computer data.* (2) Each Party shall adopt such legislative and other measures as may be necessary to ensure that where its authorities search or similarly access a specific computer system or part of it, pursuant to paragraph 1. (a) and have grounds to believe that the data sought is stored in another computer system or part of it <u>in its territory</u>, and such data is lawfully accessible from or available to the initial system, the authorities shall be able to expeditiously extend the search or similar accessing to the other system.) (밑줄은 필자가 부기함)

19) 사이버범죄방지조약 제32조(동의에 의한 또는 공개된 저장데이터에 대한 초 국경적 접근): "당사국은 다른 당사국의 동의를 받지 않은 상태에서 (a) 데이터의 지리적 위치와 관계없이, 일반에 공개되어 사용 가능한 저장데이터에 접근할 수 있고, (b) 만약 데이터를 공개할 법적 권한 있는 자의 적법하고 자발적인 동의를 얻었다면, 자국 영토 내의 컴퓨터를 통해 다른 당사국에 위치한 컴퓨터에 저장된 데이터에 접근하거나 이를 수령 할 수 있다." (Article 32 – *Trans-border access to stored computer data with consent or where publicly available.* A Party may, without the authorisation of another Party: (a) access publicly available (open source) stored computer data, regardless of where the data is located geographically; or (b) access or receive, through a computer system in its territory, stored computer data located in another Party, if the Party obtains the lawful and voluntary consent of the person who has the lawful authority to disclose the data to the Party through that computer system.)

우만 조약에 포함되었기 때문인바, 현재로서는 초 국경적 접근의 범위
에 대한 국제적 차원의 합의는 성숙하지 않았음을 알 수 있다.

2. 독 일

독일 형사소송법 제110조 제3항은 수색 대상인 자에게서 발견한
저장매체에 대한 열람은 그 저장매체를 통하여 접근할 수 있는 다른
저장매체에까지 확대할 수 있도록 규정하고 있다(원격 압수·수색).[20]
독일 형사소송법은 원격 압수·수색의 요건으로 ① 기술적 접근 가능
성이 인정되어야 할 뿐만 아니라, ② '데이터를 상실할 우려'를 요구한
다는 점에서 특색이 있다.

한편 위 조항의 해석과 관련하여, ① 수사기관이 접근한 데이터가
해외에 존재한다는 점이 사후에 밝혀진 경우에도 국제사법공조 절차
에 따라 요청하면 충분하다고 하여 제한적인 범위에서나마 제110조
제3항의 적용 범위를 확장하는 견해가 있으나,[21] ② 수사기관의 선의
(good-faith)만으로는 주권 침해라는 국제법 위반이 치유되지 않는다고
보아야 할 것이다.[22] 즉, 독일 형사소송법 제110조 제3항은 '역외 전자

---

20) 독일 형사소송법 제110조(서류와 전자저장매체의 열람) 제3항: "수색 대상자에게서
발견한 전자저장매체에 대한 열람은 그 전자저장매체와 공간적으로 분리되어 있
는 다른 저장매체까지로 확장할 수 있으나, 이는 그 전자저장매체를 통하여 다른
저장매체에 접근할 수 있고 이런 접근을 하지 않으면 찾고자 하는 데이터를 상실
할 우려가 있는 경우에 한한다. 심리에 의미가 있을 수 있는 데이터는 저장할 수
있다; 제98조 제2항을 준용한다." (StPO §110 Durchsicht von Papieren und
elektronischen Speichermedien. (3) Die Durchsicht eines elektronischen Speichermediums
bei dem von der Durchsuchung Betroffenen darf auch auf hiervon räumlich getrennte
Speichermedien, soweit auf sie von dem Speichermedium aus zugegriffen werden kann,
erstreckt werden, wenn andernfalls der Verlust der gesuchten Daten zu besorgen ist.
Daten, die für die Untersuchung von Bedeutung sein können, dürfen gesichert werden; §98
Abs. 2 gilt entsprechend.)

21) Bär, in: Wabnitz/Janovsky (Hrsg), Handbuch des Wirtschafts- und Steuerstrafrechts,
4. Aufl. 2014, 27. Kap. Rn. 30.

22) Meyer-Goßner/Schmitt, Strafprozessordnung, 61. Aufl. 2018, §110 Rn. 7a; Gercke,
Straftaten und Strafverfolgung im Internet, GA 2012, 474, 489.

정보 압수·수색'의 근거 규정이 될 수 없다.

3. 일 본

일본은 2011년의 형사소송법 개정으로 제218조 제2항, 제99조 제2항에 원격 압수·수색의 근거 규정을 마련하고,[23] 제107조 제2항은 원격 압수·수색을 할 경우 영장에 기재할 사항을 규정하고 있다.[24] 즉, '원격지에서 압수할 정보의 범위'를 특정하도록 하고 있다.

일본 형사소송법 제99조 제2항은 본래 압수대상인 특정 '전자계산기'의 존재를 전제로 하여, ① '해당 전자계산기에 전기통신회선으로 접속되어 있는 기록매체'(이하 '원격 저장매체'라 함)에 보관되고, ② '해당 전자계산기에서 작성·변경하였거나, 변경·삭제가 가능한 전자정보'를 대상으로 한다. 구체적 집행은 '원격 저장매체'에 있는 전자정보를 본래 압수대상인 '전자계산기' 또는 '다른 기록매체'에 복사한 후 그 전자계산기 또는 다른 기록매체를 압수하도록 하고 있다. 즉, 본래

---

23) 일본 형사소송법 제99조 제2항: "압수할 물건이 전자계산기인 경우에는 해당 전자계산기에 전기통신회선으로 접속되어 있는 기록매체로서, 해당 전자계산기에서 작성 또는 변경을 한 전자정보 또는 해당 전자계산기에서 변경하거나 삭제할 수 있는 전자정보를 보관하기 위해 사용되고 있다고 인정할 만한 상황에 있는 것으로부터, 그 전자정보를 해당 전자계산기 또는 다른 기록매체에 복사한 후에, 해당 전자계산기 또는 다른 기록매체를 압수할 수 있다." (第九十九条 ② 差し押さえるべき物が電子計算機であるときは、当該電子計算機に電気通信回線で接続している記録媒体であつて、当該電子計算機で作成若しくは変更をした電磁的記録又は当該電子計算機で変更若しくは消去をすることができることとされている 電磁的記録を保管するために使用されていると認めるに足りる状況にあるものから、その電磁的記録を当該電子計算機又は 他の記録媒体に複写した上、当該電子計算機又は当該他の記録媒体を差し押さえることができる。)

24) 일본 형사소송법 제107조 제2항: "제99조 제2항의 규정에 의한 처분을 할 때에는 전항의 압수장에 동항에 규정하는 사항 외에 압수할 전자계산기에 전기통신회선으로 접속해 있는 기록매체로서 그 전자적 기록을 복사해야 할 범위를 기재해야 한다." (第百七条 ② 第九十九条第二項の規定による処分をするときは、前項の差押状に、同項に規定する事項のほか、差し押さえるべき 電子計算機に電気通信回線で接続している記録媒体であつて、その電磁的記録を複写すべきものの範囲を記載しなければならない。)

압수대상인 '전자계산기'가 존재하고 이를 근거로 '원격 저장매체'에 있는 정보를 이전하는 방법으로 집행되어야 한다. 따라서 앞서 살펴본 ②유형, 즉 수사기관의 사무실 등 별도의 장소에서 원격 저장매체에 접근하여 전자정보를 압수하는 것은 허용되지 않을 것이다.[25]

위와 같이 일본 형사소송법은 원격 압수·수색의 요건을 엄격히 유지하고 있다. 나아가 위 조항은 원격 압수·수색을 통하여 역외 전자정보에 접근할 수 있는지에 대하여는 아무런 언급을 하지 않고 있다.[26]

4. 미 국

개정 전 미연방 형사소송규칙은 치안판사가 속한 법원의 관할권 내 지역에만 수색영장을 발부할 수 있도록 하고 있었으나,[27] 2016년에 개정된 형사소송규칙 제41조는 '범죄 관련 행위가 발생하였을지 모르는 지역 법원의 치안판사는, 매체 또는 정보가 기술적 수단을 통해 은닉된 경우, 관할구역 내외를 불문하고 정보저장매체 수색과 전자정보 압수·복제를 위한 원격접속을 허가하는 영장을 발부할 수 있다'고 규

---

25) 우지이에 히토시, "일본의 전자적 압수에 관한 2011년 개정법 소개", 「형사법의 신동향」 통권 제49호, 대검찰청(2015), 421, 422면.

26) 한편 최근 일본 최고재판소는 임의제출 형식으로 역외 서버에 저장된 자료를 수집한 사안의 적법성을 판단하였는바, 그 요지는 다음과 같다. 즉, 일본 형사소송법 제99조 제2항과 제218조 제2항의 문언, 위 규정들이 사이버범죄방지조약을 체결하기 위한 절차법 정비의 일환으로 제정된 점, 사이버범죄방지조약 제32조의 규정 등을 고려할 때, 일본 형사소송법이 일본 국내에 있는 정보저장매체를 대상으로 하는 원격 접근만을 상정하고 있다고 해석되지 않고, ① 해당 전자정보가 저장된 정보저장매체가 사이버범죄방지조약의 체약국에 소재하고 ② 해당 전자정보를 공개할 정당한 권한을 가진 자의 합법적이고 임의의 동의가 있는 경우라면 국제수사공조에 의하지 아니하고 해당 저장매체에 대한 원격 접근 및 해당 전자정보의 복사를 하는 것이 허용된다는 것이다(最高裁判所 令和 3 年 2 月 1 日 判決, 平成30年 (あ) 第1381号). 위 판결의 상세한 내용은 다음의 문헌을 참고할 수 있다. 방경휘, "수사상 역외 압수·수색에 관한 연구 - 일본 최고재판소 레이와 3년 2월 1일 결정을 계기로", 「법학논총」 제35권 제1호, 국민대학교 법학연구소 (2022), 133면.

27) 따라서 대상 컴퓨터의 위치가 밝혀지지 않은 때에는 영장청구를 기각할 수밖에 없었다. *In re Warrant to Search a Target Computer at Premises Unknown*, 958 F. Supp. 2d 753, 755 (S.D. Tex. 2013).

정하고 있다.[28]

연방 법무부는 개정된 형사소송규칙이 역외 전자정보에 대한 수색을 허용하는 것은 아니라는 취지로 설명하고 있으나,[29] 실제 수사에서 결과적으로 역외 정보에 대한 수색으로 이어지는 경우가 빈번하게 발생하고 있다. 대표적 사례로 수사기관이 키로거(key logger)를 이용하여 계정정보를 확보한 후 영장 없이 러시아 서버에 접근하여 증거를 확보한 고르시코프(Gorshkov) 사건을 들 수 있다. 워싱턴주 연방지방법원은 위 사안에서, ① 미연방 수정헌법 제4조는 미연방 수사기관의 외국인에 대한 역외 압수·수색에 적용되지 않고, ② 설사 수정헌법 제4조가 적용된다고 하더라도 러시아 현지의 공범들이 증거를 인멸할 우려 등이 있기 때문에 영장주의 예외인 '긴급 상황'(exigent circumstances)에 해당한다고 판시하여 결과적으로 역외 정보에 대한 압수·수색의 적법성을 인정하였다.[30]

---

28) 연방 형사소송규칙 제41조 (b)(6)(A): "범죄 관련 행위가 발생하였을지 모르는 지역 법원의 치안판사는, 매체 또는 정보가 기술적 수단을 통해 은닉된 경우, 관할구역 내외를 불문하고 정보저장매체 수색과 전자정보 압수·복제를 위한 원격접속을 허가하는 영장을 발부할 수 있다." (Federal Rule of Criminal Procedure 41. Search and Seizure. (b) Venue for a Warrant Application. At the request of a federal law enforcement officer or an attorney for the government: (⋯) (6) a magistrate judge with authority in any district where activities related to a crime may have occurred has authority to issue a warrant to use remote access to search electronic storage media and to seize or copy electronically stored information located within or outside that district if: (A) the district where the media or information is located has been concealed through technological means.) (밑줄은 필자가 부기함)

29) Letter from Mythili Raman, Acting Assistant Attorney General, Criminal Division, U.S. Department of Justice, to Judge Reena Raggi, Chair, Advisory Committee on Rules of Criminal Procedure 4 (Sept. 18, 2013), *in* Advisory Comm. on Criminal Rules, Advisory Committee on Rules of Criminal Procedure: April 2014, at 171, 174 (2014).

30) *United States v. Gorshkov*, No. CR00-550C, 2001 WL 1024026 (W.D. Wash. May 23, 2001). 고르시코프(*Gorshkov*) 사건은 미국과 '충분한 연관성'(sufficient connection)을 가지는 사람만이 수정헌법 제4조의 권리를 주장할 수 있다는 미연방대법원 판단의 연장선에 있는 것이다. *United States v. Verdugo-Urquidez*, 494 U.S. 259 (1990).

Ⅲ. 원격지 압수·수색의 적법성

1. 원격지 압수·수색의 현황과 문제점

최근 원격 압수·수색은 거의 모든 사건에서 문제 되고 있다. 먼저 개인의 경우 컴퓨터, 휴대전화기와 같은 개인용 정보기기뿐만 아니라 그와 연결된 클라우드 서버도 거의 예외 없이 압수·수색 대상에 포함되고 있다. 이는 기업의 경우도 유사하다. 오늘날 기업의 경영정보시스템은 이메일, 메신저, 전자결재, 공용저장공간, 전사적자원관리 등의 다양한 기능을 제공한다. 위와 같은 기능은 통상 중앙집중적으로 관리하는 서버를 통해 제공되나, 특정 기능은 나누어져 관리되기도 한다. 나아가 이메일과 같은 일부 기능은 대형 IT 기업에 외주를 주기도 한다. 따라서 현장에 있는 컴퓨터는 자료입출력 또는 서버접근용에 불과한 경우가 많다. 이러한 이유로 원격 압수·수색은 그 허용 여부 및 범위가 가장 문제 되는 전자정보 압수·수색의 방법이 되고 있다.

우리 형사소송법은 '원격 압수·수색'의 근거 규정을 따로 두고 있지 않다.31) 또한 형사소송법 제114조 제1항에 의하면, 압수·수색영장에는 압수·수색 장소가 기재되어야 하고, 영장의 집행은 기재된 장소로 제한된다.32) 따라서 별도의 근거 규정이 없는 상황에서 압수대상

---

31) 「디지털증거의 수집·분석 및 관리 규정」(대검찰청 예규 제1151호, 2021. 1. 1. 시행) 제31조(원격지에 저장된 전자정보의 압수·수색·검증)에서 "압수·수색·검증의 대상인 정보저장매체와 정보통신망으로 연결되어 있고 압수 대상인 전자정보를 저장하고 있다고 인정되는 원격지의 정보저장매체에 대하여는 압수·수색·검증 대상인 정보저장매체의 시스템을 통해 접속하여 압수·수색·검증을 할 수 있다." 고 규정하고 있으나, 이는 수사기관 내부의 업무처리지침을 규정한 행정규칙에 불과하므로 원격 압수·수색의 근거 규정이 될 수 없다.

32) 그에 따라 대법원은 다음과 같이 '압수할 물건'을 특정하기 위해 기재한 문언을 엄격하게 해석하고 있다. 대법원 2009. 3. 12. 선고 2008도763 판결: "헌법과 형사소송법이 구현하고자 하는 적법절차와 영장주의의 정신에 비추어 볼 때, 법관이 압수·수색영장을 발부하면서 '압수할 물건'을 특정하기 위하여 기재한 문언은 엄격하게 해석하여야 하고, 함부로 피압수자 등에게 불리한 내용으로 확장 또는 유추 해석하여서는 안 된다. 따라서 압수·수색영장에서 압수할 물건을 '압수장소에 보관 중인 물건'이라고 기재하고 있는 것을 '압수장소에 현존하는 물건'으로 해석할

저장매체 자체가 아니라 그와 네트워크로 연결된 특정한 매체에 저장된 정보를 적법하게 압수·수색할 수 있는가라는 의문이 제기되고 있다. 이에 대하여는 다음과 같은 견해가 제시된다.

먼저 ① 근거 규정이 없다 하더라도 현행 형사소송법의 해석상 '원격 압수·수색'의 적법성을 인정할 수 있다는 견해가 있다(원격 압수·수색 긍정설).33) 형사소송법 제120조의 '집행에 필요한 처분'의 범위에 포함된다는 점을 법적 근거로 하고, 대상이 되는 서버가 물리적으로는 다른 장소에 있다 하더라도 논리적으로는 영장의 집행장소에 있는 컴퓨터 등 정보처리장치를 이용하는 것과 사실상 같다는 점이 이론적 근거로 제시된다. 반면 ② 현행 형사소송법의 해석만으로는 '원격 압수·수색'의 적법성을 인정할 수 없다는 견해도 있다(원격 압수·수색 부정설).34) 별도의 근거 규정이 없는 상태에서 원격 압수·수색을 인정하는 것은 법률의 근거 없이 일반영장주의 금지의 예외를 인정하는 것이라거나 영장의 장소적 범위를 무리하게 확대하는 해석이라는 점 등을 근거로 한다.

또한 ③ 일정한 조건 아래 제한적으로 적법성을 인정하는 입장도 있다(원격 압수·수색 제한적 긍정설). 수사기관이 영장 청구 단계에서 수사상 필요한 전자정보가 영장의 집행 현장이 아닌 다른 장소에 존재하는 것을 알지 못한 경우에는 원격 압수·수색을 허용할 여지가 있

수는 없다."

33) 양근원, 「형사절차상 디지털증거의 수집과 증거능력에 관한 연구」, 경희대학교 박사학위논문(2006), 153면; 박봉진·김상균, "디지털증거 압수수색에 관한 연구", 「법과 정책」 제19집 제1호, 제주대학교 법학연구소(2013), 187, 207면.

34) 전승수, 「형사절차상 디지털증거의 압수수색 및 증거능력에 관한 연구」, 서울대학교 박사학위논문(2011), 197면; 이원상, "현행 디지털증거 수집 관련 법률의 한계", 「디지털포렌식연구」 제11권 제3호, 한국디지털포렌식학회(2017), 29, 33면; 이수용·임규철, "역외 압수수색의 절차적 위법성에 대한 비판적 소고", 「비교법연구」 제18권 제2호, 동국대학교 비교법문화연구소(2018), 81면; 차종진, "이메일 원격지 압수·수색의 적법성에 관한 소고", 「비교형사법연구」 제21권 제2호, 한국비교형사법학회(2019), 149, 163면; 김범식, "강제처분법정주의와 역외 원격지 서버에 대한 압수·수색", 「형사소송 이론과 실무」 제11권 제1호, 한국형사소송법학회(2019), 91, 105면.

다는 견해,35) 일정한 사법적 통제를 전제로 이를 인정하는 견해가 이
에 해당한다.36)

　　대법원의 입장은 위 견해 중 사법적 통제를 전제로 원격 압수·수
색을 인정하는 입장에 가깝다고 볼 수 있고, 실무에서는 다음과 같은
취지를 영장청구서에 기재하여 압수·수색영장을 발부받아 집행하고
있다. 이하에서는 항목을 바꾸어 대법원의 입장을 상세히 살펴본다.

기재례
• 압수·수색할 물건: "피의자가 소지, 소유, 보관 중인 스마트폰 단말기 또는 수색·검증할 장소에 현존하는 컴퓨터 등 전자기기가 클라우드나 드라이브에 연결되어 있어 수색·검증할 장소에서 영장집행 시 곧바로 확인이 가능한 경우에는 원격지 서버에 저장된 카메라 촬영물"
• 압수·수색할 물건: "피의자가 소지, 소유, 보관 중이거나 사용한 것으로 확인되는 전자정보저장매체(휴대전화기기, 태블릿기기, 데스크탑 컴퓨터, 노트북, HDD, SSD, 이동식 하드디스크, USB, CD 등 포함) 및 이와 네트워크로 연결된 클라우드 저장소(텔레그램, 메가클라우드 등 포함) 내 저장된 본 건 범죄사실 관련 아동·청소년 이용 음란물(클라우드 저장소 승인코드, 접속계정, 암호 포함)"
• 압수·수색 방법: "전자정보를 보관하고 있는 장소 또는 정보처리장치가 압수할 장소 이외의 장소에 위치할 경우 접속되어 있는 전산망을 통해 해당 장소에 보관된 전자정보를 수색한 후 내려받는 방식으로 집행"

---

35) 네트워크 기술의 발전에 따라 다양한 저장매체에 산재하여 저장되며 미리 그 저
　　장장소를 특정하기 어려운 전자정보의 특수성을 고려한 견해이다. 탁희성, "전자
　　증거의 압수·수색에 관한 일고찰", 「형사정책연구」 제15권 제1호, 한국형사법무정
　　책연구원(2004), 21, 32면.
36) 이숙연, 「형사소송에서의 디지털증거의 취급과 증거능력」, 고려대학교 박사학위논
　　문(2011), 34면(원격 압수수색의 방법으로 압수한다는 취지를 영장청구서에 기재하
　　여 압수수색영장을 발부받는 경우에는 형사소송법 제120조의 '집행에 필요한 처
　　분'의 범위에 포함될 수 있다고 주장함); 신도욱, "원격 압수·수색의 적법성 – 해
　　외에 존재한 서버에 저장된 이메일 압수·수색을 중심으로", 「법조」 제67권 제3호,
　　법조협회(2018), 483, 513면(피압수자에 대한 영장의 사전 제시 및 집행과정에서 참
　　여권 보장 등을 전제로 적법성을 인정함).

2. 대법원 2017. 11. 29. 선고 2017도9747 판결

가. 사실관계

원격 압수·수색의 적법성을 판단한 최초의 사건은 대법원 2017. 11. 29. 선고 2017도9747 판결이다.[37] 본 판결은 앞서 본 '유형별 검토' 의 내용 중 ②유형(피압수자의 계정정보를 이용하여 수사기관 사무실 등 별도 장소에서 서버에 접속하여 압수·수색하는 경우)에 대한 것으로 기본 적인 사실관계는 다음과 같다.

국가정보원 수사관은 국가보안법위반 등 혐의로 수사하던 중 甲 의 차량에서 압수한 이동형 저장장치(USB)에 암호화되어 저장되어 있 던 파일을 복호화하였고, 그 결과 甲 등이 중국 회사들이 제공하는 인 터넷서비스에서 사용한 이메일 아이디와 비밀번호를 알게 되었다. 수 사기관은 다음과 같이 ① '압수·수색·검증할 물건', ② '압수·수색·검 증할 장소', ③ '압수·수색·검증 방법'을 각각 특정하여 영장을 청구 하였고, 법원은 甲에게 압수·수색에 참여할 기회를 부여할 것을 부가 조건으로 하여 영장을 발부하였다.

- 압수·수색·검증할 물건: '피고인이 중국 인터넷서비스제공자인 공소외 1 회사 와 공소외 2 회사가 제공하는 이메일서비스의 총 10개 계정 중 혐의와 관련한 일정 시기의 이메일 계정, 각종 편지함, 보관함, 이메일과 연결된 드라이브 내 각종 문서함에 송·수신이 완료되어 저장되어 있는 내용과 동 내용을 출력한 출력물, 동 내용을 저장한 저장매체'
- 압수·수색·검증할 장소: '한국인터넷진흥원 사무실에 설치된 인터넷용 PC'
- 압수·수색·검증 방법: '한국인터넷진흥원 사무실에 설치된 인터넷용 PC에서 중국 공소외 1 회사 및 중국 공소외 2 회사의 이메일 홈페이지 로그인 입력창

---

37) 대법원 2015. 7. 16.자 2011모1839 전원합의체 결정의 '제1·2·3 처분에 관한 다수의 견에 대한 대법관 이인복, 대법관 이상훈, 대법관 김소영의 보충의견'은 "원격지 서버에 저장되어 있는 정보라도 영장에 기재된 수색장소에서 해당 서버 또는 웹 사이트에 접속하여 범죄와 관련된 이메일 등 전자정보를 복제하거나 출력하는 방 법으로 하는 압수·수색도 가능하다"고 하여 원격 압수·수색의 가능성을 인정하 는 듯한 설시를 하였으나, 위 결정은 원격 압수·수색의 적법성에 대하여 직접 판 단한 사안은 아니다.

> 에 압수·수색 과정에서 입수한 위 이메일 계정·비밀번호를 입력, 로그인한 후
> 범증 자료 출력물 및 동 자료를 선별하여 저장한 저장매체 봉인·압수'

수사기관은 甲과 그 변호인에게 영장을 제시하며 참여 의사를 확인하였으나 참여 의사를 밝히지 아니하여, 한국인터넷진흥원 직원의 참여하에 위 웹사이트의 이메일 계정에 접속하였고, 15건의 이메일 및 그 첨부파일을 추출하여 이미지화하고 저장하는 방법으로 압수하였다. 검사는 위와 같이 압수된 이메일 등을 증거로 甲을 국가보안법위반 등으로 기소하였다.

나. 원격 압수·수색의 요건

위 사건에서 수사기관은 영장에 기재된 내용대로 집행하여 전자정보를 압수·수색한 것이므로 영장의 범위 내에서 집행된 것인지 여부는 문제가 되지 않고, 비록 영장에 의한다고 하더라도 위와 같은 방법의 압수·수색이 허용될 수 있는지가 쟁점이 되었다.

먼저 대법원은 피의자의 소유에 속하거나 소지하는 전자정보를 대상으로 하는 것이라면,[38] '피의자의 정보처리장치에 저장된 전자정보'를 압수·수색하는 것과 그 정보처리장치와 정보통신망으로 연결되어 '제3자가 관리하는 원격 저장매체에 저장된 전자정보'를 압수·수색하는 것을 다르게 취급할 이유가 없다고 본다.[39] 정보주체가 다양한

---

[38] 이와 관련하여 대법원은 인터넷서비스 이용자인 피의자가 ① '이메일 계정과 관련 서버에 대한 접속 권한', ② '전자정보에 관한 작성·수정·열람·관리 등의 처분 권한', ③ '전자정보의 내용에 관하여 사생활의 비밀과 자유 등의 권리 보호 이익'을 가지는 주체로서 '해당 전자정보의 소유자 내지 소지자'라고 판시한다. 대법원 2017. 11. 29. 선고 2017도9747 판결(역외 서버 압수·수색 사건-시나닷컴)

[39] 대법원 2017. 11. 29. 선고 2017도9747 판결(역외 서버 압수·수색 사건 – 시나닷컴): "수사기관이 인터넷서비스 이용자인 피의자를 상대로 <u>피의자의 컴퓨터 등 정보처리장치 내에 저장되어 있는 이메일 등 전자정보를 압수·수색하는 것은 전자정보의 소유자 내지 소지자를 상대로 해당 전자정보를 압수·수색하는 대물적 강제처분으로 형사소송법의 해석상 허용된다.</u> 나아가 압수·수색할 전자정보가 압수·수색영장에 기재된 수색 장소에 있는 컴퓨터 등 정보처리장치 내에 있지 아니하고 그 정보처리장치와 정보통신망으로 연결되어 <u>제3자가 관리하는 원격지의 서버 등</u>

이유에 따라 저장매체를 달리 선택한 것에 불과하므로, 전자정보의 소유자 또는 소지자가 같다면 두 가지 경우에 본질적 차이가 없다는 취지로 이해된다.

또한 구체적 요건으로 다음의 것을 들고 있다. 먼저 ① '피의자의 이메일 계정에 대한 접근권한에 갈음하여 발부받은 영장'과 ② '적법하게 취득한 피의자의 이메일 계정 아이디와 비밀번호(접근권한정보)'40)가 필요하다. 다음으로 ③ 영장 기재 수색 장소에 있는 컴퓨터 등 정보처리장치를 이용하여 '피의자가 접근하는 통상적인 방법'에 따라 원격지 저장매체에 접속하고, ④ 원격지 저장매체에 저장된 피의자의 이메일 관련 전자정보를 수색 장소에 있는 컴퓨터 등 정보처리장치로 내려받거나 그 화면에 현출시키는 방법으로 집행되어야 한다.

다. 형사소송법 제114조 제1항과 관계

위와 같은 요건에 따라 집행을 한 경우 압수·수색영장에서 허용한 집행의 장소적 범위를 확대하는 것으로 볼 수 없다.41) 대법원은

저장매체에 저장되어 있는 경우에도, ① 수사기관이 피의자의 이메일 계정에 대한 접근권한에 갈음하여 발부받은 영장에 따라 ② 영장 기재 수색 장소에 있는 컴퓨터 등 정보처리장치를 이용하여 적법하게 취득한 피의자의 이메일 계정 아이디와 비밀번호를 입력하는 등 피의자가 접근하는 통상적인 방법에 따라 원격지의 저장매체에 접속하고, ③ 그곳에 저장되어 있는 피의자의 이메일 관련 전자정보를 수색 장소의 정보처리장치로 내려받거나 그 화면에 현출시키는 것 역시 피의자의 소유에 속하거나 소지하는 전자정보를 대상으로 이루어지는 것이므로 그 전자정보에 대한 압수·수색을 위와 달리 볼 필요가 없다." (구분기호 ①, ②, ③과 밑줄은 필자)

40) 대법원은 '접근권한'과 '접근권한정보(아이디, 비밀번호 등 이메일 계정 접속에 필요한 정보)'를 구분하고 있다. '접근권한정보'에 대한 상세한 내용은 본 문헌의 'IV. 관련 문제' 부분에서 다루기로 한다.

41) 대법원 2017. 11. 29. 선고 2017도9747 판결(역외 서버 압수·수색 사건 - 시나닷컴): "형사소송법 제109조 제1항, 제114조 제1항에서 영장에 수색할 장소를 특정하도록 한 취지와 정보통신망으로 연결되어 있는 한 정보처리장치 또는 저장매체 간 이전, 복제가 용이한 전자정보의 특성 등에 비추어 보면, 수색 장소에 있는 정보처리장치를 이용하여 정보통신망으로 연결된 원격지의 저장매체에 접속하는 것이 위와 같은 형사소송법의 규정에 위반하여 압수·수색영장에서 허용한 집행의 장소적 범위를 확대하는 것이라고 볼 수 없다. 수색행위는 정보통신망을 통해 원격지

'수색행위'와 '압수행위'가 전자정보가 저장된 위치가 아닌 수사기관의 전자정보에 대한 열람과 인지가 이루어진 장소에서 행해졌다고 보기 때문이다.[42] 나아가 대법원은 '피의자가 접근하는 통상적인 방법'에 따라 원격지 저장매체에 접속하였다면 인터넷서비스 제공자의 의사에도 반하지 않는다고 보고 있다.[43] 인터넷서비스제공자는 해당 서버 접속을 위해 입력된 아이디와 비밀번호 등이 인터넷서비스 이용자가 등록한 것과 일치하면 접속하려는 자가 인터넷서비스 이용자인지를 확인하지 아니하고 접속을 허용하는 것이 일반적이기 때문이다.[44]

의 저장매체에서 수색 장소에 있는 정보처리장치로 내려받거나 현출된 전자정보에 대하여 위 정보처리장치를 이용하여 이루어지고, 압수행위는 위 정보처리장치에 존재하는 전자정보를 대상으로 그 범위를 정하여 이를 출력 또는 복제하는 방법으로 이루어지므로, 수색에서 압수에 이르는 일련의 과정이 모두 압수·수색영장에 기재된 장소에서 행해지기 때문이다." (밑줄은 필자가 부기함)

42) 대법원은 수색 장소에 있는 컴퓨터에 내려받거나 화면에 현출된 정보를 수사기관이 살펴보는 단계에서 비로소 '수색'이 개시되고, 선별한 정보를 최종 복제 또는 출력하는 단계에서 '압수'가 이루어진다고 본다. 수사기관이 인지할 수 있는 진행 과정에 법적 의미를 부여한다는 측면에서 이를 '현실공간의 관점'이라 부를 수 있다. 이에 대한 상세한 내용은 조성훈, 조성훈, "역외 디지털증거 수집과 국제형사 규범의 발전", 「법학논총」 제43권 제3호, 단국대학교 법학연구소(2019), 93, 106면 참고.

43) 대법원 2017. 11. 29. 선고 2017도9747 판결(역외 서버 압수·수색 사건 – 시나닷컴): "비록 수사기관이 위와 같이 원격지의 저장매체에 접속하여 그 저장된 전자정보를 수색 장소의 정보처리장치로 내려받거나 그 화면에 현출시킨다 하더라도, 이는 인터넷서비스 제공자가 허용한 피의자의 전자정보에 대한 접근 및 처분 권한과 일반적 접속 절차에 기초한 것으로서, 특별한 사정이 없는 한 인터넷서비스 제공자의 의사에 반하는 것이라고 단정할 수 없다." (밑줄은 필자가 부기함)

44) 대법원 2017. 11. 29. 선고 2017도9747 판결(역외 서버 압수·수색 사건 – 시나닷컴): "인터넷서비스제공자는 서비스이용약관에 따라 전자정보가 저장된 서버의 유지·관리책임을 부담하고, 해당 서버 접속을 위해 입력된 아이디와 비밀번호 등이 인터넷서비스이용자가 등록한 것과 일치하면 접속하려는 자가 인터넷서비스이용자인지를 확인하지 아니하고 접속을 허용하여 해당 전자정보를 정보통신망으로 연결되어 있는 컴퓨터 등 다른 정보처리장치로 이전, 복제 등을 할 수 있도록 하는 것이 일반적이다." (밑줄은 필자가 부기함)

3. 대법원 2022. 6. 30. 선고 2022도1452 판결

가. '원격 압수·수색'의 구체적인 적법 요건을 제시하는 출발점

기술발전에 따라 일정한 범위에서 원격 압수·수색의 필요성은 인정될 수 있다. 문제는 어떤 요건 아래에서 어느 범위까지 이를 인정할 것인가이다. 그동안 우리나라의 실무는 명확한 법령, 판례가 없는 상황에서 다소 느슨하게 운용되어 왔다고 생각된다. 본 문헌의 주요 분석 대상인 대법원 2022. 6. 30. 선고 2022도1452 판결은 앞서 본 대법원 2017도9747 판결과 달리 '유형별 검토'의 내용 중 ①유형(수색 장소에 있는 컴퓨터를 통하여 원격지 저장매체에 접근하여 전자정보를 압수·수색하는 경우)에 대한 것이다. 또한 본 판결은 '원격 압수·수색'의 구체적인 적법 요건을 제시하는 출발점이 된다는 측면에서 중요한 의미를 가진다.[45] 먼저 수사기관이 압수·수색영장에 적힌 '수색할 장소'에 있는 컴퓨터 등 정보처리장치에 저장된 전자정보 외에 원격지 서버에 저장된 전자정보를 압수·수색하기 위해서는 압수·수색영장에 적힌 '압수할 물건'에 별도로 원격지 서버 저장 전자정보가 특정되어 있어야 한다는 점을 분명히 하였다는 의미가 있다. 대법원 2017도9747 판결은 원격지 서버에 대한 압수·수색을 위해서는 '접근권한에 갈음하여 발부받은 영장'이 필요하다는 취지로 판시하면서도 그 의미가 무엇인지에 대해서는 분명하게 설명하지 않았다. 해당 판결의 구체적 사실관계를 통해서 '압수할 물건'에 원격지 서버가 기재되어 있어야 하고, 구체적인 '집행 방법'이 제시될 필요가 있다는 점을 유추할 수 있는 정도에 불과하였다. 한편 대상 판결은 접근권한에 갈음하는 영장의 의미를 조금 더 발전시켰다고 볼 수 있다.

나. '원격 압수·수색'의 실질적 요건

앞서 본 바와 같이 실무에서는 원격 압수·수색을 위한 일반적 기

---

45) 대상 판결과 유사한 취지로 판시하는 대법원 2022. 6. 30.자 2020모735 결정이 같은 날 내려진 것도 주목할 점이다.

재례가 발전되어 있다. 대상 판결의 압수·수색영장과 같이 원격지 서버 저장 저장정보가 특정되어 있지 아니한 경우가 오히려 예외에 속할 수도 있다. 또한 영장청구서 또는 신청서에 위와 같은 기재례를 추가하는 것은 그리 어려운 일이 아니다. 따라서 '원격 압수·수색'의 실질적 요건을 제시할 필요가 있는 것이다.

대상 판결은 '수색 장소에 있는 컴퓨터 등 정보처리장치'와 '수색 장소에 있지 않으나 정보통신망으로 연결된 원격지 서버'는 ① 소재지, 관리자, 저장 공간의 용량 측면에서 서로 구별되고, ② 압수·수색의 방식에 차이가 있으며, ③ 압수·수색으로 얻을 수 있는 전자정보의 범위와 그로 인한 기본권 침해 정도도 다르다는 점을 논거로 제시하는바, 대법원이 제시하는 위와 같은 차이점은 '원격 압수·수색'의 실질적 요건에 대한 일정한 방향성을 제시한다고 생각된다. 즉, 수사기관은 위와 같은 차이점에도 불구하고 원격 압수·수색을 정당화할 요소를 소명해야 할 것이다. 특히 압수·수색 집행으로 인한 기본권 침해 정도의 차이를 극복할 요소를 엄격히 심사할 필요가 있다.

먼저 원격 압수·수색은 원칙적으로 수색 대상 컴퓨터와 '기능적 일체성'을 가지는 경우, 즉 수색 대상 컴퓨터가 입력장치로 기능하고 원격으로 접속하는 저장매체는 저장장치로 기능하여 일체성을 가지는 경우로 한정해야 할 것이다. 이러한 제한을 두지 않는다면, 원격 압수·수색의 방법에 의하여 수색 및 압수의 대상이 지나치게 넓어지고, 법관에 의한 사전통제의 실질적 의미를 상실할 우려가 있기 때문이다.

다음으로 원격 압수·수색의 '필요성'을 소명할 필요가 있고,[46] 원격 압수·수색의 남용을 방지하기 위해 영장에 '압수할 정보의 범위'를 최대한 특정하도록 해야 한다.[47]

---

46) 독일 형사소송법이 '데이터를 상실할 우려'를 요구하는 점을 참고할 수 있다(제110조 제3항 제1문).

47) 앞서 설명한 바와 같이 일본 형사소송법은 이러한 입장을 입법에도 반영하였다(제107조 제2항, 제219조 제2항).

4. 검 토

가. '접근권한에 갈음하여 발부받은 영장'

대법원이 명확한 법령상 근거가 없는 상황에서 원격 압수·수색의 필요성과 남용의 위험 사이에 균형을 유지하는 시도를 해왔음은 부인할 수 없다. 그러나 아직 해결되지 않은 문제들이 있다. 그중에서 실무적 관점에서 중요한 것은 '접근권한에 갈음하여 발부받은 영장'이 되려면 구체적으로 어떠한 요건이 필요한가의 문제일 것이다. 이에 대하여는 다음과 같은 견해를 상정할 수 있다. 먼저 '압수·수색할 물건'에 예컨대 '컴퓨터, 휴대폰 등 통신기기와 연결된 인터넷 저장소(구글 드라이브, 네이버 클라우드 등)에 저장된 전자정보 중 본건 혐의사실 관련 자료'를 기재하는 것으로 충분하다는 견해가 가능하다(제①설).48) 다음으로 '압수·수색할 물건'의 기재뿐만 아니라 구체적인 '집행 방법'의 기재가 필요하다는 견해도 제시될 수 있다(제②설).49)

'압수할 물건'에 별도로 원격지 서버 저장 전자정보가 특정되어 있어야 한다는 대법원 2022도1452 판결의 취지를 고려하면, 우리 형사소송법에 원격 압수·수색을 직접 규율하는 규정이 없는 상황에서 형사소송법 제120조만으로는 그 적법성을 인정할 수 없다는 것이 대법

---

48) 제①설의 변형으로 '압수·수색할 물건'뿐만 아니라 '수색할 장소'에 적어도 추상적으로나마 '원격지 서버가 설치된 장소'를 기재해야 한다는 견해도 상정할 수 있다. 그러나 앞서 본 바와 같이 대법원 2017. 11. 29. 선고 2017도9747 판결은 "수색에서 압수에 이르는 일련의 과정이 모두 압수·수색영장에 기재된 장소에서 행해지기 때문"에 "수색 장소에 있는 정보처리장치를 이용하여 정보통신망으로 연결된 원격지의 저장매체에 접속하는 것이 (…) 압수·수색영장에서 허용한 집행의 장소적 범위를 확대하는 것이라고 볼 수 없다"고 판시하므로, '수색할 장소'에 대한 추가 기재는 필요하지 않을 것으로 생각된다. '압수할 물건'의 기재와 결합하여 대상을 더욱 구체적으로 특정하는 기능을 하면 충분할 것이다.

49) 대법원 2017. 11. 29. 선고 2017도9747 판결은 이러한 입장에 있는 것으로 추측된다. 앞서 본 바와 같이 위 판결의 영장은 '압수·수색·검증 방법'을 '한국인터넷진흥원 사무실에 설치된 인터넷용 PC에서 중국 공소외 1 회사 및 중국 공소외 2 회사의 이메일 홈페이지 로그인 입력창에 압수·수색 과정에서 입수한 위 이메일 계정·비밀번호를 입력, 로그인한 후 범증 자료 출력물 및 동 자료를 선별하여 저장한 저장매체 봉인·압수'로 기재하여 집행방법을 특정하였다.

원의 입장이라 할 수 있다. 즉, 앞서 본 학설 중 '원격 압수·수색 긍정설'을 명시적으로 부정하고, 일정한 사법적 통제를 전제로 하는 제한적 긍정설의 입장을 따르는 것이다. 그렇다면 제②설은 사법적 통제를 위한 도구 개념인 '접근권한에 갈음하여 발부받은 영장'의 요건을 강화하려는 주장으로 볼 수 있다. 달리 말하면, '원격 압수·수색'에 대한 실질적인 사법 통제를 위해 '집행 방법'에 대한 상세한 기재가 필요하다는 것이며, 이러한 관점에서는 제②설의 타당성을 인정할 수 있다.

그러나 위 견해에도 문제는 있다. 필자는 이전 연구에서 압수·수색영장에 '집행 방법'을 기재하는 것은 권고적 의미 외에 법적 효력을 가질 수는 없다는 견해를 제시한 바 있다. 형사소송법과 형사소송규칙은 '집행 방법'을 압수·수색영장 청구서와 영장의 기재사항으로 규정하고 있지 않다는 점 등이 주된 논거이다.[50] 그렇다면 법령상 근거를 찾을 수 없는 '집행 방법'의 기재가 추가되었다는 이유만으로 원격 압수·수색의 적법성을 인정할 수 있는가라는 보다 근본적인 문제를 검토하지 않을 수 없다.

---

50) 과거에 학설상 논의된 것은 '압수할 물건', '압수수색의 사유' 등 형사소송법과 형사소송규칙이 명시하는 사항 외에 구체적인 '집행 방법'을 기재함으로써 광범위한 정보 열람 권한의 부여라는 전자정보 압수·수색의 문제점을 통제할 수 있는가라는 문제였다. 필자는 ① 미국과 달리 우리 형사소송법의 해석상 광범위한 영장주의 예외가 인정되기 어려운 점, ② 형사소송법과 형사소송규칙은 '압수·수색 집행 방법'을 압수·수색영장 청구서(형사소송규칙 제107조, 제108조)와 영장(형사소송법 제114조 제1항, 형사소송규칙 제58조)의 기재사항으로 규정하고 있지 아니하며, 오히려 영장은 원칙적으로 검사의 지휘에 의하여 사법경찰관리가 집행하도록 하는 점(형사소송법 제219조, 제115조 제1항 본문), ③ 사전에 영장 집행방법을 규제하는 것보다 사후적으로 강제처분이 적법절차를 준수하였는지 여부를 판단하는 것이 더욱 합리적 결과를 얻을 수 있는 점 등에 비추어, 압수·수색의 구체적인 집행 방법을 영장 또는 영장청구서에 기재하도록 하는 것은 이론상 받아들이기 어렵고 디지털증거 관련 강제처분을 규율하는 실효적인 방안도 아니라는 의견을 제시한 바 있다. 조성훈, "디지털증거와 영장주의: 증거분석과정에 대한 규제를 중심으로", 「형사정책연구」 제25권 제3호, 한국형사법무정책연구원(2013), 119면 이하 참고.

나. 입법의 필요성 등

앞서 언급한 바와 같이, 대법원은 형사소송법 제120조만으로는 원격 압수·수색의 적법성을 인정할 수 없다는 입장에 있다. 그러면서도 '접근권한에 갈음하여 발부받은 영장'에 따라 '피의자가 접근하는 통상적인 방법'에 따라 원격지 저장매체에 접속하였음을 전제로 궁극적인 실정법상 근거는 형사소송법 제120조에서 찾고 있다.[51]

형사소송법 제120조의 '압수·수색영장의 집행에 필요한 처분'이란 집행 그 자체보다 넓은 개념으로, 집행 그 자체에 한하지 않고 원활하고 적정한 집행을 위해 필요 불가결한 사전행위를 포함하는 개념이다. '압수·수색영장의 집행에 필요한 처분'으로 형사소송법은 '건정(鍵錠, 자물쇠)을 열거나 개봉 기타 필요한 처분'을 규정하고,[52] 判例는 '검사와 수사관 등이 건물 고층에 위치한 경영기획실 등에 대한 압수·수색영장을 집행할 목적으로 건물 1층 로비에서 집행장소로 이동하기 위하여 경비원들의 방해를 제지하고 엘리베이터에 탑승하는 과정에서 발생한 일련의 행위'를 이에 해당하는 것으로 판시한다.[53] 그러나 압수수색에 필요한 처분은 영장의 효력이 미치는 장소와 대상의 범위 내에서 집행에 필요 불가결한 사전행위만을 포함하는 것이며, 장소적

---

51) 한편 대법원은 아래와 같이 특정 행위가 '압수·수색 자체' 또는 '압수·수색의 집행에 필요한 처분' 중 어디에 해당하는지에 대하여 모호하게 표현하고 있다. 대법원 2017. 11. 29. 선고 2017도9747 전원합의체 판결(역외 서버 압수·수색 사건 – 시나닷컴): "위와 같은 사정들을 종합하여 보면, ① 피의자의 이메일 계정에 대한 접근권한에 갈음하여 발부받은 압수·수색영장에 따라 ② 원격지의 저장매체에 적법하게 접속하여 내려받거나 현출된 전자정보를 대상으로 하여 ③ 범죄 혐의사실과 관련된 부분에 대하여 압수·수색하는 것은, 압수·수색영장의 집행을 원활하고 적정하게 행하기 위하여 필요한 최소한도의 범위 내에서 이루어지며 그 수단과 목적에 비추어 사회통념 상 타당하다고 인정되는 <u>대물적 강제처분 행위</u>로서 허용되며, <u>형사소송법 제120조 제1항에서 정한 압수·수색영장의 집행에 필요한 처분</u>에 해당한다. 그리고 이러한 법리는 원격지의 저장매체가 국외에 있는 경우라 하더라도 그 사정만으로 달리 볼 것은 아니다." (구분기호 ①, ②, ③과 밑줄은 필자)
52) 형사소송법 제120조(집행과 필요한 처분) ① 압수·수색영장의 집행에 있어서는 건정을 열거나 개봉 기타 필요한 처분을 할 수 있다.
53) 대법원 2013. 9. 26. 선고 2013도5214 판결

범위나 대상을 넓히는 방법으로 사용될 수 없다. 따라서 형사소송법 제120조만으로는 원격 압수·수색의 적법성을 인정할 수 없다는 대법원의 입장은 타당한 것이다.

그렇다면 '접근권한에 갈음하여 발부받은 영장'이라는 요건을 추가함으로써 형사소송법 제120조가 원격 압수·수색의 근거 규정으로 전환될 수 있는가? 법관이 발부하는 영장은 강제처분 법정주의에 따라 어디까지나 법률에 기초해야 하는바(헌법 제12조 제1항, 형사소송법 제119조 제1항 단서), 형사소송법 어디에도 법관에게 '접근권한에 갈음하여 발부받은 영장'을 발부할 수 있는 권한을 부여하고 있지 않다.[54] 법률상 근거 없는 영장에 의하여 대법원 스스로 독립적 근거 규정이 될 수 없다고 판시하는 형사소송법 제120조를 원격 압수·수색의 근거 규정으로 전환시킬 수 없고, 이는 법률 해석의 범위를 넘는다는 비판을 피하기 어려울 것이다. 따라서 원격 압수·수색의 근거 규정을 명확히 하고, 적법성 요건을 명확화·충실화한다는 취지에서 위에 언급한 실질적 요건의 핵심도 형사소송법에 직접 규정할 필요가 있다고 생각된다.

또한 현재 인정되는 위법한 영장 집행에 대한 준항고 절차(형사소송법 제417조)에 더하여 영장 재판에 대한 불복방법을 허용할 필요가 있다.[55] 원격 압수·수색의 실질적 요건에 위반하여 발부된 영장이라 하더라도 압수 현장에서는 사실상의 강제력을 발휘하게 된다. 실질적 구제방안을 마련하고 법적 불안정 상태를 해소한다는 측면에서 압수·수색영장의 맥락에서 영장항고 절차를 인정할 필요가 있다.

---

54) 형사소송법 제114조는 압수·수색영장에 '① 피고인의 성명, ② 죄명, ③ 압수할 물건, ④ 수색할 장소, 신체, 물건, ⑤ 발부년월일, 유효기간과 그 기간을 경과하면 집행에 착수하지 못하며 영장을 반환하여야 한다는 취지 기타 대법원규칙으로 정한 사항'을 기재하도록 규정하고, 형사소송규칙 제58조는 '압수수색의 사유'를 기재하도록 할 뿐이다.

55) 영장항고에 대하여는 다음의 문헌을 참고할 수 있다. 조성훈, "대물적 강제처분과 개인정보보호: 전자정보 압수·수색 제도의 개선방안을 중심으로", 「인권과 정의」 제493호, 대한변호사협회(2020), 197면.

다. 원격 압수·수색의 범위 제한

앞서 본 바와 같이, 원격 압수·수색은 ① 원칙적으로 수색 대상 컴퓨터와 '기능적 일체성'을 가지는 경우, 즉 수색 대상 컴퓨터가 입력장치로 기능하고 원격으로 접속하는 저장매체 등은 저장장치로 기능하여 일체성을 가지는 경우로 한정하고, ② 원격 압수·수색의 '필요성'을 소명할 필요가 있으며, ③ 원격 압수·수색의 남용을 방지하기 위해 영장에 '압수할 정보의 범위'를 최대한 특정하도록 해야 한다. 특히 '기능적 일체성'의 의미를 구체적으로 살펴본다면, 정보주체가 자신의 사정에 따라 저장매체를 달리 선택한 것에 불과하고 '피압수자의 소유에 속하거나 소지하는 전자정보'를 대상으로 한다는 실질이 변화되지 않는 경우여야 한다. 달리 말하면, 피압수자에게 정보주체의 지위를 인정할 수 있는 경우로 한정되는 것이다.

이러한 관점에서 보면, 원격 압수·수색은 원칙적으로 서버 관리주체가 '범용 서비스를 제공하는 인터넷서비스제공자'인 경우에 한정하여 적용되는 것이다. 따라서 예컨대 회사의 임직원에 대한 영장을 집행할 경우에 회사 서버에 저장된 전자정보에 대한 압수·수색까지 무한정 허용하는 근거가 되기는 어렵다. 회사(기업)의 서버에 저장된 전자정보에 대한 자료의 작성, 수정, 열람, 관리 등의 처분 권한과 지식재산권과 같은 법적 이익이 최종적으로 귀속되는 주체는 회사이며, 소속 임직원은 회사의 승낙 하에 업무 목적으로만 제한적으로 이용할 수 있을 뿐이다. 즉, 소속 임직원에게 완전한 정보주체의 지위를 인정할 수 없다. 위와 같은 자료에 대한 압수·수색을 집행하려면, 그 필요성을 엄격하게 소명할 필요가 있고, 대상도 구체적으로 명시한 영장이 필요할 것이다.

IV. 관련 문제 – 결론에 갈음하여

1. 전자정보 접근방법의 법적 문제

가. 접근권한정보 등을 이용한 전자정보 수집[56]

본 문헌의 주요 검토 대상인 대법원 2022. 6. 30. 선고 2022도1452 판결은 이른바 '자동로그인' 기능에 의해 원격지 서버에 연결된 경우이므로 접근권한정보(아이디, 패스워드)의 문제가 상대적으로 부각되지 않았다. 그러나 프라이버시에 대한 인식이 높아질수록 원격 압수·수색의 적법성 판단에서 전자정보 접근방법의 중요성이 커질 것이다. 즉, 앞서 언급한 '기능적 일체성', '필요성', '전자정보 범위 특정'이라는 요건에 더하여 '접근권한정보 등의 적법한 취득'이 추가적으로 검토되어야 한다.

서버에 대한 압수·수색은 원칙적으로 피압수자의 '접근권한에 대한 정보(아이디, 패스워드 등)' 획득을 전제로 한다. 서버는 일종의 공동 사용 자원으로 개별 사용자들은 사용규칙에 따라 컴퓨팅 자원의 사용에 대하여 각자 다른 범위의 권한을 가지는데, 개별 사용자들에 대한 권한을 인증하고 이를 배분할 때 가장 많이 사용되는 수단은 사용자들에게 아이디와 패스워드와 같은 접근권한정보를 부여하는 방법이기 때문이다. 나아가 저장매체 자체 또는 개별 파일에 대하여 개인정보·영업비밀 등의 보호를 위해 '암호화'(encryption) 방법을 사용할 수 있다. 서버에 대한 '접근권한정보'와 암호화된 정보에 접근할 수 있도록 하는 '암호화 정보'는 ① 특정 정보에 대한 접근권한을 부여하는 기능을 하고, ② 사용자의 정보결정권을 강화한다는 점에서 기술적·규범적으로 유사한 역할을 한다. 따라서 본 문헌에서는 위 두 개념을 모두 포괄하는 넓은 개념으로 '접근권한정보 등'이라는 용어를 사용한다.

---

56) 본 쟁점에 대하여는 다음의 문헌을 참고할 수 있다. 조성훈, "전자정보 접근방법의 법적 문제: 진술거부권과 관계를 중심으로", 「법조」 제69권 제6호, 법조협회(2020), 142면.

'접근권한정보'나 '암호화 정보'는 규범적 차원에서도 새로운 쟁점을 제시하고 있다. 특히 접근권한정보 등이 진술거부권의 보호 대상이 되는지 여부가 국내외적으로 문제 되는바, 그 배경은 다음과 같다. 피의자 등이 접근권한정보 등을 자발적 제공한다면 원칙적으로 수사기관은 관련 정보를 적법하게 사용할 수 있다. 그러나 자발적 제공을 거부할 경우 이를 강제할 법적 수단이 인정되는지가 쟁점이 된다. 이를 검토하려면 접근권한정보 등을 요청하는 구체적 경위를 다음과 같이 나누어 살펴보는 것이 필요하다. 아래 ①은 접근권한 관련 '정보'를 요청하는 것이고, ②, ③은 접근권한 관련 '행위'를 요청하는 것이다. 한편, ④는 생체인식수단이라는 '신체 정보'를 요청하는 것이다. 최근 발부되는 영장에는 이러한 유형을 모두 발견할 수 있다.

---

① 피의자에게 접근권한정보 등을 직접 요청하는 방법
② 접근권한정보 등을 직접 요청하지 않고, 피의자에게 이를 스스로 입력하여 수사기관이 해당 전자정보를 제한 없이 이용할 수 있는 상태에 두도록 요청하는 방법
③ 암호화를 해제한 전자정보의 제출을 요청하는 방법
④ 접근권한정보 등을 요청하는 특수유형으로, 접근권한정보 등으로 사용하는 생체인식수단(biometric means)을 제공받는 방법

위 각 유형에서 피의자가 협력을 거부하는 경우 수사기관이 어느 정도의 법적 강제력을 동원할 수 있는가라는 문제는 진술거부권(헌법 제12조 제2항), 적법절차(헌법 제12조 제3항)와 같은 헌법 원리와 형사소송법 규정에 따라 판단할 수밖에 없다. 접근권한정보 등은 진술거부권의 보호대상이라 해석할 여지가 있고, 설사 진술거부권의 보호대상이 아니라 하더라도 현행 형사소송법의 해석상 피의자에게 패스워드 등의 정보제출을 강제할 법적 근거를 인정하기 어렵다. 그러함에도 수사기관은 수색 과정에서 패스워드 등의 정보제출이 피압수자가 준수해야 할 의무인 것처럼 하거나, 패스워드 관련 정보를 제공하지 않으면

어떠한 불이익이 있을 듯한 태도를 보이는 경우도 있다. 이러한 관행
은 진술거부권 등 피의자의 절차적 권리를 침해할 우려가 있는바, 이
러한 폐해를 방지하기 위해서도 '접근권한정보', '암호화정보'의 보호
범위를 명확히 할 필요가 있을 것이다.

나. 수사기관의 활동을 통한 전자정보 접근

다음으로 수사기관의 적극적 활동을 통해 전자정보에 접근하는
방법이 있다. 피의자로부터 접근권한정보 등을 취득하지 못할 경우,
수사기관이 수사 과정에서 발견한 다른 증거 등을 통해 알아낼 수밖
에 없다. 달리 말하면 접근권한정보 등도 수사의 대상인 것이다. 이는
다양한 노력이 필요하고 성공이 반드시 보장되지도 않는 어려운 작업
이다. 그리고 간단한 기준으로 유형화하기도 어렵고, 기존에 쟁점이
된 사례를 아래와 같이 열거하여 파악할 수밖에 없다. 또한 그 적법성
을 판단할 때에도 수사 일반에 적용되는 기준으로 허용범위를 판단하
되 개별 수사방법의 특수성을 함께 고려할 수밖에 없을 것이다.

- **일반적 수사기법**

① 다른 증거를 통해 접근권한정보 등을 취득하거나, 관련 정보를 바탕으로 추측
  하여 이를 알아내는 경우
② 이미 작동 중인 수색 대상 컴퓨터를 통하여 암호화 해제된 평문 또는 접속
  중인 서버에 접근하는 경우

- **신종 수사기법**

① 프로그램을 이용한 계속적·반복적인 접근
② 키로거 프로그램 등을 통하여 접근권한정보를 알아내는 경우
③ 시스템의 보안상 취약점을 이용하여 접근하는 경우

영장의 '압수할 물건'에 예컨대 '클라우드 계정의 접속에 필요한
정보(문자 형태의 아이디, 비밀번호 등 육안으로 확인할 수 있는 형태의 정

보 및 애플리케이션 제작자나 인터넷서비스제공자 등이 제공하는 기술적
방법에 의해 아이디, 비밀번호의 입력에 갈음하여 클라우드 계정에 접속하
는 방법에 사용되는 전자정보 포함)'와 같이 기재되어 있다면 해당 영장
에 의해 적법하게 접근권한정보를 취득할 수 있을 것이다.

　그러나 영장에 위와 같은 기재가 없는 경우에도 접근권한정보가
혐의사실과 관련된 전자정보(유관 정보)에 해당한다는 이유로 압수할
수 있는지가 문제 된다. 대법원은 압수·수색영장에 기재된 혐의사실
과의 '객관적 관련성'은 ① '압수·수색영장에 기재된 혐의사실 자체'
또는 ② '그와 기본적 사실관계가 동일한 범행'과 직접 관련되어 있는
경우는 물론 ③ '범행 동기와 경위, 범행 수단과 방법, 범행 시간과 장
소 등을 증명하기 위한 간접증거나 정황증거 등'으로 사용될 수 있는
경우에도 인정될 수 있다고 판시한다.57) 다만 이러한 객관적 관련성은
압수·수색영장 범죄 혐의사실의 내용과 수사의 대상, 수사 경위 등을
종합하여 구체적·개별적 연관관계가 있는 경우에만 인정되며, 혐의사
실과 단순히 동종 또는 유사 범행에 관한 것이라는 사유만으로 객관
적 관련성이 있다고 할 것은 아니다. 위와 같은 대법원의 입장을 고려
할 때, 접근권한정보 자체는 영장에 기재된 혐의사실과 객관적 관련성
을 인정하기 어렵다고 생각된다. 따라서 영장의 '압수한 물건'에 별도
로 특정하여 기재되지 않은 이상 해당 영장에 의해서는 적법하게 접
근권한정보를 취득할 수 없을 것이다.

　다음으로 접근권한정보 임의제출의 문제가 있는바, 이와 관련하
여 참고할 사례로 대법원 2021. 7. 29. 선고 2020도14654 판결이 있다.
위 판결은 많은 쟁점을 담고 있으나, 특히 전자정보 접근방법과 관련
하여 다음과 같이 판시한다. 즉, "피의자가 휴대전화를 임의제출하면
서 휴대전화에 저장된 전자정보가 아닌 클라우드 등 제3자가 관리하
는 원격지에 저장되어 있는 전자정보를 수사기관에 제출한다는 의사

---

57) 대법원 2021. 8. 26. 선고 2021도2205 판결; 대법원 2021. 7. 29. 선고 2021도3756 판
　결; 대법원 2017. 12. 5. 선고 2017도13458 판결 등 참고.

로 수사기관에게 클라우드 등에 접속하기 위한 아이디와 비밀번호를 임의로 제공하였다면 위 클라우드 등에 저장된 전자정보를 임의제출하는 것으로 볼 수 있다"는 것이다. 위 판결의 원심은 이러한 전제에서 피고인이 아이디, 패스워드를 제공하지 아니한 다른 클라우드에 저장된 파일은 위법하게 수집한 증거로 판단하였다.[58]

2. 중복 저장된 전자정보의 경우: 대법원 2018. 11. 29. 선고 2018도13073 판결[59]

클라우드에 저장된 이메일도 휴대전화 사용자가 이메일을 확인하는 순간 그 내용이 휴대전화에 캐시메모리로 저장되어 같은 정보가 클라우드와 휴대전화기에 동시에 저장되는 경우가 발생할 수 있다. 이러한 경우에 다음의 쟁점이 문제 된다.

먼저 휴대전화 캐시메모리에 저장된 정보의 '실질적 내용'에 초점을 맞추어 클라우드에 저장된 정보로 볼 것인지, 아니면 '존재 형식'을 중요시하여 휴대전화 자체에 저장된 정보로 볼 것인지의 문제이다.[60] 이에 대한 대법원의 명시적인 언급은 없으나, 위 판결의 하급심은 정보의 '존재 형식'에 따라 휴대전화 자체에 저장된 정보로 보고 있다.

---

58) 서울고등법원 2020. 10. 15. 선고 2019노2808 판결
59) 본문에 제기한 쟁점은 대법원 판결보다는 하급심인 춘천지방법원 강릉지원 2018. 2. 13. 선고 2017고합55 판결에 상세히 설시되고 있다.
60) 이와 유사한 쟁점은 최근 압수·수색 실무에서도 제기되고 있다. 통상 압수·수색 영장에 이메일 압수대상자와 컴퓨터 압수대상자가 달리 기재되고, 이메일 압수대상자는 일반 컴퓨터 압수대상자보다 제한된 범위인 경우가 많다. 예컨대, 이메일 압수대상자는 피의자 A에 한정되나, 컴퓨터 압수대상자는 피의자 A에 더하여 참고인 B, C, D도 포함되는 경우이다. 그런데 이메일 서버가 아닌 일반 컴퓨터에 이메일이 파일 형태로 저장된 경우(위 사례에서 참고인 B의 컴퓨터에 이메일이 파일 형태로 저장된 경우), 그 이메일 파일이 압수대상에 포함되는지가 문제인 것이다. '정보의 존재형식'(이메일을 통한 통신을 그 내용으로 하지만 일반 파일과 동일하게 컴퓨터에 저장되어 있음)을 중요시한다면 관련성 등 압수·수색의 요건을 충족한다는 전제에서 B의 이메일 파일은 압수대상이라 할 것이고, '정보의 실질적 내용'(어디에 저장되어 있든 해당 정보는 이메일 통신을 내용으로 함)을 기준으로 하면 B의 이메일 파일은 압수대상에서 제외될 것이다.

본 쟁점과 관련하여 독일 연방헌법재판소가 서버에 저장된 이메일은 독일 기본법 제2조 제1항을 기초로 인정되는 '개인정보자기결정권'이 아닌 독일 기본법 제10조 제1항의 '통신비밀'의 보호 대상이라 판시하여 '정보의 실질적 내용'을 중시하는 견해를 취한 점을 참고할 수 있다.[61] 즉, 이미 송·수신이 완료되었거나 당사자가 이미 열람까지 하여 '형식적'으로는 통신비밀의 보호 대상이 아닐 수 있지만, 일반적으로 이메일 내용의 프라이버시 이익이 높은 점, 그러함에도 정보주체가 그 이메일에 대하여 완전한 통제를 할 수 없는 점 등의 '실질적'인 측면을 고려하여 통신비밀의 보호 대상이라 한 것이다.

　　다음으로 특정한 이메일 정보를 클라우드에서 취득한 것인지, 아니면 캐시메모리에서 취득한 것인지 불명확한 경우의 처리 문제이다. 위 판결의 하급심은 클라우드에 저장된 일부 이메일이 휴대전화 자체에 저장되었다 하더라도 이를 분리하여 특정할 방법이 없다면 이메일 전부에 대하여 증거능력을 부정해야 한다고 판시하여 정보의 취득 경위가 불분명한 경우에 피고인의 이익을 중시하는 방향으로 판단하였다.

[주 제 어]
전자정보, 디지털증거, 압수·수색, 원격 전자정보 수집, 위법수집증거배제법칙

[Key words]
Electronically Stored Information, Digital Evidence, Searches & Seizure, Remote Access to Search Electronic Storage Media and Seize Electronically Stored Information Located Outside of Premise, Exclusion of Illegally Obtained Evidence

접수일자: 2023. 5. 19. 심사일자: 2023. 6. 12. 게재확정일자: 2023. 6. 30.

---

61) BVerfG, Beschluss vom 16.6.2009 - 2 BvR 902/06, Rn. 42-48.

[참고문헌]

김범식, "강제처분법정주의와 역외 원격지 서버에 대한 압수·수색",「형사소송 이론과 실무」제11권 제1호, 한국형사소송법학회(2019).

박봉진·김상균, "디지털증거 압수수색에 관한 연구",「법과 정책」제19집 제1호, 제주대학교 법학연구소(2013).

방경휘, "수사상 역외 압수·수색에 관한 연구 — 일본 최고재판소 레이와 3년 2월 1일 결정을 계기로",「법학논총」제35권 제1호, 국민대학교 법학연구소(2022).

신도욱, "원격 압수·수색의 적법성 — 해외에 존재한 서버에 저장된 이메일 압수·수색을 중심으로",「법조」제67권 제3호, 법조협회(2018).

양근원,「형사절차상 디지털증거의 수집과 증거능력에 관한 연구」, 경희대학교 박사학위논문(2006).

우지이에 히토시, "일본의 전자적 압수에 관한 2011년 개정법 소개",「형사법의 신동향」통권 제49호, 대검찰청(2015).

이수용·임규철, "역외 압수수색의 절차적 위법성에 대한 비판적 소고",「비교법연구」제18권 제2호, 동국대학교 비교법문화연구소(2018).

이숙연,「형사소송에서의 디지털증거의 취급과 증거능력」, 고려대학교 박사학위논문(2011).

이원상, "현행 디지털증거 수집 관련 법률의 한계",「디지털포렌식연구」제11권 제3호, 한국디지털포렌식학회(2017).

전승수,「형사절차상 디지털증거의 압수수색 및 증거능력에 관한 연구」, 서울대학교 박사학위논문(2011).

정대용·김기범·이상진, "수색 대상 컴퓨터를 이용한 원격 압수수색의 쟁점과 입법론",「법조」제65권 제3호, 법조협회(2016).

조성훈, "디지털증거와 영장주의: 증거분석과정에 대한 규제를 중심으로",「형사정책연구」제25권 제3호, 한국형사법무정책연구원(2013).

_____, "역외 디지털증거 수집과 국제형사 규범의 발전",「법학논총」제43권 제3호, 단국대학교 법학연구소(2019).

_____, "대물적 강제처분과 개인정보보호: 전자정보 압수·수색 제도의 개선방안을 중심으로", 「인권과정의」 제493호, 대한변호사협회(2020).

_____, "전자정보 접근방법의 법적 문제: 진술거부권과 관계를 중심으로", 「법조」 제69권 제6호, 법조협회(2020).

_____, "역외 전자정보 수집의 범위와 한계 — 국가관할권의 획정과 위법수집증거배제법칙의 적용을 중심으로", 「법조」 제72권 제2호, 법조협회(2023).

차종진, "이메일 원격지 압수·수색의 적법성에 관한 소고", 「비교형사법연구」 제21권 제2호, 한국비교형사법학회(2019).

압수·수색영장 실무 집필위원회, 「압수·수색영장 실무(개정 2판)」, 법원행정처(2016).

Bär, Wolfgang, 27. Kapital, in: Wabnitz/Janovsky (Hrsg), **Handbuch des Wirtschafts- und Steuerstrafrechts**, 4. Aufl. 2014.

Gercke, Björn, *Straftaten und Strafverfolgung im Internet*, **Goltdammer's Archiv für Strafrecht** 2012, 474.

Meyer-Goßner, Lutz & Bertram Schmitt, **Strafprozessordnung**, 61. Aufl. 2018.

[Abstract]

The Scope and Limitations of Remote Searches and Seizure

Cho, Sunghun*

In cases where there is a possibility of relevant information being stored on remote storage media connected to the subject computer through network, and when access to these remote storage media is feasible through the subject computer, the act of seizing relevant information from these remote storage media via the subject computer is referred to as 'remote search and seizure.' According to Article 114(1) of the Criminal Procedure Act, a search and seizure warrant must specify the place to be searched, and the execution of the warrant is limited to the specified place. Therefore, there may be doubts about whether it is legally permissible to search and seize information stored in other connected storage media, rather than the storage media itself. However, the Supreme Court recognizes the legality of remote search and seizure, based on certain judicial control.

Due to technological advancements, the necessity of remote search and seizure can be recognized within a certain scope. The problem lies in determining the conditions and extent under which this is permissible. Thus far, in practical application in Korea, it has been loosely operated in the absence of clear legislation and precedents. The Supreme Court's ruling on June 30, 2022, with case number 2022do1452, is significant as it serves as a starting point in providing specific legal requirements for 'remote search and seizure.' Remote search and seizure should, in principle, be limited to cases where there is 'functional unity' with the

* Attorney at Law, Ph.D in Law, KIM & CHANG

subject computer, i.e., when the subject computer functions as an input device and the remotely accessed storage media functions as a storage device with unity. If such limitations are not imposed, the scope of search and seizure through remote means may become excessively broad, raising concerns about the loss of substantive meaning of prior judicial control. Therefore, it is necessary to demonstrate the 'necessity' of remote search and seizure and to specify the 'scope of information to be seized' as much as possible in the warrant to prevent the abuse of remote search and seizure. Furthermore, to clarify the basis of remote search and seizure and to solidify the legal requirements, it is necessary to directly regulate the core of the mentioned substantive requirements in the Criminal Procedure Act.

참고인 진술청취 수사보고서의 증거능력

박 정 난*

◇ 대상판결: 대법원 2010. 10. 14. 선고 2010도5610 등 판결

1. 공소사실의 요지

피고인은 포천시 소재에서 아동복지시설을 운영하면서, 2003.경부터 2009.경까지 원생인 5명의 피해자들(여아 또는 남아, 연령은 만 7세부터 만 14세까지) 상대로 수 회 추행[1]하거나 간음하였다[성폭력범죄의처벌및피해자보호등에관한법률위반(13세미만미성년자강간등), 청소년의성보호에관한법률위반(청소년강간등)].

2. 소송의 경과

(1) 1심의 판단(의정부지방법원 2010. 1. 8. 선고 2009고합264 등)

피고인은 기소된 범죄사실 중 피해자 A(여, 13~14세)에 대한 강간죄 및 피해자 B(남, 14세)에 대한 강제추행죄에 대하여는 반의사불벌죄[2]임을 주장하면서, 각 피해자들과의 합의서를 제출하였으므로 공소기각되어야 함을 주장하였다.

---

* 연세대학교 법학전문대학원 부교수, 법학박사

1) 피해자의 팬티 속으로 손을 집어넣어 피해자의 성기를 만지고 옷 속으로 손을 집어넣어 가슴을 만지거나 피해자의 바지와 팬티를 벗기고 피고인의 성기를 피해자의 성기에 비비는 등의 수법임.

2) 기소 당시 시행 중이었던 청소년의성보호에관한법률 제16조 단서에 의하면 제7조 제1항의 여자청소년에 대한 강간죄 및 제2항의 청소년에 대한 강제추행죄에 대하여는 피해자의 명시한 의사에 반하여 공소를 제기할 수 없도록 규정되어 있었음.

그러나 법원은 피해자들이 범행의 의미와 본인이 피해를 당한 정황 및 처벌희망 의사표시의 철회가 가지는 의미 및 효과 등을 충분히 이해하고 분별할 수 있는 상태에서 진실된 의사표시로서 처벌희망 의사표시를 철회하였다고 볼 수 없다고 판단하여 피고인의 주장을 받아들이지 않았다. 법원은 이와 같이 판단한 근거로 검찰이 작성한 수사보고서 기재내용에 의하면, 피해자들이 합의서를 작성한 경위에 대하여 피고인이 피해자들을 찾아가 합의서를 작성하도록 유도하고 문구도 피고인이 불러주는대로 작성하였으며 여전히 피고인의 처벌을 원한다고 진술한 점 등을 인정할 수 있음을 설시하였다.

(2) 2심의 판단(서울고등법원 2010. 4. 22. 선고 2010노358 등)

피고인은 1심에서와 같은 주장을 하며 항소하였지만, 2심 법원은 원심의 판단이 정당하다고 설시하며 이를 받아들이지 않았다.3)

(3) 대법원의 판단

피고인은 1심, 2심에서와 같은 주장을 하며 상고하였고, 대법원은 피해자들의 나이, 지능, 지적 수준, 발달성숙도 및 사회적응력 등에 비추어 피해자들은 처벌희망 의사표시의 철회가 가지는 의미나 효과 등을 잘 이해하고 있었던 것으로 보이는 점, 적어도 이 사건 합의 및 탄원서 작성 당시 피고인 측으로부터 자유로운 의사결정을 불가능하게 할 정도의 폭행, 협박이나 강압 등이 있었다고는 보기 어려운 점 등의 사정을 종합하면, 피해자들의 처벌희망 의사표시의 철회를 무효라고 섣사리 단정하기는 어렵고, 처벌희망 의사표시의 철회의 효력 여부는 소송조건에 관한 것으로 피고인이 증인신청 등의 방법으로 처벌희망 의사표시의 철회가 유효하다고 다투는 경우에는 원심으로서는 검사가 일방적으로 작성한 수사보고서의 기재만으로 그 철회가 효력이 없다고 섣불리 인정할 것이 아니라 직접 위 피해자들을 증인으로 심문하

---

3) 다만 피고인이 양형부당도 항소하였는데, 이 부분 받아들여 1심에서 선고된 징역 20년을 징역 18년으로 감형함.

는 등의 방법을 통해 처벌희망 의사표시 철회의 효력 여부를 세밀하고 신중하게 조사·판단했어야 한다고 하면서 원심판결을 파기환송하였다.

대법원이 판단의 전제로 설시한 주요 법리는 다음과 같다.

가. 수사보고서는 검사가 참고인인 피해자 A, B와의 전화통화 내용을 기재한 서류로서 형사소송법 제313조 제1항 본문에 정한 '피고인 아닌 자의 진술을 기재한 서류'인 전문증거에 해당하나, 그 진술자의 서명 또는 날인이 없을 뿐만 아니라 공판준비기일이나 공판기일에서 진술자의 진술에 의해 성립의 진정함이 증명되지도 않았으므로 증거능력이 없다.

나. 그러나 반의사불벌죄에서 피고인 또는 피의자의 처벌을 희망하지 않는다는 의사표시 또는 처벌희망 의사표시 철회의 유무나 그 효력 여부에 관한 사실은 엄격한 증명의 대상이 아니라 증거능력이 없는 증거나 법률이 규정한 증거조사방법을 거치지 아니한 증거에 의한 증명, 이른바 자유로운 증명의 대상이다.

다. 반의사불벌죄의 경우 피해자인 청소년에게 의사능력이 있는 이상 단독으로 피고인 또는 피의자의 처벌을 희망하지 않는다는 의사표시 또는 처벌희망 의사표시의 철회를 할 수 있고, 법정대리인의 동의가 있어야 하는 것은 아니다. 다만, 피해자인 청소년의 의사능력은 그 나이, 지능, 지적 수준, 발달성숙도 및 사회적응력 등에 비추어 그 범죄의 의미, 피해를 당한 정황, 처벌을 희망하지 않는다는 의사표시 또는 처벌희망 의사표시의 철회가 가지는 의미·내용·효과를 이해하고 알아차릴 수 있는 능력을 말하고, 그 의사표시는 흠이 없는 진실한 것이어야 하므로, 법원으로서는 위와 같은 의미에서 피해자인 청소년에게 의사능력이 있는지 여부 및 그러한 의사표시가 진실한 것인지 여부를 세밀하고 신중하게 조사·판단하여야 한다.

[연   구]

Ⅰ. 들어가며

대상판결은 1) 참고인 진술청취 수사보고서의 증거능력, 2) 반의
사불벌죄의 처벌불원 의사표시 또는 처벌희망 의사표시의 철회 유무
및 효력에 관한 사실이 엄격한 증명 대상인지, 3) 반의사불벌죄에서
피해자인 청소년이 단독으로 처벌불원 의사표시 또는 처벌희망 의사
표시의 철회를 할 수 있는지 의 세 가지 중요한 법리를 다루고 있다.
그러나 본고에서는 첫 번째 쟁점에 한하여 초점을 맞추어 연구하고자
한다.

검사가 기소하면서 증거로 제출하는 증거서류에 참고인 진술청취
수사보고서가 포함되는 경우는 적지 않다. 수사기관의 수사 과정에서
참고인이 생업 등 기타 여러 가지 사유로 경찰서나 검찰청에 출석하
여 조사받기를 거절하는 경우가 적지 않고 따라서 수사기관은 유선으
로 참고인의 진술을 청취한 후 수사보고서를 작성하는 방법에 의해서
라도 범죄사실 유무를 판단하는데 중요한 참고인의 진술을 서면화하
여 증거로 확보하게 된다.

공판에서 피고인 또는 피고인의 변호인이 이러한 참고인 진술청
취 수사보고서를 증거동의하면 문제가 없지만 증거 부동의하는 경우
증거능력의 유무가 문제된다. 대법원은 대상판례 이전부터[4] 참고인
진술청취 수사보고서를 형사소송법 제313조 제1항 본문이 정한 '피고
인 아닌 자의 진술을 기재한 서류'의 전문증거로 전제하고, 이 전문증
거가 예외적으로 증거능력이 부여되기 위한 요건인 진술자의 서명, 날
인이 존재하지 않기 때문에 증거능력이 없다는 것이 확고한 입장이다.

그런데 필자는 위와 같은 판례의 입장에 대하여 과연 참고인 진
술청취 수사보고서가 형사소송법 제313조 제1항 본문이 정한 서류에

---

4) 대법원 1999. 2. 26. 선고 98도2742 판결; 대법원 2007. 9. 20. 선고 2007도4105 판
   결 등.

해당하는지, 참고인 진술청취 수사보고서의 증거능력을 일률적으로
인정하지 않는 것이 타당한지 등에 대한 의문을 제기하면서 본고에서
이를 검토하고자 한다. 구체적으로 먼저 수사보고서의 의의 및 유형별
수사보고서의 증거능력에 대한 판례의 태도를 검토하고(Ⅱ), 참고인
진술청취 수사보고서가 형사소송법 제312조 제4항의 서류로 보는 것
이 타당하지 않은지, 참고인 진술청취 수사보고서의 필요성 및 진술녹
음이 존재하는 녹취 형식의 수사보고서의 증거능력 수용 여부에 대하
여 논하고(Ⅲ), 마지막으로 논지를 정리하고자 한다(Ⅳ).

Ⅱ. 수사보고서의 증거능력에 대한 기존 판례

1. 수사보고서의 의의 및 법적 근거

수사보고서는 명칭 그대로 수사 담당자가 다양한 종류의 수사를
한 경위, 결과 등을 상급자에게 보고하는 수사서류이다. 판례5)는 수사
보고서를 "수사의 경위 및 결과를 내부적으로 보고하기 위하여 작성
된 서류"라고 판시한 바 있다. 수사보고서의 개념이 어떠한지, 어떠한
경우 작성하는지에 대하여 형사소송법에는 규정되어 있지 않다. 다만
법률은 아니지만 경찰 및 검찰의 수사와 관련한 대통령령, 법무부령
등에서 수사보고서 작성과 관련하여 규정하고 있음을 확인할 수 있다.
예를 들어 대통령령인 '검사와사법경찰관의상호협력과일반적수사준칙
에관한규정' 제19조 제3항, 제4항에 의하면, 수사기관이 피의자에게 출
석을 요구하는 경우 원칙적으로 출석요구서를 발송해야 하나 부득이
한 사정이 있으면 전화, 문자메세지 등 상당한 방법으로 출석을 요구
할 수 있는데 이 경우 출석취지를 적은 '수사보고서'를 사건기록에 편
철하도록 규정하고 있다. 그 밖에 검찰사건사무규칙6)(법무부령) 등에도
수사보고서 작성과 관련한 규정이 존재한다.

---

5) 대법원 2001. 5. 29. 선고 2000도2933 판결.
6) 검찰사건사무규칙 제36조 등.

  그런데 실제 수사실무에서는 위 법령에서 정하는 경우 이외에도 다양한 종류의 수사보고서가 작성되고 있다. 형사소송법 제199조 제1항에서 "수사에 관하여는 그 목적을 달성하기 위하여 필요한 조사를 할 수 있다."라고 규정하고 있으므로 임의수사의 일종인 수사보고서를 이에 근거하여 작성할 수 있다고 해석된다.[7] 즉 수사기관은 강제수사가 아닌 한 다양한 방법의 임의수사를 할 수 있고 그 수사경과 및 결과 등을 서면으로 보존하기 위하여 '수사보고서'라는 형식을 빌려 작성하는 것이다. 다양한 종류의 수사의 경과 및 결과를 기재하는 서식을 모두 법정서식으로 담아낼 수 없기 때문에 수사기관은 '수사보고서'라는 형식으로 이를 보완하고 있다.[8]

  예를 들어 수사기관은 출석을 거절하는 중요참고인의 진술을 확보하기 위하여 유선으로 그 진술을 청취하고 수사보고서의 형식으로 이를 서면화한다. 또한 고소인 또는 피의자가 자료를 제출하는 경우 그 자료만 수사기록에 첨부하였을 때 과연 이 자료가 누가 어떠한 이유로 제출한 것인지 및 혐의사실과 어떤 관련이 있는지 여부를 파악하기 어렵기 때문에 수사보고서에 자료를 제출받은 경위, 자료 요지 등을 작성한 후 자료를 첨부한다. 구체적인 서식은 아래와 같다.

---

7) 신이철, "수사보고서에 기재된 참고인과의 전화통화 내용의 증거능력 – 전문법칙과의 관계를 중심으로 –", 형사법의 신동향 통권 제45호, 2014. 12., 138면; 한상규, "수사보고서의 증거능력 – 대법원 판결을 중심으로 –", 강원법학 제40권, 2013. 10., 409면.

8) 같은 취지로 조광훈, "각 유형별 수사보고서의 증거능력에 관한 검토", 형사법의 신동향 통권 제47호, 2015. 6., 108-109면.

서 울 ○ ○ 경 찰 서

2022. 10. 2.

수신: 경찰서장
참조: 형사과장
제목: 수사보고(관련 약식명령 확인 등)

　피의자들이 처벌받은 관련 사건(서울○○지방법원 2020고약12345)의 이미 확정된 약식명령 사본, 관련사건에서 제출되었던 피의자와 피해자간 작성한 매매계약서 사본을 확보하여 이를 첨부합니다.

첨부: 약식명령 사본 1부
매매계약서 사본 1부

형사과 근무
경위 홍길동 ㉑

　이처럼 수사보고서는 상급자에게 '보고하는 형식'의 서류이지만 실질적으로는 다양한 수사의 경위 및 결과를 서면화하기 위한 목적성이 있다. 따라서 수사보고서는 수사기관이 수사행위와 관련한 사항을 기록한 수사서류[9] 또는 수사기관이 임의수사의 한 방법으로 수사상 필요한 사항을 조사 확인하여 보고서 형식으로 작성한 수사서류라고 보는 것이 적절하다고 생각된다. 수사보고서의 개념에서 볼 수 있듯이 수사보고서는 수사기록 전체의 윤활유 역할을 하고 각 증거서류의 의미를 부여하는 기능을 한다.[10]

2. 유형별 수사보고서의 증거능력에 대한 판례의 태도

　검사가 수사보고서를 증거로 제출하였는데 입증취지가 형벌권의

---

9) 조광훈, 앞의 글, 106면; 한상규, 주 7)의 글 409면.
10) 사법연수원, 수사절차론, 2017, 132면; 조광훈, 주 8)의 글, 116면.

존부 및 범위에 관한 것이라면 엄격한 증명의 대상이 된다[11]. 대상 판례는 반의사불벌죄에서 피고인 또는 피의자의 처벌을 희망하지 않는다는 의사표시 또는 처벌희망 의사표시 철회의 유무나 그 효력 여부에 관한 사실은 엄격한 증명의 대상이 아니라 자유로운 증명의 대상이므로 증거능력이 없는 증거나 법률이 규정한 증거조사방법을 거치지 아니한 증거에 의한 증명이 가능하다고 하면서, 문제된 수사보고서가 입증하고자 하는 것이 반의사불벌죄의 처벌불원 의사 또는 처벌을 원하는 의사의 철회, 효력 등에 관한 사실이므로 증거능력 유무를 판단할 필요가 없다고 판시하고 있다. 따라서 예를 들어 경찰이 영장에 의한 체포 또는 현행범인체포를 하면서 체포 경위 및 과정 등을 수사보고서로 작성하는 경우, 공무집행방해죄로 기소되어 직무집행의 적법성이 문제되는 등의 사안이 아니라면 위 수사보고서의 입증취지는 자유로운 증명 대상이고 증거능력 유무를 판단할 필요가 없다.

한편 엄격한 증명 대상인 수사보고서의 경우 증거능력이 있을 것을 요하는데, 피고인측이 증거 동의하는 경우라면 위법하게 수집한 증거가 아닌 한 증거능력이 있는지 여부를 판단할 필요가 없다. 그러나 피고인측이 증거 부동의하는 경우 증거능력 유무를 판단해야 하는데 판례는 결론적으로는 대부분의 수사보고서의 증거능력을 인정하지 않는 입장으로 수사보고서의 유형별[12]로 그 판단근거가 달라 이를 살펴볼 필요가 있다.

---

11) 이은모·김정환, 형사소송법, 제8판, 박영사, 2021, 592면; 이재상 外, 형사소송법 제13판, 2021, 박영사, 574-575면; 이주원, 형사소송법, 제3판, 박영사, 2021, 387면; 이창현, 형사소송법, 제7판, 정독, 2021, 798면; 정웅석 外, 신형사소송법, 박영사, 2021, 517면.
12) 아래 기술한 수사보고서의 유형 이외에 수사결과보고서 등과 같이 수사기관의 주관적인 판단, 의견 등을 기재한 수사보고서도 존재하는데 이에 관한 명확한 판례가 존재하지 않아 기술하지 않음. 수사기관의 주관적인 판단, 의견 등을 기재한 수사보고서는 그 내용이 입증 가능한 사실이 아니므로 증거로서의 가치가 없어 증거능력이 없다고 보는 것이 타당하다고 판단됨.

(1) 검증결과를 기재한 수사보고서

가. 판 례

판례는 수사기관이 검증한 결과를 기재한 수사보고서의 증거능력을 인정하지 않는 입장이다.

폭력행위에 대하여 폭력행위등처벌에관한법률위반죄로 기소된 사안[13)]에서, "1998. 2. 23. 02:00경 안양시 ○○구 ○○동소재 백운나이트 앞 노상에서 발생한 폭력행위등처벌에관한법률위반 피의사건에 대하여 다음과 같이 수사하였기 보고합니다 … 2. 진단서 미제출에 대하여, 피고인 1, 2 서로 왼쪽 눈부위에 타박상이 있고, 피고인 1은 무릎에도 찰과상이 있는데 현재 심야인 관계로 날이 밝으면 치료 후 진단서 제출한다 하기에 이상과 같이 수사보고합니다."라고 작성된 수사보고서의 증거능력을 부정하였다. 먼저 판례는 피고인이 위 수사보고서에 대하여 증거로 함에 동의하지 않았는데 전문증거이므로 형사소송법 제310조의2에 의하여 같은 법 제311조 내지 제316조의 각 규정에 해당하지 아니하는 한 이를 증거로 할 수 없다고 전제하였다.

그리고 "피고인 1,2 서로 왼쪽 눈부위에 타박상이 있고, 피고인 1은 무릎에도 찰과상이 있다."라고 기재한 부분은 검찰사건사무규칙 제17조에 의하여 검사가 작성한 실황조서 또는 사법경찰관리집무규칙 제49조 제1항, 제2항에 의하여 사법경찰관이 작성한 실황조사서에 해당하지 아니하며, 단지 수사의 경위 및 결과를 내부적으로 보고하기 위하여 작성된 서류에 불과하므로 검증결과에 해당하는 기재가 있다고 하여 이를 형사소송법 제312조 제1항의 '검사 또는 사법경찰관이 검증의 결과를 기재한 조서'라고 할 수 없고 또한 같은 법 제313조 제1항의 '피고인 또는 피고인이 아닌 자가 작성한 진술서나 그 진술을 기재한 서류'라고 할 수도 없으며, 나머지 같은 법 제311조, 제315조, 제316조의 적용대상이 되지 않는 것이 분명하므로 그 기재 부분은 증

---

13) 대법원 2001. 5. 29. 선고 2000도2933 판결.

거로 할 수 없다고 판시하였다.

나. 검 토

검증결과를 기재한 수사보고서의 증거능력을 부인하는 판례의 입장은 타당하다고 생각된다. 수사기관이 영장에 의한 검증을 하거나 임의수사 형식의 실황조사를 하는 경우에는 그 경위 및 결과 등을 검증조서 또는 실황조(사)서라는 정해진 서식에 기재하도록 관계법령에 명확히 규정되어 있다. 그럼에도 불구하고 이를 굳이 '수사보고서'라는 형식을 빌려 작성하는 것은 수사기관 내부 편의를 위한 것이라고 밖에 해석할 수 없고 특별히 이러한 유형의 수사보고서를 검증조서에 준하여 형사소송법 제312조 제6항을 적용하여 증거능력을 인정해야 할 필요성도 없으므로 영장주의 잠탈을 막기 위하여도 판례의 입장은 타당하다. 그런데 사견으로는 일단 위 수사보고서가 실질적으로 검증결과를 기재한 것이므로 형사소송법 제312조 제6항으로 의율할 수 있는데, 적법한 절차와 방식에 따라 작성된 것이 아니므로 증거능력이 없다고 판시하는 것이 더 적절하지 않은가라는 의문이 있다.

한편 위 2000도2933 판례는 경찰의 목격진술이 기재된 수사보고서라고도 할 수 있는데, 이 경우 수사보고서를 증거로 제출하는 것은 타당하지 않다. 경찰의 목격진술이 혐의 입증과 관련하여 중요한 내용인 경우 이를 수사보고서로 작성화하여 서면화할 필요가 있지만, 이는 수사기관 내부에서 혐의 유무를 판단할 때 자료로 사용하는 것이 타당하고 법원에 증거로 제출할 것은 아니라고 생각된다. 즉 범행상황을 목격한 경찰관이 증인으로 나와 증언하는 것이 공판중심주의 및 전문법칙의 취지에 부합한다. 위 판례도 문제된 수사보고서가 형사소송법 제313조 제1항의 '피고인 또는 피고인이 아닌 자가 작성한 진술서나 그 진술을 기재한 서류'라고 할 수 없다고 판시하였는데 타당하다고 생각된다.

(2) 증거자료를 첨부하고 그 내용을 정리한 수사보고서

가. 판 례

판례는 수사기관이 증거자료를 첨부하면서 그 내용을 정리한 수사보고서의 증거능력 유무에 대하여 첨부자료의 성격에 따라 다르게 판단하고 있는 것으로 보인다.

판례14)는 고발장을 첨부한 수사보고서에 대하여 피고인측에서 고발장은 증거 부동의하고 수사보고서는 증거동의하였는데, 원심법원이 수사보고서에 대한 증거동의가 고발장에도 미친다고 판단한 것이 위법이라고 판시하였다. 즉 수사기관이 수사과정에서 수집한 자료를 기록에 현출시키기 위하여 자료의 성격, 혐의사실과의 관련성 등을 요약, 설명하는 수사보고서를 작성하고 자료를 첨부하는 경우, 이러한 수사보고서는 수사기관이 첨부자료로 얻은 인식, 판단, 추론이거나 자료의 단순한 요약에 불과하여 자료와 독립한 증명력을 갖지 못하고, 자료는 독립한 별개의 증거이므로 증거 동의 여부를 별도로 판단하여야 한다고 판시하였다.

한편 판례15)는 국가보안법상 찬양·고무등 죄로 기소된 사안에서, 이적표현물인 자료를 첨부한 수사보고서의 증거능력과 관련하여, 첨부자료의 존재 자체가 요증사실인 증거에 해당되어 전문증거가 아니고, 수사보고서는 첨부자료의 입수경위와 내용 등을 요약, 설명한 것으로 작성자인 경찰관이 법정에 나와 진정성립을 인정하였으므로 형사소송법 제313조 제1항의 요건을 충족하여 증거능력이 있다고 판단하였다. 이와 비교하여 이적표현물인 '새세대 16호'를 첨부한 수사보고서의 증거능력이 문제된 사안에서, 판례16)는 이 수사보고서가 첨부자료의 내용을 분석하고 이를 기계적으로 복사하여 그대로 첨부한 문서이므로 신용성이 담보되어 형사소송법 제315조 제3호의 '기타 특히 신

---

14) 대법원 2011. 7. 14. 선고 2011도3809 판결.
15) 대법원 2013. 2. 15. 선고 2010도3504 판결.
16) 대법원 1992. 8. 14. 선고 92도1211 판결.

용할만한 정황에 의하여 작성된 문서'에 해당하여 당연히 증거능력이 인정된다고 판시한 바 있다.

나. 검 토

증거자료를 첨부하는 형식의 수사보고서에 대하여 판례는 첨부된 자료의 성격에 초점을 맞추어 첨부자료의 존재 자체가 요증사실을 입증하는 경우 즉 첨부자료가 원본증거인 경우에는 수사보고서를 형사소송법 제313조 제1항 또는 제315조 제3호에 의하여 증거능력을 인정한다. 위 92도1211 판결과 2010도3504 판결이 이에 해당한다. 그런데 위 판결은 모두 국가보안법위반 사안에 관한 것인데, 대법원은 같은 성격의 수사보고서에 대하여 적용되는 전문법칙의 예외조문을 상이하게 설시하고 있다. 생각컨데 이적표현물 등을 첨부한 수사보고서에 대하여 법원이 기존에는 형사소송법 제315조 제3호를 적용하여 당연히 증거능력을 인정하였다가, 시대적 흐름의 변화가 반영되어 형사소송법 제313조 제1항이 적용되는 성격의 서류로 판단하고 그 요건을 충족해야 증거능력을 인정하는 입장으로 변경한 것이 아닌가 생각된다.[17]

그런데 첨부자료의 내용의 진위 여부가 요증사실을 입증하는 경우 즉 첨부자료가 전문증거인 경우에는 수사보고서의 증거능력을 어떻게 판단하는지는 명확하지 않지만 인정하지 않는 것으로 보인다. 즉 위 2011도3809 판결이 이에 해당하는 경우로 볼 수 있는데 피고인이 수사보고서에 대하여 증거동의하여 판례는 증거능력을 따로 판단하지 않으면서도 다만 수사보고서가 첨부자료와 독립하여 공소사실에 대한 증명력을 가질 수 없고 따라서 피고인도 증거능력을 다투지 않는 것으로 보인다고 판시하였기 때문이다.

수사기관이 자료를 첨부하면서 그 입수경위, 자료내용의 요지 등

---

17) 수사기관이 일방적으로 작성한 수사보고서를 형사소송법 제315조 제3호에 의하여 당연히 증거능력을 인정하는 것은 매우 신중해야 한다는 견해도 존재함(한상규, 주 7)의 글, 424-425면).

을 수사보고서로 작성하는 경우 수사보고서를 증거로 제출하는 것은 타당하지 않고 제출하더라도 수사보고서의 증거능력을 인정할 이유는 없다고 생각된다. 즉 이러한 유형의 수사보고서는 수사기관 내부적으로 수사의 편의를 위하여 작성된 것으로 이후 공소제기시 첨부된 자료만을 증거로 제출하면 되지 굳이 수사보고서를 증거로 제출할 실익도, 정당한 이유도 없다고 생각된다. 자료의 입수경위를 법정에 현출하고 싶다면 담당 경찰관이 증언하면 되고, 자료의 내용은 첨부자료 자체를 법정에서 검토하면 되지 굳이 그 내용 요지를 작성하여 증거로 제출할 필요가 없기 때문이다.

(3) 참고인 진술청취 수사보고서
가. 판 례

판례는 참고인의 진술을 전화로 청취하고 그 내용을 기재한 수사보고서를 형사소송법 제313조 제1항의 전문서류로 보고 위 조문의 요건을 충족하지 못하여 증거능력이 없다는 것이 일관된 입장으로 대상판례가 그 중 하나의 판례이다.

대상판례는 검사가 참고인인 피해자와의 전화통화 내용을 기재한 수사보고서는 형사소송법 제313조 제1항 본문에 정한 '피고인 아닌 자의 진술을 기재한 서류'인 전문증거에 해당하나, 그 진술자의 서명 또는 날인이 없을 뿐만 아니라 공판준비기일이나 공판기일에서 진술자의 진술에 의해 성립의 진정함이 증명되지도 않았으므로 증거능력이 없다고 판시하였다.

대상판례 이전 판례[18]에서도, 검찰주사보가 중국에 거주하는 참고인과 전화통화를 하여 그 대화내용을 문답형식으로 기재한 수사보고서의 증거능력과 관련하여, 위 수사보고서는 전문증거로서 형사소송법 제310조의2에 의하여 제311조 내지 제316조에 규정된 것 이외에는 이를 증거로 삼을 수 없는 것인데, 제311조, 제312조, 제315조, 제316조

---

18) 대법원 1999. 2. 26. 선고 98도2742 판결(대법원 2007. 9. 20. 선고 2007도4105 판결 등도 같은 취지의 판결임).

의 적용대상이 되지 아니함이 분명하고, 제313조가 적용되기 위하여는 그 진술을 기재한 서류에 진술자의 서명 또는 날인이 있어야 하는데, 수사보고서에는 검찰주사보의 기명날인만 되어 있을 뿐 원진술자인 참고인의 서명 또는 기명날인이 없어 결국 제313조에 정한 진술을 기재한 서류가 아니고 수사보고서를 작성한 검찰주사보가 법정에 나와 수사보고서 내용이 전화통화내용을 사실대로 기재하였다는 취지의 진술을 하더라도 마찬가지라고 판단하였다.

나. 검 토

다른 유형의 수사보고서와 달리 참고인 진술청취 수사보고서에 대한 판례(대상 판례 포함)의 판단은 법리적 및 실무적 관점에서 바라보았을 때 재고되어야 한다고 생각된다.

참고인을 소환하여 조사하면서 수사내용을 참고인 진술조서가 아닌 수사보고서에 기재하는 것은 타당하지 않고, 수사보고서의 증거능력을 인정할 이유가 없다. 그런데 참고인이 수사기관에 출석하는 것을 거부하였고 그 참고인의 진술이 혐의 유무를 판단하는데 매우 결정적인 증거인 경우 전화로라도 진술을 청취하고 이를 서면화할 필요가 있다. 수사보고서는 참고인의 진술을 서면화하기 위하여 수사기관이 선택할 수밖에 없는 서식으로 그 증거능력을 판단하는데 있어서 이러한 '증거의 필요성'이라는 상황을 고려하는 것이 전문법칙과 그 예외를 인정하는 형사소송법 및 그 법이념에 오히려 부합한다고 생각된다.

또한 형사소송법 제312조 및 제313조가 규정하는 전문서류의 성격을 살펴볼 때 판례가 참고인 진술청취 수사보고서를 형사소송법 제313조가 규정하는 전문서류라고 판단하고 있는 것은 타당하지 않다고 생각된다.

따라서 아래에서는 참고인 진술청취 수사보고서가 형사소송법 제312조 제4항의 서류로 보는 것이 타당하지 않은지, 참고인 진술청취 수사보고서의 필요성 및 진술녹음이 존재하는 녹취 형식의 수사보고서의 증거능력 수용 여부에 대하여 검토하고자 한다.

Ⅲ. 참고인 진술청취 수사보고서의 증거능력에 대한 재고

1. 전문법칙 예외조문의 의율 – 제313조 제1항인가, 제312조 제4항인가

형사소송법 제312조는 전문증거 중에서 검사 또는 사법경찰관 즉 수사기관 앞에서 행한 피의자나 참고인의 진술을 기재한 조서, 진술서 등의 서면진술과 검증조서를 예외적으로 증거로 할 수 있는 요건을 정하고 있다.[19]

반면 형사소송법 제313조는 피의자나 참고인이 검사 또는 사법경찰관의 조사과정이 아닌 사적 상황에서 작성한 진술서 또는 진술기재서류의 증거능력 요건을 정하고 있다.[20] 형사소송법 제313조 제1항의 "전2조의 규정 이외에 피고인 또는 피고인이 아닌 자가 작성한 진술서나 그 진술을 기재한 서류"에 수사기관이 '조서' 이외의 형식으로 작성한 수사서류도 포함하는 것이 입법자의 취지는 아닌 것으로 판단된다. 판례도 전술한 바와 같이 수사기관이 검증결과를 기재한 수사보고서의 증거능력에 대하여 형사소송법 제313조 제1항의 '피고인 또는 피고인이 아닌 자가 작성한 진술서나 그 진술을 기재한 서류'라고 할 수 없다고 판시한 바 있는데, 이는 수사기관이 '조서'이외의 형식으로 작성한 수사보고서가 형사소송법 제313조의 진술서가 아니라고 판단하고 있는 것이다.

또한 최근 판례[21]는 압수조서 중 압수경위란에 사법경찰관이 범행을 목격한 내용을 기재한 부분에 대하여 형사소송법 제312조 제5항의 피고인이 아닌 자가 수사과정에서 작성한 진술서에 해당한다고 보고 해당 요건을 갖추었으므로 증거능력이 있다고 보았는데, 비록 사법경찰관에게 제출하는 '진술서'의 형식을 갖추고 있지 않지만 수사과정

---

19) 김희옥·박일환 편집대표, 주석형사소송법 제5판, 이완규 작성부분, 2017. 482면.
20) 주석형사소송법, 위의 책, 534-535면.
21) 대법원 2019. 11. 14. 선고 2019도13290 판결.

에서 작성된 것이라는 점에 주목하여 형사소송법 제313조가 아닌 제312조를 적용한 것이라고 판단된다.

그럼에도 불구하고 참고인 진술청취 수사보고서에 대하여만 이를 수사과정이 아닌 사적 상황에서 작성한 서류로 보고 형사소송법 제313조를 적용하는 대상판례의 태도는 모순적이라고 보지 않을 수 없다.

참고인 진술청취 수사보고서는 수사기관이 출석하지 못하는 참고인을 전화로 조사한 후 그 질문과 답변 내용을 수사보고서에 기재한 것으로 수사기관의 조사과정에서 작성된 서류이지 사적 상황에서 작성된 서류가 아니다. '수사보고서'라는 형식을 갖추었지만 실질은 참고인진술조서인, 즉 참고인진술조서의 변형된 수사서류라고 할 수 있다. 참고인 진술 청취 수사보고서를 예시로 들면 아래와 같다.

판례도 수사기관이 피의자의 자백내용을 기재한 수사보고서에 대하여 형식 여하를 불문하고 수사기관이 작성한 피의자신문조서와 달리 볼 수 없으므로 피고인이 공판 과정에서 내용을 부인한 이상 수사보고서의 증거능력을 인정할 수 없다고 판시[22]함으로써 수사보고서라는 형식이 아닌 실질에 의하여 수사기관 작성 피의자신문조서의 증거능력에 관한 조문인 형사소송법 제312조 제3항을 적용한 바 있다. 피의자의 진술을 기재한 수사보고서에 대하여는 서류의 내용 즉 실질적인 측면을 고려하여 전문법칙의 예외조문을 판단하였음에도 참고인의 진술을 기재한 수사보고서에 대하여는 서류의 형식적인 측면에만 초점을 맞추어 전문법칙의 예외조문을 판단하고 있는 판례의 태도는 모순적이라고 생각된다.

---

22) 대법원 2006. 1. 13. 선고 2003도6548 판결.

○○지방검찰청

주임검사

수 신   검사 ○○○

제 목   수사보고(참고인 전화진술 청취)

○ 본건 상해 사건의 목격자인 참고인 김갑동을 소환조사하고자 하였으나 김갑
  동이 생업 등 이유로 출석 불가하다고 하여 금일 14:00경 전화로 김갑동의
  진술을 다음과 같이 청취하여 이를 보고합니다.

문: 진술인은 2022. 9. 15. 16:00경 서울 송파구 양재대로 1218 앞 골목에서 발생
  한 상해사건을 목격한 사실이 있는가요.

답: 예, 그렇습니다.

문: 목격한 경위가 어떻게 되는가요.

답: 당시 친구를 만나려고 골목길 근처에 서 있었는데 진행하던 차량 2대가 갑
  자기 멈추더니, 각 차에서 남자 1명씩 나와 서로에게 다가가 언쟁을 하였다.
  앞의 차량에서 나온 남자가 뒤의 차량에서 나온 남자보다 키와 몸집이 컸습
  니다. 제가 듣기로는 "왜 빵빵거리냐"라고 한 것 같습니다. 그러더니 덩치가
  더 큰 남자가 갑자기 다른 남자의 가슴을 손으로 밀치면서 주먹으로 얼굴을
  때렸습니다. 이후 전 친구를 만나 자리를 이동해서 그 뒤로 어떻게 되었는
  지는 잘 모르겠습니다.

                                    2022. 10. 2.

                                    위 보고자

                                    검찰주사보   ○○○

따라서 참고인 진술청취 수사보고서의 증거능력 유무를 판단하기 위하여 적용되어야 할 형사소송법 조문은 제313조가 아니라 제312조 제4항이 적용되어야 타당하다고 생각된다. 형사소송법 제312조 제4항이 적용되기 위하여는 '조서'여야 하는데 수사보고서이므로 이를 적용할 수 없다는 주장도 존재하나 이는 선후가 바뀐 주장으로 보인다. 왜냐하면 일단 형사소송법 제312조 및 제313조의 구분 체계상 제312조 제4항으로 증거능력 유무를 판단할 것을 결정한 후, 제4항의 증거능력 인정요건 중 하나인 적법한 절차와 방식에 따라 '조서'로서 작성되어야 함에도 '수사보고서'로 작성되었으므로 결과적으로 증거능력이 없다고 판단하는 것이 타당하기 때문이다.

뿐만 아니라 수사기관에 대한 통제 및 피고인의 방어권 보장 측면에서도 참고인 진술청취 수사보고서에 대하여 형사소송법 제313조가 아닌 제312조 제4항을 적용할 필요가 있다. 증거능력을 인정받기 위하여 필요한 요건이 형사소송법 제313조보다 제312조 제4항에서 더 까다롭게 요구하기 때문이다.[23] 2007년 형사소송법이 개정되면서 수사기관 작성 참고인진술조서의 증거능력에 대하여 원진술자가 진정성립만 인정하면 증거능력이 인정되었던 것에, 추가적으로 ① 적법한 절차와 방식에 따라 작성되고, ② 피고인 또는 변호인이 공판준비 또는 공판기일에 그 기재내용에 관하여 원진술자를 신문할 수 있어야 하며, ③ 조서에 기재된 진술이 특히 신빙할 수 있는 상태 하에서 행해졌음이 증명되어야 함을 요구하게 되었다. 반면 형사소송법 제313조에 의하면 작성자 또는 진술자의 서명 또는 날인 등이 있고 작성자 또는 진술자가 진정성립만 인정하면 특신상태나 반대신문 기회 부여 등의 요건 없이 증거능력이 인정된다.

또한 참고인 진술청취 수사보고서는 수사기관이 참고인의 진술을

---

23) 같은 취지로 신동운, 신형사소송법, 제5판, 2014, 1225면; 신이철, 주 7)의 글, 150-154면; 양동철, "개정 형사소송법상의 참고인 진술의 증거능력 – 참고인진술조서 및 진술서를 중심으로 –", 법조 58권 2호, 2009. 2., 79-80면.

적은 서류인 이상 개념상 진술조서에 해당한다고 보아야 하고, 만일 형사소송법 제313조의 적용대상이라고 한다면 참고인이 사후적으로 서명 또는 날인하는 경우 증거능력을 인정할 것인지, 그렇다면 수사기관의 직접 대면에 의한 진술조서보다 그 증거능력을 손쉽게 인정하는 매우 부당한 결과를 초래할 수 있다는 비판도 존재한다.[24]

2. 형사소송법 제312조 제4항의 요건 충족 여부

수사기관이 참고인을 조사할 때 '조서'를 작성해야 하는지에 대하여는 피의자 조사와 달리 형사소송법에 명확한 조문이 존재하지는 않는다. 즉 형사소송법 제221조 제1항에 의하면 "검사 또는 사법경찰관은 수사에 필요한 때에는 피의자 아닌 자의 출석을 요구하여 진술을 들을 수 있다"라고 규정되어 있을 뿐이기 때문이다. 반면 형사소송법 제244조 제1항에 의하면 "피의자의 진술은 조서에 기재하여야 한다"라고 규정하고 있어 수사기관이 피의자를 조사할 때는 반드시 '조서'의 형식으로 작성하도록 강제하고 있다. 따라서 형사소송법의 취지상 참고인 조사는 피의자 조사와 달리 취급되는 것으로 해석되고 참고인 진술조서를 작성하는 것이 강제된다고 할 수 없다.[25]

이와 같은 형사소송법 조문체계를 고려할 때 수사기관이 참고인을 조사할 때 반드시 '참고인진술조서'의 형식으로 작성할 필요가 없고 이를 수사보고서와 같은 형식으로 작성한다고 하더라도 적법하지 않다고 볼 수 없다고 생각된다.

그러나 형사소송법 제312조 제4항에서 '검사 또는 사법경찰관이 피고인이 아닌 자의 진술을 기재한 조서'라고 규정하고 있고, 전문서류의 증거능력에 관한 형사소송법 제311조에서 제315조 중 참고인 진술청취 수사보고서의 증거능력을 판단하기 위하여 적용할 조문을 형사소송법 제312조 제4항으로 선택하는 이상 참고인 조사결과는 '조서'

---

24) 이주원, 주 11)의 책, 478-479면.
25) 양동철, 주 23)의 글, 66면.

의 형식으로 기재되어야 할 것이다. 즉 수사기관이 참고인의 진술을 '조서'라는 서식에 작성하지 않고 '수사보고서'로 작성한 경우 형사소송법 제312조 제4항이 요건으로 설시하고 있는 '적법한 절차와 방식에 따라 작성된 것'이 아니라고 하는 것이 타당하다. 또한 '조서'의 경우 원진술자인 참고인이 조서에 간인 및 기명날인 또는 서명하도록 해야 하는데[26] 수사보고서의 경우 당연히 원진술자인 참고인의 간인, 기명날인 또는 서명은 존재할 수 없고 단지 보고서 작성자인 수사관의 기명날인 또는 서명만 존재하기 때문에 역시 이러한 점도 '적법한 절차와 방식에 따라 작성된 것'이 아니라고 할 것이다.

결국 참고인 진술청취 수사보고서는 형사소송법 제312조 제4항의 요건을 충족하지 못하여 증거능력이 없다고 판단할 수밖에 없다.

3. 참고인 진술청취 수사보고서의 필요성

(1) 참고인 구인제도의 부재

우리 형사소송법제에서 참고인 조사는 임의수사이다. 즉 수사기관이 참고인에게 조사를 위한 출석 요청을 하더라도 참고인은 이를 거절할 수 있고, 수사기관은 출석을 거부하는 참고인을 강제로 구인할 수 없다.

반면 독일의 경우 증인은 검사의 소환에 응하여 출석하고 사건에 관하여 진술할 의무가 있고(형사소송법 제161조a 제1항), 증인이 정당한 이유 없이 불출석하거나 출석을 거부하는 경우 검사는 증인에게 과태료를 부과하거나 구류 및 구인도 할 수 있다(형사소송법 제161조a 제2항).

물론 형사소송법 제221조의2 제1항에서 범죄의 수사에 없어서는 아니 될 사실을 안다고 명백히 인정되는 자가 수사기관의 출석요구에

---

26) 참고인진술조서의 경우 피의자신문조서와 같은 형사소송법 제244조가 존재하지 않지만, 원진술자인 참고인이 기명날인 또는 서명을 해야 한다는 점에 대하여는 이론이 없고 실무에서 그렇게 행해지고 있음.

출석 또는 진술을 거부한 경우 검사가 제1회 공판기일 전에 판사에게 증인신문을 청구할 수 있도록 규정하여 참고인 구인제도의 부재를 보완하고 있다. 그러나 이 증인신문제도는 수사의 밀행성에 반하기 때문에 현재 수사기관에서 이를 활용하는 경우는 거의 없다. 왜냐하면 형사소송법 제221조의2 제5항에 의하면 판사는 증인신문기일을 정할 때는 피고인, 피의자 또는 변호인에게 이를 통지하여 증인신문에 참여할 수 있도록 하는 것이 의무로 규정되어 있기 때문이다. 그러나 형사소송법 제221조의2의 절차는 공소제기 이전 검사가 증거를 수집, 보전하는 절차로서 수사절차이므로 공개주의나 당사자주의가 적용되는 것이 아니라 실체진실발견을 위한 수사의 밀행성이 보장되어야 한다. 즉 공판절차와 같이 피의자에게 반대신문의 기회가 부여되어야 하는 것이 아니고, 피의자의 입회 하에 증인신문이 이루어지는 경우 피의자측의 협박, 회유 등에 의하여 진실에 반하는 진술이 행해질 가능성이 크다.[27]

이처럼 출석을 거부하는 참고인을 강제로 소환할 수 있는 방안이 없으므로 수사기관은 범죄 혐의 유무를 밝히는데 중요한 참고인의 진술을 확보하기 위하여 전화로라도 그 진술을 청취할 수 밖에 없고 이를 보존하기 위하여 기록화의 방법으로 '수사보고서' 작성을 선택하게 되는 것이다.

---

27) 박정난, "수사상 증거보전으로서 증인신문 제도에 대한 비판적 검토", 법학연구 제31권 제4호, 2021. 12., 216-217면[형사소송법 제221조의2가 처음 제정되었을 때 및 이후 1995년 개정되었을 때도 약간의 표현이 바뀌었을 뿐 제5항은 판사가 수사에 지장이 있다고 인정하는 경우 피의자측에게 참여기회를 주지 않을 수 있는 것으로 규정되어 있었는데 1996. 12. 26. 헌법재판소(헌재 1996. 12. 26. 선고 94헌바1 결정)에서 이를 위헌결정하면서 위와 같이 개정된 것임. 위 헌재결정 반대의견도 형사소송법 제221조의2 절차는 수사절차로 공판절차와 달리 신속성, 밀행성의 요청상 공판절차 중심의 당사자주의 소송구조가 엄격히 적용될 수 없고 피의자 등의 반대신문권 보장이 반드시 필요한 것이 아니라고 설시함. 일본의 경우도 형사소송법 제221조의2와 같은 조문(일본 형사소송법 제228조)이 존재하는데 재판관이 수사에 지장이 발생할 우려가 있는 경우에는 피의자측의 증인신문 입회를 하지 않도록 예외를 인정하고 있음].

물론 위와 같이 작성한 수사보고서는 내부 혐의 유무 검토용으로 사용하면 되고 법원에 증거로 제출할 것은 아니며 공판에서는 참고인을 증인으로 출석하게 하여 직접 그 증언을 들으면 된다는 주장이 있을 수 있다. 그런데 문제는 참고인이 기존 수사단계에서의 진술을 번복하는 경우가 적지 않다는 것이다. 예를 들어 상해 사건 피해자나 목격자가 피고인의 회유 또는 협박 등으로 기존 수사단계에서 진술을 공판과정에서 번복하는 경우가 적지 않다. 이러한 경우 참고인을 법정 증인으로 소환하여 증언하게 하더라도 수사단계에서 한 실체진실에 부합한 진술을 법정에 현출할 수 없다. 또한 수사기관에서 출석을 거부한 참고인들이 공판정에도 출석하지 않는 경우가 종종 있는데 이 경우 참고인 진술청취 수사보고서는 형사소송법 제312조 내지 제313조의 요건을 충족하지 못하여 참고인 진술조서와 달리 형사소송법 제314조에 의한 증거능력 부여가 불가능하다. 피고인이 범행을 부인하고 객관적 증거자료도 확보하기 어려운 사안인데, 참고인의 진술내용이 피고인의 혐의를 입증할 중요하면서 명백한 증거자료임에도 '수사보고서'로서 전문법칙의 예외 요건을 충족하지 못한다는 이유로 피고인에게 무죄를 선고하는 것이 과연 형사소송의 이념에 부합한 것인지 의문이다.

(2) 조사자 증언 활용의 어려움

참고인 진술청취 수사보고서의 증거능력을 부인하더라도 참고인과 통화하면서 조사한 수사관이 법정에 증인으로 출석하여 증언하면 된다는 주장이 있을 수 있다. 즉 형사소송법 제316조에 근거한 조사자 증언이다.

그런데 피의자 진술에 대한 조사자 증언은 형사소송법 제316조 제1항이 적용되어 특신상태만 입증하면 증거로 사용할 수 있으나, 참고인 진술에 대한 조사자 증언은 형사소송법 제316조 제2항이 적용되어 참고인이 소재불명 등 일정한 사유에 의하여 법정에 출석할 수 없는 경우에 한하여만 증거로 사용 가능하다. 따라서 참고인이 법정에 증인으로 나와 기존 수사단계에서의 진술을 번복하는 경우에는 이 요건을 충족시키기 어렵다.[28] 조사자 증언의 실익은 피조사자의 수사단계에서의 진술이 번복되는 경우에 있는데 이처럼 참고인에 대한 조사자 증언은 실제 활용되기 어려운 상황이다.

4. 진술녹음이 있는 녹취 형식 수사보고서의 수용

우리 형사소송법제는 형사소송법 제310조의2에 전문법칙을 선언하여 전문증거의 증거능력을 원칙적으로 부인하면서 실체적 진실발견과 소송경제를 도모하여 예외적으로 형사소송법 제311조부터 제316조까지 증거능력을 인정하고 있다. 즉 법원이 전문증거를 대체할 수 있는 증거를 구할 수 없는 사정이 인정되는 경우 전문증거임에도 불구하고 증거능력을 인정하여 실체적 진실발견을 촉진할 필요가 있는 것이다. 보통 전문법칙의 예외사유는 신용성의 정황적 보장과 필요성의 두 가지 요건으로 설명하고 있다.[29] 즉 전문증거와 같은 가치의 증거를 얻는 것이 불가능하거나 곤란한 상황에서 원진술의 진실성이 제반 정황에 의하여 보장되고 공판에서 피고인이 반대신문권을 행사할 수 있다면 전문증거의 증거능력을 예외적으로 인정하는 것이다.

우선 참고인 진술청취 수사보고서는 전술한 바와 같이 참고인 구인제도가 부재하고 조사자 증언의 활용이 사실상 어려운 상황에서 필요성이 인정된다.

신용성의 정황적 보장과 관련하여서는 진술녹음으로 보완할 수 있다.

검찰은 참고인 진술청취 수사보고서의 증거능력을 부정하는 판례의 입장에 따라 몇 년 전부터 참고인의 진술을 유선으로 청취시 참고인의 동의를 얻어 이를 녹음하는 방식을 실시하고 있다. 실무에서 참

---

28) 비슷한 취지의 비판으로 주석형사소송법, 주 19)의 책 517면.
29) 주석형사소송법, 주 19)의 책, 469-471면.

고인 진술청취 수사보고서와 진술녹음물이 함께 증거로 제출되는데 물론 법원에서 수사보고서와 함께 진술녹음물에 대하여도 같은 근거에 의하여 증거능력을 인정하고 있지 않다.30) 그러나 진술녹음이 있는 '녹취 형식'의 수사보고서에 대하여도 예외 없이 증거능력을 부정하는 것은 재고되어야 하지 않는가 생각된다.31) 진술녹음물이 존재하는 경우 참고인의 육성을 통하여 참고인이 실제로 수사보고서에 기재된대로 진술한 것이 맞는지 확인할 수 있고, 수사보고서를 녹음된 내용 그대로 이를 녹취하는 형식으로 작성한다면 신용성의 정황적 보장을 부인하기 어렵다고 생각된다.

이에 더하여 수사기관이 진술녹음을 마친 후 녹음된 내용을 참고인에게 들려주고 진술한대로 녹음되었는지 확인시키는 절차를 필요적으로 거치도록 한다면 참고인 조사시 조서를 참고인에게 열람하도록 하고 서명, 날인을 받는 것을 대체할 수 있고 신용성의 정황적 보장을 더욱더 보완할 수 있을 것으로 판단된다.

한편 수사보고서의 증거능력을 수용하기 어렵다면 진술녹음물 자체만 증거능력을 인정하는 것을 생각해볼 수 있다. 우리 판례32)는 사인이 녹음 또는 녹화한 녹음물, 녹화물에 대하여는 형사소송법 제313조의 진술서, 진술기재서류와 같이 보아 요건을 충족하는 경우 본증으로서의 증거능력을 인정하는 반면, 수사기관이 녹화한 영상녹화물의 증거능력에 대하여 본증으로서의 증거능력을 인정하는 명확한 법적 근거가 없음을 이유로 이를 부정하고 있다. 그러나 녹음물이나 녹화물

---

30) 실무에서는 진술녹음이 있는 참고인 진술청취 수사보고서를 피고인측이 증거 부동의를 하여 증거능력을 인정받지 못하는 경우 탄핵증거로는 받아들여 판사가 자유재량에 의하여 진술의 증명력을 판단하고 있다. 또는 재판장에 따라 진술녹음으로 참고인이 수사단계에서 그와 같이 진술하였음이 명백하다고 판단하여 피고인측에게 참고인 진술청취 수사보고서의 증거능력을 동의하도록 조정하기도 한다.
31) 진술녹음이 있는 참고인 진술청취 수사보고서는 진술자의 음성이 고스란히 녹음되어 있어 신용성이 높으므로 녹음내용과 수사보고 기재내용이 일치하고 원진술자가 성립인정을 하는 경우 예외적으로 증거능력을 인정하는 능동적 해석론이 요구된다는 취지의 논문으로, 조광훈, 주 8)의 글, 124-125면.
32) 대법원 2005. 12. 23. 선고 2005도2945 판결; 2014. 7. 20. 선고 2012도5041 판결 등.

은 '조서'와 달리 원진술자의 진술과 기록화의 중간에 제3자의 인위적 행위가 개입되지 않는다는 점에서 왜곡 없이 정확하게 진술을 기록할 수 있는 매체이다. 오히려 영미에서는 수사과정에서의 적법절차를 보장하기 위하여 영상녹화를 시행하기 시작하였고, 영국의 경우 형사소송 관련규정 및 실무지침에 피의자신문시 음성녹음을 필요적으로 요구하고 있다.33) 최근 코로나 상황으로 인하여 법정 재판도 비대면·원격기술을 이용한 화상재판이 이루어지고 있고, 화상재판이 실제 원거리에 있어 재판 시간에 맞추어 출석하기 어려운 사건 관계인들의 권익을 보장하고 재판진행도 매우 효율적이라는 평가가 상당히 많은 것을 고려해 보았을 때도 수사단계에 있어서도 반드시 대면 출석조사에 의한 조서작성만을 요구하는 것은 시대착오적인 것이 아닌가 생각된다.

실무에서 전화녹음을 하는 경우 본인인지 여부를 주민등록번호, 주소 등을 사전에 확인하지만 실제로 본인이 진술한 것이 맞는지 100% 담보되지 않는 점을 우려할 수 있으나, 공판정에서 원진술자가 자신의 음성임을 확인하는 성립인정 절차를 거치면 되고, 원진술자가 성립을 인정하지 않는 경우 형사소송법 제313조 제2항의 진술서 작성자가 성립인정을 부인하는 경우 과학적 분석결과에 기초한 디지털 포렌식 자료, 감정 등 객관적 방법으로 성립인정을 증명할 수 있도록 한 규정을 유추적용하여 음성 감정 등 과학적 방법에 의하여 동일인의 음성인지 여부를 충분히 확인할 수 있다. 이와 관련하여 수사기관에서 전화로 조사하는 경우 그 내용이 자동녹음되는 것과 동시에 음석인식을 통해 텍스트로 변환되도록 하는 시스템을 도입할 것을 요구하는 주장34)도 존재한다.

---

33) 김면기, "영상녹화물의 활용이 공판중심주의 활성화를 저해하는가?", 형사법연구 제29권 제4호, 2017. 12, 158면; 정웅석, "영상녹화물의 증거능력에 관한 연구－2010년 이후의 논의에 대한 답변－", 형사소송 이론과 실무 제7권 제1호, 2015. 6., 211면[영국은 수사 및 형사증거법(Police and Criminal Evidence Act 1984)에 기초하여 피의자신문의 녹음에 대하여 규정한 실무규범 E와 피의자신문의 영상녹화에 대한 실무규범 F가 제정되어 있다].

34) 김대근 外, 포스트코로나 시대의 형사사법체계의 변화와 대응(Ⅰ)－팬데믹에 따른

조서재판의 위험성을 지적하면서 수사기관의 조사시 조서 작성을 의무화하는 것은 모순적이고, 수사기관이 수사결과를 어떠한 방식으로 남길지 그 방법에 대하여 선택권을 주는 것이 타당하다.35) 참고인 조사의 경우 형사소송법 제221조 제1항에 의하더라도 "검사 또는 사법경찰관은 수사에 필요한 때에는 피의자가 아닌 자의 출석을 요구하여 진술을 들을 수 있다"고 규정하여 참고인을 직접 수사기관으로 출석시켜야만 조사가 가능하도록 한정하고 있지는 않은 것으로 해석된다.36)

수사결과를 보존하여 공판에 현출하는 방법이 조서일지 진술녹음물일지는 수사기관의 선택에 맡기고 다만 성립진정과 신용성의 보장 및 피고인의 반대신문 기회라는 까다로운 요건을 요구한다면 문제될 것이 없다고 보여진다. 또한 증거능력 있는 증거의 범주를 넓힌다 하더라도 형사사법절차의 최종적인 판단자인 법관이 각 증거의 증명력을 엄격하고 객관적으로 판단할 책임을 다하면 되는 것이다.

그러나 현재의 형사소송법제에서는 진술녹음이 있는 참고인 진술청취 수사보고서라 할지라도 그 증거능력을 인정하기 쉽지 않다. '조서'의 형식이 아닌 이상 형사소송법 제312조 제4항의 '적법한 절차와 방식에 따라 작성된 것'이라는 요건을 충족하기 어렵기 때문이다. 또한 진술녹음물에 대하여도 영상녹화물과 마찬가지로 증거능력을 예외적으로 인정할 명확한 조문이 존재하지 않는다.

따라서 진술녹음이 있는 참고인 진술청취 수사보고서 또는 진술녹음물 자체의 증거능력을 예외적으로 인정하는 조문을 입법하는 것을 고려해 볼 수 있다. 형사소송법 제312조 제4항을 참고하여 참고인이 진정성립을 인정하고, 특신상태가 인정되며, 피고인이 참고인을 반대신문할 수 있는 기회를 부여받는 것을 요건으로 증거능력을 인정한

수사와 재판의 변화와 대응, 한국 형사·법무정책연구원 연구총서, 2021, 314-315면.
35) 양동철, 주 23)의 글, 107-108면.
36) 신이철, 주 7)의 글, 148면도 같은 취지임.

다면 피고인의 방어권과 적절히 조화를 이룰 수 있을 것으로 보인다. 전문법칙은 자백배제법칙 등과 같이 헌법에 근거한 증거법칙은 아닌 바, 예외를 구체적으로 어디까지 허용할지는 입법자의 판단에 맡겨져 있는 재량적 영역으로,[37] 전문증거이지만 그 증거능력을 인정할 정당성이 있고 피고인의 방어권도 침해하지 않는 방법이 있다면 예외를 인정하는 방향으로 입법하는 것이 실체진실발견과 적법절차의 원칙을 조화시키는 것이 아닌가 한다.

Ⅳ. 마치며

대상판례를 비롯하여 우리 법원은 참고인의 진술을 전화로 청취하고 그 내용을 기재한 수사보고서를 형사소송법 제313조 제1항의 전문서류로 보고 위 조문에 의한 증거능력 인정요건을 충족하지 못하여 수사보고서의 증거능력을 배제하는 것이 일관된 입장이다.

그러나 참고인 진술청취 수사보고서는 수사기관이 참고인을 전화로 조사하는 과정에서 작성된 수사서류이지 사적 상황에서 작성된 서류가 아니다. 즉 형식은 '수사보고서'이지만 실질은 참고인진술조서로서, 변형된 참고인진술조서라고 할 수 있다. 따라서 전문법칙 예외조문으로서 적용되어야 할 조문은 형사소송법 제313조 제1항이 아니라 제312조 제4항이라고 해야 적절하다. 형사소송법 제313조 제1항의 서류에 수사기관이 '조서'이외의 형식으로 작성한 서류까지 포함하여 해석하는 것은 입법자의 취지에 반하고 판례 또한 수사기관이 검증결과를 기재한 수사보고서가 형사소송법 제313조 제1항의 서류라고 할 수 없다고 하여 '조서'이외의 형식으로 작성한 수사보고서가 형사소송법 제313조 제1항의 '진술서'가 아니라고 판단하고 있다. 뿐만 아니라 증거능력을 인정받기 위한 요건이 형사소송법 제313조보다 제312조 제4항에서 더 까다롭게 규정되어 있기 때문에 피고인의 방어권 보장 측

37) 주석 형사소송법, 주 19)의 책, 433면; 이주원, 주 11)의 책, 447면.

면에서도 형사소송법 제312조 제4항을 적용하는 것이 타당하다.

한편 참고인 진술청취 수사보고서는 '조서'형식으로 작성되지 않았고 원진술자인 참고인의 서명 또는 날인도 존재하지 않으므로 형사소송법 제312조 제4항에 의한 증거능력 인정요건을 충족하지 못하여 증거능력이 없다.

그러나 우리 형사소송법제는 독일과 달리 참고인 구인제도가 없어 참고인은 수사기관의 소환요청을 자유롭게 거절할 수 있고 보완책으로 규정된 형사소송법 제221조의2의 검사의 증인신문청구 제도도 수사의 밀행성이 보장되지 않아 실무에서 활용되지 않고 있다. 참고인의 진술이 수많은 증거들 중 하나인 사건도 있지만, 어떤 사건에서는 참고인의 진술이 피의자의 범죄혐의 유무를 밝히는데 결정적이고 중요한 역할을 하는 경우가 있고 이러한 상황에서는 전화로라도 참고인의 진술을 청취하여 이를 '수사보고서'라는 형식을 빌려 기록보존 할 수밖에 없다. 특히 참고인이 법정에 증인으로 나와 기존 수사단계에서의 진술을 번복하여 증언하는 경우 참고인 진술청취 수사보고서의 증거능력을 인정할 필요성은 크다. 이 경우 참고인을 조사한 조사자의 증언도 형사소송법 제316조 제2항의 필요성 요건을 불충족하여 증거능력을 인정받기 어렵다. 따라서 참고인 진술청취 수사보고서를 증거로서 인정하여 법관으로 하여금 자유심증으로 수사단계 및 법정 양 진술의 신빙성을 검토하도록 하는 것이 실체진실발견을 구현하는 것이라 생각된다. 특히 최근 형사소송법 관련법령 개정으로 신형사사법체계가 시작하였고 수사기관에서의 피의자 진술을 법정에 현출하는 것이 다소 어려워진 상황에서 객관적 증거뿐만 아니라 제3자 즉 참고인의 진술이 매우 중요한 증거로서의 가치를 갖게 되었다는 점을 고려한다면 더더욱 그러하다.

다만 전문법칙의 예외근거인 신용성의 정황적 보장의 보완이 필요하다고 생각되는바, 진술녹음이 존재하고 수사보고서를 녹음된 내용 그대로 녹취하는 형식으로 작성한 경우에 한하여 수사보고서 또는 적어도 진술녹음물 자체의 증거능력을 인정하는 것이 필요하다고 보인다. 그러나 현재 형사소송법 체계로는 참고인 진술청취 수사보고서의 증거능력을 인정하기 어려우므로 형사소송법 제312조 제4항을 참고하여 참고인이 진정성립을 인정하고 특신상태가 인정되며 피고인이 참고인을 반대신문할 수 있는 기회를 부여받는 것을 요건으로 증거능력을 인정하는 방향으로 입법하는 것을 진지하게 고민해 볼 필요가 있다.

[주 제 어]
참고인진술청취 수사보고서, 형사소송법 제312조 제4항, 참고인 구인, 조사자증언, 진술녹음, 신용성의 정황적 보장

[Key Words]
Investigation Report of Recording Statement of Testifier, Article 312 (4) of the Criminal Procedure Act, Arrest of Testifier, Investigator's Testimony, Recording Statement, Circumstantial Guarantee of credit

접수일자: 2023. 5. 19. 심사일자: 2023. 6. 12. 게재확정일자: 2023. 6. 30.

[참고문헌]

김대근 外, 포스트코로나 시대의 형사사법체계의 변화와 대응(Ⅰ) — 팬데믹
　　에 따른 수사와 재판의 변화와 대응, 한국 형사·법무정책연구원 연구
　　총서, 2021.
김희옥·박일환, 주석 형사소송법, 제5판, 한국사법행정학회, 2017.
이은모·김정환, 형사소송법, 제8판, 박영사, 2021.
이재상 外, 형사소송법, 제13판, 박영사, 2021.
이주원, 형사소송법, 제3판, 박영사, 2021.
이창현, 형사소송법, 제7판, 정독, 2021.
정웅석 外, 신형사소송법, 박영사, 2021.
사법연수원, 수사절차론, 2017.
신동운, 신형사소송법, 제5판, 2014.
김면기, "영상녹화물의 활용이 공판중심주의 활성화를 저해하는가?", 형사법
　　연구 제29권 제4호, 2017. 12.
박정난, "수사상 증거보전으로서 증인신문 제도에 대한 비판적 검토", 법학
　　연구 제31권 제4호, 2021. 12.
신이철, "수사보고서에 기재된 참고인과의 전화통화 내용의 증거능력 — 전
　　문법칙과의 관계를 중심으로 —", 형사법의 신동향 통권 제45호, 2014.
　　12.
양동철, "개정 형사소송법상의 참고인 진술의 증거능력 — 참고인진술조서
　　및 진술서를 중심으로 —", 법조 58권 2호, 2009. 2.
정웅석, "영상녹화물의 증거능력에 관한 연구 — 2010년 이후의 논의에 대한
　　답변 —", 형사소송 이론과 실무 제7권 제1호, 2015. 6.
조광훈, "각 유형별 수사보고서의 증거능력에 관한 검토", 형사법의 신동향
　　통권 제47호, 2015. 6.
한상규, "수사보고서의 증거능력 — 대법원 판결을 중심으로 —", 강원법학
　　제40권, 2013. 10.

[Abstract]

A study on Admissibility of Evidence of the Investigaion Report about the Testifier Recording Statement

Pank, Jungnan*

In addition to the case, our court has regarded the investigation report as specialized document, which is hearing the testifier's statement by phone and writing that contents under Article 313 (1) of the Criminal Procedure Act. The court has consistently excluded the admissibility of evidence of the investigation report because it does not meet the requirements of the above Article. However, the investigation report of the testifier written by the investigation agency under the investigating process by telephone, is not a document written in the private situation. In other words, its form is 'investigation report', but the actual is a testifier statement, which can say as a modified reference statement. Therefore, it is an exception to the hearsay rule, so Article 312 (4) of the Criminal Procedure Act should be applied, not Article 313 (1). Since the requirements for the admissibility of evidence to prove the evidence is more difficult in Article 312 (4) than in Article 313 of the Criminal Procedure Act, it is reasonable to apply Article 312 (4) of the Criminal Procedure Act to the defendant right to defend. On the other hand, the investigation report for recording the statement of the testifier is not written in the form of a 'report', and there is no signature or seal of the testifier who is the original speaker. It means that it does not meet the requirements of Article 312 (4) of the Criminal Procedure Act, so there is no admissibility of evidence.

* Associate Professor, Yonsei University, School of Law, Ph.D.

However, unlike Germany, the Criminal Procedure Act does not have a testifier arrest system, so the testifier can freely refuse the summoning request of the investigative agency. Moreover, the witness examination request system of the Article 221-2 of the Criminal Procedure Act, which can be defined as a complementary measure, is not used in practice because the confidentiality of the investigation is not guaranteed. Although there are cases where the testifier's statement is one of a lot of evidence, in some cases, the testifier's statement is a decisive and important role to reveal the criminality of the suspect. In this situation, the statement of the testifier can be heard and borrowed in the form of an 'investigation report' to keep the record, even by telephone. In particular, if the testifier changes the statement in the court is not the same statement at the existing investigation stage, it is necessary to accept the admissibility of evidence of the recording investigation report of the testifier statement. In such cases, the testimony of the investigator who investigated the testifier is hard to be accepted its admissibility of evidence, because the requirements of Article 316 (2) of the Criminal Procedure Act are insufficient Therefore, it is necessary to find the truth by allowing the judge to review the investigation stage and reliability of court statements with free will, accepting the investigation report of testifier's recording statement as evidence.

Nevertheless, it is necessary to supplement the circumstantial guarantee of credit, which is the exception to the hearsay rule. It seems necessary to be admissible the evidence of the investigation report or at least the statement recording itself only if the statement recording exists and the investigation report recorded as it is. However, the current Criminal Procedure Act system is difficult to recognize the admissibility of evidence of the investigation report of the testifier's recording statement. Therefore, it is necessary to consider the legislation seriously recognizing the admissibility of evidence under these requirements: referring to the Criminal Procedure Act 312 (4), recognizing the authenticity and special credibility of the testifier, and allowing the defendant to dissent the testifier.

2022년도 형법판례 회고*

김 혜 정**

Ⅰ. 들어가는 말

지난 2022년 다양하고 중요한 형사판결이 대법원에서 다수 이루어졌다. 2022년에 선고된 대법원 판결 중 2023. 4. 8. 현재 대법원 종합법률정보[1]에 공개되어 있는 형사사건은 총 226건이다. 그 중 전원합의체 판결 7건을 포함한 형사판결은 214건이다.[2] 전체적인 형사판결 수의 추이를 보면, 지난 2022년 최근 5년 사이에 가장 많은 판결이 이루어졌고, 전원합의체 판결은 2018년 이후 2020년까지 증가하다가 2021년 다소 감소하였으나, 2022년에는 전년 대비 증가한 것으로 나타나고 있다.[3]

2022년에도 종래 학계와 실무에서 논란이 되었던 중요한 사안에 대하여 전원합의체 판결이 이루어졌다. 그 중에 화제를 모았던 전원합

* 이 연구는 2023년도 영남대학교 학술연구조성비에 의한 것임.
** 영남대학교 법학전문대학원, 교수.
1) https://glaw.scourt.go.kr/wsjo/panre/sjo060.do#1680935206875: 2023. 4. 8. 최종검색.
2) 아직은 2022년에 대법원에서 판결된 모든 판례가 입력된 것은 아닐 것이므로, 향후 형사판결 건수가 변경될 수도 있다.
3) 대법원 종합법률정보에서 검색한 결과를 정리하면 아래와 같다(2023. 4. 8. 최종검색).

연도	전체 형사사건	판결(전합포함)	결정	전합판결
2022	226건	214건	12건	7건
2021	181건	178건	3건	6건
2020	199건	191건	8건	10건
2019	128건	120건	8건	9건
2018	211건	202건	9건	7건

-469-

의체 판결로는 지난해에 이어 주거침입죄에서 범죄목적으로 공공장소에 출입한 사안과 관련한 판례변경이 이루어진 것, 대법원이 60년 가까이 유지해온 동기설을 폐기하는 판례변경이 이루어진 것, 한의사가 초음파 진단기기를 사용하는 것이 '면허된 것 이외의 의료행위'에 해당하는지에 대해 새로운 판단 기준에 따라 '종전 판단 기준'이 적용되었던 판례를 변경한 것, 자동차 양도담보설정계약을 체결한 채무자가 담보목적 자동차를 임의 처분한 행위에서 채무자의 '타인의 사무처리자'라는 행위주체성을 부인함으로써 배임죄를 인정한 종래 판례를 변경한 것 등을 들 수 있다. 그와 함께 최근 몇 년 사이에 판례의 태도가 변경되고 있는 횡령죄와 관련하여 그 변화의 연장선상에서 채권양도 사안에 대한 판례변경이 이루어졌고, 군형법이 제정당시부터 처벌하고 있는 소위 '계간'과 관련하여 종전에 합의여부를 불문하고 동성간 성행위에 처벌규정이 적용된다고 하였던 판례를 변경하였다.

본 글에서는 2022년에 선고된 214건의 형사판결 중 형법 관련 전원합의체 판결 6건과 사회적으로 화제가 되었던 판결 중 대법원에서 파기 환송된 판결을 중심으로 필자가 임의로 선택한 9건의 판결에 대하여 살펴보도록 한다.

Ⅱ. 대법원 전원합의체 판결

1. 채권양도인의 횡령죄 행위주체성 여부

— 대법원 2022. 6. 23. 선고 2017도3829 전원합의체 판결 —

(1) 사실관계

건물의 임차인인 피고인이 임대인 甲에 대한 임대차보증금반환채권을 乙에게 양도하였는데도 甲에게 채권양도 통지를 하지 않고 甲으로부터 남아 있던 임대차보증금을 반환받아 보관하던 중 개인적인 용도로 사용하여 이를 횡령하였다.

(2) 판결요지

[1] [다수의견] 채권양도인이 채무자에게 채권양도 통지를 하는 등으로 채권양도의 대항요건을 갖추어 주지 않은 채 채무자로부터 채권을 추심하여 금전을 수령한 경우, 특별한 사정이 없는 한 금전의 소유권은 채권양수인이 아니라 채권양도인에게 귀속하고 채권양도인이 채권양수인을 위하여 양도 채권의 보전에 관한 사무를 처리하는 신임관계가 존재한다고 볼 수 없다. 따라서 채권양도인이 위와 같이 양도한 채권을 추심하여 수령한 금전에 관하여 채권양수인을 위해 보관하는 자의 지위에 있다고 볼 수 없으므로, 채권양도인이 위 금전을 임의로 처분하더라도 횡령죄는 성립하지 않는다. 구체적인 이유는 다음과 같다.

(가) (중략) 채권양도인이 양도한 채권을 추심하여 금전을 수령한 경우 금전의 소유권 귀속은 채권의 이전과는 별개의 문제이다. 채권 자체와 채권의 목적물인 금전은 엄연히 구별되므로, 채권양도에 따라 채권이 이전되었다는 사정만으로 채권의 목적물인 금전의 소유권까지 당연히 채권양수인에게 귀속한다고 볼 수 없다. (중략)

(나) 채권양도인은 채권양수인과 사이에 채권양도계약 또는 채권양도의 원인이 된 계약에 따른 채권·채무관계에 있을 뿐이고, 채권양수인을 위하여 타인의 사무를 처리하는 자의 지위에 있다고 볼 수 없다. (중략)

(다) 최근 10여 년 동안 판례의 흐름을 보면, 대법원은 타인의 재산을 보호 또는 관리하는 것이 전형적·본질적 내용이 아닌 통상의 계약관계에서 배임죄나 횡령죄의 성립을 부정해 왔다. (중략)

[대법관 조재연, 대법관 민유숙, 대법관 이동원, 대법관 노태악의 반대의견] 종전 판례의 법리는 권리의 귀속자인 채권양수인의 재산권을 보호하기 위한 것으로서 여전히 타당하므로 그대로 유지되어야 한다. 채권양도인이 이미 채권양수인에게 귀속된 재산을 임의로 처분하

였다면 형사법의 개입이 정당화될 정도의 배신적 행위로서 횡령죄가 성립한다. 다수의견은 (중략) 다음과 같은 이유로 받아들일 수 없다.

첫째, (중략) 채권양도인이 채권양도 통지를 하기 전에 양도된 채권을 추심하거나 채무자의 변제제공에 응하여 (중략) 금전을 수령한 경우 원칙적으로 그 금전은 채권양수인을 위하여 수령한 것으로서 채권양수인의 소유에 속한다.

둘째, 채권양도인이 채권양수인에게 대항요건 구비의무를 불이행하거나 추심한 금전을 전달하지 않는다면 채권양수인에게 귀속된 재산권은 유지·보전될 수 없으므로, 채권양도인은 실질적으로 채권양수인의 재산 보호 내지 관리를 대행하는 지위에 있다. (중략)

셋째, 종전 판례를 변경할 경우 횡령죄에 관한 선례들과 비교하여 배신성이 보다 가벼운 사안에서는 처벌이 긍정되고 배신성이 중대하고 명백한 사안에서는 처벌이 부정됨으로써 형사처벌의 공백과 불균형이 발생한다. (중략)

[대법관 김선수의 별개의견] 별개의견의 요지는 다음과 같다.

첫째, (중략) 채권양도인이 채권양도의 대가를 모두 수령하여 채권양수인을 위하여 대항요건을 갖추어 주어야 할 의무가 있음에도 채권양도 통지를 하지 않은 채 채무자로부터 채권을 추심하여 금전을 수령·사용한 경우에 원칙적으로 횡령죄의 성립을 긍정한 종전 판례의 취지는 타당하므로 유지되어야 한다.

둘째, 채권양도인이 채권양수인으로부터 채권양도의 원인이 된 계약에 따른 채권양도의 대가를 확정적으로 지급받지 못한 경우와 같이, 채권양도의 대항요건을 충족시켜 완전한 권리를 이전할 의무를 이행하지 않은 것에 정당한 항변사유가 인정되는 경우에는 종전 판례가 적용되지 아니하므로 횡령죄가 성립하지 아니한다.

[2] (이하생략)

(3) 검 토

대상판결의 쟁점은 재물의 타인성과 채권양도인이 채권양수인을 위하여 채권보전에 관한 사무를 처리하는 자 내지 채권양도인이 양도한 채권을 추심하여 수령한 금전에 관하여 채권양수인을 위해 재물을 보관하는 자의 지위에 있는지 여부이다. 대상판결에서 대법원은 채권양도인이 채무자로부터 채권을 추심하여 금전을 수령한 경우, 그 소유권은 채권양도인에게 귀속되므로 채권양도인에게 타인의 재물을 보관하는 자의 지위가 인정되지 않아 횡령죄가 성립하지 않는다고 하여, 종전에 채권양도인이 채권양도 통지를 하기 전에 채무자로부터 채권을 추심하여 금전을 수령한 경우 그 금전은 채권양수인이 소유하게 되므로 채권양도인이 임의처분하면 횡령죄가 성립한다고 한 판례[4]를 변경하였고, 이러한 대법원의 결론은 타당하다.

원심[5]에서는 "채권양도의 당사자 사이에서 채권양도인은 채권양수인을 위하여 양도채권의 보전에 관한 사무를 처리하는 자"라고 할 수 있고, 이를 고려하면 채권양도인은 채권양도 통지를 하기 전에 채무자로부터 채권을 추심하여 수령한 금전을 채권양수인을 위하여 보관하는 관계에 있다고 하였다. 그러나 채권양도인이 채권양수인에게 채권에 관한 권리를 취득하게 해주지 않은 채 직접 추심하여 채권을 소멸시킨 행위는 권리이전계약에 따른 자신의 채무를 불이행한 것, 즉 민사상 의무를 이행하지 않은 것에 불과하므로, 이는 타인을 위한 자기사무로 보아야 하기 때문에 채권양도인에게 "타인의 사무를 처리하는 자"라는 지위를 인정할 수 없다.[6] 따라서 이러한 지위에 근거하여 재물의 보관자라는 지위를 인정하는 것은 타당하지 않다.

민법상 채무자와 제3자에 대한 대항요건으로서 채무자에 대한 채권양도의 통지 또는 채권양도에 대한 채무자의 승낙을 요구하고 채무

---

4) 대법원 1999. 4. 15. 선고 97도666 전원합의체 판결.
5) 인천지방법원 2017. 2. 10. 선고 2015노4040 판결.
6) 대법원 2021. 7. 15. 선고 2015도5184 판결.

자에 대한 통지의 권능을 채권양도인에게만 부여하고 있으므로, 채권
양도인은 채무자에게 채권양도 통지를 하거나 채무자로부터 채권양도
승낙을 받음으로써 채권양수인으로 하여금 채무자에 대한 대항요건을
갖출 수 있도록 해 줄 의무를 부담한다고 하더라도 이러한 의무는 채
권양수인을 위한 채권양도인의 자기 사무로 보아야 할 것이다.

　　대법원은 채무자가 기존 금전채무를 담보하기 위하여 다른 금전
채권을 채권자에게 양도한 금전채권 양도담보설정계약 사안에서도 채
무자가 채권자를 위하여 타인의 사무를 처리하는 신임관계가 인정될
수 없다고 보아, 채무자가 제3채무자에게 채권양도 통지를 하기 전에
채권을 추심하여 금전을 수령·사용한 경우에 횡령죄의 성립을 부정한
바 있다.[7]

　　대상판결에서 반대의견은 채권양도인의 보관자 지위를 인정하는
논거로 착오 송금의 경우[8]와 같이 신의칙상 보관관계가 성립한다고
보면, 대상판결의 사안에서 명시적인 위탁행위가 존재하지 않아도 금
전을 보관하는 지위에 있다고 볼 수 있어 횡령죄가 성립한다고 한다.
그러나 오히려 착오송금의 경우 횡령죄의 성립여부를 재검토할 필요
가 있다는 점에서 이와 같은 논거는 설득력이 없다고 본다.[9]

　　또한 횡령죄가 성립하기 위해서는 채권양도인인 피고인이 수령한
금전이 타인, 즉 채권양수인의 소유이어야 한다. 그러나 금전의 교부
행위가 변제의 성질을 가지는 경우에는 특별한 사정이 없는 한 금전
이 상대방에게 교부됨으로써 그 소유권이 상대방에게 이전되고,[10] 채

---

7) 대법원 2021. 2. 25. 선고 2020도12927 판결.

8) 대법원 2010. 12. 9. 선고 2010도891 판결.

9) 반대의견에서 "착오송금과 같이 송금인과 수취인 사이에 아무런 법적·계약적 신
　뢰관계가 없는 경우와 채권양도와 같이 양도인과 양수인 사이에 계약적 신뢰관계
　가 있는 경우를 비교해 보면, 전자보다 후자의 계약위반이 배신성의 정도가 훨씬
　무겁다"고 한 문제제기는 타당하다. 다만, 이러한 논거는 후자의 횡령죄 인정이
　아니라 전자의 횡령죄 성립부정의 논거로 더 의미가 있다고 생각된다. 대상판결
　의 보충의견에서도 "착오송금 사안의 적정한 처벌을 위한 입법론의 제시"에서 착
　오송금에 대하여 횡령죄를 인정한 것에 대한 문제제기를 하고 있다.

10) 대법원 2014. 1. 16. 선고 2013도11014 판결.

권양도계약의 체결로 채권양수인에게 채권의 이전이 이루어지기는 하나, 금전채권 자체와 그 목적물인 금전은 원칙적으로 구별되는 개념[11]이므로 금전채권이 있다는 이유만으로 그 목적물인 금전의 소유권이 인정된다고 보기는 어렵다.

설령 반대의견에서 설시한 바와 같이 "채권양도인은 양도된 채권에 관하여 추심한 금전을 진정한 권리자인 채권양수인에게 전달하기 위한 목적으로만 수령할 수 있을 뿐이고, 자신에게 귀속시키기 위하여 수령할 수 없다"고 하더라도 전달해야 하는 행위가 타인의 사무가 될 수는 없다고 본다. 물론 채권양수인은 채권양도에 관한 대항요건을 갖추어 자신이 채권을 행사할 의사였을 것이나, 대항요건을 갖추기 전 채권양도인이 양도된 채권을 추심하여 금전을 수령함으로써 채권이 소멸한 경우에는 아무런 의미가 없는 대항요건 충족 대신 그 금전을 전달받아야 한다고 기대하는 것이 당연하고, 채권양수인은 채권양도계약의 목적과 취지에 따라 이를 자신이 전달받아야 한다고 충분히 신뢰할 수 있으나, 이러한 신뢰는 형법상 보호되어야 한다는 반대의견과 달리, 민법상 보호되어야 하는 것으로 보는 것이 타당하다. 그것이 '민사의 형사화'를 지양하는 최근 판례의 태도에 부합한다.

최근 판례의 흐름을 보면, 대법원은 "타인의 재산을 보호 또는 관리하는 것이 전형적·본질적 내용이 아닌 통상의 계약관계에서 배임죄나 횡령죄의 성립을 부정"하는 태도[12]를 취하고 있다. 즉 부동산 임차권, 일반 동산, 권리이전에 등기·등록이 필요한 동산, 주권 발행 전 주식, 수분양권 등의 양도와 관련된 사안에서 배임죄나 횡령죄의 성립을 부정하고 있어 굳이 금전채권 양도의 경우만 차별적으로 취급하여 횡령죄를 인정하는 것은 적절하지 않다.

다만 아쉬운 점은 대상판결의 다수의견이 부동산 이중매매의 경우, 국민의 경제생활에서 차지하는 비중을 고려하여 예외적으로 배임

---

11) 이에 대해서는 대상판결의 반대의견도 같은 견해를 설시하고 있다.
12) 대법원 2022. 6. 23. 선고 2017도3829 전원합의체 판결.

죄의 성립을 인정하는 종래의 견해를 유지하는 것이고 이는 대상판결 사안과는 구별된다고 한 것이다. 부동산 이중매매 사안에서도 배임죄 성립을 부정하는 방향으로 재검토가 필요하다는 점은 별론으로 하고, 어쨌든 대상판결의 사안에서 대법원이 횡령죄에서 재물의 타인성과 보관자 지위에 대해 엄격하게 해석함으로써 횡령죄 성립을 부정한 것은 타당하다.

2. 추행의 개념과 구성요건 해석의 범위

— 대법원 2022. 4. 21. 선고 2019도3047 전원합의체 판결 —

(1) 사실관계

군인인 피고인 甲은 자신의 독신자 숙소에서 군인 乙과 서로 키스, 구강성교나 항문성교를 하는 방법으로 6회에 걸쳐 추행하고, 군인인 피고인 丙은 자신의 독신자 숙소에서 동일한 방법으로 피고인 甲과 2회에 걸쳐 추행하였다고 하여 군형법 제92조의6 위반으로 기소되었다.

(2) 판결요지

[1] [다수의견] 군형법 제92조의6의 문언, 개정 연혁, 보호법익과 헌법 규정을 비롯한 전체 법질서의 변화를 종합적으로 고려하면, 위 규정은 동성인 군인 사이의 항문성교나 그 밖에 이와 유사한 행위가 사적 공간에서 자발적 의사 합치에 따라 이루어지는 등 군이라는 공동사회의 건전한 생활과 군기를 직접적, 구체적으로 침해한 것으로 보기 어려운 경우에는 적용되지 않는다고 봄이 타당하다.[13] 구체적인 이유는 다음과 같다.

(가) (중략) 현행 규정은 구 군형법(2013. 4. 5. 법률 제11734호로 개정되기 전의 것) 제92조의5 규정과는 달리 '계간(鷄姦)' 대신 '항문성교'라는 표현을 사용하고 행위의 객체를 군형법이 적용되는 군인 등으로

---

13) 같은 취지로 대법원 2022. 5. 12. 선고 2019도3296 판결.

한정하였다. (중략) 현행 규정의 대표적 구성요건인 '항문성교'는 (중략) 이성 간에도 가능한 행위이고 남성 간의 행위에 한정하여 사용되는 것이 아니다. (중략)

(나) 어떤 행위가 추행에 해당하는지에 대한 일반적인 관념이나 동성 간의 성행위에 대한 규범적 평가는 시대와 사회의 변화에 따라 바뀌어 왔고, 동성 간의 성행위가 객관적으로 일반인에게 성적 수치심이나 혐오감을 일으키게 하고 선량한 성적 도덕관념에 반하는 행위라는 평가는 이 시대 보편타당한 규범으로 받아들이기 어렵게 되었다.

(다) (중략) 현행 규정의 보호법익에는 '군이라는 공동사회의 건전한 생활과 군기'라는 전통적인 보호법익과 함께 '군인의 성적 자기결정권'도 포함된다고 보아야 한다.

(라) (중략) 동성 군인 간 합의에 의한 성행위로서 그것이 군이라는 공동사회의 건전한 생활과 군기를 직접적, 구체적으로 침해하지 않는 경우에까지 형사처벌을 하는 것은 헌법을 비롯한 전체 법질서에 비추어 허용되지 않는다고 보아야 한다. (중략)

[대법관 안철상, 대법관 이흥구의 별개의견] 별개의견의 요지는 다음과 같다.

첫째, 현행 규정은 기본권 보장, 권력분립 원칙 등 헌법 질서의 테두리 안에서 전승을 위한 전투력 확보라는 군형법의 특수한 목적과 군의 건전한 생활과 군기라는 현행 규정의 보호법익을 충분히 고려하여 합리적으로 해석되어야 한다.

둘째, (중략) 합의 여부를 현행 규정 적용의 소극적 요소 중 하나로 파악하는 것은 법률해석을 넘어서는 실질적 입법행위에 해당하여 찬성하기 어렵다.

셋째, 다수의견은 (중략) 군인 등의 위와 같은 성적 행위가 자발적 합의에 의한 것이 아닌 경우 사적 공간에서의 행위라 하더라도 현행 규정의 적용 대상이 될 수 있게 된다. 그러나 이것은 군형법에서 비동의추행죄를 신설하는 의미가 되고, (중략) 형사법체계에 큰 논란을 초래하는 것이어서 선뜻 받아들이기 어렵다.

넷째, (중략) 현행 규정은 적전, 전시·사변과 같은 상황에서 기본적으로 적용되고, 평시의 경우에는 군사훈련, 경계근무 그 밖에 이에 준하는 군기를 직접적, 구체적으로 침해할 우려가 있는 상황에서만 적용된다고 봄이 타당하다.

[대법관 김선수의 별개의견] 다수의견은 두 사람이 상호 합의하여 성적 행위를 한 경우에도 현행 규정을 적용하여 형사처벌을 할 수 있는 여지를 남겨둔 것으로 보이므로, 그와 같은 해석은 가능한 문언해석의 범위를 벗어난 것으로 허용될 수 없다는 의견을 밝힌다. (중략)

[대법관 조재연, 대법관 이동원의 반대의견] (중략) 다수의견은 현행 규정이 가지는 문언의 가능한 의미를 넘어 법원에 주어진 법률해석 권한의 한계를 벗어난 것으로서 이에 동의할 수 없다. 구체적인 이유는 다음과 같다.

(가) (중략)

(나) 다수의견과 같이 목적론적 축소해석 또는 합헌적 해석방법을 이용하여 문언의 가능한 의미를 벗어나 현행 규정의 구성요건을 변경하는 해석은 허용되지 않는다고 보아야 한다. 즉, (중략) 다수의견과 같이 '사적 공간인지 여부', '자발적 합의에 의한 것인지 여부' 등의 사정을 고려하여 '군기를 직접적이고 구체적으로 침해하였는지'에 따라 그 적용 여부를 달리해야 할 근거는 없다. (중략)

(다) (중략) 비록 법률을 적용한 결과가 못마땅하다 하더라도 이는 헌법재판소의 결정과 입법기관의 법개정을 통하여 해결하여야지, 법원이 법해석이라는 이름으로 이들 기관을 대신하는 것은 권한 분장의 헌법 정신에 어긋난다. (중략)

(라) 현행 규정은 자발적 합의 아래 사적 공간에서 이루어진 행위에도 적용된다고 보아야 한다. (중략)

[2] (이하생략)

(3) 검 토

대상판결의 쟁점은 동성 군인이 합의하여 영외의 사적 공간에서 성행위를 하는 경우에 군형법 제92조의6(추행) 위반으로 처벌할 수 있는지 여부이다. 대법원은 동규정의 보호법익, 전체 법질서의 변화 등을 종합적으로 고려할 때, 동성인 군인 사이의 항문성교나 그 밖에 이와 유사한 성행위가 사적 공간에서 자발적 의사 합치에 따라 이루어지는 등 군이라는 공동사회의 건전한 생활과 군기를 직접적, 구체적으로 침해한 것으로 보기 어려운 경우에는 동규정이 적용되지 않는다고 하여, 종전에 남성 군인 간 성행위가 그 자체만으로 일반인에게 혐오감을 일으키게 하고 선량한 성적 도덕관념에 반하는 행위라는 이유로 합의 여부를 불문하고 동규정이 적용된다는 판례[14]를 변경하였다.

1) 보호법익의 변화

대상판결의 다수의견은 군형법 제정당시 군형법 제92조의 주된 보호법익은 "'군이라는 공동사회의 건전한 생활과 군기'라는 사회적 법익"이라고 파악하였지만, 시대상황의 변화를 고려할 때, "현행 규정의 보호법익에는 '군이라는 공동사회의 건전한 생활과 군기'라는 전통적인 보호법익과 함께 '군인의 성적 자기결정권'도 포함"되는 것으로 보아야 한다고 설시하고 있다. 군형법 제정당시 해당 구성요건이 제15장 기타의 죄에 규정되어 있던 것이, 2009년 제15장 강간과 추행의 죄가 신설되면서 그 장에 해당 규정을 포함함으로써 해당 규정의 보호법익에 "성적 자기결정권"이 포함된 것으로 파악할 수 있고, 따라서 군이라는 공동사회의 건전한 생활과 군기라는 법익에 대한 침해를 인정하기 어려운 상황이라고 할 수 있는 사적 공간에서 자유로운 의사로 합의에 따른 성행위를 처벌하는 것은 오히려 군인의 '성적 자기결정권'을 침해하는 것이라는 다수의견의 판단은 타당하다.

---

14) 대법원 2012. 6. 14. 선고 2012도3980 판결.

2) 2013년 개정취지와 법률해석의 검토

또한 현행 규정의 구성요건인 항문성교는 동성 간에만 이루어지는 것이 아니라는 점에서 해석상 이성 간의 행위를 포함하는 것으로 볼 수 있다는 다수의견에도 공감이 된다.[15] 그런데 2013년 개정법률안 제안이유[16]를 보면, "동성간의 성행위를 비하하는 계간이라는 용어를 항문성교라는 용어로 변경하는 등 추행죄 규정을 정비하려는 것"임을 밝히고 있어, 동규정의 개정취지는 시대상황의 변화를 반영했다기보다는—동성 간의 성행위에 대한 혐오성에 근거를 두고—여전히 동성 간의 성행위를 처벌하는 규정으로 보인다.[17] 그럼에도 불구하고 "항문성교"라는 행위태양을 구성요건으로 두고 있는 이상 동성간의 성행위에 국한되는 것으로 해석하는 것은 어려울 것으로 생각된다.

법률해석은 기본적인 문언적 해석이외에도 논리적, 체계적, 역사적 해석뿐만 아니라 최근 문언적 해석이 불분명할 때 목적론적 해석 및 헌법합치적 해석 등 다양한 해석방법이 활용되고 있다. 따라서 다수의견이 설시한 바와 같이, 보호법익에 "군인의 성적자기결권"이 포함되고, "사적 공간"에서 "자발적 의사 합치"에 의해 이루어진 성행위에 동규정이 적용되지 않아야 한다는 견해의 방향성에는 동의하지만, 동 규정을 다수의견과 같이 해석할 수 있는 것인지는 의문이다. 그 이유는 동규정의 구성요건은 행위를 한 그 자체에 대한 처벌규정으로 이해해야지 "자발적 의사 합치" 또는 "사적 공간"과 같이 강제성이나 행위장소 등을 판단하는 요소를 포함하고 있다고 생각되지 않기 때문이다. 따라서 다수의견의 "자발적 의사 합치" 내지 "사적 공간"을 근거로 판단한 것은 문헌해석의 범위를 넘어서는 것으로 허용될 수 없

---

15) 다만, 다수의견은 2013년 "계간"이 "항문성교"라는 표현으로 개정된 것을 볼 때, 현행 규정의 문언만으로 동성 군인 간의 성행위 그 자체를 처벌하는 규정이라고 당연히 해석될 수 없어 이성 간의 행위에도 적용될 여지가 있으나, 쟁점이 아니고 처벌범위의 확대문제가 발생할 수 있어 판단하지 않는다고 하였다.

16) 2013. 3. 4 제안된 의안번호 제1903944호 군형법 일부개정법률안(대안) 제안이유서.

17) 대상판결의 대법관 안철상, 대법관 이흥구의 별개의견도 "2013 개정은 용어의 순화와 상대방도 군인 등이어야 함을 명시한 것에 불과하다"고 보고 있다.

다고 생각된다.[18]

3) 시대상황의 변화에 따른 법률해석의 한계

21세기에 들어오면서 성을 바라보는 사회문화와 그에 대한 인식에 많은 변화가 있다. 즉, 동성애도 하나의 성적 지향으로 받아들여지고 있고 성소수자의 성적 취향에 의한 차별을 금지하고 있다. 따라서 성적 취향에 대한 차별을 통해 동성애를 혐오스러운 것 혹은 잘못된 것으로 평가하는 것은 — 비록 헌법재판소에서 합헌의견을 제시[19]하였지만 — 위헌적 소지가 있어 타당하지 않다. 특히 "군기 보호"라는 보호법익을 이유로 상호 합의하에 성적 행위를 한 경우까지 동 규정을 적용하여 처벌하는 것은 형벌의 최후수단성 원칙에 반한다고 생각된다. 과거 군이라는 특수한 생활공간을 고려할 때, 제정당시 동규정의 필요성이 인정되었다고 하더라도 시대상황을 반영한 개정이 이루어지지 못한 것은 아쉬운 부분이다.

결론적으로 대상판결의 사안에서 피고인을 처벌하는 것은 타당하지 않다는 다수의견의 취지에는 동의하지만, 법해석의 관점에서 "사적 공간", "자발적 의사 합치"를 논거로 한 다수의견의 태도는 타당하다고 보기 어렵다. 반대의견에서 지적한 바와 같이, 비록 법률을 적용한 결과가 못마땅하다고 하더라도 혹은 피고인에게 유리한 방향 내지 결과적으로 옳은 방향이라고 하더라도 입법정책의 문제를 법률해석의 문제로 다루는 것은 법원의 권한을 넘어서는 것으로 타당하지 않다. 따라서 동 규정을 개정[20]하거나 삭제[21]하는 입법정책적 노력이 필요

---

18) 이에 대해 대법관 김선수의 별개의견에서는 "'에 대하여'로 개정된 현행 규정에 따르면, 행위를 한 행위자만을 처벌할 수 있을 뿐 그 상대방을 처벌할 수 없"는데, 대상판결의 사안에서 행위자와 그 상대방이 구별되지 않으므로 동규정을 적용할 수 없다는 견해를 밝히고 있다.

19) 헌법재판소 2016. 7. 28.자 2012헌바258 전원재판부 결정. 동 결정에 4명의 위헌의견이 있었다.

20) 상명하복이 요구되는 군대 특성상 추행의 문제는 오히려 위력 내지 비동의 상황에서 발생하는 것이 문제라고 할 수 있어, 이성·동성을 불문하고 '위력을 통해 또는 동의 없이'라는 행위태양을 추가하는 개정이 필요하다고 생각된다.

21) 같은 견해로 임석순, "군형법상 추행죄에 대한 비판적 고찰", 홍익법학 제20권 제

하다.

3. 공공장소의 출입과 범죄의 목적

— 대법원 2022. 3. 24. 선고 2017도18272 전원합의체 판결 —

(1) 사실관계

피고인들은 2015. 1. 24.과 같은 달 26일 피해자 공소외 1이 운영하는 음식점 및 2015. 1. 29.과 2015. 2. 12. 피해자 공소외 2가 운영하는 음식점에서 기자인 공소외 3을 만나 식사를 대접하면서 공소외 3이 부적절한 요구를 하는 장면 등을 확보할 목적으로 녹음·녹화장치를 설치하거나 장치의 작동 여부 확인 및 이를 제거하기 위하여 위 각 음식점의 방실에 들어갔다. 이로써 피고인들은 공모하여 피해자들이 운영하는 위 각 음식점의 방실에 침입하였다는 사실로 기소되었다.

(2) 판결요지

[1] [다수의견] (가) 주거침입죄는 사실상 주거의 평온을 보호법익으로 한다. 주거침입죄의 구성요건적 행위인 침입은 주거침입죄의 보호법익과의 관계에서 해석하여야 하므로, 침입이란 주거의 사실상 평온상태를 해치는 행위태양으로 주거에 들어가는 것을 의미하고, 침입에 해당하는지는 출입 당시 객관적·외형적으로 드러난 행위태양을 기준으로 판단함이 원칙이다. 사실상의 평온상태를 해치는 행위태양으로 주거에 들어가는 것이라면 대체로 거주자의 의사에 반하겠지만, 단순히 주거에 들어가는 행위 자체가 거주자의 의사에 반한다는 주관적 사정만으로는 바로 침입에 해당한다고 볼 수 없다. 거주자의 의사에 반하는지는 사실상의 평온상태를 해치는 행위태양인지를 평가할 때 고려할 요소 중 하나이지만 주된 평가 요소가 될 수는 없다. 따라서 침입행위에 해당하는지는 거주자의 의사에 반하는지가 아니라 사실상의 평온상태를 해치는 행위태양인지에 따라 판단되어야 한다.

3호, 2019, 259면.

(나) (중략)

[대법관 김재형, 대법관 안철상의 별개의견] (가) 다수의견이 침입 여부의 판단 기준으로 제시하는 '사실상의 평온상태를 해치는 모습'은 그 의미가 추상적이고 불명확하여 다양한 해석이 가능하다. 이러한 기준으로 주거침입죄의 성립 여부를 판단하게 되면 일반 국민으로서는 어떠한 출입행위가 침입에 해당하는지를 예측할 수 없게 되어 형법상 죄형법정주의, 특히 명확성 원칙으로 지키고자 하는 가치가 침해될 수 있다.

(나) 주거침입죄에서 침입 여부는 원칙적으로 거주자의 의사를 기초로 판단해야 한다는 견지에서 거주자의 의사를 어떻게 평가할지를 검토하고, 침입의 두 판단 기준인 '거주자의 의사'와 '사실상 평온 침해' 사이의 관계를 어떻게 설정할 것인지에 관하여 기준을 제시하고자 한다. 결론을 제시하면 다음과 같다.

첫째, 주거침입죄에서 침입은 '거주자의 의사에 반하여 주거에 들어가는 것'을 뜻한다. 거주자의 의사를 고려하지 않고 주거침입죄의 성립 여부를 판단할 수 없다.

둘째, 주거침입죄의 성립 여부는 거주자의 의사에 반하는지를 기초로 하고 사실상의 평온상태가 침해되었는지를 함께 고려하여 판단하여야 한다.

셋째, '거주자의 의사에 반하지 않으면서 사실상의 평온상태를 해치는 모습으로 주거에 침입한다.'는 것은 성립할 수 없는 명제이다. 거주자의 의사에 반하지 않는다면 주거침입죄는 성립할 수 없다.

넷째, (중략) 거주자가 행위자의 진정한 출입 목적을 알았더라면 출입을 승낙하지 않았을 것이라는 이유로 주거침입죄의 성립을 인정해서는 안 된다.[22]

[2] (이하생략)

22) 같은 취지 판결로 대법원 2022. 4. 28. 선고 2022도1717 판결; 대법원 2022. 6. 16. 선고 2021도7087 판결 등.

(3) 검 토

대상판결의 쟁점은 일반인의 출입이 허용된 음식점에 범죄목적으로 들어가는 경우, 주거침입죄의 구성요건적 행위인 '침입'에 해당하는지 여부이다. 대상판결에서 대법원은 일반인의 출입이 허용된 음식점에 영업주의 승낙을 받아 통상적인 출입방법으로 들어간 경우, 사실상의 평온상태를 해치는 행위태양으로 방실에 들어갔다고 볼 수 없어 침입에 해당하지 않고, 설령 다른 손님과의 대화 내용과 장면을 녹음·녹화하기 위한 장치를 설치하거나 장치의 작동 여부 확인 및 이를 제거할 목적으로 들어갔더라도, 그러한 사정만으로는 주거침입죄가 성립하지 않는다고 하여, 종전에 일반인의 출입이 허용된 음식점이더라도 음식점의 방실에 도청용 송신기를 설치할 목적으로 들어간 것은 영업주의 명시적 또는 추정적 의사에 반한다고 보아 주거침입죄가 성립한다는 판례23)를 변경하였다.

1) 보호법익과 구성요건의 해석

최근 대법원은 주거침입죄와 관련하여 종전의 판례를 변경하고 있다. 이러한 대법원의 태도는 과거 주거침입죄의 보호법익을 '사실상의 평온'이라고 하면서도 '주거권설'에 입각하여 판단하던 문제를 해소하고, 주거침입죄의 구성요건인 '침입'에 초점을 맞추어 판단하고 있다는 점에서 그 방향성은 타당하다. 다만, 대상판결에서 다수의견의 논거는 다소 받아들이기 어려운 측면이 있다.

다수의견은 "거주자의 의사에 반하는지는 사실상의 평온상태를 해치는 행위태양인지를 평가할 때 고려할 요소 중 하나이지만, 주된 평가 요소가 될 수는 없다"고 하면서, "침입행위에 해당하는지는 거주자의 의사에 반하는지가 아니라 사실상의 평온상태를 해치는 행위태양인지에 따라 판단되어야 한다"고 한다.

그러나 '침입'이란 주거자 또는 관리자의 의사에 반하여 주거 등

---

23) 대법원 1997. 3. 28. 선고 95도2674 판결.

에 사람의 신체가 들어가는 행위이다.24) 주거침입죄는 주거자의 동의를 받고 주거 등에 들어가는 경우 처음부터 문제를 삼을 필요가 없는 범죄이다.25) 따라서 주거자의 의사를 고려하지 않고 주거침입죄의 성립여부를 판단할 수 없다.26) 즉 물리력이 사용되지 않았다고 하더라도 주거자의 명시적 의사에 반하여 들어가면 주거침입죄가 성립한다고 보아야 할 것이므로, '주거자의 의사'는 주거침입 여부를 판단하는 출발점이라고 할 수 있다. 그런 관점에서 본다면, 다수의견이 설시한 바와 같이 거주자의 의사에 반하는지가 "주된 평가 요소가 될 수는 없다"는 논거는 타당하지 않다.

그렇다고 주거침입죄의 성립여부가 주거자의 주관적 의사에만 좌우되는 것도 적절하지 않다. 그렇다면 별개의견에서 설시한 바와 같이, 주거의 사실상의 평온을 해치는지 여부는—주거자의 의사를 고려하지 않고는 판단하기 어렵기 때문에27)—"거주자의 의사"에 대한 평가와 "사실상 평온 침해"사이의 관계를 판단할 수 있는 기준을 제시해주는 것이 필요할 것이다.

2) 침입에 대한 해석의 기준

결국 구성요건적 '침입'에 대한 구체적인 기준은 판례의 해석을 통해 구축되어야 할 것으로 본다. 이에 별개의견을 바탕으로 몇 가지 기준28)을 세울 수 있을 것으로 보이는데, 예를 들어 ① 주거자의 명시

24) 김혜정/박미숙/안경옥/원혜욱/이인영, 형법각론 제2판, 정독, 2021, 249면.
25) 주거자의 동의는 양해의 의미로 구성요건배제(조각)사유로 보아야 한다(김성돈, 형법각론 제8판, SKKUP, 2022, 296면; 오영근, 형법각론 제6판, 박영사, 2021, 215면).
26) 주거침입죄에서 침입여부를 판단할 때 "거주자의 의사에 반하는지가 핵심적인 평가요소"라는 견해로 오영근, "부정한 목적의 음식점 출입과 주거침입죄의 성립여부", 로앤비 천자평석, 2022. 9. 28, 7면.
27) 대상판결의 다수의견에 대한 보충의견에서는 "의사는 내면적 요소로서 다의적으로 해석되거나 불명확할 수 있으므로 거주자의 의사를 주된 판단 기준으로 삼게 되면 어떠한 출입행위가 침입에 해당하는지 예측하기 어려워 오히려 죄형법정주의나 명확성 원칙에 반할 수 있다"고 하여 주거자의 의사를 기초로 판단하여야 한다는 별개의견에 대해 문제제기를 하고 있다.
28) 다수의견을 지지하는 관점에서 기준을 제시한 견해로 김병수, "주거침입죄와 사회적 다양성 – 대법원 2022. 3. 24. 선고 2017도18272 전원합의체 판결 –", 제249회 영

적 혹은 묵시적 의사에 반하여 물리력 등 평온을 해치는 방법으로 들어가는 경우는 전형적인 주거침입의 경우로 당연히 주거침입죄가 성립할 것이다. ② 설사 물리력 등 평온을 해치는 방법을 사용하지 않았다고 하더라도 빈집에 주인의 승낙 없이 몰래 들어가는 것과 같이, 주거자의 명시적 혹은 묵시적 의사에 반하여 들어가는 경우29)에도 주거침입죄가 성립할 것이다. 그러나 물리력 등 평온을 해치는 방법을 사용하지 않았고, 주거자의 명시적 혹은 묵시적 반대의사가 확인되지 않는다면, 주거침입죄가 성립하지 않는다고 보아야 할 것이다.30) ③ 공동주거자가 있는 경우, 공동주거자 일방의 명시적 승낙 하에 평온하게 주거에 들어간 것이라면 다른 공동주거자의 추정적 승낙이 인정되지 않을 것이라는 점만으로 주거침입죄가 성립할 수는 없다.31) 그 이유는 현장에 없는 공동주거자의 추정적 의사가 현장이 있는 공동주거자의 명시적 의사에 우선한다고 볼 수 없기 때문에 이러한 상황에서는 주거침입이 인정되지 않는 것이 타당하다. 물론 공동주거자 중 일방이 다른 공동주거자의 출입을 일방적으로 막을 수는 없는 것이므로 공동주거자 본인과 그 일행이 주거에 들어가는 행위는 구성요건적 침입에

남형사판례연구회 발표자료, 2023. 1. 9, 14면 이하.

29) 주거자나 관리자가 출입의 금지나 제한을 하는 표시가 있는 경우도 포함된다.

30) 대법원 2022. 9. 7. 선고 2021도9055 판결에서 마트산업노동조합 간부와 조합원인 피고인들이 공동하여, 대형마트 지점에 방문한 대표이사 등에게 해고와 전보 인사발령에 항의하기 위하여 정문을 통해 지점 2층 매장으로 들어간 사안에 대해, 대법원은 일반적으로 출입이 허용되어 개방된 지점 매장에 관리자의 출입 제한이나 제지가 없는 상태에서 통상적인 방법으로 들어간 이상 사실상의 평온상태를 해치는 행위 태양으로 들어갔다고 볼 수 없어 침입행위에 해당하지 않는다고 하면서 "지점 관리자의 명시적 출입 금지 의사는 확인되지 않고, 설령 피고인들이 지점 매장에 들어간 행위가 그 관리자의 추정적 의사에 반하였더라도, 그러한 사정만으로는 사실상의 평온상태를 해치는 행위 태양으로 출입하였다고 평가할 수 없"다고 하였는데, 반대의사가 추정될 뿐 주거자의 반대의사가 확인되지 않는다면, 이는 'in dubio pro reo'원칙에 따라 주거침입죄가 인정되지 않는다고 판단해야 할 것이다.

31) 대법원 2021. 9. 9. 선고 2020도12630 전원합의체 판결. 이에 대한 평석으로 이창온, "주거침입의 보호법익과 침입의 태양 ─ 대법원 2021. 9. 9. 선고 2020도12630 전원합의체 판결 ─", 형사판례연구 제30집, 2022, 335면 이하.

해당하지 않아 주거침입죄가 성립할 수 없다.[32] 대상판결에서의 문제
는 ④ 일반인들의 출입이 포괄적으로 허용된 장소, 예컨대 백화점, 음
식점 등에 범죄의 목적으로 들어가는 경우인데, 이에 대해서는 주거침
입이 성립하지 않는다는 견해[33]와 주거침입이 성립한다는 견해[34]로
나뉘지만, 이 경우도 외부적으로 볼 때 평온을 해치지 않는 방법으로
들어갔다면 설사 범죄의 목적이 있다고 하여도 주거출입 '자체'[35]에
대한 관리자의 승낙이 인정되므로 주거침입죄가 성립하지 않는다고
보아야 할 것이다. 그 이유는 주거침입죄는 목적범이 아니기 때문이
다.[36] 또한 승낙의 동기에 착오가 있다는 이유만으로 주거침입죄를 인
정하는 것도 타당하지 않다. 이러한 승낙의 동기에 대한 착오는 적극
적인 기망을 통해 하자있는 승낙을 받아내 출입한 경우[37]와는 구별이
필요하다.[38] 그 이유는 후자의 행위는 사실상 평온을 해친 행위로 볼
수 있기 때문이다.

　궁극적으로 대상판결에서 주거침입이 성립하지 않는다는 다수의
견의 결론에는 동의하지만, 침입행위의 판단에 있어 '주거자의 의사에
반하여'가 판단의 출발점이 되어야 한다는 점에서 "주거자의 의사"가
주요한 판단근거가 아니라는 다수의견의 논거에는 동의하기 어려운
면이 있다.

---

32) 대법원 2021. 9. 9. 선고 2020도6085 전원합의체 판결. 이에 대한 평석으로 김태명,
　　"정당한 이유없이 출입을 금지당한 공동거주자가 공동생활의 장소에 들어간 경우
　　주거침입죄의 성립여부", 형사판례연구 제30집, 2022, 381면 이하.
33) 김일수/서보학, 새로쓴 형법각론 제9판, 박영사, 2018, 206면; 이재상/장영민/강동
　　범, 형법각론 제12판, 박영사, 2021, 244면.
34) 김성돈, 앞의 책, 293면.
35) 김일수/서보학, 앞의 책, 206면.
36) 대상판결의 별개의견 참조.
37) 대법원 1967. 12. 19. 선고 67도1281 판결.
38) 김병수, 앞의 논문, 5면.

4. 형법 제1조 제2항의 해석과 동기설

— 대법원 2022. 12. 22. 선고 2020도16420 전원합의체 판결 —

(1) 사실관계

피고인이 도로교통법 위반(음주운전)죄로 처벌받은 전력이 있음에도 혈중알코올농도 0.209%의 술에 취한 상태로 전동킥보드를 운전하여 구 도로교통법 위반(음주운전)으로 기소되었다.

원심은 1심과 같이 유죄로 판단하고 2020. 6. 9 개정 전 (구)도로교통법을 적용하여 징역 2년 10월을 선고하였다. 그러나 원심판결 선고 후인 2020. 12. 10 개정 도로교통법이 시행됨으로써 개인형 이동장치는 '자동차등'에 관한 제148조의2의 적용 대상이 아니라, '자전거등'에 관한 제156조 제11호의 적용대상이 됨으로써 구법에 따르면 2년이상 5년 이하의 징역이나 1천만 원 이상 2천만 원 이하의 벌금으로 처벌되었으나 신법에 따르면 20만 원 이하의 벌금이나 구류 또는 과료로 처벌되게 되어 피고인이 원심판결에 대하여 상고하였다.

(2) 판결요지

[1] [다수의견] 범죄 후 법률이 변경되어 그 행위가 범죄를 구성하지 아니하게 되거나 형이 구법보다 가벼워진 경우에는 신법에 따라야 하고(형법 제1조 제2항), 범죄 후의 법령 개폐로 형이 폐지되었을 때는 판결로써 면소의 선고를 하여야 한다(형사소송법 제326조 제4호). 이러한 형법 제1조 제2항과 형사소송법 제326조 제4호의 규정은 입법자가 법령의 변경 이후에도 종전 법령 위반행위에 대한 형사처벌을 유지한다는 내용의 경과규정을 따로 두지 않는 한 그대로 적용되어야 한다.

따라서 범죄의 성립과 처벌에 관하여 규정한 형벌법규 자체 또는 그로부터 수권 내지 위임을 받은 법령의 변경에 따라 범죄를 구성하지 아니하게 되거나 형이 가벼워진 경우에는, (중략) 반성적 고려에 따라 변경된 것인지 여부를 따지지 않고 원칙적으로 형법 제1조 제2항과 형사소송법 제326조 제4호가 적용된다. 형벌법규가 대통령령, 총리

령, 부령과 같은 법규명령이 아닌 고시 등 행정규칙·행정명령, 조례 등에 구성요건의 일부를 수권 내지 위임한 경우에도 이러한 고시 등 규정이 위임입법의 한계를 벗어나지 않는 한 형벌법규와 결합하여 법령을 보충하는 기능을 하는 것이므로, 그 변경에 따라 범죄를 구성하지 아니하게 되거나 형이 가벼워졌다면 마찬가지로 형법 제1조 제2항과 형사소송법 제326조 제4호가 적용된다.

그러나 해당 형벌법규 자체 또는 그로부터 수권 내지 위임을 받은 법령이 아닌 다른 법령이 변경된 경우 형법 제1조 제2항과 형사소송법 제326조 제4호를 적용하려면, 해당 형벌법규에 따른 범죄의 성립 및 처벌과 직접적으로 관련된 형사법적 관점의 변화를 주된 근거로 하는 법령의 변경에 해당하여야 하므로, 이와 관련이 없는 법령의 변경으로 인하여 해당 형벌법규의 가벌성에 영향을 미치게 되는 경우에는 형법 제1조 제2항과 형사소송법 제326조 제4호가 적용되지 않는다.

한편 법령이 개정 내지 폐지된 경우가 아니라, 스스로 유효기간을 구체적인 일자나 기간으로 특정하여 효력의 상실을 예정하고 있던 법령이 그 유효기간을 경과함으로써 더 이상 효력을 갖지 않게 된 경우도 형법 제1조 제2항과 형사소송법 제326조 제4호에서 말하는 법령의 변경에 해당한다고 볼 수 없다.

[대법관 조재연, 대법관 안철상의 별개의견] 종래 대법원판례의 법리는 기준이 불명확하고 판단이 자의적일 수 있다는 점에서, 다수의견이 이를 폐기하고 형법 제1조 제2항과 형사소송법 제326조 제4호에서 말하는 '법령의 변경'의 기준으로 '형사법적 관점의 변화'를 제시한 것은 기본적으로 타당하고, 이에 찬동할 수 있다. 그러나 다수의견이 (중략) 세분화된 유형별 법리를 구성한 후 각 유형별로 일률적인 결론을 정한 것은 다음과 같은 이유로 받아들이기 어렵다. (중략)

[대법관 노태악, 대법관 천대엽의 별개의견] 형법 제1조 제2항과 형사소송법 제326조 제4호에서 말하는 '법령의 변경'은 (중략) 반성적 고려에 따라 변경된 것인지 여부를 따지지 않고, (중략) 원칙적으로 형

법 제1조 제2항과 형사소송법 제326조 제4호가 적용되어야 한다는 다수의견의 기본 입장은 타당하다.

그러나 다수의견이 '유효기간을 구체적인 일자나 기간으로 특정하여 효력의 상실을 예정하고 있던 법령이 유효기간을 경과한 경우'를 형법 제1조 제2항과 형사소송법 제326조 제4호에서 말하는 법령의 변경에 해당하지 않는다고 보아 일률적으로 피고인에게 유리한 재판시법의 적용을 배제하고 행위시법의 추급효를 인정하여야 한다는 부분에는 동의할 수 없다. (중략)

[2] (이하생략)

(3) 검 토

대상판결의 쟁점은 범죄 후 법령의 변경에 의하여 그 행위가 범죄를 구성하지 아니하게 되거나 형이 가벼워진 경우, 형법 제1조 제2항과 형사소송법 제326조 제4호를 적용하여 피고인에게 유리하게 변경된 신법에 따를 것인지 여부이다. 대상판결에서 다수의견은 종전 대법원에서 사실관계의 변경인가 과거에 대한 반성적 고려인가에 따라 전자의 경우 신법을 적용하지 않고 후자의 경우에만 신법을 적용하던 태도를 변경하여 반성적 고려 여부에 관계없이 피고인에게 유리한 신법을 적용해야 한다고 함으로써 소위 '동기설'을 폐기한 대법원의 결론은 타당하다.

종래 대법원이 취해왔던 동기설은 형법이 행위시법을 원칙으로 하면서 형법 제1조 제2항을 통해 예외적인 재판시법을 선언하고 있는 것에서 '법률의 변경'을 어떻게 해석할 것인가와 관련하여 소위 단순한 "사실의 변경"과 "반성적 고려"라는 또 다른 기준을 두고 판단한 것으로, 대상판결은 그동안 많은 비판[39]을 받아온 이러한 동기설을 폐기함으로써[40] 형법의 시간적 범위와 관련한 중요한 판결로 그 의미가

---

39) 김혜정/박미숙/안경옥/원혜욱/이인영, 형법총론 제4판, 정독, 2022, 42면; 오영근, 형법총론 제5판, 박영사, 2019, 47면.
40) 변경 전 판례에서 "반성적 고려"라는 추가적인 기준을 통해 판단하였다면, 대상판

크다.

　다만, 대상판결의 다수의견은 "스스로 유효기간을 구체적인 일자나 기간으로 특정하여 효력의 상실을 예정하고 있던 법령이 그 유효기간을 경과함으로써 더 이상 효력을 갖지 않게 된 경우"는 법령의 변경에 해당하지 않아 형법 제1조 제2항의 적용대상이 아니라고 하여 추급효를 인정하는 태도를 보이고 있다. 그러나 별개의견[41]에서 설시한 바와 같이, "피고인에게 유리하게 형벌법규가 변경되었다는 관점에서 보면 법령이 개정·폐지된 경우와 법령의 유효기간이 경과된 경우"는 본질적으로 차이가 없고, "형법 제1조 제2항과 형사소송법 제326조 제4호에서 말하는 '법령의 변경'이 범죄의 가벌성과 직접적으로 관련된 형사법적 관점의 변화를 전제로 하는 것이라면, 법령의 유효기간이 경과된 경우에도 추급효에 관한 경과규정을 두고 있지 않은 이상 원칙적으로 피고인에게 유리한 재판시법이 적용되어야 한다"는 견해가 타당하다. 대법원이 대상판결을 통해 동기설을 폐기한 것은 타당하고 의미가 있다. 다만, 한시법에서 추급효를 인정하는 것이 형법 제1조 제2항의 입법취지에 부합하는 것인지에 대해서는 재검토가 필요하다.

5. 한의사의 초음파진단기기 사용과 면허된 의료행위 판단
　　— 대법원 2022. 12. 22. 선고 2016도21314 전원합의체 판결 —

(1) 사실관계

　한의사인 피고인은 2010. 3. 2.경 환자 공소외인을 진료하면서 초음파 진단기기(모델명: LOGIQ P5)를 사용하여 공소외인의 신체 내부를 촬영한 것을 비롯하여 2012. 6. 16.까지 공소외인에게 총 68회 초음파 촬영을 함으로써 초음파 화면에 나타난 모습을 보고 진단하는 방법으

결은 "형사법적 관점의 변화"라는 새로운 기준을 제시하고 있어 대상판결이 동기설의 그늘에서 완전히 벗어난 것으로 볼 수 없다는 견해로 지은석, "형법 제1조 제2항에서 '법률의 변경'의 해석 — 대법원 2022. 12. 22. 선고 2020도16420 전원합의체 판결 —", 홍익법학 제24권 제1호, 2023, 229면.

41) 대법관 노태악, 대법관 천대엽의 별개의견.

로 진료행위를 하여 면허된 것 이외의 의료행위를 한 사실로 기소되었다.

이에 대해 원심은 한의사가 현대적 의료기기를 사용하는 것이 면허된 것 이외의 의료행위에 해당하는지에 관한 대법원 2014. 2. 13. 선고 2010도10352 판결 법리에 따라 유죄로 판단한 제1심판결을 그대로 유지하였고, 대법원은 원심판결을 파기·환송하였다.

(2) 판결요지

[1] [다수의견] 한의사가 의료공학 및 그 근간이 되는 과학기술의 발전에 따라 개발·제작된 진단용 의료기기를 사용하는 것이 한의사의 '면허된 것 이외의 의료행위'에 해당하는지는 관련 법령에 한의사의 해당 의료기기 사용을 금지하는 규정이 있는지, 해당 진단용 의료기기의 특성과 그 사용에 필요한 기본적·전문적 지식과 기술 수준에 비추어 한의사가 진단의 보조수단으로 사용하게 되면 의료행위에 통상적으로 수반되는 수준을 넘어서는 보건위생상 위해가 생길 우려가 있는지, 전체 의료행위의 경위·목적·태양에 비추어 한의사가 그 진단용 의료기기를 사용하는 것이 한의학적 의료행위의 원리에 입각하여 이를 적용 내지 응용하는 행위와 무관한 것임이 명백한지 등을 종합적으로 고려하여 사회통념에 따라 합리적으로 판단하여야 한다. 이는 대법원 2014. 2. 13. 선고 2010도10352 판결의 '종전 판단 기준'과 달리, 한방의료행위의 의미가 수범자인 한의사의 입장에서 명확하고 엄격하게 해석되어야 한다는 죄형법정주의 관점에서, 진단용 의료기기가 한의학적 의료행위 원리와 관련 없음이 명백한 경우가 아닌 한 형사처벌 대상에서 제외됨을 의미한다.

[대법관 안철상, 대법관 이동원의 반대의견] 한의사의 현대적 진단기기 사용이 의료법상 허용되는 한방의료행위에 해당하는지는 그러한 진단행위 자체의 학문적 기초가 되는 원리가 한의학인지 양의학인지, 진단은 치료를 위한 준비단계라는 점에서 (중략) 보건위생상 위해

가 생길 우려가 있는지에 따라 결정되어야 한다.

　[2] [다수의견] 한의사가 진단용 의료기기를 사용하는 것이 한의사의 '면허된 것 이외의 의료행위'에 해당하는지에 관한 새로운 판단 기준에 따르면, 한의사가 초음파 진단기기를 사용하여 환자의 신체 내부를 촬영하여 화면에 나타난 모습을 보고 이를 한의학적 진단의 보조수단으로 사용하는 것은 한의사의 '면허된 것 이외의 의료행위'에 해당하지 않는다고 보는 것이 타당하다. 이유는 다음과 같다. (중략)

　[대법관 안철상, 대법관 이동원의 반대의견] 다수의견은 (중략) 수긍할 수 있는 부분이 있다. 그러나 다음과 같은 이유로 다수의견에 선뜻 동의하기 어렵다.

　첫째, 우리의 의료체계는 양방과 한방을 엄격히 구분하는 양방·한방 이원화 원칙을 취하고 있고, 의료법은 의사와 한의사를 구별하여 각각의 면허를 부여하고 있으므로, 한의사가 초음파 진단기기를 서양의학적인 방법으로 사용한다면 이는 이원적 의료체계에 반하는 것으로 의료법상 무면허 의료행위에 해당한다.

　둘째, (중략) 제대로 훈련받지 않은 한의사가 초음파 진단기기를 사용할 경우 오진 등 보건위생상 위해가 생길 우려가 높다.

　셋째, 한의사의 초음파 진단기기 사용을 허용할 것인지는 그 필요성이 인정된다고 하더라도 국민의 건강을 보호하고 증진하는 방향으로 제도적·입법적으로 해결함이 바람직하고, 그러한 정비가 이루어지기 전까지는 한의사의 초음파 진단기기 사용을 무면허 의료행위로 규제하는 것은 불가피하다.

　(3) 검　토

　대상판결의 쟁점은 한의사가 초음파 진단기기를 사용해 환자의 신체 내부를 촬영하여 초음파 화면에 나타난 모습을 보고 진단하는 방법으로 진료행위를 한 것이 한의사의 면허된 것 이외의 의료행위에 해당하는지 여부이다.

우리나라는 양방과 한방을 엄격히 구분하는 이원화 원칙을 1951
년 제정 국민의료법부터 지금까지 일관되게 유지하고 있다. 그럼에도
의료법 등 관계법령에 '의료행위'의 정의나 의료인에게 '종별로 면허된
의료행위'의 내용이나 범위 등을 정하는 규정이 없어 법해석의 여지가
상당히 남아있다. 의료법 제27조 제1항에서 설사 의료인이라고 하더라
도 "면허된 것 이외의 의료행위"를 할 수 없도록 하고 있으나, 그에
대한 구체적인 내용은 규정하고 있지 않아, 의사나 한의사에게 의료행
위 과정에서 행동지침을 제공할 수 있도록 그 판단기준을 마련해주는
것이 필요하다. 그런 점에서 대상판결은 이에 대한 '새로운 판단기준'
을 제시해주고 있다는 점에 의의가 있다.

현대 과학기술의 발달로 새로운 의료기기 혹은 새로운 의료기술
이 많이 개발되면서 양방이나 한방의 의료를 접목하거나 중첩하는 경
우가 점차 증가하면서 의료계 직역 간 갈등을 초래하고 있는 것이 사
실이다.[42] 그러나 양방과 한방의 의료행위에 관한 이분법적 인식에서
벗어나 '종별로 면허된 의료행위'범위의 가변성과 중첩 가능성을 고려
하여 문제되는 사안을 판단할 필요가 있다.[43]

대상판결에서 쟁점이 되었던 '면허된 것 이외의 의료행위' 여부에
관한 판단은, 의료법 제1조에 규정된 "모든 국민이 수준 높은 의료 혜
택을 받을 수 있도록 국민의료에 필요한 사항을 규정함으로써 국민의
건강을 보호하고 증진"하기 위한 목적을 고려할 때, 해당 의료행위에
보건위생상 위해 우려가 있는지 여부를 가장 우선적으로 고려할 필요
가 있다. 만약 보건위생상 위해 우려가 없다고 판단되면 양방과 한방
이 의료공학기술의 발전에 따른 결실을 공유함으로써 국민이 수준 높
은 의료 해택을 받을 수 있도록 포용적인 관점에서 양방과 한방의 독

---

42) 전병주/김건호, "한의사의 초음파 진단기기 사용과 의료법 위반에 관한 판례 고
　　찰", 인문사회과학 연구 제31권 제1호, 2023, 401면.
43) 이경민, "'면허된 것 이외의 의료행위' 해당 여부에 관한 판단 기준의 정립 방향-
　　한의사의 의료기기 등 사용을 중심으로", 사법 통권 제57호, 2021, 470면.

자적 발전을 이루어나갈 필요가 있다.[44]

무엇보다도 진단결과를 도출하기 위한 일련의 과정에서 보건위생상 위해 우려가 없다면 의사와 한의사가 다양한 정보를 토대로 삼아 진단결과를 도출하는 것은 의료서비스 수준 향상에 도움이 된다고 본다. 이는 궁극적으로 국민이 양질의 의료서비스를 받을 수 있는 기회가 될 수 있다는 점에서 대상판결의 다수의견은 긍정적으로 평가된다.

6. 양도담보설정계약상 채무자의 배임죄 행위주체성 여부

— 대법원 2022. 12. 22. 선고 2020도8682 전원합의체 판결 —

(1) 사실관계

피고인이 피해자 회사에 양도담보로 제공하기로 한 자동차에 관하여 등록명의를 이전해 주어야 할 의무를 부담함에도 제3자에게 매도하여 재산상 이익을 취득하고, 피해자 회사에 해당 금액 상당의 손해를 입혔다는 사실로 기소되었다.

원심은 이러한 공소사실을 유죄로 판단한 제1심판결을 그대로 유지하였고, 대법원은 원심판결을 파기·환송하였다.

(2) 판결요지

배임죄는 타인의 사무를 처리하는 자가 임무에 위배하는 행위로써 재산상의 이익을 취득하거나 제3자로 하여금 이를 취득하게 하여 사무의 주체인 타인에게 손해를 가할 때 성립하는 것이므로 범죄의 주체는 타인의 사무를 처리하는 지위에 있어야 한다. 여기에서 '타인의 사무를 처리하는 자'라고 하려면, 타인의 재산관리에 관한 사무의 전부 또는 일부를 타인을 위하여 대행하는 경우와 같이 당사자 관계의 전형적·본질적 내용이 통상의 계약에서 이익대립관계를 넘어서 그들 사이의 신임관계에 기초하여 타인의 재산을 보호 또는 관리하는 것이어야 한다. (중략) 계약의 이행과정에서 상대방을 보호하거나 배려

---

44) 이경민, 앞의 논문, 471면.

할 부수적인 의무가 있다는 것만으로는 채무자를 타인의 사무를 처리하는 자라고 할 수 없고, 위임 등과 같이 계약의 전형적·본질적인 급부의 내용이 상대방의 재산상 사무를 일정한 권한을 가지고 맡아 처리하는 경우여야 한다.

금전채권채무 관계에서 채권자가 채무자의 급부이행에 대한 신뢰를 바탕으로 금전을 대여하고 채무자의 성실한 급부이행에 의해 채권의 만족이라는 이익을 얻게 된다 하더라도, 채권자가 채무자에 대한 신임을 기초로 그의 재산을 보호 또는 관리하는 임무를 부여하였다고 할 수 없고, 금전채무의 이행은 어디까지나 채무자가 자신의 급부의무를 다하기 위해 하는 것이므로 이를 두고 채권자의 사무를 맡아 처리하는 것으로 볼 수 없다. (중략)

채무자가 금전채무를 담보하기 위하여 자신 소유의 동산을 채권자에게 양도하기로 약정하거나 양도담보로 제공한 경우에도 마찬가지이다. 채무자가 양도담보설정계약에 따라 부담하는 의무, 즉 (중략) 채권자의 담보권 실행에 협조할 의무 등은 모두 양도담보설정계약에 따라 부담하게 된 채무자 자신의 급부의무이다. 또한 양도담보설정계약은 피담보채권의 발생을 위한 계약에 종된 계약으로, 피담보채무가 소멸하면 양도담보설정계약상의 권리의무도 소멸하게 된다. (중략)

위와 같은 법리는, 권리이전에 등기·등록을 요하는 동산에 관한 양도담보설정계약에도 마찬가지로 적용된다. 따라서 자동차 등에 관하여 양도담보설정계약을 체결한 채무자는 채권자에 대하여 그의 사무를 처리하는 지위에 있지 아니하므로, 채무자가 채권자에게 양도담보설정계약에 따른 의무를 다하지 아니하고 이를 타에 처분하였다고 하더라도 배임죄가 성립하지 아니한다.

(3) 검 토

대상판결의 쟁점은 자동차 양도담보설정계약을 체결한 채무자가 채권자에 대하여 배임죄의 행위주체인 '타인의 사무를 처리하는 자'에 해당하는지 여부이다. 대상판결은 과거 대법원이 권리이전에 등기·등록을 요하는 동산인 자동차를 양도담보로 제공한 채무자가 채권자에 대하여 타인의 사무를 처리하는 자에 해당함을 전제로 채무자가 담보목적물을 처분한 경우 배임죄가 성립한다고 한 판례[45]를 변경하였다.

배임죄 판단에 있어 "타인을 위한 자기의 사무"와 "타인의 사무"는 구분할 필요가 있다. 그런 점에서 배임죄의 행위주체인 '타인의 사무를 처리하는 자'와 관련하여 오래전부터 형법학계뿐만 아니라 민법학계에서도 채권자에 대한 채무자의 채무이행을 위한 행위는 '자기의 사무'인 것이지 '타인의 사무'가 아니라는 점에서 배임죄 성립을 부정해야 한다는 주장이 제기되어 왔고, 지난 2020년부터 이러한 관점에서 일련의 전원합의체 판결을 통해 배임죄에 대한 판례변경이 이루어져 왔다.[46]

대상판결은 동산 양도담보물의 임의처분[47], 동산담보권[48], 저당권이 설정된 자동차의 임의처분[49] 사안 등에서 채무자가 채권자를 위하여 부담하는 의무는 자기사무라는 점에서 '타인의 사무처리 자'지위가 인정되지 않아 배임죄가 성립하지 않는다고 판단한 전원합의체 판결들의 연장선상에서 이루어진 판결이라고 할 수 있다. 이러한 대법원의 태도는 "민사채무 불이행에 대한 국가형벌권의 개입을 자제"하는 태도를 보여주는 것으로 타당한 결론이라고 생각된다. 그럼에도 앞에서 언급한 바와 같이, 부동산 이중매매에 대한 사안에서는 여전히 배임죄의 성립을 유지하고 있어 앞으로 이에 대한 재검토는 과제로 남아 있다.

---

45) 대법원 1989. 7. 25. 선고 89도350 판결.
46) 김혜정, "2020년도 형법판례 회고", 형사판례연구 제29집, 2021, 499면.
47) 대법원 2020. 2. 20. 선고 2019도9756 전원합의체 판결.
48) 대법원 2020. 8. 27. 선고 2019도14770 전원합의체 판결.
49) 대법원 2020. 10. 22. 선고 2020도6258 전원합의체 판결.

Ⅲ. 총칙 관련 판결

1. 주거침입죄에서 실행의 착수와 기수 시점

— 대법원 2022. 1. 27. 선고 2021도15507 판결 —

(1) 사실관계

피고인은 2019. 9. 25. 00:55경 이 사건 아파트 지하 2층 주차장에서 피고인과 약 7개월 전 연인 사이였던 피해자 공소외인과 대화를 하고 싶다는 이유로 피해자의 집에 들어가기로 마음먹었다. 그리하여 피고인은 이 사건 아파트 지하 2층 주차장에서 피해자의 집이 속해 있는 동으로 연결된 출입구의 공동출입문에 피해자와 교제 당시 피해자를 통해 알게 된 비밀번호를 입력하여 위 출입구에 들어가 엘리베이터를 탑승하여 피해자의 집이 있는 층으로 올라갔다. 피고인은 피해자의 집 현관문 앞에 이르러 약 1분간 현관문 비밀번호를 누르며 피해자의 집에 출입하려고 시도하다가 피해자가 '누구세요'라고 묻자 도주하여 이 사건 아파트 지하주차장 출구로 나왔다. 이로써 피고인은 이 사건 아파트 공용 부분에 들어가 피해자를 비롯한 피해자와 같은 동에 거주하는 입주자들의 주거에 침입하였다.

(2) 판결요지

[1] 주거침입죄는 사실상 주거의 평온을 보호법익으로 한다. 주거침입죄의 구성요건적 행위인 침입은 주거침입죄의 보호법익과의 관계에서 해석하여야 하므로, 침입이란 거주자가 주거에서 누리는 사실상의 평온상태를 해치는 행위태양으로 주거에 들어가는 것을 의미하고, 침입에 해당하는지 여부는 출입 당시 객관적·외형적으로 드러난 행위태양을 기준으로 판단함이 원칙이다. (중략)

[2] (중략) 거주자가 아닌 외부인이 공동주택의 공용 부분에 출입한 것이 공동주택 거주자들에 대한 주거침입에 해당하는지 여부를 판단함에 있어서도 그 공용 부분이 일반 공중에 출입이 허용된 공간이

아니고 주거로 사용되는 각 가구 또는 세대의 전용 부분에 필수적으로 부속하는 부분으로서 거주자들 또는 관리자에 의하여 외부인의 출입에 대한 통제·관리가 예정되어 있어 거주자들의 사실상 주거의 평온을 보호할 필요성이 있는 부분인지, 공동주택의 거주자들이나 관리자가 평소 외부인이 그곳에 출입하는 것을 통제·관리하였는지 등의 사정과 외부인의 출입 목적 및 경위, 출입의 태양과 출입한 시간 등을 종합적으로 고려하여 '주거의 사실상의 평온상태를 침해하였는지' 관점에서 객관적·외형적으로 판단하여야 한다.

따라서 아파트 등 공동주택의 공동현관에 출입하는 경우에도, 그것이 주거로 사용하는 각 세대의 전용 부분에 필수적으로 부속하는 부분으로 거주자와 관리자에게만 부여된 비밀번호를 출입문에 입력하여야만 출입할 수 있거나, 외부인의 출입을 통제·관리하기 위한 취지의 표시나 경비원이 존재하는 등 외형적으로 외부인의 무단출입을 통제·관리하고 있는 사정이 존재하고, 외부인이 이를 인식하고서도 그 출입에 관한 거주자나 관리자의 승낙이 없음은 물론, 거주자와의 관계 기타 출입의 필요 등에 비추어 보더라도 정당한 이유 없이 비밀번호를 임의로 입력하거나 조작하는 등의 방법으로 거주자나 관리자 모르게 공동현관에 출입한 경우와 같이, 그 출입 목적 및 경위, 출입의 태양과 출입한 시간 등을 종합적으로 고려할 때 공동주택 거주자의 사실상 주거의 평온상태를 해치는 행위태양으로 볼 수 있는 경우라면 공동주택 거주자들에 대한 주거침입에 해당할 것이다.

(3) 검 토

대상판결의 쟁점은 아파트 공동출입구의 비밀번호를 승낙 없이 입력하고 들어간 경우 사실상의 평온을 해치는 침입에 해당하는지 여부이다. 대상판결에서 대법원은 지난해 전원합의체 판결[50]의 논거를 그대로 인용하면서 주거침입죄의 유죄를 인정한 원심의 결론은 수긍

---

50) 대법원 2021. 9. 9. 선고 2020도12630 전원합의체 판결.

하면서도 피고인의 행위가 주거의 사실상 평온상태를 해치는 행위태양인지에 대한 판단 없이 피해자의 의사에 반한다는 사정만으로 침입행위에 해당한다고 판단한 것은 부족한 부분이 있다고 지적하였다.51) 물론 대상판결은 비록 물리력 등의 방법을 사용하지 않았더라도 주거자의 의사에 반하여 들어간 사안으로, 대법원이 주거침입죄가 성립한다고 판단한 것은 타당한 결론이라고 생각한다.

다만, 최근 다가구용 단독주택이나 다세대주택·연립주택·아파트와 같은 공동주택 내부의 엘리베이터, 공용 계단, 복도 등 공용 부분도 그 거주자들의 사실상 주거의 평온을 보호할 필요성이 있어 주거침입죄의 객체인 '사람의 주거'에 해당한다고 하여 그 범위가 확대되고 있는 상황에서 미수범을 처벌하는 주거침입죄의 실행의 착수와 기수를 지금처럼 판단해도 되는 것인지 의문이다. 판례는 출입문이 열려 있으면 안으로 들어가겠다는 의사 아래 출입문을 당겨보는 행위를 실행의 착수로 인정52)하고 신체의 일부만 침입해도 주거침입의 기수53)를 인정하고 있다.

그런데 만약 대상판결의 사안에서 피고인이 지하주차장 출입문으로 들어간 후 곧바로 자신의 행동을 반성 혹은 후회 하고 아파트에서 나와 피해자는 피고인이 다녀간 사실을 전혀 알 수 없었던 상황에서도 ― 주거침입죄 법익의 보호정도를 침해범으로 보느냐54) 추상적 위험범으로 보느냐55)에 따라 달라질 수 있겠지만 ― 주거침입죄의 기수가 성립한다고 보아야 하는 것인지, 주거침입죄의 중지미수를 인정할 여지는 없는 것인지 의문이다.

대상판결에 따르면 이 경우에도 당연히 주거침입죄의 기수가 인

---

51) 이에 대한 비판적인 견해로 오영근, "주거침입죄에서 '침입'의 판단방법", 로앤비 천자평석, 2022. 4. 19, 4면 이하.
52) 대법원 2006. 9. 14. 선고 2006도2824 판결.
53) 대법원 1995. 9. 15. 선고 94도2561 판결.
54) 김일수/서보학, 앞의 책, 201면; 오영근, 앞의 책, 213면.
55) 김성돈, 앞의 책, 289면.

정되어야 할 것이다. 그렇다면 이 경우 누구의 사실상의 평온을 침해한 것으로 보아야 하는 것인가? 피해자의 명시적인 반대의사가 확인된다면 그나마 주거침입죄 기수를 인정할 수 있을 것도 같은데, 만약 피해자의 반대의사가 확인되지 않는 상황에서도 물리력 등 평온을 해치는 방법을 사용하지 않은, 단지 출입문에 외부인의 출입을 통제하는 장치가 있다는 사정만으로 공동주택 거주자들에 대한 사실상의 평온을 침해했다는 이유56)로 주거침입죄 기수를 인정하는 것이 주거침입죄를 규정한 입법취지에 부합하는 것인지 의문이다. 이는 자칫 주거침입죄의 성립범위를 지나치게 확대하는 부작용을 발생시킬 수도 있다고 보기 때문이다.

생각건대 이 경우 — 앞에서 언급한 바와 같이, 침입의 판단에 주거자의 의사가 출발점이 되어야 하므로 — 피해자의 반대의사가 확인되지 않는다면 주거침입죄의 성립을 부정하고, 피해자의 반대의사가 확인되더라도 아직 피해자의 집에 침입 혹은 침입시도를 하지 않았다면, 기수에 이르지 않은 침해범으로 봄으로써 행위자에게 주거침입의 중지미수를 인정할 수 있는 여지를 남겨둘 필요가 있다고 생각된다.

2. 죄형법정주의와 법률해석
— 대법원 2022. 3. 17. 선고 2019도9044 판결 —

(1) 사실관계 및 재판의 경과

어린이집 운영자인 피고인이 원아 甲(5세)의 부모로부터 '담임교사가 甲을 방치한 것 같으니 어린이집에 설치된 폐쇄회로 텔레비전의 녹화영상을 보여달라'고 요구받게 되자 CCTV 수리업자에게 CCTV 영상정보가 녹화·저장된 저장장치인 컴퓨터 하드디스크를 교체하도록 한 다음 그 저장장치를 버리는 등의 방법으로 은닉함으로써 CCTV의 녹화영상정보가 훼손되게 하였다.

---

56) 대상판결에서는 "공동주택 거주자들에 대한 주거침입에 해당"한다고 하고 있다.

1심[57]은 영유아보육법의 "훼손당한 자"의 해석상 스스로 영상을 훼손한 경우에는 해당 규정의 적용이 곤란하다는 취지로 무죄를 선고하였다. 그러나 항소심[58]은 어린이집 원장인 피고인은 책임자로서 안전성 확보 의무가 있는데, 어린이집에 설치된 CCTV의 영상이 녹화·저장된 컴퓨터 하드디스크를 버려 은닉하였고 그로 인해서 피고인이 운영하는 어린이집의 CCTV 영상정보가 훼손당한 점이 인정된다는 이유로 구 영유아보육법 제54조 제3항 위반에 대한 유죄를 선고하였고, 대법원은 이러한 원심판결을 파기·환송하였다.

(2) 판결요지

구 영유아보육법(2020. 12. 29. 법률 제17785호로 개정되기 전의 것, 이하 같다) 제15조의4 제1항은 "어린이집을 설치·운영하는 자는 아동학대 방지 등 영유아의 안전과 어린이집의 보안을 위하여 개인정보 보호법 및 관련 법령에 따른 폐쇄회로 텔레비전을 설치·관리하여야 한다."라고 정하고, 구 영유아보육법 제15조의5 제3항은 "어린이집을 설치·운영하는 자는 제15조의4 제1항의 영상정보가 분실·도난·유출·변조 또는 훼손되지 아니하도록 내부 관리계획의 수립, 접속기록 보관 등 대통령령으로 정하는 바에 따라 안전성 확보에 필요한 기술적·관리적 및 물리적 조치를 하여야 한다."라고 정한다. 그리고 구 영유아보육법 제54조 제3항은 "제15조의5 제3항에 따른 안전성 확보에 필요한 조치를 하지 아니하여 영상정보를 분실·도난·유출·변조 또는 훼손당한 자는 2년 이하의 징역 또는 2천만 원 이하의 벌금에 처한다."라고 정한다.

여기서 처벌의 대상이 되는 자 중 '영상정보를 훼손당한 자'란 어린이집을 설치·운영하는 자로서 구 영유아보육법 제15조의5 제3항에서 정한 폐쇄회로 영상정보에 대한 안전성 확보에 필요한 조치를 하지 않았고 그로 인해 영상정보를 훼손당한 자를 뜻한다. 영상정보를

57) 울산지방법원 2018. 12. 5. 선고 2018고단1724 판결.
58) 울산지법 2019. 6. 13. 선고 2018노1287 판결.

삭제·은닉 등의 방법으로 직접 훼손하는 행위를 한 자는 위 규정의 처벌대상이 아니고 행위자가 어린이집을 설치·운영하는 자라고 해도 마찬가지이다.

　(3) 검　토

　대상판결의 쟁점은 영유아보육법 제54조 제3항의 영상정보를 "훼손당한 자"에 영상정보를 직접 훼손한 사람도 포함되는지 여부이다. 원심은 동법 제54조 제3항의 영상정보를 훼손당하는 자에서 "훼손당하는"의 주체는 "영상정보"라고 해석하면서 "이러한 해석이 문언적으로 가능한 해석의 범위를 벗어난다거나 형벌법규를 문언의 가능한 의미를 벗어나 피고인에게 불리한 방향으로 확장해석하는 것으로 보이지 않는다."는 이유로 무죄를 선고한 1심을 파기하고 유죄를 선고하였고, 대법원은 원심의 이러한 판단은 피고인에게 불리한 방식으로 법조문을 확장 해석한 것이라는 점에서 원심판결을 파기·환송하였다.

　형법의 대원칙인 죄형법정주의에 입각하여 유추해석은 금지된다. 형법 해석의 기본은 문언적 해석으로 "법문의 가능한 의미"를 넘어서 규범의 적용범위를 확장해서는 안된다. 물론 법규범의 의미내용은 그 문언뿐만 아니라 입법목적이나 입법취지, 법규범의 체계적 구조 등을 종합적으로 고려하는 해석방법에 의해 구체화된다. 따라서 형법의 해석은 당해 규정의 입법취지와 목적 등을 고려한 법률체계적 연관성에 따라 그 문언의 논리적 의미를 분명히 밝히는 작업이 되어야 한다.

　영유아보육법상 어린이집을 설치·운영하는 자는 아동학대 방지 등 영유아의 안전과 어린이집의 보안을 위하여 폐쇄회로 텔레비전을 설치·관리해야 하고, 폐쇄회로 텔레비전의 영상정보가 분실·도난·유출·변조 또는 훼손되지 않도록 안전성 확보에 필요한 기술적·관리적·물리적 조치를 해야 한다. 다만, 영유아보육법 제15조의5 제3항은 분실·훼손 등을 막기 위한 조치의무를 규정하고 있다면, 동법 제54조 제3항은 이러한 조치의무를 하지 않은 부작위의 결과로 영성정보를

'훼손당한 자'를 처벌하는 규정을 두고 있다. 따라서 여기에서 '훼손당한 자'는 스스로 훼손한 것이 아니라 '타인에 의해 훼손당해 위해를 입은 것'으로 해석해야 할 것이다.

검찰은 "훼손당한 자 뿐만 아니라 '스스로 훼손'한 자도 포함된다고 해석해야 한다"고 주장하고, 원심은 "훼손당한"의 주체는 "영상정보"라고 주장하고 있으나, 법해석의 관점에서 양자 모두 허용범위를 넘어서는 확장해석(유추해석)에 해당된다고 생각된다. 의무를 위반하여 훼손당한 사람보다 적극적으로 훼손한 사람의 죄질이 더 중한 것은 사실이다. 그러나 처벌의 필요성이 있다고 하여 허용범위를 넘어서는 확장해석은 형사법의 대원칙인 죄형법정주의를 위반하는 것으로 허용될 수 없다. 형법은 형벌이라는 강력한 수단을 갖고 있기 때문에 형벌의 최후수단성, 형법의 보충성이 요구된다. 따라서 영유아보호법이 입법상의 미비로 처벌의 공백을 발생시키고 있다고 하더라도, 이는 입법적으로 해결해야 할 문제이지 법해석으로 해결하는 것은 타당하지 않으므로 대법원의 결론은 타당하다.[59]

3. 정범 없는 공범과 신분범

— 대법원 2022. 9. 15. 선고 2022도5827 판결 —

(1) 사실관계 및 재판의 경과

피고인은 서울 서초구에 있는 지상 5층 ○○ 건물을 다른 사람(G)

---

59) 대법원 2022. 12. 1. 선고 2021도6860 판결에서도 영유아보육법 제54조 제4항 제1호의 해석과 관련하여 영유아보육법 제54조 제4항 제1호는 제13조 제1항 후문에서 정한 변경인가 불이행에 따른 처벌도 포함하는 것으로 해석된다는 등의 이유로 피고인의 행위가 영유아보육법 제54조 제4항 제1호, 제13조 제1항 위반죄에 해당한다고 보아 유죄로 판단한 1심(서울서부지방법원 2021. 1. 8.자 2020고정617 결정)을 그대로 유지한 원심(서울서부지방법원 2021. 5. 13. 선고 2021노72 판결)에 대해 대법원은 동법 제54조 제4항 제1호는 설치인가를 받지 않은 경우에 대해서만 명시적인 처벌 조항을 두고 있을 뿐, 변경인가를 받지 않은 경우에 대해서는 따로 처벌 조항을 두고 있지 않음에도 이를 포함하는 것은 죄형법정주의 파생원칙인 유추해석금지원칙에 위배된다는 이유로 원심판결을 파기·환송하였다.

과 공동으로 건축하여 관리하고 있다. 공소외 1은 이 사건 건물 및 부지를 매입하기 위한 공탁금, 등기비용 기타 소요자금 7억 원을 대납하는 조건으로 이 사건 건물 5층에서 약 2개월 동안 아내인 피해자 공소외 2를 포함한 가족들과 함께 임시로 거주하고 있다. 피고인은 2019. 11. 4. 22:10경 이 사건 건물 5층에서 피해자를 만나 위 돈이 입금되지 않았다면서 퇴거를 요구하였으나 받아들여지지 않자, 피해자의 가족을 내쫓을 목적으로 아들인 공소외 3에게 이 사건 건물 5층 현관문에 설치된 디지털 도어락의 비밀번호를 변경할 것을 지시하였고, 공소외 3은 피고인의 지시에 따라 이 사건 도어락의 비밀번호를 변경하였다. 이로써 피고인은 피해자의 점유의 목적이 된 자기의 물건인 이 사건 도어락에 대한 권리행사방해를 교사하였다.

1심[60]은 이 사건 건물이 미등기 건물로 피고인과 다른 사람(G)이 공동으로 신축한 것이어서 원시취득자인 피고인과 G가 건물에 대한 소유권을 가지고 있다고 볼 여지가 있고, 도급계약서의 기재만으로는 피고인이 이 사건 부동산을 단독 소유하기로 하는 것에 대하여 G와 합의가 있었다고 보기에 부족하고, 이 사건 디지털 도어락은 이 사건 건물에 부합되어 피고인이 소유하는 독립된 물건에 해당하지 아니한다는 이유로 무죄로 판단하였다. 항소심[61]은 이 사건 도어락이 이 사건 부동산에 부합하였는지 여부를 떠나 피고인 소유의 물건으로서 형법 제323조에서 규정한 '자기의 물건'에 해당한다고 판단하여, 무죄로 판단한 1심 판결을 파기하고 유죄를 선고하였고, 대법원은 원심판결을 파기·환송하였다.

(2) 판결이유

원심의 판단은 다음과 같은 이유로 수긍할 수 없다.

가. 관련 법리

교사범이 성립하려면 교사자의 교사행위와 정범의 실행행위가 있

---

60) 서울중앙지방법원 2021. 7. 22. 선고 2020고정1223 판결.
61) 서울중앙지방법원 2022. 4. 26. 선고 2021노2068 판결.

어야 하므로, 정범의 성립은 교사범 구성요건의 일부이고 교사범이 성립하려면 정범의 범죄행위가 인정되어야 한다(대법원 2000. 2. 25. 선고 99도1252 판결 등 참조).

형법 제323조의 권리행사방해죄는 타인의 점유 또는 권리의 목적이 된 자기의 물건을 취거, 은닉 또는 손괴하여 타인의 권리행사를 방해함으로써 성립하므로 취거, 은닉 또는 손괴한 물건이 자기의 물건이 아니라면 권리행사방해죄가 성립할 수 없다. 물건의 소유자가 아닌 사람은 형법 제33조 본문에 따라 소유자의 권리행사방해 범행에 가담한 경우에 한하여 그의 공범이 될 수 있을 뿐이다(대법원 2017. 5. 30. 선고 2017도4578 판결 등 참조).

나. 원심이 판단한 바에 의하더라도 이 사건 도어락은 피고인 소유의 물건일 뿐 공소외 3 소유의 물건은 아니라는 것이다. 따라서 앞서 본 법리에 비추어 보면, 공소외 3이 자기의 물건이 아닌 이 사건 도어락의 비밀번호를 변경하였다고 하더라도 권리행사방해죄가 성립할 수 없고, 이와 같이 정범인 공소외 3의 권리행사방해죄가 인정되지 않는 이상 교사자인 피고인에 대하여 권리행사방해교사죄도 성립할 수 없다.

다. (이하생략)

(3) 검 토

대상판결의 쟁점은 행위주체성이 없는 정범에 대하여 교사범이 성립하는지 여부이다. 대상판결에서 대법원은 직접 행위를 한 정범인 피고인의 아들에게 권리행사방해죄의 행위주체성이 인정되지 않아 권리행사방해죄가 성립하지 않으므로 공범종속성 원칙상 피고인의 교사범 성립은 불가능하다고 판단하였고, 대상판결의 이러한 결론은 타당하다.

다만, 대상판결에서 피고인을 권리행사방해죄의 교사범으로 보고 접근하는 것이 적절한 것이었는지가 문제될 수 있다.[62] 즉 대상판결의 사안을 간접정범이나 (공모)공동정범의 사안으로 볼 수는 없었는지에 대한 의문63)이 생기고, 이를 살펴보기 위해서는 먼저 간접정범과 관련하여 권리행사방해죄가 신분범인가에 대해 살펴볼 필요가 있다.

　권리행사방해죄의 행위주체에 대해 자기의 물건을 타인에게 제공한 자라는 점에서 진정신분범이라는 견해64)도 있고 재물 소유자는 누구라도 자기물건을 담보물로 제공할 수 있다는 점에서 신분범이 아니라는 견해65)도 있다. 대법원이 권리행사방해죄를 신분범으로 보는가에 대해서는 관점이 나뉜다. 만약 대법원이 권리행사방해죄를 신분범으로 본다면 신분 없는 고의 있는 도구에 대해서도 간접정범 성립을 가능하다고 보는 대법원66)이 대상판결의 사안에서 간접정범 성립을 인정했을 것인데, 그렇지 않은 점에서 대법원은 권리행사방해죄를 신분범으로 보고 있지 않다는 견해67)도 있고, 대법원은 "물건의 소유자가 아닌 사람은 형법 제33조 본문에 따라 소유자의 권리행사방해 범행에 가담한 경우에 한하여 그의 공범이 될 수 있을 뿐"68)이라고 판단한 것을 보면 진정신분범으로 보는 것이라는 견해69)도 있다.

　대상판결에서 "물건의 소유자가 아닌 사람은 형법 제33조 본문에 따라 소유자의 권리행사방해 범행에 가담한 경우에 한하여 그의 공범이 될 수 있을 뿐이다."고 판시하고 있는 것을 보면, 대상판결에서는 권리행사방해죄를 신분범으로 보고 있는 것이 아닌가 하는 생각이 든

---

62) 대상판결에 대한 평석으로 김성룡, "정범없는 공범과 규범적·사회적 의사지배", 제355회 형사판례연구회 발표문, 2022. 12. 5, 10면 이하.
63) 지은석, "권리행사방해죄의 공모공동정범 – 대법원 2022. 9. 15. 선고 2022도5827 판결 –", 형사법의 신동향 통권 제77호, 2022, 232면.
64) 김성돈, 앞의 책, 545면; 김일수/서보학, 앞의 책, 422면. 해석에 의해 비로소 진정신분범으로 인정되므로 '묵시적 진정신분범'이라는 견해로 지은석, 앞의 논문(2022), 233면.
65) 정성근/박광민, 형법각론 전정3판, SKKUP, 2019, 482면.
66) 대법원 1983. 6. 14. 선고 83도515 전원합의체 판결.
67) 김성룡, 앞의 논문, 11면.
68) 대법원 2017. 5. 30. 선고 2017도4578 판결.
69) 지은석, 앞의 논문, 234면.

다. 그러나 권리행사방해죄에서 '물건의 소유자'라는 지위가 '일정한 정범집단'이라고 보기는 어렵고, 타인에게 자기의 물건 등을 빌려주는 등의 구성요건적 상황으로 보는 것이 적절하다는 점[70]에서 신분범이 아니라고 보는 것이 타당하다.[71] 그렇다면 대상판결은 신분없는 고의 있는 도구를 이용한 간접정범의 사안으로 살펴볼 필요는 없을 것으로 생각된다.

이처럼 권리행사방해죄를 신분범이 아닌 일반범으로 보면, (공모)공동정범의 성립가능성을 살펴볼 수 있다. 최근 판례는 "공동정범은 공동가공의 의사와 그 공동의사에 의한 기능적 행위지배를 통한 범죄실행이라는 주관적·객관적 요건을 충족함으로써 성립하므로, 공모자 중 구성요건행위를 직접 분담하여 실행하지 않은 사람도 위 요건의 충족 여부에 따라 이른바 공모공동정범으로서의 죄책을 질 수 있다"[72]고 하여 공모공동정범을 인정하는 경우에 "기능적 행위지배를 통한 범죄실행"으로 인정될 가능성이 있는 본질적 행위기여를 요구하고 있다.

대상판결의 사안에서 피고인을 교사범으로 기소한 것은 아들에게 고의가 인정된다는 의미가 되고, 그렇다면 아버지와 아들의 비밀번호 변경에 대한 공동가공의 의사가 인정될 수 있을 것이므로 결국 직접 실행행위를 분담하지 않은 아버지에게 본질적 행위기여가 인정되는지 여부에 따라 피고인과 아들에게 권리행사방해죄 공동정범의 성립여부가 검토될 수 있을 것이고, 대법원이 공모공동정범을 인정하는 논거에 따르면 대상판결의 사안에서 공모공동정범이 인정될 수도 있을 것으로 보이는데, 대상판결에서 이러한 검토가 이루어지지 않은 아쉬움이 있다.

---

70) 김성룡, 앞의 논문, 10면 이하.
71) 이는 준강도죄에서 행위주체인 절도범을 신분범으로 볼 수 없다는 점과 유사하다.
72) 대법원 2018. 4. 19. 선고 2017도14322 전원합의체 판결.

Ⅳ. 각칙 관련 판결

1. 직권남용죄에서 직무권한의 범위와 남용의 의미

— 대법원 2022. 4. 28. 선고 2021도11012 판결 —

(1) 사실관계

피고인은 R경부터 S경까지 서울중앙지방법원 형사수석부장판사로 재직하면서 서울중앙지방법원장을 보좌하여 형사재판부 재판장, 영장전담판사 인선 등 재판부 구성, 중요 형사 사건의 접수 및 진행상황에 대한 수시 보고, 형사재판 사무 등의 처리에 필요한 사항에 관한 감사 및 보고, 형사부 소속법관들의 근무평정 및 사건배당, 형사재판에 관한 기획·공보 업무를 포함하여 제반 사법행정사무 관련 지휘·감독권 및 국민의 공정하고 신속한 재판을 받을 수 있는 권리를 보장하기 위한 재판 관련 사항에 대한 직무감독권을 행사할 수 있는 직무상 권한을 가지고 있었다.[73]

피고인이 서울중앙지방법원 형사수석부장판사로 재직 중에 3개 사건의 담당법관들에게 판결이유 수정 등의 조치를 요청하였다. 검찰은 각 공소사실에 관하여 형사수석 부장판사인 피고인이 사법행정권을 보유한 자로서 그 직권을 남용하여 재판에 개입함으로써 각 담당 재판장, 담당판사의 재판권이라는 권리행사를 방해하였거나 의무 없는 일을 하게 하였다는 혐의로 형법 제123조의 직권남용권리행사방해죄로 공소를 제기하였다.[74]

---

73) 서울중앙지방법원 2020. 2. 14. 선고 2019고합189 판결.
74) 공소 제기된 3개 사건(① 가토 다쓰야 전 산케이신문 서울지국장의 재판에 개입했다는 혐의, ② 민변 변호사들의 서울 대한문 앞 집회 사건 판결문에서 논란이 될 만한 표현을 삭제하게 한 혐의, ③ 프로야구 선수들의 원정도박 사건을 약식명령 처분하도록 한 혐의)의 공소사실요지를 정리한 내용은 오병두, "직권남용권리행사방해죄와 직권 그리고 남용의 결과", 한국형사판례연구회·대법원 형사법연구회 공동학술대회 발표문, 2022. 8. 16, 1면 이하 참조.

(2) 판결이유

상고이유를 판단한다.

1. 원심은, (중략) '직권남용'이란 공무원이 일반적 직무권한에 속하는 사항에 관하여 그 권한을 위법·부당하게 행사하는 것을 뜻하고, 공무원이 일반적 직무권한에 속하지 않는 행위를 하는 경우인 지위를 이용한 불법행위와는 구별되는바, 어떠한 직무가 공무원의 일반적 직무권한에 속하는 사항이라고 하기 위해서는 그에 관한 법령상 근거가 필요하다는 대법원 2019. 8. 29. 선고 2018도14303 전원합의체 판결, 대법원 2021. 3. 11. 선고 2020도12583 판결 등의 법리를 원용한 다음, 아래와 같은 이유로 이 사건 공소사실을 무죄로 판단한 제1심판결을 그대로 유지하였다.

가. 피고인의 판시와 같은 행위는 부당하거나 부적절한 재판관여행위에 해당한다. 그러나 피고인의 위와 같은 각 재판관여행위는 법관의 재판권에 관한 것인데, 이에 대하여는 사법행정권자에게 직무감독 등의 사법행정권이 인정되지 않으므로 각 재판관여행위에 관하여 피고인에게 직권남용죄에서 말하는 '일반적 직무권한'이 존재하지 않고, 일반적 직무권한의 범위를 넘는 월권행위에 관하여는 직권남용죄가 성립하지 않는다. (중략)

나. 직권남용죄에서 권리행사를 방해한다 함은 법령상 행사할 수 있는 권리의 정당한 행사를 방해하는 것을 말하므로, 이에 해당하려면 구체화된 권리의 현실적인 행사가 방해된 경우라야 하고 (중략) 헌법과 법률에 의한 법관의 독립된 심판권한(헌법 제103조), 재판장의 소송지휘권(형사소송법 제279조) 역시 직권남용죄에서 말하는 '권리'에는 해당하나, 각 담당재판장과 담당판사는 담당재판부의 논의, 합의를 거치거나 혹은 동료판사들의 의견을 구한 다음, 자신의 판단과 책임 아래 권한을 행사하였고, 피고인의 요청 등을 지시가 아닌 권유나 권고 등으로 받아들인 점 등 그 판시와 같은 사정 등에 비추어 보면, 피고인

의 재판관여행위가 담당재판장, 담당판사의 권한 행사를 방해하였다고 볼 수 없다.

　다. 공무원이 직권을 남용하여 사람으로 하여금 어떠한 일을 하게 한 때에 상대방이 공무원인 경우에는 상대방이 한 일이 형식과 내용 등에 있어 직무범위 내에 속하는 사항으로서 법령, 그 밖의 관련 규정에 따라 직무수행 과정에서 준수하여야 할 원칙이나 기준, 절차 등을 위반하지 않는다면 특별한 사정이 없는 한 법령상 의무 없는 일을 하게 한 때에 해당한다고 보기 어려운바(대법원 2020. 1. 30. 선고 2018도 2236 전원합의체 판결 등 참조), 담당재판장과 담당판사 등의 판시와 같은 행위가 법령, 그 밖의 관련 규정에 따라 직무수행 과정에서 준수하여야 할 원칙이나 기준, 절차 등을 위반하였다고 보기 어렵다. (중략)

　라. (중략) 담당재판장, 담당판사의 권리행사를 방해하거나 담당재판장, 담당판사 등으로 하여금 의무 없는 일을 하게 하였다는 결과가 발생하였다고 볼 수 없을 뿐만 아니라, 설령 피고인의 재판관여행위가 담당재판장이나 담당판사의 행위에 하나의 계기가 되었다고 하더라도, 담당재판장들이나 담당판사는 피고인의 요청을 무조건 따른 것이 아니라 위 나.항에서 본 바와 같은 논의 등을 거쳐 독립하여 재판을 수행하였고, 피고인에게 법관의 재판권에 관하여 지휘·감독할 수 있는 사법행정권이 없음을 잘 알고 있었으며, 피고인의 말을 권유 정도로 이해한 점 등에 비추어 보면, 피고인의 재판관여행위와 결과 사이에 상당인과관계 또한 인정되지 않는다.

　2. (이하생략)

(3) 검　토

　대상판결의 쟁점은 공소 제기된 3개 사건의 재판관여행위가 직권남용에 해당하는지 여부이다. 대상판결에서 대법원은 피고인의 행위가 부적절한 재판관여행위에 해당한다고 하면서도 "사법행정권자에게 직무감독 등의 사법행정권이 인정되지 않으므로 각 재판관여행위에 관하여 피고인에게 직권남용죄에서 말하는 '일반적 직무권한'이 존재하지 않고, 일반적 직무권한의 범위를 넘는 월권행위에 관하여는 직권남용죄가 성립하지 않는다"고 하여 무죄를 인정한 원심판결을 유지하였다.

대상판결에서 주목할 점은 첫째로 '직권남용'의 요건을 판단함에 있어 일반적 직무권한을 독립적으로 판단한 후에 그 남용을 판단하는, 즉 '직권'과 '남용'을 분리 판단하고 있는 점, 둘째로 공소사실을 '재판관여행위'로 지칭하면서 일반적 직무권한이 인정되지 않는다고 판단한 점이다.

직권남용죄에서 '직권남용'이란 "공무원이 일반적 직무권한에 속하는 사항을 형식적, 외형적으로는 직무집행으로 보이나 그 실질은 정당한 권한 이외의 행위를 하는 경우"[75]를 말한다. 여기에서 '일반적 직무권한에 속하는 사항'은 직권에 관한 해석이라면 그 권한을 위법·부당하게 행사하는 것은 남용에 관한 해석이라고 할 수 있다.[76]

직권남용죄의 구성요건인 '직권'과 '남용'은 추상적이고 불명확한 개념으로 그 해석이 다의적이다. 두 개념에 대해 나누어 판단하는 경우와 묶어서 판단하는 경우로 나누어 살펴볼 수 있는데, 먼저 직권과 남용을 나누어 판단하는 경우, 일반적 직무권한에 대한 적극적 개념화가 필요하다. 반대로 두 개념을 묶어서 판단하는 경우, 일반적 직무권한은 '직권남용'의 판단과정에서의 한 요소이거나 '직권남용'을 배제하는 소극적 요소로서의 역할이 강조된다. 직권과 남용을 묶어서 판단하는 경우, 직권에 관하여 법원의 유연한 판단이 가능하여 구체적 타당성을 기할 수 있으나 법원에 종합판단을 통한 재량이 커지는 문제가 있을 수 있다면, 양자를 나누어 판단하는 경우, 재량의 확대라는 위험은 상대적으로 적어지겠지만, 직권과 남용을 각각 정의하고 판단해야 하는 이론적 부담이 커진다는 문제가 있다.[77]

75) 대법원 2022. 10. 27. 선고 2020도15105 판결.
76) 김성돈, "직권남용죄, 남용의 의미와 범위", 법조 제68권 제3호, 2019, 208면.

대법원이 '직권'을 '일반적 직무권한'으로 해석하고 있지만 그 범위는 불확정적이다. 또한 '일반적 권한여부'를 판단함에 있어 법령의 근거가 필요하지만, 명문의 규정이 없더라도 법령과 제도를 종합적, 실질적으로 살펴보아 해당 공무원의 직무권한에 속한다고 해석[78]될 수 있다는 점에서 판단하는 사람마다 직무권한의 범위를 둘러싸고 이견이 만들어 질 수 있다는 점도 그 범위확정을 가변적으로 만드는 요소이다.[79]

대상판결은 피고인의 '재판관여행위'가 부적절하기는 하지만, '직권남용'이 아니라고 보았다. 그런데 법원구성원이 문제된 직권남용죄 판단에 있어 제식구 봐주기식 해석이라는 오해를 불식하기 위해서는 '직권'의 범위와 '남용'의 의미를 좀 더 명확하게 밝히는 일이 필요하고, 이는 남용의 대상인 직무권한의 범위를 명확하게 확정하는 것에서 출발하여야 한다.[80] 그런 점에서 법원이 '재판관여행위'라고 평가한 행위를 대상으로 추상적 평가를 통하여 '직권'에 해당하지 않는다고 판단할 것이 아니라, 그것이 형사수석 부장판사의 사법행정권, 즉 일반적 직무권한에 비추어 할 수 있는 행위라고 평가될 수 있는가를 기본으로 하여 '직권'을 판단할 필요가 있지 않았는가 하는 아쉬움이 남는 판결이라고 평가된다.[81]

2. 크롤링을 통한 데이터 수집과 정보통신망침해 성립여부

— 대법원 2022. 5. 12. 선고 2021도1533 판결 —

(1) 사실관계 및 재판의 경과

피고인 회사와 피해자 회사는 숙박업소 정보제공 서비스를 운영하는 경쟁 사업자들로서, 피해자 회사는 모바일 앱에서 API 서버에

---

77) 오병두, 앞의 논문, 14면 이하.
78) 대법원 2020. 2. 13. 선고 2019도5186 판결.
79) 김성돈, 앞의 논문, 209면.
80) 김성돈, 앞의 논문, 229면.
81) 오병두, 앞의 논문, 18면.

정보를 호출하여 숙박업소에 관한 정보를 내려받아 이용자에게 제공하는 방식으로 서비스를 제공했다. 피고인 회사는 '패킷캡쳐' 분석을 통해 만든 크롤링 프로그램으로 피해자 회사의 API 서버에 주기적으로 접근해 피해자 회사에서 제공하는 숙박업소 정보를 복제했다. 피고인 회사의 크롤링 프로그램은, 피해자 회사의 앱이 이용자 위치로부터 7~30km 범위에서 숙박업소를 검색하도록 설정된 것과는 달리 특정 위도/경도를 중심으로 반경 1,000km 내의 숙박업소 정보를 불러오는 방식으로 위 API 서버로부터 정보를 수집하였다. 피고인 회사와 그 임직원인 피고인들에 대해 정보통신망법 위반죄(정보통신망침입), 저작권법 위반죄(데이터베이스제작자 권리침해), 형법상의 컴퓨터등장애업무방해죄로 공소 제기되었다.

1심[82]은 위 각 범죄사실에 대해 모두 유죄를 선고하였다. 그러나 항소심은 위 범죄사실 모두에 대해 무죄를 선고하였고,[83] 대법원은 피고인들에게 무죄를 인정한 원심판결을 유지하였다.

(2) 판결요지

[1] 구 정보통신망 이용촉진 및 정보보호 등에 관한 법률(2018. 12. 24. 법률 제16021호로 개정되기 전의 것, 이하 '구 정보통신망법'이라고 한다) 제48조 제1항은 누구든지 정당한 접근권한 없이 또는 허용된 접근권한을 넘어 정보통신망에 침입하는 것을 금지하고 있고, 이를 위반하여 정보통신망에 침입한 자에 대하여는 5년 이하의 징역 또는 5천만원 이하의 벌금에 처한다(위 법 제71조 제1항 제9호). 위 규정은 이용자의 신뢰 내지 그의 이익을 보호하기 위한 규정이 아니라 정보통신망 자체의 안정성과 그 정보의 신뢰성을 보호하기 위한 것이므로, 위 규정에서 접근권한을 부여하거나 허용되는 범위를 설정하는 주체는 서비스제공자이다. (중략)

---

82) 서울중앙지방법원 2020. 2. 11. 선고 2019고단1777 판결.
83) 서울중앙지방법원 2021. 1. 13. 선고 2020노611 판결.

[2] 데이터베이스제작자는 그의 데이터베이스의 전부 또는 상당한 부분을 복제·배포·방송 또는 전송(이하 '복제 등'이라고 한다)할 권리를 가지고(저작권법 제93조 제1항), 데이터베이스의 개별 소재는 데이터베이스의 상당한 부분으로 간주되지 않지만, 개별 소재의 복제 등이라 하더라도 반복적이거나 특정한 목적을 위하여 체계적으로 함으로써 해당 데이터베이스의 통상적인 이용과 충돌하거나 데이터베이스제작자의 이익을 부당하게 해치는 경우에는 해당 데이터베이스의 상당한 부분의 복제 등으로 본다(저작권법 제93조 제2항). (중략)

데이터베이스제작자의 권리가 침해되었다고 하기 위해서는 데이터베이스제작자의 허락 없이 데이터베이스의 전부 또는 상당한 부분의 복제 등이 되어야 하는데, 여기서 상당한 부분의 복제 등에 해당하는지를 판단할 때는 양적인 측면만이 아니라 질적인 측면도 함께 고려하여야 한다. (중략)

또한 앞서 본 규정의 취지에 비추어 보면, 데이터베이스의 개별 소재 또는 상당한 부분에 이르지 못하는 부분의 반복적이거나 특정한 목적을 위한 체계적 복제 등에 의한 데이터베이스제작자의 권리 침해는 데이터베이스의 개별 소재 또는 상당하지 않은 부분에 대한 반복적이고 체계적인 복제 등으로 결국 상당한 부분의 복제 등을 한 것과 같은 결과를 발생하게 한 경우에 한하여 인정함이 타당하다.

[3] 형법 제314조 제2항은 '컴퓨터 등 정보처리장치 또는 전자기록 등 특수매체기록을 손괴하거나 정보처리장치에 허위의 정보 또는 부정한 명령을 입력하거나 기타 방법으로 정보처리에 장애를 발생하게 하여 사람의 업무를 방해한 자'를 처벌하도록 정하고 있다. (중략) 한편 위 죄가 성립하기 위해서는 위와 같은 가해행위 결과 정보처리장치가 그 사용목적에 부합하는 기능을 하지 못하거나 사용목적과 다른 기능을 하는 등 정보처리에 장애가 현실적으로 발생하여야 한다.

(3) 검 토

대상판결의 쟁점은 크롤링 프로그램을 통한 데이터 수집이 정보통신망침입 등에 해당하는지 여부이다. 대상판결은 크롤링 관행에 관한 사업자들의 법적 리스크 판단과 관련하여 온라인 플랫폼 기반의 O2O(Online to Offline) 서비스 분야의 경쟁 과정에서 널리 행해지고 있는 크롤링이 해킹의 과정 또는 방법의 하나인 정보통신망 침입이 되지 않는다고 밝힌 최초의 판결이다.[84]

크롤링(crawling)이란 검색엔진 로봇을 이용하여 웹사이트에서 기계적인 방법으로 정보를 수집하는 것을 말하며, 일반적으로 특정 URL에 접근하여 HTML 코드상의 태그를 따라가며 웹페이지를 수집하는 방법으로 수행된다. 크롤링은 인터넷에서 정보 수집을 위해서 일반적으로 사용되는 기술이다. 이처럼 오늘날 웹 또는 앱을 통해 온라인으로 정보나 콘텐츠를 제공하는 사업방식이 보편화됨에 따라, 한편에서는 온라인상에 공개된 정보를 크롤링을 활용해 수집하고 참조하는 것은 온라인 경쟁환경에서 불가피한 것으로 보는 시각이 있고, 다른 한편에서는 온라인 서비스에서 제공되는 정보를 수집하고 관리하기 위해 인적·물적 투자가 요구되는데, 그러한 투자의 결과물을 경쟁업체가 대량으로 복제하여 활용하는 행위는 제재되어야 한다는 시각도 있다.[85]

사실 데이터의 중요성이 부상하면서 크롤링이 데이터 확보 또는 수집의 방법으로 널리 활용되고, 이는 기업 또는 사업자의 중요한 사업활동이 되면서 크롤링을 통하여 다른 이가 보유한 정보를 가져오는 행위, 그러한 정보를 자신을 위하여 사용하는 행위를 법적으로 어떻게 평가할 것인지는 많은 논쟁이 있어 왔으나, 그 사이 크롤링에 대한 형사법적인 관심과 논의가 별로 없던 차에 대상판결은 데이터베이스 제

---

84) 대상판결에 대한 평석으로 김태균, "크롤링을 통한 데이터 수집의 형사책임 - 대법원 2022. 5. 12. 선고 2021도1533 판결을 중심으로 - ", 한국형사판례연구회·대법원 형사법연구회 공동학술대회 발표문, 2022.8.16, 8면 이하.

85) https://academynext.lawnb.com/Info/ContentView?sid=P011213538E13D4C: 2023. 2. 4 최종검색.

작자의 권리 침해 요건에 관해 명확한 판단기준을 제시하는 등 크롤링을 통한 데이터수집과 관련하여 정보통신망법 위반, 저작권법 위반, 컴퓨터등업무방해죄에 대해 무죄로 판단86)하면서 최초로 그에 대한 형사책임 여부를 밝힌 데에 의의가 있다.87)

그렇다고 대상판결의 결론이 모든 크롤링 기술에 대해 면죄부를 준 것으로 판단하기는 어렵다. 구체적인 사안에 따라 다른 결론이 나올 수 있는 가능성을 배제하기 어렵다고 보기 때문이다.88) 예컨대 데이터베이스 제작 등에 드는 투자와 노력을 보호하기 위해 2003년 저작권법 개정을 통해 데이터베이스제작자의 보호 규정을 신설함으로써, 비록 창작성을 갖추지 못한 편집물에 해당하는 '데이터베이스'를 저작권법의 보호대상으로 함으로써 정보 이용 위축, 빅데이터 기반의 AI산업발달 저해 등 정보화 사회에 역행하는 부정적인 측면이 있지만, 그 제작 등에 많은 투자를 한 사업자를 보호하기 위해 관련 규정을 두게 된 취지를 생각하면, 그에 대한 법적 판단이 쉽지 않다. 더욱이 데이터베이스복제로 인한 저작권법 위반과 관련하여 수집한 데이터가 전부 또는 상당 부분이 복제되어야 하는데, 여기서 "상당한 부분"이라는 개념은 불확정 개념이므로 판단기준을 세우는 것이 또한 쉽지 않아 결국 앞으로 판례의 집적에 의해 해결해야 할 문제인 것으로 보인다.89)

---

86) 동일한 당사자 사이의 손해배상소송 1심(서울중앙지방법원 2021. 8. 19. 선고 2018가합508729 판결)과 항소심(서울고등법원 2022. 8. 25. 선고 2021나2034740 판결)은 크롤러의 행위가 성과도용 부정경쟁행위에 해당한다고 보아 손해배상책임을 인정한 바 있다.

87) 김태균, 앞의 논문, 13면.

88) 김태균, 앞의 논문, 32면.

89) 정현순, "저작권법상 데이터베이스제작자 권리 침해에 관한 연구 - 대법원 2022. 5. 12. 선고 2021도1533 판결을 중심으로 -", 계간 저작권, 2022 가을호, 192면.

3. 횡령죄에서 보관의 의미

— 대법원 2022. 6. 30. 선고 2017도21286 판결 —

(1) 사실관계

의료인의 자격이 없는 피고인, 피해자, 공소외 2 세 사람은 2013. 1.경 피고인이 3억 원, 공소외 2가 6억 원, 피해자가 2억 원을 각각 투자하여 의료소비자생활협동조합을 설립한 다음 그 명의로 요양병원을 설립·운영하여 수익을 나누어 가지기로 약정하였다. 피고인은 2013. 3. 13.경 노인요양병원 설립에 필요한 투자금 명목으로 피해자로부터 3,000만 원을 송금 받아 피해자를 위해 보관하던 중 2014. 2. 17.경 이 사건 금원을 개인채무 변제에 사용하여 횡령하였다.

(2) 판결요지

형법 제355조 제1항이 정한 횡령죄에서 보관이란 위탁관계에 따라 재물을 점유하는 것을 뜻하므로, 횡령죄가 성립하려면 재물의 보관자와 재물의 소유자(또는 그 밖의 본권자) 사이에 위탁관계가 존재해야 한다. 이러한 위탁관계는 사용대차·임대차·위임 등의 계약뿐만 아니라 사무관리·관습·조리·신의칙 등에 의해서도 성립될 수 있으나, 횡령죄의 본질이 신임관계에 기초하여 위탁된 타인의 물건을 위법하게 영득하는 데 있음에 비추어 볼 때 위탁관계는 횡령죄로 보호할 만한 가치 있는 신임에 의한 것으로 한정함이 타당하다.

위탁관계가 있는지는 재물의 보관자와 소유자 사이의 관계, 재물을 보관하게 된 경위 등에 비추어 볼 때 보관자에게 재물의 보관 상태를 그대로 유지해야 할 의무를 부과하여 그 보관 상태를 형사법적으로 보호할 필요가 있는지 등을 고려하여 규범적으로 판단해야 한다. 재물의 위탁행위가 범죄의 실행행위나 준비행위 등과 같이 범죄 실현의 수단으로서 이루어진 경우 그 행위 자체가 처벌 대상인지와 상관없이 그러한 행위를 통해 형성된 위탁관계는 횡령죄로 보호할 만한 가치 있는 신임에 의한 것이 아니라고 봄이 타당하다.

(3) 검 토

대상판결의 쟁점은 의료인 자격이 없는 피고인에게 형법적으로 보호할 가치가 있는 신임관계를 바탕으로 한 횡령죄의 행위주체성이 인정되지는 여부이다. 대상판결에서 원심[90]이 의료인의 자격이 없는 피고인과 피해자가 한 동업약정이 강행법규인 의료법 제33조 제2항에 위배되어 무효라고 하더라도 선량한 풍속 기타 사회질서에 위반하는 행위라고는 볼 수 없고, 피고인이 주도해서 병원을 운영하기로 하고 피해자와 공소외 2는 자본금을 투자해서 이익을 분배받기로 한 사정 등에 비추어 보면, 피해자가 교부한 금원이 불법원인급여에 해당하지 않으므로 이 사건 금원을 부당이득으로 반환할 의무를 부담하는 피고인이 이를 개인용도로 임의 소비한 행위는 횡령죄를 구성한다고 판단한 것과 달리, 대법원은 의료법 위반에 해당하여 무효인 동업약정에 근거한 위탁관계는 형법적으로 보호할 가치가 있는 신임관계가 아니므로 횡령죄의 주체인 '타인의 재물을 보관하는 자'의 지위가 인정되지 않는다고 보아 횡령죄 성립을 부정하였다.

이러한 대법원의 태도는 대법원 2021. 2. 18. 선고 2016도18761 전원합의체 판결에서 양자간 명의신탁 약정은 부동산실명법상 무효이고 이를 근거로 한 위탁관계는 형법상 보호할 가치가 있는 신임관계가 아니므로 명의수탁자에게 '타인의 재물을 보관자하는 자'의 지위를 인정할 수 없다는 점에서 횡령죄 성립을 부정한 것과 같은 논지라고 할 수 있다.

대상판결에서도 의료기관을 개설할 자격이 없는 피해자가 의료기관 개설·운영이라는 범죄의 실현을 위해 피고인에게 금원을 교부한 것으로, 위탁관계의 전제가 되는 원인행위 혹은 위탁행위 그 자체가 범죄적 내용을 갖는 것이다. 이러한 경우에까지 횡령죄 주체로서의 요건인 신뢰에 기반 한 위탁관계를 인정하는 것은 적절하지 않다. 그런

---

90) 부산지법 2017. 12. 1. 선고 2017노2604 판결.

점에서 대법원은 해당 금원에 관하여 피고인과 피해자 사이에 횡령죄로 보호할 만한 신임에 의한 위탁관계가 인정되지 않아 '신임관계에 의한 타인의 재물보관자'라는 행위주체성이 인정되지 않는다는 점에서 횡령죄 성립을 부인하였고, 이러한 대법원의 결론은 타당하다.

4. 성폭법상 주거침입강제추행에서 주거침입 판단

— 대법원 2022. 8. 25. 선고 2022도3801 판결 —

(1) 사실관계 및 재판의 경과

피고인은 2021. 4. 5. 19:20경 피해자 A(여, 17세)을 추행하기로 마음먹고 피해자를 뒤따라가 피해자의 주거지인 ○○아파트 ○○동에 들어간 다음, 위 아파트 1층 계단을 오르는 피해자의 뒤에서 갑자기 피해자의 교복 치마 안으로 손을 넣어 피해자의 음부와 허벅지를 만졌다. 피고인은 2021. 4. 5. 22:20경 피해자 B(여, 16세)를 추행하기로 마음먹고, 피해자를 뒤따라 ㅁㅁ프라자 상가 1층에 들어가, 그곳에서 엘리베이터를 기다리는 피해자의 뒤에서 갑자기 피해자의 교복 치마 안으로 손을 넣어 피해자의 음부를 만졌다. 피고인은 2021. 4. 6. 00:00경 △△아파트 △△동 인근에서, 피해자 C(여, 17세)을 발견하고 피해자를 추행하기로 마음먹고, 피해자를 뒤따라 위 아파트 1층 현관으로 들어간 뒤, 그곳에서 엘리베이터를 기다리던 피해자의 뒤에서 갑자기 피해자의 교복 치마 안으로 손을 넣어 피해자의 음부를 만졌다.[91]

1심[92]과 항소심[93]은 일반인의 출입이 허용된 건조물이라고 하더라도 관리자의 명시적 또는 추정적 의사에 반하여 그곳에 들어간 것이라면 건조물침입죄가 성립한다는 점에서 위의 3개 공소사실 모두 유죄를 인정하였으나, 대법원은 원심판결을 파기·환송하였다.

---

91) 대상판결의 사안에 성폭력처벌법상 카메라등이용촬영·반포 및 카메라등이용촬영물조지등이 포함되어 있으나, 상고심의 판단대상이 아니므로 본 글에서는 논외로 한다.

92) 의정부지방법원고양지원 2021. 10. 20. 선고 2021고합107 판결.

93) 서울고등법원 2022. 3. 10. 선고 2021노2006, 2021초기438 판결.

(2) 판결요지

[1] 성폭력범죄의 처벌 등에 관한 특례법 위반(주거침입강제추행)죄는 형법 제319조 제1항의 주거침입죄 내지 건조물침입죄와 형법 제298조의 강제추행죄의 결합범이므로, 위 죄가 성립하려면 형법 제319조가 정한 주거침입죄 내지 건조물침입죄에 해당하여야 한다.

주거침입죄는 사실상 주거의 평온을 보호법익으로 한다. 주거침입죄의 구성요건적 행위인 침입은 주거침입죄의 보호법익과의 관계에서 해석하여야 하므로, 침입이란 주거의 사실상 평온상태를 해치는 행위태양으로 주거에 들어가는 것을 의미하고, 침입에 해당하는지는 출입 당시 객관적·외형적으로 드러난 행위태양을 기준으로 판단함이 원칙이다. (중략)

[2] 다가구용 단독주택이나 다세대주택·연립주택·아파트와 같은 공동주택 내부의 엘리베이터, 공용 계단, 복도 등 공용 부분도 그 거주자들의 사실상 주거의 평온을 보호할 필요성이 있으므로 주거침입죄의 객체인 '사람의 주거'에 해당한다. (중략)

[3] 일반인의 출입이 허용된 상가 등 영업장소에 영업주의 승낙을 받아 통상적인 출입방법으로 들어갔다면 특별한 사정이 없는 한 건조물침입죄에서 규정하는 침입행위에 해당하지 않는다. 설령 행위자가 범죄 등을 목적으로 영업장소에 출입하였거나 영업주가 행위자의 실제 출입 목적을 알았더라면 출입을 승낙하지 않았을 것이라는 사정이 인정되더라도 그러한 사정만으로는 출입 당시 객관적·외형적으로 드러난 행위태양에 비추어 사실상의 평온상태를 해치는 방법으로 영업장소에 들어갔다고 평가할 수 없으므로 침입행위에 해당하지 않는다.

(3) 검 토

대상판결의 쟁점은 주거침입과 강제추행의 결합범인 성폭력처벌법상 주거침입강제추행이 성립하기 위한 주거침입에 해당하는지 여부이다. 대상판결에서 대법원은 공동주택의 공용공간에 침입하여 피해자 A와 피해자 C에 대해 강제추행한 사안에 대하여는 유죄를 인정한 원심의 판단을 수긍하였으나, 일반인의 출입이 허용된 건조물에 들어가 피해자 B에 대해 강제추행한 사안에 대하여는 앞서 살펴본 2017도18272 전원합의체 판결의 논지에 따라 설사 범죄의 목적으로 들어갔다고 하더라도 일반인이 출입할 수 있는 건조물에 사실상의 평온을 해치지 않는 방법으로 들어갔다면 주거침입이 인정되지 않는다는 점에서 주거침입강제추행의 유죄를 인정한 원심판결을 파기·환송하였다.

대상판결에서 대법원의 판단은 앞서 살펴본 바와 같이 사실상의 평온을 해치치 않는 출입은 주거침입죄의 구성요건인 침입으로 볼 수 없어 공공장소에 설사 범죄의 목적이 있었다고 하더라도 평온하게 출입하였다면 주거침입이 성립하지 않고, 이는 성폭력처벌법상 주거침입과 강제추행의 결합범인 주거침입강제추행죄에도 적용되어 동범죄가 성립하지 않는다는 것으로, 이러한 대법원의 결론은 앞에서 살펴본 2017도18272 전원합의체 판결의 결론과 같은 맥락에서 타당하다.

오히려 대상판결에서의 문제는 항소심에서 피고인이 제기한 바와 같이, 성폭력처벌법 제3조 제1항 중 주거침입강제추행에 대한 처벌규정이 비례성원칙에 반하는 것이 아닌가 하는 것이다. 물론 대상판결의 원심에서 "주거에 침입하여 피해자를 강제추행한 경우에 대한 비난가능성의 정도가 피해자를 강간한 경우에 비하여 반드시 가볍다고 단정할 수는 없고 오히려 구체적인 추행행위의 태양에 따라서는 강간의 경우보다도 더 무거운 처벌을 하여야 할 필요도 있다"[94]고 하여 피고인이 제기한 위헌법률심판제청신청을 기각하였으나, 동일한 주거침입 상황에서 강제추행이 강간보다 죄질이 더 중한 상황이 발생할 수 있는 것인지는 의문이다.

비록 동규정의 법정형이 "무기징역 또는 7년 이상의 징역"으로 성폭력범죄와 다른 범죄의 결합범이라는 점을 고려할 때, 지나친 법정

---

94) 서울고등법원 2022. 3. 10. 선고 2021노2006, 2021초기438 판결.

형이 아니라고 볼 수도 있으나, 적어도 강간과 강제추행은 법정형을 구별할 필요가 있다는 점에서 책임과 형벌 간의 비례성원칙에 위배되는 것은 아닌가 하는 의문이 든다. 사실 성폭력처벌법에는 책임주의원칙에 부합하지 않는 다수의 규정을 포함하고 있어 체계적인 검토가 필요하다. 그런 관점에서 본다면, 항소심에서 제기되었던 위헌법률심판제청신청이 긍정적으로 검토되지 못한 아쉬움이 있다.

5. 개인정보보호법상 누설의 개념과 내부고발·공익제보의 관계
— 대법원 2022. 11. 10. 선고 2018도1966 판결 —

(1) 사실관계 및 재판의 경과

피고인이 2014. 8.경 경찰서에 ○○농업협동조합의 조합장에게 농업협동조합법 위반 등의 혐의가 있다고 주장하는 내용의 고발장을 제출하면서 피고인이 위 조합의 경제상무로 근무할 때 확보하여 보관하고 있던 개인정보가 담긴 자료들을 첨부하여 제출함으로써 개인정보보호법 제71조 제5호, 제59조 제2호를 위반하여 개인정보를 처리하거나 처리하였던 사람이 업무상 알게 된 개인정보를 누설하였다.

1심[95]은 피고인이 업무상 알게 된 개인정보를 누설하였고, 수사기관에 제출하였다고 하더라도 사회상규에 위배되지 않는 정당행위로 보기 어렵다는 점에서 개인정보법 위반의 유죄를 인정하였다. 항소심[96]은 개인정보보호법에 따른 개인정보 누설에는 고소·고발에 수반하여 수사기관에 개인정보를 알려주는 행위가 포함되지 않는다고 보아 유죄로 판단한 1심판결을 파기하고 무죄로 판단하였고, 대법원은 이러한 원심판결을 파기·환송하였다.

(2) 판결요지

[1] 개인정보 보호법 제59조 제2호는 개인정보를 처리하거나 처리하였던 자는 업무상 알게 된 개인정보를 누설하거나 권한 없이 다른

---

95) 광주지방법원 2017. 5. 26. 선고 2017고정445 판결.
96) 광주지법 2018. 1. 16. 선고 2017노2205 판결.

사람이 이용하도록 제공하는 행위를 하여서는 아니 된다고 규정하고, 같은 법 제71조 제5호는 제59조 제2호를 위반하여 업무상 알게 된 개인정보를 누설하거나 권한 없이 다른 사람이 이용하도록 제공한 자 등에 해당하는 자는 5년 이하의 징역 또는 5천만 원 이하의 벌금에 처한다고 규정하고 있다. 한편 구 공공기관의 개인정보보호에 관한 법률(2011. 3. 29. 법률 제10465호로 폐지되기 전의 것, 이하 같다) 제11조는 개인정보의 처리를 행하는 공공기관의 직원이나 직원이었던 자 등은 직무상 알게 된 개인정보를 누설 또는 권한 없이 처리하거나 타인의 이용에 제공하는 등 부당한 목적을 위하여 사용하여서는 아니 된다고 규정하고, 같은 법 제23조 제2항은 제11조의 규정을 위반하여 개인정보를 누설 또는 권한 없이 처리하거나 타인의 이용에 제공하는 등 부당한 목적으로 사용한 자는 3년 이하의 징역 또는 1천만 원 이하의 벌금에 처한다고 규정하였다.

구 공공기관의 개인정보보호에 관한 법률이 2011. 3. 29. 폐지되고 개인정보 보호법이 제정된 취지는 공공부문과 민간부문을 망라하여 국제 수준에 부합하는 개인정보 처리원칙 등을 규정하고, 개인정보 침해로 인한 국민의 피해 구제를 강화하여 국민의 사생활의 비밀을 보호하며, 개인정보에 대한 권리와 이익을 보장하려는 것이다.

[2] 구 공공기관의 개인정보보호에 관한 법률(2011. 3. 29. 법률 제10465호로 폐지되기 전의 것, 이하 같다) 제23조 제2항, 제11조의 '누설'이란 아직 개인정보를 알지 못하는 타인에게 알려주는 일체의 행위를 말하고, 고소·고발장에 다른 정보주체의 개인정보를 첨부하여 경찰서에 제출한 것은 그 정보주체의 동의도 받지 아니하고 관련 법령에 정한 절차를 거치지 아니한 이상 부당한 목적하에 이루어진 개인정보의 '누설'에 해당하였다. 개인정보 보호법 제71조 제5호, 제59조 제2호 위반죄는 구 공공기관의 개인정보보호에 관한 법률 제23조 제2항, 제11조 위반죄와 비교하여 범행주체가 다르고 '누설'에 부당한 목적이 삭제되었다는 것만 다를 뿐 나머지 구성요건은 실질적으로 동일한 점,

개인정보 보호법 제59조 제2호가 금지하는 누설행위의 주체는 '개인정보를 처리하거나 처리하였던 자'이고, 그 대상은 '업무상 알게 된 개인정보'로 제한되므로, 수사기관에 대한 모든 개인정보 제공이 금지되는 것도 아닌 점 및 개인정보 보호법의 제정 취지 등을 감안하면, 구 공공기관의 개인정보보호에 관한 법률에 따른 '누설'에 관한 위의 법리는 개인정보 보호법에도 그대로 적용된다.

(3) 검 토

대상판결의 쟁점은 개인정보가 담긴 자료를 고발장에 첨부하여 수사기관에 제출한 것이 개인정보 '누설'에 해당하는지 여부이다. 원심은 누설에는 고소·고발에 수반하여 수사기관에 개인정보를 알려주는 행위는 포함되지 않는다고 보았다. 그러나 대법원은 1심법원과 같이, 이 경우도 누설에 해당한다고 보았다.

개인정보보호법 제59조 제2호에서 '누설'이란 아직 개인정보를 알지 못하는 타인에게 알려주는 일체의 행위를 말한다. 대상판결의 사안에서 피고인은 변호사로부터 법률자문을 받은 후 이 사건 자료를 수사기관에 제출했다고 한다. 이에 1심법원은 어떤 법률적 자문을 받았는지 자료가 없어 알 수 없고 또한 자문내용이 신뢰할만한 것이라고 볼 수 없으며 피고인이 개인적인 동기로 이러한 행위를 하였고, 이러한 자료는 수사기관이 관련 법령이 정한 절차에 따라 적법하게 수집을 할 수 있었기 때문에 피고인의 주장을 배척하였다. 이러한 1심법원의 판단은 일견 타당하다고 생각된다.

문제는 부정·부패범죄 등 내부자의 고발 없이 범죄를 밝혀내기 쉽지 않은 사안에서 내부고발자가 고발하게 되는 내용은 아마도 업무나 직무상 알게 된 내용일 가능성이 높고, 이 경우 개인정보가 담긴 자료가 당사자의 동의 없이 수사기관에 제공될 것으로 본다. 이에 대해 대법원은 오래전부터 고소·고발장에 정보주체의 "동의도 받지 아니하고 관련 법령에 정한 절차를 거치지 아니한 이상 부당한 목적 하에 이루어진 개인정보의 누설에 해당한다"[97]고 보고 있어 이 경우 개인정보의 누설로 처벌될 수밖에 없다.

그러나 원심판결[98]에서 지적하고 있는 바와 같이, 수사기관에 개인정보가 포함된 자료들을 증거자료로 제출하는 행위를 개인정보 누설 행위로 처벌한다면, 예컨대 "수사기관에 차량 소유자가 교통사고의 증거로 범죄자의 얼굴이 촬영된 블랙박스 영상을 제공하거나 주점 등에서 발생한 범행과 관련하여 업주가 CCTV를 제공하는 경우도 모두 개인정보를 누설하는 행위로서 처벌"되는 등 고소·고발할 때 또는 수사 도중에 개인정보가 포함된 자료를 수사기관에 제출할 수밖에 없는 현실을 반영하지 못하고 있다는 문제가 제기될 수도 있다.

물론 대법원은 동 규정의 요건인 누설에는 "업무상 알게 된 개인정보"로 제한되므로 수사기관에 대한 모든 개인정보 제공이 금지되는 것은 아니라고 하고 있지만, 특히 내부고발 내지 공익신고의 많은 경우, 업무상 알게 된 내용일 가능성이 높다. 그렇다보니, 대상판결과 같은 판단이 예컨대 기업의 부정행위를 적발하기 위한 내부고발 내지 공익제보를 어렵게 만드는 계기가 되는 것은 아닌지 하는 우려가 생긴다. 물론 대상판결에서 대법원은 "범죄행위로서 처벌대상이 될 정도의 위법성을 갖추고 있지 않아 위법성이 조각될 수 있는지는 별개의 문제"라고 하여 위법성조각으로 처벌되지 않을 수 있는 가능성은 남겨두고 있다. 다만, 우리사회에서 내부고발이 잘 이루어지지 못하는 이유로 내부고발자에 대한 보호제도의 미흡이 제기[99]되고 있는 상황에서 적어도 내부고발 내지 공익제보의 경우 개인정보가 담긴 자료를 수사기관에 제출하는 행위를 누설로 보는 것은 재검토가 필요하다고 생각된다.

---

97) 대법원 2008. 10. 23. 선고 2008도5526 판결.
98) 광주지방법원 2018. 1. 16. 선고 2017노2205 판결.
99) 내부고발자 제도의 문제점에 대해서는 김경석, "내부고발자 보호를 위한 제도개선에 관한 소고－기업의 내부고발자 보호를 중심으로－", 서울법학 제26권 제3호, 2018, 464면 이하.

6. 명예훼손죄에서 공연성 판단

— 대법원 2022. 7. 28. 선고 2020도8336 판결 —

(1) 사실관계 및 재판의 경과

빌라를 관리하고 있는 피고인들이 빌라 아랫집에 거주하는 갑으로부터 누수 문제로 공사 요청을 받게 되자, 갑과 전화통화를 하면서 빌라를 임차하여 거주하고 있는 피해자들에 대하여 누수 공사 협조의 대가로 과도하고 부당한 요구를 하거나 막말과 욕설을 하였다는 취지로 발언하고, '무식한 것들', '이중인격자' 등으로 말하여 명예훼손죄와 모욕죄로 기소되었다.

원심[100]은 피고인들의 이 사건 각 발언이 공소외 1을 통해 불특정인 또는 다수인에게 전파될 가능성이 있으므로 명예훼손죄와 모욕죄의 구성요건으로서 공연성이 인정된다는 이유로 이 사건 공소사실을 유죄로 판단한 1심판결[101]을 그대로 유지하였고, 대법원은 이러한 원심판결을 파기·환송하였다.

(2) 판결요지

[1] 공연성은 명예훼손죄와 모욕죄의 구성요건으로서, 명예훼손이나 모욕에 해당하는 표현을 특정 소수에게 한 경우 공연성이 부정되는 유력한 사정이 될 수 있으므로, 전파될 가능성에 관해서는 검사의 엄격한 증명이 필요하다.

명예훼손죄와 모욕죄에서 전파가능성을 이유로 공연성을 인정하는 경우에는 적어도 범죄구성요건의 주관적 요소로서 미필적 고의가 필요하므로, 전파가능성에 대한 인식이 있음은 물론 나아가 위험을 용인하는 내심의 의사가 있어야 한다. (중략)

[2] (중략) 위 발언들은 신속한 누수 공사 진행을 요청하는 갑에게 임차인인 피해자들의 협조 문제로 공사가 지연되는 상황을 설명하는 과정에서 나온 것으로서, 이에 관한 피고인들의 진술내용을 종합해 보

100) 수원지방법원 2020. 6. 11. 선고 2019노7122 판결.
101) 수원지방법원 2019. 11. 29.자 2019고정1349 결정.

더라도 피고인들이 전파가능성에 대한 인식과 위험을 용인하는 내심
의 의사에 기하여 위 발언들을 하였다고 단정하기 어려운 점, 위 발언
들이 불특정인 또는 다수인에게 전파되지 않은 것은 비록 위 발언들
이후의 사정이기는 하지만 공연성 여부를 판단할 때 소극적 사정으로
고려될 수 있는 점, 위 발언들이 피해자 본인에게 전달될 가능성이 높
다거나 실제 전달되었다는 사정만으로는 불특정인 또는 다수인에게
전파될 가능성이 있었다고 볼 수 없는 점 등을 종합하면, 피고인들이
갑에게 한 위 발언들이 불특정인 또는 다수인에게 전파될 가능성이
있었고 피고인들에게 이에 대한 인식과 위험을 용인하는 내심의 의사
가 있었다고 본 원심판단에 법리오해의 잘못이 있다.

(3) 검 토

대상판결의 쟁점은 명예훼손죄의 구성요건인 공연성 인정여부이
다. 대법원은 "명예훼손이나 모욕에 해당하는 표현을 특정 소수에게
한 경우 공연성이 부정되는 유력한 사정이 될 수 있으므로" 엄격한
증명을 요한다고 하여, 공연성이 인정된다는 이유로 명예훼손죄 유죄
를 인정한 원심판결을 파기·환송하였고, 이러한 대법원의 결론은 타
당하다.

최근에는 대법원이 명예훼손죄에 대한 판단을 엄격하게 하여 그
확장을 경계하는 모습이 보이는 듯도 하다.[102] 그러나 대법원은 "공연

---

102) 예컨대 대법원 2022. 7. 28. 선고 2020도8421 판결에서 피고인이 대학병원 정문 앞
길에서 의사인 피해자에 대하여 의사가 상식 밖의 막말을 한다고 하는 등의 문
구와 수술경과 모습이 촬영된 사진을 첨부한 전단지를 불특정 다수인에게 배포
한 피고인의 행위가 공공의 이익을 위한 것으로 인정하기 어렵다는 이유로 유죄
를 선고한 원심판결을 대법원이 형법 제310조의 적용을 배제할 수 없다는 이유
로 파기·환송하였다. 또한 대법원 2022. 7. 28. 선고 2022도4171 판결에서 피고인
은 2019. 1. 초순 고등학교 동창 10여 명이 참여하는 단체 채팅방에서 피해자를
비방할 목적으로 '피해자가 내 돈을 갚지 못해 사기죄로 감방에서 몇 개월 살다
가 나왔다. 집에서도 포기한 애다. 너희들도 조심해라.'라는 내용의 사실을 적시하
여 정보통신망법상 명예훼손이 문제된 사안에서 비방할 목적이 있다고 보아 유
죄를 인정한 원심판결을 대법원이 파기·환송하였다.

성에 관한 전파가능성 법리는 대법원이 오랜 시간에 걸쳐 발전시켜 온 것으로서 현재에도 여전히 법리적으로나 현실적인 측면에 비추어 타당"하다고 하면서 "특정의 개인 또는 소수인이라고 하더라도 불특정 또는 다수인에게 전파 또는 유포될 개연성이 있는 경우라면 공연하다고 할 수 있다"고 하여 전파가능성 이론을 바탕으로 공연성을 인정하여 명예훼손죄의 성립이 넓어질 가능성을 배제할 수 없다. 물론 대법원은 전파가능성 이론을 제한 없이 적용할 경우 처벌이 확대되어 표현의 자유가 위축될 우려가 있는 점을 고려하여 "전파될 가능성에 대한 증명의 정도로 단순히 '가능성'이 아닌 '개연성'을 요구"하는 등 구체적·객관적 적용기준을 세우고 엄격하게 인정해 오고 있다고 한다.[103]

그럼에도 불구하여 전파가능성 이론은 여전히 불명확한 부분이 있고, 또한 처벌의 확대가능성도 있다. 예컨대 ① 피고인이 甲의 집 뒷길에서 피고인의 남편 乙 및 甲의 친척인 丙이 듣는 가운데 甲에게 '저것이 징역 살다온 전과자다' 등으로 큰 소리로 말한 사안에서 대법원은 공연성을 인정하였다.[104] 그런가하면 ② 피고인들이 살고 있는 아파트의 위층에 사는 피해자가 손님들을 데리고 와 시끄럽게 한다는 이유로 화가 나 인터폰으로 피해자에게 전화하여 손님 공소외인과 그 자녀들이 듣고 있는 가운데 피해자의 자녀 교육과 인성을 비하하는 내용의 욕설을 한 사안에서 해당 발언을 들은 사람들이 피해자와 친분이 있어 전파가능성이 낮다고 판단한 원심판결과 반대로 대법원은 공소외인이 피해자와 친분이 있다고 하더라도 발언의 전파가능성이 낮다고 판단하기는 어렵다고 하면서 공연성을 인정하였다.[105]

그런데 대상판결의 사안에서 대법원은 공연성을 인정하지 않았다.

---

103) 대법원 2020. 11. 19. 선고 2020도5813 전원합의체 판결 다수의견.
104) 대법원 2020. 11. 19. 선고 2020도5813 전원합의체 판결.
105) 대법원 2022. 6. 16. 선고 2021도15122 판결. 본 사안의 원심판결(의정부지방법원 2021. 10. 21. 선고 2020노3010 판결)에서 "모욕죄에서는 공연성과 관련하여 전파가능성 이론이 적용되지 않"는다고 판시한 부분도 대법원에서 문제되었다.

물론 앞의 ①의 사안은 길에서 큰소리로 말하여 제3자가 그 내용을 들었을 가능성이 있고, 대상판결의 사안은 전화통화 상대방에게 말함으로써 그 상대방의 전파가능성을 살펴보아야 하는 차이가 있기는 하지만, 대상판결의 원심은 피고인의 발언이 전화상대방을 통해 전파될 가능성이 있다고 판단한 반면, 대법원은 발언을 들은 사람은 그 상대방이 유일하다는 점에서 공연성을 부인하였다. 그런데 앞의 ②의 사안에서 대법원은 친분관계가 있어도 전파가능성이 낮다고 판단하기 어렵다고 하였다. 그렇다면 대상판결의 사안과 같이 피고인, 피해자와 별다른 친분관계가 없는 전화상대방도 전파가능성 이론에 따라 전파가능성이 없다고 단정하기 어렵다고 해야 일관된 것이 아닌가 하는 의문이 든다.

그런데 2020도5813 전원합의체 판결뿐만 아니라 대상판결에서도 공연성과 관련하여 "특정 소수에게 한 경우 공연성이 부정되는 유력한 사정이 될 수 있"다고 판시하고 있다. 그렇다면 명예훼손죄에서 공연성 판단은 불명확한 전파가능성 이론이 아니라 "불특정 또는 다수인이 인식할 수 있는 상태"[106]를 바탕으로 판단하는 것이 타당하다고 생각되어 오히려 전파가능성 이론에 대한 판례변경이 필요한 것이 아닌가 하는 생각이 든다.

V. 맺음말

지난 2022년에는 최근 5년 사이에 가장 많은 형사판결이 이루어졌다. 앞에서 살펴본 판례변경이 이루어진 형법관련 6건의 전원합의체판결이 모두 의미가 있으나, 그 중에 특히 대법원이 60년 가까이 유지해온 동기설을 폐기하는 판례변경이 이루어진 것은 고무적인 일이다.

6건의 전원합의체판결을 비롯하여 앞에서 살펴본 대부분의 판결에서 대법원이 취한 결론에 기본적으로 수긍되는 면이 많다. 다만, 그

---

106) 대법원 2020. 11. 19. 선고 2020도5813 전원합의체 판결 반대의견.

구체적인 논거에 있어서, 예컨대 2019도3047 전원합의체 판결에서 군형법 제92조의6 해석에 "자발적 의사 합치" 내지 "사적 공간"을 근거로 판단하는 것, 2017도18272 전원합의체 판결에서 주거침입죄 판단에서 주거자의 동의가 주된 평가요소가 될 수 없다는 것 등 적절하지 않은 논거가 발견되기도 한다.

또한 2021도11012 판결에서 직권남용죄와 관련하여 직권을 일반적 직무권한에 비추어 판단해야 하는 것은 아닌지, 2018도1966 판결에서 내부고발 등의 경우에 수사기관에 자료를 제출하는 행위를 누설로 보는 것이 타당한지 등 일부 판결에 대해서는 앞으로 좀 더 검토가 필요한 부분이 있다고 생각된다.

[주 제 어]
채권양도인과 횡령죄, 공공장소출입과 범죄목적, 군형법상 추행의미, 한의사의 초음파진단기기 사용, 동기설

[Key Words]
debt transfer and embezzlement, access to public places and criminal purposes, meaning of indecent act under the Military Criminal Act, use of ultrasound diagnostic equipment by oriental doctors, motivational theory

접수일자: 2023. 5. 19. 심사일자: 2023. 6. 12. 게재확정일자: 2023. 6. 30.

[참고문헌]

김경석, "내부고발자 보호를 위한 제도개선에 관한 소고 ― 기업의 내부고발자 보호를 중심으로 ―", 서울법학 제26권 제3호, 2018.

김병수, "주거침입죄와 사회적 다양성 ― 대법원 2022. 3. 24. 선고 2017도18272 전원합의체 판결 ―", 제249회 영남형사판례연구회 발표자료, 2023. 1. 9.

김성룡, "정범없는 공범과 규범적·사회적 의사지배", 제355회 형사판례연구회 발표문, 2022. 12. 5.

김일수/서보학, 새로쓴 형법각론 제9판, 박영사, 2018.

김태균, "크롤링을 통한 데이터 수집의 형사책임 ― 대법원 2022. 5. 12. 선고 2021도1533 판결을 중심으로 ―", 한국형사판례연구회·대법원 형사법연구회 공동학술대회 발표문, 2022. 8. 16.

김태명, "정당한 이유없이 출입을 금지당한 공동거주자가 공동생활의 장소에 들어간 경우 주거침입죄의 성립여부", 형사판례연구 제30집, 2022.

김혜정, "2020년도 형법판례 회고", 형사판례연구 제29집, 2021.

김혜정/박미숙/안경옥/원혜욱/이인영, 형법각론 제2판, 정독, 2021.

김혜정/박미숙/안경옥/원혜욱/이인영, 형법총론 제4판, 정독, 2022.

김성돈, "직권남용죄, 남용의 의미와 범위", 법조 제68권 제3호, 2019.

김성돈, 형법각론 제8판, SKKUP, 2022.

오병두, "직권남용권리행사방해죄와 직권 그리고 남용의 결과", 한국형사판례연구회·대법원 형사법연구회 공동학술대회 발표문, 2022. 8. 16.

오영근, 형법총론 제5판, 박영사, 2019.

오영근, 형법각론 제6판, 박영사, 2021.

오영근, "부정한 목적의 음식점 출입과 주거침입죄의 성립여부", 로앤비 천자평석, 2022.

오영근, "주거침입죄에서 '침입'의 판단방법", 로앤비 천자평석, 2022.

이경민, "'면허된 것 이외의 의료행위' 해당 여부에 관한 판단 기준의 정립 방향 ― 한의사의 의료기기 등 사용을 중심으로", 사법 통권 제57호,

2021.

이재상/장영민/강동범, 형법각론 제12판, 박영사, 2021.

이창온, "주거침입의 보호법익과 침입의 태양 — 대법원 2021. 9. 9. 선고 2020도12630 전원합의체 판결 —", 형사판례연구 제30집, 2022.

임석순, "군형법상 추행죄에 대한 비판적 고찰", 홍익법학 제20권 제3호, 2019.

전병주/김건호, "한의사의 초음파 진단기기 사용과 의료법 위반에 관한 판례 고찰", 인문사회과학 연구 제31권 제1호, 2023.

정성근/박광민, 형법각론 전정3판 SKKUP, 2019.

정현순, "저작권법상 데이터베이스제작자 권리 침해에 관한 연구 — 대법원 2022. 5. 12. 선고 2021도1533 판결을 중심으로 —, 계간 저작권, 2022. 가을호.

지은석, "권리행사방해죄의 공모공동정범 — 대법원 2022. 9. 15. 선고 2022도 5827 판결 —", 형사법의 신동향 통권 제77호, 2022.

지은석, "형법 제1조 제2항에서 '법률의 변경'의 해석 — 대법원 2022. 12. 22. 선고 2020도16420 전원합의체 판결 —", 홍익법학 제24권 제1호, 2023.

[Abstract]

The Reviews of the Criminal Law Cases of the Korean Supreme Court in 2022

Kim, Hye-Jeong*

Ⅰ. Introduction

In 2022, a total of 226 criminal cases were sentenced by the Korean Supreme Court. These cases refer to the data registered on the court website.[1] Among them, 7 criminal cases of which are decided by the Grand Panel, were included.

In this article, 6 cases by the Grand Panel and other several cases that is remanded after reversal are reviewed. The review of cases is as follows: 1. The Fact of Case, 2. The Reason for Judgment, 3. The Review.

Ⅱ. The Cases of the Grand Panel of the Korean Supreme Court

In this chapter, 6 cases of the Grand Panel are reviewed. The subjects of the cases are 'whether the transferor of the creditor is subject to the crime of embezzlement', 'the concept of indecent act and the scope of component analysis', 'entry into public places and the purpose of the crime', 'Article 1, Paragraph 2 of the Criminal Act and the motive theory', 'oriental medicine doctor' Use of ultrasonic diagnostic equipment and licensed medical practice' and 'whether the debtor under the transfer security contract is the subject of the breach of trust'.

---

* Yeungnam University Law School, Professor.

1) https://glaw.scourt.go.kr/wsjo/panre/sjo060.do#1680935206875: 2023. 4. 8. final search.

III. The Cases related to the General Part of Criminal Law

In this chapter, 3 cases are reviewed. The subject is related with 'Timing of Execution in House Trespassing', 'Criminal legalism and legal interpretation,' and 'accomplices without principal offenders and identity offender'.

IV. The Cases related to the Special Part of Criminal Law

In this chapter, 6 cases are reviewed. The subject is related with 'Scope of office authority and meaning of abuse', 'Collection of data through crawling and violation of information and communication networks', 'The meaning of storage in the embezzlement', 'Forced indecent assault after breaking into a house and responsibility', 'The Concept of Leakage and Whistleblowing', ect.

2022년도 형사소송법 판례 회고

이 창 온[*]

I. 서 론

2022년도 형사소송법 판례는 2021년에 이어 전자정보에 관한 압수수색에 관련된 것들이 많았다. 작년에 선고된 대법원 2021. 11. 18. 선고 2016도348 전원합의체 판결에 이어서 그 판결의 적용 범위를 둘러싸고 쟁점이 된 판결들이 다수 있었다. 입법적 해결이 부족한 상황에서 대법원이 새로운 현상에 대한 법리를 선도하고 있는 상황이므로, 향후에도 당분간 이 분야에 관한 많은 판례들이 나오게 될 것으로 예상된다. 그 외에도 2022년도에는 반대신문권, 전문법칙과 관련된 증거법 분야와 판결 분야에서 평가해볼 만한 판결들이 다수 선고되었다. 다만 2022년도에 형사소송법과 관련하여 선고된 전원합의체 판결은 비약적 상고에 관한 대법원 2022. 5. 19. 선고 2021도17131, 2021전도 170 전원합의체 판결이 유일하다.

이하에서는 본인이 대법원 종합법률정보와 로앤비에서 검색한 형사소송법 관련 판결 118건(상고심 양형부당 상고기각 판결 제외) 가운데서 21건을 압수수색 분야, 공소제기 분야, 증거법 분야, 판결 분야 순서로 검토하고자 한다.

---

[*] 이화여자대학교 법학전문대학원 교수

Ⅱ. 압수수색절차 분야

1. 휴대폰 압수수색의 관련성

(1) 임의제출 휴대폰 내 저장된 몰카 사진의 관련성 및 탐색절차

1) 대법원 2022. 2. 17.선고 2019도4938 판결

가. 사실관계 및 경과

피고인은 2017. 6. 28.부터 2017. 9. 2.까지 자신의 휴대전화 카메라로 성적 욕망이나 수치심을 유발할 수 있는 7명의 성명 불상 피해자들의 신체를 그 의사에 반하여 촬영하였고, 2017. 9. 4. 횡단보도 앞에서 보행 신호를 기다리던 짧은 치마를 입은 피해자 A의 뒤로 다가가, 이 사건 휴대전화로 다리를 몰래 촬영하였다는 사실로 기소되었다.

피해자 A의 112 신고를 받고 출동한 경찰관은 현장에서 피고인으로부터 이 사건 휴대전화를 임의제출 받아 영장 없이 압수하고, 피고인과 지구대 사무실로 임의동행하였다. 피고인과 임의동행한 경찰관은 지구대에서 이 사건 휴대전화를 살펴보았는데 A를 촬영한 영상은 피고인이 임의제출하기 전에 삭제하여 찾지 못하였고, 이름을 알 수 없는 여러 여성의 신체를 찍은 영상을 발견하였다. 피고인은 그 자리에서 A에 대한 범행 외에도 여러 번 여성을 몰래 촬영한 사실이 있음을 자백하는 취지의 진술서를 작성하였다. 경찰관은 피의자신문을 하면서 위 7명의 성명 불상 피해자들을 촬영한 영상의 출력물을 보여주었고, 피고인은 촬영한 시각과 장소를 구체적으로 진술하였다.

원심은, 피고인이 발각된 자리에서 촬영한 A에 대한 범행의 영상만 임의로 제출했을 뿐 이 사건 휴대전화에 담긴 7명의 성명불상 피해자에 대한 범행 영상까지 제출할 의사였다고 볼 수 없고, 이는 A에 대한 범행과 관련성도 없으며, 수사기관이 이 사건 휴대전화를 탐색하면서 피고인의 참여권을 보장하지 않고 압수한 전자정보 목록을 교부하지 않았다는 등의 이유로, 7명의 성명불상 피해자에 대한 범행 부분

에 대하여 유죄를 선고한 제1심을 파기하고 무죄를 선고하였다.

나. 대법원의 판단

수사기관이 전자정보를 담은 매체를 피의자로부터 임의제출 받아 압수하면서 거기에 담긴 정보 중 무엇을 제출하는지 명확히 확인하지 않은 경우, 임의제출의 동기가 된 범죄혐의사실과 관련되고 이를 증명할 수 있는 최소한의 가치가 있는 정보여야 압수의 대상이 되는데, 범행 동기와 경위, 수단과 방법, 시간과 장소 등에 관한 간접증거나 정황증거로 사용될 수 있는 정보도 그에 포함될 수 있다. 수사기관이 피의자로부터 범죄혐의사실과 관련된 전자정보와 그렇지 않은 전자정보가 섞인 매체를 임의제출 받아 사무실 등지에서 정보를 탐색·복제·출력하는 경우 피의자나 변호인에게 참여의 기회를 보장하고 압수된 전자정보가 특정된 목록을 교부해야 하나, 그러한 조치를 하지 않았더라도 절차 위반행위가 이루어진 과정의 성질과 내용 등에 비추어 피의자의 절차상 권리가 실질적으로 침해되지 않았다면 압수·수색이 위법하다고 볼 것은 아니다.

피고인이 이 사건 휴대전화를 임의제출할 당시 그 안에 담긴 전자정보의 제출범위를 명확히 밝히지 않았으므로, 임의제출의 동기가 된 범죄혐의사실과 관련되고 이를 증명할 수 있는 최소한의 가치가 있는 전자정보여야 압수의 대상이 된다. 위 7명에 관한 동영상은 2017. 6. 28.부터 2017. 9. 2.까지 두 달 남짓한 기간에 걸쳐 촬영된 것으로 순번 8번 범행 일시인 2017. 9. 4.과 가깝고, A에 대한 범행과 마찬가지로 이 사건 휴대전화로 버스정류장, 지하철 역사, 횡단보도 앞 등 공공장소에서 촬영되었다. 위 범행들은 그 속성상 상습성이 의심되거나 성적 기호 내지 경향성의 발현에 따른 일련의 행위라고 의심할 여지가 많아, 각 범행 영상은 상호 간에 범행 동기와 경위, 수단과 방법, 시간과 장소에 관한 증거로 사용될 수 있는 관계에 있다. 따라서 7명에 대한 범행 영상은 임의제출의 동기가 된 A 범죄 혐의사실과 관련성 있는 증거이다. 경찰관은 임의제출 받은 이 사건 휴대전화를 피고인이 있는 자리에서 살펴보고 위 7명에 대한 범행 동영상을 발견하였으므로, 피고인이 탐색에 참여하였다고 볼 수 있다. 경찰관은 피의자신문 시 위 범행 영상을 제시하였고, 피고인은 그 영상이 언제 어디에서 찍은 것인지 쉽게 알아보고 그에 관해 구체적으로 진술하였다. 비록 피고인에게 압수된 전자정보가 특정된 목록이 교부되지 않았더라도, 절차 위반행위가 이루어진 과정의 성질과 내용 등에 비추어 절차상 권리가 실질적으로 침해되었다고 보기 어렵다. 그러므로 위 촬영영상의 출력물과 파일 복사본을 담은 시디(CD)는 임의제출에 의해 적법하게 압수된 전자정보에서 생성된 것으로서 증거능력이 인정된다.

2) 대법원 2022. 1. 13. 선고 2016도9596 판결

가. 사실관계 및 경과

피고인은 2014년 안마시술소에서 휴대전화의 카메라를 이용하여 위 안마시술소의 성명불상 여종업원의 음부, 가슴, 엉덩이 등 피해자의 신체를 몰래 촬영하였고(2014년 범행), 2015년에도 고속도로 휴게소에서 같은 휴대전화의 카메라로 의자에 앉아 있던 A의 치마 밑 허벅지와 다리를 몰래 촬영하였다(2015년 범행)는 내용으로 기소된 사안이다.

경찰은 2015년 범행 현장인 고속도로 휴게소에 '도촬 당하여 성추행을 당했다.'는 112 신고를 받고 출동하여 피고인으로부터 이 사건 휴대전화를 임의제출받아 이를 영장 없이 압수하였다. 경찰이 촬영사진을 확인하기 위해 피고인이 소지하고 있던 이 사건 휴대전화를 임의제출받아 확인하였는데, 피해자 A의 다리 부위 사진과 불특정 다수의 특정 신체부위 사진이 여러 장 확인되어 법관의 영장 없이 피고인에게 휴대전화를 임의제출받아 압수하였다. 경찰은 같은 날 피고인에 대한 1회 피의자신문을 진행하면서 피고인의 면전에서 이 사건 휴대전화를 탐색하여 발견된 피해자의 영상 및 2014년 범행 사진을 포함한 불특정 다수 여성의 영상을 제시하였고, 피고인은 피해자의 영상을 포함한 영상들을 몰래 촬영하였음을 자백하였다. 경찰은 같은 날 피고인에 대한 2회 피의자신문에서, 2014년 범행에 관한 영상의 촬영경위를

질문하였고, 피고인은 위 안마시술소에서 여종업원인 성명불상자의 나체를 몰래 촬영한 것이라고 자백하였다.

원심은 2015년 범행과 관련성이 인정되지 않고 이 사건 휴대전화를 탐색하는 과정에서 피고인의 참여권이 보장되지 않았으며 압수한 전자정보 목록도 교부되지 않는 등, 2014년 범행에 관한 영상은 형사소송법상 영장주의를 위반하여 수집된 증거로서 위법수집증거에 해당하므로 증거능력이 없으며, 피고인의 자백을 보강할 만한 증거가 없다는 이유로 2014년 범행 부분에 대하여 유죄를 선고한 제1심판결을 파기하고 무죄를 선고하였다.

나. 대법원의 판단

① 전자정보를 압수하고자 하는 수사기관이 정보저장매체와 거기에 저장된 전자정보를 피의자로부터 임의제출의 방식으로 압수할 때, 제출자의 구체적인 제출범위에 관한 의사를 제대로 확인하지 않는 등의 사유로 인해 임의제출자의 의사에 따른 전자정보 압수의 대상과 범위가 명확하지 않거나 이를 알 수 없는 경우에는 임의제출에 따른 압수의 동기가 된 범죄혐의사실과 관련되고 이를 증명할 수 있는 최소한의 가치가 있는 전자정보에 한하여 압수의 대상이 된다.

이 사안에서 피고인이 이 사건 휴대전화를 임의제출할 당시 2015년 범행에 관한 영상에 대하여만 제출 의사를 밝혔는지, 아니면 2014년 범행에 관한 영상을 포함하여 제출 의사를 밝혔는지 명확하지 않다. 따라서 임의제출에 따른 압수의 동기가 된 범죄혐의사실인 2015년 범행에 관한 영상과 관련되고 이를 증명할 수 있는 최소한의 가치가 있는 전자정보에 한하여 압수의 대상이 된다.

② 범죄혐의사실과 관련된 전자정보인지를 판단할 때는 범죄혐의사실의 내용과 성격, 임의제출의 과정 등을 토대로 구체적·개별적 연관관계를 살펴보아야 한다. 특히 카메라의 기능과 정보저장매체의 기능을 함께 갖춘 휴대전화인 스마트폰을 이용한 불법촬영 범죄와 같이 범죄의 속성상 해당 범행의 상습성이 의심되거나 성적 기호 내지 경향

성의 발현에 따른 일련의 범행의 일환으로 이루어진 것으로 의심되고, 범행의 직접증거가 스마트폰 안에 이미지 파일이나 동영상 파일의 형태로 남아 있을 개연성이 있는 경우에는 그 안에 저장되어 있는 같은 유형의 전자정보에서 그와 관련한 유력한 간접증거나 정황증거가 발견될 가능성이 높다는 점에서 이러한 간접증거나 정황증거는 범죄혐의사실과 구체적·개별적 연관관계를 인정할 수 있다. 이처럼 범죄의 대상이 된 피해자의 인격권을 현저히 침해하는 성격의 전자정보를 담고 있는 불법촬영물은 범죄행위로 인해 생성된 것으로서 몰수의 대상이기도 하므로 임의제출된 휴대전화에서 해당 전자정보를 신속히 압수·수색하여 불법촬영물의 유통 가능성을 적시에 차단함으로써 피해자를 보호할 필요성이 크다. 나아가 이와 같은 경우에는 간접증거나 정황증거이면서 몰수의 대상이자 압수·수색의 대상인 전자정보의 유형이 이미지 파일 내지 동영상 파일 등으로 비교적 명확하게 특정되어 그와 무관한 사적 전자정보 전반의 압수·수색으로 이어질 가능성이 적어 상대적으로 폭넓게 관련성을 인정할 여지가 많다는 점에서도 그러하다.

이 사안에서 2014년 범행에 관한 영상을 비롯한 이 사건 휴대전화에서 발견된 약 2,000개의 영상은 2년여에 걸쳐 지속적으로 카메라의 기능과 정보저장매체의 기능을 함께 갖춘 이 사건 휴대전화로 촬영된 것으로, 범죄의 속성상 해당 범행의 상습성이 의심되거나 피고인의 성적 기호 내지 경향성의 발현에 따른 일련의 범행의 일환으로 이루어진 것으로 의심되어, 2015년 범행의 동기와 경위, 범행 수단과 방법 등을 증명하기 위한 간접증거나 정황증거 등으로 사용될 수 있어 2015년 범죄혐의사실과 구체적·개별적 연관관계를 인정할 수 있다. 결국 2014년 범행에 관한 영상은 임의제출에 따른 압수의 동기가 된 2015년 범죄혐의사실과 관련성이 인정될 수 있다.

③ 압수의 대상이 되는 전자정보와 그렇지 않은 전자정보가 혼재된 정보저장매체나 그 복제본을 임의제출받은 수사기관이 그 정보저

장매체 등을 수사기관 사무실 등으로 옮겨 이를 탐색·복제·출력하는 경우, 그와 같은 일련의 과정에서 형사소송법 제219조, 제121조에서 규정하는 피압수·수색 당사자('피압수자')나 그 변호인에게 참여의 기회를 보장하고 압수된 전자정보의 파일 명세가 특정된 압수목록을 작성·교부하여야 하며 범죄혐의사실과 무관한 전자정보의 임의적인 복제 등을 막기 위한 적절한 조치를 취하는 등 영장주의 원칙과 적법절차를 준수하여야 한다. 만약 그러한 조치가 취해지지 않았다면 피압수자 측이 참여하지 아니한다는 의사를 명시적으로 표시하였거나 임의제출의 취지와 경과 또는 그 절차 위반행위가 이루어진 과정의 성질과 내용 등에 비추어 피압수자 측에 절차 참여 등을 보장한 취지가 실질적으로 침해되었다고 볼 수 없을 정도에 해당한다는 등의 특별한 사정이 없는 이상 압수·수색이 적법하다고 평가할 수 없고, 비록 수사기관이 정보저장매체 또는 복제본에서 범죄혐의사실과 관련된 전자정보만을 복제·출력하였다 하더라도 달리 볼 것은 아니다.

그러나 경찰은 1차 피의자신문 시 이 사건 휴대전화를 피고인과 함께 탐색하는 과정에서 2014년 범행에 관한 영상을 발견하였으므로, 피고인은 이 사건 휴대전화의 탐색 과정에 참여하였다고 볼 수 있다. 경찰은 같은 날 곧바로 진행된 2회 피의자신문에서 이 사건 사진을 피고인에게 제시하였고, 5장에 불과한 이 사건 사진은 모두 동일한 일시, 장소에서 촬영된 2014년 범행에 관한 영상을 출력한 것임을 육안으로 쉽게 알 수 있다. 따라서 비록 피고인에게 전자정보의 파일 명세가 특정된 압수목록이 작성·교부되지 않았더라도 절차 위반행위가 이루어진 과정의 성질과 내용 등에 비추어 피고인의 절차상 권리가 실질적으로 침해되었다고 보기도 어렵다. 그러므로 2014년 범행에 관한 영상은 그 증거능력이 인정된다.

3) 검 토

대법원 2021. 11. 18. 선고 2016도348 전원합의체 판결은 특정 범죄 혐의와 관련하여 전자정보가 수록된 휴대폰을 임의제출받아 그 안에 저장된 전자정보를 압수하는 경우에 압수의 대상, 방법, 범위 등에 관하여 기준을 제시한 바 있다.[1] 위 대법원 2022. 1. 13. 선고 2016도9596 판결의 ①, ②, ③의 설시 내용은 전원합의체 판결이 제시한 기준을 그대로 인용한 것이다. 전원합의체 판결은 임의제출 및 압수의 동기가 된 범죄혐의사실이 아님에도 예외적으로 관련성이 인정될 수 있는 경우가 있다는 점과 '피압수자'나 그 변호인에게 참여의 기회를 보장하지 않거나 압수된 전자정보의 파일 명세가 교부하지 않더라도 임의제출의 취지와 경과 또는 그 절차 위반행위가 이루어진 과정의 성질과 내용 등에 비추어 피압수자 측에 절차 참여 등을 보장한 취지가 실질적으로 침해되었다고 볼 수 없을 정도에 해당하는 경우에는 압수가 적법한 경우가 있다고 판시하였다.

대상판결들은 전원합의체 판결이 설시한 그 예외적 기준에 해당하는 사례들이다. 대상판결의 구체적인 결론에 대해서는 찬성한다. 불법촬영은 상습적으로 이뤄질 가능성이 많고 일선 경찰이 현장에서 임의제출받은 휴대폰을 탐색함에 있어서 대법원이 제시한 엄격한 기준을 언제나 그대로 따르기를 기대하하기는 어렵기 때문이다. 그러나 대법원이 형성하고 해나가고 있는 법리적 기준들이 내적 정합성과 일관성을 갖춘 것인지 여부에 대해서는 상당한 의문을 가지고 있다.

우선 1) 대상판결은 범행일시의 근접성과 촬영장소 및 방식에 비추어 상습성이 의심된다는 점에서 관련성의 근거를 찾고 있다. 이는 대법원 2021. 11. 25. 선고 2021도10034판결의 판시와 유사한 방식이다.[2] 같은 견지에서 대법원 2021. 11. 25. 선고 2016도82 판결에서는 6개월 가량 시차가 있는 지하철 불법촬영과 주택에서 교제 중인 여성에 대한 불법촬영 간의 관련성을 부정하였다.[3] 그러나 2) 대상판결에

---

1) 강동범, 2021년 형사소송법 판례회고, 형사판례연구, 형사판례연구회 2022, 572-577쪽; 장석준, 임의제출된 정보저장매체에 저장된 전자정보의 증거능력 사법 59호, 사법발전재단 2022 참조.
2) 강동범, 앞의 논문, 593쪽.
3) 강동범, 앞의 논문, 603-604쪽.

서는 압수의 동기가 된 2015년 범행과 최대 2년여의 기간 차이가 나는 2,000개의 동영상들을 탐색하였고 2015년 범행은 고속도로 주차장에서의 촬영물이고, 2014년 범행은 안마시술소에서의 촬영물로서 그 장소와 방식이 달랐음에도 스마트폰을 이용한 불법촬영 범죄와 같이 범죄의 속성상 해당 범행의 상습성이 의심되거나 성적 기호 내지 경향성의 발현에 따른 일련의 범행의 일환으로 이루어진 것으로 의심되는 경우라고 하여 관련성을 인정하였다. 2) 대상판결은 2,000개의 동영상이 발견되었으므로 상습성의 범위를 넓게 파악한 것으로 볼 여지가 있으나 이는 모든 동영상을 탐색한 후 사후적으로 정당화할 수 있는 결과론에 지나지 않는다.

한편, 대상판결들은 피압수자나 그 변호인에게 정식으로 탐색 과정에 참여기회를 주지 않았으나 피의자신문 과정에서 피의자가 그 자리에 동석해 있었다는 것만으로 절차 참여의 예외를 인정하였다. 그러나 경찰이 피의자신문 과정에서 휴대폰을 탐색한 것을 피압수자 측에 참여권 보장 기회를 보장한 것으로 그대로 인정할 수 있는지는 의문이다. 피의자신문 과정에서 피의자에게 휴대폰 탐색에 참여할 기회를 인정된다는 점과 무관 정보에 대해서 이의를 제기할 수 있다는 점에 대한 인식이 있었는지 확인이 되지 않기 때문이다.

게다가 경찰이 먼저 휴대폰을 탐색해본 후 피의자신문 당시에 피의자에게 열람시키면서 제시하고 피의자가 여기에 아무런 이의제기가 없었다면 어떻게 되는가? 피의자신문에 앞서 탐색이 이루어지지 않았다는 점을 확인할 방법이 있을까? 피의자신문 과정에서 열람했다는 이유만으로 2,000개 동영상에 대한 압수목록 교부가 생략될 수 있다면, 다른 전자정보 탐색 과정에서 피의자 참여 하에 탐색하여 압수한 대상파일이 5-6개 밖에 되지 않은 경우에도 압수목록 교부가 생략될 수 있는 것일까? 대법원이 휴대폰 불법촬영 사건에서 제시하는 예외적인 기준들이 그 밖의 다른 사건들에서 대법원이 정립해가고 있는 엄격한 법리에 그대로 부합하는지는 의문이며, 사실상 범죄사실과 사건의 성격에 따라 자의적으로 적용하는 것은 아닌지 의문이 든다. 따라서 대상판결이 휴대폰 저장 불법촬영물에 대한 증거능력을 인정한 결론에 대해서는 찬성하나 그 예외 인정 근거에 대해서는 새로운 법리가 제시되어야 할 것으로 생각된다.

(2) 실질적 피압수자와 정보주체의 구별

1) 대법원 2022. 1. 27. 선고 2021도11170 판결

가. 사실관계

① 검찰은 피고인에 대한 대학총장 명의 표창장에 관한 사문서위조, 피고인의 딸인 A의 의학전문대학원 등 지원 과정에서의 위 표창장의 제출로 인한 위조사문서행사, 위 표창장 및 그 밖에 허위 경력의 기재로 인한 입학사정 업무에 관한 위계공무집행방해 등을 범죄혐의 사실로 하여 피고인의 대학 교수연구실 등에 대한 압수·수색영장 집행 등의 수사를 진행하였다. C는 2019. 3. 1.부터 피고인과 같은 대학의 조교를 맡아 강사휴게실 및 그 안에 있는 물건들을 전임자로부터 인계받아 관리하는 업무를 담당하고 있었다. 이 사건 PC들은 권리관계에 관한 별도의 표식 없이 강사휴게실 내에 보관되고 있었다. 위 PC들의 소유·관리 상태에 관한 C 진술의 기본적인 취지는 전임자로부터 '퇴직자들이 놔두고 간 물건이니 학교당국에 반납하거나 알아서 처리하라.'고 들어서 그와 같이 알고 있었다는 것이다. B는 또한 위 PC들의 사용을 희망하는 교수가 있을 경우 이를 제공하려고 하였다고 진술하였다.

② 피고인 측 주장의 기본적인 취지는 위 PC들은 대학교에서 공용PC로 사용하다가 피고인이 일정 기간 자신의 주거지 등으로 가져가 사용하였으며 대학교 영어캠프 등에서 공용PC로 사용할 수 있도록 다시 가져다 놓았다는 것으로서, 이는 이 사건 압수·수색 당시 위 PC들의 객관적, 현실적인 지배·보관 및 그 관리처분권의 귀속이 대학 측에 있었던 상태와 부합하였다.

③ C는 대학 측의 협조지시를 토대로 검찰수사관들에게 대학 건물 내부를 안내하는 등으로 수사에 협조하던 중 검찰수사관의 요청에 따라 검찰수사관이 위 PC 중 1대를 구동하여 거기에 저장된 전자정보를 확인할 수 있도록 하였다. 검찰수사관이 C와 함께 있는 가운데 위 PC에 저장된 전자정보를 탐색하는 과정에서 B 관련 폴더를 발견하였고, 그 탐색이 계속되던 중 위 PC에서 '퍽' 소리가 나면서 전원이 꺼지는 사태가 발생하자, 검찰수사관은 C와 대학의 물품 관리를 총괄하는 행정지원처장 D에게 위 현장에서의 탐색을 중단하고 위 PC들을 검찰에 제출하여 줄 수 있는지 문의·요청하였다. C와 D는 검찰수사관의 요청에 응하여 임의로 위 PC들을 제출하였다. 당시 검찰수사관은 C와 D에게 위 PC들의 이미징 및 탐색, 전자정보 추출 등 과정에 참관할 의사가 있는지 확인하였으나, 이들은 참관하지 않겠다고 대답하였다. 검찰수사관은 C와 D로부터 '임의제출동의서', '참관여부 확인서'를 각 제출받고, 이들에게 위 PC들에 관한 '압수목록 교부서'를 교부한 후 PC들을 대검찰청으로 가져갔다. 그 과정에서 C와 D에게 PC들에 저장된 전자정보의 구체적인 제출 범위에 관한 의사를 추가로 다시 확인하지는 않았다.

4) 검찰은 PC들에 대한 이미징 및 포렌식 작업을 하여 전자정보를 추출하였고, 이에 따라 대학 총장 명의 표창장에 관한 사문서위조 범행이 이 사건 PC 중 1대를 이용하여 이루어진 정황이 발견되었다. 검찰은 C와 D에게 위 PC들에서 추출되어 압수된 전자정보의 파일 명세가 특정된 목록을 교부하였다. 위 PC들에 저장된 전자정보는 A의 의학전문대학원 부정지원 관련 범행의 증거로 사용되었다.

나. 원심의 판단

원심은 ① 정보저장매체와 거기에 저장된 전자정보를 임의제출받아 압수하는 경우에는 압수의 대상이 그 필요성과 관련성이 인정되는 범위 내로 제한되는 것이 아니라고 전제하고, 수사기관이 C와 D에게 PC들에 저장된 전자정보의 구체적인 제출 범위에 관한 의사를 확인하지 않았더라도 PC들과 거기에 저장된 전자정보 일체가 임의제출된 것으로 볼 수 있다고 판시하였다. 또한 ② 정보저장매체 및 저장된 전자정보를 임의제출받아 압수하는 경우에는 그 전자정보 탐색 등의 과정에서 원칙적으로 피압수자 측이나 피의자 측에게 참여권을 인정할 여지가 없다는 취지로 설시하였다.

다. 대법원의 판단

① 전자정보가 저장된 정보저장매체를 임의제출 받은 경우 전자정보 압수의 범위와 관련성의 판단 기준

전자정보를 압수하고자 하는 수사기관이 정보저장매체와 거기에 저장된 전자정보를 임의제출의 방식으로 압수할 때, 제출자의 구체적인 제출 범위에 관한 의사를 제대로 확인하지 않는 등의 사유로 인해 임의제출자의 의사에 따른 전자정보 압수의 대상과 범위가 명확하지 않거나 이를 알 수 없는 경우에는 임의제출에 따른 압수의 동기가 된 범죄혐의사실과 관련되고 이를 증명할 수 있는 최소한의 가치가 있는 전자정보에 한하여 압수의 대상이 된다.

위 PC들의 임의제출 당시 피고인은 이미 A의 의학전문대학원 등 지원 과정에서 위조된 대학 총장 명의 표창장을 제출하였다는 취지의 위조사문서행사, 위 표창장 및 그 밖에 허위 경력의 기재로 인한 의학전문대학원 입학사정 업무에 관한 위계공무집행방해 등의 범죄혐의사실로 수사를 받고 있었다. 따라서 피고인이 위 PC 중 1대를 이용하여 위 표창장 위조행위를 하는 등 A의 의학전문대학원 부정지원 과정에서 위 PC들을 사용하여 생성된 전자정보는 위 범죄혐의사실에 관한 범행의 동기와 경위, 수단과 방법 등을 증명하기 위한 구체적·개별적 연관관계 있는 증거에 해당한다고 볼 수 있고, 그 밖에 이 사건 수사의 대상과 경위, 임의제출의 과정 등을 종합해 보더라도 그 필요성과 관련성을 인정하기에 충분하다.

② 임의제출된 정보저장매체의 탐색·복제·출력 시 피의자 참여권이
  보장되어야 하는 압수대상 전자정보

압수의 대상이 되는 전자정보와 그렇지 않은 전자정보가 혼재된
정보저장매체나 그 복제본을 임의제출받은 수사기관이 그 정보저장매
체 등을 수사기관 사무실 등으로 옮겨 이를 탐색·복제·출력하는 경
우, 그와 같은 일련의 과정에서 형사소송법 제219조, 제121조에서 규정
하는 피압수·수색 당사자('피압수자')나 그 변호인에게 참여의 기회를
보장하고 압수된 전자정보의 파일 명세가 특정된 압수목록을 작성·교
부하여야 하며 범죄혐의사실과 무관한 전자정보의 임의적인 복제 등
을 막기 위한 적절한 조치를 취하는 등 영장주의 원칙과 적법절차를
준수하여야 한다. 만약 그러한 조치가 취해지지 않았다면 피압수자 측
이 참여하지 아니한다는 의사를 명시적으로 표시하였거나 임의제출의
취지와 경과 또는 그 절차 위반행위가 이루어진 과정의 성질과 내용
등에 비추어 피압수자 측에 절차 참여를 보장한 취지가 실질적으로
침해되었다고 볼 수 없을 정도에 해당한다는 등의 특별한 사정이 없
는 이상 압수·수색이 적법하다고 평가할 수 없고, 비록 수사기관이
정보저장매체 또는 복제본에서 범죄혐의사실과 관련된 전자정보만을
복제·출력하였다 하더라도 달리 볼 것은 아니다.

Ⓐ 피해자 등 제3자가 피의자의 소유·관리에 속하는 정보저장매
체를 영장에 의하지 않고 임의제출한 경우에는 실질적 피압수자인 피
의자가 수사기관으로 하여금 그 전자정보 전부를 무제한 탐색하는 데
동의한 것으로 보기 어려울 뿐만 아니라 피의자 스스로 임의제출한 경
우 피의자의 참여권 등이 보장되어야 하는 것과 견주어 보더라도 특별
한 사정이 없는 한 형사소송법 제219조, 제121조, 제129조에 따라 피의
자에게 참여권을 보장하고 압수한 전자정보 목록을 교부하는 등 피의
자의 절차적 권리를 보장하기 위한 적절한 조치가 이루어져야 한다.

Ⓑ 이와 같이 정보저장매체를 임의제출한 피압수자에 더하여 임의
제출자 아닌 피의자에게도 참여권이 보장되어야 하는 '피의자의 소유·

관리에 속하는 정보저장매체'라 함은, 피의자가 압수·수색 당시 또는 이와 시간적으로 근접한 시기까지 해당 정보저장매체를 현실적으로 지배·관리하면서 그 정보저장매체 내 전자정보 전반에 관한 전속적인 관리처분권을 보유·행사하고, 달리 이를 자신의 의사에 따라 제3자에게 양도하거나 포기하지 아니한 경우로써, 피의자를 그 정보저장매체에 저장된 전자정보에 대하여 실질적인 피압수자로 평가할 수 있는 경우를 말하는 것이다.

ⓒ 민사법상 권리의 귀속에 따른 법률적·사후적 판단이 아니라 압수·수색 당시 외형적·객관적으로 인식 가능한 사실상의 상태를 기준으로 판단하여야 한다. 이러한 정보저장매체의 외형적·객관적 지배·관리 등 상태와 별도로 단지 피의자나 그 밖의 제3자가 과거 그 정보저장매체의 이용 내지 개별 전자정보의 생성·이용 등에 관여한 사실이 있다거나 그 과정에서 생성된 전자정보에 의해 식별되는 정보주체에 해당한다는 사정만으로 그들을 실질적으로 압수·수색을 받는 당사자로 취급하여야 하는 것은 아니다.

피고인 측은 전자정보의 '정보주체'라고 하면서 이를 근거로 피고인 측에게 참여권이 보장되었어야 한다는 취지로 주장한다. 피의자의 관여 없이 임의제출된 정보저장매체 내의 전자정보 탐색 등 과정에서 피의자가 참여권을 주장하기 위해서는 정보저장매체에 대한 현실적인 지배·관리 상태와 그 내부 전자정보 전반에 관한 전속적인 관리처분권의 보유가 전제되어야 한다. 따라서 이러한 지배·관리 등의 상태와 무관하게 개별 전자정보의 생성·이용 등에 관여한 자들 혹은 그 과정에서 생성된 전자정보에 의해 식별되는 사람으로서 그 정보의 주체가 되는 사람들에게까지 모두 참여권을 인정하는 취지가 아니므로, 위 주장은 받아들이기 어렵다.

③ 금융계좌추적용 압수·수색영장 집행 결과의 증거능력

수사기관의 압수·수색은 법관이 발부한 압수·수색영장에 의하여야 하는 것이 원칙이고, 영장의 원본은 처분을 받는 자에게 반드시 제시되어야 하므로, 금융계좌추적용 압수·수색영장의 집행에 있어서도 수사기관이 금융기관으로부터 금융거래자료를 수신하기에 앞서 금융기관에 영장 원본을 사전에 제시하지 않았다면 원칙적으로 적법한 집행 방법이라고 볼 수는 없다. 다만 수사기관이 금융기관에 「금융실명거래 및 비밀보장에 관한 법률」 제4조 제2항에 따라서 금융거래정보에 대하여 영장 사본을 첨부하여 그 제공을 요구한 결과 금융기관으로부터 회신받은 금융거래자료가 해당 영장의 집행 대상과 범위에 포함되어 있고, 이러한 모사전송 내지 전자적 송수신 방식의 금융거래정보 제공요구 및 자료 회신의 전 과정이 해당 금융기관의 자발적 협조의사에 따른 것이며, 그 자료 중 범죄혐의사실과 관련된 금융거래를 선별하는 절차를 거친 후 최종적으로 영장 원본을 제시하고 위와 같이 선별된 금융거래자료에 대한 압수절차가 집행된 경우로서, 그 과정이 금융실명법에서 정한 방식에 따라 이루어지고 달리 적법절차와 영장주의 원칙을 잠탈하기 위한 의도에서 이루어진 것이라고 볼 만한 사정이 없어, 이러한 일련의 과정을 전체적으로 '하나의 영장에 기하여 적시에 원본을 제시하고 이를 토대로 압수·수색하는 것'으로 평가할 수 있는 경우에 한하여, 예외적으로 영장의 적법한 집행 방법에 해당한다고 볼 수 있다.

라. 검 토

대법원 2021. 11. 18. 선고 2016도348 전원합의체 판결은 피해자 등 제3자가 피의자의 소유, 관리에 속하는 정보저장매체를 영장에 의하지 않고 임의제출한 경우에는 피의자는 실질적 피압수자이므로 그 정보저장매체에 대한 탐색, 복제, 출력 과정에서 형사소송법 제219조, 제121조, 제129조에 따라 피의자에게 참여권을 보장하고 압수한 전자정보 목록을 교부하는 등 피의자의 절차적 권리를 보장하기 위한 적절한 조치가 이루어져야 한다는 취지로 판시하였다. 한편, 판례는 "저장매체 자체 또는 적법하게 획득한 복제본을 탐색하여 혐의사실과 관련된 전자정보를 문서로 출력하거나 파일로 복제하는 일련의 과정 역시 전체적으로 하나의 영장에 기한 압수·수색의 일환에 해당하므로, 그러한 경우의 문서출력 또는 파일복제의 대상 역시 저장매체 소재지에서의 압수·수색과 마찬가지로 혐의사실과 관련된 부분으로 한정되어야 함은 헌법 제12조 제1항, 제3항과 형사소송법 제114조, 제215조의 적법절차 및 영장주의 원칙이나 비례의 원칙에 비추어 당연하다. 따라서 수사기관 사무실 등으로 반출된 저장매체 또는 복제본에서 혐의사실 관련성에 대한 구분 없이 임의로 저장된 전자정보를 문서로 출력하거나 파일로 복제하는 행위는 원칙적으로 영장주의 원칙에 반하는 위법한 압수가 된다.”고 하여 정보저장매체에 대한 압수수색은 저장매체에 저장된 정보에 대한 압수수색과 구별되지 않으며 결국 혐의사실과 관련된 정보가 압수수색의 대상인 것으로 보는 듯한 태도를 취하여 왔다.4)

여기에서 문제는 정보저장매체의 소유, 관리자와 정보의 소유, 관리자가 서로 다른 경우를 어떻게 규율할 것인가, 그리고 정보의 소유, 관리자를 누구로 볼 것인가 여부가 된다. 대상판결은 이 문제에 대하여 ① 정보저장매체의 소유, 관리자가 피압수자가 되며, ② 개별 전자정보의 생성·이용 등에 관여한 자들 혹은 그 과정에서 생성된 전자정보에 의해 식별되는 사람으로서 그 정보의 주체가 되는 사람들은 실질적 피압수자가 아니라는 입장을 취하였다. 대상판결의 구체적 결론에는 찬성하나, 판례의 입장이 일관성과 정합성을 갖춘 것인지는 역시 여러 의문이 든다.

이 문제에 있어서 논리적으로 가장 강경한 견해는 정보저장매체에 대한 압수수색의 대상은 실질적으로 ‘정보’이므로 참여권 등 절차적 보장도 해당 개인정보의 주체에게 인정하여야 한다는 입장일 것이다. 대상판결의 피고인 측이 이러한 주장을 하였던 것으로 보이고, 정보저장매체가 임의제출된 경우 형사소송법 제219조, 제121조, 제129조에 규정된 참여권 등 절차적 권리는 피압수자에게 보장된 것이 아니라 방어

---

4) 대법원 2015. 7. 16.자 2011모1839 전원합의체 결정.

권 차원에서 피의자에게 보장된 것이라는 주장5)도 그 세부적 논리에
서는 차이가 있지만 유사한 결론에 도달하게 된다. 이러한 견해의 문
제점은 '정보'의 소유, 관리는 외부에서 사전에 식별하기가 어렵고, 정
보에 대한 권리는 그 성격에 따라 다양한 주체에게 귀속 내지 분속될
수 있다는 점이다.6) 또한 수사단계에서 이루어지는 압수수색 과정에
서 무제한적으로 정보주체에게 참여권을 인정할 경우 많은 경우 큰
실익은 없이 수사의 밀행성만을 해칠 수도 있다.7) 형사소송법 제219
조, 제121조에 근거하여 우리 형사소송법이 수사절차에서 피의자의
방어권을 공판단계에서와 동일한 수준으로 보장하고자 하였다고 해
석할 수 있는지에 대해서도 이론의 여지가 많다.8) 따라서 대상판결은
현행법 하에서는 절충적 입장을 취하지 않을 수 없었을 것이라고 생
각된다.

　그러나 이러한 견해들은 대상판결이 가진 논리적인 약점을 잘 드
러낸다. 우선 실질적인 압수수색 대상이 '정보'라면 왜 정보저장매체의

5) 조성훈, 역외 전자정보 압수수색연구, 박영사(2020), 107-116쪽; 전치홍, 대법원의 참
　여권 법리에 대한 비판적 검토, 형사소송의 이론과 실무 제14권 제1호, 한국형사
　소송법학회(2022. 3), 29-32쪽; 구길모, 디지털증거 압수수색과 참여권 보장, 형사법
　연구 제34권 제4호, 한국형사법학회(2022), 225-233쪽. 다만, 후자의 논문은 포탈,
　SNS, 클라우드 등 서버에 저장된 자료에 대한 압수의 경우에는 정보 보관 회사를
　피압수자로 보아서 참여권을 보장하고 그 사용자(즉, 정보주체)는 개인정보보호법
　에 따라 보호하면 된다는 견해를 개진하고 있다. 그러나 디지털정보의 압수수색
　참여권은 형사소송법 제121조에 따른 피의자의 참여권이라고 보면서 이때에는 피
　압수자를 구분하면서 형사소송법 제123조에 따라 피압수자의 참여권만을 보장하
　면 된다고 하는 것은 논리적으로 일관된 것이라고 보기 어려운 것 같다.
6) 정보의 창작자, 정보의 (준)소유자, 정보의 관리자, 개인정보주체 등 정보와 관련
　된 이해관계자는 상황에 따라 매우 다양할 수 있다.
7) 은행, 병원, 학교, 게임회사 등 특정한 목적과 절차에 따라 제3자가 일정한 관련
　개인정보를 보관하고 있는 경우 그 개인정보의 압수수색 과정에서 목적과 무관한
　개인정보에 대한 무제한적 압수수색이 이뤄질 가능성이 적으므로 피의자는 대부
　분 압수수색 참여는 포기할 가능성이 많은 반면, 그 과정에서 수사의 목적과 방
　향에 대해 알게 되므로 증거인멸과 도주의 가능성이 높아질 위험이 있다.
8) 제3자의 임의제출시 피압수자와 피의자의 참여권 보장에 관한 다양한 학설의 개
　관에 관해서는 최병각, 디지털 증거의 압수수색에서 관련성과 참여권, 형사법연구,
　제35권 제1호, 2023, 327-332쪽.

소유, 관리권을 근거로 절차적 권리를 보장해야 하는지에 관한 별도의 해명이 필요하다. 더 근본적인 질문은 정보저장매체의 임의제출은 정보저장매체를 임의제출하는 것인지, 아니면 정보를 임의제출하는 것인지 여부이다. 대법원은 "제출자의 구체적인 제출범위에 관한 의사를 제대로 확인하지 않는 등의 사유로 인해 임의제출자의 의사에 따른 전자정보 압수의 대상과 범위가 명확하지 않거나 이를 알 수 없는 경우에는 임의제출에 따른 압수의 동기가 된 범죄혐의사실과 관련되고 이를 증명할 수 있는 최소한의 가치가 있는 전자정보에 한하여 압수의 대상이 된다."라고 일관되게 설시한다. 그런데 만약 제출자가 명확하게 정보저장매체 전체에 대해서 임의제출의사를 밝혔다면, 이때에는 저장된 정보 전부가 압수대상이 되고, 탐색, 복제, 출력 과정에서 피의자에 대한 절차적 권리의 보장도 필요 없다는 것일까?[9] 다음으로, 대상판결이 정보저장매체의 소유, 관리권을 근거로 절차적 권리자를 결정하여야 한다면, 순수하게 제3자가 소유, 관리하는 정보저장매체(서버를 포함)에 대하여 피의자의 정보를 압수수색하는 경우에는 영장주의가 적용되지 않는다는 점을 선언한 것일까? 대상판결의 문언상 그렇게 이해될 수밖에 없음에도 아래에서 보는 바와 같이 대법원 2022. 5. 31.자 2016모587 결정에서는 다른 결론에 이르렀다.

대상판결은 계좌추적 영장의 집행에 있어서 한 가지 더 중요한 판시를 하고 있다. 수사기관이 금융기관으로부터 금융거래자료를 수신하기에 앞서 영장 원본을 사전에 제시하지 않았다고 하더라도 그 후 범죄혐의사실과 관련된 자료의 선별절차를 거친 후 최종적으로 영장 원본을 제시하였다면 적법한 영장의 집행으로 볼 수 있다는 것이다. 대법원은 계좌추적 영장의 경우에도 영장 원본의 제시가 필요하다고 판시한 바 있다.[10] 이는 계좌추적의 성격상 대상 거래정보의 소재

---

9) 강동범, 앞의 논문, 제578쪽은 저장매체의 임의제출은 저장매체 자체에 한정되고 저장된 전자정보의 탐색, 복제, 출력을 위해서는 별도의 영장이 필요하다는 견해를 취하고 있다.

10) 대법원 2019. 3. 14. 선고 2018도2841 판결. 판결에 대한 상세한 평석은 이순옥, 금

2022년도 형사소송법 판례 회고

를 알기 어려워 시중 모든 금융기관에 영장사본을 보내면 금융기관이 자체적으로 정보를 파악하여 수사기관에 송부해왔던 그 간의 수사관행과 현실을 고려하지 않은 지나치게 형식적인 판결이었으나 대상판결은 수사현실을 고려하여 합리적인 결론에 이르렀다고 판단된다.

2) 대법원 2022. 5. 31.자 2016모587 결정

가. 사실관계 및 경과

지방법원 판사는 검사의 청구에 따라 준항고인을 피의자로 한 압수·수색영장을 발부하였다. 판사는 이 사건 압수·수색영장의 '압수할 물건'으로 '1) 준항고인 명의로 개통된 휴대전화 단말기, 2) 준항고인의 휴대전화의 카카오톡과 관련된 준항고인의 카카오톡 아이디 및 대화명, 준항고인과 대화를 하였던 상대방 카카오톡 아이디의 계정정보, 대상기간 동안 준항고인과 대화한 카카오톡 사용자들과 주고받은 대화내용 및 사진 정보, 동영상 정보 일체'라 기재하였고, '수색·검증할 장소, 신체 또는 물건'으로 '1) 준항고인의 신체(영장집행 시 제출을 거부할 경우에 한함), 휴대전화를 보관, 소지하고 있을 것으로 판단되는 가방, 의류, 2) 주식회사 카카오 본사 또는 압수할 물건을 보관하고 있는 데이터센터'로 기재하였으며, '범죄사실의 요지'로 준항고인의 「집회 및 시위에 관한 법률」 위반(주최자 준수사항 위반) 등 혐의사실을 적시하였고, 압수대상 및 방법의 제한을 별지로 첨부하였다.

수사기관은 카카오를 상대로 이 사건 압수·수색영장에 기하여 피의자인 준항고인의 카카오톡 대화내용 등이 포함된 위 '압수할 물건'에 대한 압수·수색을 실시하였다. 수사기관은 이 사건 압수·수색영장을 집행할 때 처분의 상대방인 카카오에 영장을 팩스로 송부하였을 뿐 영장 원본을 제시하지는 않았다.

카카오 담당자는 수사기관의 이 사건 압수·수색영장 집행에 응하여 준항고인의 카카오톡 대화내용이 저장되어 있는 서버에서 대상기

용거래정보와 영장주의. 성균관법학, 31(4), 성균관대학교 법학연구원(2019), 503-551쪽.

간의 준항고인의 대화내용을 모두 추출하여 수사기관에 이메일로 전달하였다. 카카오 담당자는 이 사건 전자정보 중에서 압수·수색영장의 범죄사실과 관련된 정보만을 분리하여 추출할 수 없었으므로 위 기간의 모든 대화내용을 수사기관에 전달하였는데, 이 사건 전자정보에는 준항고인이 자신의 부모, 친구 등과 나눈 일상적 대화 등 혐의사실과 관련 없는 내용이 포함되어 있다.

수사기관은 이 사건 압수·수색 과정에서 준항고인에게 미리 집행의 일시와 장소를 통지하지 않았고, 결과적으로 준항고인은 이 사건 압수·수색 과정에 참여하지 못하였다. 그리고 수사기관은 카카오로부터 이 사건 전자정보를 취득한 뒤 전자정보를 탐색·출력하는 과정에서도 준항고인에게 참여 기회를 부여하지 않았으며, 혐의사실과 관련된 부분을 선별하지 않고 그 일체를 출력하여 증거물로 압수하였다. 수사기관은 이 사건 압수·수색영장의 집행 이후 카카오와 준항고인에게 압수한 전자정보 목록을 교부하지 않았다.

원심은, 이 사건 압수·수색은 형사소송법 제122조 단서의 '급속을 요하는 때'에 해당하지 않으므로, 수사기관이 피의자인 준항고인 등에게 이 사건 압수·수색의 집행일시·장소를 통지하지 않아 준항고인 등의 참여권을 보장하지 않은 행위는 위법하고, 판시 사정을 고려하면 이 사건 압수·수색영장 원본 제시, 압수물 목록 교부, 피의사실과의 관련성 등 준항고인의 나머지 주장에 관하여 나아가 살펴볼 필요 없이 이 사건 압수·수색은 취소를 면할 수 없다고 판단하였다.

나. 대법원의 판단

① 원심이 인터넷서비스업체인 카카오 본사 서버에 보관된 이 사건 전자정보에 대한 이 사건 압수·수색영장의 집행에 의하여 전자정보를 취득하는 것이 참여권자에게 통지하지 않을 수 있는 형사소송법 제122조 단서의 '급속을 요하는 때'에 해당하지 않는다고 판단한 것은 잘못이다. ② 그 과정에서 압수·수색영장의 원본을 제시하지 않은 위법, 수사기관이 카카오로부터 입수한 전자정보에서 범죄 혐의사실과

관련된 부분의 선별 없이 그 일체를 출력하여 증거물로 압수한 위법, ③ 그 과정에서 서비스이용자로서 실질적 피압수자이자 피의자인 준항고인에게 참여권을 보장하지 않은 위법과 압수한 전자정보 목록을 교부하지 않은 위법을 종합하면, 이 사건 압수·수색에서 나타난 위법이 압수·수색절차 전체를 위법하게 할 정도로 중대하다.

다. 검 토

앞의 1) 대법원 2022. 1. 27. 선고 2021도11170 판결은 정보저장매체 압수수색에 있어서 절차권 권리의 주체는 정보저장매체에 대한 현실적인 지배·관리 상태와 그 내부 전자정보 전반에 관한 전속적인 관리처분권의 보유를 전제로 하여야 한다고 판시하였다. 그러나 대상판결은 약 4개월 뒤에 선고되었음에도 이에 관한 별다른 언급 없이 피의자를 실질적 피압수자로 보고, 주식회사 카카오가 지배, 관리하는 피의자의 카카오톡 대화내용에 대한 탐색, 복제, 출력 과정에서 피의자의 참여권 등 절차적 권리가 보장되지 않았다는 이유로 압수수색이 위법하다고 판시하였다. 카카오톡 대화내용은 범죄 혐의와 무관한 사생활침해의 위험성이 높으므로 그러한 결론에 도달하게 된 구체적인 동기는 충분히 이해할 여지가 있겠으나, 대법원이 전자정보 압수수색에 관해서 정합적이고 일관성 있는 법리를 형성하고 있는가에 대해서는 의문의 여지를 남긴다.

한편, 대상판결은 이러한 경우 형사소송법 제122조 단서의 '급속을 요하는 때'에 해당할 수 있으므로 수사기관이 피의자에게 사전통지를 해야 하는 것은 아니라고 판시하고 있다. 대상판결의 이러한 판시로부터 수사기관이 제3자가 보관하는 정보저장매체를 압수수색할 때 정보저장매체의 압수수색 자체는 급속을 요하는 때에 해당 가능하므로 사전 통지를 생략할 수 있지만, 일단 압수가 이뤄진 후 저장된 정보의 탐색, 복제, 출력 과정에서는 피의자의 참여권을 보장해야 한다는 식의 사고를 읽어낼 수 있다. 피의자의 절차적 권리를 염두에 두면서도 수사의 밀행성을 고려한 절충적 입장이라고 판단된다. 그러나 이

역시 근본적인 해결책은 되기 어렵다. 만약 정보저장매체 압수수색 현장에서 수사기관이 카카오 담당자가 참여한 가운데 관련 정보를 출력하여 제출받았다면 어떻게 되는가? 카카오 입장에서는 사건 관련성 여부를 엄격하게 제한해야 할 인센티브가 없으므로 수사기관이 요구하는 대로 정보를 출력하여 제공할 가능성이 높다. 근본적으로는 입법론적 논의가 필요한 지점이라고 생각한다.

(3) 클라우드 서버에 대한 압수수색

1) 대법원 2022. 6. 30. 선고 2022도1452 판결

가. 사실관계 및 경과

경찰은 피해자 A에 대한 사기 혐의로 피고인을 조사하면서 피고인의 동의를 받아 피고인의 휴대전화로 은행 거래내역과 통화내역, 채무와 관련된 메시지, 휴대전화 메신저 대화내역을 확인하였다. 경찰은 피고인이 휴식시간에 휴대전화 메신저 대화내역을 삭제하자, 피고인에게 요청하여 휴대전화를 임의제출 받았다. 경찰은 임의제출 받은 휴대전화를 검색하던 중 카메라 등 폴더에서 불법촬영물로 의심되는 사진, 동영상을 발견하였고, 피해자로 추정되는 여성들에게 연락하여 위 사진, 동영상 촬영에 동의하지 않았다는 사실을 확인하였다.

경찰은 지방법원으로부터 '압수할 물건'을 '여성의 신체를 몰래 촬영한 것으로 판단되는 사진, 동영상 파일이 저장된 컴퓨터 하드디스크 및 외부저장매체'로, '수색할 장소'를 피고인의 주거지로, '범죄사실'을 '성폭력범죄처벌법 위반(카메라등이용촬영·반포등) 등'으로 한 압수·수색영장을 발부받았다.

경찰은 피고인의 주거지에서 임의제출 받은 휴대전화와는 별개의 휴대전화('이 사건 휴대전화')를 발견하여 압수하고, 이 사건 휴대전화가 구글계정에 로그인되어 있는 상태를 이용하여 구글클라우드에서 피해자 B에 대한 불법촬영물을 확인한 후 선별한 파일을 다운로드 받는 방식으로 동영상 4개와 사진 3개를 압수하였다.

경찰은 위 압수물에 대한 압수조서 및 전자정보 상세목록을 작성하고, 이 사건 휴대전화와 연동된 구글클라우드를 수색한 결과 불법촬영물이 발견되었다는 내용을 기재한 수사보고서를 작성하였다.

원심은 이 사건 압수·수색영장 집행이 적법함을 전제로 위 집행으로 취득한 위 증거에 대하여 증거능력이 인정된다고 보아 이 부분 공소사실을 유죄로 판단하였다. 원심의 근거는 다음과 같다. 경찰이 사기 혐의로 조사를 받던 피고인으로부터 임의제출 받은 휴대전화에서 임의제출의 동기가 된 사기 범행과 구체적·개별적 연관관계가 없는 불법촬영 범행에 관한 사진, 동영상을 탐색·복제·출력한 것은 영장주의와 적법절차의 원칙을 위반한 위법한 압수·수색에 해당한다. 그러나 경찰은 법원으로부터 피고인의 불법촬영 혐의에 대하여 압수·수색영장을 발부받아 피고인의 참여권이 보장된 상태에서 적법하게 압수·수색절차를 진행하고, 임의제출 받은 휴대전화와는 별개의 휴대전화와 연동된 구글클라우드에서 이 부분 공소사실 범행 결과물에 해당하는 불법촬영 사진, 동영상을 압수하였다. 이는 임의제출 받은 휴대전화에서 발견된 사진, 동영상과 다른 새롭게 수집된 증거이다. 불법촬영물로 인한 범죄행위는 피해자의 인격권을 현저히 침해하는 성격을 지니고 있고 몰수의 대상이기도 하므로 신속하게 압수·수색하여 불법촬영물의 유통 가능성을 적시에 차단함으로써 피해자를 보호할 필요성이 크다. 따라서 압수·수색영장의 집행에 따른 경찰 압수조서 및 전자정보 상세목록, 그 경위를 밝힌 수사보고서 등에 대하여는 위법수집증거 배제법칙의 예외 법리가 적용되어 증거능력이 인정된다.

나. 대법원의 판단

① 헌법과 형사소송법이 구현하고자 하는 적법절차와 영장주의의 정신에 비추어 볼 때, 법관이 압수·수색영장을 발부하면서 '압수할 물건'을 특정하기 위하여 기재한 문언은 엄격하게 해석해야 하고, 함부로 피압수자 등에게 불리한 내용으로 확장해석 또는 유추해석을 하는 것은 허용될 수 없다.

② 압수할 전자정보가 저장된 저장매체로서 압수·수색영장에 기재된 수색장소에 있는 컴퓨터, 하드디스크, 휴대전화와 같은 컴퓨터 등 정보처리장치와 수색장소에 있지는 않으나 컴퓨터 등 정보처리장치와 정보통신망으로 연결된 원격지의 서버 등 저장매체('원격지 서버'라 한다)는 소재지, 관리자, 저장 공간의 용량 측면에서 서로 구별된다. 원격지 서버에 저장된 전자정보를 압수·수색하기 위해서는 컴퓨터 등 정보처리장치를 이용하여 정보통신망을 통해 원격지 서버에 접속하고 그곳에 저장되어 있는 전자정보를 컴퓨터 등 정보처리장치로 내려 받거나 화면에 현출시키는 절차가 필요하므로, 컴퓨터 등 정보처리장치 자체에 저장된 전자정보와 비교하여 압수·수색의 방식에 차이가 있다. 원격지 서버에 저장되어 있는 전자정보와 컴퓨터 등 정보처리장치에 저장되어 있는 전자정보는 그 내용이나 질이 다르므로 압수·수색으로 얻을 수 있는 전자정보의 범위와 그로 인한 기본권 침해 정도도 다르다. 따라서 수사기관이 압수·수색영장에 적힌 '수색할 장소'에 있는 컴퓨터 등 정보처리장치에 저장된 전자정보 외에 원격지 서버에 저장된 전자정보를 압수·수색하기 위해서는 압수·수색영장에 적힌 '압수할 물건'에 별도로 원격지 서버 저장 전자정보가 특정되어 있어야 한다. 압수·수색영장에 적힌 '압수할 물건'에 컴퓨터 등 정보처리장치 저장 전자정보만 기재되어 있다면 컴퓨터 등 정보처리장치를 이용하여 원격지 서버 저장 전자정보를 압수할 수는 없다.

이 사건 압수·수색영장에 적힌 '압수할 물건'에는 '여성의 신체를 몰래 촬영한 것으로 판단되는 사진, 동영상 파일이 저장된 컴퓨터 하드디스크 및 외부저장매체'가, '수색할 장소'에는 피고인의 주거지가 기재되어 있다. 이 사건 압수·수색영장에 적힌 '압수할 물건'에 원격지 서버 저장 전자정보가 기재되어 있지 않은 이상 이 사건 압수·수색영장에 적힌 '압수할 물건'은 피고인의 주거지에 있는 컴퓨터 하드디스크 및 외부저장매체에 저장된 전자정보에 한정된다. 그럼에도 경찰은 이 사건 휴대전화가 구글계정에 로그인되어 있는 상태를 이용하여 원격지 서버에 해당하는 구글클라우드에 접속하여 구글클라우드에서 발견한 불법촬영물을 압수하였다. 결국 경찰의 압수는 이 사건 압수·수색영장에서 허용한 압수의 범위를 넘어선 것으로 적법절차 및 영장주의의 원칙에 반하여 위법하다. 따라서 이 사건 압수·수색영장으로 수집한 불법촬영물은 증거능력이 없는 위법수집증거에 해당하고, 이 사건 압수·수색영장의 집행 경위를 밝힌 압수조서 등이나 위법수집증거를 제시하여 수집된 관련자들의 진술 등도 위법수집증거에 기한 2차적 증거에 해당하여 증거능력이 없다.

2) 대법원 2022. 6. 30.자 2020모735 결정

가. 사실관계 및 경과

준항고인은 '경력직 채용을 빙자하여 전기 자동차용 2차 전지와 관련한 고소인의 핵심 인력과 기술을 빼갔다.'는 내용으로 고소를 당하였다. 재항고인(경찰)은 준항고인과 준항고인의 인사 담당 직원들을 「산업기술의 유출방지 및 보호에 관한 법률」 위반 등 피의사실로 수사하면서 검사에게 피의자들에 대한 압수·수색영장을 신청하였다.

검사는 법원에 압수·수색영장을 청구하면서 압수·수색영장 청구서에 적힌 '압수할 물건'란에 '피의자들의 범죄행위에 제공되었거나 경력직 채용과 관련된 업무 자료 또는 유출된 고소인의 기술 자료가 저장되어 있는 컴퓨터, 주변기기 등 정보처리장치와 특수매체기록 등이 저장된 저장매체(하드디스크, 메모리카드, USB메모리, 플로피디스크, CD, DVD)('하드디스크'로 총칭), '피의자들의 범죄행위에 제공되었거나 경력직 채용과 관련된 업무 자료 또는 유출된 고소인 회사의 기술 자료가 저장되어 있는 클라우드, 웹하드, 전산망 서버에 보관된 전자정보, 전자우편' 등을('클라우드'로 총칭) 기재하였다.

법원은 압수·수색영장 청구서에 적힌 '압수할 물건' 중 일부에 대해서만 압수·수색영장('제1차 압수·수색영장')을 발부하면서 하드디스크 저장 전자정보에 대해서는 준항고인 등과 관련된 부분에 대한 청구를 일부기각하고, 클라우드 저장 전자정보에 대해서는 그 청구를 전

부 기각하였으며, '수색할 장소'를 '준항고인의 서울 본사 인사 담당 부서(경력직 채용 담당자), 피의자 A, B의 서울 본사 근무 장소, 피의자 공소외 6 의 서산 공장 자리와 차량, 피의자 C, D의 대전 연구원 자리와 차량'으로 정하였다.

한편 준항고인은 데스크톱 가상화 인프라인 VDI(Virtual Desktop Infrastructure) 시스템을 구축하였다. 직원들은 부여된 아이디와 비밀번호를 입력하여 가상 데스크톱에 접속한 후 업무를 수행하고, 소속 팀이 가상 데스크톱에서 활용하는 팀룸(TeamRoom) 폴더에 업무 자료를 보관하여 팀원들과 공유하였다. 이에 따라 업무 자료는 업무용 컴퓨터 자체에는 저장되지 않고, VDI 서버에 저장되었다.

경찰은 준항고인의 서울 본사, 서산 공장, 대전 연구원에서 동시에 제1차 압수·수색영장의 집행에 착수하여, 각 집행 장소에서 준항고인의 직원들로부터 VDI 시스템 구축 상황에 대한 설명을 들었다. 경찰은 직원들이 가상 데스크톱에 접속시킨 업무용 컴퓨터를 넘겨받아 이를 이용하여 팀룸 폴더 안의 파일을 탐색하고 내용을 확인하였다. 재항고인은 팀룸 폴더를 수색하여 고소인 회사 출신의 경력직 채용 면접에서 알게 된 고소인의 기술을 공유하는 이메일과 소송에 대비하여 고소인 회사 출신 경력직들이 가져온 기술 자료의 이관을 지시하는 이메일 등을 발견하고, 관련 파일을 선별하여 압축한 다음 별도의 USB에 저장·봉인하여 준항고인의 직원에게 보관하도록 한 후 영장 집행을 중지하였다. 서울 본사에서도 압수할 자료를 별도로 분류하여 보존조치를 한 후 영장 집행을 중지하였다. 반면 대전 연구원에서는 별다른 자료를 발견하지 못하고 영장 집행을 종료하였다.

경찰은 '압수·수색·검증을 필요로 하는 사유'로 '준항고인 직원들의 업무용 컴퓨터 자체에는 아무런 자료가 저장되어 있지 않고 준항고인의 VDI 시스템 전산망 서버에 있는 팀룸 폴더에서 위 이메일이 발견되었으므로 준항고인의 VDI 서버에 저장되어 있는 관련 전자정보를 확보하기 위한 추가 압수·수색이 필요하다.'는 점을 들며 검사에

게 준항고인에 대한 추가 압수·수색영장을 신청하였다. 법원은 검사
의 청구를 받고 '압수할 물건'을 'VDI의 자료저장 서버와 VDI를 통해
접근 가능한 네트워크 드라이브 팀룸 폴더에 저장된 전자정보 중 관
련 자료 부분 등'으로, '압수의 방식'을 'VDI 전자정보를 원격지에 보
관할 경우 원격지 서버에 접속하여 전자정보를 다운로드하고 이를 출
력하거나 복제한다.'로 한 압수·수색영장('제2차 압수·수색영장')을 발부
하였다.

경찰은 준항고인의 서산 공장과 서울 본사에서 제2차 압수·수색
영장을 집행하여, 피의자 등의 계정으로 가상 데스크톱에 접속한 후
팀룸 폴더에서 전자정보를 선별하여 복사하는 방법으로 서산 공장에
서는 45개의 전자정보를, 서울 본사에서는 24개의 전자정보를 압수하
였다. 준항고인은 이 사건 압수 처분으로 압수된 전자정보 전부에 대
하여 환부 청구를 하였으나, 재항고인은 이를 거부하였다.

나. 대법원의 판단

헌법과 형사소송법이 구현하고자 하는 적법절차와 영장주의의 정
신에 비추어 볼 때, 법관이 압수·수색영장을 발부하면서 '압수할 물건'
을 특정하기 위하여 기재한 문언은 엄격하게 해석해야 하고, 함부로
피압수자 등에게 불리한 내용으로 확장해석 또는 유추해석을 하는 것
은 허용될 수 없다. 압수할 전자정보가 저장된 저장매체로서 압수·수
색영장에 기재된 수색장소에 있는 컴퓨터, 하드디스크, 휴대전화와 같
은 컴퓨터 등 정보처리장치와 수색장소에 있지는 않으나 컴퓨터 등
정보처리장치와 정보통신망으로 연결된 원격지의 서버 등 저장매체
('원격지 서버')는 소재지, 관리자, 저장 공간의 용량 측면에서 서로 구
별된다. 원격지 서버에 저장된 전자정보를 압수·수색하기 위해서는
컴퓨터 등 정보처리장치를 이용하여 정보통신망을 통해 원격지 서버
에 접속하고 그곳에 저장되어 있는 전자정보를 컴퓨터 등 정보처리장
치로 내려 받거나 화면에 현출시키는 절차가 필요하므로, 컴퓨터 등
정보처리장치 자체에 저장된 전자정보와 비교하여 압수·수색의 방식

에 차이가 있다. 원격지 서버에 저장되어 있는 전자정보와 컴퓨터 등 정보처리장치에 저장되어 있는 전자정보는 그 내용이나 질이 다르므로 압수·수색으로 얻을 수 있는 전자정보의 범위와 그로 인한 기본권 침해 정도도 다르다. 따라서 수사기관이 압수·수색영장에 적힌 '수색할 장소'에 있는 컴퓨터 등 정보처리장치에 저장된 전자정보 외에 원격지 서버에 저장된 전자정보를 압수·수색하기 위해서는 압수·수색영장에 적힌 '압수할 물건'에 별도로 원격지 서버 저장 전자정보가 특정되어 있어야 한다. 압수·수색영장에 적힌 '압수할 물건'에 컴퓨터 등 정보처리장치 저장 전자정보만 기재되어 있다면 컴퓨터 등 정보처리장치를 이용하여 원격지 서버 저장 전자정보를 압수할 수는 없다.

법원이 제1차 압수·수색영장을 발부하면서 검찰이 청구한 클라우드 저장 전자정보 부분을 기각하였음이 명백하므로 클라우드에 대한 수색도 허용되지 않는다. 따라서 재항고인은 제1차 압수·수색영장을 집행하면서 클라우드에 해당하는 VDI 서버를 수색하여서는 안 된다. 더욱이 재항고인은 준항고인의 직원들로부터 VDI에 대한 설명을 들어 팀룸 폴더가 VDI 서버에 존재한다는 것을 충분히 알았을 것이다. 그런데도 재항고인은 VDI에 접속된 업무용 컴퓨터를 통해 가상 데스크톱의 팀룸 폴더에서 파일을 탐색하여 내용을 확인하고 보존조치를 하였다. 결국 이 사건 수색 등 처분은 영장에서 허용한 수색의 범위를 넘어선 것으로 적법절차와 영장주의 원칙에 반하여 위법하다. 나아가 재항고인은 이 사건 수색 등 처분으로 알게 된 이메일 내용 등을 추가로 압수·수색할 필요를 인정할 수 있는 자료로 삼아 제2차 압수·수색영장을 발부받은 다음 가상 데스크톱의 팀룸 폴더를 압수·수색하여 이 사건 압수 처분을 하였다. 이는 위법한 이 사건 수색 등 처분에 따라 알게 된 사정을 토대로 한 것으로 위법하고, 이 사건 압수 처분이 적법하다는 전제에서 한 이 사건 거부 처분 역시 위법하다.

3) 검 토

대법원 2017. 11. 29. 선고 2017도9747 판결은 수사기관이 압수·수색할 전자정보가 압수·수색영장에 기재된 수색장소에 있는 컴퓨터 등 정보처리장치 내에 있지 아니하고 그 정보처리장치와 정보통신망으로 연결되어 제3자가 관리하는 원격지의 서버 등 저장매체에 저장되어 있는 경우에도, 수사기관이 피의자의 이메일 계정에 대한 접근권한에 갈음하여 발부받은 영장에 따라 영장 기재 수색장소에 있는 컴퓨터 등 정보처리장치를 이용하여 적법하게 취득한 피의자의 이메일 계정 아이디와 비밀번호를 입력하는 등 피의자가 접근하는 통상적인 방법에 따라 그 원격지의 저장매체에 접속하고 그곳에 저장되어 있는 피의자의 이메일 관련 전자정보를 수색장소의 정보처리장치로 내려 받거나 그 화면에 현출시키는 것 역시 피의자의 소유에 속하거나 소지하는 전자정보를 대상으로 이루어지는 것이므로 그 전자정보에 대한 압수·수색을 위와 달리 볼 필요가 없다고 판시한 바 있다. 이 경우 인터넷서비스이용자가 이메일 계정과 관련 서버에 대한 접속권한을 가지고 이메일 계정에서 생성한 이메일 등 전자정보에 관한 작성·수정·열람·관리 등의 처분권한을 가지며 전자정보의 내용에 관하여 사생활의 비밀과 자유 등의 권리보호이익을 가지는 주체로서 해당 전자정보의 소유자 내지 소지자이며, 인터넷서비스제공자는 서비스이용약관에 따라 전자정보가 저장된 서버의 유지·관리책임을 부담하고 해당 서버 접속을 위해 입력된 아이디와 비밀번호 등이 인터넷서비스이용자가 등록한 것과 일치하면 접속하려는 자가 인터넷서비스이용자인지 여부를 확인하지 아니하고 접속을 허용하여 해당 전자정보를 정보통신망으로 연결되어 있는 컴퓨터 등 다른 정보처리장치로 이전, 복제 등을 할 수 있도록 하는 것이 일반적이므로 수사기관이 인터넷서비스이용자인 피의자를 상대로 피의자의 컴퓨터 등 정보처리장치 내에 저장되어 있는 이메일 등 전자정보를 압수·수색하는 것은 전자정보의 소유자 내지 소지자를 상대로 해당 전자정보를 압수·수색하는 대물적 강제처분으로 형사소송법의 해석상 허용된다는 것이다. 비록 수사기관이 위와 같이 원격지의 저장매체에 접속하여 그 저장된 전자정보를 수색장소의 정보처리장치로 내려받거나 그 화면에 현출시킨다 하더라도, 이는 인터넷서비스제공자가 허용한 피의자의 전자정보에 대한 접근 및 처분권한과 일반적 접속 절차에 기초한 것으로서, 특별한 사정이 없는 한 인터넷서비스제공자의 의사에 반하는 것이라고 단정할 수 없으며, 정보통신망으로 연결되어 있는 한 정보처리장치 또는 저장매체 간 이전, 복제가 용이한 전자정보의 특성 등에 비추어 보면, 수색장소에 있는 정보처리장치를 이용하여 정보통신망으로 연결된 원격지의 저장매체에 접속하는 것이 위와 같은 형사소송법의 규정에 위반하여 압수·수색영장에서 허용한 집행의 장소적 범위를 확대하는 것이라고 볼 수 없고, 수색행위는 정보통신망을 통해 원격지의 저장매체에서 수색장소에 있는 정보처리장치로 내려받거나 현출된 전자정보에 대하여 위 정보처리장치를 이용하여 이루어지고, 압수행위는 위 정보처리장치에 존재하는 전자정보를 대상으로 그 범위를 정하여 이를 출력 또는 복제하는 방법으로 이루어지므로, 수색에서 압수에 이르는 일련의 과정이 모두 압수·수색영장에 기재된 장소에서 행해지기 때문이라고 설시하였다. 그런데 그 대상 사건은 피고인이 사용한 중국 인터넷서비스제공자가 제공하는 이메일서비스의 이메일 계정 내 편지함 등에 송·수신이 완료되어 저장되어 있는 내용을 압수수색한 사례였고, 당시 국가정보원은 압수·수색·검증할 장소를 '한국인터넷진흥원(KISA) 사무실에 설치된 인터넷용 PC'로, 압수·수색·검증방법으로 '한국인터넷진흥원(KISA) 사무실에 설치된 인터넷용 PC에서 영상녹화 및 동 기관의 전문가, 일반인 포렌식 전문가가 입회한 가운데 중국 인터넷서비스 회사의 이메일 홈페이지 로그인 입력창에 국가정보원이 압수수색 과정에서 입수한 위 이메일 계정·비밀번호를 입력, 로그인한 후 국가보안법 위반 범증 자료 출력물 및 동 자료를 선별하여 저장한 저장매체 봉인·압수'로 각 특정하여 압수·수색·검증영장을 청구하여 발부받은 경우였다.

한편, 압수수색 영장에 원격지 서버에 저장된 정보에 대한 압수수

색 방법이 미리 기재되어 있지 않은 경우에도 당해 정보저장장치가
이미 원격지 서버에 연결되어 작동하고 있으면 압수수색영장에 기재
된 정보저장장치를 통해서 원격지 서버에 개설된 폴더를 탐색, 복제,
출력할 수 있는지 여부가 문제된다. 위 판례가 설시하고 있는 바와 같
은 전자정보의 특수성을 고려하여 그 적법성을 인정하는 견해가 다수
였으나,[11] 대상판결은 이를 부정하였다. 대상판결의 이러한 태도는 정
보와 정보저장매체 사이에서 일관되지 않은 행보를 보여주는 그간 판
례의 입장과 같은 맥락에서 이해된다. 대법원 2017. 11. 29. 선고 2017
도9747 판결이 잘 설시하고 있는 것처럼, 정보가 클라우드 서버에 저
장되어 있다고 하더라도 정보의 입력과 출력을 담당하는 컴퓨터에서
피압수자의 절차적 권리가 보장된 가운데 탐색, 복제, 출력이 이루어
진다면 추가적인 기본권 침해의 위험은 존재하지 않는다. 클라우드 서
버에 개설된 폴더를 그 단말기 역할을 하는 정보저장매체에서 사용할
때 정보저장매체 내에 저장된 것과 사용방법이 구별되지도 않는다. 따
라서 대상판결이 단순히 압수수색영장에 기재하였는지 여부에 따라
압수수색의 적법성을 판단하는 것은 지나치게 형식적인 논리라고 생
각된다. 만약 대법원이 압수수색 장소를 정보저장매체가 아니라 원격
지 서버의 소재지로 파악하였기 때문에 굳이 압수수색 영장에 기재할
것을 요구하는 것이라면 대법원 2017. 11. 29. 선고 2017도9747 판결에
서와 같이 서버가 외국에 소재하는 경우에는 오히려 국가관할권 문제
가 발생하므로 대법원이 외국 서버에 대한 압수수색을 영장으로 허가
할 수 있는지 의문이 발생한다. 더군다나 2) 대상판결과 같이 법원이
서버에 대한 압수수색을 기각해버리고서는 압수수색이 위법하다고 선
언하는 경우에는 법원이 실체진실 발견을 저해하는 결과가 된다. 최근
에는 전산의 외주화가 급격히 진행되어 클라우드 서버의 존재가 보편
화되고 있는 추세인데, 외부에서 미리 클라우드 서버의 사용 여부를
정확히 알기 어려울 뿐만 아니라, 법원이 서버 사용 여부가 확인되지

---

11) 조성훈, 앞의 책, 198쪽.

않는다고 해서 영장을 기각해버리면 수사기관으로서는 증거를 확보할 수 있는 방법이 없게 된다. 굳이 대상판결과 같이 해석해야 할 필연적인 이유도 없고, 그러한 비용을 치르고서 얻는 편익은 많지 않다고 생각된다.[12]

(4) 압수수색 준항고

1) 대법원 2022. 1. 14.자 2021모1586 결정

가. 사실관계 및 경과

① 수사기관은 '피의자 A가 의뢰인으로부터 사건무마를 위해 경찰에 전달한다는 명목으로 3회에 걸쳐 합계 5,500만 원을 교부받고 1억 원을 약속받은 후, 이를 준항고인 B에게 전달하여 뇌물공여를 하였다.'는 내용의 변호사법 위반, 뇌물공여의 범죄 혐의사실에 대해 수사를 하면서, 법원으로부터 준항고인의 휴대전화 등에 대한 압수·수색영장('제1 압수·수색영장')을 발부받았다. 제1 압수·수색영장은 휴대전화 등에 있는 전자정보의 압수 대상 및 방법에 대해 '저장매체 자체를 반출하거나 복제본으로 반출하는 경우에도 혐의사실과 관련된 전자정보만을 출력 또는 복제하여야 하고, 완료된 후에는 지체 없이 피압수자 등에게 압수 대상 전자정보의 상세목록을 교부하여야 하고, 그 목록에서 제외된 전자정보는 삭제·폐기 또는 반환하고 그 취지를 통지하여야 한다.'고 제한하였다. 준항고인 B는 수사기관에 제1 압수·수색영장에 따른 휴대전화기의 전자정보에 관한 탐색·복제·출력 과정에 대한 절차 참여를 포기한다는 의사를 밝혔다.

② 수사기관은 제1 압수·수색영장에 따라 준항고인이 소지하던 이 사건 휴대전화를 압수하여 경찰청 디지털포렌식계에 분석의뢰 하였는데, 담당분석관은 별도의 선별작업 없이 이 사건 휴대전화에 저장

---

12) 수사의 효율성이 저해되는 측면은 크지 않은 반면, 클라우드 환경에 저장되는 정보의 양에 비추어 사생활 침해의 측면은 참여권 보장만으로는 충분하지 않다는 이유에서 대상 판례의 입장에 찬성하는 견해로는 장진환, 핸드폰 압수수색영장으로 행한 클라우드 압수수색의 타당성, 형사법연구, 제35권 제1호, 2023, 285-291쪽.

된 파일 대부분을 그대로 한 개의 파일(19- ○○○ 호TF증1<△△△ 휴대
폰>.zip)로 압축해 저장매체에 복제하여 담당경찰관에게 건네주었다.
담당경찰관이 작성한 압수조서 및 담당경찰관이 작성하여 준항고인에
게 제시한 전자정보 상세목록에도 압수한 전자정보가 "(19-○○○호TF
증1<△△△ 휴대폰>.zip)"이라고 기재되어 있다.

③ A는 사건청탁 명목으로 금원을 전달받았다는 내용의 변호사법
위반죄로만 기소되어 유죄판결이 선고·확정되었는데, 그 이후에도 위
파일은 경찰청 내의 이미징 자료 등을 보관하는 서버에 그대로 저장된
채로 삭제되지 않고 있었다. 그런데 수사기관은 '준항고인이 C로부터
수차례에 걸쳐 합계 9,000만 원을 받았다.'는 내용의 범죄 혐의사실을
수사하면서, 위와 같이 제1 압수·수색영장에 의하여 압수하여 취득한
위 파일이 수사기관에 보관 중인 것을 확인한 후 위 파일에 대한 압
수·수색영장을 청구하였고, 법원은 그 범죄 혐의사실에 대해 수사기
관에서 보관 중인 위 파일 등에 대한 압수·수색영장('제2 압수·수색영
장')을 발부하였다.

④ 수사기관은 제2 압수·수색영장을 집행하면서 준항고인 B나 그
변호인의 참여 기회를 보장하지 않았다. 이 때문에 수사기관은 다시
압수·수색영장을 청구하여 준항고인에 대한 일부 범죄 혐의사실이 추
가된 것 외에는 제2 압수·수색영장과 거의 동일한 내용의 압수·수색
영장을 발부받아('제3 압수·수색영장') 준항고인과 변호인의 참여 기회
를 보장하여 이 사건 파일의 압수를 집행하였다.

원심은, 수사기관이 제1 압수·수색영장을 집행하면서 범죄 혐의
사실과 관련된 전자정보를 탐색·선별하여 압수가 이루어진 것으로 보
이고 휴대전화의 경우 혐의사실과 관련성이 없는 전자정보를 완전히
배제하는 것이 기술적으로 불가능하다는 사정 등을 들어 제1 압수·수
색영장에 의한 압수처분이 위법하다고 볼 수 없다고 판단하였다. 원심
은, 제2 압수·수색영장의 집행 과정에 준항고인이나 변호인의 참여 기
회를 보장하지 않은 사실이 인정된다고 보면서도, 제2 압수·수색영장

의 집행은 결국 제1 압수·수색영장에 의해 적법하게 수집한 증거를 다시 탐색·복제·출력하는 과정에 불과하다는 이유를 들어 절차참여를 보장한 취지가 실질적으로 침해되었다고 보기 어려워 제2 압수·수색영장에 의한 압수처분 역시 위법하다고 볼 수 없다고 판단하였으며, 위와 같이 제1 압수·수색영장, 제2 압수·수색영장에 따른 압수가 모두 적법한 이상 제3 압수·수색영장에 의한 압수 역시 적법하다고 판단하였다.

나. 대법원의 판단

① 수사기관은 압수의 목적물이 전자정보가 저장된 저장매체인 경우에는 압수·수색영장 발부의 사유로 된 범죄 혐의사실과 관련 있는 정보의 범위를 정하여 출력하거나 복제하여 이를 제출받아야 하고, 이러한 과정에서 혐의사실과 무관한 전자정보의 임의적인 복제 등을 막기 위한 적절한 조치를 취하는 등 영장주의 원칙과 적법절차를 준수하여야 한다. 따라서 Ⓐ 저장매체의 소재지에서 압수·수색이 이루어지는 경우는 물론 예외적으로 저장매체에 들어 있는 전자파일 전부를 하드카피나 이미징(imaging) 등의 형태로 수사기관 사무실 등으로 반출한 경우에도 반출한 저장매체 또는 복제본에서 혐의사실 관련성에 대한 구분 없이 임의로 저장된 전자정보를 문서로 출력하거나 파일로 복제하는 행위는 원칙적으로 영장주의 원칙에 반하는 위법한 압수가 된다. Ⓑ 법원은 압수·수색영장의 집행에 관하여 범죄 혐의사실과 관련 있는 정보의 탐색·복제·출력이 완료된 때에는 지체 없이 압수된 정보의 상세목록을 피의자 등에게 교부할 것을 정할 수 있다. Ⓒ 압수물 목록은 피압수자 등이 압수처분에 대한 준항고를 하는 등 권리행사절차를 밟는 가장 기초적인 자료가 되므로, 수사기관은 이러한 권리행사에 지장이 없도록 압수 직후 현장에서 압수물 목록을 바로 작성하여 교부해야 하는 것이 원칙이다. 이러한 압수물 목록 교부 취지에 비추어 볼 때, 압수된 정보의 상세목록에는 정보의 파일 명세가 특정되어 있어야 한다. Ⓓ 법원은 압수·수색영장의 집행에 관하여 범죄 혐

의사실과 관련 있는 전자정보의 탐색·복제·출력이 완료된 때에는 지체 없이 영장 기재 범죄 혐의사실과 관련이 없는 나머지 전자정보에 대해 삭제·폐기 또는 피압수자 등에게 반환할 것을 정할 수 있다. Ⓔ 수사기관이 범죄 혐의사실과 관련 있는 정보를 선별하여 압수한 후에도 그와 관련이 없는 나머지 정보를 삭제·폐기·반환하지 아니한 채 그대로 보관하고 있다면 범죄 혐의사실과 관련이 없는 부분에 대하여는 압수의 대상이 되는 전자정보의 범위를 넘어서는 전자정보를 영장 없이 압수·수색하여 취득한 것이어서 위법하고, 사후에 법원으로부터 압수·수색영장이 발부되었다거나 피고인이나 변호인이 이를 증거로 함에 동의하였다고 하여 그 위법성이 치유된다고 볼 수 없다.

　② 수사기관이 압수·수색영장에 기재된 범죄 혐의사실과의 관련성에 대한 구분 없이 임의로 전체의 전자정보를 복제·출력하여 이를 보관하여 두고, 그와 같이 선별되지 않은 전자정보에 대해 구체적인 개별 파일 명세를 특정하여 상세목록을 작성하지 않고 '….zip'과 같이 그 내용을 파악할 수 없도록 되어 있는 포괄적인 압축파일만을 기재한 후 이를 전자정보 상세목록이라고 하면서 피압수자 등에게 교부함으로써 범죄 혐의사실과 관련성 없는 정보에 대한 삭제·폐기·반환 등의 조치도 취하지 아니하였다면, 이는 결국 수사기관이 압수·수색영장에 기재된 범죄 혐의사실과 관련된 정보 외에 범죄 혐의사실과 관련이 없어 압수의 대상이 아닌 정보까지 영장 없이 취득하는 것일 뿐만 아니라, 범죄혐의와 관련 있는 압수 정보에 대한 상세목록 작성·교부의무와 범죄혐의와 관련 없는 정보에 대한 삭제·폐기·반환의무를 사실상 형해화하는 결과가 되는 것이어서 영장주의와 적법절차의 원칙을 중대하게 위반한 것으로 봄이 상당하다(만약 수사기관이 혐의사실과 관련 있는 정보만을 선별하였으나 기술적인 문제로 정보 전체를 1개의 파일 등으로 복제하여 저장할 수밖에 없다고 하더라도 적어도 압수목록이나 전자정보 상세목록에 압수의 대상이 되는 전자정보 부분을 구체적으로 특정하고, 위와 같이 파일 전체를 보관할 수밖에 없는 사정을 부기하는 등의 방법

을 취할 수 있을 것으로 보인다). 따라서 이와 같은 경우에는 영장 기재 범죄 혐의사실과의 관련성 유무와 상관없이 수사기관이 임의로 전자 정보를 복제·출력하여 취득한 정보 전체에 대해 그 압수는 위법한 것 으로 취소되어야 한다고 봄이 상당하고, 사후에 법원으로부터 그와 같 이 수사기관이 취득하여 보관하고 있는 전자정보 자체에 대해 다시 압 수·수색영장이 발부되었다고 하여 달리 볼 수 없다.

　　③ 위와 같은 법리에 비추어 살펴보면, 수사기관이 제1 압수·수 색영장을 집행하면서 기술적인 문제를 이유로 혐의사실 관련성에 대 한 구분 없이 임의로 이 사건 휴대전화 내의 전자정보 전부를 1개의 압축파일인 이 사건 파일로 생성·복제하고, 이후 이 사건 파일에서 혐의사실과 관련된 전자정보만을 탐색·선별하여 출력 또는 복제하 는 절차를 밟지 아니한 채 이 사건 파일 1개 그대로에 대해 압수조 서를 작성하고, 그 1개의 파일만을 기재한 것을 상세목록이라는 이 름으로 준항고인에게 교부하였으며, 범죄혐의와 관련 없는 정보를 삭 제·폐기·반환하는 등의 조치 역시 취하지 아니하고 오히려 이 사건 파일을 경찰청 내의 저장매체에 복제된 상태 그대로 보관하여 둔 이 상, 결국 수사기관은 영장주의와 적법절차의 원칙, 제1 압수·수색영장 에 기재된 압수의 대상과 방법의 제한을 중대하게 위반하여 이 사건 파일을 압수·취득한 것이므로, 결국 이 사건 파일 전체에 대한 압수 는 취소되어야 한다고 봄이 상당하다. 수사기관이 위와 같이 위법하게 압수하여 취득한 이 사건 파일에 대해 별도의 범죄 혐의사실로 제2 압 수·수색영장, 제3 압수·수색영장이 발부되었다고 하더라도 그 위법성 은 치유된다고 보기 어렵고, 따라서 다른 점에 관하여 더 나아가 살펴 볼 필요 없이 제2 압수·수색영장, 제3 압수·수색영장에 의하여 이루 어진 압수 역시 취소되어야 한다.

　　다. 검 토

　　대상판결은 ① 법원이 정보저장매체 압수수색영장을 발부함에 있 어서 압수수색영장에 범죄혐의와 관련 있는 압수 정보에 대한 상세목록 작성·교부의무와 범죄혐의와 관련 없는 정보에 대한 삭제·폐기·반환의무를 기재하여 발부할 수 있으며, ② 설사 피압수자가 압수된 정보저장매체의 탐색, 복제, 출력과정에서 참여권 등 절차상 권리를 포기하였다고 하더라도 수사기관이 그와 같은 영장의 기재사항을 이행하지 않은 경우에는 압수수색 전체가 위법하며, 이후 새로운 영장을 발부받는다고 하더라도 위법성은 치유되지 않고, ③ 이 때 최초 압수수색 당시의 범죄 관련성 유무와 상관 없이 압수된 파일 전체에 대한 압수가 취소되어야 한다고 판시하였다.

　현행법상 압수수색의 대상은 전자정보 자체가 아니라 저장매체 등 유체물이라는 전제에서 수사기관이 일단 정보저장매체를 압수하였다면 압수수색은 종료한 것이며 이후 탐색, 복제, 출력 과정에서의 절차적 권리는 보장되지 않는다는 견해도 존재한다.[13] 그러나 형사소송법 제106조의 문언으로부터 범죄혐의와 무관한 정보의 압수수색을 예방하고자 하는 법의 목적과 취지가 충분히 발견되므로, 정보저장매체의 탐색, 복제, 출력 과정에서 피의자의 권리를 보장할 필요가 없다는 논리가 필연적으로 도출되는 것은 아니라고 생각된다. 수사기관이 압수수색 과정에서 범죄혐의와 관련성 없는 정보까지 탐색, 복제, 출력하는 것은 당연히 허용되지 않는다고 할 것이며, 수사기관이 그러한 무관 정보를 의도적으로 또는 우연히 확보하였다면 압수수색영장에 그러한 취지가 기재되어 있었는지 여부와 관계 없이 삭제, 폐기, 반환하여야 하는 것은 당연하다. 그러나 삭제, 폐기, 반환을 하지 않았다고 해서 범죄와 유관한 정보를 포함한 전체 압수수색을 취소하는 것은 별개의 문제라고 생각된다. 정보저장매체에 대한 압수수색 과정에서 절차상 중대한 위법이 발생한 경우 전체 처분을 취소하여야 한다는 것은 대법원 2015. 7. 16. 선고 2011모1839 전원합의체 결정의 다수의견이 취한 입장이다. 그런데 위법수집증거배제법칙은 원래 수사기관이 위

---

13) 이완규, 디지털증거 압수수색과 관련성 개념의 해석, 법조 제62권 제11호(2013), 144쪽.

법하게 수집한 증거의 사용을 금지함으로써 개별 사건에서의 실체진
실을 희생하더라도 수사기관의 위법행위를 억제하고자 하는 정책적
근거에서 인정된 것이다. 그런데 이를 지나치게 강조할 경우 개별 사
건에서의 정의 실현이 저해되는 문제가 발생한다. 피압수자의 절차적
권리 침해가 있었다면 위법한 개별처분만 취소하거나,[14] 압수대상 정
보에 따라 문제된 처분을 취소하는[15] 것으로도 충분히 수사기관의 위
법행위를 억제할 수 있으며, 전체처분을 취소함으로써 과도하게 범죄
자를 보호할 필요는 없다.

　　대상판결의 사실관계에서는 피압수자가 정보저장매체 탐색 과정
에 대한 참여권을 포기하였고 이후 변호사법위반 사건의 피고인은 재
판 단계에서 별다른 이의제기를 하지 아니하였다. 그렇다면 적어도 최
초 혐의사실과 관련된 정보의 압수에 대해서는 심각한 위법이나 기본
권 침해는 발생하지 않았다고 볼 수 있을 것이다. 더군다나 위법한 부
분은 최초 혐의와 관련된 절차적 권리가 아니라 범죄 혐의와 무관한
별건 정보를 사후적으로 삭제, 폐기, 반환하지 않았다는 것이다. 별건
정보를 삭제하지 않았다는 이유로 이미 유죄 확정된 사건과 관련된
압수수색 처분까지 취소할 이유가 있는지는 의문이다. 처음부터 별건
수사를 목적으로 하였다거나 하는 등의 특별한 사정이 없다면 제2, 제
3 압수수색처분만을 취소하는 것으로 충분하였을 것이다. 대상 판결
로 인해 압수수색 처분이 전체적으로 취소되면 유죄가 확정된 사건에
대해서 어떠한 영향을 미칠 것인지 고려할 필요도 있다고 생각된다.

　　2) 대법원 2023. 1. 12.자 2022모1566 결정

　　가. 사실관계 및 경과

　　원심은, 공수처 검사가 준항고인이 사용하던 검찰 내부망인 이프
로스 쪽지·이메일·메신저 내역, 형사사법정보시스템의 사건검색조회,

---

14) 대법원 2015. 7. 16. 선고 2011모1839 전원합의체 결정 대법관 김용덕의 별개의견,
　　대법관 권순일의 반대의견.
15) 대법원 2015. 7. 16. 선고 2011모1839 전원합의체 결정 대법관 김창석, 대법관 박상
　　옥의 반대의견.

판결문검색조회 자료('이 사건 각 자료 중 PC 저장장치 제외' 부분)에 대하여 압수·수색영장을 집행하였다는 전제 하에 그 압수·수색 처분의 취소를 구하는 준항고인의 주장에 대하여, 위 자료는 서울중앙지방검찰청 검사가 서울중앙지방검찰청 사건에 관하여 발부받은 압수·수색영장의 집행으로 압수한 것이라는 이유만으로 준항고인의 이 부분 청구를 기각하였다. 또한 원심은 원심 판시 '그 외 나머지 처분' 부분과 관련하여 준항고인을 압수·수색영장 대상자로 하여 어떠한 물건에 대한 압수·수색 처분을 하였다고 인정할 자료가 없거나 부족하다고 보고 준항고인의 이 부분 청구를 기각하였다.

그런데 준항고인은 원심법원에 제출한 준항고청구서에서 수사기관의 압수·수색 당시 압수·수색영장을 제시받지 못하였고 참여를 위한 통지조차 받지 못하였기 때문에 준항고 절차에서 압수·수색 처분의 내역 등을 확인할 수 있을 것이라는 취지의 주장을 하면서, 준항고 취지를 '공수처 소속 검사들이 2021. 9. 초순경부터 2021. 11. 30.까지 사이에 피의자(준항고인)를 대상으로 실시한 압수·수색 처분 중 피의자에 대한 통지절차를 거치지 아니하여 피의자의 참여권을 보장하지 아니한 압수·수색 처분을 모두 취소한다.'라고 기재하였다. 원심이 공수처 검사에 대하여 거듭 준항고인을 피의자로 하여 집행된 압수·수색 처분의 내역을 제출하도록 석명하였지만, 공수처 검사는 이에 응하지 않았고 그러던 중 원심결정 전 서울중앙지방법원 본안 사건에 관하여 공소가 제기되었다. 실제로 이 사건의 본안 사건 수사기록 목록을 보면, 준항고인이 주장한 바와 같이 수사처 및 서울중앙지방검찰청이 준항고인을 피의자로 하여 집행한 압수·수색 영장 내역이 여럿 포함되어 있었다.

나. 대법원의 판단

① 형사소송법은 수사기관의 압수·수색영장 집행에 대한 사후적 통제수단 및 피압수자의 신속한 구제절차로 준항고 절차를 마련하여 검사 또는 사법경찰관의 압수 등에 관한 처분에 대하여 불복이 있으

면 처분의 취소 또는 변경을 구할 수 있도록 규정하고 있다(제417조). 피압수자는 준항고인의 지위에서 불복의 대상이 되는 압수 등에 관한 처분을 특정하고 준항고취지를 명확히 하여 청구의 내용을 서면으로 기재한 다음 관할법원에 제출하여야 한다(형사소송법 제418조). 다만 준항고인이 불복의 대상이 되는 압수 등에 관한 처분을 구체적으로 특정하기 어려운 사정이 있는 경우에는 법원은 석명권 행사 등을 통해 준항고인에게 불복하는 압수 등에 관한 처분을 특정할 수 있는 기회를 부여하여야 한다.

② 형사소송법 제417조에 따른 준항고 절차는 항고소송의 일종으로 당사자주의에 의한 소송절차와는 달리 대립되는 양 당사자의 관여를 필요로 하지 않는다(대법원 1991. 3. 28.자 91모24 결정; 대법원 2022. 11. 8.자 2021모3291 결정 등 참조). 따라서 준항고인이 불복의 대상이 되는 압수 등에 관한 처분을 한 수사기관을 제대로 특정하지 못하거나 준항고인이 특정한 수사기관이 해당 처분을 한 사실을 인정하기 어렵다는 이유만으로 준항고를 쉽사리 배척할 것은 아니다.

③ 원심으로서는 준항고취지에 압수·수색 처분의 주체로 기재된 수사기관뿐만 아니라 준항고취지에 기재된 기간에 실제로 압수·수색 처분을 집행한 것으로 확인되거나 추정되는 수사기관, 사건을 이첩받는 등으로 압수·수색의 결과물을 보유하고 있는 수사기관 등의 압수·수색 처분에 대하여도 준항고인에게 석명권을 행사하는 등의 방식으로 불복하는 압수·수색 처분을 개별적, 구체적으로 특정할 수 있는 기회를 부여하여야 한다.

④ 나아가 특정된 각 압수·수색 처분을 한 수사기관과 준항고취지에 기재된 수사기관이 일치하지 않는 경우에는 준항고인에게 준항고취지의 보정을 요구하는 등 절차를 거쳐 이를 일치시키는 방식으로 준항고취지를 보다 명확히 한 다음, 해당 압수·수색 처분이 위법한지 여부를 충실하게 심리, 판단하여야 한다. 준항고인이 준항고취지에서 압수·수색 처분을 한 주체로 지정한 수사처 검사가 압수·수색 처분을

한 사실이 인정되지 않는다는 이유만으로 준항고를 배척할 것은 아
니다.

다. 검 토

대상판결은 수사절차에서 피압수자가 압수수색영장을 제시받지
못하고 사전 통지를 받지 못하여 불복의 대상이 되는 압수 등에 관한
처분을 구체적으로 특정하지 못한 경우에는 법원은 석명권 행사 등을
통해 준항고인에게 불복하는 압수 등에 관한 처분을 특정할 수 있는
기회를 부여한 다음, 해당 압수·수색 처분이 위법한지 여부를 충실하
게 심리, 판단하여야 한다고 판시하였다. 압수수색의 주체나 진행 상
황을 명확히 알기 어려운 피압수자를 위하여 법원이 석명권 행사 등
을 통해 준항고 절차에서 실질적으로 권리 보호가 이뤄질 수 있도록
해야 한다는 것으로 타당한 판결이라고 생각한다.

(5) 사실조회의 한계

1) 대법원 2022. 10. 27. 선고 2022도9510 판결

가. 사실관계 및 경과

원심은 피고인들이 공동피고인을 위하여 처리하였던 입당원서를
작성자의 동의 없이 임의로 수사기관에 제출한 행위는 「개인정보 보
호법」 제59조 제2호 가 금지한 행위로서, 구 「개인정보 보호법」 제18
조 제2항 제2호 또는 제7호 가 적용될 수 없고, 위법수집증거에 해당
함에도 예외적으로 증거능력을 인정하여야 할 경우에 해당하지도 않
는다고 보아, 입당원서 및 이와 관련된 증거의 증거능력을 인정하지
아니하였다.

나. 대법원의 판단

구 「개인정보 보호법」(2020. 2. 4. 법률 제16930호로 개정되기 전의 것,
이하 같다) 제18조 제2항 제7호는 개인정보처리자가 '범죄의 수사와 공
소의 제기 및 유지를 위하여 필요한 경우'에는 정보주체 또는 제3자의
이익을 부당하게 침해할 우려가 있는 때를 제외하고는 개인정보를 목

적 외의 용도로 이용하거나 이를 제3자에 제공할 수 있음을 규정하였
으나, 이는 '개인정보처리자'가 '공공기관'인 경우에 한정될 뿐 법인·단
체·개인 등의 경우에는 적용되지 아니한다(구 「개인정보 보호법」 제18
조 제2항 단서, 제2조 제5호 및 제6호). 또한, 구 「개인정보 보호법」 제18
조 제2항 제2호에서 정한 '다른 법률에 특별한 규정이 있는 경우'란
그 문언 그대로 개별 법률에서 개인정보의 제공이 허용됨을 구체적으
로 명시한 경우로 한정하여 해석하여야 하므로, 형사소송법 제199조
제2항과 같이 수사기관이 공무소 기타 공사단체에 조회하여 필요한 사
항의 보고를 요구할 수 있는 포괄적인 규정은 이에 해당하지 아니한
다. 만일 형사소송법 제199조 제2항이 구 「개인정보 보호법」 제18조
제2항 제2호에서 정한 '다른 법률에 특별한 규정이 있는 경우'에 포함
된다면, 구「개인정보 보호법」 제18조 제2항 제7호에서 수사기관으로
하여금 공공기관에 한정하여 일정한 제한 아래 개인정보를 제공받을
수 있도록 한 입법 취지·목적을 몰각시킬 뿐만 아니라 헌법상 영장주
의 및 적법절차의 원칙을 잠탈할 가능성이 크기 때문이다.

  2) 검 토

  대상판결은 범죄의 수사와 공소의 제기 및 유지를 위하여 필요한
경우라고 하더라도 개인정보처리자가 공공기관인 경우에만 형사소송
법 제199조 제2항에 따른 수사기관의 사실조회 요구에 응할 수 있을
뿐 공공기관이 아닌 경우에는 수사기관의 사실조회 요구가 있었다고
하더라도 개인정보 제공이 허용되지 않는다고 판시한 것이다. 대상판
결이 개인정보보호법 규정체계에 대해 해석한 결과에 대해서는 이의
가 없다. 현행법이 명시적으로 제18조 제2항 제7호에서 개인정보처리
자가 '범죄의 수사와 공소의 제기 및 유지를 위하여 필요한 경우'에는
공공기관만이 개인정보 제공이 가능하도록 하고 있는 이상, 신법우선
의 원칙에 따라 형사소송법 제199조 제2항에 따른 사실조회 요구가
개인정보보호법을 우선한다고 볼 수는 없을 것이다.

  다만 대상판결은 2가지 점에서 문제가 있다. 첫째, 원심은 공공기

관이 아닌 사인이 개인정보보호법을 위반하여 개인정보를 임의제출하
였다고 하여 위법수집증거로서 증거능력이 없다고 판시하였는데 대법
원은 이 부분에 대하여 아무런 판단 없이 수긍하였다. 그런데 위법수
집증거배제법칙은 원칙적으로 국가기관인 수사기관이 위법하게 수집
한 증거의 증거능력을 부정하는 법칙이므로 사인의 증거수집행위에
대해서는 이 원칙이 적용되지 않는다.16) 법률상 증거능력을 부정하는
규정이 존재하는 통신비밀보호법상 감청과 같은 경우를 제외하면 대
법원도 종래 사인의 위법수집증거, 위법한 절차에 따른 임의제출에 대
해서는 이익형량에 따라 증거능력을 판단하였다.17) 대상판결은 그러
한 점에 대한 명시적인 판단이 결여되어 있다. 둘째, 대상판결은 영장
주의 및 적법절차 원칙을 논거로 제시하고 있으나 제3자 보관 개인정
보에 대해서는 앞서 살펴본 대법원 2022. 1. 27. 선고 2021도11170 판
결에서와 같이 영장주의가 적용된다고 단정하기 어렵다. 아마도 대상
판결과 원심은 수사기관이 먼저 사실조회 요청을 하였고 사인이 이에
응하여 임의제출을 하였기 때문에 위법수집증거배제법칙을 적용한 것
으로 추측되나, 임의성이 진정으로 입증된다면 수사기관이 요청하였
다는 사실만으로 사안의 성격이 사인의 임의제출에서 국가기관의 압
수로 변경되는 것은 아닐 것이다. 그렇게 보게 되면 현재 이루어지고
있는 대부분의 임의동행이나 임의제출은 모두 위법행위에 속하게 될
것인데, 이는 명백히 과도한 해석이다.

(6) 인터넷 개인방송과 감청의 개념

1) 대법원 2022. 10. 27. 선고 2022도9877 판결

가. 사실관계

피고인은 인터넷 방송 사이트에서 인터넷 개인 방송을 진행하였
다. 이는 성인콘텐츠 방송으로, 서비스제공자는 성인콘텐츠 방송의 경
우 본인인증이 완료된 회원만이 시청 가능한 것으로 규정하고 있고,

16) 이재상, 조균석, 이창온, 형사소송법 제14판, 박영사(2022), 653쪽.
17) 대법원 1997. 9. 30. 선고 97도1230 판결.

본인인증을 거쳐 아이디를 등록한 회원은 그 아이디로 접속하여 누구나 무료로 성인콘텐츠를 시청할 수 있다. 한편 인터넷 방송 진행자(BJ)는 시청자로부터 시청료를 받는 것이 아니라 그 방송을 시청한 시청자들이 자발적으로 지급하는 후원료를 받아 수익을 얻고 그 수익을 서비스제공자와 분배한다. 피고인은 위 기간 동안 피해자의 아이디를 블랙리스트에 등록하여 피해자가 피고인의 방송에 접속하는 것을 차단하였다. 피해자는 자신의 아이디로 피고인의 인터넷 방송에 접속하는 것이 불가능하자 자신의 아이디로 로그인하지 않고 '게스트'로 피고인의 인터넷 방송에 접속하여 피고인의 발언을 녹화하였고, 그 녹화파일을 경찰에 제출하였다.

나. 대법원의 판단

① 통신비밀보호법 제2조에 의하면 '전기통신'이란 유선·무선·광선 및 기타의 전자적 방식에 의하여 모든 종류의 음향·문언·부호 또는 영상을 송신하거나 수신하는 것을 말하고(제3호), '감청'이란 전기통신에 대하여 당사자의 동의 없이 전자장치·기계장치 등을 사용하여 통신의 음향·문언·부호·영상을 청취·공독하여 그 내용을 지득 또는 채록하거나 전기통신의 송·수신을 방해하는 것을 말한다(제7호). 통신비밀보호법 제3조는 통신비밀보호법, 형사소송법, 군사법원법의 규정에 의하지 아니한 전기통신의 감청을 금지하고 있고, 같은 법 제4조는 위 규정을 위반하여 불법감청에 의하여 지득 또는 채록된 전기통신의 내용은 재판 또는 징계절차에서 증거로 사용할 수 없다고 정하고 있다.

② 위와 같은 전기통신의 감청은 제3자가 전기통신의 당사자인 송신인과 수신인의 동의를 받지 아니하고 통신비밀보호법 제2조 제7호 소정의 각 행위를 하는 것만을 말한다고 풀이함이 상당하다고 할 것이므로, 전기통신의 당사자의 일방이 상대방 모르게 통신의 음향·영상 등을 청취하거나 녹음하는 것은 여기의 감청에 해당하지 아니하지만, 제3자의 경우는 설령 당사자 일방의 동의를 받고 그 통신의 음향·영

상을 청취하거나 녹음하였다 하더라도 그 상대방의 동의가 없었던 이상, 사생활 및 통신의 불가침을 국민의 기본권의 하나로 선언하고 있는 헌법규정과 통신비밀의 보호와 통신의 자유 신장을 목적으로 제정된 통신비밀보호법의 취지에 비추어 이는 통신비밀보호법 제3조 제1항 위반이 된다.

③ 방송자가 인터넷을 도관 삼아 인터넷서비스제공업체 또는 온라인서비스제공자인 인터넷개인방송 플랫폼업체의 서버를 이용하여 실시간 또는 녹화된 형태로 음성, 영상물을 방송함으로써 불특정 혹은 다수인이 이를 수신·시청할 수 있게 하는 인터넷개인방송은 그 성격이나 통신비밀보호법의 위와 같은 규정에 비추어 전기통신에 해당함은 명백하다.

인터넷개인방송의 방송자가 비밀번호를 설정하는 등 그 수신 범위를 한정하는 비공개 조치를 취하지 않고 방송을 송출하는 경우, 누구든지 시청하는 것을 포괄적으로 허용하는 의사라고 볼 수 있으므로, 그 시청자는 인터넷개인방송의 당사자인 수신인에 해당하고, 이러한 시청자가 방송 내용을 지득·채록하는 것은 통신비밀보호법에서 정한 감청에 해당하지 않는다. 그러나 인터넷개인방송의 방송자가 비밀번호를 설정하는 등으로 비공개 조치를 취한 후 방송을 송출하는 경우에는, 방송자로부터 허가를 받지 못한 사람은 당해 인터넷개인방송의 당사자가 아닌 '제3자'에 해당하고, 이러한 제3자가 비공개 조치가 된 인터넷개인방송을 비정상적인 방법으로 시청·녹화하는 것은 통신비밀보호법상의 감청에 해당할 수 있다. 다만 방송자가 이와 같은 제3자의 시청·녹화 사실을 알거나 알 수 있었음에도 방송을 중단하거나 그 제3자를 배제하지 않은 채 방송을 계속 진행하는 등 허가받지 아니한 제3자의 시청·녹화를 사실상 승낙·용인한 것으로 볼 수 있는 경우에는 불특정인 혹은 다수인을 직간접적인 대상으로 하는 인터넷개인방송의 일반적 특성상 그 제3자 역시 인터넷개인방송의 당사자에 포함될 수 있으므로, 이러한 제3자가 방송 내용을 지득·채록하는 것은 통신비밀보호법에서 정한 감청에 해당하지 않는다.

　　다. 검 토

　　대상판결은 회원제 인터넷 개인방송에 대해서 방송자로부터 허가를 받지 못한 제3자가 무단으로 인터넷 개인방송을 비정상적인 방법으로 시청·녹화하는 것은 통신비밀보호법상의 감청에 해당한다고 판시하였다. 대상판결이 통신비밀보호법의 문언을 충실히 해석하였다는 점은 이해할 수 있으나, 인터넷 개인방송은 상업적 목적으로 이루어지는 것인데 무단으로 시청, 녹화하였다고 해서 통신비밀보호법상 감청이 성립한다는 것은 지나친 것이 아닌가 하는 생각이 든다. 이는 녹화물의 증거능력 문제를 넘어서서 중한 형사처벌 대상 행위가 되기 때문이다. 상업적 목적으로 다수인에게 유료로 공개된 방송의 경우에는 감청의 범위에서 제외하는 것이 타당할 것이다.

Ⅲ. 공소제기 분야

　　(1) 공소사실 변경절차

　　1) 공소사실 동일성과 단일성: 대법원 2022. 12. 29. 선고 2022
　　　도10660 판결

　　가. 사실관계 및 경과

　　검사는 청소년성보호법 위반(상습성착취물제작·배포등) 부분에 대하여 '피고인은 2020. 11. 3.부터 2021. 2. 10.까지 상습으로 아동·청소년인 피해자 3명에게 신체의 전부 또는 일부를 노출한 사진을 촬영하도록 하여 총 19개의 아동·청소년성착취물인 사진 또는 동영상을 제작하였다'고 공소를 제기하였다. 검사는 원심에서 청소년성보호법 위반(상습성착취물제작·배포등) 부분에 대하여 '피고인은 2015. 2. 28.부터 2021. 1. 21.까지 상습으로 아동·청소년인 피해자 121명에게 신체의 전부 또는 일부를 노출한 사진을 촬영하도록 하여 총 1,910개의 아동·청소년성착취물인 사진 또는 동영상을 제작하였다'는 공소사실을 추가하는 공소장변경허가신청을 하였고, 원심은 이를 허가하여 전부 유죄로 판단하였다.

나. 대법원의 판단

청소년성보호법 제11조 제1항에서 아동·청소년성착취물을 제작하는 행위를 처벌하는 규정을 두고 있는데, 청소년성보호법이 2020. 6. 2. 법률 제17338호로 개정되면서 상습으로 아동·청소년성착취물을 제작하는 행위를 처벌하는 조항인 제11조 제7항을 신설하고 그 부칙에서 개정 법률은 공포한 날부터 시행한다고 정하였다. 포괄일죄에 관한 기존 처벌법규에 대하여 그 표현이나 형량과 관련한 개정을 하는 경우가 아니라 애초에 죄가 되지 않던 행위를 구성요건의 신설로 포괄일죄의 처벌대상으로 삼는 경우에는 신설된 포괄일죄 처벌법규가 시행되기 이전의 행위에 대하여는 신설된 법규를 적용하여 처벌할 수 없고(형법 제1조 제1항), 이는 신설된 처벌법규가 상습범을 처벌하는 구성요건인 경우에도 마찬가지이다.

공소장변경은 공소사실의 동일성이 인정되는 범위 내에서만 허용되고, 공소사실의 동일성이 인정되지 않는 범죄사실을 공소사실로 추가하는 취지의 공소장변경신청이 있는 경우 법원은 그 변경신청을 기각하여야 한다(형사소송법 제298조 제1항). 공소사실의 동일성은 그 사실의 기초가 되는 사회적 사실관계가 기본적인 점에서 동일하면 그대로 유지되고, 이러한 기본적 사실관계의 동일성을 판단할 때에는 그 사실의 동일성이 갖는 법률적 기능을 염두에 두고 피고인의 행위와 그 사회적인 사실관계를 기본으로 하되 규범적 요소도 아울러 고려하여야 한다.

이 부분 공소사실 중 위 개정 규정이 시행되기 전인 2015. 2. 28.부터 2020. 5. 31.까지 아동·청소년 성착취물 제작으로 인한 청소년성보호법 위반 부분에 대하여는 위 개정 규정을 적용하여 청소년성보호법 위반(상습성착취물제작·배포등)죄로 처벌할 수 없고, 행위시법에 기초하여 청소년성보호법 위반(성착취물제작·배포등)죄로 처벌할 수 있을 뿐이다. 2015. 2. 28.부터 2020. 5. 31.까지 부분은 청소년성보호법 위반 (상습성착취물제작·배포등)죄로 처벌될 수 없으므로, 청소년성보호법 위반(상습성착취물제작·배포등)죄로 처벌되는 그 이후의 부분과 포괄일죄의 관계에 있지 않고 실체적 경합관계에 있게 된다. 그런데 실체적 경합관계에 있는 부분은 종전 공소사실과 기본적 사실관계가 동일하다고 볼 수 없으므로, 2015. 2. 28.부터 2020. 5. 31.까지 부분을 추가하는 공소장변경은 허가될 수 없고 이 사건에서 심판의 대상이 되지 못한다.

따라서 원심으로서는 검사의 공소장변경허가신청을 그대로 허가하여서는 안 되고, 다시 개정 규정 이후의 부분만을 추가하는 새로운 공소장변경허가신청이 있는 경우에만 이를 허가하였어야 한다. 개정 규정 이전의 부분은 추가 기소의 방법으로 해결할 수밖에 없다.

다. 검 토

공소장변경은 공소사실의 동일성을 해하지 않는 범위에서 허용된다(형사소송법 제298조 제1항). 통설과 판례는 이때 공소사실 동일성이란 공소사실의 단일성과 협의의 동일성을 포함하는 개념으로 이해한다. 여기에서 공소사실의 단일성은 실체법상 죄수론을 기준으로 하므로 실체적 경합범은 소송법상으로도 수죄로 해석하여 공소사실의 단일성이 인정되지 않는다고 보는 견해와 역사적 사실로서 하나로 인정될 때에는 단일성을 인정할 수도 있다는 견해로 나뉜다.[18)]

대상판결은 공소사실의 동일성과 단일성을 실체법상 죄수론에 의해 엄격하게 파악하여, 일련의 아동청소년성착취물을 제작하는 행위에 상습성이 인정된다고 하더라도 상습범 처벌 규정이 신설되기 이전의 행위는 실체적 경합범에 불과하여 규정 신설 이후의 상습범 행위와는 공소사실의 단일성 및 동일성이 인정되지 않으므로, 공소장변경은 허가될 수 없다고 보았다. 그런데 이렇게 엄격하게 해석할 경우 피고인으로서는 추가 기소 및 사건 병합을 기다려야 하는 입장에 처하게 되며, 그렇게 함으로써 얻을 만한 편익은 거의 없다. 공소사실 동

---

18) 이재상, 조균석, 이창온, 앞의 책, 358쪽.

일성 개념을 기본적 사실 동일설에 의하여 파악한다면, 굳이 이렇게 엄격하게 해석해야 할 필연적인 이유는 없지 않았을까 하는 생각이 든다.

   2) 법원의 공소사실의 직권 인정의무: 대법원 2022. 4. 28. 선고
      2021도9041 판결

   가. 사실관계와 경과

   ① 검사는 '피고인이 성관계에 응하면 모델을 시켜줄 것처럼 기망하여 피해자를 간음하였다.'는 내용으로 공소를 제기하였다가, '피고인이 피해자에게 거짓말을 하여 피해자로 하여금 모델이 되기 위한 연기 연습 및 사진 촬영 연습의 일환으로 성관계를 한다는 착각에 빠지게 하여 피해자를 간음하였다.'는 것으로 공소사실을 변경함으로써 당시의 대법원 판례에 따라 간음행위 자체에 대한 착각을 일으키게 한 것으로 공소사실을 구성하였고, 제1심은 공소사실을 유죄로 인정하였다.

   ② 원심은 제4회 공판기일에서 변론을 종결하면서 판결 선고기일을 고지하였다가, 선고기일을 추후 지정하는 것으로 변경하였다. 원심은 이후 3년 6개월간 아무런 심리를 진행하지 않다가 변론을 재개하여 제5회 공판기일을 열었으나 대법원 2015도9436 판결의 결과를 보기 위해 다시 공판기일을 추후 지정하였다가, 대법원 2015도9436 판결이 선고되자 변론을 속행하였다. 검사는 2021. 4. 7. 자로 공소장변경허가신청을 하였는데, 그 내용은 2015도9436 판결의 새로운 법리 판시와 무관한, 범죄일람표를 본문에 일치시키는 것에 불과하였다. 원심은 위 공소장변경을 허가한 후 변론을 종결하고 앞서 본 바와 같이 간음행위 자체에 대한 착오를 일으킨 것이 아니라는 이유로 무죄를 선고하였다.

   나. 대법원의 판단

   법원은 공소사실의 동일성이 인정되는 범위 내에서 심리의 경과에 비추어 피고인의 방어권 행사에 실질적인 불이익을 초래할 염려가 없다고 인정되는 때에는, 공소장이 변경되지 않았더라도 직권으로 공

소장에 기재된 공소사실과 다른 범죄사실을 인정할 수 있고, 이와 같은 경우 공소가 제기된 범죄사실과 대비하여 볼 때 실제로 인정되는 범죄사실의 사안이 가볍지 아니하여 공소장이 변경되지 않았다는 이유로 이를 처벌하지 않는다면 적정절차에 의한 신속한 실체적 진실의 발견이라는 형사소송의 목적에 비추어 현저히 정의와 형평에 반하는 것으로 인정되는 경우라면 법원으로서는 직권으로 그 범죄사실을 인정하여야 한다.

① 이 사건에서 인정되는 위계의 내용은 피고인의 요구에 따라 성관계 등을 하면 모델 등이 되도록 해 주겠다는 것으로서 '간음행위에 이르게 된 동기' 내지 '간음행위와 결부된 비금전적 대가'임은 앞서 인정한 바와 같다.

② 이 사건에서 인정되는 위계의 내용이 공소사실에 적시된 위계의 내용과 정확히 일치하지는 않는다. 그러나 피고인이 모델 등이 되기를 바라는 피해자에게 이를 빌미로 거짓말을 하여 피해자의 오인, 착각을 일으키고 이러한 심적 상태를 이용하여 피해자를 간음하였다는 기본적 사실에는 변함이 없고, 그 외 범행일시, 장소에도 아무런 차이가 없는바, 이 사건에서 인정되는 위계의 내용을 전제로 한 위계에 의한 간음 범죄사실이 기존 공소사실과 사이에 동일성의 범위를 벗어났다고 볼 수 없다. 또한 기소 당시 공소사실에 '성관계에 응하면 모델을 시켜줄 것처럼 피해자를 기망하였다.'는 위계의 내용이 적시된 바 있고, 제1심 제1회 공판기일에서 피고인이 이러한 공소사실을 인정하기도 한 점, 그 밖에 공소장변경의 경위와 원심에서의 피고인의 변소 내용을 포함한 심리의 경과에 비추어 보면, 공소장 변경 없이 직권으로 이 사건에서 인정되는 위계의 내용을 전제로 한 위계에 의한 간음 범죄사실을 인정하더라도 피고인의 방어권 행사에 실질적인 불이익을 초래할 염려가 있다고 볼 수도 없다.

③ 나아가 원심은 대법원 2015도9436 판결(간음행위에 이르게 된 동기도 위계의 내용에 포함시킨 판례)의 결과를 확인하기 위하여 무려 4

년가량 기다려 왔으며, 대법원 2015도9436 판결이 판시한 새로운 법리
에 따르면 피고인의 행위는 위계에 의한 간음죄를 구성한다.

④ 원심에서 공판진행의 경과까지 함께 고려해보면, 원심의 결론
은 적정 절차에 의한 신속한 실체적 진실의 발견이라는 형사소송의 목
적에 비추어 현저히 정의와 형평에 반한다고 할 것이다.

따라서 원심으로서는 심리를 통하여 피고인이 행사한 위계의 내
용 및 그로 인해 피해자의 성적 결정에 있어 왜곡이 발생한 지점을
명확히 하는 한편, 피해자가 간음행위 자체에 대해서는 오인, 착각, 부
지에 빠지게 된 것은 아니더라도 간음행위에 이르게 된 동기 등에 대
해 오인, 착각, 부지에 빠져 피고인과의 성관계를 결심하였는지를 직
권으로 심리하였어야 한다. 그럼에도 원심은 장기간에 걸쳐 공판절차
를 진행하지 않은 채 대기하여 대법원 2015도9436 판결 의 결과를 확
인하였음에도 피해자가 간음행위 자체에 대한 착오에 빠져 성관계를
하였다는 점의 증명이 부족하다는 이유만을 들어 이 부분 공소사실을
무죄로 판단하였으니, 이러한 원심판단에는 청소년성보호법 위반(위계
등간음)죄의 성립에 관하여 필요한 심리를 다하지 아니하고 공소장변
경 없이 심판할 수 있는 범위 등에 관한 법리를 오해함으로써 판결에
영향을 미친 잘못이 있다.

다. 검 토

종래 대법원은 법원은 공소사실의 동일성이 인정되는 범위 내에
서 공소가 제기된 범죄사실에 포함된 보다 가벼운 범죄사실이 인정되
는 경우에 심리의 경과에 비추어 피고인의 방어권행사에 실질적 불이
익을 초래할 염려가 없다고 인정되는 때에는 공소장이 변경되지 않았
더라도 직권으로 공소장에 기재된 공소사실과 다른 범죄사실을 인정
할 수 있지만, 이와 같은 경우라고 하더라도 공소가 제기된 범죄사실
과 대비하여 볼 때 실제로 인정되는 범죄사실의 사안이 중대하여 공소
장이 변경되지 않았다는 이유로 이를 처벌하지 않는다면 적정절차에
의한 신속한 실체적 진실의 발견이라는 형사소송의 목적에 비추어 현

저히 정의와 형평에 반하는 것으로 인정되는 경우가 아닌 한 법원이 직권으로 그 범죄사실을 인정하지 아니하였다고 하여 위법한 것이라고까지 볼 수는 없다고 판시하여 왔다. 따라서 상해로 공소제기되었는데 폭행만 인정되는 경우에 폭행죄를 직권으로 인정하지 않았다고 하여 위법한 것으로 볼 수 없다고 판시한 바 있다.[19]

대상판결은 현저히 정의와 형평에 반하는 것으로 인정하기 위한 기준으로 종래 판시하여 온 범죄사실의 사안의 중대성뿐만 아니라, 적정 절차에 의한 신속한 실체적 진실의 발견이라는 형사소송의 목적을 포함시켰다. 대상판결의 결론에 찬성한다. 다만 법관의 재량에 따라 유죄, 무죄가 동시에 성립 가능하다는 것은 납득하기 어려우므로, 법원이 직권으로 심판할 수 있는 경우에는 유죄판결 의무를 인정하는 것이 궁극적으로 타당하다고 생각한다.

(2) 공소시효 기간 연장
1) 시효연장 관련 부칙의 효력 범위: 대법원 2022. 8. 25. 선고 2020도6061 판결
가. 대법원의 판단
구 형사소송법(2007. 12. 21. 법률 제8730호로 개정되기 전의 것) 제249조는 '공소시효의 기간'이라는 표제 아래 제1항 본문 및 각호에서 공소시효는 법정형에 따라 정해진 일정 기간의 경과로 완성하고, 제2항에서 공소가 제기된 범죄는 판결의 확정이 없이 공소를 제기한 때로부터 15년을 경과하면 공소시효가 완성한 것으로 간주한다고 규정하고 있었다. 2007. 12. 21. 법률 제8730호로 형사소송법이 개정되면서 제249조 제1항 각호에서 정한 시효의 기간이 연장되고, 제249조 제2항에서 정한 시효의 기간도 '15년'에서 '25년'으로 연장되었는데, 위와 같이 개정된 형사소송법 부칙 제3조는 '공소시효에 관한 경과조치'라는 표제 아래 "이 법 시행 전에 범한 죄에 대하여는 종전의 규정을 적용한다."

---

19) 대법원 1993. 12. 28. 선고 93도3058 판결.

라고 규정하고 있다. 이 사건 부칙조항은, 시효의 기간을 연장하는 형사소송법 개정이 피의자 또는 피고인에게 불리한 조치인 점 등을 고려하여 개정 형사소송법 시행 전에 이미 저지른 범죄에 대하여는 개정 전 규정을 그대로 적용하고자 함에 그 취지가 있다.

위와 같은 법 문언과 취지 등을 종합하면, 이 사건 부칙조항에서 말하는 '종전의 규정'에는 '구 형사소송법 제249조 제1항'뿐만 아니라 '같은 조 제2항'도 포함된다고 보는 것이 자연스러운 해석이다. 따라서 개정 형사소송법 시행 전에 범한 죄에 대해서는 이 사건 부칙조항에 따라 구 형사소송법 제249조 제2항이 적용되어 판결의 확정 없이 공소를 제기한 때로부터 15년이 경과되면 공소시효가 완성한 것으로 간주된다.

나. 검 토

공소시효 기간 연장의 시적 적용 범위를 정하는 형사소송법 부칙이 단순히 '공소시효에 관한 경과조치'라는 표제 하에 '종전의 규정'이라고 정하고 있어서 해석상 형사소송법 제249조 제2항의 의제공소시효 규정에도 부칙이 적용되는지 여부가 문제된다. 대상판결은 공소시효 기간 연장이 피의자 또는 피고인에게 불리한 조치인 점을 감안하여 그 시적 범위를 제한하는 부칙 규정은 의제공소시효에도 미친다는 것이다. 대상판결의 결론에 찬성한다.

2) 공소시효 정지 규정의 의제공소시효 적용 여부: 대법원 2022. 9. 29. 선고 2020도13547 판결

가. 대법원의 판단

구 형사소송법(2007. 12. 21. 법률 제8730호로 개정되기 전의 것) 규정에 따르면, 공소시효는 범죄행위가 종료한 때로부터 진행하여 법정형에 따라 정해진 일정 기간의 경과로 완성한다(제252조 제1항, 제249조 제1항). 공소시효는 공소의 제기로 진행이 정지되지만(제253조 제1항 전단), 판결의 확정이 없이 공소를 제기한 때로부터 15년이 경과되면 공소시효가 완성한 것으로 간주된다(제249조 제2항).

형사소송법 제253조 제3항은 "범인이 형사처분을 면할 목적으로 국외에 있는 경우 그 기간 동안 공소시효는 정지된다."라고 규정하고 있다. 위 조항의 입법 취지는 범인이 우리나라의 사법권이 실질적으로 미치지 못하는 국외에 체류한 것이 도피의 수단으로 이용된 경우에 그 체류기간 동안은 공소시효가 진행되는 것을 저지하여 범인을 처벌할 수 있도록 하여 형벌권을 적정하게 실현하고자 하는 데 있다.

위와 같은 법 문언과 취지 등을 종합하면, 형사소송법 제253조 제3항에서 정지의 대상으로 규정한 '공소시효'는 범죄행위가 종료한 때로부터 진행하고 공소의 제기로 정지되는 구 형사소송법 제249조 제1항의 시효를 뜻하고, 그 시효와 별개로 공소를 제기한 때로부터 일정 기간이 경과하면 공소시효가 완성된 것으로 간주된다고 규정한 구 형사소송법 제249조 제2항에서 말하는 '공소시효'는 여기에 포함되지 않는다고 봄이 타당하다. 따라서 공소제기 후 피고인이 처벌을 면할 목적으로 국외에 있는 경우에도, 그 기간 동안 구 형사소송법 제249조 제2항에서 정한 기간의 진행이 정지되지는 않는다.

원심이 같은 취지에서 이 사건 공소사실 범죄에 대하여 판결의 확정 없이 공소가 제기된 때로부터 15년이 경과하여 구 형사소송법 제249조 제2항에서 정한 시효가 완성되었다는 이유로 피고인에 대하여 면소를 선고한 제1심판결을 그대로 유지한 것은 정당하고, 원심판결에 상고이유 주장과 같이 형사소송법 제253조 제3항의 적용 범위에 관한 법리 등을 오해하여 판결에 영향을 미친 잘못이 없다.

나. 검 토

대상판결은 공소시효 정지에 관하여는 앞선 1) 대상판결과 반대의 입장을 보이고 있다. 공소시효 정지 관련 규정은 공소가 이미 제기된 후에 판결의 확정이 없이 기간이 경과하면 시효가 완성된 것으로 보는 형사소송법 제249조 제2항에는 적용되지 않는다는 것이다. 위 1) 대상판결의 결론은 법률의 문언이 모호할 때에는 피의자 또는 피고인에게 유리한 것으로 해석하여야 한다는 형사법 해석의 원칙에 의한 것이므로, 대상판결과 모순되는 것이 아니다. 공소시효정지를 의제공소시효에 적용하는 것은 피고인에게 불리하기 때문이다. 대상판결의 결론에 찬성한다.

Ⅳ. 증거법 분야

(1) 반대신문권의 실질적 보장

1) 대법원 2022. 3. 17. 선고 2016도17054 판결

가. 사실관계 및 경과

① 공소사실

이 사건 공소사실은 피고인은 공소외 A와 공동하여 피해자가 머물고 있던 필리핀에서, 피해자가 피고인의 돈을 갚지 않는다는 이유로 피해자의 고환을 붙잡아 당기고, 피고인은 '왜 돈을 갚지 않아 나까지 오게 하느냐'면서 휴대하고 있던 흉기인 권총을 꺼내어 들고 소음기를 부착 후 피해자의 머리에 겨눠 옷을 모두 벗게 한 후, 권총 손잡이 부분 및 주먹과 발로 피해자의 안면부 등 전신을 수회 때리고, 피해자의 성기 부분을 위험한 물건인 담뱃불로 지지는 등 약 3시간 동안 피해자에게 폭력을 행사하여 피해자에게 치료일수 미상의 성기 부위 화상 등을 가하였다는 것이다.

② 1심의 경과

피해자는 검찰 및 경찰에서 참고인으로 출석하여 그 피해 사실을 진술하였고, 제1심 제2회 공판기일에 증인으로 출석하여 재판장은 피해자가 피고인의 면전에서 충분한 진술을 할 수 없다고 인정하여 피고인의 퇴정을 명하고 피해자에 대한 증인신문을 진행하였다. 피해자에 대한 검사의 주신문이 마쳐진 후 피고인의 변호인이 준비하여 온 반대신문사항 55문항 중 27항까지는 피해자에 대한 반대신문이 이루어졌으나, 재판장이 피해자에게 제4회 공판기일에 다시 출석할 것을 명하고 피고인 측의 나머지 반대신문은 제4회 공판기일에 하기로 하였다. 피

고인의 변호인이 제출한 피해자에 대한 반대신문사항에 의하면, 피고인의 변호인은 피해자에게 폭행의 경위에 관하여는 반대신문을 하였으나, 폭행의 수단 내지 방법, 상해의 부위 및 정도 등에 관하여는 반대신문을 하지 못하였다. 재판장은 위 공판기일에 퇴정한 피고인을 입정하게 한 후 법원사무관 등으로 하여금 피해자의 진술의 요지를 고지하게 한 바 없다.

제1심 제3회 공판기일에서 재판장이 전회 공판심리에 관한 주요 사항의 요지를 공판조서에 의하여 고지하자 피고인 및 변호인은 '변경할 점이나 이의할 점이 없다'고 진술하였다. 피해자는 제1심 제4회 공판기일 전에 피고인의 보복이 두렵다는 취지의 증인 불출석 사유서를 제출하였고, 제1심 제4회 공판기일에 증인으로 출석하지 않았다. 이에 재판장은 검사에게 피해자의 주소를 보정할 것을 명하는 한편, 관할 경찰서에 대하여 보정된 주소에 대한 피해자의 소재탐지를 촉탁하였다. 피해자에 대한 소재수사결과 피해자가 주소지에서 이사하였다는 내용의 결과보고가 이루어졌다. 피해자에 대하여 제1심 제5회 공판기일에 출석할 것을 명하는 증인소환장이 수취인 불명으로 송달불능되는 한편 피해자의 휴대전화 또한 전원이 꺼져있어 소환통지가 이루어지지 않았다. 제1심 제5회 공판기일에 판사가 바뀌어 공판절차를 갱신하였고, 재판장이 피고인 및 변호인에게 갱신 전의 각 증거조사 결과에 대한 중요 사항의 요지를 공판조서에 의하여 알리고 이의 유무를 물으니 이의가 없다고 진술하였으며, 피해자가 증인으로 출석하지 않아 피해자 등에 대한 증인신문을 위하여 변론을 속행하였다. 피해자에 대하여 제1심 제6회 공판기일에 출석할 것을 명하는 증인소환장이 폐문부재로 송달불능되는 한편 피해자의 휴대전화가 착신이 정지된 번호이어서 소환통지가 이루어지지 않았다. 제1심 제6회 공판기일에서 피고인의 변호인이 제2회 공판기일에서의 피해자에 대한 증인신문은 피고인의 반대신문권이 실질적으로 보장되지 않았으므로, 피해자에 대한 경찰 및 검찰 각 진술조서는 증거능력이 없다는 취지의 변호인의견서를 제출하였고, 피해자가 증인으로 출석하지 않았다. 제1심 제7회, 제8회, 제9회 공판기일에 각 피해자에 대한 증인소환 절차가 진행된 바 없다. 제1심 제9회 공판기일에 변론이 종결되어 제10회 공판기일에 제2회 공판조서 중 피해자의 진술기재, 촬영사진에 따라 공소사실이 유죄로 인정되어 피고인에게 징역 3년에 처하는 판결이 선고되었다.

③ 원심의 경과

검사는 원심 제4회 공판기일 이후 피해자를 증인으로 신청하였다. 피해자는 피고인으로부터 1,000만 원을 지급받고 피고인과 합의하였다는 취지의 합의서를 이 법원에 직접 제출하였다. 피해자에 대하여 원심 제5회 공판기일에 출석할 것을 명하는 증인소환장이 폐문부재로 송달불능되었다. 원심 제5회 공판기일에서 검사는 피해자와 전화통화를 한 결과 차회 기일에는 출석할 것을 다짐받았다고 진술하였으며, 피해자를 재소환하기 위하여 변론이 속행되었다. 원심 제6회 공판기일에 출석할 것을 명하는 증인소환장이 피해자의 주소지에 송달되었으나 피해자는 피고인과 합의하였고, 병환 중이라 거동이 불편하다는 이유로 증인 불출석 사유서를 제출하였다. 원심 제6회 공판기일에 피해자는 증인으로 출석하지 않았고, 피해자를 재소환하기 위하여 변론이 속행되었다. 이후 원심 재판장은 피해자에 대한 구인영장을 발부하였으나, 피해자가 주소지에 거주하지 않는다는 이유로 구인영장은 집행되지 못하였다. 원심 제8회 공판기일 이전 법원주사는 피해자를 소환하기 위하여 피해자의 휴대전화로 전화 하였으나 정지되어 있어 소환통지가 이루어지지 않았다. 검사는 원심 제8회 공판기일 이후 피해자의 주소를 보정하였으나 피해자가 불상지로 이사하여 피해자의 주소지를 알 수 없다는 내용의 결과보고가 이루어졌다. 원심 제9회 공판기일 이전 법원사무관은 피해자를 소환하기 위하여 피해자의 휴대전화로 전화하였으나 결번으로 소환통지가 이루어지지 않았다. 원심 제9회 공판기일에 재판장은 피해자에 대한 증인채택 취소결정을 하고 변론을 종결하였다.

원심은 위 증인신문조서에 대하여는 형사소송법 제297조의 규정에 따라 재판장은 증인이 피고인의 면전에서 충분한 진술을 할 수 없다고 인정한 때에는 피고인을 퇴정하게 하고 증인신문을 진행함으로써 피고인의 직접적인 증인 대면을 제한할 수 있지만, 이러한 경우에도 피고인의 반대신문권을 배제하는 것은 허용되지 않는바, 피해자에 대한 1심 제2회 공판기일에서의 증인신문은 피고인의 반대신문권이 실질적으로 보장되었다고 볼 수 없을 뿐만 아니라, 1심 재판장은 증인신문을 마치고 퇴정한 피고인을 입정하게 한 후 법원사무관 등으로 하여금 피해자의 진술의 요지를 고지하게 한 바 없어 절차의 위법이 있다는 이유로, 1심 제2회 공판조서 중 피해자의 진술기재의 증거능력을 인정하지 아니하였다. 또한 피해자에 대한 검찰 및 경찰 각 진술조서에 대하여는 형사소송법 제312조 제4항, 제314조에서 규정한 전문법칙의 예외 요건을 충족하지 못하였다는 이유로 그 증거능력을 부정한 후, 나머지 증거들만으로 이 사건 공소사실을 유죄로 인정하기에 부족하다고 보아 피고인에 대하여 무죄를 선고하였다. 그 구체적인 사유로, 피고인이 수사기관에서부터 공판에 이르기까지 일관하여 피해자의 진술과 정면으로 배치되는 취지로 주장하며 이 사건 공소사실을 극렬히 다투어 온 점, 변호인이 미리 준비하여 재판부에 제출하였으나 증인신문절차 속행으로 증인의 답변을 듣지 못한 사항은 전체 반대신문사항의 1/2 정도에 달하는 것으로 폭행의 수단, 방법, 상해의 부위, 정도 등 이 사건 공소사실의 주된 부분에 관한 것이었던 점, 제1심에서 이루어진 다른 증인들의 전체적인 증언 취지가 위 폭행 및 상해 등 이 사건 공소사실과 달랐던 점 등의 사정을 들었다. 원심은 나아가, 피고인 및 변호인이 제1심 제3회 공판기일 및 제5회 공판기일에 각 '이의가 없다.'는 취지로 진술하기는 하였으나 실질적 반대신문권을 보장하지 아니한 하자는 그 이후인 제1심 제6회 공판기일 이후에 발생한 것이므로 피고인 또는 변호인이 책문권 포기의 의사를 명시한 것으로 볼 수도 없다는 취지로 판단하였다.

나. 대법원의 판단

① 피해자 증언에 대한 판단

형사소송법은 제161조의2에서 피고인의 반대신문권을 포함한 교호신문제도를 규정하는 한편, 제310조의2에서 법관의 면전에서 진술되지 아니하고 피고인에 의한 반대신문의 기회가 부여되지 아니한 진술에 대하여는 원칙적으로 그 증거능력을 부여하지 아니함으로써, 형사재판에서 증거는 법관의 면전에서 진술·심리되어야 한다는 직접주의와 피고인에게 불리한 증거에 대하여 반대신문할 수 있는 권리를 원칙적으로 보장하고 있는데, 이러한 반대신문권의 보장은 피고인에게 불리한 주된 증거의 증명력을 탄핵할 수 있는 기회가 보장되어야 한다는 점에서 형식적·절차적인 것이 아니라 실질적·효과적인 것이어야 한다. 따라서 피고인에게 불리한 증거인 증인이 주신문의 경우와 달리 반대신문에 대하여는 답변을 하지 아니하는 등 진술 내용의 모순이나 불합리를 그 증인신문 과정에서 드러내어 이를 탄핵하는 것이 사실상 곤란하였고, 그것이 피고인 또는 변호인에게 책임 있는 사유에 기인한 것이 아닌 경우라면, 관계 법령의 규정 혹은 증인의 특성 기타 공판절차의 특수성에 비추어 이를 정당화할 수 있는 특별한 사정이 존재하지 아니하는 이상, 이와 같이 실질적 반대신문권의 기회가 부여되지 아니한 채 이루어진 증인의 법정진술은 위법한 증거로서 증거능력을 인정하기 어렵다. 이 경우 피고인의 책문권 포기로 그 하자가 치유될 수 있으나, 책문권 포기의 의사는 명시적인 것이어야 한다.

위와 같은 원심판결의 이유와 아래의 이 사건 진술조서의 증거능력과 관련하여 원심이 그 이유로 들고 있는 사정(피해자의 수사기관에서의 진술 중 폭행당하였다는 점에 관하여는 다소 변경되었으므로, 피고인으로서는 반대신문을 통하여 피해자의 위 진술을 탄핵할 필요성이 있었던 점, 그러나 피해자는 제1심 제2회 공판기일 이후부터 증인신문을 의도적으로 회피한 것으로 보이는 점 등)을 관련 법리와 적법하게 채택한 증거에 비추어 살펴보면, 원심이 증인신문절차에서의 실질적 반대신문권 보

장, 책문권 포기 등에 관한 법리를 오해하여 판결에 영향을 미친 잘못
이 없다.

　② 이 사건 진술조서의 증거능력

　Ⓐ 형사소송법 제312조 제4항 관련

　원심은 피해자가 원심 제2회 공판기일에 출석하여 피해자에 대한
경찰 및 검찰 각 진술조서에 관하여 검사 및 사법경찰관 앞에서 진술
한 내용과 동일하게 기재되어 있음을 진술한 사실은 인정되나, 위 (2)
항에서 살펴본 바와 같이 피해자에 대한 원심 제2회 공판기일에서의
증인신문절차에서 피고인에게 위 각 진술조서의 기재 내용에 관하여
피해자를 신문할 기회가 실질적으로 주어졌다고 볼 수 없으므로, 형사
소송법 제312조 제4항의 '피고인 또는 변호인이 공판기일에 그 기재
내용에 관하여 피해자를 신문할 수 있었던 때'의 요건을 갖추지 못하
여, 피해자에 대한 경찰 및 검찰 각 진술조서는 전문법칙의 예외를 인
정할 수 없다는 취지로 판단하였다.

　Ⓑ 형사소송법 제314조 관련

　원심은 피고인이 수사기관에서부터 원심에 이르기까지 일관하여
피해자의 진술과 정면으로 배치되는 취지로 주장하며 이 사건 공소사
실을 극렬히 다투어 온 점, 피해자의 수사기관에서의 진술 중 피해자
가 피고인으로부터 폭행당하였다는 점에 관하여는 진술이 대체로 일
관되나, 폭행의 일시, 수단 및 방법, 상해 부위 및 정도 등에 관하여는
다소 변경되었으므로, 피고인으로서는 반대신문을 통하여 피해자의
진술을 탄핵할 필요성이 있는 점, 그러나 피해자는 제1심 제2회 공판
기일 이후부터 증인신문을 의도적으로 회피한 것으로 보이는 점 등을
들어 피해자의 수사기관에서의 각 진술이 법정에서의 반대신문 등을
통한 검증을 거치지 않더라도 진술의 신빙성과 임의성을 충분히 담보
할 수 있는 구체적이고 외부적인 정황이 있다는 점을 검사가 증명한
것으로 볼 수 없다고 판단하였다.

　형사소송법 제314조에서 '그 진술이 특히 신빙할 수 있는 상태하

에서 행하여졌음'이라 함은 그 진술 내용이나 조서의 작성에 허위개입의 여지가 거의 없고, 그 진술 내용의 신빙성이나 임의성을 담보할 구체적이고 외부적인 정황이 있는 경우를 가리키며, 이에 대한 증명은 단지 그러할 개연성이 있다는 정도로는 부족하며, 합리적 의심의 여지를 배제할 정도에 이르러야 한다.

형사소송법은 수사기관에서 작성된 조서 등 서면증거에 대하여 일정한 요건 아래 증거능력을 인정하는데, 이는 실체적 진실발견의 이념과 소송경제의 요청을 고려하여 예외적으로 허용하는 것이므로, 그 증거능력 인정 요건에 관한 규정은 엄격하게 해석·적용하여야 한다. 형사소송법 제312조, 제313조는 진술조서 등에 대하여 피고인 또는 변호인의 반대신문권이 보장되는 등 엄격한 요건이 충족될 경우에 한하여 증거능력을 인정할 수 있도록 함으로써 직접심리주의 등 기본원칙에 대한 예외를 정하고 있는데, 형사소송법 제314조는 원진술자 또는 작성자가 사망·질병·외국거주·소재불명 등의 사유로 공판준비 또는 공판기일에 출석하여 진술할 수 없는 경우에 그 진술이 특히 신빙할 수 있는 상태하에서 행하여졌다는 점이 증명되면 원진술자 등에 대한 반대신문의 기회조차도 없이 증거능력을 부여할 수 있도록 함으로써 보다 중대한 예외를 인정한 것이므로, 그 요건을 더욱 엄격하게 해석·적용하여야 한다.

2) 검 토

형사소송법 제163조는 제1항에서 피고인 또는 변호인의 증인신문 참여권을, 제2항 본문에서 증인신문의 시일과 장소에 대한 사전 통지를 규정하고 있으며, 제161조의2는 피고인의 반대신문권을 포함한 교호신문제도를 규정하고 있다. 재판장은 증인 또는 감정인이 피고인 또는 어떤 재정인의 면전에서 충분한 진술을 할 수 없다고 인정한 때에는 그를 퇴정하게 하고 진술하게 할 수 있지만(제297조 제1항) 이 때에도 증인 등의 진술이 종료한 때에는 퇴정한 피고인을 입정하게 한 후 법원사무관등으로 하여금 진술의 요지를 고지하게 하여야 한다(동조

제2항). 대법원은 ① 형사소송법 제297조의 규정에 따라 재판장은 증인이 피고인의 면전에서 충분한 진술을 할 수 없다고 인정한 때에는 피고인을 퇴정하게 하고 증인신문을 진행함으로써 피고인의 직접적인 증인 대면을 제한할 수 있지만, 이러한 경우에도 피고인의 반대신문권을 배제하는 것은 허용될 수 없으므로 증인신문이 모두 종료한 후에 피고인을 입정하게 하고 법원사무관 등이 진술의 요지를 고지하여 준 다음에는 피고인에게 실질적인 반대신문의 기회를 부여하여야 한다고 한다.[20] 그러나 실질적인 반대신문의 기회가 부여되지 않았더라도 ② 재판장이 증인신문 결과 등을 위 공판조서에 의하여 고지하였는데 피고인은 '변경할 점과 이의할 점이 없다'고 진술하였다면 피고인이 책문권 포기 의사를 명시함으로써 실질적인 반대신문의 기회를 부여받지 못한 하자가 치유되었다고 할 수 있으므로, 증언의 증거능력은 인정될 수 있다고 한다.[21]

대상판결은 주신문 후 반대신문이 절반 정도만 이루어진 상태에서 증인이 소재불명으로 공판에 불출석함으로써 나머지 부분에 대한 반대신문이 이루어지지 못한 상황에서 증언과 수사단계의 조서의 증거능력이 문제된 사안이다.

① 우선 대상판결은 주신문, 진정성립에 관한 진술이 이뤄지고 변호인의 반대신문이 절반 정도 이루어진 경우라고 하더라도 피고인에게 실질적인 반대신문의 기회가 부여되지 않았다고 판시하였다. 또한 피고인과 변호인이 증인신문 이후 다음 공판기일에서 피고인 및 변호인은 '변경할 점이나 이의할 점이 없다'고 진술하였으나, 실질적 반대신문권을 보장하지 아니한 하자는 그 이후에 발생한 것이므로 피고인 또는 변호인이 책문권 포기의 의사를 명시한 것으로 볼 수도 없다는 원심의 판단을 긍정하였다. 대상판결은 종래 대법원의 증언절차에 관한 반대신문권 법리를 구체화한 것으로 그 부분에 대해서는 별다른 이

---

20) 대법원 2010. 1. 14. 선고 2009도9344 판결; 대법원 2012. 2. 23. 선고 2011도15608 판결.
21) 대법원 2010. 1. 14. 선고 2009도9344 판결.

의가 없다.

② 그러나 사건의 전체적인 대법원이 설시하는 과정에서, 다른 사실을 전제로 기존의 확립된 법리와는 다른 입장이 삽입되어 전개되고 있는데 이 부분에 대해서는 충분한 해명이 필요하다. 대상 사건은 반대신문이 절반만 이루어진 사안임에도 대법원은 "피고인에게 불리한 증거인 증인이 주신문의 경우와 달리 반대신문에 대하여는 답변을 하지 아니하는 등 진술 내용의 모순이나 불합리를 그 증인신문 과정에서 드러내어 이를 탄핵하는 것이 사실상 곤란하였고, 그것이 피고인 또는 변호인에게 책임 있는 사유에 기인한 것이 아닌 경우라면, 관계 법령의 규정 혹은 증인의 특성 기타 공판절차의 특수성에 비추어 이를 정당화할 수 있는 특별한 사정이 존재하지 아니하는 이상, 이와 같이 실질적 반대신문권의 기회가 부여되지 아니한 채 이루어진 증인의 법정진술은 위법한 증거로서 증거능력을 인정하기 어렵다."고 설시하고 있는데, 이는 사안의 성격을 전혀 다른 뉘앙스로 묘사하는 것처럼 보인다.

③ 사안의 내용을 살펴보면, 피해자가 법정에 출석하여 증언하였으나 본인의 의사와 상관없이 반대신문이 끝까지 진행되지 못하였고, 법원은 그로부터 약 55일 후에 반대신문을 위해 법정에 출석하도록 재소환하였다. 피해자는 소환된 공판기일 약 12일 전에 피고인의 보복이 두렵다는 취지의 증인 불출석 사유서를 제출하고 증인으로 출석하지 않았다. 피해자가 피고인의 보복이 두려워서 법정에 출석하지 못한 것이 사실인지는 밝혀지지 않았으나 이 사건의 공소사실은 피고인 등이 해외에서 권총을 피해자의 머리에 겨눠 옷을 모두 벗게 한 후, 권총 손잡이 부분 및 주먹과 발로 피해자의 안면부 등 전신을 수회 때리고, 피해자의 성기 부분을 위험한 물건인 담뱃불로 지지는 등 약 3시간 동안 피해자에게 폭력을 행사하여 피해자에게 치료일수 미상의 성기 부위 화상 등을 가하였다는 것으로 피해자의 두려움이 사실이었을 개연성도 충분히 존재한다. 대법원은 피해자가 의도적으로 반대신문에

응하지 아니한 것으로 경과를 묘사하고 있으나 실제로는 법원이 반대신문 도중에 절차를 중단한 후 55일 후에야 반대신문을 재개하려 하였고, 그 과정에서 총기로 협박을 당하였던 피해자가 실제로 피고인의 보복에 대한 두려움으로 인해 잠적하였을 가능성을 부정할 수 없는 것이다. 게다가 이 사건은 그 사이에 인사이동으로 인해 공판절차가 갱신되기까지 하였다. 만약 대법원이 그토록 강조하는 것만큼 공판중심적 절차진행과 피고인 측의 반대신문권이 중요하다면, 증인신문절차가 이렇게 집중심리, 구술심리주의에 위배되는 방식으로 이뤄져서는 안 되며, 법원에게 책임이 돌려질 수도 있는 사안을 마치 피해자에게 전적으로 책임이 있는 것처럼 묘사해서는 안 될 일이라고 생각한다. 참고로 영국 형사사법법(Criminal Justice Act)에 따르면 증인이 증언에 관한 두려움(fear) 때문에 법정에서 증언을 하지 못하는 경우에는 법원의 승인이 있으면 공판 외 진술에 대한 증거능력이 인정된다[동법 제116조 (2)(e)]. 또한 법률에 규정된 전문법칙의 예외에 해당하지 않는 경우에도 법원이 사법의 이익에 부합한다고 판단하는 경우에는 원진술자의 공판 출석 가능 여부와 관계없이 법원이 재량으로 공판 외 진술의 증거능력을 인정할 수 있다[동법 제114조 (1)(d)].[22]

④ 한편, 대법원은 더 나아가 형사소송법 제314조에 따른 피해자의 진술조서의 증거능력에 관하여 피해자는 제1심 제2회 공판기일 이후부터 증인신문을 의도적으로 회피한 것으로 보이는 점 등을 들어 피해자의 수사기관에서의 각 진술이 법정에서의 반대신문 등을 통한 검증을 거치지 않더라도 진술의 신빙성과 임의성을 충분히 담보할 수 있는 구체적이고 외부적인 정황이 있다는 점을 검사가 증명한 것으로 볼 수 없다고 판단한 원심의 결론을 그대로 긍정하였다. 대법원이 형사소송법 제314조는 원진술자 또는 작성자가 사망·질병·외국거주·소재불명 등의 사유로 공판준비 또는 공판기일에 출석하여 진술할 수 없는

---

22) JR Spenser, 『Hearsay Evidence in Criminal Proceeding』, Hart Publishing(2th)(2014), 140-145쪽.

경우에 그 진술이 특히 신빙할 수 있는 상태하에서 행하여졌다는 점이 증명되면 원진술자 등에 대한 반대신문의 기회조차도 없이 증거능력을 부여할 수 있도록 함으로써 보다 중대한 예외를 인정한 것이므로, 그 요건을 더욱 엄격하게 해석·적용하여야 한다고 판시한 것에 대해서는 공감한다. 그러나 그 요건을 엄격하게 해석, 적용하기 위하여 '특신상태'의 개념을 아무런 원칙 없이 임의로 변경하는 것은 문제가 있다. 대법원은 '그 진술 또는 작성이 특히 신빙할 수 있는 상태하에서 행하여진 때'라 함은 그 진술내용이나 조서 또는 서류의 작성에 허위개입의 여지가 거의 없고, 그 진술내용의 신빙성이나 임의성을 담보할 구체적이고 외부적인 정황이 있는 경우를 가리킨다고 확립되게 판시하여 왔다.23) 대상판결의 사안에 비추어 보면 피해자는 법정에 출석하여 진정성립에 관하여 증언을 하였고 재판부가 주신문과 일부 반대신문 과정에서 피해자의 증언 태도까지 직접 확인하였으므로 조서 또는 서류의 작성에 허위개입의 여지가 거의 없다는 점에 대해서는 이미 확인 가능한 부분이었다. 한편, 그 진술내용의 신빙성이나 임의성을 담보할 구체적이고 외부적인 정황이 있는 경우의 의미는 그 문언상 진술 당시의 외부적 상황, 진술자의 내적 상황 등에 비추어 진술내용의 진실성을 뒷받침할 만한 정황증거가 추가로 존재하는지 여부로 이해될 수밖에 없다. 그런데 대상판결은 진술 당시의 외부적 상황이나 진술자의 내적 상황이 아니라 이후 공판 단계에서 반대신문권이 충분히 이루어졌는지 여부를 기준으로 원진술의 특신상태를 소급해서 판단할 수 있는 것처럼 특신상태의 판단기준을 변형하고 있다. '반대신문의 기회조차도 없이 증거능력을 부여할 수 있으려면 반대신문을 충분히 실시하여야 한다'는 식이다. 원진술자가 부당하게 증언을 거부한 경우 형사소송법 제314조가 적용될 수 없다는 점에 관한 대법원 2019. 11. 21. 선고 2018도13945 전원합의체 판결은 형사소송법 제314조의 '그 밖에 이에 준하는 사유로 인하여 진술할 수 없는 때'에 해당

---

23) 대법원 2006. 4. 14. 선고 2005도9561 판결.

하지 않는다는 근거를 제시하였는데,[24] 대상판결은 더 나아가 특신상태 개념을 변형하면서까지 형사소송법 제314조의 의미를 축소시키고 있는 것이다. 이는 입법자가 예정한 우리 증거법 체계를 크게 바꾸는 것에 해당함에도 법원에 책임이 돌아갈 수도 있을 이런 유형의 사건에서 별다른 근거 제시 없이 간단하게 이뤄질 수 있는 것인지 깊은 의문이 든다.

대법원은 이유설시 과정에서 대법원 2001. 9. 14. 선고 2001도1550 판결을 인용하고 있는데, 이는 반대신문권이 충분히 보장되지 않은 경우 진술조서의 증명력을 엄격하게 판단해야 한다는 취지의 판례이다. 만약 법원이 반대신문권이 이뤄지지 않은 부분에 관한 피해자의 진술에 합리적 의심을 가지게 되었다면 동 판결을 인용하면서 피해자의 진술조서의 증명력을 배척하는 것이 훨씬 합리적이고 안전한 방법이 아니었을까 생각한다.[25]

(2) 전문법칙의 예외 요건

1) 제312조 제4항 진정성립 요건으로서의 영상녹화물의 요건: 대법원 2022. 6. 16. 선고 2022도364 판결

가. 사실관계 및 경과

피해자들은 제1심 공판기일에서 경찰 진술조서 중 각 진술 부분에 대하여 명시적인 진술에 의하여 실질적 진정성립을 인정하지 않았다. 사법경찰관은 피해자들의 진술을 영상녹화하기 전에 그들로부터 기명날인 또는 서명한 영상녹화 동의서를 받지 않았다. 피해자들의 진술에 대한 영상녹화물은 위 피해자들이 조서를 열람하는 도중 중단되어 피해자들의 조서 열람과정 중 일부와 조서에 기명날인 또는 서명을 마치는 과정이 영상녹화되지 않았다. 피해자들은 조사가 진행된 이

---

24) 이주원, "형사증거법상 반대신문권 보장의 의의와 기능-대상판결: 대법원 2019. 11. 21. 선고 2018도13945 전원합의체 판결-", 『형사소송 이론과 실무』, 제12권 제2호(한국형사소송법학회, 2020. 12), 163~206면 참조.

25) 이창온. 형사소송법상 반대신문권과 국제인권법의 적용가능성에 관한 연구. 형사소송 이론과 실무, (2021). 13(3), 61-120. 참조.

후에 조사과정을 영상녹화하겠다는 사법경찰관의 설명에 이의를 하지 않았다.

나. 대법원의 판단

형사소송법 제312조 제4항이 실질적 진정성립을 증명할 수 있는 방법으로 규정하는 영상녹화물에 대하여는 형사소송법 및 형사소송규칙에서 영상녹화의 과정, 방식 및 절차 등을 엄격하게 규정하고 있으므로(형사소송법 제221조 제1항 후문, 형사소송규칙 제134조의2, 제134조의3) 수사기관이 작성한 피고인 아닌 자의 진술을 기재한 조서에 대한 실질적 진정성립을 증명할 수 있는 수단으로서 형사소송법 제312조 제4항에 규정된 '영상녹화물'이라 함은 형사소송법 및 형사소송규칙에 규정된 방식과 절차에 따라 제작되어 조사 신청된 영상녹화물을 의미한다고 봄이 타당하다.

형사소송법은 제221조 제1항 후문에서 "검사 또는 사법경찰관은 피의자가 아닌 자의 출석을 요구하여 진술을 들을 경우 그의 동의를 받아 영상녹화할 수 있다."라고 규정하고 있고, 형사소송규칙은 제134조의3에서 검사는 피의자가 아닌 자가 공판준비 또는 공판기일에서 조서가 자신이 검사 또는 사법경찰관 앞에서 진술한 내용과 동일하게 기재되어 있음을 인정하지 아니하는 경우 그 부분의 성립의 진정을 증명하기 위하여 영상녹화물의 조사를 신청할 수 있고(제1항), 검사가 이에 따라 영상녹화물의 조사를 신청하는 때에는 피의자가 아닌 자가 영상녹화에 동의하였다는 취지로 기재하고 기명날인 또는 서명한 서면을 첨부하여야 하며(제2항), 조사 신청한 영상녹화물은 조사가 개시된 시점부터 조사가 종료되어 피의자 아닌 자가 조서에 기명날인 또는 서명을 마치는 시점까지 전 과정이 영상녹화된 것으로서 피의자 아닌 자의 진술이 영상녹화되고 있다는 취지의 고지, 영상녹화를 시작하고 마친 시각 및 장소의 고지, 신문하는 검사 또는 사법경찰관과 참여한 자의 성명과 직급의 고지, 조사를 중단·재개하는 경우 중단 이유와 중단 시각, 중단 후 재개하는 시각, 조사를 종료하는 시각의 내용을 포함하는 것이어야 한다고 규정하고 있다(제3항에 의하여 제134조의2 제3항 제1호부터 제3호, 제5호, 제6호를 준용한다). 형사소송규칙에서 피의자 아닌 자가 기명날인 또는 서명한 영상녹화 동의서를 첨부하도록 한 취지는 피의자 아닌 자의 영상녹화에 대한 진정한 동의를 받아 영상녹화를 시작했는지를 확인하기 위한 것이고, 조사가 개시된 시점부터 조사가 종료되어 조서에 기명날인 또는 서명을 마치는 시점까지 조사 전 과정이 영상녹화된 것을 요구하는 취지는 진술 과정에서 연출이나 조작을 방지하여야 할 필요성이 인정되기 때문이다.

이러한 형사소송법과 형사소송규칙의 규정 내용과 취지에 비추어 보면, 수사기관이 작성한 피고인이 아닌 자의 진술을 기재한 조서에 대하여 실질적 진정성립을 증명하기 위해 영상녹화물의 조사를 신청하려면 영상녹화를 시작하기 전에 피고인 아닌 자의 동의를 받고 그에 관해서 피고인 아닌 자가 기명날인 또는 서명한 영상녹화 동의서를 첨부하여야 하고, 조사가 개시된 시점부터 조사가 종료되어 참고인이 조서에 기명날인 또는 서명을 마치는 시점까지 조사 전 과정이 영상녹화되어야 하므로 이를 위반한 영상녹화물에 의하여는 특별한 사정이 없는 한 피고인 아닌 자의 진술을 기재한 조서의 실질적 진정성립을 증명할 수 없다.

이 사건 영상녹화물은 조사가 종료되어 피해자들이 조서에 기명날인 또는 서명을 마치는 시점까지의 조사 전 과정이 영상녹화되지 않았다. 조서 열람과정이나 기명날인 또는 서명 과정은 조서의 진정성과 형식적 진정성립을 포함하여 적법한 절차와 방식에 따라 조서가 작성되었는지 판단할 수 있는 중요한 부분이므로 녹화되지 않은 부분이 조사시간에 비추어 짧다거나 조서 열람 및 기명날인 또는 서명 과정에서 진술번복 등이 없었다는 사정만으로 달리 보기 어렵다.

다. 검 토

대상판결은 형사소송법 제312조 제4항이 실질적 진정성립을 증명할 수 있는 방법으로 규정하는 영상녹화물에 해당하기 위해서는 영상녹화 전에 진술자들의 사전 동의를 얻어야 하며, 조사가 개시된 시점부터 조사가 종료되어 참고인이 조서에 기명날인 또는 서명을 마치는 시점까지 조사 전 과정이 영상녹화되어야 한다는 점을 확인하였다. 현행법 해석에 관한 한 대상판결의 결론에 찬성한다. 다만, 입법론적으로는 우리 증거법이 수사단계의 진술을 증거로 하지 않는 법제를 선택하지 않고 수사단계의 진술을 증거로 사용하도록 허용하는 법제를 취하였음에도 불구하고 훨씬 우월한 증명수단인 영상녹화물을 증거로 사용하지 않을 뿐만 아니라, 더 나아가 조사 내용 대조만으로도 진정성립을 확인할 수 있음에도 조서의 서명, 날인까지 녹화하도록 한 다음 이를 조서의 진정성립 보조수단으로만 사용하는 이상한(?) 입법태도를 취한 것에 동의하기는 어렵다.

2) 제312조 제4항 진정성립 요건으로서의 영상녹화물의 요건: 대법원 2022. 7. 14. 선고 2020도13957 판결

가. 사실관계 및 경과

이 사건 영상녹화물을 담은 봉투는 봉인되지 않았다. 이 사건 영상녹화물이 제작된 과정을 보면, 피의자신문 과정을 영상녹화한 파일이 영상녹화용 컴퓨터에 저장되고 같은 영상녹화파일은 다시 대검찰청 영상물통합관리 서버에 전송되어 저장되었는데, 그 과정에서 이 사건 영상녹화물도 함께 제작되었다. 이 사건 영상녹화물에 부착된 라벨지와 이를 담은 봉투에 조사자인 검사의 날인과 피조사자인 피고인 5의 서명과 무인이 있고, 그 라벨지에 영상녹화파일의 해시 값이 인쇄되어 있다. 라벨지가 손상된 흔적은 없다. 이 사건 영상녹화물에 따르면 피의자신문조서에 기재된 진술이 피고인이 진술한 내용과 동일하게 기재되어 있음이 확인된다.

나. 대법원의 판단

형사소송법은 제244조의2 제2항에서 "영상녹화가 완료된 때에는 피의자 또는 변호인 앞에서 지체 없이 그 원본을 봉인하고 피의자로 하여금 기명날인 또는 서명하게 하여야 한다."라고 규정한다. 형사소송

규칙은 제134조의4에서 "법원은 검사가 영상녹화물의 조사를 신청한 경우 이에 관한 결정을 함에 있어 피고인 또는 변호인으로 하여금 그 영상녹화물이 적법한 절차와 방식에 따라 작성되어 봉인된 것인지에 관한 의견을 진술하게 하여야 하고(제1항)", "공판준비 또는 공판기일에서 봉인을 해체하고 영상녹화물의 전부 또는 일부를 재생하는 방법으로 조사하여야 하며(제3항 전문)", "재판장은 조사를 마친 후 지체 없이 법원사무관 등으로 하여금 다시 원본을 봉인하도록 하고, 원진술자와 함께 피고인 또는 변호인에게 기명날인 또는 서명하도록 하여 검사에게 반환한다(제4항 본문)."라고 규정한다. 형사소송법 및 형사소송규칙에서 영상녹화물에 대한 봉인절차를 둔 취지는 영상녹화물의 조작가능성을 원천적으로 봉쇄하여 영상녹화물 원본과의 동일성과 무결성을 담보하기 위한 것이다. 이러한 형사소송법 등의 규정 내용과 취지에 비추어 보면, 검사가 작성한 피고인이 된 피의자의 진술을 기재한 조서의 실질적 진정성립을 증명하려면 원칙적으로 봉인되어 피의자가 기명날인 또는 서명한 영상녹화물을 조사하는 방법으로 하여야 하고 특별한 사정이 없는 한 봉인절차를 위반한 영상녹화물로는 이를 증명할 수 없다.

　다만 형사소송법 등이 정한 봉인절차를 제대로 지키지 못했더라도 영상녹화물 자체에 원본으로서 동일성과 무결성을 담보할 수 있는 수단이나 장치가 있어 조작가능성에 대한 합리적 의심을 배제할 수 있는 경우에는 그 영상녹화물을 법정 등에서 재생·시청하는 방법으로 조사하여 영상녹화물의 조작 여부를 확인함과 동시에 위 조서에 대한 실질적 진정성립의 인정 여부를 판단할 수 있다고 보아야 한다. 그와 같은 예외적인 경우라면 형사소송법 등이 봉인절차를 마련하여 둔 취지와 구 형사소송법 제312조 제2항에서 '영상녹화물이나 그 밖의 객관적인 방법'에 의하여 실질적 진정성립을 증명할 수 있도록 한 취지에 부합하기 때문이다. 형사소송법은 제244조의2 제1항에서 피의자의 진술을 영상녹화하는 경우 조사의 개시부터 종료까지의 전 과정 및 객관적 정황을 영상녹화하여야 한다고 규정하고 있고, 형사소송규칙은 제134조의2 제3항에서 영상녹화물은 조사가 개시된 시점부터 조사가 종료되어 피의자가 조서에 기명날인 또는 서명을 마치는 시점까지 전 과정이 영상녹화된 것으로서 피의자의 신문이 영상녹화되고 있다는 취지의 고지, 영상녹화를 시작하고 마친 시각 및 장소의 고지, 신문하는 검사와 참여한 자의 성명과 직급의 고지, 진술거부권·변호인의 참여를 요청할 수 있다는 점 등의 고지, 조사를 중단·재개하는 경우 중단 이유와 중단 시각, 중단 후 재개하는 시각, 조사를 종료하는 시각의 내용을 포함하는 것이어야 한다고 규정한다. 형사소송법 등에서 조사가 개시된 시점부터 조사가 종료되어 조서에 기명날인 또는 서명을 마치는 시점까지 조사 전 과정이 영상녹화되는 것을 요구하는 취지는 진술 과정에서 연출이나 조작을 방지하고자 하는 데 있다. 여기서 조사가 개시된 시점부터 조사가 종료되어 조서에 기명날인 또는 서명을 마치는 시점까지라 함은 기명날인 또는 서명의 대상인 조서가 작성된 개별 조사에서의 시점을 의미하므로 수회의 조사가 이루어진 경우에도 최초의 조사부터 모든 조사 과정을 빠짐없이 영상녹화하여야 한다고 볼 수 없고, 같은 날 이루어진 수회의 조사라 하더라도 특별한 사정이 없는 한 조사 과정 전부를 영상녹화하여야 하는 것도 아니다. 피고인에 대한 제1회 검찰 조사와 제2회 검찰 조사가 같은 날 이루어졌는데 제1회 검찰 조사부터 영상녹화되지 않고 제2회 검찰 조사부터 영상녹화되었더라도 실질적으로 하나의 조사임에도 수회로 나누고 회유와 협박 등을 통해 자백을 유도한 후 자백하는 조사에 대해서만 영상녹화를 하는 등의 특별한 사정이 나타나지 않으므로 형사소송법 등이 정한 영상녹화의 방식과 절차를 위반하였다고 볼 수 없다. 피고인에 대한 제2회 검찰 피의자신문을 영상녹화한 이 사건 영상녹화물에 의하여 이 사건 피의자신문조서의 실질적 진정성립을 인정한 원심판단은 정당하다.

다. 검 토

대상판결은 영상녹화 후에 형사소송법 제244조의2 제2항을 위반한 영상녹화물도 그 내용 조사를 통하여 조사 전 과정 녹화 요건을 충족하였음이 확인되고 내용 조작이 없었던 사실이 증명될 경우에는 이를 조서의 진정성립 수단으로 사용할 수 있다는 점을 판시한 것이다. 영상녹화물의 성격에 비추어 타당한 판결이라고 생각한다.

3) 세무공무원의 범칙혐의자심문조서의 증거능력: 대법원 2022. 12. 15. 선고 2022도8824 판결

가. 대법원의 판단

사법경찰관리 또는 특별사법경찰관리에 대하여는 헌법과 형사소송법 등 법령에 따라 국민의 생명·신체·재산 등을 보호하기 위하여 광범위한 기본권 제한조치를 할 수 있는 권한이 부여되어 있으므로, 소관 업무의 성질이 수사업무와 유사하거나 이에 준하는 경우에도 명문의 규정이 없는 한 함부로 그 업무를 담당하는 공무원을 사법경찰관리 또는 특별사법경찰관리에 해당한다고 해석할 수 없다.

구 형사소송법(2020. 2. 4. 법률 제16924호로 개정되기 전의 것) 제197조는 세무 분야에 관하여 특별사법경찰관리의 직무를 행할 자와 그 직무의 범위를 법률로써 정한다고 규정하였고, 이에 따라 구 「사법경찰관리의 직무를 수행할 자와 그 직무범위에 관한 법률」(2021. 3. 16. 법률 제17929호로 개정되기 전의 것, 이하 '구 사법경찰직무법')은 특별사법경찰관리를 구체적으로 열거하면서 '관세법에 따라 관세범의 조사 업무에 종사하는 세관공무원'만 명시하였을 뿐 '조세범칙조사를 담당하는 세무공무원'을 포함시키지 않았다(구 사법경찰직무법 제5조 제17호). 뿐만 아니라 현행 법령상 조세범칙조사의 법적 성질은 기본적으로 행정절차에 해당하므로, 「조세범 처벌절차법」 등 관련 법령에 조세범칙조사를 담당하는 세무공무원에게 압수·수색 및 혐의자 또는 참고인에 대한 심문권한이 부여되어 있어 그 업무의 내용과 실질이 수사절차와 유사한 점이 있고, 이를 기초로 수사기관에 고발하는 경우에는 형사절차

로 이행되는 측면이 있다 하여도, 달리 특별한 사정이 없는 한 이를 형사절차의 일환으로 볼 수는 없다.

그러므로 조세범칙조사를 담당하는 세무공무원이 피고인이 된 혐의자 또는 참고인에 대하여 심문한 내용을 기재한 조서는 검사·사법경찰관 등 수사기관이 작성한 조서와 동일하게 볼 수 없으므로 형사소송법 제312조에 따라 증거능력의 존부를 판단할 수는 없고, 피고인 또는 피고인이 아닌 자가 작성한 진술서나 그 진술을 기재한 서류에 해당하므로 형사소송법 제313조에 따라 공판준비 또는 공판기일에서 작성자·진술자의 진술에 따라 성립의 진정함이 증명되고 나아가 그 진술이 특히 신빙할 수 있는 상태 아래에서 행하여진 때에 한하여 증거능력이 인정된다. 이때 '특히 신빙할 수 있는 상태'란 조서 작성 당시 그 진술내용이나 조서 또는 서류의 작성에 허위 개입의 여지가 거의 없고, 그 진술내용의 신빙성과 임의성을 담보할 구체적이고 외부적인 정황이 있는 경우를 의미하는데, 「조세범 처벌절차법」 및 이에 근거한 시행령·시행규칙·훈령(조사사무처리규정) 등의 조세범칙조사 관련 법령에서 구체적으로 명시한 진술거부권 등 고지, 변호사 등의 조력을 받을 권리 보장, 열람·이의제기 및 의견진술권 등 심문조서의 작성에 관한 절차규정의 본질적인 내용의 침해·위반 등도 '특히 신빙할 수 있는 상태' 여부의 판단에 있어 고려되어야 한다.

나. 검 토

대상판결은 형사소송법 제312조 제4항에 따라 증거능력의 존부를 판단하는 진술조서의 작성주체는 법률에 의하여 엄격하게 사법경찰관으로 인정되는 경우에 한하여야 한다는 일종의 형식설을 취한 것으로 볼 수 있다. 현행법의 문언은 작성주체에 대해 검사 또는 사법경찰관으로 명확하게 되어 있으며, 세무공무원은 「사법경찰관리의 직무를 수행할 자와 그 직무범위에 관한 법률」과 「조세범 처벌절차법」상 사법경찰관으로 해석되기는 어려우므로 대상판결의 해석론이 타당하다고 생각된다.

그러나 입법론적으로는 개선되어야 할 부분이다. 제312조 제4항의 진술조서나 제313조 제1항의 진술기재서류는 대부분 향후 재판에서 증거로 사용될 것이 예정되어 있는 일종의 증언적(testimonial) 진술을 내용으로 하는 것이다. 원칙적으로 공판 외 증언적 진술의 증거능력을 인정하지 않는 영미법계 증거법과 달리, 대륙법계 증거법에서는 수사기관이 작성한 증언적 진술의 기재서류의 증거능력을 인정하는 것이 일반적이다. 통상 대륙법계 증거법이 수사기관(수사판사 포함)이 작성한 조서의 증거능력 요건을 그 외의 것과 구분하여 달리 정하는 이유는 첫째, 수사기관이 수사절차에서 진술의 내용을 부실하게 기재하거나 의도적으로 왜곡할 가능성을 우려하여 그 부분에 대한 추가적인 규제를 할 필요가 있거나, 둘째, 엄격한 증거능력 요건을 충족하는 경우에는 다른 진술서류와 달리 재판에서 곧바로 증거로 사용할 수 있게 하고자 하는 것이다. 그런데 우리 법 제313조 제1항 본문은 제312조 제4항과 달리 진술기재서류의 증거능력에 특신상태 요건이 포함되어 있지 않아서 수사기관의 조서에 비해 그 요건이 완화되어 있다. 이는 위 첫 번째 유형의 입장을 취한 것으로 볼 수 있다. 그렇다면 전문법칙 예외의 근거가 되는 신용성의 관점에서 본다면 수사기관과 유사한 조직, 동기, 환경 하에서 작성되는 진술서류는 수사기관 조서와 동일한 요건에 의해서 실질적으로 규율될 필요가 있다. 조세범칙조사를 담당하는 세무공무원의 업무의 내용과 실질은 수사절차와 유사한 점이 있고, 이를 기초로 수사기관에 고발하는 경우에는 형사절차로 곧바로 이행되므로, 조세범칙조사에서 작성되는 진술서류 또한 실질적 관점에서는 수사기관이 작성한 조서와 동일한 신용성의 조건을 가진다고 볼 수 있다. 입법적 개선이 필요하다고 생각된다.

V. 판결 분야

(1) 비약적 상고와 항소의 경합: 대법원 2022. 5. 19. 선고 2021
도17131, 2021전도170 전원합의체 판결

가. 사실관계 및 경과

제1심은 2021. 7. 22. 피고인에 대하여 강도죄 등 범죄사실 전부를
유죄로 인정하고 징역 3년 및 전자장치 부착명령 10년 등을 선고하는
한편, 보호관찰명령청구는 기각하였다.

피고인은 2021. 7. 27. 제1심법원에 비약적 상고장을 제출하였고,
검사는 2021. 7. 28. 제1심법원에 항소장을 제출하였다. 검사는 2021. 8.
26. 양형부당을 주장하는 항소이유서를 원심법원에 제출하였다. 피고
인은 2021. 9. 1. 심신장애 및 양형부당, 전자장치 부착기간 과다를 주
장하는 항소이유서를 원심법원에 제출하였다. 피고인 및 피고인의 국
선변호인은 2021. 10. 6. 원심 제1회 공판기일에서 심신장애 및 양형부
당을 항소이유로 진술함과 동시에 위 2021. 9. 1. 자 항소이유서를 진
술하였다.

원심은 2021. 12. 8. 검사의 항소만을 기각하는 판결을 선고하였
다. 원심은, 피고인의 비약적 상고와 검사의 항소가 경합한 경우 피고
인의 비약적 상고에 항소로서의 효력을 인정할 수 없으므로 피고인이
제기한 비약적 상고가 검사의 항소 제기로 형사소송법 제373조에 따
라 효력을 상실하였고 여기에 상고의 효력은 물론 항소로서의 효력도
인정할 수 없으므로, 피고인의 적법한 항소가 존재하지 않는다고 보아
피고인의 항소에 관한 판단을 하지 않았다.

나. 대법원의 판단

① [다수의견]

형사소송법 제372조, 제373조 및 관련 규정의 내용과 취지, 비약
적 상고와 항소가 제1심판결에 대한 상소권 행사로서 갖는 공통성, 이
와 관련된 피고인의 불복의사, 피고인의 상소권 보장의 취지 및 그에

대한 제한의 범위와 정도, 피고인의 재판청구권을 보장하는 헌법합치적 해석의 필요성 등을 종합하여 보면, 제1심판결에 대하여 피고인은 비약적 상고를, 검사는 항소를 각각 제기하여 이들이 경합한 경우 피고인의 비약적 상고에 상고의 효력이 인정되지는 않더라도, 피고인의 비약적 상고가 항소기간 준수 등 항소로서의 적법요건을 모두 갖추었고, 피고인이 자신의 비약적 상고에 상고의 효력이 인정되지 않는 때에도 항소심에서는 제1심판결을 다툴 의사가 없었다고 볼 만한 특별한 사정이 없다면, 피고인의 비약적 상고에 항소로서의 효력이 인정된다고 보아야 한다.

ⓐ 형사소송법은 피고인의 비약적 상고와 검사의 항소가 경합한 경우 피고인의 비약적 상고는 상고의 효력이 없다는 취지로 규정하고 있을 뿐, 피고인의 비약적 상고에 항소로서의 효력을 인정할 수 있는지에 관해서는 명문의 규정을 두고 있지 않다. 또한 형사소송법 제373조의 취지는 당사자 일방의 비약적 상고로 상대방이 심급의 이익을 잃지 않도록 하고 아울러 동일 사건이 항소심과 상고심에 동시에 계속되는 것을 막기 위하여 당사자 일방의 비약적 상고가 있더라도 항소심을 진행한다는 것이다.

비약적 상고는 제1심판결에 대하여 곧바로 대법원에 하는 상소절차여서 항소와 함께 '제1심판결'에 대한 상소라는 공통점을 갖게 되는바, 피고인의 비약적 상고가 검사의 항소와 경합할 때 비약적 상고에 '상소'로서 어떠한 효력이 남아있는지에 대하여 형사소송법은 명시적인 규정을 두고 있지 않으므로, 피고인의 헌법상 기본권인 재판청구권을 보장할 수 있는 헌법합치적 법률해석을 할 필요가 있다.

ⓑ 피고인은 비약적 상고를 제기함으로써 제1심판결에 불복하는 상소를 제기할 의사를 명확하게 표시한 것으로 볼 수 있다. 비약적 상고를 제기한 피고인에게 가장 중요하고 본질적인 의사는 제1심판결에 대한 '불복의사' 또는 '상소의사'이고, 이러한 의사는 절차적으로 존중되어야 한다.

피고인의 항소심급 포기의사는 비약적 상고절차가 진행되는 것을 당연한 전제로 하므로, 이를 검사의 항소로 항소심이 진행되는 상황에서까지 항소심급에서의 불복을 포기한다는 의사로 해석할 수 없다.

ⓒ 피고인의 비약적 상고에 상고의 효력이 상실되는 것을 넘어 항소로서의 효력까지도 부정된다면 피고인의 헌법상 기본권인 재판청구권이 지나치게 침해된다. 피고인의 비약적 상고와 검사의 항소가 경합한 경우 피고인의 비약적 상고에 항소로서의 효력을 인정할 수 없다고 판시한 종전 판례에 따르면 피고인이 그 자체로는 적법한 상소를 제기하였음에도, 검사의 일방적 조치에 따라 피고인의 상소는 아무런 효력이 없게 되고 형사절차상 완전히 무의미한 행위가 된다.

더욱이 피고인은 자신이 불복하려고 했던 제1심판결에 대한 항소심판결에 대해서도 대부분의 경우 적법한 상고를 제기할 수 없다. 검사의 항소를 기각한 항소심판결은 피고인에게 불이익한 판결이 아니어서 상고의 이익이 없으므로 상고권이 인정되지 않고, 검사의 양형부당 항소를 인용한 항소심판결에 대해서는 항소심의 심판대상이 되지 않은 사실오인이나 법령위반 등을 상고이유로 주장할 수 없다.

더욱이 피고인은 검사와는 달리 형사절차의 소극적·방어적 당사자에 불과하고 법률전문가가 아니며, 실무상 피고인이 상소기간 내 상소장을 제출하는 단계에서 변호인의 조력을 충분히 받지 못하는 경우가 흔히 발생한다. 이러한 상황에서 검사의 항소가 제기되었다는 사정만으로 피고인의 비약적 상고가 상소로서의 효력을 전혀 갖지 못한다고 해석하는 것은, 피고인의 상소권이 형식적인 권리에 머물러 실효적인 권리구제 기능을 하지 못하게 되는 결과를 초래한다.

ⓓ 피고인의 비약적 상고와 검사의 항소가 경합한 경우 피고인의 비약적 상고에 항소로서의 효력을 인정하더라도 형사소송절차의 명확성과 안정성을 해치지 않는다. 이는 검사의 항소로 형사소송법 제373조에 따라 항소심이 진행되어야 하는 상황에서 피고인의 비약적 상고에 항소로서의 효력을 인정하여 피고인을 항소인으로 취급하는 것에

불과하고, 그 밖에 형사소송법이 예정한 심급의 변경 등 절차 진행에 별다른 변동이 발생하지 않는다.

② [대법관 안철상, 대법관 노태악의 반대의견]

Ⓐ 다수의견은 비약적 상고를 제기한 피고인의 상소권을 보장하는 해석을 시도하는 것으로서 경청할 점이 있다. 그러나 법률적 근거 없이 비약적 상고를 항소로 인정하는 해석은 항소와 상고를 준별하는 현행 형사절차의 기본구조를 일탈하는 것이어서 받아들이기 어렵다.

Ⓑ 다수의견은 법해석의 첫 단계로서 성문법규 해석의 기본인 문언해석을 벗어난 것으로 법형성에 해당하고 그 정당한 사유를 찾기도 어렵다. 특히 명확성과 안정성이 엄격하게 요구되는 형사절차 규정에 대하여 문언의 통상적인 의미를 넘어서는 해석은 허용되기 어렵다. 법률 규정에 없는 항소제도를 창설하는 것은 실질적 입법행위에 해당하여 타당하다고 할 수 없다.

Ⓒ 다수의견은 대법원의 확립된 선례를 변경함으로써 이에 근거하여 안정적으로 운영되어 온 현재 재판실무에 혼란과 지장을 가져다 줄 뿐만 아니라, 그러한 이유를 들어 명문의 법률 규정을 얼마든지 문언과 다르게 해석할 수 있다는 잘못된 신호를 줄 수 있다는 점에서 우려가 크다.

다수의견은 변경 대상 판례로 피고인의 비약적 상고 사안에 관한 종전 판례만을 들고 있어서 검사의 비약적 상고 사안에 관한 판례는 변경되지 않으므로 양자를 차별적으로 취급하는 결론에 이르게 되나, 이는 바람직하지 않고 적절하지도 않다. 또한 피고인의 비약적 상고가 항소로 의제되어 항소심 절차가 진행되다가 검사의 항소가 취하되거나 항소기각의 결정이 있는 때에는 형사소송법 제373조 단서에 따라 피고인의 항소는 다시 비약적 상고로 취급되게 될 것인데, 검사의 항소취하 등 일방적 조치에 따라 종전까지 진행된 항소심 절차가 무위로 돌아가는 문제가 발생할 수 있으며, 경우에 따라 이러한 절차 진행이 악용될 가능성도 배제할 수 없다.

ⓓ 문언대로 해석하더라도 반드시 피고인에게 불이익한 결과를 초래한다고 볼 수 없다. 비약적 상고를 제기한 피고인이 항소기간 내 검사의 항소장 접수통지를 받은 경우 항소기간이 지나기 전에 다시 항소를 제기할 수 있으며, 설사 항소기간 경과 등으로 유효한 상소를 제기할 수 없다고 하더라도 피고인은 상소심에서 직권조사(법령의 착오 등, 형사소송법 제361조의4 제1항 단서) 내지 직권심판(판결에 영향을 미친 법령위반등 사유, 형사소송법 제364조 제2항, 제384조)을 촉구하는 의미로 원심의 위법사유에 대해 주장할 수 있고, 이에 대한 상소심의 심리가 이루어진다. 나아가 현재 해석상 인정되는 상고권 제한 법리(상고심에서 사실오인이나 법령위반 등의 새로운 사유 주장 금지, 대법원 2019. 3. 21. 선고 2017도16593-1 전합 판결 등)를 사안에 맞게 적용함으로써 비약적 상고를 제기한 피고인의 상고권을 보장하는 해석도 가능하다.

③ [대법관 민유숙의 반대의견]

다수의견은 피고인의 비약적 상고에 항소의 효력을 부여하고, 이와 달리 판단한 종전 판례를 모두 변경한다는 내용이므로 이에 반대한다. 대법관 안철상, 대법관 노태악의 반대의견은 비약적 상고에 항소의 효력을 부여할 수 없다는 판단은 동일하나, 원칙적으로 피고인의 비약적 상고에 항소로서의 효력을 인정할 수 없는 논거에 관해 규정을 지나치게 엄격하게 해석하는 점에서 견해를 달리하고, 이 사건에서 피고인의 상고를 배척하는 이유도 달리한다.

Ⓐ 형사소송법 제372조, 제373조의 해석상 원칙적으로 피고인이 비약적 상고를 제기한 후 검사가 항소를 제기하면 피고인의 비약적 상고는 효력을 잃는데, 그와 같이 효력이 없어진 비약적 상고에 항소로서의 효력을 부여할 수 없다.

다만 검사의 항소로 인하여 피고인은 항소심에서 재판을 받게 되고, 피고인이 항소심에서 형사소송법 제372조의 비약적 상고이유를 주장하였다면 피고인의 비약적 상고이유에 해당하는 법률적 주장을 배척한 항소심판결에 대하여 피고인은 그 사유를 들어 상고를 제기하고 상고이유로 주장할 수 있다.

ⓑ 비약적 상고와 항소가 경합되는 경우의 규율은 입법형성 범위 내의 문제로서 현행 형사소송법 규정이 헌법상 재판청구권을 침해한다고 보기 어렵다. 헌법 제27조 제1항에 의하여 보장되는 국민의 재판청구권은 제한 없이 상소심의 재판을 받을 권리까지 보장하는 취지는 아니다.

ⓒ 다수의견이 피고인의 조건부 또는 추정적 의사를 기초로 항소의 효력을 인정하는 것은 동의하기 어렵다. '항소장'을 제출한 피고인의 의사와 '비약적 상고장'을 제출한 피고인의 의사는 성격과 범위가 크게 달라 서로 구분되어야 한다. 비약적 상고장을 제출한 피고인의 진정한 의사가 '어떤 사정으로 곧바로 상고심재판을 받지 않고 항소심 재판을 받는다면 항소인으로서 재판을 받겠다는 의사'라고 할 근거를 찾을 수 없다.

ⓓ 상고권 제한 법리의 예외를 인정하여 피고인이 상고심에서 판단받을 기회는 보장될 수 있다. 상고권 제한 법리는 형사소송법 등 관련 법령에 명시되어 있는 것이 아니라 상고심의 법령 해석의 통일 기능 확보, 상고 제기의 적법요건으로서 상고의 이익 등의 요청에 따라 '해석'으로 정립된 것이므로, 선례에서 명시하지 않은 영역은 해석론에 맡겨져 있다. 따라서 피고인이 소송절차의 진행 결과 예기치 못한 불이익을 입었고 상고심의 기능에 반하지 않는다고 볼 만한 경우에는 위 법리 적용의 특별한 예외를 인정할 수 있고, 이 사건 쟁점인 '피고인이 비약적 상고를 함으로써 특정한 법률판단을 다투는 의사를 명백히 하였음에도 비약적 상고가 효력을 잃었다는 사실'은 상고권 제한 법리의 기본 취지를 공감하더라도 다른 해석을 할 수 있는 분명한 근거가 된다.

피고인이 비약적 상고장을 제출하였으나 검사의 항소로 계속된 항소심에서 피고인이 직권조사 내지 직권심판 사항에 관하여 비약적 상고이유에 해당하는 내용을 주장하였으나 항소심법원이 받아들이지 않은 경우에는 이를 다시 주장하기 위해 상고를 하는 것은 허용되어야 한다. 나아가 항소심에서 적법한 항소로 취급되지 못하는 등의 이유로 비약적 상고이유에 해당하는 사항을 주장하지 않았으나, 상고심에 이르러 주장을 한 경우에 그 상고도 허용되어야 한다. 반면 피고인이 항소심 및 상고심에서 모두 비약적 상고이유에 해당하는 법률적 주장을 하지 않았다면, 피고인의 상고는 부적법하다고 볼 수밖에 없다.

이 사건에서 문제 된 비약적 상고는 위의 어느 경우에도 해당하지 않는다. 피고인은 2021. 9. 1. 원심법원에 항소이유서를 제출하였는데, 심신장애와 양형부당을 주장하는 취지이다. 현재 대부분 비약적 상고는 구속 피고인이 미결구금일수를 늘리면서 근거리, 소규모의 작은 교도소·구치소에서 구금되어 있기를 원하는 경우 많이 활용되고, 대법원에 곧바로 상고하여 법령의 해석·적용의 통일에 신속을 기한다거나 법리적인 부분에 대한 신속한 불복을 통해 피고인의 이익을 회복한다는 등의 비약적 상고제도의 본래 취지에 부합한다고 볼 수 있는 사건은 거의 찾아보기 힘든 것이 현실이다. 이에 따라 대법원이 비약적 상고를 받아들인 사례를 거의 찾아보기 어렵다. 나아가 현재 하급심법원의 재판실무상 직권판단이 확대·강화되어 직권발동을 촉구하는 의미의 주장에 대한 판단이 상세히 이루어지고 있어서 피고인이 굳이 '법령의 미적용 또는 법령적용의 착오'에 대하여 비약적 상고이유로 주장하여야 할 필요성 또한 크지 않다.

다. 검 토

비약적 상고는 제1심 판결에 법령적용의 잘못이 있는 경우에 항소권자가 항소심급의 이익을 포기하고 항소심을 뛰어넘어 바로 대법원에 상고하는 제도이다. 이는 항소심급의 이익을 포기하되 법률심이자 최종심인 대법원에서 신속히 법률적 쟁점을 판단받는 방법으로 권리를 실현하고자 하는 경우에 사용되는 상소의 방법이다. 비약적 상고는 제1심판결이 인정한 사실에 대하여 법령을 적용하지 않았거나 법령의 적용에 착오가 있는 때 또는 제1심판결이 있은 후 형의 폐지나

변경 또는 사면이 있는 때에 제기할 수 있다(형사소송법 제372조). 제1
심판결에 대한 비약적 상고는 그 사건에 대한 항소가 제기된 때에는
효력을 잃고, 다만 항소의 취하 또는 항소기각의 결정이 있는 때에는
예외로 한다(형사소송법 제373조).

항소이유는 비약적 상고이유에 비하여 훨씬 광범위하다. 항소한
피고인은 양형부당, 사실오인 등을 다툴 수 있는 반면(형사소송법 제
361조의5), 비약적 상고를 한 피고인은 양형부당, 사실오인, 채증법칙의
위배나 심리미진 등을 다툴 수 없고 위와 같은 법률적 주장만이 가능
하다.26) 즉, 제1심판결이 인정한 사실을 전제로 하여 그에 대한 법령
의 적용을 잘못한 경우만이 비약적 상고이유가 된다.

입법례는 비약적 상고에 항소의 효력까지 부여하거나, 비약적 상
고의 효력을 상실시키는 경우로 구분된다. 독일 형사소송법 제335조
제3항은 이 경우 비약적 상고는 항소로서의 효력이 있다고 명문으로
규정한다. 즉, 독일법은 일정 시점까지 항소와 비약적 상고 사이의 자
유로운 전환이 가능하다고 하면서, 비약적 상고의 효력이 상실된 경우
명문으로 항소로서의 효력을 인정한다(대법관 민유숙의 반대의견).

종전 판례(대법원 2005. 7. 8. 선고 2005도2967 판결, 대법원 1971. 2. 9.
선고 71도28 판결 등)는 항소가 제기되면 비약적 상고는 상고로서의 효
력은 물론 항소로서의 효력도 인정하지 아니하였다.

대상판결의 핵심 쟁점은 ① 독일과 같이 명문으로 비약적 상고의
항소로의 전환 규정이 없음에도 불구하고 우리 법의 해석상 동일한
해석이 가능한지, 그리고 ② 만약 다수의견과 같이 비약적 상고의 항
소로서의 전환이 인정되지 아니할 경우 항소를 하지 아니한 피고인의
상고가 제약되어 피고인의 재판청구권의 침해 등이 발생하게 되는지
여부에 관한 것이다. 이와 관련하여 ③ 형사소송법 해석의 한계에 대
하여 대법관들의 근본적인 견해의 차이가 존재한다. 두 개의 반대의견
은 근본적으로는 ② 쟁점에 관하여 일부 견해를 달리한다.

---

26) 이재상, 조균석, 이창온, 앞의 책, 882쪽.

① 쟁점과 관련하여 다수의견은 문언상 항소가 제기된 경우 비약적 상고가 효력을 잃는다고만 되어 있고 비약적 상고를 항소로 전환하는 것을 금지하는 규정은 없다는 것을 전제로, 비약적 상고 또한 근본적으로는 피고인의 상소 의사에 포함되며 피고인의 재판청구권을 보호하기 위해서는 그러한 전환을 인정하여야 한다는 입장이다. 반면 반대의견들은 그러한 해석은 문언해석을 넘어서서 사실상 입법에 해당하는 것으로서 허용될 수 없으며, 항소와 상고를 명확히 구분하고 있는 우리 법제 하에서 명확성과 안정성이 엄격하게 요구되는 형사절차 규정에 대하여 문언의 통상적인 의미를 넘어서는 해석은 허용될 수 없다는 입장이다. ② 쟁점과 관련하여 다수의견은 전환을 인정하지 않을 경우 피고인의 상고권이 제약되어 피고인 보호에 문제가 생길 수 있다는 입장인 반면, 반대의견들은 비약적 상고이유에 해당하는 것은 직권조사 또는 직권심판 사항에 해당하므로 충분히 피고인의 보호가 가능하다거나, 항소하지 아니한 피고인의 상고권제약은 법률이 아니라 판례에 의하여 형성된 법리이므로 충분히 변경 가능하거나 현행 해석상으로도 비약적 상고이유를 주장한 경우에는 적용되지 않는다는 입장이다.

다수의견은 ③ 형사소송법 해석의 한계에 대하여 피고인 보호의 명분 하에서는 형사소송법이 명문으로 규정하지 아니한 새로운 제도의 창설도 허용된다는 입장에 서 있는 것으로 보인다. 개인적으로는 이 부분에 대하여 반대의견에 찬성한다. 사법권은 헌법과 국회가 만든 법률을 전제로 하여 독립적, 중립적인 제3자인 법원이 구체적인 법적 분쟁이 발생한 경우에 그 법률이 정한 절차에 따라 그 분쟁에 대한 최종적이고 구속력 있는 결정을 내리는 작용을 말하는데, 법원이 스스로 법률에 해당하는 이해관계의 기준 자체를 정하는 것은 사법권의 본질적인 영역을 넘어서는 것이다. 반대의견이 지적하고 있는 바와 같이 전원합의체 판결을 통하여 형사절차 규정의 문언의 통상적인 의미를 넘어서는 해석을 허용한다면, 일반 법원 실무에서도 이러한 해석이 허용된다는 잘못된 신호를 전달할 수 있다는 지적은 깊이 유념할 필요가 있다.

2) 선고 후의 형량 정정: 대법원 2022. 5. 13. 선고 2017도3884 판결

가. 사실관계 및 경과

피고인은 2012. 4. 20.경 공소외인 명의의 차용증을 위조하고, 2013. 3.경 성북경찰서 담당 공무원에게 그 위조된 차용증을 제출하여 이를 행사하며, 2013. 3. 12.경과 2013. 5.경 허위의 고소장을 제출하여 공소외인 을 무고하였다는 사실로 공소가 제기되었다. 검사는 제1심 제6회 공판기일에서 피고인을 징역 1년에 처함이 상당하다는 의견을 진술하였다.

제1심은 이 사건 공소사실을 모두 유죄로 인정하였다. 그런데 제1심 재판장이 선고기일인 2016. 9. 22. 법정에서 '피고인을 징역 1년에 처한다.'는 주문을 낭독한 뒤, 상소기간 등에 관한 고지를 하던 중 피고인이 '재판이 개판이야, 재판이 뭐 이 따위야.' 등의 말과 욕설을 하면서 난동을 부리기 시작하였고, 당시 그곳에 있던 교도관이 피고인을 제압하여 구치감으로 끌고 갔다. 제1심 재판장은 그 과정에서 피고인에게 원래 선고를 듣던 자리로 돌아올 것을 명하였고, 결국 법정경위가 구치감으로 따라 들어가 피고인을 다시 법정으로 데리고 나왔다. 이후 제1심 재판장은 '선고가 아직 끝난 것이 아니고 선고가 최종적으로 마무리되기까지 이 법정에서 나타난 사정 등을 종합하여 선고형을 정정한다.'는 취지로 말하고, 피고인에게 '징역 3년'을 선고하였다.

원심은 피고인의 사실오인에 관한 항소이유에 대해서 피고인의 항소이유 주장을 받아들이지 않고 이 사건 공소사실을 모두 유죄로 인정하였다. 원심은 제1심 판결 선고절차에 관한 피고인의 항소이유에 대해서는 다음과 같이 이 사건 변경 선고가 위법하지 않다고 판단하였다. 선고를 위한 공판기일이 종료될 때까지는 판결 선고가 끝난 것이 아니고, 그때까지는 발생한 모든 사정을 참작하여 일단 선고한

판결의 내용을 변경하여 다시 선고하는 것도 유효·적법하다. 제1심 재판장이 이 사건 변경 선고를 할 당시 피고인에 대한 선고절차가 아직 종료되지 않았다. 그러나 원심은 징역 3년을 선고한 제1심의 양형이 과중하다는 이유로 제1심 판결을 파기하고 피고인에 대하여 징역 2년을 선고하였다.

나. 대법원의 판단

형사소송법은 재판장이 판결을 선고함에는 주문을 낭독하고 이유의 요지를 설명하여야 하고(제43조 후문), 형을 선고하는 경우에는 피고인에게 상소할 기간과 상소할 법원을 고지하여야 한다고 정한다(제324조). 형사소송규칙은 재판장은 판결을 선고할 때 피고인에게 이유의 요지를 말이나 판결서 등본 또는 판결서 초본의 교부 등 적절한 방법으로 설명하고, 판결을 선고하면서 피고인에게 적절한 훈계를 할 수 있으며(제147조), 재판장은 판결을 선고하면서 피고인에게 형법 제59조의2, 형법 제59조의2, 형법 제62조의2의 규정에 의하여 보호관찰, 사회봉사 또는 수강을 명하는 경우에는 그 취지 및 필요하다고 인정하는 사항이 적힌 서면을 교부하여야 한다고 정한다(제147조의2 제1항).

이러한 규정 내용에 비추어 보면, 판결 선고는 전체적으로 하나의 절차로서 재판장이 판결의 주문을 낭독하고 이유의 요지를 설명한 다음 피고인에게 상소기간 등을 고지하고, 필요한 경우 훈계, 보호관찰 등 관련 서면의 교부까지 마치는 등 선고절차를 마쳤을 때에 비로소 종료된다. 재판장이 주문을 낭독한 이후라도 선고가 종료되기 전까지는 일단 낭독한 주문의 내용을 정정하여 다시 선고할 수 있다.

그러나 판결 선고절차가 종료되기 전이라도 변경 선고가 무제한 허용된다고 할 수는 없다. 재판장이 일단 주문을 낭독하여 선고 내용이 외부적으로 표시된 이상 재판서에 기재된 주문과 이유를 잘못 낭독하거나 설명하는 등 실수가 있거나 판결 내용에 잘못이 있음이 발견된 경우와 같이 특별한 사정이 있는 경우에 변경 선고가 허용된다.

이 사건 변경 선고는 최초 낭독한 주문 내용에 잘못이 있다거나 재판서에 기재된 주문과 이유를 잘못 낭독하거나 설명하는 등 변경 선고가 정당하다고 볼 만한 특별한 사정이 발견되지 않으므로 위법하다. 제1심 재판장은 '피고인을 징역 1년에 처한다.'는 주문을 낭독하여 선고 내용을 외부적으로 표시하였다. 제1심 재판장은 징역 1년이 피고인의 죄책에 부합하는 적정한 형이라고 판단하여 징역 1년을 선고하였다고 볼 수 있고, 피고인이 난동을 부린 것은 그 이후의 사정이다. 제1심 재판장은 선고절차 중 피고인의 행동을 양형에 반영해야 한다는 이유로 이미 주문으로 낭독한 형의 3배에 해당하는 징역 3년으로 선고형을 변경하였다. 위 선고기일에는 피고인의 변호인이 출석하지 않았고, 피고인은 자신의 행동이 위와 같이 양형에 불리하게 반영되는 과정에서 어떠한 방어권도 행사하지 못하였다. 그런데도 원심은 제1심 선고절차에 아무런 위법이 없다고 판단하였다. 원심판결에는 판결 선고절차와 변경 선고의 한계에 관한 법리를 오해하여 판결에 영향을 미친 잘못이 있다. 이를 지적하는 상고이유 주장은 정당하다.

다. 검 토

대법원의 결론에 찬성한다. 재판은 내부적 성립과 외부적 성립으로 나뉘며 선고는 외부적 성립에 해당한다고 설명된다. 재판의 선고와 고지는 이미 내부적으로 성립한 재판을 대외적으로 공표하는 것에 불과하므로 반드시 재판의 내부적 성립에 관여한 법관에 의해 행하여질 것을 요하지도 않는다.[27] 단독법관의 재판이라고 하더라도 이미 내부적으로 재판이 성립된 이상 선고 과정에서 발생한 상황에 따라 그 내용을 법관이 임의로 변경하는 것은 허용되어서는 안 될 것이다.

3) 공동피고인에 대한 원심판결 파기범위: 대법원 2022. 7. 28.
   선고 2021도10579 판결

가. 대법원의 판단

형사소송법 제364조의2는 항소법원이 피고인을 위하여 원심판결을 파기하는 경우에 파기의 이유가 항소한 공동피고인에게 공통되는

---

27) 앞의 책, 772쪽.

때에는 그 공동피고인에 대하여도 원심판결을 파기하여야 함을 규정하였는데, 이는 공동피고인 상호 간의 재판의 공평을 도모하려는 취지이다. 이와 같은 형사소송법 제364조의2의 규정 내용과 입법 목적·취지를 고려하면, 위 조항에서 정한 '항소한 공동피고인'은 제1심의 공동피고인으로서 자신이 항소한 경우는 물론 그에 대하여 검사만 항소한 경우까지도 포함한다.

원심은, 피고인 3에 대하여도 피고인 1, 피고인 2에 대한 파기 이유가 공통되고, 비록 피고인 3에 대하여 검사만 항소하였으나 형사소송법 제364조의2의 '항소한 공동피고인'에 해당한다고 보아, 위 조항에 따라 직권으로 제1심판결 중 피고인 3에 대한 부분을 파기한 후 그 판시와 같이 무죄로 판단하였다.

원심판결 이유를 관련 법리에 비추어 살펴보면, 이러한 원심의 판단에 형사소송법 제364조의2의 '항소한 공동피고인'에 관한 법리를 오해한 잘못이 없다.

나. 검 토

대상판결은 비약적 상고에 관한 판결과 달리 전원합의체에 의해 심리되지 않았지만 거의 유사한 쟁점을 다루고 있다. 형사소송법 제364조의2는 파기의 이유가 '항소한 공동피고인에게 공통되는 때에는'이라고 명확히 규정하고 있어서 검사가 항소한 경우에는 문언상 도저히 여기에 포함시키기 어렵다. 그럼에도 대상판결은 공동피고인의 보호를 위하여 그 적용을 확장시키고 있다. 항소하지 않은 공동피고인의 경우에는 그 판결이 확정되었을 것인데 우연히 검사가 항소하였다는 이유로 추가적인 보호를 부여해야 하는지 여부가 그렇게 간단한 문제는 아니라고 생각된다. 경위가 어떻든 함께 재판받고 있는 공동피고인에 대해서 명백히 재판부의 판단에 반하는 선고를 한다는 것은 정의에 반한다고 할 것이므로 대상판결의 결론에는 찬성하나, 대상판결이 검사가 항소한 경우에도 '항소한 공동피고인'에 해당한다고 단언하는 방식으로 단순하게 법리적 근거를 제시한 것에 대해서는 비판할 여지가 있다고 생각한다.

VI. 나가는 글

이상에서 2022년도에 선고된 형사소송법 분야에 대한 대법원 판례들을 살펴보았다.

개인적으로 느끼는 전체적인 인상은 최근 몇 년간 대법원이 대법원의 전통적 입장과의 단절에 과감하고 적극적이라는 것이다. 증거법 분야에서는 당사자주의, 공판중심주의의 강화 움직임이 두드러지는 반면, 전자정보의 압수수색이나 재판 분야에서는 사법 적극주의 및 피고인보호를 위한 직권적 후견의 움직임이 부각된다. 특히 형사소송법이 명시적으로 예정하고 있지 않는 실질적인 입법사항을 판례를 통해 창설하는데에도 상당히 과감하다는 인상을 준다. 사법부가 새로운 현상에 대해 타당한 법리를 만들어가기 위한 노력으로 보이나 그것에 대한 궁극적인 평가는 다소 유보적이다. 새로운 법리를 만드는데 있어서 대단히 민첩하고 과감한 것처럼 보이지만, 충분한 정합성과 일관성에 대한 배려가 좀 더 필요하다는 생각이 든다.

[주 제 어]
판례회고, 압수수색, 전자정보, 클라우드, 반대신문권, 비약적 상고

[Key Words]
Review on the Supreme Court decisions, search and seizure, digital infomation, cloud, cross-examination, appeal to the Supreme Court

접수일자: 2023. 5. 19. 심사일자: 2023. 6. 12. 게재확정일자: 2023. 6. 30.

[참고문헌]

1. 단행본

이재상, 조균석, 이창온, 형사소송법 제14판, 박영사(2022).

조성훈, 역외 전자정보 압수수색연구, 박영사(2020).

2. 논문

강동범, 2021년 형사소송법 판례회고, 형사판례연구, 형사판례연구회(2022).

구길모, 디지털증거 압수수색과 참여권 보장, 형사법연구 제34권 제4호, 한국형사법학회(2022).

이순옥, 금융거래정보와 영장주의. 성균관법학, 31(4), 성균관대학교 법학연구원(2019).

이완규, 디지털증거 압수수색과 관련성 개념의 해석, 법조 제62권 제11호(2013).

이주원, "형사증거법상 반대신문권 보장의 의의와 기능 ― 대상판결: 대법원 2019. 11. 21. 선고 2018도13945 전원합의체 판결 ―", 형사소송 이론과 실무, 제12권 제2호, 한국형사소송법학회(2020).

이창온, 형사소송법상 반대신문권과 국제인권법의 적용가능성에 관한 연구. 형사소송 이론과 실무, 제13권 제3호(2021).

장석준, 임의제출된 정보저장매체에 저장된 전자정보의 증거능력 사법 59호, 사법발전재단(2022).

장진환, 핸드폰 압수수색영장으로 행한 클라우드 압수수색의 타당성, 형사법연구, 제35권 제1호(2023).

전치홍, 대법원의 참여권 법리에 대한 비판적 검토, 형사소송의 이론과 실무 제14권 제1호, 한국형사소송법학회(2022).

최병각, 디지털 증거의 압수수색에서 관련성과 참여권, 형사법연구, 제35권 제1호(2023).

3. 외국단행본

JR Spenser, 『Hearsay Evidence in Criminal Proceeding』, Hart Publishing(2th) (2014).

[Abstract]

Review on the Supreme Court decisions on Criminal Procedure Law in 2022

Lee, Chang-On*

Reviewing the cases of the Supreme Court decisions on Criminal Procedure Law in 2022, there were many cases related to seizure and search of digital information, following those in 2021. As the Supreme Court is leading the jurisprudence for a new phenomenon in a situation where legislative solutions fall behind, it is expected that many precedents related to this field will continue to be issued for the time being. In addition, a number of judgments worthy of in-depth evaluation were issued in the field of evidence law related to cross-examination and hearsay. The only decision en banc in relation to the Criminal Procedure Law was on the direct appeal to the Supreme Court without a higher court review. This paper has reviewed 21 cases out of 118 decisions in 2022 related to the Criminal Procedure Law.

The overall impression I personally feel is that the Supreme Court has been bold and active in breaking with the traditional its own position. In the field of evidence law, the movement to strengthen the principle of parties control and trial-centeredness is gaining more weight, while in the field of search and seizure of digital information and trial procedures, the movement of judicial activism and guardianship for the protection of the accused stands out. In particular, it seems that the Supreme Court does not hesitate to create de-facto legislative matters through precedents in Criminal Procedure which are supposed to be passed by the National Assembly. It seems to be trying hard to make a valid legal theory for a

---

* Professor, Law School, Ewha Womans University.

new phenomenon, but the ultimate evaluation of it is somewhat reserved. It seems to be agile and bold in creating new legal principles, but I think it needs a little more consideration for sufficient consistency.

刑事判例研究 總目次
(1권~31권)

[刑事判例研究(1)]

한시법의 효력 ·· 장영민
형법상 방법의 착오의 문제점 ···················· 김영환
법률의 부지의 효력 ·································· 허일태
과실범에 있어서 의무위반과 결과의 관련 ············ 신양균
결과적 가중범의 공동정범 ························ 박상기
유기치사죄와 부작위에 의한 살인죄 및 양심범과의 관계 ······· 최우찬
부녀매매죄의 성립요건에 관하여 ················· 석동현
명예훼손죄의 공연성 ·································· 오영근
사기죄의 보호법익론 ·································· 조준현
사기죄에 있어서의 죄수 ···························· 김수남
소위 불법원인급여와 횡령죄의 성부 ·············· 강동범
복사문서의 문서성 ···································· 하태훈
국가보안법 제7조 제1항 및 제5항의 해석기준 ············ 김대휘
국토이용관리법상의 허가없이 체결한 토지거래계약 ············ 김광태
음주운전과 도로교통법상의 도로 ················· 황인규
환경보전법 제70조의 행위자 ······················ 선우영
환경형사판례에 관한 비판적 검토 ··············· 조병선
관할위반 선고사건의 처리 ························· 최성창
접견교통권의 침해와 그 구제방법 ················ 심희기
고소불가분의 원칙과 강간범에 대한 공소권의 행사 ··············· 손동권

검사작성의 공범자에 대한 피의자신문조서의 증거능력 ·········· 여훈구
경함범에 있어서의 일부상소의 허용범위 ························· 이민걸
1992년의 형법 주요판례 ································· 이재상

[刑事判例研究(2)]
외교공관에서의 범죄행위에 대한 재판권 ··················· 신양균
소위 "개괄적 고의"의 형법적 취급 ····················· 이용식
부진정부작위범의 성립요건 ·························· 장영민
의료행위의 형법해석학적 문제점 ························ 김영환
쟁의행위에 있어서 업무방해와 정당성 ···················· 김대휘
무기징역 감경시 선고할 수 있는 징역형기의 범위 ·········· 이민걸
몰수·추징의 부가성의 의미 및 그 예외 ·················· 서정걸
상습범의 상습성 인정기준 ························· 이영란
감금죄와 강간죄의 관계 ·························· 최우찬
절도죄의 불법영득의사와 사용절도 ····················· 오영근
절도죄에 있어서 실행의 착수시기 ····················· 정영일
부동산거래관계에 있어서 고지의무와 부작위에 의한 기망 ····· 하태훈
업무방해죄에서의 '업무방해'의 의미 ···················· 박상기
범죄단체조직죄의 성격 ························· 조영수
성명모용과 피고인의 특정 ························ 김상희
전문법칙과 사법경찰 ························· 손동권
사법경찰관 사무취급작성의 실황조사서의 증거능력 ··········· 강용현
제 1 회 공판기일 전의 증인신문 ····················· 이재홍
증언거부와 형사소송법 제314조의 기타사유로 인하여
  진술할 수 없는 때 ························· 김희옥
불이익변경금지의 내용 ························· 이기헌
미결수용자의 구금장소변경(이송 등)에 법원의 허가가
  필요한가 ····························· 심희기

교통사고처리특례법의 물적·장소적 적용범위 ………………………… 손기식
1993년의 형사판례 ………………………………………………………… 이재상

[刑事判例硏究(3)]
양벌규정과 법인의 형사책임 …………………………………………… 조병선
인과관계의 확정과 합법칙적 조건설 ………………………………… 장영민
결과적 가중범의 제한해석 ……………………………………………… 조상제
허가 등의 대상인 줄 모르고 한 행위의 형법상 취급 …………… 강동범
정당방위와 긴급피난의 몇 가지 요건 ……………………………… 이용식
동종의 범죄를 가액에 따라 차등처벌하는 특별형법규정 ……… 이기헌
살인죄의 범의 ……………………………………………………………… 최성창
강간치상죄에서 상해의 개념 …………………………………………… 오영근
출판물에 의한 명예훼손죄 ……………………………………………… 박상기
형법상의 점유개념 ………………………………………………………… 하태훈
사자의 점유 및 사자명의의 문서 ……………………………………… 최철환
강도죄의 경우 재산상 이익취득의 시기 …………………………… 최우찬
강도죄 및 강도상해죄의 죄수관계 …………………………………… 이민걸
공무집행방해죄에 있어서 직무집행의 적법성 …………………… 이완규
음주측정불응죄의 성립요건 …………………………………………… 봉 욱
신용카드부정사용죄의 기수시기 ……………………………………… 김우진
신용카드부정사용에 관한 형법해석론의 난점 …………………… 김영환
조세포탈범의 성립과 적극적 부정행위 ……………………………… 윤재윤
특정범죄가중처벌등에관한법률 제5조의3 제1항
  위반죄와 관련된 제문제 …………………………………………… 황상현
피의자연행과 보호실유치 ……………………………………………… 손동권
이혼소송과 간통고소 …………………………………………………… 이상철
소위 축소사실에 대한 유죄인정범위 ………………………………… 정동욱

강도상해죄와 장물취득죄 사이에 공소사실의 동일성이
　있는지 여부 ……………………………………………………… 김상헌
포괄일죄와 이중기소 …………………………………………… 신양균
1994년도 형사판례 회고 ……………………………………… 이재상

[刑事判例硏究(4)]
형법해석의 한계
　— 허용된 해석과 금지된 유추와의 상관관계 — ……………… 김영환
행정행위와 형법 ………………………………………………… 조병선
상관의 위법한 명령에 따른 행위 ……………………………… 이용식
과실의 원인에 있어서 자유로운 행위 ………………………… 조상제
공모와 공동정범 ………………………………………………… 백원기
상습범 및 누범에 대한 형벌가중의 문제점 ………………… 손동권
변호사법위반죄에 있어서의 추징범위 ………………………… 전주혜
유가증권에 관한 죄의 판례연구 ……………………………… 정영일
판례에 나타난 음란성 ………………………………………… 이기호
강간죄와 폭행·협박의 정도 ………………………………… 박상기
형벌법규의 해석 ………………………………………………… 오영근
강간치상죄에 있어서의 상해의 인정범위 …………………… 김상희
주거침입죄의 범의와 기수시기 ……………………………… 강용현
사기죄에 있어서 편취의 범의 ………………………………… 이완규
교통사고처리특례법의 장소적 적용범위 …………………… 이종상
교통사고와 죄수 ………………………………………………… 이유정
음주측정불응죄에 관한 약간의 고찰 ………………………… 손기식
현금자동인출기 부정사용에 대한 형법적 평가 …………… 하태훈
형사소송법 제314조의 위헌성 논의 ………………………… 조준현
공소사실의 특정 ………………………………………………… 최철환
판결경정제도에 관하여 ………………………………………… 전강진

친고죄에 있어 고소전 수사의 허용여부 ····································· 강동범
권리행사와 공갈죄의 성부 ··· 장영민
1995년도 형사판례 회고 ··· 이재상

[刑事判例研究(5)]
공소시효와 형벌불소급의 원칙 ·· 김영환
살인죄에 있어서 미필적 고의
　— 삼풍백화점 붕괴사건과 관련하여 — ····························· 이종상
책임능력과 감정 ··· 신양균
중지(미수)범의 특수문제
　— 특히 예비단계에서의 중지 — ····································· 손동권
불능미수와 위험성
　— 차브레이크액유출 살인미수사건 — ····························· 백원기
공범관계의 해소에 관한 사례연구 ·· 조준현
연속범의 죄수 ··· 허일태
야간건조물침입절도 피고사건 ·· 오영근
사기죄에 있어서의 기망행위 ·· 안경옥
교인총회의 결의 없는 교회재산의 이중매매와 배임죄 ············· 석동현
횡령죄에서의 대체물보관자의 지위 ··· 최철환
압수절차가 위법한 압수물의 증거능력 ····································· 하태훈
마약류 투약사범과 공소사실의 특정 ·· 손기호
참고인의 허위진술과 증거위조죄 ·· 이상철
경합범 중 일부죄에 관하여만 재심사유가 있는 경우의
　심판범위 ·· 강용현
일죄의 일부가 각 무죄, 공소기각에 해당하는 경우
　판결 주문의 표시 방법 ··· 여훈구
행정범에 있어서 고의 ··· 손기식
자기신용카드의 부정사용행위에 대한 형사책임 ······················· 강동범

도주차량운전자의 가중처벌(특가법 제 5 조의 3) 소정의
　도주의 의미해석과 그 한계 ……………………………………… 조상제
특가법 제 5 조의 3 의 도주운전죄 ……………………………… 이기헌
의붓아버지와 성폭력법상의 '사실상의 관계에 의한 존속',
　그리고 '친족강간(incestuous rape)'의 범주획정문제 …………… 심희기
의료법상 의사의 진료거부금지와 응급조치의무 ……………… 정현미
변호사법위반죄에 있어서의 타인의 사무 ……………………… 강수진
사용권 없는 제 3 자의 캐릭터 상품화와 부정경쟁방지법
　제 2 조 제 1 호 ㈎목의 부정경쟁행위 ………………………… 남성민
1996년의 형사판례 회고 ………………………………………… 이재상

[刑事判例硏究(6)]
형법의 시간적 적용범위에 관한 동기설의 문제점 …………… 이승호
분업적 의료행위에 있어서 형법상 과실책임 ………………… 정영일
개괄적 과실(culpa generalis)?
　— 결과적 가중범에서의 결과귀속의 문제 — ……………… 장영민
정당방위와 긴급피난의 법리에 관한 사례연구 ……………… 조준현
추정적 승낙 ………………………………………………………… 이기헌
부작위에 의한 방조 ……………………………………………… 신양균
신분과 공범의 성립 ……………………………………………… 백원기
성전환수술자의 강간죄의 객체 여부 ………………………… 정현미
출판물에 의한 명예훼손 ………………………………………… 오경식
형법 제310조의 실체면과 절차면 ……………………………… 손동권
승낙의 의사표시의 흠결과 주거침입죄의 성부 ……………… 하태훈
현금자동지급기의 부정사용에 관한 형법적인 문제점 ……… 김영환
부동산명의신탁과 횡령죄 ……………………………………… 박상기
권리행사와 사기죄 ……………………………………………… 강수진

사기죄의 기수

　— 재산상의 손해발생의 요부와 관련하여 — ·························· 안경옥

가장혼인신고가 공정증서원본부실기재죄에 해당하는지 여부 … 석동현

음주측정불응죄의 성립요건과 계속운전의 의사

　— 음주측정불응죄에 관한 종전의 대법원판결과 최근의

　　헌법재판소결정 — ··· 심희기

행정형벌법규와 양벌규정 ··· 김우진

구체적 방어권과 공소장변경의 요부 ································· 서정걸

수첩기재내용의 자백 여부와 보강법칙 ····························· 오영근

사진과 비디오테이프의 증거능력 ····································· 김대휘

녹음테이프의 증거능력 ··· 강동범

1997년의 형사판례 회고 ··· 이재상

[刑事判例硏究(7)]

유추금지와 목적론적 축소해석 ··· 장영민

보호관찰과 형벌불소급의 원칙 ··· 이재홍

의료과실과 과실인정조건 ··· 박상기

중지미수의 성립요건 ··· 하태훈

과실범의 공동정범 ··· 이용식

합동범에 관한 판례연구 ··· 정영일

합동절도의 공동정범 ··· 이호중

경합범과 상상적 경합 ··· 이기헌

집행유예기간중 발각된 범죄에 대한 집행유예선고의 가능 여부 … 백원기

소위 의사살인죄 ··· 허일태

자동차를 이용한 폭행과 '위험한 물건의 휴대' ····················· 강용현

특정범죄가중처벌등에관한법률 제 5 조의 3 도주차량운전자의

　가중처벌조항의 해석

　— 도주의 의미를 중심으로 — ······································· 조준현

노동자집단의 평화적인 집단적 노무제공의 거부행위와
　위력업무방해죄 ·· 심희기
기업비밀침해죄
　— 산업스파이 사건에 대하여 — ·· 오경식
신용(현금)카드부정사용의 유형별 범죄성립과 죄수 ················· 손동권
특수강도죄의 실행의 착수시기 ·· 여훈구
부동산명의신탁과 횡령죄 ··· 백재명
유가증권위조죄 해석상의 문제점 ··· 오영근
이혼소장의 각하가 고소권에 미치는 효력 ······························· 김기준
철야조사에 의하여 얻은 자백의 증거능력 ······························· 봉　욱
1998년의 형사판례 회고 ·· 이재상

[刑事判例硏究(8)]
법률의 착오에서 정당한 이유의 판단기준 ······························· 정현미
(오상)과잉방위에 대한 책임비난 ··· 손동권
불능미수범에 있어서 위험성의 의미 ·· 허일태
공동정범의 실행의 착수와 공모공동정범 ································· 이용식
무형적·정신적 방조행위 ·· 백원기
의사의 응급의료의무와 치료의무 ··· 조상제
죄수의 결정 ··· 이기헌
양벌규정과 업무주 및 행위자의 책임 ······································ 박강우
징벌적 추징에 관하여 ··· 김대휘
공범간에 취득한 이익이 다른 경우의 취득방법
　— 외국환관리법 및 관세법상의 몰수·추징의 법적 성격과
　　추징방법을 중심으로 — ·· 서보학
형법 제310조와 의무합치적 심사 ·· 김재봉
주거침입죄의 성립범위 ··· 오영근

지명채권양도인이 양도통지 전에 채권의 변제로서 수령한
  금전을 자기를 위하여 소비한 경우 횡령죄 또는 배임죄의
  성립 ··· 이민걸
불법원인급여와 횡령죄 ·· 장영민
공문서등부정행사죄 ··· 박상기
형벌법규의 경합과 그 적용
  ― 형법과 행정형법 경합을 중심으로 ― ····························· 박기석
검사가 증거로 제출하지 아니한 수사기록 등에 대한
  열람·등사의 가부 ·· 석동현
강제적 성범죄에 대한 효율적 형사사법집행을 위한 제언 ······· 이승호
약물사용죄와 공소사실의 특정 ··· 이은모
축소사실에 대한 공소장변경 없는 유죄인정
  ― 비친고죄의 공소사실에 대하여 친고죄의 유죄를
    인정하는 경우 ― ··· 이호중
항소심에서의 공소장변경과 고소취소의 효력 ··························· 천진호
자백의 임의성과 그 입증 ··· 박광민
증거능력이 없는 증거에 의한 사실인정과 무해한 오류 ··········· 최병각
사인이 비밀리에 녹음한 녹음테이프의 증거능력 ····················· 하태훈
불이익변경 여부의 판단기준 ··· 한영수
'강조되어야 할 예외'로서의 재정신청제도 ································· 조 국
1999년의 형사판례 회고 ·· 이재상

[刑事判例研究(9)]
1990년대의 형사판례
  ― 책임·미수·공범론을 중심으로 ― ································· 오영근
1990년대 재산범죄에 관한 대법원판례의 동향 ··························· 박상기
1990년대 형사증거법에 관한 주요판례 및 동향 ······················· 김희옥
1990년대 선거법판례의 동향 ··· 강용현

피고인에게 불리한 판례의 변경과 소급효금지원칙 ………………… 허일태
인과과정에 개입된 타인의 행위와 객관적 귀속 ………………… 정현미
상관의 명령에 복종한 행위 ……………………………………… 하태훈
'공모'공동정범에 있어서 공모의 정범성 ……………………… 천진호
무형적·정신적 방조행위의 인과관계 ………………………… 이용식
목적범에 관한 판례연구 ……………………………………… 정영일
명예훼손죄에 있어서의 공연성 ……………………………… 김우진
'사실상의 신임관계'에 기초한 배임죄 처벌의 한계 ……………… 안경옥
장물인 현금 또는 자기앞수표의 예금과 장물성의 상실 여부 …… 여훈구
간 첩 죄 ……………………………………………………… 김성천
영장청구 기각결정에 대한 불복방법 ………………………… 오세인
음주측정을 위한 '동의 없는 채혈'과 '혈액의 압수' ……………… 한영수
공소권남용과 주관적 요건 …………………………………… 김재봉
검사작성 피의자신문조서의 성립진정과 증거능력 ……………… 조　국
법정증언을 번복하는 진술조서의 증거능력 ………………… 이재홍
사법경찰관 작성 검증조서에 기재된 피의자 진술의 증거능력 …… 이승호
항소심에서의 공소사실변경으로 인한 특수문제 ……………… 손동권
공소사실의 축소인정과 '현저한 정의와 형평기준' ……………… 심희기
2000년의 형사판례 회고 ……………………………………… 이재상

[刑事判例硏究(10)]
건축법상 불법용도변경과 형법의 시간적 적용범위 ……………… 허일태
양벌규정의 해석 ……………………………………………… 김대휘
고의의 본질과 대법원 판례의 입장 …………………………… 박상기
개괄적 과실(culpa generalis) 사례의 결과귀속 ………………… 조상제
정당방위의 사회윤리적 제한
　— 부부 사이의 정당방위의 제한 — ……………………… 박강우
유책한 도발과 정당방위 ……………………………………… 정현미

정당행위와 사회상규 ·· 최병각
고의의 원인에 있어서 자유로운 행위 ································ 한상훈
이중평가금지와 연결효과에 의한 상상적 경합 ·················· 김성돈
상상적 경합의 비교단위 ·· 이승호
소송사기의 가벌성 ·· 안경옥
허위공문서작성죄의 간접정범에 대한 공범의 성립여부
  ― 예비군훈련확인서 허위작성사건 ― ························· 백원기
공연음란죄의 내포와 외연 ·· 조 국
내란죄의 간접정범과 간접정범의 본질 ······························ 오영근
해상교통의 주의의무와 특례입법 ······································· 이경호
형사소송법상 전문법칙의 예외요소로서의 필요성 ·············· 손동권
재전문증거의 증거능력
  ―특히 피고인의 진술을 내용으로 하는 진술조서의 경우―····· 신양균
불법감청에 의한 대화녹음테이프의 증거능력 ····················· 원혜욱
일부상소와 심판의 대상 ·· 박기석
사건의 병합과 불이익변경금지의 원칙 ······························ 임동규
2001년의 형사판례 회고 ·· 이재상

[刑事判例研究(11)]
형벌법규의 해석과 죄형법정원칙
  ― 대법원 판례를 중심으로 ― ···································· 하태훈
인과관계판단과 과실판단의 분리 ······································ 김성돈
법률의 부지의 형법해석학적 문제점 ··································· 김영환
공동자 중 1인의 실행착수 이전 범행이탈
  ― 공동정범의 처벌한계 ― ··· 이용식
대향범 중 불가벌적 대향자에 대한 공범규정 적용 ·············· 조 국
신용카드를 이용한 현금자동인출기 사용행위의 형사책임 ······· 김대웅

타인 명의를 모용·발급받은 신용카드를 이용한

　현금인출행위와 컴퓨터 등 사용사기죄 ·················· 안경옥

사기죄와 처분의사 ·· 김재봉

편의시설부정이용죄의 본질과 전화카드의 문서성 ··············· 박상기

명의신탁부동산 처분행위의 형사책임 ·························· 천진호

누락사건에 대한 추가기소에서 공소권남용의 판단기준 ········· 김혜정

포괄일죄의 일부에 대한 추가기소와 확정판결에 의한

　전후사건의 분리 ·· 박광민

공소장변경과 법원의 심판범위 ······························ 오경식

공소장변경과 공소시효완성 ·································· 임동규

범죄인지서 작성 전에 행한 피의자 신문조서의 증거능력

　— 인지의 개념과 시기 — ································· 이완규

공범자인 공동피고인의 진술을 내용으로 하는 전문증거 ········ 김대휘

공범자의 법정외 진술의 증거능력과 자백의 보강법칙

　— 공범자의 법정외 진술에 대한 제314조 및

　제310조의 적용 여부 — ································· 서보학

사인에 의한 비밀녹음테이프의 증거능력 ····················· 박미숙

유전자감정결과의 증거능력과 증명력 ························· 원혜욱

압수절차가 위법한 압수물의 증거능력 ······················· 이완규

자백거부와 선고유예 및 '개전의 정상'에 관한

　상고심의 대상 여부 ·· 허일태

음주운전죄에 있어서 혈중알코올농도와 위드마크 공식 ········· 김우진

적성검사 미필로 인한 운전면허 취소 공고와 도로교통법

　위반(무면허운전)죄의 성립 여부 ························· 여훈구

'청소년의 성을 사는 행위'와 '위계에 의한

　청소년간음행위'의 구별 ··································· 한영수

국회에서의증언·감정등에관한법률상 증인의 출석의무와

　형사책임 ·· 김정원

[刑事判例硏究(12)]
도주운전죄와 원인에 있어서 자유로운 행위 ·············· 김성돈
분업적 의료행위에서 형사상 과실책임 ·················· 전지연
기능적 범행지배의 의미 ······························ 하태훈
부진정부작위범의 정범표지
  ─ 보증인의 부작위 ─ ······························ 김성룡
결과적 가중범의 공범 인정 여부
  ─ 상해치사죄의 교사범 ─ ······························ 조상제
생명 침해범에 대한 양형
  ─ 대법원 2002. 2. 8. 선고 2001도6425 판결을
    중심으로 ─ ·································· 윤병철
몰수와 비례원칙 ·································· 이상원
선고유예의 요건으로서 '개전의 정상이 현저한 때' ·········· 오영근
공무상 표시무효죄와 착오 ························ 박상기
배임수증재죄의 부정한 청탁
  ─ 유형화의 시도 ─ ······························ 신용석
위탁금전의 소비와 형법상 고유한 소유권개념 ············ 허일태
사기죄에 있어서 재산처분행위와 소취하 ················ 천진호
검사의 지위와 객관의무 ························ 이완규
친고죄에서의 일부기소 ························ 손동권
기소전 체포·구속적부심사단계에서의 수사기록열람·
  등사청구권 ·································· 조 국
참고인의 허위진술과 범인도피죄 ···················· 이승련
판결 확정후 누락사건의 추가기소에 대한 공소권남용
  적용론에 대한 평가 ······························ 이완규
전문진술이 기재된 조서의 증거능력 ···················· 박수희
선고유예의 요건판단과 상고이유 ···················· 박미숙
범칙행위와 일사부재리의 효력 ···················· 임동규

재심의 이유로서 증거의 신규성과 명백성에 관하여 ……………… 백원기
선거법위반과 사회상규에 반하지 않는 행위 …………………………… 김대휘
인터넷상 음란정보 전시 및 링크의 형사책임 …………………………… 정현미
2003년 형사판례 회고 …………………………………………………………… 박상기
〈특별기고〉
국제인도법의 최근 동향
　─ICTY의 소개를 중심으로 ─ ………………………………………… 권오곤

[刑事判例研究(13)]
법령의 개폐와 형법 제 1 조 제 2 항의 적용 …………………………… 서보학
형법상 해석원칙과 그 한계 ………………………………………………… 허일태
범죄유형별 인과관계판단과 직접성 …………………………………… 김성돈
결과적 가중범에서 기본범죄가 미수인 경우의 법해석 ………… 변종필
부작위범에서 정범과 공범의 구별 …………………………………… 전지연
치료행위중단에 있어서 작위와 부작위의 구별 ………………… 김성룡
사회상규의 의미와 정당행위의 포섭범위
　─ 체벌의 허용요건과 정당행위 ─ ……………………………… 이인영
형법개정에 따른 경합범의 양형 ……………………………………… 최병각
집행유예기간이 경과한 자에 대한 선고유예 …………………… 한영수
명예훼손죄의 '공연성' 해석의 재검토 …………………………… 안경옥
기간부신용공여와 재산상 이익 ……………………………………… 이완규
재물죄(절도죄)에서의 사자점유(?)와 불법영득의 의사 ………… 손동권
업무상 배임죄와 경영판단 …………………………………………… 이규훈
타인명의예금 인출행위의 형사책임과 장물죄 ………………… 천진호
직권남용죄에 있어서의 주체와 직권남용의 의미 ……………… 이민걸
인·허가 행정관청을 상대로 한 위계에 의한 공무집행방해죄의
　성부와 논지의 확장 …………………………………………………… 황병주
위조범죄의 보호법익으로서 '공공의 신용'과 복사물 …………… 류전철

비신분자에 의한 허위공문서작성죄의 간접정범 ························· 김태명
팝업(Pop—Up) 광고와 상표권침해죄 및 부정경쟁방지법
　위반죄 ·· 김기영
신체구속되지 않은 피의자신문시 변호인참여권의 확대인정 ···· 조　국
형사판결의 정정 ·· 최길수
2004년 형사판례 회고 ··· 박상기

[刑事判例硏究(14)]
착수미수와 실행미수의 구별 ··· 정현미
상습범의 죄수와 기판력이 미치는 범위 ··· 박광민
낙태와 살인
　— 대법원 2005. 4. 15. 선고 2003도2780 판결 — ····················· 전지연
강간죄의 구성요건으로서의 폭행·협박의 정도 ···························· 윤승은
준강도죄의 기수 및 미수의 판단기준 ··· 이천현
사기죄에 관한 대법원판례의 소극적 기망행위와 관련한
　몇 가지 문제점 ·· 김성룡
횡령죄에 있어서의 위탁관계 ··· 원혜욱
소송계속 이후에 검사가 법원에 제출하지 않은 서류나
　증거물에 대하여도 열람·등사권을 인정할 수 있는가 ········· 백원기
유아(幼兒)의 증언능력 유무의 판단기준 ·· 여훈구
검사작성의 피의자신문조서와 참고인진술조서의 증거능력 ······· 하태훈
조서의 증거능력과 진정성립의 개념 ··· 이완규
형사증거법상 '공범인 공동피고인'의 범위 ···································· 임동규
형의 양정이 심히 부당하다고 인정할 현저한 사유가 있는
　때에 관한 연구 ·· 이상철
성폭력범죄에 있어서 '항거불능인 상태'의 의미 ························· 김혜정
인터넷 홈페이지의 상담게시판을 이용한 낙태 관련 상담과
　구 의료법 제25조 제 3 항의 '유인' 해당 여부 ························· 최동렬

노동조합및노동관계조정법상 안전보호시설과 명확성원칙 ········ 이상원
무면허 의료행위에 있어서의 의료행위의 개념 ························· 황만성
2005년도 형법판례 회고 ··· 오영근

[刑事判例硏究(15)]
부진정결과적 가중범의 성립범위와 죄수 ························· 김성룡
예방적 정당방위의 성립가능성 ································· 김혜경
경찰관의 무기사용에 대한 정당방위의 성립여부 ············· 김태명
승계적 종범의 성립범위 ·· 이용식
음란물에 대한 형사규제의 정당성 및 합리성 검토 ············· 주승희
형법 제310조의 적용범위 ······································· 권오걸
경영판단과 배임죄의 성부 ······································ 박미숙
배임행위의 거래상대방의 형사책임 ····························· 신양균
긴급체포의 전(前)단계로 남용되는 불법적 임의수사에 대한

  통제 ·· 조 국
마약투약사범에 대한 공소사실 특정 ······················· 남성민
위법수집 증거물의 증거능력 ···································· 안성수
공판중심주의와 참고인진술조서 ································· 최병각
사법경찰관작성 피의자신문조서와 탄핵증거 ···················· 이완규
피의자의 진술을 내용으로 하는 사법경찰관의 진술의

  증거능력 ·· 금태섭
아동전문 인터뷰어와 성추행피해아동의 인터뷰 진술녹화

  비디오테이프의 증거능력과 증명력 ························· 심희기
상소권회복제도의 몇 가지 문제점 ······························ 천진호
공시송달과 상소권회복청구 ····································· 김정원
항소이유서 미제출과 직권조사사유 ····························· 김우진
2006년도 형법판례 회고 ·· 오영근

[刑事判例研究(16)]

과잉방위의 적용범위 ··· 정현미
소아성기호증과 책임판단 문제 ·· 김혜정
하나의 자유형에 대한 일부집행유예 ······································ 이천현
협박죄의 범죄구성요건 유형 ·· 하태훈
업무방해죄에서 업무의 개념과 범위 ······································ 변종필
강도죄와 절도죄의 경합 ··· 한영수
위임범위를 초과한 타인의 현금카드사용 현금인출의
　　형사적 죄책 ··· 조　국
위임범위를 초과한 현금인출행위의 형사법적 죄책 ··············· 김성룡
타인명의 신용카드 부정사용행위에 대한 죄수판단 ·············· 김태명
진술거부권과 진술거부권 불고지의 효과 ······························ 안성수
피의자의 방어권보장 및 증거보전을 이유로 한
　　구속영장기각결정의 문제점 ·· 이선욱
압수·수색영장 청구의 분리기각결정에 관한 고찰 ··············· 류장만
사인작성 컴퓨터문서의 진정성립 입증과 증거능력 ·············· 이완규
위법수집증거물의 증거능력 ·· 전주혜
해외주재 영사작성 진술기재서면의 성질과 증거능력 ·········· 이완규
피고인 제출증거의 증거능력과 증거조사 ······························ 신용석
특별누범의 처단 ·· 김대휘
조세범처벌법 제 9 조 제 1 항의 '조세포탈'의 의미 ·············· 김희철
2007년도 형사판례 회고 ··· 오영근

[刑事判例研究(17)]

침해범/위험범, 결과범/거동범, 그리고 기수/미수의 구별기준 ····· 김성돈
부작위범 사이의 공동정범 ·· 김성룡
방조범의 성립범위 ··· 김혜경
형법 제39조 제 1 항의 의미 ·· 이천현

재벌그룹 회장에 대한 집행유예의 선고
　— 경합범가중처벌규정의 문제점을 포함하여
　　사회봉사명령의 개념에 대한 해석론 — ····························· 한영수
사회봉사명령의 의의 및 한계 ··· 이규훈
자살방조죄의 성립범위 ·· 임정호
상해행위를 통한 공갈행위 ··· 김정환
인권옹호명령불준수죄의 위헌 여부 ··································· 문성도
자기무고 공범성립의 범위에 대한 검토 ······························ 정혁준
수사상 임의동행의 허용 여부와 적법성 요건 ······················· 김택수
피의자신문시 변호인참여권
　— 형사소송법 제243조의 2의 해석을 중심으로 — ················ 전승수
변호인의 피의자신문 참여권 ··· 김대웅
독수과실의 원리 ·· 조　국
진술거부권 불고지로 인한 위법수집증거 배제와 그 불복방법 ···· 안성수
마약류 투약범죄에 있어서 공소사실의 특정과 피고인의
　방어권 보장 ·· 원혜욱
공범인 공동피고인의 법정진술의 증거능력과 증명력 ············· 정웅석
성폭법상 카메라등 이용촬영죄에서의 구성요건 해석 문제 ······ 이승준
성폭력처벌법 제8조의 입법취지와 장애인 성폭력
　피해자 보호 ·· 박미숙
2008년도 대법원 형법판례 회고 ····································· 오영근
[형사판례연구회 제200회 기념]
형사판례연구회를 회고하며 ·· 이재상
'형사판례연구' 200회에 대한 계량적 회고 ··························· 박상기

[刑事判例研究(18)]
무의미한 연명치료중단의 형사법적 검토 ···························· 안성준
운동경기 중 발생한 상해와 형사책임 ································ 김우진

성전환자의 강간죄 객체성립 여부 ······························· 이주형
업무방해죄의 법적 성질과 결과발생의 요부(要否) ····················· 김태명
횡령한 부동산에 대한 횡령죄의 성립 여부 ······················· 김대웅
전환사채의 저가발행과 배임죄 ····························· 황정인
무주의 일반물건 방화자의 형사책임 ························· 이경렬
문서위조죄에서의 복사와 행사의 개념 ······················· 김혜경
공소장일본주의에 대한 비판적 고찰
    —직권주의와 당사자주의의 충돌과 그 조화 ····················· 백원기
탄핵증거의 요건, 조사방법과 입증 ··························· 안성수
반대신문권과 수사기관 조서의 증거능력 및 증명력 ················· 이완규
위법수집증거배제법칙의 적용기준에 대한 비교법적 연구 ······· 이윤제
상소심 법원의 원심 증거조사과정 평가방법 ······················· 오기두
항고전치주의와 재정신청기간 ······························· 전승수
국민참여재판에서의 축소사실인정 ··························· 이정민
교통사고처리특례법 제4조 제1항의 위헌결정에 대한
    형사정책적 검토 ··· 오경식
위치추적 전자장치 부착명령의 위헌성 유무 ····················· 이춘화
특별법상 추징의 법적 성격 ····························· 이승현
2009년도 형법판례 회고 ································· 오영근

[刑事判例研究(19)]
형의 실효의 법률적 효과 ································· 김정원
영업범의 개념과 죄수관계
    —포괄일죄 또는 실체적 경합 성립여부— ····················· 김혜경
불법적·반윤리적 목적의 승낙과 상해 ······················· 황태정
심신장애 판단과 감정 ··································· 박미숙
고소인이 간통죄의 제1심 판결 선고 후 피고소인과
    다시 혼인한 경우 등과 간통고소의 효력 ····················· 박진환

권리·권한실행 의사표시의 협박죄 성립 ······························ 강우예
배임죄와 사기죄의 경합관계 ·· 류전철
부동산 명의수탁자의 횡령죄 주체성 ································· 이창섭
전직한 종업원의 영업비밀 사용과 업무상 배임죄 ·················· 최호진
절도죄의 객체로서 재물의 '재산적 가치'에 대한

   검토 ·· 박찬걸
협박의 의미와 대상 ·· 한영수
성풍속범죄에 대한 비판적 고찰 ······································ 이경재
진술거부권 행사와 증거이용금지 및 피의자신문권과의

   관계 ·· 이완규
위치추적 전자장치 부착명령과 불이익변경금지 ···················· 권태형
증언절차의 소송법 규정위반과 위증죄의 성립여부

   －증언거부권 불고지를 중심으로－ ······························ 이희경
디지털 증거의 진정성립부인과 증거능력 부여 방안 ················ 김영기
건설산업기본법 위반죄(부정취득)와 배임수재죄의

   관계 ·· 김정환
환자의 전원(轉院)에 있어서의 의료과실 ···························· 황만성
아이템 거래 판결에 대한 고찰 ······································· 이원상
2010년도 형법판례 회고 ··· 오영근

[刑事判例研究(20)]
[특집] 형사판례연구회 20주년 기념학술회의
형사판례연구회 20주년을 맞이하여 ·································· 박상기
2000년대 초기 대법원판례의 동향

   －형법총칙 관련 대법원판례를 중심으로－ ······················ 천진호
2000년대 초기 대법원판례의 동향

   －주요 재산범죄 관련 대법원판례를 중심으로－ ·················· 박형준

2000년대 초기 대법원판례의 동향
　－수사절차와 증거 관련 대법원판례를 중심으로－ ‥‥‥‥‥ 전승수

[일반논문]
위헌결정 형벌규정의 소급효 ‥‥‥‥‥‥‥‥‥‥‥‥‥‥‥‥‥ 이정념
전자장치 부착요건의 해석범위와 한계 ‥‥‥‥‥‥‥‥‥‥‥‥ 황태정
통신비밀보호법위반죄와 정당행위
　－통신비밀 침해한 결과물의 언론보도와 정당행위를
　　중심으로－ ‥‥‥‥‥‥‥‥‥‥‥‥‥‥‥‥‥‥‥‥‥‥‥ 이희경
비밀누설죄에서 대향자의 공범성립가능성
　－대향범성과 자수범성을 중심으로－ ‥‥‥‥‥‥‥‥‥‥‥ 김혜경
사이버 공간 범죄와 온라인서비스제공자(OSP)의 형사책임
　－2006. 4. 28. 선고 2003도4128 판결을 중심으로－ ‥‥‥‥ 김영기
쟁의행위로서 파업의 업무방해죄 성립여부에 관한 고찰 ‥‥‥‥ 백원기
파업과 업무방해죄 ‥‥‥‥‥‥‥‥‥‥‥‥‥‥‥‥‥‥‥‥‥ 박상기
배임수재죄에 있어서 '사무의 내용'에 관한 고찰
　－'재산상 사무'로 제한해야 하는가?－ ‥‥‥‥‥‥‥‥‥‥ 김봉수
사전수뢰죄에 있어서 청탁의 법리에 대한 재해석
　－대법원 1999.9.7, 99도2569 판결을 중심으로－ ‥‥‥‥‥‥ 오경식
제3자로부터 위법하게 수집된 증거의 증거능력 ‥‥‥‥‥‥‥‥ 한제희
공소제기 후 검사가 수소법원 이외의 지방법원 판사로부터
　발부받은 압수·수색 영장에 의해 수집한 증거의
　증거능력 유무 ‥‥‥‥‥‥‥‥‥‥‥‥‥‥‥‥‥‥‥‥‥‥ 김형두
진술증거의 전문증거성과 진정성 문제의 구별 ‥‥‥‥‥‥‥‥ 이완규
면허외 의료행위와 관련한 의료인의 형사법적 책임 ‥‥‥‥‥‥ 장연화
공직선거법 제250조 제2항 허위사실 공표죄의 구성요건과
　허위성의 입증 ‥‥‥‥‥‥‥‥‥‥‥‥‥‥‥‥‥‥‥‥‥‥ 윤지영
2011년도 대법원 형법판례 회고 ‥‥‥‥‥‥‥‥‥‥‥‥‥‥‥ 오영근

[刑事判例硏究(21)]

상당인과관계설의 상당성 판단기준을 위한 상당성의 구체화 작업 시도
  -피해자의 도피행위를 중심으로- ······················· 이경재
의사의 설명의무위반의 효과와 가정적 승낙의 법리 ··············· 김성돈
편면적 대향범에 가담한 자에 대한 형법총칙상 공범규정의
  적용가부 ·· 김태명
무수혈과 관련된 의료과실치사죄 ······························· 허일태
업무방해죄에 있어서 업무의 보호가치에 대한 검토
  -대법원 2011. 10. 13. 선고 2011도7081 판결을 중심으로- ···· 박찬걸
공동주택의 공용공간에 대한 주거침입죄의 해석 ················· 홍승희
형법에서 사자의 점유 ··· 김성룡
횡령죄의 미수범 성립여부 ····································· 김봉수
횡령죄의 기수성립에 관한 논의 구조
  -횡령죄의 구조- ·· 이용식
수수된 금품에 직무관련성이 있는 업무에 대한 대가와 직무관련성이
  없는 업무에 대한 사례가 혼재되어 있는 경우의 형사상 취급
  -대법원 2011. 5. 26. 선고 2009도2453 판결을 중심으로- ······ 권순건
현실거래에 의한 시세조종과 매매유인 목적
  - 2012. 11. 29. 선고 2012도1745 판결 사안
  ('도이치증권 v. 대한전선' 사건)을 중심으로- ··················· 김영기
온라인게임 계정거래와 정보훼손죄 성립여부 ····················· 최호진
강제채혈의 성질 및 허용요건 ··································· 김정옥
검사의 신문과정상 참여수사관의 역할과 한계 ····················· 이완규
진술과 기록의 증거능력 ······································· 최병각
변호인 작성의 법률의견서의 증거능력 ··························· 김우진
특신상태의 의의와 판단기준 ····································· 한제희
'과학적 증거'의 증거법적 평가 ································· 이정봉

소년법상 보호처분의 성격과 전자장치부착명령

　요건과의 관계 ··· 김혜정
2012년도 형법판례 회고 ··· 오영근

[刑事判例研究(22)]

계속범의 본질 －불법성의 내적 강화－ 와 유형화 ····················· 김혜경
공범관계의 해소(解消) ··· 류전철
보호감독자에 의한 미성년자약취죄와 국외이송약취죄

　－베트남 여성의 자녀 약취 사건－ ································ 윤지영
허위사실적시에 의한 명예훼손죄의 적용에서 전제사실의

　미확정으로 인한 문제점 고찰 ··· 이원상
'명의수탁자의 처분과 횡령'의 불가벌적 사후행위 ····················· 이경렬
동독 내에서 서독에 적대적인 간첩활동을 한 동독 주민의

　형사처벌 여부(소극) ··· 김영규
자발적 성매매 처벌의 위헌성 여부 ······································ 이경재
성폭법상 신상정보 공개·고지명령 소급 적용의 범위 ············· 남선모
음주운전자에 대한 보호조치와 음주측정불응죄의

　성립관계 ··· 김택수
정보저장매체의 압수·수색

　－휴대전화(스마트폰)의 압수·수색－ ······························· 원혜욱
피의자신문의 성질과 수인의무 ·· 이완규
가명진술조서의 증거능력

　－조서 작성 절차와 방식의 적법성을 중심으로－ ················ 전승수
공판조서의 증거능력에 대한 위헌여부에 대한 연구

　－형사소송법 제315조 제3호 위헌소원－ ······················· 오경식
조사자 증언 관련 특신상태의 판단과 증명 ····························· 한제희
전자증거의 진정성과 전문법칙의 적용 ······························· 심희기
2013년도 형법판례 회고 ··· 오영근

[刑事判例研究(23)]

법률적 무효와 이미 존재했던 사실상태의 형법적 취급 ············ 이근우

미필적 고의에 관한 약간의 고찰 ·· 장영민

진정부작위범의 법리적 구성 ·· 김혜경

자본시장 불공정행위의 죄수와 부당이득 산정

　－대법원 2011. 10. 27. 선고 2011도8109 판결을 중심으로－ ··· 김영기

强制醜行罪를 둘러싼 몇 가지 문제점 ·· 이경재

컴퓨터 등 사용사기죄에서 권한 없는 정보의 변경과

　재산처분의 직접성 ··· 김성룡

대물변제예약 부동산의 이중매매와 배임죄의 형사불법적 구조

　－배임죄 해석의 나아갈 방향에 대한 논란－

　－배임죄에 대한 과도한 제한해석의 우려－

　－배임죄의 핵심 코어에 관하여－ ··· 이용식

의료법 위반행위와 사기죄의 성립 여부 ······································ 우인성

횡령죄의 본질과 불가벌적 사후행위에 관한 비판적 고찰 ········ 백원기

부동산 명의수탁자 상속인의 횡령죄 성립 여부 ························ 천진호

파업에 대한 업무방해죄 적용의 문제점 ······································ 박상기

범죄목적을 숨긴 출입은 주거침입인가?

　－대법원 1984. 12. 26. 선고 84도1573 전원합의체 판결－ ···· 최준혁

인터넷 검색광고의 부정클릭과 부정한 명령입력 ····················· 최호진

문서 부정행사죄의 불법과 권한중심 해석 ································· 황태정

위증죄 성립에 있어 증언거부권 미고지의 성격과 의미 ·········· 강우예

압수물의 범죄사실과의 관련성과 적법한 압수물의

　증거사용 범위 ··· 이완규

경찰관 상대 모욕 현행범인 체포의 요건 ·································· 한제희

독수과실의 원리 보론(補論) ·· 조 　국

국제우편물에 대한 세관검사와 통제배달 ·································· 전승수

내부스캘퍼의 거래와 자본시장법 위반 ······································ 안성수

2014년도 형법판례 회고 ·· 오영근

[刑事判例研究(24)]
외국에서 집행받은 형의 선고와 형법 제7조의 개정방향
 －대법원 2013. 4. 11. 선고 2013도2208 판결, 헌법재판소 2015. 5. 28.
  선고 2013헌바129 전원재판부－ ······························· 전지연
부작위에 의한 살인죄의 공동정범의 성립요건 ························· 김태명
사실상 인과관계 및 법적 인과관계와 객관적 귀속 ················· 김종구
고의와 법률의 부지의 구별
 －대법원 2014. 11. 27. 선고 2013도15164 판결과 관련하여－ ··· 김영환
위법성조각사유의 전제사실의 착오에 대한 대법원판례의 이해구조
 －오상을 이유로 하는 위법성조각과 정당방위상황의 인정－
 －판례의 시각에 대한 학계의 이해부족－ ····························· 이용식
실행의 착수와 구성요건 실현을 위한 '직접적인' 전 단계행위 ··· 안경옥
의무범과 행위자의 특정
 －우리나라 대형사고 판례의 '행위자의 특정'을 중심으로－ ··· 조병선
사후적 경합범에 대한 고찰 ··· 최병각
입찰방해와 컴퓨터등사용사기죄, 사기죄의 직접성 ·················· 한상훈
위임범위를 초과하여 예금을 인출한 경우의 죄책 ·················· 이승호
명의신탁 부동산의 처분과 재산범죄의 성립 여부 ·················· 우인성
배임 경영자에게 적용되는 업무상 배임죄의 구성요건요소로서의
 재산상 손해와 이익(이득액) ·· 손동권
배임죄에서 '타인의 사무'의 해석과 민사법리의 관계 ·············· 류전철
대물변제예약체결 채무자 소유 부동산의 제3자에 대한 처분행위는
 배임죄에 해당하는가 ··· 백원기
공전자기록 위작·변작죄에서 위작·변작의 개념 ······················ 강동범

'아동·청소년이용음란물'의 개념 및 판단기준 ···························· 이창섭
2010년 '옵션'쇼크와 연계시세조종의 판단기준
  -2016. 1. 25. 선고 서울중앙지방법원 2011고합1120호 사건을
  중심으로- ··· 김영기
인터넷링크행위와 저작권침해
  -대법원 2015. 3. 12. 선고 2012도13748 판결- ····················· 홍승희
디지털 증거 압수절차의 적정성 문제
  -피압수자 참여 범위 및 영장 무관 정보의 압수를
  중심으로- ··· 전승수
2015년도 형법판례 회고 ··· 오영근

[刑事判例研究(25)]
양벌규정의 법적 성격과 대법원이 말하지 않은 것들 ··············· 김성돈
채권추심명령을 통한 소송사기죄에서 재산상 이익의 취득과 기수시기
 ··· 이주원
'직무수행 사실'과 '공무원 의제'에 따른 구성적 신분범의
  처벌 문제 ··· 이경렬
산업안전보건법에서 범죄 주체와 책임의 불일치 ····················· 이근우
형사판례법리로서 가정적 승낙의 논리구조 비판
  - 설명의무위반과 결과와의 관계/주의의무위반과 결과와의 관계 -
  - 요건-효과의 관계/원인-결과의 관계 -
  - 가정적 승낙은 없다 - ·· 이용식
'횡령 후 처분행위'에 대한 형법적 평가 ································· 김봉수
특수폭행죄의 해석에 있어 '위험한 물건'의 의미 ····················· 류부곤
모바일 단체대화방에서의 대화와 공연성 ································· 한제희
형법상 강제추행죄의 역할
  - 대법원 2015. 4. 23. 선고 2014도16129 판결 - ··················· 이원상

최근 5년간의 주요 재산범죄 판례의 동향 ·································· 안경옥
비자금과 횡령죄의 객체
  − 횡령행위가 일련의 거래과정을 거쳐 이루어지는 경우의 횡령죄
  객체 − ··· 이천현
위조(僞造)와 복사(複寫) ·· 김성룡
일명 김영란법상 처벌행위에 대한 헌재 결정 분석
  − 2015헌마236, 2015헌마412, 2015헌마662, 2015헌마673(병합) − ··· 오경식
2007년 이후 형사소송법 주요 판례의 동향
  − 수사절차와 증거에 관한 대법원 판례를 중심으로 − ········· 김윤섭
헌법상 영장주의 규정의 체계와 적용범위 ······························· 이완규
2007년 형사소송법 개정 후 증거법 분야의 판례 동향 ············· 박진환
종근당 결정과 가니어스 판결의 정밀비교 ······························· 심희기
2016년도 형법판례 회고 ·· 오영근

[刑事判例硏究(26)]
대법원 형사판결과 법률구속성원칙 ··· 김성돈
사회변화에 대응하는 형사판례의 법리변경 ······························· 류전철
급여 등 형태로 취득한 공범의 범죄수익 추징
  −대법원 2013. 4. 11. 선고 2013도1859 판결, 공동수익자
  이론의 필요성− ··· 권순건
강간죄 적용범위에 대한 문제점 고찰
  −대법원 2017. 10. 12. 선고 2016도16948, 2016전도156 판결− ····· 이원상
소아과 의사의 진료행위와 아동·청소년성보호법상 추행행위 판단
  −대법원 2016. 12. 29. 선고 2015도624 판결;
  서울고등법원 2014. 12. 19. 선고 2014노767 판결
  (아동·청소년의 성보호에 관한 법률위반: 위계등추행) − ····· 김한균
사기죄에서 '교부받는 행위'의 의미 ··· 하태영

상호명의신탁관계에서의 형사책임에 대한 판례연구 ················ 이상한
퇴사시의 영업비밀 반출과 업무상배임죄의 성부 ······················ 이경렬
통정허위표시와 공정증서원본부실기재죄 ································· 고제성
전자적 저장매체를 이용한 공소제기 가능성 ···························· 조지은
세관공무원의 마약 압수와 위법수집증거 판단 ························· 한제희
영장에 의해 취득한 통신사실확인자료 증거사용 제한 규정의
  문제점 ··· 이완규
법원에 출석하여 불일치진술한 피고인 아닌 자의 검찰진술조서의
  증거능력
    －형사소송법 제312조 제4항의 특신상태의 의미에
      대한 분석을 중심으로－ ·· 강우예
외국환거래법상 징벌적 추징에 대한 비판적 고찰 ··················· 김대원
교통사고처리 특례법상 처벌특례의 인적 적용범위 ·················· 이주원
2017년도 형법판례 회고 ··· 오영근

[刑事判例硏究(27)]
한국 형법학의 방법적 착안점에 대한 비판적 고찰:
  개념법학적인 사유형태와 일반조항에로의 도피 ······················ 김영환
형사판례 평석에 관한 몇 가지 관견과 회고 ··························· 장영민
외국에서 집행된 형 이외 구금의 처리방안에 대한 소고 ········· 이승호
주관적 고의의 객관적 구성
  (대상판결: 대법원 2018. 8. 1. 선고 2017도20682 판결,
    대법원 2014. 7. 10. 선고 2014도5173 판결) ······················ 류부곤
공동정범과 방조범 ··· 최병각
집회 부대물의 철거와 공무집행방해에 관한 사례
  — 대법원 2016. 7. 7. 선고 2015도20298 판결 — ··················· 우인성
'성적 의사결정의 자유'의 의미와 간접정범 형태의
  강제추행죄의 성부 ··· 이상민

민사판결에서 인정된 사실과 명예훼손죄에서의 허위사실판단 ···· 홍승희
명예훼손 사건에서 '사실'의 의미와 입증 ······························· 한제희
배임죄와 주주총회 결의의 한계
  ― 주주의 이익만 문제되는 영역의 검토 ···························· 이완규
횡령죄의 보관관계―형법과 신의칙 ····································· 김대휘
형법 제357조의 '제3자'의 개념
  ― 대법원 2017. 12. 7. 선고, 2017도12129 판결 ― ················ 최준혁
양심적 병역거부에 대한 형사처벌의 문제 검토
  대상판결: 2018. 11. 1. 선고 2016도10912 전원합의체 판결
  〔병역법위반〕 ·· 심영주
수사목적 불심검문 사안(事案)의 판단 법리
  ― 대법원 2006. 7. 6. 선고 2005도6810 판결;
  대법원 2014. 12. 11. 선고 2014도7976 판결을 대상으로 ― ···· 조인현
자유심증주의의 범위와 한계 ··· 황태정
항소심이 양형부당을 이유로 제1심판결을 파기하는
  경우에 관하여 ·· 백원기
2018년도 형법판례 회고 ·· 오영근

일본의 사기죄에 관한 최근 대법원 판례의
  경향에 대해서 ·· 코이케 신타로
최근 일본의 형사소송법 관련 판례 동향 ························· 오기소 료

[刑事判例研究(28)]
도둑뇌사사건을 통해 본 과잉방위의 의미와 인정기준 ············· 김정환
피의사실공표의 형법적 정당화에서 민사판결 법리 원용의
  불합리성 ··· 이근우
허위작성공문서행사죄의 주체 및 객체에 대한 고찰 ················ 김봉수

준강간 불능미수

　— 대법원 2019. 3. 28. 선고 2018도16002 전원합의체 판결

　　(인정된 죄명: 준강간미수, 변경된 죄명: 준강간) — ········· 김한균

항거불능의 상태에 있지 않은 사람에 대한 준강간의 시도

　—불능미수? 장애미수?— ··· 김대원

업무상 위력에 의한 성폭력범죄와 성인지 감수성 ····················· 윤지영

청탁금지법의 허용된 금품수수의 규정체계와 이에 대한

　형법해석학적 방향 ··· 최호진

저작자허위표시공표죄의 보호법익과 공표 중 발행의 의미

　— 일명 표지갈이 사건(대법원 2018. 1. 24. 선고 2017도18230)

　　을 중심으로 — ·· 박성민

디지털 증거 압수수색 시 영장 범죄사실과 '관련성 있는'

　증거 해석 기준과 무관 증거 발견 시 증거 확보 방법

　— 대법원 2018. 4. 26. 선고 2018도2624 판결 ························· 김영미

전문법칙 적용의 예외요건으로서의 특신상태

　— 대법원 2014. 4. 30. 선고 2012도725 판결 — ··················· 최준혁

2019년도 형법판례 회고 ··· 오영근

[刑事判例研究(29)]

부진정부작위범에서의 '동가치성'

　— 대법원 2017.12.22. 선고, 2017도13211 판결 — ··················· 최준혁

직권남용행위를 집행한 하급 공무원의 면책범위

　— 대법원 2020.1.30. 선고 2018도2236 전원합의체 판결 — ····· 오병두

사전자기록위작죄에서 '위작'의 개념 — 대상판결 : 대법원 2020.8.27.

　선고 2019도11294 전원합의체 판결 — ·································· 류부곤

알코올 블랙아웃과 '심신상실' ·· 김성돈

'성인지 감수성'에 관해 판시한 대법원의 성범죄 형사판결에

　관한 소고 — 대법원 2018.10.25. 선고 2018도7709 판결 — ······ 우인성

명예훼손죄의 '공연성' 의미와 판단 기준 ····················· 윤지영
점유개정의 방식으로 양도담보가 설정된 동산을 임의로 처분한
　채무자의 형사책임 — 횡령죄와 배임죄의 성립여부에 대한
　검토를 중심으로 — ······································· 강우예
위계 간음죄에서 위계의 대상과 인과관계 ····················· 장성원
아동·청소년 위계간음죄 ···································· 허　황
아동·청소년 성착취물(아동·청소년 이용음란물)의 제작
　— [대법원 2018.9.13., 선고, 2018도9340, 판결] 아동·청소년의
　성보호에관한법률위반(음란물제작·배포) — ················ 김한균
특정범죄가중법 제5조의4의 성격 및 해석에 관한 판례 법리 ·· 이경렬
공소제기 후 작성된 '증인예정자 진술조서'의 증거능력 ········· 이주원
2020년도 형법판례 회고 ··································· 김혜정
2020년도 형사소송법 판례 회고 ····························· 강동범

[刑事判例研究(30)]
피해자의 자손행위를 이용한 간접정범의 인정여부
　— 간접정범과 자수범의 이해구조 : 하나의 이단적 고찰 —
　— 간접정범과 자수범에 관한 독일이론의 맹신적 추종에 대한
　　참을 수 없는 저항 —
　— 동일과 비동일의 동일 / 동일과 비동일의 비동일 —
　— 자수범론에서 말하는 '간접정범'과 간접정범론에서
　　말하는 '간접정범'의 의미차이와 간극 —
　— 자수범과의 작별: 아듀 자수범! — ····················· 이용식
이탈과 중지미수, 그리고 인과성 ····························· 최준혁
정당행위에 대한 대법원 판단기준과 법이론적 분석
　— 대법원 2011.3.17. 선고 2006도8839 전원합의체 판결을
　　중심으로 — ··· 최호진
방조범의 인과관계 ·· 김대원

직권남용과 성폭력 2차가해
　— 대법원 2020.1.9. 선고 2019도11698 판결(직권남용권리
　　행사방해) ……………………………………………………… 김한균
임용권 행사와 직권남용권리행사방해죄
　— 대법원 2019도17879 판결을 중심으로 — ……………………… 윤영석
강간죄에서 법원의 피해자 동의에 대한 해석 권한 ………………… 이근우
사실 적시 명예훼손죄와 표현의 자유
　— 헌재 2021. 2. 25. 2017헌마1113등 결정 — ………………… 승이도
주거침입의 보호법익과 침입의 태양 — 대법원 2021. 9. 9.
　선고 2020도12630 전원합의체 판결 — ………………………… 이창온
정당한 이유없이 출입을 금지당한 공동거주자가 공동생활의
　장소에 들어간 경우 주거침입죄의 성립여부 ………………… 김태명
가상자산의 착오이체와 배임죄 ……………………………………… 장성원
국민참여재판에서의 실질적 직접심리주의 구현 ………………… 한제희
2021년도 형법판례 회고 ……………………………………………… 김혜정
2021년도 형사소송법 판례 회고 …………………………………… 강동범

[刑事判例硏究(31)]
헌법재판에서 형벌규범의 위헌성 심사 기준이
　되는 명확성 원칙 ……………………………………………… 이근우
헌법불합치 결정을 받은 형벌규정의 효력 ………………………… 이강민
형사판례에서 불법의 의미와 역할 ………………………………… 류전철
정범 없는 공범과 규범적·사회적 의사지배 ……………………… 김성룡
중지미수의 자의성 개념의 비결정성 및
　그와 결부된 동기(준법의지)와 장애요소의 역할과 의미 …… 강우예
지난 10년간(2011~2021)대법원 형법판례의 변화: 총칙 분야 …… 최준혁
'명예에 관한 죄'에 대한 최신 판례 및 쟁점 연구 ………………… 윤지영
사기와 책략절도의 구별기준 ………………………………………… 김태명

배임죄에서 '경영판단원칙'의 체계적 지위와 역할 ······················ 이석배
직권남용권리행사방해죄에서 '직권남용'요건의 판단
  (대법원 2022. 4. 28. 선고 2021도11012 판결) ······················ 오병두
'실질적 피압수자' 개념에 대한 비판적 검토(대법원 2021. 11. 18.
  선고 2016도348 전원합의체 판결을 중심으로) ···················· 조은별
제3자 보관정보 압수·수색 참여권에 대한 비판적 고찰
  (대법원 2022. 5. 31.자 2016모587 결정 등 참여권 관련
  최근 국내외 판례) ·· 김면기
원격지 서버 압수·수색의 적법성(대법원 2022. 6. 30. 선고
  2022도1452 판결과 관련 판례를 중심으로) ·························· 조성훈
참고인 진술청취 수사보고서의 증거능력 ································ 박정난
2022년도 형법판례 회고 ·· 김혜정
2022년도 형사소송법 판례 회고 ·· 이창온

한국형사판례연구회 2022년도 발표회

○ 제345회 형사판례연구회(2022.01.10)

　김대원 교수: 방조범의 인과관계

　장성원 교수: 가상자산의 착오이체와 배임죄

○ 제346회 형사판례연구회(2022.02.07)

　김혜정 교수: 2021년도 형법판례회고

○ 제347회 형사판례연구회(2022.03.07)

　강동범 교수: 2021년도 형사소송법판례회고

　김태명 교수: 정당한 이유없이 출입을 금지 당한 공동거주자가 다른
　　　　　　　공동거주자에 대항하여 공동생활의 장소에 들어간 경우
　　　　　　　주거침입죄의 성립여부

○ 제348회 형사판례연구회(2022.04.04)

　한제희 검사: 국민참여재판에서의 실질적 직접심리주의 구현

　윤영석 변호사: 임용권 행사와 직권남용권리행사방해죄

○ 제349회 형사판례연구회(2022.05.02)

　이천현 박사: 산하 공공기관 임원에 대한 인사권 행사(이른바 '블랙
　　　　　　　리스트' 사건)와 직권남용

　김봉수 교수: 형법상 방조의 불법구조와 인과관계 ― 민법상 방조와
　　　　　　　구별을 중심으로 ―

○ 제350회 형사판례연구회(2022.06.11.)

　한국형사판례연구회 창립30주년 기념 학술회의(2022.06.11)

　▷ 제1세션 "형법 분야 대법원 판례의 동향"

발표(총칙분야) : 최준혁 교수

발표(각칙분야) : 홍은표 대법원 재판연구관

지정토론(총칙분야) : 윤지영 박사

지정토론(각칙분야) : 정한균 검사

▷제2세션 "형사소송법 분야 대법원 판례의 동향"

발표 : 한제희 검사

지정토론 : 이완형 변호사

○ 제351회 형사판례연구회(2022.08.16)

김태균 판사: 크롤링을 통한 데이터 수집의 형사책임

오병두 교수: 직권남용권리행사방해죄와 직권 그리고 남용의 결과

○ 제352회 형사판례연구회(2022.09.05)

김면기 교수: 제3자 보관정보 압수·수색 참여권에 대한 비판적 고찰

조성훈 변호사: 원격지 서버 압수·수색의 적법성

○ 제353회 형사판례연구회(2022.10.17)

이석배 교수: 경영판단의 배임죄에서의 체계적 지위

박정난 교수: 참고인 진술청취 수사보고서의 증거능력

○ 제354회 형사판례연구회(2022.11.07)

류전철 교수: 형사판례에서 불법의 의미와 역할

박성민 교수: 부작위에 의한 기망행위

○ 제355회 형사판례연구회(2022.12.05)

김성룡 교수: 정범없는 공범과 규범적·사회적 의사지배

한국형사판례연구회 회칙

1997. 11. 03. 제정
2006. 12. 04. 개정
2007. 12. 10. 개정
2011. 12. 05. 개정
2013. 12. 02. 개정

제1장 총 칙

제1조 [명칭]

본회는 한국형사판례연구회(이하 '본회'라 함)라 한다.

제2조 [주소지]

본회는 서울특별시에 주소지를 둔다.

제3조 [목적]

본회는 형사판례를 연구하고 회원 상호간의 의견교환을 장려·촉진·지원함으로써 형사법학 및 형사판례의 발전을 도모함을 목적으로 한다.

제4조 [사업]

본회는 전조의 목적을 달성하기 위하여 다음의 사업을 한다.

1. 형사판례연구
2. 월례연구발표회 및 토론회 개최
3. 학술지 '형사판례연구' 및 기타 간행물의 발간
4. 기타 본회의 목적에 적합한 사업

제2장 회 원

제5조 [회원]

본회의 회원은 본회의 목적에 찬동하는 자로서, 다음 각 호에 따라 구성한다.

1. 정회원은 판사, 검사, 변호사, 대학의 전임강사 이상의 자, 박사학 위 소지자 기타 이와 동등한 자격을 갖추었다고 인정되는 자로서 정회원 3인 이상의 추천과 이사회의 승인을 얻은 자로 한다.

2. 준회원은 대학원 박사과정 이상의 연구기관에서 형사법학 및 유 관분야를 연구하는 자로서 정회원 1인 이상의 추천과 이사회의 승인을 얻은 자로 한다.

3. 기관회원은 대학도서관 기타 형사법학을 연구하는 유관기관으로 정회원 3인 이상의 추천과 이사회의 승인을 얻은 기관으로 한다.

제 6 조 [권리의무]

회원은 본회의 각종 사업에 참여할 수 있는 권리를 가지며 회칙준수, 총회와 이사회 의결사항의 이행 및 회비납부의 의무를 진다.

제 7 조 [자격상실]

회원 중 본회의 목적에 위배되거나 품위를 손상시키는 행위를 한 자 는 이사회의 결의에 의하여 제명할 수 있다.

제 3 장 총 회

제 8 조 [종류와 소집]

① 총회는 정기총회와 임시총회로 하고, 회장이 이를 소집한다.

② 정기총회는 매년 하반기 중에 소집함을 원칙으로 한다.

③ 임시총회는 회장이 필요하다고 인정하거나, 이사회의 의결이 있거 나, 재적회원 2/5 이상의 요구가 있을 때에 소집한다.

④ 총회의 소집은 적어도 회의 7일 전에 회의의 목적을 명시하여 회 원들에게 통지하여야 한다. 다만 긴급하다고 인정되는 사유가 있 는 때에는 예외로 한다.

제 9 조 [권한]

총회의 의결사항은 다음과 같다.

1. 회칙의 제정 및 개정에 관한 사항

2. 회장·부회장 및 감사의 선임에 관한 사항

3. 예산 및 결산의 승인에 관한 사항

4. 기타 회장이 이사회의 의결을 거쳐 회부한 사항

제10조 [의결]

총회의 의결은 출석회원 과반수의 찬성으로 한다.

제 4 장   이 사 회

제11조 [구성 및 소집]

① 이사회는 회장, 부회장 및 이사로 구성한다.

② 회장·부회장은 당연직 이사로서, 각각 이사회의 의장·부의장이 된다.

③ 이사회는 회장이 필요하다고 인정하거나 이사 3인 이상의 요구가 있을 때에 회장이 소집한다.

제12조 [권한]

이사회는 다음 사항을 심의·의결한다.

1. 사업계획에 관한 사항

2. 재산의 취득·관리·처분에 관한 사항

3. 총회의 소집과 총회에 회부할 의안에 관한 사항

4. 총회가 위임한 사항

5. 기타 회장이 회부한 본회 운영에 관한 중요사항

제13조 [의결]

이사회의 의결은 재적이사 과반수의 출석과 출석이사 과반수의 찬성으로 한다.

제14조 [상임이사회]

① 회장은 이사회의 효과적인 운영을 위하여 이사 중에서 총무, 연구, 연구윤리, 출판, 섭외, 재무, 법제, 홍보의 업무를 전담할 상임이사를 위촉할 수 있다.

② 상임이사회는 회장, 부회장, 상임이사로 구성한다.

③ 회장은 상임이사회를 소집하고 그 의장이 된다.

④ 이사회는 필요하다고 인정되는 경우에는 그 권한을 상임이사회에 위임할 수 있으며, 회장은 긴급하다고 인정되는 사유가 있는 경우에는 이사회의 권한을 상임이사회로 하여금 대행하게 할 수 있다.

⑤ 상임이사회의 의결은 재적상임이사 과반수의 출석과 출석상임이사 과반수의 찬성에 의한다.

제 5 장 임   원

제15조 [종류]

본회에 다음의 임원을 둔다.

1. 회장 1인
2. 부회장 4인
3. 이사 5인 이상 40인 이내
4. 감사 2인

제16조 [임원의 선임]

① 회장은 부회장 및 상임이사 중에서 이사회의 추천을 받아 총회에서 선임한다.

② 부회장은 이사 중에서 이사회의 추천을 받아 총회에서 선임한다.

③ 이사는 회장의 추천을 받아 총회에서 선임한다.

④ 감사는 이사회의 추천을 받아 총회에서 선임한다.

제17조 [임원의 직무]

① 회장은 본회를 대표하고 회무 전반을 관장한다.

② 부회장은 회장을 보좌하고, 회장 유고시에 그 직무를 대행한다.

③ 이사는 이사회의 구성원으로서 중요 회무를 심의·의결한다.

④ 감사는 본회의 사업과 회계를 감사하여 정기총회에 보고한다.

제18조 [임원의 임기]

① 임원의 임기는 2년으로 하되 중임할 수 있다.

② 임원이 궐위된 때의 후임자의 임기는 전임자의 잔임기간으로 한다.

제19조 [고문]

① 본회의 발전을 위하여 약간 명의 고문을 둘 수 있다.

② 고문은 이사회의 의결을 거쳐 회장이 위촉한다.

제20조 [간사]

① 회장의 명을 받아 회무를 처리하기 위하여 간사 약간 명을 둘 수 있다.

② 간사는 회장이 임명한다.

제21조 [위원회]

① 본회에 편집위원회와 연구윤리위원회를 둔다.

② 본회 사업의 효율적인 추진을 위하여 이사회의 의결을 거쳐 필요한 분과위원회를 둘 수 있다.

제 6 장 재 무

제22조 [재정]

① 이 회의 재정은 회원의 회비, 기부금, 보조금 및 기타 수입으로 한다.

② 회비의 액수는 이사회가 정한다.

제23조 [예산과 결산]

재정에 관한 수입과 지출은 매년도마다 예산으로 편성하여 총회의 결의를 얻어야 하고 결산은 다음 연도 총회에 보고하여야 한다.

부칙 (1997. 11. 03)

제 1 조

발기인 및 발기인 3인 이상의 추천을 받아 이 회의 회원이 되기를 승낙한 자는 제 5 조 제 2 항의 규정에 불구하고 회원이 된다.

부칙 (2006. 12. 04)

제 1 조 [시행일]

이 회칙은 이사회의 승인이 있은 날부터 시행한다.

부칙(2007. 12. 10)

제 1 조 [시행일]
이 회칙은 이사회의 승인이 있은 날부터 시행한다.

부칙(2011. 12. 05.)

제1조 [시행일]
이 회칙은 이사회의 승인이 있은 날부터 시행한다.

부칙(2013. 12. 02.)

제1조 [시행일]
이 회칙은 이사회의 승인이 있은 날부터 시행한다.

한국형사판례연구회 편집위원회 규정

1997. 11. 03. 제정
2006. 12. 04. 개정
2007. 12. 10. 개정
2013. 12. 02. 개정
2021. 06. 07. 개정

제 1 조 [목적]

이 규정은 한국형사판례연구회(이하 '본회'라 함) 회칙 제 4 조 제 3 호에 규정된 학술지 기타 간행물의 발간을 위한 편집위원회(이하 '위원회'라 함)의 구성과 운영에 관한 사항을 정함을 목적으로 한다.

제 2 조 [구성]

위원회는 편집위원장을 포함한 10인 이내의 편집위원으로 구성한다.

제 3 조 [편집위원의 선임 및 임기]

① 편집위원장은 본회의 출판담당 상임이사로 한다.

② 편집위원은 본회의 회원 중에서 이사회가 선임한다.

③ 편집위원의 임기는 2년으로 하되, 연임할 수 있다.

제 4 조 [업무]

위원회의 주요업무는 다음 각 호와 같다.

  1. 본회의 학술지 '형사판례연구'의 편집 및 출판

  2. '형사판례연구' 원고의 접수 및 게재여부 심사

  3. 기타 간행물의 편집 및 출판

  4. 편집위원회의 업무와 관련된 지침의 제정

제 5 조 [운영]

① 이 위원회는 위원장 또는 편집위원 과반수의 요구가 있는 경우에 위원장이 소집한다.

② 이 위원회의 의결은 편집위원 과반수의 출석과 출석위원 과반수의 찬성에 의한다.

③ 편집위원장은 위원회의 업무를 효율적으로 수행하기 위하여 편집간사를 둘 수 있다.

제 6 조 [투고원고의 심사]

① 위원회는 '형사판례연구' 기타 간행물에 투고된 원고를 심사하여 그 게재여부를 의결한다.

② 위원회는 '형사판례연구'에 투고되는 원고의 작성 및 문헌인용방법, 투고절차 등에 관한 지침(투고지침)을 제정할 수 있다.

③ 위원회는 '형사판례연구'에 투고된 원고의 심사기준 및 절차에 관한 지침(심사지침)을 제정할 수 있다.

④ 제1항의 원고 게재여부에 관한 의결은 '可', '否', '수정후 재심의'로 나눈다.

⑤ '수정후 재심의'로 의결된 원고가 수정·투고된 때에는 위원회는 그 재심의를 위원장 또는 약간 명의 위원에게 위임할 수 있고, 재심의의 결정은 '可' 또는 '否'로 한다.

제 7 조 [형사판례연구의 발간]

① '형사판례연구'는 연 1회 발간하며, 발간일자는 매년 7월 31일로 한다.

② 학술대회 발표논문 기타 학회에서 개최하는 학술발표회에서 발표된 논문은 '형사판례연구'의 별책으로 발간할 수 있다.

제 8 조 [개정]

이 규정의 개정은 이사회의 승인을 받아야 한다.

부칙(2006. 12. 04)

제 1 조 [시행일]

이 규정은 이사회의 승인이 있은 날부터 시행한다.

부칙(2007. 12. 10)

제 1 조 [시행일]

이 규정은 이사회의 승인이 있은 날부터 시행한다.

부칙(2013. 12. 02)

제 1 조 [시행일]

이 규정은 이사회의 승인이 있은 날부터 시행한다.

부칙(2021. 06. 07)

제 1 조 [시행일]

이 규정은 이사회의 승인이 있은 날부터 시행한다.

한국형사판례연구회 심사지침

2006. 12. 04. 제정
2007. 12. 10. 개정

제 1 조 [목적]

이 지침은 한국형사판례연구회 편집위원회 규정 제 6 조 제 3 항에 규정된 '형사판례연구' 투고원고에 대한 심사기준 및 절차에 관한 지침을 정함을 목적으로 한다.

제 2 조 [원고모집의 공고]

① 편집위원장은 매년 1월 중에 각 회원에게 전자우편으로 '형사판례연구'에 대한 원고를 모집하는 공문을 발송하고, 본 학회 홈페이지(http://www.kaccs.com)에 원고모집에 관한 사항을 게시한다.

② 원고모집을 공고함에 있어서는 투고절차, 논문작성 및 문헌인용방법, 심사기준 및 절차에 관한 기본적인 사항을 고지하여야 한다.

제 3 조 [원고접수]

① 편집간사는 원고를 접수하고, 각 투고자에게 전화 또는 전자우편으로 접수결과를 통보한다.

② 편집간사는 투고자의 인적사항, 논문제목, 접수일자, 분량 등을 기재한 접수결과표를 작성하여 투고원고를 편집위원장에게 송부한다.

③ 편집위원장은 투고원고가 편집위원회가 정한 투고지침에 현저히 위배된다고 판단하는 경우에는 투고자에게 수정을 요구할 수 있다.

제 4 조 [심사위원의 선정 및 심사원고 송부]

① 편집위원장은 각 투고원고에 대해 3인의 심사위원을 선정하고, 각 심사위원에게 심사기한을 정하여 심사원고를 송부한다.

② 심사위원을 선정함에 있어서는 해당분야에 대한 심사위원의 전문성을 고려하고 심사의 공정성을 기할 수 있도록 유의한다.

③ 심사원고에는 투고자의 인적사항이 기재되어서는 안 되며, 이미 기재되어 있는 경우에는 그 내용 가운데 인적 사항을 추론할 수 있

는 부분을 삭제한다.

제 5 조 [투고원고에 대한 심사]

① 심사위원은 투고원고를 심사하고 심사평가서를 작성하여 심사기간
내에 이를 편집위원장에게 송부한다.

② 심사위원은 투고원고를 심사함에 있어서는 다음의 각 호의 사항을
기준으로 한다.

　　1. 일반연구의 논문의 경우에는 주제의 창의성, 연구방법의 적절성,
내용의 완결성, 논문작성 및 문헌인용방법의 정확성, 연구결과의
학문적 기여도

　　2. 번역논문의 경우에는 번역의 필요성, 번역의 정확성 및 학문적
기여도

제 6 조 [투고원고에 대한 게재여부의 결정]

① 편집위원장은 심사위원의 심사평가가 완료된 후 투고원고에 대한
게재여부의 결정을 위한 편집회의를 개최한다.

② 편집위원장은 심사결과표를 작성하여 편집회의에 보고하고, 편집
회의에서는 이를 토대로 게재여부를 결정한다. 다만 투고원고의
게재여부에 대한 최종결정이 있을 때까지 투고자 및 심사위원의
인적사항이 공개되지 않도록 유의하여야 한다.

③ 투고원고에 대한 게재여부의 결정은 다음 각 호의 기준에 의한다.

　　1. 3인의 심사위원 모두 게재 '可' 의견을 내거나, 2인의 심사위원이
게재 '可' 그리고 1인이 '수정후 재심의' 의견을 낸 때에는 게재
'可'로 결정한다. 다만 수정을 조건으로 할 수 있다.

　　2. 1인의 심사위원이 게재 '可' 의견을 내고 2인이 '수정후 재심의'
의견을 내거나 3인의 심사위원이 모두 '수정후 재심의' 의견을
낸 때에는 '수정후 재심의' 결정을 한다.

　　3. 투고원고에 대한 심사결과 심사위원 중 1인 이상이 게재 '否' 의
견을 낸 경우에는 게재하지 아니한다. 다만 2인이 게재 '可' 의견
을 내고 1인이 게재 '否' 의견을 낸 때에는 '수정후 재심의' 결정
을 할 수 있다.

④ 수정원고에 대한 심사는 편집위원회 규정 제6조 제4항에 따라 편집위원장이 직접 또는 약간 명의 심사위원에게 위임하여 게재 '可' 또는 '否'로 결정한다. 다만 '수정후 재심의'결정된 원고에 대하여 투고자가 수정을 거부한 경우에는 '否'로 결정한다.

⑤ 편집위원장은 게재결정이 내려진 투고원고가 타인의 원고를 표절한 것이거나 이미 다른 학술지에 게재한 사실이 있는 것으로 밝혀진 때에는 게재결정을 취소한다.

제 7 조 [심사결과의 통보, 이의신청]

① 편집위원장은 편집회의 후 즉시 각 투고자에게 결정결과 및 이유 그리고 사후절차를 내용으로 하는 공문을 발송한다.

② 게재 '否' 결정을 받은 투고자는 편집위원장에게 이의신청을 할 수 있으며, 편집위원장은 이의신청에 대해서 인용 또는 기각여부를 결정한다.

③ 편집위원장이 이의신청에 대해 인용결정을 한 때에는 심사위원을 다시 선정하고 심사를 의뢰하여 그 결과에 따라 게재 '可' 또는 '否' 결정을 한다.

제 8 조 [최종원고의 제출, 교정 및 편집]

① 게재 '可'의 결정을 통보받은 투고자는 정해진 기간 내에 최종원고를 작성하여 편집간사에게 제출한다.

② 최종원고에 대한 교정 및 편집에 관한 사항은 편집위원장이 결정하며, 필요한 때에는 교정쇄를 투고자에게 송부하여 교정을 하게 할 수 있다.

제 9 조 [논문게재예정증명서의 발급]

편집위원장은 '형사판례연구'의 발행 이전에 최종적으로 게재가 결정된 원고에 대하여 투고자의 신청이 있는 경우에는 '논문게재예정증명서'를 발급한다.

제10조 ['형사판례연구' 게재논문의 전자출판]

'형사판례연구'에 게재된 논문의 전자출판과 관련된 사항은 편집위원회의 결정에 따른다.

부칙(2006. 12. 04)

제 1 조 [시행일]

이 지침은 '형사판례연구' 제15권 발행시부터 적용한다.

부칙(2007. 12. 10)

제1조 [시행일]

이 지침은 '형사판례연구' 제16권 발행시부터 적용한다.

한국형사판례연구회 투고지침

2006.12.04. 제정
2007.12.10. 개정
2011.12.05. 개정
2020.12.07. 개정

제 1 조 [목적]

이 지침은 한국형사판례연구회 편집위원회 규정 제 6 조 제 2 항에 규정된 '형사판례연구' 투고원고에 대한 논문작성, 문헌인용방법 및 투고절차에 관한 사항을 정함을 목적으로 한다.

제 2 조 [논문제출]

① 투고원고는 다른 학술지에 발표되지 않은 것으로서 형법, 형사소송법 및 행형법 등 형사법 분야에 관한 것이어야 한다.

② 투고자는 원고마감기한 내에 다음 각호의 파일을 온라인 논문투고 및 심사 시스템 홈페이지(https://kaccs.jams.or.kr)에 제출함을 원칙으로 한다.

　1. 원고파일, 단 원고파일에는 필자가 누구임을 알 수 있는 사항(성명, 소속, 직위, 연구비 지원 등)이 기재되어서는 안 된다.

　2. 논문투고신청서

　3. 논문연구윤리확인서 및 논문사용권 위임동의서

　4. KCI(한국학술지인용색인) 논문유사도검사 결과보고서

③ 원고파일은 한글 프로그램으로 다음 각 호의 형식에 따라 작성하여 제출한다.

　1. 용지종류 및 여백 : A4, 위쪽 35mm, 오른쪽 및 왼쪽 30mm, 아래쪽 30mm

　2. 글자모양 및 크기 : 휴먼명조체 11포인트(단 각주는 10포인트)

　3. 줄간격 : 160%

④ 투고원고의 분량은 원고지 120매 이하를 원칙으로 하며 이를 초과

하는 경우 초과게재료를 납부하여야 한다.

⑤ 투고원고가 이 지침에 현저히 위반되는 경우 편집간사는 투고자에게 수정을 요구할 수 있다.

⑥ 편집간사는 투고원고의 접수결과를 편집위원장에게 보고하고, 투고자에게 온라인 논문투고 및 심사 시스템으로 접수결과를 통보한다.

제 3 조 [논문작성방법]

① 투고원고의 작성에 있어서는 편집위원회 규정 및 이 지침에 규정된 사항을 준수하여야 한다.

② 투고원고는 다음 각 호의 내용으로 구성되어야 한다.

　1. 제목(한글 및 외국어)

　2. 저자명, 소속기관(한글 및 외국어). 저자(공동저자 포함)의 소속 기관은 각주 형태로 표기한다.

　3. 목차

　4. 본문(항목번호는 Ⅰ, 1, (1), 가, ①, A의 순서로 함)

　5. 주제어(5단어 내외의 한글 및 외국어)

　6. 초록(500단어 내외의 외국어)

③ 투고원고의 내용은 원칙적으로 국문으로 작성되어야 한다. 다만 외국인의 원고 기타 논문의 특성상 외국어로 작성되어야 하는 것은 외국어로 작성할 수 있으나 국문으로 된 번역문을 첨부하여야 한다.

④ 제 2 항 각 호의 외국어는 영어, 독일어, 프랑스어, 중국어, 일본어 중의 하나로 작성한다.

⑤ 저자가 2인 이상인 경우에는 책임저자와 공동저자의 구분을 명시하여야 한다.

제 4 조 [논문작성시 유의사항]

투고원고를 작성함에 있어서는 다음 각 호의 사항에 유의하여야 한다.

　1. 국내외의 문헌을 인용함에 있어서는 최신의 문헌까지 인용하되 가급적 교과서 범주를 넘어서 학술논문 수준의 문헌을 인용하고,

    교과서의 경우에는 출판연도와 함께 판수를 정확하게 기재한다.

2. 외국법에 관한 논문이 아닌 한 국내의 학술논문을 인용하여 국내 학설의 현황을 파악할 수 있도록 하고, 외국문헌은 필요한 한도 내에서 인용한다.

3. 이론이나 학설을 소개하는 경우 일부 문헌만을 근거로 삼지 않고 될수록 많은 문헌을 인용하여 다수설 및 소수설의 평가가 정확히 되도록 유의한다.

4. 기존의 학설을 비판하거나 새로운 학설을 주장하는 경우 그 근거되는 논의상황이 국내의 상황인지 또는 외국의 상황인지를 명확하게 구별하고, 자신의 주장이 해석론인지 형사정책적 제안인지도 분명히 제시한다.

5. 원고는 원칙적으로 한글로 작성하며 한자와 외국어는 혼동이 생길 수 있는 경우에만 괄호 안에 넣어서 표기한다.

6. 외국의 논문이 번역에 가깝게 게재논문의 기초가 되어서는 안 된다.

제 5 조 [문헌인용의 방법]

다른 문헌의 내용을 인용하는 경우에는 다음 각 호의 방식에 의하고, 각주에서 그 출처를 밝혀야 한다.

1. 인용되는 내용이 많은 경우에는 별도의 문단으로 인용하고, 본문과 구별되도록 인용문단 위와 아래를 한 줄씩 띄우고 글자크기를 10포인트 그리고 양쪽 여백을 4ch(칸)으로 설정한다.

2. 인용되는 내용이 많지 않은 경우에는 인용부호("")를 사용하여 표시한다.

3. 인용문의 내용 중 일부를 생략하는 경우에는 생략부호(…)를 사용하고, 내용을 변경하는 경우에는 변경표시([ ])를 하여야 한다.

4. 인용문의 일부를 강조하고자 할 때에는 국문은 밑줄을 쳐서 표시하고 영문은 이탤릭체를 사용한다.

제 6 조 [각주의 내용]

① 각주에서는 원칙적으로 한글을 사용하여야 하고, 인용되는 문헌이 외국문헌인 경우에도 저자명, 논문제목, 서명 또는 잡지명, 발행지, 출판

사 등과 같은 고유명사를 제외한 나머지는 한글로 표기한다. 특히 See,
Cf, Ibid, Supra, Hereinafter, et al, etc, Vgl, Dazu, Siehe, a.a.O., f(ff),
usw 등과 같이 외국어로 된 지시어는 사용하지 않는다.

② 인용문헌이 여러 개인 경우에는 각각의 문헌 사이에 세미콜론(;)
을 표기하여 구분한다.

③ 문헌을 재인용하는 경우에는 원래의 문헌을 표시한 후 괄호 안에
참조한 문헌을 기재한 후 '재인용'이라고 표시한다.

④ 제1항 내지 제3항 및 제7조 내지 제11조에 규정된 이외의 사항에
대하여는 한국법학교수협의회에서 결정한 「논문작성 및 문헌인용
에 관한 표준(2000)」에 따른다.

제 7 조 [인용문헌의 표시]

① 인용되는 문헌이 단행본인 경우에는 저자, 서명, 판수, 발행지 : 출
판사, 출판연도, 면수의 순서로 기재한다. 다만 발행지와 출판사는
생략할 수 있다.

② 인용되는 문헌이 논문인 경우에는 저자, 논문제목, 서명(잡지인 경우에
는 잡지명, 권수 호수), 발행지 : 출판사, 출판연월, 면수의 순서로 기재
한다. 다만 발행지와 출판사는 생략할 수 있고, 월간지의 경우에는 권
수와 호수 및 출판년도 대신에 'ㅇㅇㅇㅇ년 ㅇ월호'로 기재할 수 있다.
그리고 논문 제목은 동양문헌인 때에는 인용부호(" ")안에 기재하고,
서양문헌인 때에는 별도의 표시 없이 이탤릭체로 표기한다.

　예) 김종서, "현행 지방자치관계법의 비판적 검토", 인권과
　　　정의 1992년 3월호, 99쪽.

③ 서명 및 잡지명은 그 명칭의 전부를 기재하여야 한다. 다만 외국문
헌의 경우 처음에는 그 전부를 표기하고 이후부터는 약어로 기재
할 수 있다.

④ 저자가 두 명인 경우에는 저자명 사이에 가운데점(·)을 표시하고,
세 명 이상인 경우에는 대표 저자만을 표기한 후 '외(外)'라고 기
재한다.

⑤ 인용문헌이 편집물인 경우에는 저자명 뒤에 '편(編)'이라고 기재한다.

⑥ 인용문헌이 번역물인 경우에는 저자명 뒤에 사선(/)을 긋고, 번역
자의 이름을 기입한 뒤 '역(譯)'이라고 기재한다.
　예) Karl Larenz·Claus-Wilhelm Canaris/허일태 역, 법학방법론,
　　　2000, 120쪽.
⑦ 기념논문집, 공청회자료집 등은 서명 다음에 콜론(:)을 표시하고
그 내용을 표시한다.
　예) 현대형사법의 쟁점과 과제 : 동암 이형국 교수 화갑기념논문집
제 8 조 [판례의 표시]
① 판례는 선고법원, 선고연월일, 사건번호 및 출처의 순서로 개재하
되, 출처는 괄호 안에 표기한다.
　예) 대법원 1996. 4. 26. 선고 96다1078 판결(공 1996상, 1708), 대전
　　　고법 2000. 11. 10. 선고 2000노473 판결(하집 2000(2), 652)
② 판례의 출처는 다음 각 호와 같이 약어를 사용하여 표시한다.
　1. 법원공보(또는 판례공보) 1987년 125면 이하→ 공 1987, 125
　2. 대법원판례집 제11권 2집 형사편 29면 이하→ 집11(2), 형 29
　3. 고등법원판례집 1970년 형사특별편 20면 이하→ 고집 1970,
　　　형특 20
　4. 하급심판결집 1984년 제 2 권 229면→ 하집 1984(2), 229
　5. 판례카드 3675번→ 카 3675
　6. 헌법재판소판례집 제5권 2집 14면 이하→ 헌집5(2), 14
　7. 헌법재판소공보 제3호 255면→ 헌공3, 255
　8. 판례총람 형법 338조 5번→ 총람 형338, 5
③ 외국판례는 당해 국가에서 일반적으로 사용되는 표기방법에 따른다.
제 9 조 [법령의 표시]
① 법령은 공식명칭을 사용하여야 하며, 띄어쓰기를 하지 않고 모두
붙여 쓴다.
② 법령의 이름이 긴 경우에는 '[이하 ○○○이라고 한다]'고 표시한
후 일반적으로 사용되는 약칭을 사용할 수 있다.
　예) 성폭력범죄의처벌및피해자보호등에관한법률[이하 성폭력

특별법이라고 한다]

③ 법령의 조항은 '제○조 제○항 제○호'의 방식으로 기재하며, 필요한 경우에는 본문, 단서, 전문 또는 후문을 특정하여야 한다.

④ 법령이 개정 또는 폐지된 때에는 그 연월일 및 법령 호수를 기재하여야 한다.

　예) 형사소송법(1995. 12. 29. 법률 제5054호로 개정되고 1997. 12.
　　　13. 법률 제5435호로 개정되기 이전의 것) 제201조의2 제1항

⑤ 외국의 법령은 당해 국가에서 일반적으로 사용되는 표기방법에 따른다.

제10조 [기타 자료의 표시]

① 신문에 실린 자료는 작성자와 기사명이 있는 경우 저자명, "제목", 신문명, 연월일자, 면을 표시하고, 작성자와 기사명이 없는 경우에는 신문명, 연월일, 면을 표시한다.

　예) 박상기, "부동산 명의신탁과 횡령죄", 법률신문, 1997. 10. 27, 14쪽.

② 인터넷 자료는 저자명, "자료명", URL, 검색일자를 표시한다.

　예) 박영도 외, "법률문화 및 법률용어에 관한 국민여론 조사",
　　　http://www.klri.re.kr/LIBRARY/library.html, 2002. 6. 1.검색.

제11조 [동일한 문헌의 인용표시]

① 앞의 각주에서 제시된 문헌을 다시 인용할 경우에는 저자명, 주○)의 글(또는 책), 면의 순서로 표기한다.

② 바로 앞의 각주에서 인용된 문헌을 다시 인용하는 경우에는 앞의 글(또는 앞의 책), 면의 순서로 표기한다.

③ 하나의 각주에서 동일한 문헌을 다시 인용할 경우는 같은 글(또는 같은 책), 면의 순서로 표기한다.

제12조 [표 및 그림의 표시]

표와 그림은 <표 1>, <그림 1>의 방식으로 일련번호와 제목을 표시하고, 표와 그림의 왼쪽 아랫부분에 그 출처를 명시하여야 한다.

제13조 [편집위원회의 결정통보 및 수정원고 제출]

① 편집위원회는 투고원고에 대한 심사위원의 평가가 완료된 후 편집

회의를 개최하여 투고원고에 대한 게재여부를 결정하고 투고자에게 그 결과를 온라인 논문투고 및 심사 시스템으로 통지한다.

② 편집위원회가 투고원고에 대하여 '수정후 재심의' 결정을 한 경우 투고자는 정해진 기간 내에 수정원고를 제출하여야 한다.

제14조 [학회비 및 게재료 납부]

① 편집위원회에 의해 게재결정된 투고원고는 투고자가 당해 연도 회비를 납부한 경우에 한하여 학회지에 게재될 수 있다.

② 편집위원회에 의해 게재결정된 투고원고의 투고자는 다음 각 호의 구분에 의하여 게재료를 납부하여야 한다.

  1. 교수 및 실무가: 편당 20만원

  2. 강사 기타: 편당 10만원

③ 투고원고(외국어 초록 포함)의 분량이 원고지 120매를 초과하고 150매 이하인 경우에는 1매당 3천원, 150매를 초과하는 경우에는 1매당 5천원의 초과게재료를 납부하여야 한다.

제15조 [논문연구윤리 준수]

① 투고원고는 논문연구윤리 확인서에 포함된 논문연구윤리를 준수하여야 한다.

② 투고원고는 논문연구윤리 확인서를 제출한 경우에 한하여 학회지에 게재될 수 있다.

제16조 [논문사용권 등 위임동의서 제출]

투고원고는 논문사용권 및 복제·전송권 위임동의서를 제출한 경우에 한하여 학회지에 게재될 수 있다.

제17조 [중복게재의 제한]

① '형사판례연구'에 게재된 논문은 다른 학술지에 다시 게재할 수 없다.

② 편집위원회는 제1항에 위반한 투고자에 대하여 결정으로 일정기간 투고자격을 제한할 수 있다.

부칙(2006. 12. 04)

제 1 조 [시행일]

이 지침은 '형사판례연구' 제15권 발행시부터 적용한다.

부칙(2007. 12. 10)

제 1 조 [시행일]

이 지침은 '형사판례연구' 제16권 발행시부터 적용한다.

부칙(2011.12.05.)

제 1 조 [시행일]

이 지침은 '형사판례연구' 제20권 발행시부터 적용한다.

부칙(2020.12.07)

제 1 조 [시행일]

이 지침은 '형사판례연구' 제29권 발행시부터 적용한다.

한국형사판례연구회
연구윤리위원회 규정

2007. 12. 10. 제정
2008. 06. 02. 개정

제 1 조 [목적]

이 규정은 연구윤리위반행위의 방지 및 건전한 연구윤리의 확보를 위한 기본적인 원칙과 방향을 제시하고, 한국형사판례연구회(이하 '본회'라 함) 회원의 연구윤리위반행위에 대한 조치와 절차 등을 규정함을 목적으로 한다.

제 2 조 [연구윤리위반행위]

연구윤리위반행위는 다음 각 호의 하나에 해당하는 것을 말한다.

1. "위조" ― 존재하지 않는 데이터 또는 연구결과 등을 허위로 만들어 내는 행위
2. "변조" ― 연구의 재료·장비·과정 등을 인위적으로 조작하거나 데이터를 임의로 변형·삭제함으로써 연구의 내용 또는 결과를 왜곡하는 행위
3. "표절" ― 타인의 아이디어, 연구의 내용 또는 결과 등을 정당한 승인 또는 인용 없이 도용하는 행위
4. "부당한 논문저자 표시" ― 연구내용 또는 결과에 대하여 과학적·기술적 공헌 또는 기여를 한 사람에게 정당한 이유 없이 논문저자 자격을 부여하지 않거나, 과학적·기술적 공헌 또는 기여를 하지 않은 자에게 감사의 표시 또는 예우 등을 이유로 논문저자 자격을 부여하는 행위
5. "중복게재" ― 과거에 공간된 논문 등 저작물을 중복하여 출판하는 행위

6. "조사방해·부정은폐" — 본인 또는 타인의 연구윤리위반행위의 의혹
   에 대한 조사를 고의로 방해하거나 제보자에게 위해를 가하는 행위

제 3 조 [연구윤리위원회]

① 연구윤리위반행위의 조사·의결을 위하여 연구윤리위원회(이하 '위
   원회'라 함)를 둔다.

② 연구윤리위원회는 연구윤리위원장을 포함한 10인 이내의 위원으로
   구성한다.

③ 연구윤리위원장(이하 '위원장'이라 함)은 본회의 연구윤리담당 상임
   이사로 한다.

④ 연구윤리위원(이하 '위원'이라 함)은 본회 회원 중에서 이사회가 선임
   한다.

⑤ 연구윤리위원의 임기는 1년으로 하며, 연임할 수 있다.

제 4 조 [연구윤리위원회의 조사]

① 위원장은 다음 각 호의 경우 위원회에 연구윤리위반 여부의 조사
   를 요청하여야 한다.

  1. 제보 등에 의하여 연구윤리위반행위에 해당한다는 의심이 있는 때

  2. 본회 회원 10인 이상이 서면으로 연구윤리위반행위에 대한 조사
     를 요청한 때

② 제보의 접수일로부터 만 5년 이전의 연구윤리위반행위에 대해서는
   이를 접수하였더라도 처리하지 않음을 원칙으로 한다. 단, 5년 이
   전의 연구윤리위반행위라 하더라도 피조사자가 그 결과를 직접 재
   인용하여 5년 이내에 후속 연구의 기획·수행, 연구결과의 보고 및
   발표에 사용하였을 경우와 공공의 복지 또는 안전에 위험이 발생
   하거나 발생할 우려가 있는 경우에는 이를 처리하여야 한다.

③ 연구윤리위반행위의 사실 여부를 입증할 책임은 위원회에 있다.
   단, 피조사자가 위원회에서 요구하는 자료를 고의로 훼손하였거나
   제출을 거부하는 경우에 요구자료에 포함되어 있다고 인정되는 내
   용의 진실성을 입증할 책임은 피조사자에게 있다.

④ 위원회는 제보자와 피조사자에게 의견진술, 이의제기 및 변론의 권리와 기회를 동등하게 보장하여야 하며 관련 절차를 사전에 알려주어야 한다.

제 5 조 [연구윤리위원회의 의결]

① 위원회의 연구윤리위반결정은 재적위원 과반수의 출석과 출석위원 3분의 2 이상의 찬성으로 의결한다.

② 조사·의결의 공정을 기하기 어려운 사유가 있는 위원은 당해 조사·의결에 관여할 수 없다. 이 경우 당해 위원은 재적위원의 수에 산입하지 아니한다.

제 6 조 [제보자의 보호]

① 제보자는 연구윤리위반행위를 인지한 사실 또는 관련 증거를 위원회에 알린 자를 말한다.

② 제보자는 구술·서면·전화·전자우편 등 가능한 모든 방법으로 제보할 수 있으며 실명으로 제보함을 원칙으로 한다. 단, 익명의 제보라 하더라도 서면 또는 전자우편으로 논문명, 구체적인 연구윤리위반행위의 내용과 증거를 포함하여 제보한 경우 위원회는 이를 실명 제보에 준하여 처리하여야 한다.

③ 위원회는 제보자가 연구윤리위반행위 신고를 이유로 부당한 압력 또는 위해 등을 받지 않도록 보호해야 할 의무를 지니며 이에 필요한 시책을 마련하여야 한다.

④ 제보자의 신원에 관한 사항은 정보공개의 대상이 되지 않으며, 제보자가 신고를 이유로 제 3 항의 불이익을 받거나 자신의 의지에 반하여 신원이 노출될 경우 위원회 및 위원은 이에 대한 책임을 진다.

⑤ 제보자는 연구윤리위반행위의 신고 이후 진행되는 조사 절차 및 일정 등을 알려줄 것을 위원회에 요구할 수 있으며, 위원회는 이에 성실히 응하여야 한다.

⑥ 제보 내용이 허위인 줄 알았거나 알 수 있었음에도 불구하고 이를

신고한 제보자는 보호 대상에 포함되지 않는다.

제 7 조 [피조사자의 보호]

① 피조사자는 제보 또는 위원회의 인지에 의하여 연구윤리위반행위
의 조사대상이 된 자 또는 조사 수행 과정에서 연구윤리위반행위
에 가담한 것으로 추정되어 조사의 대상이 된 자를 말하며, 조사
과정에서의 참고인이나 증인은 이에 포함되지 아니한다.

② 위원회는 검증 과정에서 피조사자의 명예나 권리가 부당하게 침해
되지 않도록 주의하여야 한다.

③ 연구윤리위반행위에 대한 의혹은 판정 결과가 확정되기 전까지 외
부에 공개되어서는 아니 된다.

④ 피조사자는 연구윤리위반행위의 조사·처리절차 및 처리일정 등을
알려줄 것을 위원회에 요구할 수 있으며, 위원회는 이에 성실히
응하여야 한다.

제 8 조 [예비조사]

① 예비조사는 연구윤리위반행위의 의혹에 대하여 조사할 필요가 있
는지 여부를 결정하기 위한 절차를 말하며, 신고 접수일로부터 30
일 이내에 착수하여야 한다.

② 예비조사 결과 피조사자가 연구윤리위반행위 사실을 모두 인정한
경우에는 본조사 절차를 거치지 않고 바로 판정을 내릴 수 있다.

③ 예비조사에서 본조사를 실시하지 않는 것으로 결정할 경우 이에 대
한 구체적인 사유를 결정일로부터 10일 이내에 제보자에게 문서 또
는 전자우편으로 통보한다. 단, 익명제보의 경우는 그러하지 않다.

④ 제보자는 예비조사 결과에 대해 불복하는 경우 통보를 받은 날로
부터 30일 이내에 위원회에 이의를 제기할 수 있다.

제 9 조 [본조사]

① 본조사는 연구윤리위반행위의 사실 여부를 입증하기 위한 절차를
말하며, 예비조사에서 본조사의 필요성이 인정된 경우 즉시 착수
하여야 한다.

② 위원회는 제보자와 피조사자에게 의견진술의 기회를 주어야 하며, 본조사결과를 확정하기 이전에 이의제기 및 변론의 기회를 주어야 한다. 당사자가 이에 응하지 않을 경우에는 이의가 없는 것으로 간주한다.

③ 제보자와 피조사자의 이의제기 또는 변론 내용과 그에 대한 처리 결과는 조사결과 보고서에 포함되어야 한다.

제10조 [판정]

① 판정은 본조사결과를 확정하고 이를 제보자와 피조사자에게 문서 또는 전자우편으로 통보하는 절차를 말하며, 본조사에 의하여 연구윤리위반이 인정된 경우 즉시 하여야 한다.

② 예비조사 착수 이후 판정에 이르기까지의 모든 조사 일정은 6개월 이내에 종료되어야 한다.

③ 제보자 또는 피조사자가 판정에 불복할 경우에는 통보를 받은 날로부터 30일 이내에 본회 회장에게 이의신청을 할 수 있으며, 본회 회장은 이의신청 내용이 합리적이고 타당하다고 판단할 경우 이사회의 결정으로 임시 조사위원회를 구성하여 재조사를 실시하여야 한다.

제11조 [위원회의 권한과 의무]

① 위원회는 조사과정에서 제보자·피조사자·증인 및 참고인에 대하여 진술을 위한 출석을 요구할 수 있고 피조사자에게 자료의 제출을 요구할 수 있으며, 이 경우 피조사자는 반드시 이에 응하여야 한다.

② 위원회 및 위원은 제보자의 신원 등 위원회의 직무와 관련하여 알게 된 사항에 대하여 비밀을 유지하여야 한다.

제12조 [조사의 기록과 정보의 공개]

① 위원회는 조사 과정의 모든 기록을 음성, 영상, 또는 문서의 형태로 5년 이상 보관하여야 한다.

② 조사결과 보고서는 판정이 끝난 이후 공개할 수 있다. 단, 증인·참고인·자문에 참여한 자의 명단 등은 당사자에게 불이익을 줄 가능성이 있을 경우 공개하지 않을 수 있다.

제13조 [연구윤리위반행위에 대한 조치]

위원회가 연구윤리위반행위로 결정한 때에는 다음 각 호의 조치를 취하여야 한다.

　　1. 투고원고를 '형사판례연구' 논문목록에서 삭제

　　2. 투고자에 대하여 3년 이상 '형사판례연구'에 논문투고 금지

　　3. 위반사항을 한국형사판례연구회 홈페이지에 1년간 공고

　　4. 한국학술진흥재단에 위반내용에 대한 세부적인 사항 통보

제14조 [연구윤리에 대한 교육]

위원회는 본회 회원의 연구윤리의식을 고취시키기 위하여 연구수행과정에서 준수해야 할 연구윤리 규범, 부정행위의 범위, 부정행위에 대한 대응방법 및 검증절차 등에 관한 교육을 실시하여야 한다.

제15조 [규정의 개정]

이 규정의 개정은 이사회의 의결에 의한다.

부칙(2008. 06. 02)

제 1 조 [시행일]

이 규정은 이사회의 의결이 있은 날부터 시행한다.

한국형사판례연구회 임원명단

2023년 7월 현재

고 문: 권광중, 김동건, 김진환, 박상기, 김대휘,
장영민, 강용현, 오영근, 조균석, 이용식,
여훈구

회 장: 강동범

부 회 장: 이완규, 김우진, 전지연

상임이사: 김성돈(총무), 한상훈(연구), 이주원(연구),
한제희(연구), 김혜정(연구윤리), 최병각(출판),
문성도(섭외), 이경렬(재무), 노수환(법제),
박미숙(홍보)

이 사: 김대원, 김성룡, 김영기, 김한균, 류전철, 박광민, 심영주,
심희기, 오경식, 우인성, 윤지영, 이강민, 이근우, 원혜욱,
이경재, 이승호, 이인영(백석대), 이정민, 이천현, 정웅석,
조인현, 천진호, 최준혁, 최호진, 하태훈, 황태정 (26명)

편집위원회: 이용식(위원장), 김성돈, 김성룡, 김태명, 류전철,
문성도, 우인성, 이완규, 전지연, 최병각

윤리위원회: 전지연(위원장), 김혜경, 김혜정, 노수환,
변종필, 신용석, 안성훈, 윤지영, 이진국

감 사: 이원상, 허황

간 사: 류부곤(총무), 장진환(편집)

한국형사판례연구회 회원명부

2023년 7월 현재

〈학 계〉

성 명	직 위	근 무 처	우편번호 주 소	직장 자택 전화번호
강 기 정	명예교수	창원대 법학과	51140 경남 창원시 의창구 창원대학로 20	055-213-3203
강 동 범	명예교수	이화여대 법학전문대학원	03760 서울 서대문구 이화여대길 52	02-3277-4480
강 석 구	선임 연구 위원	형사·법무 정책연구원	06764 서울 서초구 태봉로 114	02-3460-5128
강 수 진	교수	고려대 법학전문대학원	02841 서울 성북구 안암동 145	02-3290-2889
강 우 예	교수	한국해양대 해사법학부	49112 부산 영도구 태종로 727	051-410-4393
권 오 걸	교수	경북대 법학전문대학원	41566 대구 북구 대학로 80	053-950-5473
권 창 국	교수	전주대 경찰행정학과	55069 전북 전주시 완산구 천잠로 303	063-220-2242
김 대 근	연구 위원	형사·법무 정책연구원	06764 서울 서초구 태봉로 114	02-3460-5175
김 대 원	초빙교수	성균관대 법학전문대학원	03063 서울 종로구 성균관로 25-2	02-760-0922
김 면 기	교수	경찰대학	31539 충청남도 아산시 신창면 황산길 100-50	041-968-211
김 봉 수	교수	전남대 법학전문대학원	61186 광주 북구 용봉로 77	062-530-2278

성 명	직 위	근 무 처	우편번호	주 소	직장 자택 전화번호
김 선 복	前교수	부경대 법학과	48513	부산 남구 용소로 45	051-629-5441
김 성 돈	교수	성균관대 법학전문대학원	03063	서울 종로구 성균관로 25-2	02-760-0343
김 성 룡	교수	경북대 법학전문대학원	41566	대구 북구 대학로 80	053-950-5459
김 성 은	교수	강원대 법학전문대학원	24341	강원 춘천시 강원대학길 1	033-250-6539
김 성 천	교수	중앙대 법학전문대학원	06974	서울 동작구 흑석로 84	02-820-5447
김 영 철	교수 및 대표 변호사	건국대 법학전문대학원 법무법인 대종	05029	서울 광진구 능동로 120 서울 종로구 새문안로5길 15길, 변호사회관 303호	02-2049-6047 02-733-0284
김 영 환	명예교수	한양대 법학전문대학원	04763	서울 성동구 왕십리로 222	02-2220-0995
김 웅 재	교수	서울대 법학전문대학원	08826	서울 관악구 관악로 1	02-880-7564
김 유 근	연구 위원	형사·법무 정책연구원	06764	서울 서초구 태봉로 114	02-3460-5182
김 인 선	명예교수	순천대 법학과	57922	전남 순천시 중앙로 255	061-750-3430
김 인 회	교수	인하대 법학전문대학원	22212	인천 남구 인하로 100	032-860-8965
김 재 봉	교수	한양대 법학전문대학원	04763	서울 성동구 왕십리로 222	02-2220-1303
김 재 윤	교수	건국대 법학전문대학원	05029	서울 광진구 능동로 120	02-450-4042

성 명	직 위	근 무 처	우편번호 주 소	직장 자택 전화번호
김 재 희	교수	성결대 파이데이아칼리지	14097 경기 안양시 성결대학교 53	031-467-8114
김 정 현	겸임교수	숭실대 법학과	06978 서울시 동작구 상도로 369	02-820-0470
김 정 환	교수	연세대 법학전문대학원	03722 서울 서대문구 연세로 50	02-2123-3003
김 종 구	교수	조선대 법학과	61452 광주광역시 동구 필문대로 309	062-230-6703
김 종 원 (별세)				
김 진	교수	경희대 법학전문대학원	02447 서울 동대무구 경희대로 26	02-961-0468
김 태 명	교수	전북대 법학전문대학원	54896 전북 전주시 덕진구 백제대로 567	063-270-4701
김 택 수	교수	계명대 경찰법학과	42601 대구 달서구 달구벌대로 1095	053-580-5468
김 한 균	선임 연구 위원	형사·법무 정책연구원	06764 서울 서초구 태봉로 114	02-3460-5163
김 혁 돈	교수	가야대 경찰행정학과	50830 경남 김해시 삼계로 208번지	055-330-1145
김 형 준	교수	중앙대 법학전문대학원	06974 서울 동작구 흑석로 84	02-820-5452
김 혜 경	교수	계명대 경찰행정학과	42601 대구 달서구 달구벌대로 1095	053-580-5956
김 혜 정	교수	영남대 법학전문대학원	38541 경북 경산시 대학로 280	053-810-2616
김 희 균	교수	서울시립대 법학전문대학원	02504 서울 동대문구 서울시립대로 163	02-6490-5102

성 명	직 위	근 무 처	우편번호 주 소	직장 자택 전화번호
남 선 모	교수	세명대 법학과	27136 충북 제천시 세명로 65	043-649-1231
노 수 환	교수	성균관대 법학전문대학원	03063 서울시 종로구 성균관로 25-2	02-760-0354
도 중 진	교수	충남대 국가안보융합 학부	34134 대전 유성구 대학로 99번지	042-821-5297
류 경 은	교수	고려대 법학전문대학원	02841 서울 성북구 안암로 145	02-3290-1887
류 부 곤	교수	경찰대 법학과	31539 충남 아산시 신창면 황산길 100-50	041-968-2763
류 석 준	교수	영산대 법학과	50510 경남 양산시 주남로 288	055-380-9423
류 인 모	교수	인천대 법학과	22012 인천 연수구 아카데미로 119	032-835-8324
류 전 철	교수	전남대 법학전문대학원	61186 광주 북구 용봉로 77	062-530-2283
류 화 진	교수	부산대 법학전문대학원	46241 부산 금정구 부산대학로63번길 2	051-510-2506
문 성 도	교수	경찰대 법학과	31539 충남 아산시 신창면 황산길 100-50	041-968-2562
민 영 성	교수	부산대 법학전문대학원	46241 부산 금정구 부산대학로63번길 2	051-510-2514
박 강 우	前교수	충북대 법학전문대학원	28644 충북 청주시 서원구 충대로 1	043-261-2622
박 광 민	명예교수	성균관대 법학전문대학원	03063 서울 종로구 성균관로 25-2	02-760-0359
박 기 석	교수	대구대 경찰행정학과	38453 경북 경산시 진량읍 대구대로 201	053-850-6182

성 명	직 위	근무처	우편번호 주 소	직장 자택 전화번호
박 미 숙	선임 연구위원	형사·법무 정책연구원	06764 서울 서초구 태봉로 114	02-3460-5166
박 상 기	명예교수 前법무부 장관	연세대 법학전문대학원 법무부	03722 서울 서대문구 연세로 50	02-2123-3005
박 상 진	교수	건국대 사회과학대학 법학과	27478 충북 충주시 충원대로 268	043-840-3429
박 성 민	교수	경상대 법과대학	52828 경남 진주시 진주대로 501	055-772-2035
박 수 희	교수	가톨릭관동대 경찰행정학과	25601 강원 강릉시 범일로 579번길 24	033-649-7336
박 정 난	교수	연세대 법학전문대학원	03722 서울 서대문구 연세로50	02-2123-3005
박 찬 걸	교수	충북대 경찰행정학과	28644 충북 청주시 충대로 1	043-261-3689
백 원 기	교수	인천대 법학과	22012 인천 연수구 아카데미로 119	032-835-8328
변 종 필	교수	동국대 법학과	04620 서울 중구 필동로1길 30	02-2260-3238
서 거 석	명예교수	전북대 법학전문대학원	54896 전북 전주시 덕진구 백제대로 567	063-270-2663
서 보 학	교수	경희대 법학전문대학원	02447 서울 동대문구 경희대로 26	02-961-0614
성 낙 현	교수	영남대 법학전문대학원	38541 경북 경산시 대학로 280	053-810-2623
소 병 철	국회의원	더불어민주당	07233 서울 영등포구 의사당대로 1 의원회관 928호	02-784-4410
손 동 권	명예교수	건국대 법학전문대학원	05029 서울 광진구 능동로 120	02-450-3599

성 명	직 위	근 무 처	우편번호	주 소	직장 자택 전화번호
손 지 선	이화여대 법학박사				
손 지 영	전문위원	법과인간행동연 구소, 법무법인 케이에스앤피	06606	서울 서초구 서초중앙로24길16	02-596-1234
송 광 섭	교수	원광대 법학전문대학원	54538	전북 익산시 익산대로 460	063-850-6373
승 재 현	연구 위원	형사·법무 정책연구원	06764	서울 서초구 태봉로 114	02-3460-5164
승 이 도	재판 연구관	헌법재판소	03060	서울 종로구 북촌로 15	02-708-3456
신 가 람	박사과정	연세대	03722	서울 서대문구 연세로 50	02-2123-8644
신 동 운	명예교수	서울대 법학전문대학원	08826	서울 관악구 관악로 1	02-880-7563
신 양 균	명예교수	전북대 법학전문대학원	54896	전북 전주시 덕진구 백제대로 567	063-270-2666
심 영 주	초빙교수	인하대 법학전문대학원	22212	인천 남구 인하로 100	032-860-7920
심 재 무	교수	경성대 법학과	48434	부산 남구 수영로 309	051-663-4518
심 희 기	명예교수	연세대 법학전문대학원	03722	서울 서대문구 연세로 50	02-2123-6037
안 경 옥	교수	경희대 법학전문대학원	02447	서울 동대문구 경희대로 26	02-961-0517
안 성 조	교수	제주대 법학전문대학원	63243	제주 제주시 제주대학로 102	064-754-2988
안 성 훈	선임연구 위원	형사·법무 정책연구원	06764	서울 서초구 태봉로 114	02-3460-5182

성 명	직 위	근 무 처	우편번호 주 소	직장 자택 전화번호
안 원 하	교수	부산대 법학전문대학원	46241 부산 금정구 부산대학로63번길 2	051-510-2502
안 정 빈	교수	경남대 법학과	51767 경남 창원시 마산합포구 경남대학로 7	055-249-2516
오 경 식	교수	강릉원주대 법학과	25457 강원 강릉시 죽헌길 7	033-640-2211
오 병 두	교수	홍익대 법학과	04066 서울 마포구 와우산로 94	02-320-1822
오 영 근	명예교수	한양대 법학전문대학원	04763 서울 성동구 왕십리로 222	02-2220-0994
원 재 천	교수	한동대 법학과	37554 경북 포항시 북구 흥해읍 한동로 558	054-260-1268
원 혜 욱	교수	인하대 법학전문대학원	22212 인천 남구 인하로 100	032-860-7937
유 용 봉	교수	한세대 경찰행정학과	15852 경기 군포시 한세로 30	031-450-5272
윤 동 호	교수	국민대 법학과	02707 서울 성북구 정릉로 77	02-910-4488
윤 소 현	교수	건국대 법학전문대학원	05029 서울 광진구 능동로 120	02-450-4215
윤 용 규	명예교수	강원대 법학전문대학원	24341 강원 춘천시 강원대학길 1	033-250-6517
윤 종 행	교수	충남대 법학전문대학원	34134 대전광역시 유성구 대학로 99번지	042-821-5840
윤 지 영	선임연구 위원	형사·법무 정책연구원	06764 서울 서초구 태봉로 114	02-3460-5136
윤 해 성	연구 위원	형사·법무 정책연구원	06764 서울 서초구 태봉로 114	02-3460-5156

성 명	직 위	근 무 처	우편번호	주 소	직장 자택 전화번호
은 승 표	前교수	영남대 법학전문대학원	38541	경북 경산시 대학로 280	053-810-2615
이 강 민	교수	김포대 경찰행정학과	10020	경기 김포시 월곶면 김포대학로 97	031-999-4665
이 경 렬	교수	성균관대 법학전문대학원	03063	서울 종로구 성균관로 25-2	02-760-0216
이 경 재	교수	충북대 법학전문대학원	28644	충북 청주시 서원구 충대로 1	043-261-2612
이 경 호	前교수	한국해양대 해사법학부	49112	부산 영도구 태종로 727	051-410-4390
이 근 우	교수	가천대 법학과	13120	경기 성남시 수정구 성남대로 1342	031-750-8728
이 기 헌	명예교수	명지대 법학과	03674	서울 서대문구 거북골로 34	02-300-0813
이 동 희	교수	경찰대 법학과	31539	충남 아산시 신창면 황산길 100-50	041-968-2662
이 상 문	교수	군산대 해양경찰학과	54150	전북 군산시 대학로 558	063-469-1893
이 상 용	前교수	명지대 법학과	03674	서울 서대문구 거북골로 34	02-300-0817
이 상 원	교수	서울대 법학전문대학원	08826	서울 관악구 관악로 1	02-880-2618
이 상 한	초빙교수	충북대학교 법학전문대학원	28644	충북 청주시 서원구 충대로 1	043-261-2620
이 상 현	교수	숭실대 국제법무학과	06978	서울 동작구 상도로 369	02-820-0486
이 상 훈	교수	한양대 법학전문대학원	04763	서울 성동구 왕십리로 222	02-2220-0997

성 명	직 위	근 무 처	우편번호	주 소	직장 자택 전화번호
이 순 욱	교수	전남대 법학전문대학원	61186	광주 북구 용봉로 77	062-530-2225
이 승 준	교수	충북대 법학전문대학원	28644	충북 청주시 서원구 충대로 1	043-261-3689
이 승 현	연구 위원	형사·법무 정책연구원	06764	서울 서초구 태봉로 114	02-3460-5193
이 승 호	교수	건국대 법학전문대학원	05029	서울 광진구 능동로 120	02-450-3597
이 영 란	명예교수	숙명여대 법학과	04310	서울 용산구 청파로47길 100	02-710-9494
이 용 식	명예교수	서울대 법학전문대학원	08826	서울 관악구 관악로 1	02-880-7557
이 원 상	교수	조선대 법학과	61452	광주광역시 동구 필문대로 309	062-230-6073
이 유 진	선임 연구위원	청소년정책 연구원	30147	세종특별자치시 시청대로 370 세종국책연구단지 사회정책동(D동)	044-415-2114
이 윤 제	교수	명지대 법학과	03674	서울특별시 서대문구 거북골로 34	02-300-0820
이 은 모	명예교수	한양대 법학전문대학원	04763	서울 성동구 왕십리로 222	02-2220-2573
이 인 영	교수	백석대 경찰학부	31065	충남 천안시 동남구 문암로 76	041-550-2124
이 정 념	교수	숭실대 법학과	06978	서울 동작구 상도로 369 전산관 522호	02-820-0461
이 정 민	교수	단국대 법학과	16890	경기 용인시 수지구 죽전로 152	031-8005-3973
이 정 원	前교수	영남대 법학전문대학원	38541	경북 경산시 대학로 280	053-810-2629

성 명	직 위	근 무 처	우편번호	주 소	직장 자택 전화번호
이 정 훈	교수	중앙대 법학전문대학원	06974	서울 동작구 흑석로 84	02-820-5456
이 주 원	교수	고려대 법학전문대학원	02841	서울 성북구 안암동 5가 1번지	02-3290-2882
이 진 국	교수	아주대 법학전문대학원	16499	경기 수원시 영통구 월드컵로 206	031-219-3791
이 진 권	교수	한남대 경찰행정학과	34430	대전 대덕구 한남로 70	042-629-8465
이 창 섭	교수	제주대 법학전문대학원	63243	제주 제주시 제주대학로 102	064-754-2976
이 창 온	교수	이화여대 법학전문대학원	03760	서울 서대문구 이화여대길 52	02-3277-4098
이 창 현	교수	한국외대 법학전문대학원	02450	서울 동대문구 이문로 107(이문동 270)	02-2173-3047
이 천 현	선임 연구위원	형사·법무 정책연구원	06764	서울 서초구 태봉로 114	02-3460-5125
이 충 상	교수	경북대 법학전문대학원	41566	대구 북구 대학로 80	053-950-5456
이 태 언	前교수	부산외대 법학과	46234	부산 금정구 금샘로 485번길 65	051-509-5991
이 호 중	교수	서강대 법학전문대학원	04107	서울 마포구 백범로 35	02-705-7843
이 희 경	연구교수	성균관대 글로벌리더학부	03063	서울특별시 종로구 성균관로 25-2	02-760-0191
임 정 호	연구 위원	형사·법무 정책연구원	06764	서울 서초두 태봉로 114	02-3460-5150
임 창 주	교수	서영대학교 사회복지행정과	10843	경기도 파주시 월롱면 서영로 170	031-930-9560

성 명	직 위	근 무 처	우편번호 주 소	직장 자택 전화번호
장 규 원	교수	원광대 경찰행정학과	54538 전북 익산시 익산대로 460	063-850-6905
장 성 원	교수	세명대 법학과	27136 충북 제천시 세명로 65	043-649-1208
장 승 일	강사	전남대 법학전문대학원	61186 광주 북구 용봉로 77	062-530-2207
장 연 화	교수	인하대 법학전문대학원	22212 인천 남구 인하로 100	032-860-8972
장 영 민	명예교수	이화여대 법학전문대학원	03760 서울 서대문구 이화여대길 52	02-3277-3502
전 지 연	교수	연세대 법학전문대학원	03722 서울 서대문구 연세로 50	02-2123-5996
전 현 욱	연구 위원	형사·법무 정책연구원	06764 서울 서초구 태봉로 114	02-3460-9295
정 도 희	교수	경상대 법학과	52828 경남 진주시 진주대로 501	055-772-2042
정 승 환	교수	고려대 법학전문대학원	02841 서울 성북구 안암동5가 1번지	02-3290-2871
정 영 일	명예교수	경희대 법학전문대학원	02447 서울 동대문구 경희대로 26	02-961-9142
정 웅 석	교수	서경대 공공인재학부	02713 서울 성북구 서경로 124	02-940-7182
정 준 섭	교수	숙명여대 법학과	04310 서울 용산구 청파로47길 100	02-710-9935
정 지 훈	교수	서원대 경찰학부	28674 충북 청주시 서원구 무심서로 377-3	043-299-8608
정 지 혜	입법 조사관	경기도의회 사무처	16508 경기도 수원시 영통구 도청로 30	031-8008-7298

성 명	직 위	근 무 처	우편번호	주 소	직장 자택 전화번호
정 진 수	전 선임 연구위원	형사·법무 정책연구원	06764	서울 서초구 태봉로 114	02-3460-5282
정 한 중	교수	한국외대 법학전문대학원	02450	서울 동대문구 이문로 107	02-2173-3258
정 행 철	명예교수	동의대 법학과	47340	부산 부산진구 엄광로 176	051-890-1360
정 현 미	교수	이화여대 법학전문대학원	03760	서울 서대문구 이화여대길 52	02-3277-3555
조 국	前교수 前법무부 장관				
조 균 석	교수	이화여대 법학전문대학원	03760	서울 서대문구 이화여대길 52	02-3277-6858
조 미 선	연구위원	사법정책 연구원	10413	경기 고양시 일산동구 호수로 550	031-920-3550
조 병 선	교수	청주대 법학과	28503	충북 청주시 청원구 대성로 298	043-229-8221
조 인 현	연구원	서울대 법학연구소	08826	서울 관악구 관악로 1	02-880-5471
조 준 현	前교수	성신여대 법학과	02844	서울 성북구 보문로 34다길 2	02-920-7122
조 지 은	교수	영남대 법학전문대학원	38541	경북 경산시 대학로 280	053-810-2625
조 현 욱	학술 연구교수	건국대 법학연구소	05029	서울 광진구 능동로 120	02-450-3297
주 승 희	교수	덕성여대 법학과	01369	서울 도봉구 쌍문동 419	02-901-8177
천 진 호	前교수	동아대 법학전문대학원	49236	부산 서구 구덕로 225	051-200-8509

성 명	직 위	근 무 처	우편번호 / 주 소		직장 자택 전화번호
최 민 영	연구 위원	형사·법무 정책연구원	06764	서울 서초구 태봉로 114	02-3460-5178
최 병 각	교수	동아대 법학전문대학원	49236	부산 서구 구덕로 225	051-200-8528
최 병 문	교수	상지대 법학과	26339	강원 원주시 우산동 660	033-730-0242
최 상 욱	교수	강원대 법학전문대학원	24341	강원 춘천시 강원대학길 1	033-250-6516
최 석 윤	교수	한국해양대 해양경찰학과	49112	부산 영도구 태종로 727	051-410-4238
최 우 찬	명예교수	서강대 법학전문대학원	04107	서울 마포구 백범로 35	02-705-8404
최 준 혁	교수	인하대 법학전문대학원	22212	인천 남구 인하로 100	032-860-7926
최 호 진	교수	단국대 법학과	16890	경기 용인시 수지구 죽전로 152	031-8005-3290
탁 희 성	선임 연구위원	형사·법무 정책연구원	06764	서울 서초구 태봉로 114	02-3460-5161
하 태 영	교수	동아대 법학전문대학원	49236	부산 서구 구덕로 225	051-200-8573
하 태 훈	교수 원장	고려대 법학전문대학원 형사·법무 정책연구원	02841 / 06764	서울 성북구 안암로 145 / 서울 서초구 태봉로 114	02-3290-1897 02-575-5282
한 상 돈	교수	아주대 법학전문대학원	16499	경기 수원시 영통구 월드컵로 206	031-219-3786
한 상 훈	교수	연세대 법학전문대학원	03722	서울 서대문구 연세로 50	02-2123-5998
한 영 수	교수	아주대 법학전문대학원	16499	경기 수원시 영통구 월드컵로 206	031-219-3783

성 명	직 위	근 무 처	우편번호 / 주 소		직장 / 자택 전화번호
한 인 섭	교수	서울대 법학전문대학원	06764	서울 서초구 태봉로 114	02-880-7577 02-575-5282
허 일 태	명예교수	동아대 법학전문대학원	49236	부산 서구 구덕로 225	051-200-8581
허 황	교수	동아대 경찰소방학과	49236	부산 서구 구덕로 225	051-200-8674
홍 승 희	교수	원광대 법학전문대학원	54538	전북 익산시 익산대로 460	063-850-6469
홍 진 영	교수	서울대 법학전문대학원	08826	서울 관악구 관악로 1	02-880-9139
황 만 성	교수	원광대 법학전문대학원	54538	전북 익산시 익산대로 460	063-850-6467
황 문 규	교 수	중부대 경찰행정학과	32713	충청남도 금산군 추부면 대학로 201	041-750-6500
황 윤 정	석사과정	연세대	03722	서울 서대문구 연세로 50	02-2123-8644
황 정 인	경정	형사·법무 정책연구원	06764	서울 서초구 태봉로 114	02-3460-5170
황 태 정	교수	경기대 경찰행정학과	16227	경기 수원시 영통구 광교산로 154-42	031-249-9337
황 호 원	교수	한국항공대 항공교통물류 우주법학부	10540	경기 고양시 덕양구 항공대학로 76	02-300-0345

〈변 호 사〉

이 름	직 위	근 무 지	우편번호 / 주 소		직장 / 자택 전화번호
강 민 구	대표 변호사	법무법인 진솔	06605	서울 서초구 서초중앙로 148 김영빌딩 11층	02-594-0344

이 름	직 위	근 무 지	우편번호 주 소	직장 자택 전화번호
강 용 현	대표 변호사	법무법인 태평양	06132 서울 강남구 테헤란로 137 현대해상빌딩 17층	02-3404-1001 (3404-0184)
고 제 성	변호사	김&장 법률사무소	03170 서울 종로구 사직로8길 39 세양빌딩	02-3703-1117
곽 무 근	변호사	법무법인 로고스	06164 서울 강남구 테헤란로 87길 36(삼성동 159-9 도심공항타워 14층)	02-2188-1000 (2188-1049)
권 광 중	변호사	권광중 법률사무소	06004 서울 강남구 압구정로 201, 82동 803호(압구정동, 현 대아파트)	010-9111-3031
권 순 철	변호사	SDG 법률사무소	05854 서울특별시 송파구 송파대로 201(송파 테라타워2) 218호	02-6956-3996
권 오 봉	변호사	법무법인 좋은	47511 부산 연제구 법원로 18 (거제동, 세종빌딩) 8층	051-911-5110
권 익 환	변호사	권익환 법률사무소	06646 서울 서초구 서초대로 260 (서초동) 703호	02-522-9403
권 태 형	변호사	김&장 법률사무소	03170 서울 종로구 사직로8길 39 세양빌딩	02-3703-1114 (3703-4980)
권 태 호	변호사	법무법인 청주로	28625 청주시 서원구 산남동 산남로 64 엔젤변호사 B/D 7층	043-290-4000
금 태 섭	변호사	금태섭 법률사무소	07233 서울 용산구 대사관로11길 8-13 101호	010-5282-1105
김 광 준	변호사	김광준 법률사무소	42013 대구 수성구 동대구로 351	053-218-5000
김 광 준	변호사	법무법인 태평양	06132 서울 강남구 테헤란로 137 현대해상빌딩 17층	02-3404-1001 (3404-0481)

이 름	직 위	근 무 지	우편번호 주 소	직장 자택 전화번호
김 남 현	변호사	법무법인 현대 노원분사무소	08023 서울 양천구 신월로 385 동진빌딩 302호	02-2606-1865
김 대 휘	대표 변호사	법무법인 화우	06164 서울 강남구 영동대로 517 아셈타워 22층	02-6003-7120
김 동 건	고문 변호사	법무법인 천우	06595 서울 서초구 서초대로41길 20, 화인빌딩 3층	02-591-6100
김 동 철	대표 변호사	법무법인 유앤아이	35240 대전 서구 둔산중로 74 인곡타워 3층	042-472-0041
김 상 헌	대표이사	NHN	13561 경기 성남시 분당구 불정로 6 NAVER그린팩토리	1588-3830
김 상 희	변호사	김상희 법률사무소	06596 서울 서초구 서초대로 49길 18 상림빌딩 301호	02-536-7373
김 성 준	변호사	김성준 법률사무소	01322 서울 도봉구 마들로 735 율촌빌딩 3층	02-3493-0100
김 영 규	변호사	법무법인 대륙아주	06151 서울 강남구 테헤란로 317 동훈타워	02-563-2900 (3016-5723)
김 영 기	변호사	법무법인 화우	06164 서울 강남구 영동대로 517 아셈타워 18, 19, 22, 23, 24층	02-6182-8320
김 영 운	변호사	법무법인 정앤파트너스	06640 서울특별시 서초구 서초중앙로 52 영진빌딩 5층	02-583-0010
김 용 헌	파트너 변호사	법무법인 대륙아주	06151 서울 강남구 테헤란로 317 동훈타워 7,8,10-13,15,16층	02-563-2900
김 종 형	변호사	법무법인 온세	06596 서울 서초구 서초대로49길 12, 405호	02-3477-0300

이 름	직 위	근 무 지	우편번호	주 소	직장 자택 전화번호
김 주 덕	대표 변호사	법무법인 태일	06595	서울 서초구 법원로3길 25 태흥빌딩 4층	02-3477-7374
김 진 숙	변호사	법무법인 바른	06181	서울 강남구 테헤란로 92길 7 바른빌딩	02-3476-5599 (3479-2381)
김 진 환	변호사	법무법인 새한양	06595	서울 서초구 법원로 15, 306호(서초동, 정곡서관)	02-591-3440
김 희 옥	고문 변호사	법무법인 해송	06606	서울 서초구 서초대로 301 동익성봉빌딩 9층	02-3489-7100 (3489-7178)
김 희 철	변호사	김&장 법률사무소	03170	서울 종로구 사직로 8길39 세양빌딩	02-3703-5363
문 성 우	대표 변호사	법무법인 바른	06181	서울 강남구 테헤란로 92길 7 바른빌딩	02-3476-5599 (3479-2322)
문 영 호	변호사	법무법인 태평양	06132	서울 강남구 테헤란로 137 현대해상빌딩 17층	02-3404-1001 (3404-0539)
박 민 식	변호사	법무법인 에이원	06646	서울특별시 서초구 반포대로30길 34, 5층 (서초동, 신정빌딩)	02-521-7400
박 민 표	변호사	박민표 법률사무소	05050	서울시 서초구 반포대로 34길 14, 정명빌딩 401호, 501호	02-534-2999
박 영 관	변호사	법무법인 동인	06620	서울 서초구 서초대로74길 4 삼성생명서초타워 17층	02-2046-1300 (2046-0656)
박 혜 진	변호사	김&장 법률사무소	03170	서울 종로구 사직로8길 39 세양빌딩	02-3703-1114 (3703-4610)
백 승 민	변호사	법무법인 케이에이치엘	06647	서울 서초구 반포대로28길 33 (서초동)	02-2055-1233

이 름	직 위	근 무 지	우편번호	주 소	직장 자택 전화번호
백 창 수	변호사	법무법인 정률	06069	서울 강남구 학동로 401 금하빌딩 4층	02-2183-5500 (2183-5539)
봉 욱	변호사	봉욱 법률사무소	06647	서울 서초구 서초대로 248 (서초동) 월헌회관빌딩 701호	02-525-5300
서 민 주	변호사	김&장 법률사무소	03170	서울 종로구 사직로8길 39 세양빌딩	02-3703-1773
서 우 정	변호사	김&장 법률사무소	03170	서울 종로구 사직로8길 39 세양빌딩	02-3703-1114 (3703-1788)
석 동 현	대표 변호사	법무법인 동진	06640	서울 서초구 서초중앙로 52 영진빌딩 5층	02-583-0010
선우 영	고문 변호사	법무법인 케이원챔버	06234	서울 강남구 테헤란로 126, 13층	02-6956-8420
손 기 식	변호사	법무법인 두레	06596	서울 서초구 법원로 10 정곡빌딩 남관 405호	02-595-2233
손 기 호	변호사	유어사이드공 동법률사무소	10414	경기 고양시 일산동구 장백로 208, 504호	031-901-1245
신 남 규	변호사	법무법인 화현	06646	서울 서초구 반포대로30길 29, 5층~10층(서초동, 마운틴뷰)	02-535-1766
신 용 석	변호사	법무법인 동헌	06595	서울 서초구 법원로1길 5 우암빌딩 3층	02-595-3400
안 미 영	변호사	법무법인 동인	06620	서울 서초구 서초대로74길 4, 17층 (서초동, 삼성생명서초타워)	02-2046-1300
여 훈 구	변호사	김&장 법률사무소	03170	서울 종로구 사직로8길 39 세양빌딩	02-3703-1114 (3703-4603)

이 름	직 위	근 무 지	우편번호	주 소	직장 자택 전화번호
오 세 인	대표 변호사	법무법인 시그니처	06605	서울 서초구 서초중앙로 148, 3층 (서초동, 희성빌딩)	02-6673-0088
원 범 연	변호사	법무법인 강남	06593	서울 서초구 서초중앙로 203 OSB빌딩 4층	02-6010-7000 (6010-7021)
유 병 규	법무팀장	삼성SDS	05510	서울 송파구 올림픽로35길 125 삼성SDS 타워	02-6115-3114
윤 병 철	변호사	법무법인 화우	06164	서울 강남구 영동대로 517 아셈타워 22층	02-6182-8303
윤 영 석	변호사	산솔합동법률 사무소	18453	경기 화성시 동탄반석로 196 아이프라자 905호	031-360-8240
윤 재 윤	파트너 변호사	법무법인 세종	04631	서울 중구 퇴계로 100 스테이트타워 남산 8층	02-316-4114 (316-4205)
이 건 종	변호사	법무법인 화우	06164	서울 강남구 영동대로 517 아셈타워 22층	02-6003-7542
이 광 재	변호사	이광재 법률사무소	05044	서울 광진구 아차산로 375 크레신타워 507호	02-457-5522
이 기 배	대표 변호사	법무법인 로월드	06647	서울 서초구 서초대로 254 오퓨런스빌딩 1602호	02-6223-1000
이 명 규	변호사	법무법인 태평양	06132	서울 강남구 테헤란로 137 현대해상빌딩 17층	02-3404-1001 (3404-0131)
이 민 걸	변호사	법무법인 화우	06164	서울 강남구 영동대로 517 아셈타워 18, 19, 22, 23, 24층	02-6003-7785
이 상 진	변호사	법무법인 바른	06181	서울 강남구 테헤란로 92길 7 (대치동 945-27번지) 바른빌딩 리셉션: 5층, 12층	02-3479-2361

이 름	직 위	근 무 지	우편번호	주 소	직장 자택 전화번호
이 상 철	상임위원	국가인권위원회	04551	서울 중구 삼일대로 340 (저동 1가) 나라키움 저동빌딩	02-2125-9605
이 선 욱	변호사	김&장 법률사무소	03170	서울 종로구 사직로 8길39 세양빌딩	02-3703-1114
이 승 호	변호사	법무법인 태평양	03161	서울 종로구 우정국로 26 센트로폴리스빌딩 B동	02-3404-6520
이 승 현	파트너 변호사	법무법인 지평	03740	서울 서대문구 충정로 60 KT&G 서대문타워 10층	02-6200-1804
이 완 규	변호사 법제처장	법제처	30102	세종시 도움5로 20	044-200-6900
이 완 형	변호사	김&장 법률사무소	03170	서울 종로구 사직로 8길39 세양빌딩	02-3703-1923
이 용 우	상임고문 변호사	법무법인 로고스	06164	서울 강남구 테헤란로 87길 36(삼성동 159-9 도심공항타워빌딩 14층)	02-2188-1001
이 용 주	전국회의원	국회	07233	서울 영등포구 의사당대로 1 국회의원회관 532호	02-784-6090
이 유 경	뉴욕주 변호사	Danziger, Danziger & Muro, LLP	08105	서울 양천구 목동남로 2길 60-7 104-1002	
이 재 홍	변호사	김&장 법률사무소	03170	서울 종로구 사직로8길 39 세양빌딩	02-3703-1114 (3703-1525)
이 정 환	변호사	법무법인 태평양	03161	서울 종로구 우정국로 26 센트로폴리스 B동	02-3403-0403
이 종 상	법무팀장	LG그룹	07336	서울 영등포구 여의대로 128 LG트윈타워	02-3277-1114

이 름	직 위	근 무 지	우편번호	주 소	직장 자택 전화번호
이 훈 규	고문 변호사	법무법인 원	06253	서울 강남구 강남대로 308 랜드마크타워 11층	02-3019-3900 (3019-5457)
이 홍 락	변호사	법무법인 로고스	06164	서울 강남구 테헤란로 87길 36(삼성동 도심공항타워 8/14/16층)	02-2188-1069
임 동 규	변호사	법무법인 동광	06595	서울 서초구 법원로3길 15, 201호 (서초동, 영포빌딩)	02-501-8101
장 종 철	변호사	김&장 법률사무소	03170	서울 종로구 사직로8길 39 세양빌딩	02-3703-1876
전 명 호	변호사	김&장 법률사무소	03170	서울 종로구 사직로8길 39 세양빌딩	02-3703-1097
전 승 수	변호사	법무법인 동인	06620	서울 서초구 서초대로 74길4, 삼성생명 서초타워 17층	02-2046-0842
전 주 혜	국회의원	국회	07233	서울 영등포구 의사당대로 1 국회의원회관	02-784-9340
정 구 환	변호사	법무법인 남부제일	07301	서울 영등포구 영신로34길 30	02-2635-5505
정 동 기	변호사	법무법인 열림	06181	서울 강남구 테헤란로 524, 4층 (대치동, 성대세빌딩)	02-552-5500
정 동 욱	고문 변호사	법무법인 케이씨엘	03151	서울 종로구 종로5길 58 석탄회관빌딩 10층	02-721-4000 (721-4471)
정 석 우	변호사	법무법인 동인	06620	서울 서초구 서초대로74길 4 삼성생명서초타워 17층	02-2046-1300 (2046-0686)

이 름	직 위	근 무 지	우편번호	주 소	직장 자택	전화번호
정 소 연	변호사	법률사무소 보다	07332	서울 영등포구 여의대방로65길 23 1508호		02-780-0328
정 점 식	국회의원	국회	07233	서울 영등포구 의사당대로 1 국회의원회관		02-784-6327
정 지 영	변호사	김&장 법률사무소	03170	서울 종로구 사직로8길 39 세양빌딩		02-3703-5822
정 진 규	대표 변호사	법무법인 대륙아주	06151	서울 강남구 테헤란로 317 동훈타워		02-563-2900
조 성 훈	변호사	김&장 법률사무소	03170	서울 종로구 사직로8길 39 세양빌딩		02-3703-4503
조 영 수	변호사	법무법인 로월드	06647	서울 서초구 서초대로 254 오퓨런스빌딩 1602호		02-6223-1000
조 은 석	변호사	조은석 법률사무소	06233	서울 강남구 테헤란로8길 8 (역삼동, 동주빌딩) 1302호		02-508-0008
조 희 진	대표 변호사	법무법인 담박	06647	서울 서초구 서초대로 250, 11층(서초동, 스타갤러리브릿지)		02-548-4301
차 맹 기	변호사	김&장 법률사무소	03170	서울 종로구 사직로8길 39 세양빌딩		02-3703-5732
최 교 일	대표 변호사	법무법인 해송	06606	서울 서초구 서초대로 301, 9층 (서초동, 익성봉빌딩)		02-3489-7132
최 근 서	변호사	최근서 법률사무소	06595	서울 서초구 법원로2길 15 길도빌딩 504호		02-532-1700
최 기 식	변호사	법무법인 산지	06725	서울 서초구 남부순환로 333길 20 2층		02-2055-3300

이 름	직 위	근 무 지	우편번호 / 주 소	직장 / 자택 전화번호
최 길 수	변호사	법률사무소 베이시스	06594 서울 서초구 서초중앙로 119 세연타워 11층	02-522-3200
최 동 렬	변호사	법무법인 율촌	06180 서울 강남구 테헤란로 518 (섬유센터 12층)	02-528-5200 (528-5988)
최 성 진	변호사	법무법인 세종	04631 서울 중구 퇴계로 100 스테이트타워 남산 8층	02-316-4114 (316-4405)
최 운 식	이사장	한국법무보호 복지공단	39660 경북 김천시 혁신2로40 산학연유치지원센터3층	054-911-8650
최 재 경	변호사	최재경 법률사무소	06164 서울 강남구 영동대로 511 삼성트레이드타워 4305호	02-501-3481
최 정 수	대표 변호사	법무법인 세줄	06220 서울 강남구 테헤란로 208 안제타워 17층	02-6200-5500
최 창 호	대표 변호사	법무법인 오킴스	06158 서울 강남구 도산대로 207 성도빌딩 6층, 11층	02-538-5886
최 철 환	변호사	김&장 법률사무소	03170 서울 종로구 사직로8길 39 세양빌딩	02-3703-1114 (3703-1874)
추 호 경	고문 변호사	법무법인 대륙아주	06151 서울 강남구 테헤란로 317 동훈타워	02-563-2900 (3016-5242)
한 영 석	변호사	변호사 한영석 법률사무소	06593 서울 서초구 반포4동 45-11 (화빌딩 502호)	02-535-6858
한 응 재	변호사	LG화학	07336 서울 영등포구 여의대로 128 LG트윈타워	010-5290-3157
홍 석 조	회장	BGF리테일	06162 서울 강남구 테헤란로 405	02-1577-3663
황 인 규	대표이사	CNCITY 에너지	34800 대전 중구 유등천동로 762	042-336-5100

〈법 원〉

이 름	직 위	근 무 지	우편번호 / 주 소		직장 / 자택 전화번호
권 순 건	부장판사	창원지방법원	51456	경남 창원시 성산구 창이대로 681	055-266-2200
권 창 환	재판 연구관	대법원	06590	서울 서초구 서초대로 219(서초동)	02-3480-1100
김 광 태	법원장	서울고등법원	06594	서울 서초구 서초중앙로 157	02-530-1114
김 기 영	헌법 재판관	헌법재판소	03060	서울 종로구 북촌로 15(재동 83)	02-708-3456
김 대 웅	부장판사	서울고등법원	06594	서울 서초구 서초중앙로 157	02-530-1114
김 동 완	판사	서울고등법원	06594	서울 서초구 서초중앙로 157	02-530-1114
김 우 진	법원장	울산지방법원	44643	울산 남구 법대로 55	052-216-8000
김 정 원	사무차장	헌법재판소	03060	서울 종로구 북촌로 15(재동 83)	02-708-3456
김 형 두	차장판사	서울고등법원	06590	서울 서초구 서초대로 219	02-3480-1100
김 희 수	부장판사	창원지방법원	51456	경남 창원시 성산구 창이대로 681	055-239-2000
남 성 민	부장판사	서울고등법원	06594	서울 서초구 서초중앙로 157	02-530-1114
박 진 환	판사	대전고등법원	35237	대전 서구 둔산중로 78번길45	042-470-1114
송 민 경	판사	서울고등법원	06594	서울 서초구 서초중앙로 157	02-530-1114
송 영 승	판사	서울고등법원	06594	서울 서초구 서초중앙로 157	02-530-1114

이 름	직 위	근 무 지	우편번호 주 소	직장 자택 전화번호
오 기 두	부장판사	인천지방법원	22220 인천 미추홀구 소성로 163번길17	032-860-1702
오 상 용	부장판사	서울남부지방법원	08088 서울 양천구 신월로 386	02-2192-1114
우 인 성	부장판사	서울서부지방법원	04207 서울 마포구 마포대로 174	02-3271-1114
유 현 정	판사	수원지방법원	16512 경기 수원시 영통구 법조로 105	031-210-1114
윤 승 은	부장판사	서울고등법원	06594 서울 서초구 서초중앙로 157	02-530-1114
이 규 훈	부장판사	인천지방법원	22220 인천 미추홀구 소성로 163번길17	032-860-1114
이 승 련	부장판사	서울고등법원	06594 서울 서초구 서초중앙로 157	02-530-1114
이 창 형	법원장	창원지방법원	51456 경남 창원시 성산구 창이대로 681	055-239-2000
임 경 옥	판사	특허법원	35239 대전 서구 둔산중로 69	042-480-1400
한 경 환	부장판사	서울서부지방법원	04207 서울 마포구 마포대로 174	02-3271-1114
한 대 균	부장판사	인천지방법원	22220 인천 미추홀구 소성로 163번길 17	032-860-1114
홍 은 표	재판연구관 부장판사	대법원	06590 서울 서초구 서초대로 219	02-3480-1100
황 민 웅	판사	광주가정법원	61946 광주 서구 상무번영로 85	062-608-1200

⟨검 찰⟩

이 름	직 위	근 무 지	우편번호 주 소	직장 자택 전화번호
고 석 홍	검사	서울고검	06594 서울 서초구 반포대로 158 414호	02-530-3114
고 흥	검사장	인천지검	22220 인천 미추홀구 소성로163번길 49 801호	032-860-4301
구 태 연	감찰2과장	대검찰청	06590 서울 서초구 반포대로 157	02-3480-2412
권 순 범	검사장	대구고검	42027 대구 수성구 동대구로 366	053-740-3631
김 기 준	지청장	수원지검 여주지청	12638 경기 여주시 현암로 21-11	031-880-4200
김 석 순	검사	울산지검	44643 울산 남구 법대로 45	052-228-4355
김 석 우	단장	청주지검	28624 충북 청주시 서원구 산남로 70번길 51	043-299-4000
김 승 연	검사	수원지검 안양지청	14054 경기 안양시 동안구 관평로212번길 52	031-470-4200
김 윤 섭	차장검사	인천지검	22220 인천 미추홀구 소성로 163번길 49	032-860-4000
노 진 영	차장검사	광주지검 순천지청	57932 전남 순천시 왕지로 19	061-729-4200
류 장 만	검사	부산지검	47510 부산 연제구 법원로 15 우편번호	051-606-4567
박 수 민	검사	대구지검	42027 대구 수성구 동대구로 366	053-740-3300
박 종 근	차장검사	대구고검	42027 대구 수성구 동대구로 366	053-740-3300
박 지 영	차장검사	춘천지검	24342 강원 춘천시 공지로 288	033-240-4000

이 름	직 위	근 무 지	우편번호 주 소	직장 자택 전화번호
백 재 명	검사/단장	부산지검	47510 부산 연제구 법원로 15	051-606-3300
신 승 희	지청장	전주지검 남원지청	55761 전북 남원시 용성로 59	063-630-4200
심 우 정	검사장	서울동부지검	05856 서울 송파구 정의로 30	02-2204-4000
안 성 수	검사	광주고검	61441 광주 동구 준법로 7-12	062-231-3114
이 선 훈	검사	서울고검	06594 서울 서초구 반포대로 172	02-530-3114
이 자 영	검사	부산지검	47510 부산 연제구 법원로 15	051-606-3300
이 주 형	검사장	울산지검	44643 울산 남구 법대로 45	052-228-4200
정 혁 준	부부장검사	서울남부지검	08088 서울 양천구 신월로 390	02-3219-4200
조 상 준	차장검사	서울고검	06594 서울 서초구 반포대로 158	02-530-3114
최 순 호	부부장검사	서울동부지검	05856 서울 송파구 정의로 30	02-2204-4000
최 인 호	검사	수원고검	16512 경기 수원시 영통구 법조로 91(하동)	031-5182-3114
한 연 규	검사	서울남부지검	08088 서울 양천구 신월로 390	02-3219-4200
한 제 희	분원장	법무연수원 용인분원	16913 경기 용인시 기흥구 구성로 243	031-288-2300
홍 완 희	마약·조직 범죄과장	대검찰청	06590 서울 서초구 반포대로 157	02-3480-2290

이 름	직 위	근 무 지	우편번호 주 소		직장 자택 전화번호
황 병 주	검사	서울고검	06594	서울 서초구 반포대로 158	02-530-3114
황 철 규	차장검사	대전고검	35237	대전 서구 둔산중로 78번길15	042-470-3000

〈경 찰〉

이 름	직 위	근 무 지	우편번호 주 소		직장 자택 전화번호
박 민 우	경정	서울경찰청	03169	서울 종로구 사직로8길 31	02-2119-5330
조 은 별	교수요원 경감	경찰대학	31539	충남 아산시 신창면 황산길 100-50	041-968-2942